알렉산드로스
ALEXANDROS

ALEXANDER THE GREAT

Copyright ©2011 by Philip Freeman
Korean Translation Copyright ©2025 by Book21 Publishing Group
Korean edition is published by arrangement with Joëlle Delbourgo Associates, Inc.
through Duran Kim Agency Co. Ltd.

이 책의 한국어판 저작권은 듀란킴 에이전시를 통한
Joëlle Delbourgo Associates, Inc.과의 독점계약으로 ㈜북이십일에 있습니다.
저작권법에 의하여 한국 내에서 보호를 받는 저작물이므로
무단전재와 무단복제를 금합니다.

알렉산드로스

GREAT HARMONY 002

세계를 손에 넣은 대왕의
도전과 정복의 리더십

ALEXANDROS

필립 프리먼 지음
노윤기 옮김

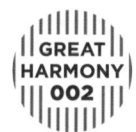

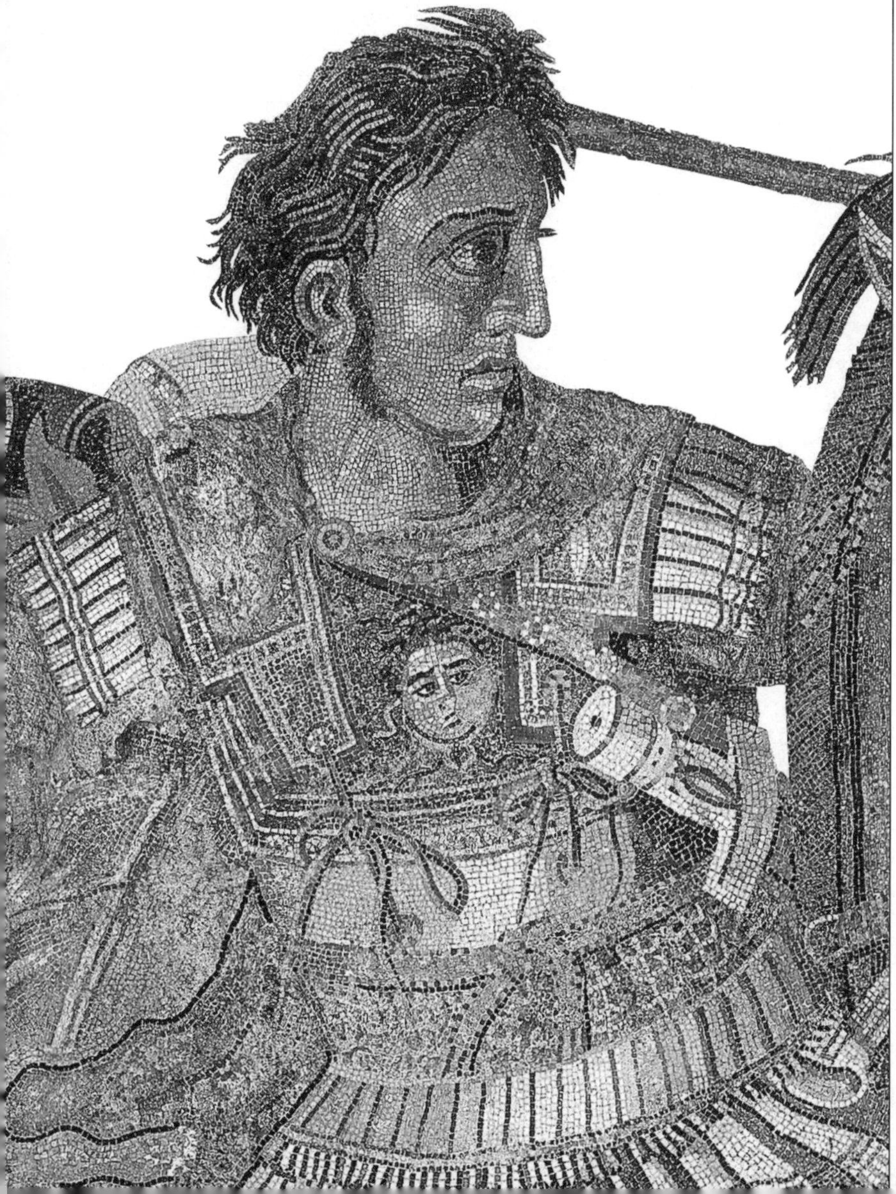

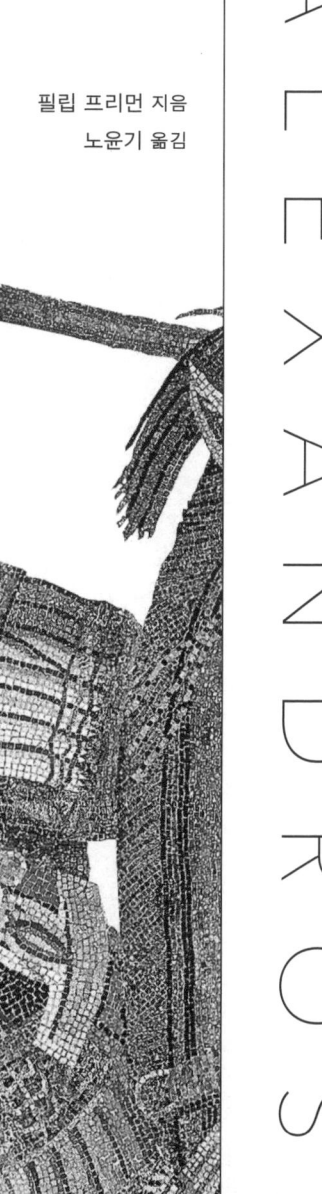

21세기북스

목차

연대표	5
마케도니아 왕가	7
페르시아 왕가	8
저자 서문과 감사의 말	12
1장 마케도니아	15
2장 그리스	63
3장 아시아	100
4장 이소스	147
5장 이집트	191
6장 메소포타미아	215
7장 페르세폴리스	256
8장 박트리아	286
9장 인도	336
10장 바빌론	371
11장 세상의 끝에서	407
용어	422
참고 문헌	434
미주	445
찾아보기	457

연대표

이 책의 모든 연대는 별도의 표기가 없는 한 기원전B.C. 기준임.

559년   키루스 대왕이 페르시아의 왕위에 오름.
490년   페르시아의 제1차 그리스 침공이 있었고, 마라톤 전투가 벌어짐.
480년   페르시아의 제2차 그리스 침공이 있었고, 테르모필레 전투가 벌어짐.
431년   펠로폰네소스 전쟁이 시작됨.
404년   펠로폰네소스 전쟁이 끝남.
359년   필리포스가 마케도니아의 왕위에 오름.
356년   이해 7월, 알렉산드로스가 태어남.
343년   아리스토텔레스가 알렉산드로스의 스승직을 수락하고 마케도니아에 도착함.
338년   필리포스가 카이로네이아 전투에서 승리하고, 알렉산드로스가 아테네를 방문함. 알렉산드로스와 어머니가 에피로스로 잠시 망명함.
337년   코린토스 동맹 회의가 열렸고, 페르시아 제국에 대한 침공이 승인됨.
336년   다리우스 3세가 페르시아의 왕위에 오름. 알렉산드로스가 마케도니아로 귀환하고, 필리포스가 암살된 후 왕위를 계승함.

335년	알렉산드로스가 다뉴브강 인근 지역에 대한 원정에 나섬. 테베의 반란을 진압한 뒤에 도시를 파괴함.
334년	알렉산드로스가 소아시아로 건너감. 그라니코스 전투를 승리로 이끌고, 밀레토스와 할리카르나소스를 점령함.
333년	고르디오스의 매듭을 풂. 이소스 전투에서도 승리를 거둠.
332년	티레 공성전에서 승리하고, 가자를 함락시키고, 이집트에 입성함.
331년	시와의 신탁소를 방문하고, 가우가멜라 전투에서 승리한 뒤 바빌론에 입성함.
330년	페르세폴리스를 점령한 뒤 도시를 불태움. 다리우스가 사망하고, 필로타스의 모반이 벌어짐.
329년	마케도니아 병사들이 힌두쿠시산맥을 넘어 옥서스강에 도착함. 사마르칸드로 진격해서 왕을 참칭하던 베소스를 붙잡아 처형함.
328년	알렉산드로스가 검은 클레이토스를 살해함.
327년	박트리아 귀족 출신의 록사네와 결혼함. 궁정 청년의 역모 사건이 있었고, 인도 침공을 개시함.
326년	히다스페스 전투가 벌어짐. 부케팔라스가 죽고, 강변에서 병사들이 항명하는 사건이 벌어짐.
325년	인더스강 하구에 도착, 게드로시아 사막 횡단에 나섬. 네아르코스의 함대도 출항함.
324년	알렉산드로스가 페르시아로 귀환함. 수사에서 집단 결혼식을 개최한 얼마 뒤 헤파이스티온이 사망함.
323년	알렉산드로스가 바빌론으로 귀환. 그해 6월, 열병으로 사망함.

마케도니아 왕가

아민타스 1세	? - 498년경
알렉산드로스 1세	498년경 - 454년경
페르디카스 2세	454년경 - 413년경
아르켈라오스	413년 - 399년
오레스테스	399년 - 398년경
아에로포스 2세	398년경 - 395년경
아민타스 2세	395년 - 394년
아민타스 3세	393년 - 370년경
알렉산드로스 2세	370년경 - 367년
프톨레마이오스	367년 - 365년
페르디카스 3세	365년 - 359년
필리포스 2세	359년 - 323년
알렉산드로스 대왕	336년 - 323년

페르시아 왕가

키루스 대왕	559년 – 530년
캄비세스 2세	530년 – 522년
바르디야	522년
다리우스 1세	522년 – 486년
크세르크세스 1세	486년 – 465년
아르탁세륵세스 1세	465년 – 424년
크세르크세스 2세	424년
다리우스 2세	424년 – 404년
아르탁세륵세스 2세	404년 – 359년
아르탁세륵세스 3세	359년 – 338년
아르탁세륵세스 4세	338년 – 336년
다리우스 3세	336년 – 330년

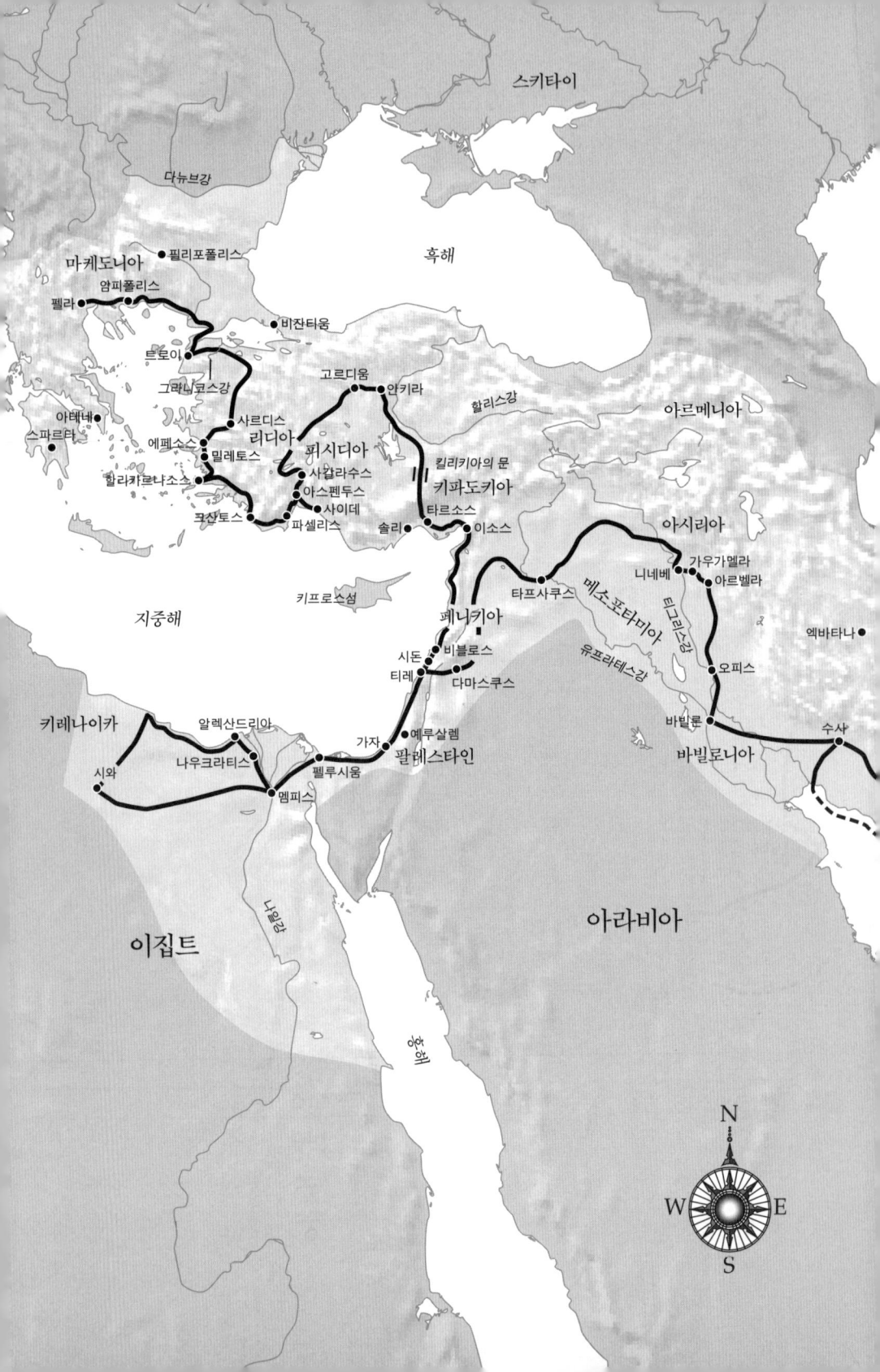

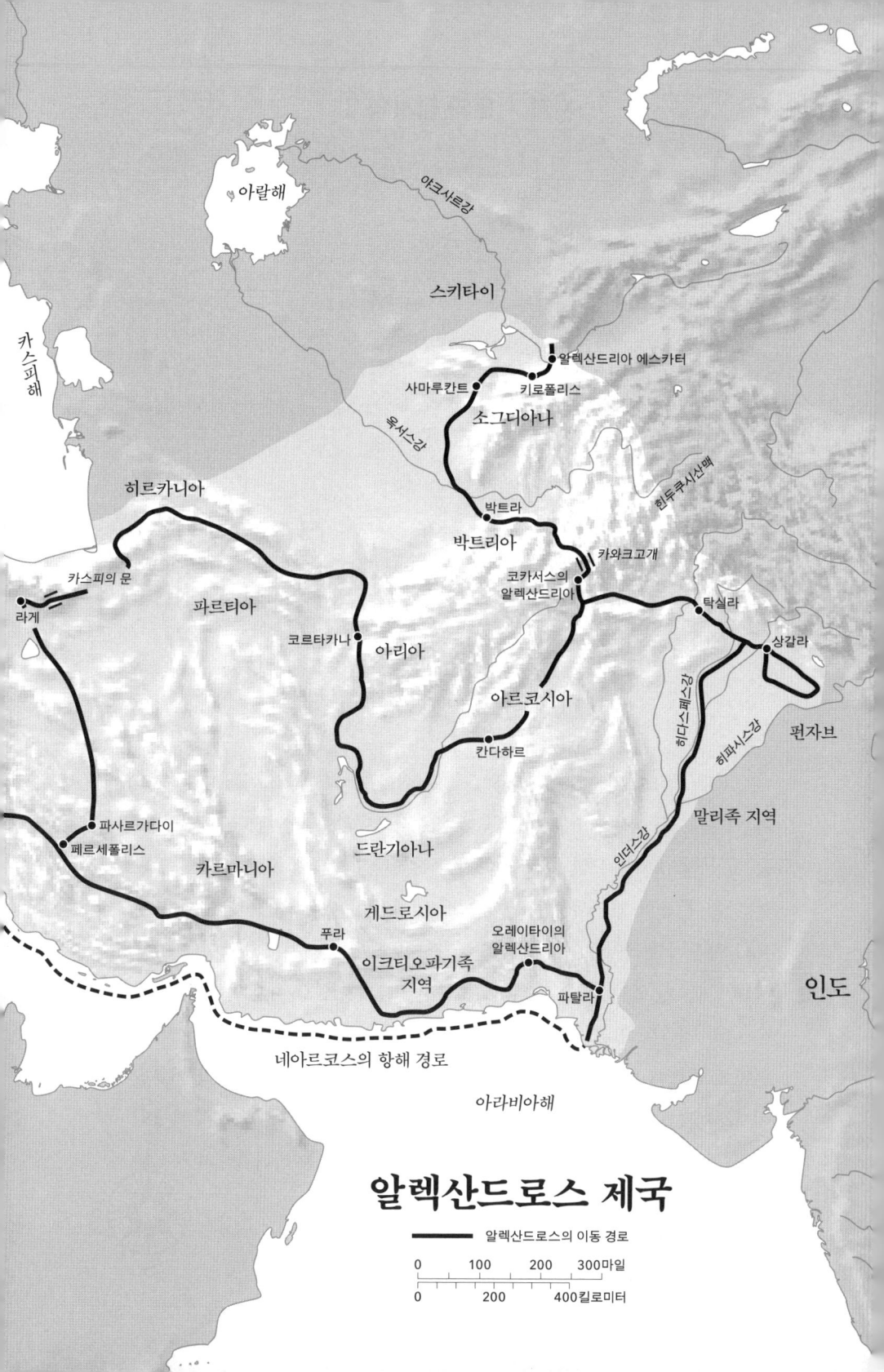

저자 서문과 감사의 말

수많은 앞선 역사가들이 기술한 이 주제를 내가 또 다루려는 이유를 묻는 사람이 있다면 나는 이렇게 말하고 싶다. 그 책들을 모두 읽은 후에, 내 책을 펼쳐 보라.

-아리아노스[1]

고대 그리스 역사가 아리아노스는 자신이 쓴 알렉산드로스 대왕 전기가 이전의 모든 저작을 능가할 독창적인 작품이라고 단언했다. 하지만 나는 이 책에 대해서 그런 주장을 하지는 않는다. 알렉산드로스의 생애 전반을 다룬 훌륭한 연구서들은 이미 수백 권에 이르며, 그 가운데는 세부 정보와 학문적 논증 면에서 내 책을 능가하는 탁월한 전기도 여럿이다. 그렇다면 나는 왜 알렉산드로스의 책을 다시 내놓는가? 그 대답의 많은 부분은 나의 개인사에 있다고 말할 수 있다. 어린 시절부터 알렉산드로스라는 인물에 매료된 나는, 그의 삶에 관한 고대부터 현대에 이르는 온갖 자료들에 탐닉했고, 그가 행군한 여정을 따라 현장을 답사했으며, 준마 부케팔라스를 타고 마케도니아 평원을 질주하거나, 이란과 아프가니스탄의 사막과 고산을 넘나드는 그의 모습을 상상해왔다. 그리고 그 모든 것을 나 자신의 표현을 통해 한 권의 책으로 응축하고 싶었다. 하지만 그중에서도 가장 원했던 것은 알렉산드로스의 전기를 이야기 형태로 풀어 쓰는 일이었다. 그래서 그 책에 모든 권위 있는 내용을 담되, 알렉산드로스 관련 서적을 한 번도 읽어본 적이 없거나, 고대 세계 전반에 대해 잘 모르는 사람도 즐겁게 탐독할 수 있는 친근한 서사를 만들어보고자 최선을 다했다.

알렉산드로스를 탐구한 나의 여정은 많은 친구와 조력자들 덕분에 가능했다. 루터 칼리지의 동료들은 이 책을 준비하고 집필하는 나를 한없이 따뜻하게 지지해주었다.

책이 출간되어 세상에 나올 때까지 조엘 델부르고의 인내심은 가장 큰 길잡이가 되었다. 편집자 밥 벤더와 그의 조력자 조해나 리, 그리고 출판사 사이먼앤드슈스터의 필립 멧캐프는 내가 놓친 수많은 요소들을 확증해주었다. 루서칼리지와 보든칼리지, 그리고 하버드대학교의 도서관에서는 필요한 자료를 넉넉히 수집할 수 있었다. 내가 알렉산드로스의 자취를 따라 여정을 이어갈 때, 현지 안내인들은 자신이 가진 모든 지식을 아낌없이 나누어주었다. 특히 그리스의 카티키오테스 라자로스, 이집트의 오사마 이스칸데르, 튀르키예의 미네 카라한에게 깊은 감사를 드린다. 최고의 사진으로 나를 돕는 아내 앨리슨은 언제나 나의 가장 큰 조력자이다. 마지막으로, 내 고대사 강의를 즐기고 견디며, 책 한 권만 더 읽고 박물관 한 곳만 더 방문하자고 요구할 때마다 불평 없이 따라주는 제자들에게 무한한 감사의 마음을 전한다.

1장 마케도니아

알렉산드로스는 마케도니아인들이 루스Loos라고 부른 헤카톰바이온Hekatombaion 6일에 태어났다.*
그날 에페소스의 아르테미스 신전이 화마로 무너져내렸다.

-플루타르코스[1]

전령은 홀로 말을 몰았다.[2] 올림피아의 제우스 신전에서 동쪽으로 우회한 뒤 알페우스Alpheus강을 따라 언덕으로 올랐다. 그가 떠나온 풍경에는 그리스 각지에서 모여든 사람들로 가득했다. 그들 중 다수는 올림픽경기에서 우승마를 맞히지 못하고 스타디움을 빠져나온 이들이었다. 전령은 곧장 말을 몰아 마을에서 수 마일 떨어진 갈림길에 이르렀다. 그리고 스파르타로 이어지는 남쪽 갈래 대신 아르카디아 고산지대로 연결되는 북로를 택했다. 상황을 살펴 말을 갈아타거나 쪽잠을 잔 젊은 전령은 가파른 계곡과 높은

---

* 고대 아테네 달력의 첫 번째 달로, 대략 지금의 7월 중순에서 8월 중순에 해당한다. (옮긴이)

봉우리 사잇길을 서둘러 지났다. 그의 전갈을 고대하는 왕은 소식이 지체되는 것을 용납하지 않을 것이다.

고산지대를 벗어나 이내 도착한 곳은 전설 속 헤라클레스의 고향이자 풍요의 땅 아르고스 계곡이었고, 더욱 북쪽으로 나아가자 고대 미케네 성채가 모습을 드러냈다. 미케네는 아가멤논이 그리스 연합군을 이끌고 트로이로 진격할 당시 통치했던 곳이다. 이어서 항구도시 코린토스를 지나고 좁은 지협을 넘어 메가라Megara의 영토로 들어섰다. 동쪽으로 빠지면 아테네의 최단 경계에 이르지만, 그는 북쪽을 향해 고삐를 쥐었다. 테베를 통과한 뒤에는 스파르타 전사 300명이 페르시아 대군에 맞선 협곡 테르모필레를 질러갔다. 테살리아의 푸른 언덕을 수 마일 더 달린 뒤에는 우뚝 솟은 올림포스산의 위용을 마주했다. 그는 아름다운 템페 계곡을 건너고 산의 동쪽 허리를 휘감아돈 뒤 에게해 연안으로 빠졌다. 그리고 마침내 비옥한 땅 마케도니아 평원으로 들어섰다.

전령은 바다를 우측으로 끼고 힘차게 말을 몰아 디온 신전을 지났다. 먼 수평선 너머로 산등성이에 감싸인 마케도니아의 저지대 평원이 눈앞에 펼쳐졌다. 서쪽으로는 베르기나의 왕실 무덤으로 가는 길이 이어져 있었지만, 그는 동쪽으로 말머리를 돌려 펠라를 우회한 뒤 악시오스Axios강을 건넜고, 해안을 따라 수 마일을 더 질주해 칼키디케반도에 닿았다. 그는 마침내 옛 코린토스 식민지 포티다이아의 성벽 아래 자리 잡은 마케도니아군 주둔지에 도착했다. 아테네인들은 마케도니아의 풍부한 목재와 광물 자원을 차지하기 위해 이 도시를 여러 해 동안 지배했지만, 더 이상은 아니었다. 전령이 도착하기 직전에 마케도니아의 왕 필리포스 2세가 진군해 도시를 점령했기 때문이었다.

전령은 지친 몸을 추스른 뒤 필리포스의 천막에 내보來報를 알렸다. 승리감에 한껏 취한 왕은 아직 20대 후반의 젊은 나이였다. 그는 문명의 북쪽 변방에서 이웃 나라의 위협을 겨우 막아내던 작은 왕국을 그리스 세계의 가장 강력한 국가로 탈바꿈시키는 탄탄한 행보를 이끌고 있었다. 포티다이아를 정복한 환희에 찬 필리포스는 마케도니아의 풍습에 따라 포도주를 넘치도록 들이키며 승리를 만끽하고 있었다. 그는 전령을 반가이 맞이했지만 먼저 도착한 다른 전령이 있으니 잠시 대기하라고 명했다. 앞선 전령은 왕이 총애하는 장군 파르메니온이 대규모 전투에서 거칠기 짝이 없는 일리리아 부족을 격파해 확장일로의 왕국 서부 영토를 더욱 확장했다고 보고했다. 마침내 올림피아에서 달려온 전령이 왕의 앞으로 나아갔다. 그는 필리포스에게 경례한 뒤 왕이 올림픽경기에 후원한 말이 1등을 차지했다는 낭보를 알렸다. 세 번째 전령이 도착한 사실이 왕에게 보고되었다. 그 전령 또한 예를 표한 뒤 필리포스의 아내 올림피아스가 방금 아들을 낳았으며, 그 아들은 알렉산드로스Alexander라는 이름을 부여받게 될 것이라고 전했다.

그날 밤 왕의 주둔지에서는 거대한 연회가 벌어졌다. 그것은 마케도니아 역사상 전례 없는 환희의 만찬이었을 것이다. 그런데 필리포스는 다른 어떤 소식보다도 중요하다고 여긴 한 사건을 기념하기 위해 칙령을 내렸다. 자신의 말이 승리한 것을 기념하는 특별한 은화[3]를 주조하도록 명령한 것이다.

필리포스의 아들 알렉산드로스는 제106회 올림픽경기가 열린 해에 태어났다. 그해, 아테네에는 엘피네스가 권좌에 있었고, 페르시아는 아르탁세륵세스 3세의 3년 차 통치기였다. 지금의 계산으로는 기원전 356년 7월이다. 모든 그리스 국가들은 지역 축제를 위해 만들어진 자체 달력을 사용했다. 아테네인들은 하지 이후 첫 초승달이 떠오를 때 신들에게 동물 100마리를 희생 제물로 바치며 새해를 맞이했다. 마케도니아는 아테네보다 수백 마일 북쪽에 있었고 맞이하는 계절의 이름도 달랐지만 여름이 되면 해안가 평야지대에는 온기가 가득했다. 하지만 겨울이 되면 아테네인들이 온화한 지중해성 기후를 누릴 때, 마케도니아인들은 북풍을 맞으며 추위에 떨어야

1장 마케도니아

했다.

알렉산드로스의 고향은 올림포스산과 주변 봉우리들이 형성한 준령峻嶺으로 인해 그리스와 단절되어 있었다. 그리스인들은 대체로 이 분리된 상태를 매우 만족스러워했는데, 그들에게 있어서 마케도니아는 사실상 야만인 부족이었기 때문이었다. 문화 민족을 자처하는 남부 그리스인들에게 마케도니아 북부의 산과 평야는 스키타이의 초원이나 켈트족의 음침한 숲과 다를 바 없는 낯선 곳이었다.

고지대에서 내려다보면 마케도니아의 영토[4]는 에게해로 기울어진 거대한 그릇처럼 보인다. 동쪽을 제외한 사방이 거대한 산들로 둘러싸여 있으며, 이 고지대에서 흘러나온 물줄기들은 농경지와 방목지가 펼쳐진 비옥한 평야를 가로지른다. 해발 3000미터에 이르는 올림포스산은 남쪽 지대를 압도하듯 솟아 있으며, 서쪽과 북쪽에도 그에 버금가는 높은 산들이 줄기를 이루고 있어, 전반적인 형상이 올림포스산에서부터 악시오스강 너머까지 말발굽 모양이다. 동쪽으로는 거대한 세 갈래 반도 칼키디케가 바다까지 뻗어 있다.

그런데 고대 마케도니아를 둘러싼 것이 단지 험난한 산맥만은 아니었다. 남쪽 일대를 호령하던 유명한 테살리아 기병은 필리포스의 왕국을 그리스와 차단했고, 서쪽을 차지한 강력한 일리리아 부족은 상존하는 위협이었다. 북쪽 산악지대에 거주하던 파이오니아Paeonia인과 아그리아니아인은 퓨마나 곰, 들소 무리 못지않게 자주 거주민을 습격해 평온한 일상을 위협했다. 스트리몬강 너머 비잔티움Byzantium으로 이어지는 동쪽은 트라키아라는 문명화되지 않은 땅[5]으로, 금 장신구를 만들고 몸에 문신을 한 거친 전사들이 약탈을 유일하고도 명예로운 생계 수단으로 삼으며 살았다.

지형 자체만 놓고 보면 마케도니아는 서로 다른 두 지역으로 구분된다. 남쪽과 서쪽과 북쪽의 산악 지역은 전통적으로 독립성 강한 유목민이 거주했다. 이들은 주로 양과 염소를 키워 고기와 우유와 양모를 얻었다. 고지대 거주민인 이들은 여름에는 평야보다 높은 산악 목초지에서 가축을 방목했지만, 추운 겨울이 되면 해안 저지대로 내려와야 했다. 하지만 저지대에는 농사를 짓고 포도원을 가꾸는 마케도니아 농부들이 살고 있었다. 때문에 고지대 거주민들은 1년 중 일정한 기간만이라도 농부들과 공생할 수 있는 방안을 모색해야 했다. 그래서 가축의 일부를 나누어주거나, 분뇨를 제공해 밭의 퇴비로 활용하도록 했다.

우리는 올림포스산 주변 펠라고니아Pelagonia, 린케스티스, 오레스티스Orestis, 엘리미오티스Elimiotis 등에 거주하던 고지대 마케도니아인들의 삶을 들여다볼 필요가 있다. 이들은 가축과 재산을 노리는 늑대와 곰과 인간 침입자들에 맞서 오랜 세월 싸워왔다. 척박하고 험난한 땅에서 가축을 지키기 위해 끝없는 전쟁을 벌여야 했던 그들에게 있어서 부족은 자신들의 모든 것이었다. 그리고 부족의 운명은 부족장이 지닌 용기와 지혜와 처세에 의해 흥망이 갈렸다. 만일 일리리아의 약탈자들이 밤중에 기습해 부족의 튼실한 숫양들을 훔쳐간다면 부족장은 무리를 이끌고 즉시 반격해 가축을 되찾고 도둑을 처단했다. 저지대 농부들이 오랜 세월 묵인한 겨울 방목권을 철회하겠다고 으름장이라도 놓으면, 부족장은 성대한 연회를 베풀어 그들을 달래야 했다. 선대 농부들이 보여준 관대함을 칭송하며 마음을 누그러뜨렸고, 살찐 암양과 따뜻한 양모 외투를 건네며 사태를 무마하고자 했다. 마케도니아 세계에서 고지대 부족장은 모든 것을 주관하는 왕과도 같았다. 남쪽 먼 곳의 그리스인들이 민주주의를 논하고 의회를 열어 법령을 토론할 때도, 차가운 북부 산악지대의 마케도니아인들은 여전히 부족장의 말 한마디에 살고 죽었다.

마케도니아의 평야에는 보리와 밀이 풍부했지만, 그리스인들이 가장 탐낸 자원은 고지대에 숨겨져 있었다. 아테네 같은 도시는 일찍부터 인구가 팽창했고 그로 인해 오래전부터 언덕의 나무를 베어냈지만, 마케도니아 산악 지역에는 전쟁과 무역에 필요한 선박용 목재를 수급하고도 남을 소나무와 참나무가 자랐다. 특히 그 숲에 접한 동부 산악 지역에는 철과 은과 금도 다량 매장되어 있었다.

고지대 마케도니아인들은 저지대 농부들과 여러 면에서 달랐다. 그들은 자신들을 별도의 민족으로 규정하고 있었으며, 남쪽 그리스인들과 구분되는 언어를 사용했다. 그 언어는 아테네와 스파르타인 들이 사용하는 그리스어와 매우 달랐고, 심지어 완전히 다른 언어로 취급되었다. 중앙아시아 원정 중이던 어느 날, 알렉산드로스는 술자리에서 화가 나자 평소에 사용하던 그리스어 대신 마케도니아어로 경비병들에게 소리쳤다고 한다.[6] 어느 장교의 재판에서는, 알렉산드로스의 병사들이 마케도니아어가 아닌 그리스어로 지시한 장교를 조롱하기도 했다. 마케도니아인들은 독특한 단어를 사용하고 낯선 소리를 내뱉는 것으로 유명했으며, 그리스어를 열심히 배운 자들도 발음이 좋지 못했다. 왕들의 이름이 고대 그리스식으로 명명되었는데, 일반 시민들은 그리스어 필리포스Philippos를 빌리포스Bilippos로 발음할 정도였다. 때문에 아테네 의회에 모인 잘난 체하는 지식인들에게 마케도니아인들은 조롱의 대상이었다. 마케도니아인들이 그리스인들로부터 이방 민족이자 올림포스산 너머의 야만인으로 취급받은 것은 언어뿐 아니라 정치와 문화 등 수많은 요소가 상이했기 때문이었다. 마케도니아 왕들은 별다른 효용이 없음에도 그리스인처럼 행동하고자 노력했다. 하지만 마케도니아의 주민 대다수는 그러한 일에 전혀 신경 쓰지 않았다. 그들은 그리스인들을 허약하고 여성스럽고 잘난 체하는 족속으로 여겼고, 페르시아 침략자들을 패퇴시켰던 100년 전의 용기와 남자다움을 일찌감치 벗어버린 이들로 생각했다. 마케도니아의 귀족들은 그리스 철학을 공부하고 호메로스의 시를 암송했지만, 보통의 마케도니아 병사들은 자신이 그리스인이 아니라는 사실을 오히려 자랑스럽게 여겼다.

알렉산드로스는 혈통을 거슬러 오르면 위대한 영웅 헤라클레스에 이르는 것으로 알려진 명문가에서 태어났다. 적어도 궁정을 찾은 손님들에게 들려주던 이야기상으로는 그랬다. 알렉산드로스가 태어나기 100년 전에 마케도니아를 여행하며 왕국에 대한 갖가지 소문을 수집한 그리스 역사가 헤로도토스에 따르면7, 마케도니아 왕실의 기원은 남그리스 아르고스 출신의 망명자 페르디카스에게서 시작된다. 헤라클레스 가문이자 테메노스의 후손인 페르디카스는 두 형과 함께 아르고스에서 추방된 뒤 북쪽 마케도니아에 이르렀다. 그리고 서부 산악지대의 부족장으로부터 피신처를 얻었고 인자한 아내까지 맞아들였다. 하지만 당시는 누구에게나 생존이 버거운 시절이어서, 젊은 페르디카스와 형제들은 농장의 일꾼으로 노동하며 생계를 이어갔다. 그러던 어느 날, 부족장의 아내는 페르디카스를 위해 구운 빵이 다른 빵들보다 두 배나 크게 부풀어 오른 것을 보았다. 이 소식을 들은 부족장은 불길한 징조가 나타났다며 형제들을 즉시 추방하려 했다. 형제들은 그동안 일한 대가를 요구했지만 이미 애정을 거둔 부족장은 방 안을 비추는 햇살 한 줄기 외에는 아무것도 줄 수 없다고 으름장을 놓았다. 두 형은 싸움을 벌일 태세를 했지만, 젊은 페르디카스는 조용히 칼을 꺼내 흙바닥 위에 비친 햇빛의 윤곽을 그으며 제안을 수락하겠노라고 답했다. 떼어낸 햇빛을 낡은 옷에 주워 담는 시늉을 한 그는 형들을 재촉해 자리를 떴다. 그러자 추장은 페르디카스가 이상한 마법을 부려 자신의 왕국을 위협한 것이라고 생각했고, 즉시 병사들을 따라붙여 형제들을 처단하려 했다. 하지만 도주로를 따라 흐르던 강물이 기적처럼 불어나 병사들의 길을 막았다. 페르디카스와 형제들은 그 틈을 타 올림포스산 북쪽의 피에리아Pieria 고지대로 숨어들었다. 그곳은 훗날 젊은 알렉산드로스가 아리스토텔레스에게서 가르침을 받으면서 미다스의 정원Gardens of Midas으로 불리게 되는 땅이다. 아르고스에서 온 형제들은 그곳에 왕국을 세웠고, 왕국은 세월이 흐르면서 고지대를 중심으로 영역을 확장해 점차 해안가의 비옥한 평야지대까지 진출하게 되었다.

이 이야기는 페르디카스 이후 여섯 세대가 지난 시점에 알렉산드로스 대왕의 직계 조상인 알렉산드로스 1세가 헤로도토스에게 들려준 내용이다. 이 선대 알렉산드로스는 그리스와 페르시아가 전쟁을 벌이던 기원전 5세기 초에 통치를 시작했으며, 아테네와 스파르타가 페르시아에 승리를 거두자 그리스 국가 모두와 관계를 돈독히 하고자 했다. 이야기를 살펴보건대, 마케도니아의 건국 이야기는 일정 부분 상상이 가미되었을 수 있지만, 동화 같은 이야기 가운데에는 역사의 희미한 흔적이 남아 있다는 사실을 알 수 있다. 신성한 그리스를 배경으로 하는 마케도니아의 왕실 이야기에는 분명 설화와 같은 면이 존재한다. 하지만 올림포스산 인근의 고지대에서 발원한 부족이 점차 번창해 베르기나 도시 너머의 해안평야 지대에까지 이르렀다는 서술은 충분히 설득력이 있다. 특히 전투력 왕성한 고산 부족이 고지대 아래의 겨울 방목지를 장악했다면, 그 세력은 훗날 마케도니아 왕국의 강력한 주축이 되었을 가능성이 크다.

이야기가 어느 정도의 사실에 기반하고 있는지는 알 수 없으나, 알렉산드로스 1세는 길을 떠나려는 헤로도토스를 붙잡아두고 자신이 그리스를 얼마나 사랑하는지 보여주는 몇 가지 이야기를 더 들려주었다고 한다. 그 이야기에 따르면, 페르시아의 왕이 인근 트라키아를 점령했을 당시[8] 자신의 아버지 아민타스 왕에게 전령을 보내 땅과 물을 바치는 상징적인 행위로 복종을 요구했다. 늙은 왕 아민타스는 겁에 질려 이를 수용했고 연회를 벌여 사절단을 초대하기까지 했다. 그런데 연회 도중 사절들이 왕의 부인과 딸들을 함부로 희롱하는 사건이 벌어졌다. 늙은 왕은 두려움에 떨 뿐 이를 제지하지 못했다. 젊은 알렉산드로스도 분노를 억누르기 힘들었지만 겉으로는 아무 일 없는 듯 행동했고, 아버지에게 그만 들어가 쉬시라고만 청했다. 왕이 침실에 들자 아들 알렉산드로스는 사절들에게 마케도니아 여성들을 기꺼이 내어줄 것이니 원하는 만큼 마음껏 즐기라고 말했다. 그리고 즐거운 시간을 갖기 위해서는 여성들에게 단장할 시간을 주어야 한다며 신하들에게 의미심장한 눈짓을 보냈다. 기대에 부푼 페르시아인들은 흔쾌히 동의했고 여성들은 자리를 옮겼다. 알렉산드로스는 부하 병사들에게 여성의 옷을 입힌 뒤 얼굴을 가린 채 사절들 곁에 앉도록 했다. 그리고 페르시아인들이 옷을 풀기 시작한 순간 신호를 보냈다. 변장한 병사들은 일제히 단검을 꺼내들고 사절들의 목을 베었다. 당시는 마케도니아 남성들도 여성을 하나의 재산으로 간주하는 시절이었으나, 이방인들이 자신들의 여성을 건드리는 행위만큼은 용납할 수 없었던 모양이었다.

그런데 이 이야기가 사실이라면, 불과 수년 후 왕이 된 알렉산드로스가 페르시아를 긴밀한 동맹국으로 격상시키고 자신의 여동생을 페르시아 고위 관리에게 시집보낸 사실이 다소 의아한 이야기가 된다. 심지어 그 자신은 아테네에 파견된 페르시아 대사가 되어[9] 아테네의 항복을 종용하기도 했으며, 기원전 479년 플라타이아에서 벌어진 최후의 전투[10]에서는 마케도니아 군대를 이끌고 그리스에 맞서 싸우기까지 했다. 다만 전투 전날 밤 그리스 측에 페르시아의 공격 계획을 몰래 알려주었다는 이야기도 전해진다. 이러한 사실에도 불구하고 그리스인들이 알렉산드로스의 모순적인 처신을 잊고 그를 그리스의 친구로 여기게 된 것은 단 하나, 복수보다는 그들의 목재와 광물 자원이 자신에게 매우 유용했기 때문일 것이다.

알렉산드로스 1세는 왕국을 확장하기 위해 모든 세력을 서로 대적하게 한 뒤 그 복잡한 형세를 이용한 노련한 전략가였다. 자신에게 유리할 때는 페르시아 제국에 충성을 다했고, 그렇지 않을 때는 그리스의 수호자를 자처했다. 마케도니아 왕실에서 종종 벌어진 일이었지만, 알렉산드로스가 암살당하자[11] 아들 페르디카스 2세는 아테네와 스파르타가 맞선 펠로폰네소스 전쟁 내내 여러 국가 사이에서 협상과 외교를 이어갔다. 페르디카스 2세는 전쟁 중에 너무 자주 동맹국을 갈아탔고, 심지어 마케도니아인들조차 올해 자신들이 편들고 있는 국가가 어느 쪽인지 파악하지 못할 정도였다. 페르디카스 2세는 자신의 서자인 아르켈라오스에게 암살당했다.[12] 아르켈라오스는 마케도니아 왕실에서 일상처럼 벌어지던 배신과 폭력은 물론 이성과 동성 간의 복잡한 삼각 암투 가운데서 왕위를 물려받았다. 왕이 된 그는 헬레니즘 문화를 강력히 육성하고자 했다. 이전의 왕들도 귀족들을 중심으로 그리스 문화를 장려했지만, 그는 헬레니즘 문화를 최우선 가치로 삼았다. 일반 백성들은 이를 비웃으며 수백 년 동안 익숙해 있던 자신들의 문화를 고수했지만, 새로운 왕의 자신의 뜻을 강력히 관철시켰다. 그러는 가운데 마케도니아 궁정은 그리스 예술가와 학자들이 모여드는 문화의 중심지가 되었다. 이러한 분위기에 고취되어 모여든 수많은 지식인 가운데는 아테네의 비극 작가 에우리피데스도 있었다. 그는 생애 말년에 마케도니아를 찾았고, 그곳에서 「바쿠스의 시녀들」을 집필했다. 성욕과 암투와 광기로 가득 찬 이 작품은 분명 마케도니아 귀족들 사이에 만연했던 삶의 양태들에서 영감을 받았을 것이다.

아르켈라오스는 소크라테스가 아테네에서 독미나리 독약을 마시도록 강요받은 해인 기원전 399년, 사냥에 나섰다가 친구이자 연인이었던 크라테로스에게 암살당했다. 이를 계기로 마케도니아는 또다시 왕위를 둘러싼 유혈의 혼돈 속으로 빠져들었고, 이웃 부족들과의 국경 분쟁 또한 지루하게 이어졌다. 왕들은 빠르게 권좌에 올랐지만 쉽게 쓰러지곤 했으며, 한 해에 왕이 여러 차례 바뀌는 일도 벌어졌다. 그리고 마침내 알렉산드로스 대왕의 조부인 아민타스 3세가 치열한 다툼 끝에 권력을 장악해 기원전 393년에 왕위에 올랐다. 하지만 오래 지속되었던 그의 치세도 평화롭지는 못했고, 궁중 내 암투도 쉼 없이 이어졌다. 심지어 왕비 에우리디케와 그의 젊은 연인이 아민타스를 암살하려다 미수에 그친 사건[13]도 발생했다. 아민타스는 놀랍게도 기원전 370년에 자연사로 생을 마감했다. 뒤를 이어 왕위에 오른 아들 알렉산드로스 2세는 바로 이듬해 사촌 프톨레마이오스에게 암살당했고, 그 역시 2년 뒤에 페르디카스 3세에 의해 죽음을 맞이했다. 그러나 페르디카스 3세도 비극을 피할 수는 없었다. 그는 세력을 재규합한 일리리아인들과 전투를 벌이던 중 전사했고, 그로 인해 아민타스의 유일한 아들 필리포스가 혼돈에 빠진 왕실의 적통을 이어받게 되었다. 왕국의 귀족들은 분열해 서로 대적했으며 사방의 이민족들은 끝없이 영토를 유린했다. 그리스인들, 특히 아테네인들은 고통받는 마케도니아 왕국을 더욱 약화시키고 분열시켜 자국 영토로 편입시킬 기회를 호시탐탐 노렸다. 당시만 해도, 새로이 왕위를 계승한 필리포스가 마케도니아를 강성한 대국으로 일으켜 세우리라고 생각한 사람은 아무도 없었다.

세월이 흐른 어느 날, 아시아에 주둔하던 알렉산드로스는 힘겹게 거둔 승리를 자축하며 병사들과 연회를 즐기고 있었다. 술에 취한 몇몇 장군이 아버지 필리포스의 업적을 깎아내리기 시작했다. 알렉산드로스도 거기에 동조하며, 다뉴브강에서 인도 접경에 이르기까지 광활한 영토를 획득한 자신의 업적은 헤라클레스의 치적에 견줄 만하고, 그것은 아버지의 소소한 정복 활동에 비할 수 없다고 으스댔다. 그러자 필리포스의 오랜 벗이었던 한 장군이 일어나 술 취한 알렉산드로스 왕을 배은망덕하다고 꾸짖었다. 그는 아버지의 업적이 없었다면 아들은 아무것도 할 수 없었을 것이고, 아버지야말로 누구보다 위대했던 왕이라고 강변했다.

알렉산드로스는 장군의 무례함에 분노한 나머지 창을 들어 그를 찔러 죽였다. 하지만 그도 장군의 마지막 말에 담긴 진실을 알고 있었다. 역사는 언제나 알렉산드로스 대왕의 업적에 깊이 경도되었고 아버지 필리포스의 위업은 간과하기 일쑤였다. 하지만 정가의 갖은 모략을 이겨내고 왕권을 강화한 필리포스는 탁월한 외교력을 발휘하고 과감한 군사 개혁을 이루는 등, 훗날 아들이 이룩하게 될 모든 업적의 토대를 마련한 인물이었다.

젊은 필리포스가 형마저 잃은 뒤 마케도니아의 왕위에 올랐을 때, 그는 물론 그의 왕국이 번성하리라 생각한 사람은 거의 없었다. 겉보기에 필리포스는 마케도니아의 여느 귀족 남자와 다를 바 없었다. 성격이 불같고,

과한 음주를 즐기고, 전쟁과 말을 좋아하고, 아름다운 여성과 잘생긴 소년을 가까이 두었다. 하지만 그에게는 사람의 마음을 꿰뚫는 예리한 통찰력이 있었고, 마케도니아의 빛나는 비전을 마음에 깊이 새긴 사람이었다.

필리포스는 마케도니아의 암울한 현실을 어떻게 바꾸어갈지 정확히 알고 있었다. 그는 열다섯의 젊은 나이에 왕이었던 형의 명령에 따라 그리스 도시 테베에 일종의 인질로 보내진 적이 있었다.[14] 고대도시 테베는 아테네나 스파르타만큼 강력하지는 않았지만, 기원전 4세기 초 펠로폰네소스 전쟁이 끝나면서 생긴 권력 공백을 기회로 삼아 그리스에서 가장 강력한 군대를 완비했던 도시였다. 기원전 371년 테베의 병사들은 루크트라 전투에서 스파르타의 최정예 전사들을 물리치며 스파르타의 불패 신화를 무너뜨렸다. 그러자 마케도니아는 즉시 테베와 동맹 협상에 나섰고, 신의를 증명하는 증거로 인질을 보냈다. 물론 그 인질들은 마케도니아가 테베에 순응하면 좋은 대접을 받고 그렇지 않으면 고문이나 죽임을 당할 수 있는 처지였다.

필리포스는 루크트라 전투의 영웅 에파미논다스의 가까운 친구였던 테베 장군 파메네스의 집에 머무는 행운을 얻었다. 다른 마케도니아 인질들이 연회를 즐기고 현지 여인들을 쫓아다니는 동안 필리포스는 테베의 장군들로부터 최신 전술과 전쟁 기술을 배우는 데 모든 시간을 쏟았다. 필리포스 이전의 마케도니아 군대는 훈련받지 않는 귀족 기마부대가 서민 보병 군단을 이끄는 편성이었다. 당시 마케도니아의 기사들은 중세 시대 기사들처럼 스스로를 전쟁을 이끄는 영웅으로 여겼고, 보병으로 싸우는 농민과 목축민은 적의 공격을 막아내는 도구로만 생각했다. 그러나 필리포스는 이와 전혀 다른 군대의 형태와 편제를 테베에서 발견했다.

테베인들은 중무장 보병인 호플리테스를 기반으로 한 전술을 완성시켰다. 각각의 호플리테스는 자신의 장비를 직접 운용하는 자부심 강한 시민이었다. 그들은 청동 투구와 두꺼운 흉갑은 물론 다리를 보호하는 정강이 보호대를 착용했고, 던지기보다는 찌르는 용도의 장창을 사용했다. 이 창은 길이가 2.5미터에서 3미터에 달했으며 창 촉은 철로 만들었다. 병사들은 날카로운 철검은 물론 지름이 1미터나 되는 견고한 방패 홉론hoplon을 들었는데, 오른쪽은 방패로 보호되지 않기 때문에 나란히 선 전우에게 의지해야 했다. 이는 필연적으로 전투에서의 강한 결속력과 협동심을 만들어냈다. 호플리테스들이 어깨를 나란히 하고 전진할 때 그 전열戰列은 마치 죽음의 벽과도 같았다.

테베의 호플리테스들은 끊임없이 훈련받았으며, 부유한 기병이든 일반 보병이든 누구를 막론하고 철저한 군기에 따라 통솔되었다. 병사들 가운데 가장 뛰어난 이들은 국가가 지원하는 정예 보병부대인 신성대로 선발되었다. 이 부대는 연인 관계에 있는 150쌍의 남성들로 구성되었는데, 소중한 연인을 곁에 둔 병사들은 서로를 지키는 것은 물론 매력을 과시하기 위해 매우 치열하게 싸웠다. 이들은 루크트라 전투에서 스파르타군을 물리치는 데 결정적인 역할을 했으며, 그리스 역사 전체에서도 가장 뛰어난 병사들이라는 평가를 받곤 한다.

필리포스는 또한 테베의 민주주의 의회를 관찰하면서 많은 것을 배우고 깨달았다. 모든 사람이 자신의 의견을 말하고 투표하는 정치 체제의 치명적인 약점을 보기도 했는데, 결론 없는 토론을 무한정 지속하거나 권력을 차지하기 위해 상대 당파를 파괴하는 모습이 그것이었다. 그는 마케도니아와 같은 옛 방식의 군주제가 그리스 도시국가들보다 훨씬 효율적이고 안정적인 통치 체제가 될 수 있으며, 왕이 올바로 처신한다면 전장에서도 최고의 성과를 낼 수 있을 것이라는 생각을 했다.

페르디카스 3세가 사촌 프톨레마이오스를 죽이고 왕위를 차지하자, 테베에서 3년을 보낸 필리포스는 비로소 마케도니아로 돌아올 수 있었다. 그리고 몇 년 뒤, 페르디카스 3세가 일리리아인들을 대적하러 전장으로 떠났을 때 그는 섭정攝政으로 남아 마케도니아를 통치했다. 그런데 페르디카스 3세는 불과 몇 주 뒤, 4000명의 마케도니아 병사들과 함께 전장에서 죽음을 맞았다.[15] 그러자 일리리아 왕 바르딜리스Bardylis는 마케도니아 본토를 노리기 시작했고, 북쪽 국경의 파이오니아인들도 혼돈에 빠진 영토의 깊은 곳까지 침입해 노략질을 벌였다. 이러한 대외 요인은 물론이고 대내 정치에 있어서도 문제는 심각했다. 왕좌를 노리는 귀족은 최소 다섯 명에 달했는데, 그중 한 명은 트라키아인들의 지지를 받았고, 다른 한 명은 아테네인들의 후원에 힘입고 있었다. 필리포스의 이복형제 셋 또한 제각기 왕위 찬탈을 모의하고 있었다.

필리포스도 즉각 대응에 나섰다. 셋 중 하나를 신속히 체포해 처형했고,[16] 나머지 두 명도 국외로 추방했으며, 트라키아인들에게는 뇌물을 주어 그들이 지지하던 후보를 암살하도록 했다. 또한 아테네인들과도 비밀 협정을 맺어 그들이 지지하던 인물 아르게우스에 대한 지지를 철회시켰다. 이를 알게 된 아르게우스는 사비로 소수의 용병을 고용해 필리포스를 암살하려 했지만 뜻을 이루지 못했다. 필리포스는 포로로 잡은 아테네 용병들을 해치는 대신 본국으로 송환하는 너그러움을 연출하며 민심을 얻었다. 필리포스는 기원전 369년 가을에 마케도니아의 왕으로 공식 취임했지만, 실상을 들여다보면 당시까지도 신변이 안전한 상황은 아니었다. 마케도니아 귀족들은 물론 일리리아인, 파이오니아인, 트라키아인, 아테네인들까지도 이 영민한 새 지도자를 끌어내릴 기회를 노리고 있었다.

그해 겨울부터 필리포스는 테베에서 꿈꾸었던 자신의 군대를 만들어가기 시작했다. 가장 중요시한 것은 군기와 규율이었다.[17] 병사들은 복잡한 전투 기동을 잠을 자면서도 수행할 정도로 혹독한 훈련을 받았으며, 완전군장을 메고 탈진해 쓰러질 때까지 산과 들을 행군했다. 전에는 하찮은 군율 따위는 무시해도 된다고 생각했던 장교들도 점차 마음을 바꾸기 시작했다. 이를 거부한 어느 귀족 장교는 야영지에서 목욕을 했다가 지휘권을 박탈당했고, 또 다른 이는 부대 쉬어 명령을 받기 전에 물을 한 컵 마셨다가 병사들 앞에서 채찍질을 당했다. 그해 겨울이 지나는 동안 필리포스의 개혁은 점차 효과를 보이기 시작했는데, 자신들의 전투 역량이 눈에 띄게 좋아지자 장교와 병사 모두 군에 대한 자부심을 갖게 되었다.

하지만 필리포스는 군기와 훈련만으로는 거칠고 야만적인 부족들에 맞서거나 그리스 호플리테스들을 격파하는 데 충분하지 않다고 생각했다. 광란의 비명을 지르며 달려드는 일리리아 무리는 물론 완벽하게 훈련된 신성대의 전술 병사들을 상대하는 데 있어서도 완전히 새로운 형태의 군대가 필요하다고 느꼈다. 왕국이 고수해온 기존의 전투로는 특히 호플리테스들과의 정면 승부에서는 승리를 장담할 수 없었지만, 그렇다고 해서 마케도니아의 농부와 목동 들이 호플리테스들의 값비싸고 무거운 갑옷과 장비를 구비할 수도 없었다. 이에 필리포스는 차라리 전쟁의 규칙 자체를 바꾸기로 결심했다. 그는 병사들의 갑옷을 거의 해제시키고 작은 방패만 들도록 해, 마케도니아 고지대의 가장 가난한 젊은이들도 군복무가 가능하도록 했다. 이를 통해 징집 가능한 인원을 다른 그리스 도시국가들보다 훨씬 많이 늘릴 수 있었다. 그런데 이러한 경무장 농민군이 무시무시한 호플리테스들을 상대로 어떻게 전투를 벌일 수 있었을까? 그 해답은 필리포스가 개발한 혁신적인 무기 사리사에 있었다. 호플리테스들의 일반적인 창이 2.5미터에서 3미터였던 데 비해, 사리사는 거의 5.5미터에 달했다. 마케도니아 보병은 여러 층으로 쌓은 장창을 들고 밀집대형으로 전진했다. 그럴 때마다 호플리테스들은 힘을 써보지도 못하고 사리사에 치명상을 입었다. 물론 사리사는 훈련받은 마케도니아 병사들이 하나의 몸체처럼 일사불란하게 움직일 때만 위력을 발휘했다. 만일 대형을 이룬 병사 하나가 왼쪽이나 오른쪽으로 사리사를 잘못 겨누면 대형이 어그러져 전투력이 급격히 저하될 수 있었다. 하지만 무거운 갑옷과 무기를 벗어던진 마케도니아 보병들은 그리스 병사나 야만족과 달리 두 손을 자유롭게 사용할 수 있었고, 사리사를 정확하게 조준해 적에게 치명상을 입혔다. 사리사를 완벽하게 숙달한 병사들은 명령에 따라 일제히 창을 돌리는가 하면, 순식간에 대형을 열고 닫으면서 무서운 속도로 적에게 돌진했다. 사리사는 호플리테스의 벽을 무너뜨리기 위해 고안된 무기였지만, 대형을 효과적으로 활용하는 전략이 더해지면서 거세게 돌격하는 야만 전사들에게도 막강한 위력을 발휘했다.

필리포스는 보병의 개념을 일신한 것은 물론, 기병대 역시 보병과 유기적으로 협력하는 전술 수단으로 발전시켰다. 공을 세우고자 제멋대로 말을 몰고 돌진하는 귀족들은 더 이상 필요하지 않았다. 기병과 보병의 긴밀한 협업 체계는 이를테면, 사리사가 적의 대형에 균열을 만들면 기병대가 지체 없이 틈을 밀고 들어가 후방을 파쇄하는 방식이었다. 또한 필리포스는 역사상 처음으로 숙달된 공병 부대를 운용한 지휘관 중 하나였다. 경험이 누적되면서 이 공병 부대는 전에 없이 위력적인 전쟁 장비들을 만들어, 강줄기 위에 다리를 놓거나 산을 깎아 길을 내는 등 어떤 도시든 포위해 함락시킬 수 있는 수단과 능력을 갖추게 되었다.

그런데 필리포스의 혁신이 훈련장에서 완성되었다고 해도 그것이 실전에서 승리를 가져오리라는 보장은 없었다. 이에 대한 첫 번째 시험 무대는 바로 다음 해, 필리포스가 바르딜리스가 이끄는 일리리아 군대를 공격하기로 결정하면서 마련되었다.[18] 바르딜리스는 두 해 전 그의 친형을 죽게 한 장본인이었다. 전투의 구체적인 양상은 전해지지 않지만, 필리포스가 마케도니아의 전투 가능한 남성을 1만 명까지 모아 출정한 사실은 널리 알려져 있다. 필리포스는 서부 국경을 확실히 정리하고 자신이 용맹한 장군임을 주변국에 알리고자 했다. 이는 위험한 도박이었는데, 만일 그 전투에서 패배했다면 자신의 왕좌는 물론 마케도니아의 존립 자체도 위험해져, 마침내는 주변 국가들에 의해 갈기갈기 찢겼을 것이기 때문이다.

바르딜리스도 상당한 규모의 병력을 이끌고 출전했지만, 마케도니아 군대를 마주하고는 휴전을 제안하는 전갈을 보냈다. 하지만 필리포스는 이를 단호히 거절했다. 그는 직접 보병을 이끌고 일리리아군을 향해 진격했는데, 선두가 선두를 치는 통상의 전법 대신 매우 기묘해 보이는 '비대칭 대형'으로 돌진했다. 마케도니아 병사들은 일리리아군의 왼쪽 측면을 먼저 타격했다. 그러자 일리리아군의 오른쪽 병사들은 어리둥절한 채로 상황을 지켜보았다. 지휘관들은 대형을 유지하라고 명령했지만, 오른쪽 병사들은 본능적으로 왼쪽으로 몰려가 마케도니아군을 밀어내며 진영을 방어하려 했다. 필리포스가 노린 상황이 바로 이것이었다. 일리리아 대형의 중앙에 틈이 생기자 그 벌어진 틈으로 필리포스의 기병대가 돌진했다. 그리고 후방을 종횡무진 휘저으며 적진 전체를 혼란에 빠뜨렸다. 몇 시간 동안 이어진 전투의 결과 일리리아군은 완전히 포위되었고 수천 명이 그 자리에서 학살당했다. 창조적이고도 혁신적인 전략은 전투에서 유감없이 발휘되었다. 필리포스는 향후 이 전술을 더욱 정교하게 다듬었고, 이후 전투에서도 큰 효과를 거두었다. 물론 아들 알렉산드로스도 훗날 이를 계승해 자신만의 치명적인 무기이자 전술로 만들어갔다.

바르딜리스가 재차 강화講和를 요청하자 소기의 목표를 충분히 달성했다고 생각한 필리포스는 너그러이 이를 받아들였다. 일리리아 왕은 점령하고 있던 마케도니아 서부의 모든 영토에서 철수하기로 약속한 뒤, 더욱 깊은 신의를 보이고자 자신의 딸 아우다타를 필리포스의 아내로 바치겠다고 제안했다. 고대 세계의 모든 지역에서 그러했듯, 발칸 지역에서도 결혼은 조약을 증명하고 동맹을 굳건히 하는 수단이었다. 정치의 도구인 결혼에서 사랑은 전혀 중요하지 않았으므로, 여성은 두 왕국을 결속시키고 후손을 낳아 모국의 순응을 보장하는 인질 역할을 했다. 이러한 결혼에서 아내는 자식을 낳아야 했고, 가능한 한 아들을 낳아야 했으며, 이를 위해 필요한 최소한의 애정 외에는 그 무엇도 기대할 것이 없었다. 남편이 다른 아내를 들이거나, 첩을 두거나, 소년들과 애정을 나눈다고 해도 그것은 아내가 관여할 일이 아니었다. 이러한 상황에 놓인 신부가 신경 써야 할 것은, 왕비로서의 지위와 존중을 확보하는 것이었으며, 자신이 낳은 아들이 왕위 계승 서열에서 유리한 자리를 차지하도록 힘쓰는 일이었다.

필리포스는 마케도니아의 다른 왕들과 비교해도 매우 열정적인 결혼 동맹을 맺었는데, 전쟁터에 나설 때마다 새로운 아내를 맞이하는 것으로 유명했다. 그가 명을 다할 무렵에는 일곱 명의 아내와 결혼한 상태였다. 아우다타가 딸을 낳다가 사망한 후, 그는 엘리마이아Elimeia 고산지대 출신 필라와 결혼했다. 이 혼사 역시 마케도니아 고지대 부족들을 세력권으로 긴밀히 묶어두려는 장기 전략의 일환이었다. 하지만 얼마 지나지 않아 그녀 역시 사망하면서, 스물다섯 살이 된 필리포스는 왕비도 없고 남아 후계자도 없는 상황이 되었다. 그러자 그는 남쪽 국경을 맞대고 있는 왕국과의 관계도 강화할 겸, 곧바로 테살리아 출신 여성 두 명을 아내로 들였다. 그중 첫 번째 아내는 훗날 딸을 낳았는데, 그녀의 이름은 테살로니카였으며 이 이름은 훗날 세워진 위대한 도시의 지명이 되었다. 두 번째 아내는 기원전 357년에 필리포스의 아들을 출산했다. 후계자를 얻은 아버지는 아이에게 아리다이오스라는 이름을 지어주었지만, 그는 곧 정신적으로 문제가 있어 왕위를 계승할 수 없는 인물임이 드러났다. 필리포스의 가엾은 장남은 왕궁에서 멀리 떨어진 곳에서 조용히 생활했고, 이후 30년 동안 대중 앞에 모습을 드러내지 않았다.

당시 필리포스는 아드리아해 연안에 위치해 있으면서 일리리아를 북쪽으로 두고 그리스를 남쪽으로 접한 에피로스 왕국(지금의 알바니아 인근)을 주목하고 있었다. 에피로스 역시 오랜 세월 일리리아인들의 약탈에 시달렸고, 마케도니아와 동맹을 맺는다면 공통의 적을 물리칠 연합전선을 구축할 수도 있었다. 필리포스의 입장에서도 동맹을 성사시킨다면 남서쪽 국경의 안전을 확보하고 아드리아해와 마케도니아를 잇는 무역로를 확립하는 전기를 마련할 수 있었다. 에피로스 왕가의 수장이었던 아리바스Arybbas는 결혼시킬 딸이 없었으며 큰조카의 딸마저 결혼한 상태였지만, 작은조카의 딸이

미혼이었다. 그녀의 이름은 올림피아스였다.

플루타르코스의 기록에 따르면 필리포스와 올림피아스가 처음 만난 것은 몇 해 전 사모트라키섬에서였다. 그는 이렇게 기록했다. "필리포스는 젊은 시절 사모트라키섬에서 올림피아스와 함께 신성한 의식에 참여했으며 당시 올림피아스는 부친을 잃은 상황이었다.[19] 두 사람은 사랑에 빠졌고, 그녀의 삼촌 아리바스의 동의하에 결혼을 약속했다."

두 사람이 만난 상황과 장소가 매우 독특한 점에 미루어 기록이 오히려 사실일 가능성이 있지만, 플루타르코스가 말한 두 젊은 연인의 만남은 낭만적인 조우라기보다는 정치 활동의 결과물이었을 가능성이 크다.

사모트라키는 북부 에게해에 접해 있으면서 마케도니아와 트로이 사이에 위치한 작은 산악형 섬이다. 이 섬이 유명해진 유일한 이유는 북부 해안에 자리잡은 성지聖地 때문이었고 이곳에서는 카비리라고 불리는 쌍둥이 신을 모셨다.[20] 이 신들을 비롯한 여러 권능의 여신은 여행자를 보호하고 다산을 허락하며, 신자들에게 불멸을 약속한다고 여겨졌다. 당시 사모트라키에 관심을 보이기 시작한 마케도니아인들은 사원에 통 큰 기부를 하기도 했다. 그 이유가 개인의 진심 어린 신앙심 때문일 수도 있지만, 현실적으로는 자국의 관습을 고대 그리스 종교와 통합시키려는 정치적 의도 때문이었을 것으로도 생각할 수 있다. 젊은 필리포스가 그러한 지역 종교의 입교 의식에 참예한 것은 그리 놀라운 일이 아니다. 그는 종교를 비롯한 모든 것을 외교의 수단으로 활용해 동맹을 맺었고, 이를 통해 그리스 세계와의 유대를 강화하는 수완을 발휘했다. 그런데 왜 에피로스의 공주와 그녀의 삼촌인 왕은 고향에서 멀리 떨어진 외딴섬에서 벌어진 제례에 참여했으며, 때마침 마케도니아의 왕자가 같은 일정으로 섬에 도착한 것일까? 아리바스는 아마도 자신의 조카딸과 젊은 필리포스가 같은 장소에서 만날 수 있도록 공들여 자리를 마련했을 것이다. 이는 분명히 두 왕국의 동맹을 위한 기반을 마련하려는 의도에서 추진되었을 것이다. 필리포스 자신도 사모트라키에 도착하기 전부터 이 계획을 알고 있었을 것이고, 십대의 어린 올림피아스의 얼굴을 마주하는 일보다는, 아리바스와 머리를 맞대고 일리리아의 위협에 대처할 실질적인 방안을 논의하는 데 더욱 관심이 있었을 것이다. 물론 그는 젊은 올림피아스에게서 특별한 매력을 느꼈을 수도 있다. 아름다움과 지성과 성품 등은 후계자를 낳을 왕비를 찾는 야심 가득한 왕자에게도 매력적인 덕목이었을 것이다. 특히 올림피아스의 가문은 트로이 전쟁에 참전한 그리스 최고의 영웅 아킬레우스의 후손으로 알려져 있었다. 자신의 조상인 헤라클레스의 피와 아킬레우스의 피를 섞는 일 또한 이 결혼을 추진하는 데 있어서 매우 강력한 동기가 되었을 것이다.

올림피아스는 겨우 열여덟 살에 필리포스와 결혼했지만, 궁중의 음모와 모략에는 이미 익숙해 있었을 것이다. 하지만 가족과 친구들 곁에 있었던 에피로스에서의 생활과 달리, 마케도니아 수도 펠라에 도착한 이후에는 철저히 혼자가 되었다. 결혼 첫날밤에는 베일에 싸인 채 신방으로 인도되었고, 잠시 후 필리포스가 들어와 문을 닫았다. 그녀가 아내로서의 가장 중요한 임무를 치르던 첫날밤, 바깥에서는 처녀들로 구성된 합창단이 도열해 다산의 여신에게 바치는 찬가를 불렀다.

훗날 전해진 이야기에 따르면[21] 결혼 전날 밤 올림피아스가 잠들자, 궁전 주변으로 천둥소리가 요란한 가운데 번개가 떨어져 그녀의 자궁을 강타했으나 그녀에게는 아무런 해가 없었다고 한다. 또 다른 이야기에 따르면 그 직후 필리포스는 아내의 자궁에 사자의 형상이 새겨진 자신의 도장을 찍는 꿈을 꾸었다. 텔메수스의 예언자 아리스탄데르는 이를 올림피아스가 이미 아들을 임신했으며 그 아들은 용맹한 사자 같은 성품을 지닐 것이라는 신의 계시로 해석했다. 이처럼 신비스러운 수태와 신성한 혈통을 자랑하는 이야기는 고대 세계의 영웅 서사에 흔히 나타나는 전설이었다. 하지만 만에 하나, 필리포스가 첫날밤에 올림포스의 처녀성을 의심했다면 그녀는 명예롭지 못한 모습으로 귀향해야 했을 것이다.

필리포스는 결혼 후 한두 달 동안은 올림피아스에게서 아들을 얻는 일에 전심으로 매진했을 것이다. 머지않아 오랜 원정길에 나서야 했으며, 이후에는 아내를 만날 일이 없을 것이기 때문이었다. 필리포스는 정력적인 청년이었고 성적 욕구도 강했던 것으로 알려져 있었으니, 에피로스에서 온 어린 신부는 그의 사랑을 한 몸에 받았을 것이다. 그런데 플루타르코스에 따르면, 결혼 후 몇 주가 지났을 무렵, 필리포스가 혈기 넘치는 몸으로 올림피아스의 침실에 들어갔을 때, 아내가 거대한 뱀과 뒤엉켜 누워있는 모습을 보았다.22 그녀가 자신이 고향인 고지대 여성들 사이에 흔했던 이국적인 종교 의례에 충실했던 사람이라는 사실을 그도 알고 있었다. 대체로 뱀이 등장하는 모종의 신성한 의식이 사적인 영역에서 치러진다면 거기에 반대하고 싶은 생각은 없었지만, 그녀가 개인적인 황홀경에 빠지기 위해 뱀을 침실에 들였다는 사실에는 적잖은 충격을 받았다. 그녀가 자신에게 마법을 걸지도 모른다는 두려움과 특정 신을 모욕할지도 모른다는 우려에 휩싸인 그는 조용히 물러났고, 이후에는 올림피아스의 침실을 거의 찾지 않았다.

필리포스가 침소에 든 결과든, 아니면 훗날 올림피아스가 주장했듯 특정 신이 자비를 내린 때문이든, 분명한 것은 이후 그녀가 임신했다는 사실이다. 그리고 9개월 뒤인 기원전 356년 무더위가 한창이던 마케도니아의 여름, 필리포스가 포티다이아를 정복하고 올림픽경기에서 자신의 말이 출전한 경마 소식을 기다리던 어느 날 올림피아스는 아들을 출산했다. 고대 세계의 수많은 영웅들이 그러하듯, 알렉산드로스의 탄생을 둘러싸고도 신비롭고 놀라운 이야기들이 전해진다. 어느 기록에 따르면, 마케도니아의 새 왕자가 탄생했을 때 이를 지켜보던 여신 아르테미스가 한눈을 팔았고, 그러는 사이 그녀의 신전이 불길에 휩싸여 무너져내렸다. 소아시아 서해안 에페소스에 있던 아르테미스 신전23이 그것이었다. 에페소스에 거주하던 마기라고 불리던 페르시아 사제들은 넋이 나간 채 머리를 치고 폐허가 된 신전 터를 서성이며, 오늘 태어난 자가 아시아에 재앙을 가져올 것이라며 탄식했다고 한다. 물론 현실론을 펼치는 연구자들은, 불에 잘 타는 재질로 지어진 그 신전은 과거에도 여러 차례 화마로 무너진 적이 있으며, 당시에도 정신이상자에 의해 방화되었을 가능성이 크다고 지적했다.

펠라에서 보낸 알렉산드로스의 유년기는 전형적인 마케도니아 귀족 소년과 크게 다르지 않았다.[24] 그는 궁전 내부에 있는 어머니 거처에서 살았고, 국경지대에서 전쟁을 치르느라 자주 자리를 비운 아버지를 직접 대면하는 일은 드물었다. 왕가에서 흔히 그러했듯 올림피아스도 아이의 일상적인 양육을 귀족 가문의 여성에게 맡겼다. 알렉산드로스의 유모는 라니케라는 여성이었으며, 특히 검은 클레이토스로 불린 그녀의 오빠는 훗날 알렉산드로스의 생명을 구하게 되는 인물이다. 하지만 유모의 헌신에도 불구하고 올림피아스는 유년기 아들의 모든 순간을 곁에서 지켰으며, 깊은 애정을 가지고 자식의 안위를 돌보았다. 그리고 아들이 필리포스의 정당한 후계자 자리를 계승하도록 하는 데 온 힘을 쏟았다. 어머니와 아들은 처음부터 강력한 유대감을 가졌으며, 알렉산드로스가 성장하고 왕이 된 뒤에도 그 관계는 지속되었다. 심지어는 아들의 인내심이 한계에 달할 정도로 그 관계가 긴밀했다.

그렇다고 해서 알렉산드로스가 응석받이로 자란 것은 아니었다. 그는 걸음마를 하던 시기부터 용맹한 위인이 되기 위한 심신의 훈련을 받았으며, 성장기 내내 필리포스의 백전노장 병사들로부터 궁술과 검술은 물론 기병술 전법을 전수받았다. 그는 매일 같이 자신이 아끼는 말을 타고 마케도니아의 평원을 질주했다. 페르시아에 맞서 테르모필레 전투를 벌였던 스파르타의 왕 레오니다스와 동명同名이었던 그의 첫 스승 레오니다스는 매우 엄하고 냉정한 성품의 소유자였다. 그는 올림피아스가 속한 에피로스의 왕실과 친척 관계에 있었지만, 훈련에 있어서는 알렉산드로스에게 어떤 특혜도 보이지 않았다. 훗날 알렉산드로스가 회상에 바에 따르면,[25] 레오니다스가 생각한 아침 식사란 새벽 행군을 의미했고, 그가 생각한 저녁 식사란 가벼운 아침 식사를 뜻했다. 레오니다스는 근검절약 또한 강조했는데,26 올림피아스가 아들에게 사치품을 몰래 주었는지 확인하기 위해 왕자의 옷장을 점검하기도 했다. 어느 날 알렉산드로스가 제단에 올리는 불에 향을 한 움큼 집어넣자 이를 꾸짖으며, 좋은 향은 아시아의 향신료 특산지를 정복한 뒤에 낭비해도 늦지 않다고 말했다. 여러 해가 지난 후 근동 전체를 정복한 알렉산드로스는 비로소 나이 든 스승에게 엄청난 양의 유향과 몰약을 보냈다고 한다. 그리고 이제는 신들에게 인색하지 않아도 된다고 쓰인 쪽지를 첨부했다고 전해진다. 분주한 여정 가운데서도 알렉산드로스는 유년 시절의 괴팍한 스승을 잊지 않았을 뿐 아니라 스승을 두 번째 아버지처럼 생각했다.

알렉산드로스는 다른 스승도 여럿 두었다. 이들을 통해 읽기와 쓰기 등의 문예를 학습했고, 그 덕분에 어린 시절부터 호메로스의 시 같은 그리스 문학을 사랑하게 되었다. 알렉산드로스가 어린 시절부터 즐긴 놀이 중 하나는, 가상의 트로이 성벽 아래서 그리스군과 트로이군 병력을 배치한 뒤 전투를 벌이는 전술 놀이였다. 그는 음악에도 남다른 재능을 보여 리라라고 불린 현악기 연주에도 능했다. 이 시기에 그가 마음으로 존경했던 또 다른 스승은 투박한 말투와 유쾌한 성격으로 유명했던 그리스 출신의 리시마코스였다.27 그는 외모에 무관심했지만 유머 감각이 뛰어났던 인물로, 알렉산드로스에게 아킬레우스라는 별명을 붙여주었고, 그 자신은 고대 영웅의 스승이었던 피닉스를 자처했다. 그는 훗날 알렉산드로스의 아시아 원정에 동행했으며, 젊은 왕의 삶에서 가장 극적인 사건 중 하나를 초래한 장본인이 된다.

알렉산드로스의 유명한 초기 일화 중 하나는 필리포스가 또다시 원정으로 자리를 비운 어느 날 벌어진 사건이다.28 당시 일곱, 혹은 여덟 살이었던 어린 왕자 알렉산드로스는 페르시아 대왕의 사절단을 접견했는데, 대국의 관리들을 지극히 정중하면서도 활달하게 응대했으며, 실례되는 질문은 하지 않았다고 한다. 또한 페르시아의 도로 길이와 상태, 수도까지의 거리 등을 물었고, 대왕의 성품은 어떠한지, 그가 이끄는 군대의 규모와 특성은 무엇인지 등을 질문함으로써 내방자들의 감탄을 자아냈다고 한다.

확증할 수는 없지만 이 사절단이 펠라에 온 것은, 이전에 페르시아에서 마케도니아로 망명한 세 인물의 본국 송환을 타진하기 위한 목적이었을 가능성이 크다. 이들 중 한 명은 아르타바조스로, 몇 해 전 다른 총독들과 함께 본국 대왕에 반란을 일으킨 페르시아의 유력 인사였다. 함께 탈출한 로도스섬 출신의 그리스인 멤논은 그의 사위였고, 이집트인 메나피스Menapis도 이들과 동행했다. 이들은 페르시아 왕실의 혼란스러운 정세로부터 피신하고자 마케도니아로 망명한 터였다. 그런데 이들은 어린 알렉산드로스가 페르시아에 관한 소중한 정보를 얻을 보고寶庫와도 같은 존재였다. 알렉산드로스가 이들의 체류를 기회로 삼아 동방 대제국에 관한 가능한 모든 정보를 얻고자 했을 모습을 상상하기란 어렵지 않다. 이처럼 그는 어린 시절부터 왕국의 부흥을 꿈꾸었는데, 심지어 친구들에게 종종 이런 불만을 털어놓곤 했다고 한다. "얘들아, 우리 아버지가 내 몫을 다 차지하고 있어! 내가 정복할 세상이 남아 있지 않을 것 같아."29

필리포스는 마케도니아 왕국을 놀랍도록 빠르게 확장해나갔다. 알렉산드로스가 태어나기 1년 전에는 트라키아와 경계를 이루는 스트리몬강 너머 옛 아테네 전초기지 암피폴리스를 점령했다. 도시는 파괴되지 않았고 주민들도 무사했기 때문에, 이 전략적 동부 관문은 곧 주요 거점이자 상업 중심지가 되었고, 스트리몬 계곡 전체의 목재와 광물을 통제하는 핵심 도시로 자리 잡았다. 같은 해 마케도니아 해안에 위치한 아테네의 요새 퓌드나Pydna도 점령했는데, 이곳은 베르기나에서 하루에 닿을 만큼 가까운 곳이었다. 하지만 인근의 또 다른 전초기지 메토네는 여전히 아테네의 수중에 있었다. 다음 해 필리포스는 다시 동쪽으로 진군해 암피폴리스 근처의 트라키아 도시 크레니데스를 점령했다. 트라키아의 왕 케트리포리스는 도시를 잃은 사실에 격노했고, 특히 인근 금광에서 산출되는 막대한 부를 필리포스에게 빼앗긴 것에 절망했다. 겸손을 결코 미덕으로 삼지 않았던 필리포스는 이제 그리스 세계에서 전례 없던 일을 벌이기 시작했다. 점령한 도시에 자신의 이름을 붙이기 시작한 것이다. 그때 이후 고대도시 트라키아는 로마시대 사도 바울이 방문해 유럽 최초의 기독교 교회를 세우기까지 필리피라는 이름으로 불렸다.

젊은 마케도니아 왕 필리포스는 군대의 병력을 더욱 보강했고 최고급 무기와 준마들로 무장했다. 기원전 354년 필리포스는 이러한 든든한 자원을 바탕으로 메토네를 포위한 뒤 함락을 노렸다.[30] 이는 마케도니아의 핵심 세력권에서 친아테네 일파를 완전히 몰아내기 위한 마지막 일격이었다. 전투는 격렬했지만 도시가 함락되지 않을 도리는 없었다. 그런데 필리포스는 전투 중에 한쪽 눈을 잃는 대가를 치러야 했다. 단순히 전투에서의 부상 때문이었는지, 아니면 후세 사람들이 주장한 것처럼 올림피아스가 침대에서 뱀과 행한 주술 의식을 훔쳐본 것에 대한 신의 형벌이었는지는 알 수 없지만, 이후 필리포스는 평생 한쪽 눈을 잃은 채로 살아야 했다.

필리포스는 훼손된 신체에 좌절하지 않고 오히려 군사를 몰아 테살리아 남쪽으로 진군하기 시작했다. 처음에는 주민들과 동맹 관계를 맺었지만 이후 중요 항구도시 파가사이에서 영향력을 확대했다. 이 과정에서 유명한 테살리아 기병대 다수를 자신의 군대로 편입시켰는데, 이는 훗날 알렉산드로스가 보유하게 되는 핵심 전력의 중심축이 된다. 또한 기원전 349년에 필리포스는 칼키디케반도로 진출해 올린토스를 공격했다.[31] 훌륭한 요새 도시 올린토스는 오랜 세월 지역 상업의 중심지였으며, 한때 스파르타를 상대로, 이후에는 아테네와 교류하며 칼키디케 동맹의 중심지 역할을 수행한 곳이었다. 이곳은 한때 마케도니아와 우호적인 관계를 유지했지만, 필리포스가 암피폴리스를 점령하자 시민들은 손익을 계산한 뒤 아테네와 동맹을 맺어 자신들을 보호하려 했다. 이에 아테네는 즉각 지원을 약속했는데 정작 무엇을 어떻게 도울지에 대해서 민회는 아무런 결론도 내리지 못했다. 올린토스를 옥죄는 올가미가 서서히 조여들었지만, 아테네인들은 토론만 거듭할 뿐 모든 결정을 미루었다. 그러는 사이 필리포스는 도시를 완전히 포위해버렸다. 그 즉시 성벽을 포격하고 수비대에게 화살을 퍼부었는데, 화살의 청동 촉에는 '필리포스'라는 글자가 새겨져 있었다. 이윽고 도시를 함락한 필리포스는 여느 전투에서와 달리 매우 가혹한 처분을 명령했다. 병사들은 도시를 약탈해 폐허로 만들었고 생존자들을 노예로 팔아버렸다. 필리포스는 올린토스를 초토화시키며 그리스 세계에 분명한 메시지를 전했다. 이를 통해 마케도니아의 왕은 때때로 자비롭지만 투항을 거부하는 상대에게는 무자비하다는 사실을 알렸다.

기록에 따르면 언어장애를 극복하기 위해 어린 시절 입에 재갈을 물고 큰 소리로 연설하는 훈련을 했다는 아테네의 유명 웅변가 데모스테네스는 필리포스가 그리스 도시들에 치명적인 위협이 된다는 사실을 간파한 최초의 인물 중 하나였다. 그는 필리포스의 북부 정벌 활동을 아테네로 향하는 디딤돌로 보았고, 너무 늦기 전에 힘을 모아 마케도니아 왕에 맞서야 한다며 전심으로 시민들을 설득했다. 그는 이렇게 토로했다고 한다.

여러분 가운데 한 사람이라도 필리포스의 행보를 예의주시한 이가 있습니까?[32] 그가 어떻게 위태로운 왕좌에서 힘을 키워 지금의 권력을 갖게 되었는지 아는 이가 있습니까? 처음에는 암피폴리스를 차지하고, 다음에는 퓌드나를 차지하고, 급기야 포티다이아까지 점령했습니다. 연이어 메토네와 테살리아를 수중에 넣고… 심지어 트라키아를 침공해 족장들을 몰아내고 측근들을 수장으로 앉히더니… 마침내 올린토스까지 육박해왔습니다. 일리리아와 파이오니아에서 벌인 일들은 입에 올릴 수조차 없습니다!

데모스테네스는 탁월한 웅변가였지만, 무심한 아테네 시민들을 설득해 필리포스와 마케도니아 군대에 맞설 실질적인 대안을 이끌어내지는 못했다. 당시 그리스인 대다수는 올림포스산 너머의 야만인들이 자신들의 정돈된 삶을 위협하리라고는 생각하지 못했다. 펠라로 파견되었던 아테네 사절단33은 열 살이 된 알렉산드로스의 수금 연주에 빠져들었을 뿐, 이후에는 필리포스에게 뇌물을 받은 뒤 평화협정을 맺고 말았다. 그리고 그가 더 많은 그리스 영토를 차지하는 동안에도 수수방관했다.

그런데 그리스 세계의 지지를 얻어 남쪽으로 영토를 확장할 중요한 명분을 찾던 필리포스는 델포이에서 그 실마리를 찾았다. 델포이의 성지는 태양신 아폴론의 거룩한 신전이 있는 곳으로 오랫동안 모든 그리스인이 신성시한 영역이었다. 왕들은 물론 장군, 상인, 농민들까지도 자유로이 그곳을 찾아, 전쟁을 해야 할지, 사업을 시작해도 될지, 옆집 아가씨와 결혼해도 되는지 등을 신들에게 물었다. 델포이는 그리스 중부의 포키스 지역에 높이 솟은 파르나소스Parnassus 산기슭에 자리 잡고 있었다. 알렉산드로스가 태어난 해인 기원전 356년, 델포이 주변에 거주하는 주민들은 델포이 신탁을 명목으로 결성된 도시 연합체인 암픽티온 동맹과 갈등을 벌였다. 이 분란은 이내 성전聖戰이라고 불린 격렬한 분쟁으로 격화되었고, 포키스 주민과 이들을 지지한 아테네 등의 동맹 도시들은 테베를 중심으로 연합을 이룬 외곽 동맹과 전쟁을 벌였다. 이 전쟁은 수년 동안 지속되었지만 어느 쪽도 주도권을 갖지 못한 채 장기전으로 빠져들었다.

기원전 348년, 전쟁에 지친 테베인들은 마침내 필리포스와 접촉해 포키스 동맹군을 진압해달라고 요청했다. 하지만 마케도니아 왕은 몹시 주저하며 즉시 군사를 움직이지 않았는데, 아테네와의 전면전만큼은 피하고 싶었기 때문이었다. 그러는 가운데, 데모스테네스의 끊임없는 경고를 무시하던 아테네인들도 점차 필리포스의 위협을 진지하게 받아들이기 시작했다. 양국의 사절들은 아테네와 펠라를 오가며 사태의 평화적 해결을 모색했고 갖가지 협약과 서약을 주고받았지만, 전쟁의 먹구름은 더욱더 짙게 드리워졌다. 마침내 필리포스는 최후의 결단을 내리고 그리스로 진입하는 관문인 테르모필레로 향했다. 페르시아군이 아테네 정벌 길에 스파르타군을 궤멸시켰던 땅 테르모필레에서, 필리포스는 자신의 군사를 이끌고 나타나 암픽티온 동맹을 압박하며 포키스 반란군에 대한 적절한 조치를 취할 것을 요구했다. 국경 밖에서 마케도니아군이 버티고 있는 상황에서 포키스는 투항을 택했고, 길게 이어지던 교착 상태도 끝이 났다. 필리포스는 암픽티온 동맹에서도 명예로운 자리를 부여받았다. 아테네는 이 상황에 만족할 수 없었지만 더 이상 문제를 악화시킬 수는 없었다. 필리포스는 모든 과정에서 외교적 압박과 군사적 위협을 절묘하게 이용했고, 그 결과 그리스에서 가장 강력한 정치 동맹의 실질적인 주인으로 등극했다.

알렉산드로스는 열두 살 무렵, 생을 함께할 친구를 만나 훗날 먼 인도에까지 동행한다. 그 벗은 부케팔라스라는 이름의 준마駿馬였다.34 말을 최고의 벗으로 삼게 된 어린 시절의 사건은 알렉산드로스의 놀라운 생애에서도 가장 유명하고 친근한 일화로 회자된다.

어느 날, 테살리아 출신의 말 조련사 필로니쿠스가 올림포스산 아래의 소도시 디온까지 찾아와 왕을 뵙고자 청했다. 자신이 키우는 말을 보여주고 싶다는 요청을 필리포스는 흔쾌히 받아들였다. 이는 흔치 않은 일이었다. 전쟁에서 사용할 좋은 말을 언제나 원했던 그는 아들 알렉산드로스와 함께 마을 외곽의 목초지까지 나아갔다. 필로니쿠스가 이끌고 나온 부케팔라스를 본 사람들은 그 위풍당당한 모습에 일제히 탄성을 쏟아냈다. 근육질의 다부진 체격과 큰 키를 자랑하는 말은, 칠흑 같은 검은 털로 덮여 있었고 이마에는 하얀 무늬가 수놓아져 있었다. 몸에는 목장의 표식인 황소 머리 모양의 낙인이 찍혀 있었다. (그래서 말의 이름도 황소 머리를 의미하는 부케팔라스Bu-cephalas였다.) 필로니쿠스는 부케팔라스가 명마라면 사족을 못쓰는 마케도니아 귀족들과 필리포스의 마음을 단숨에 사로잡은 모습을 보고, 열세 탈렌트talent 이하로는 절대로 팔 수 없다며 너스레를 떨었다. 그 금액은 평범한 사람이 평생 먹고살 정도의 엄청난 돈이었지만 필리포스는 어깨를 한번 으쓱할 뿐이었다. 생김새가 멋지기는 하지만 겁이 많고 길들이기 어려운 말이라는 사실을 금세 알아챘기 때문이었다. 부케팔라스는 노련한 왕실 마부들에게도 뒷다리를 휘두르며 날뛰었고 누구에게도 자신의 등을 허락하지 않았다. 아무리 훌륭한 말이라도 올라타 싸울 수 없다면 무용지물일 터였다.

필리포스는 말을 데려가라고 명령했다. 그런데 바로 그때 알렉산드로스가 아버지의 앞을 가로막았다. 그리고 이렇게 훌륭한 명마를 잃는다면 그것은 아버지에게 말을 다룰 용기와 능력이 없기 때문이라고 호소했다. 왕은 부하들 앞에서 어린 아들의 꾸지람을 듣는 상황이 못마땅했지만, 알렉산드로스는 이에 아랑곳하지 않고 계속해서 아버지를 설득했다. 필리포스는 한쪽만 남은 눈으로 아들을 매섭게 쏘아보았다.

"너는 어른한테 큰소리나 치는 어리석은 녀석인가?[35] 네가 우리보다 말을 더 잘 안다고 생각하느냐?"
"적어도 이 말만큼은 그렇습니다. 다른 누구보다도 제가 잘 다룰 수 있어요!"
"그러냐? 그렇다면 네 말을 증명하지 못하면 어떻게 할 것이냐? 그 무모한 자신감의 대가는 치러야 하지 않겠느냐?"
"말값을 전부 제가 치르겠습니다."

필리포스도 아들의 당돌함을 당해낼 수는 없었다. 패기만만한 아들의 도발에 귀족들과 함께 웃음을 터뜨린 왕은 제안을 받아들였다. 그리고 마부에게 명령해 말을 알렉산드로스에게 넘기도록 했다.

알렉산드로스는 대범했지만 결코 부주의한 인물이 아니었다. 궁정의 장군들은 부케팔라스의 거칠고 사나운 성질만 보았지만, 어린 소년은 그 너머의 무언가를 간파했다. 말이 통제할 수 없을 정도로 날뛴 것은 오직 해를 등지고 있을 때였다. 즉 말을 놀라게 한 것은 바로 자기 자신의 그림자였다. 알렉산드로스는 정확히 고삐를 쥐고 말이 해를 바라보도록 방향을 틀어 그림자가 보이지 않도록 했다. 그런 다음 부드러운 말을 귓가에 속삭이며 한동안 다정한 손길로 어루만지자 부케팔라스는 차분하게 진정되었다. 왕과 신하들이 놀라운 표정으로 지켜보는 가운데, 알렉산드로스는 망토를 벗어던지고 단숨에 말 등으로 뛰어올랐다. 부케팔라스는 금방이라도 몸부림칠 태세였지만 그는 고삐를 단단히 움켜쥐고 천천히 초원을 걷기 시작했다. 말의 성질과 움직임을 파악한 그는 서서히 고삐를 풀었다. 그러자 기운 넘치는 말이 풀밭 위를 전속력으로 질주하기 시작했다. 사람들은 왕자가 낙마해 발에 차일까 우려했지만, 알렉산드로스와 부케팔라스는 힘차게 달려 금세 사람들의 시야에서 벗어났다. 그리고 잠시 후 다시 나타나 아버지 앞으로 질주해왔다. 사람들은 모두 환호성을 질렀고, 벅찬 감정을 이기지 못한 필리포스는 기쁨의 눈물을 흘리며 말에서 내린 아들을 끌어안고 입을 맞추었다. 그는 알렉산드로스를 꼭 끌어안으며 예언처럼 이렇게 말했다. "아들아, 너는 너에게 걸맞는 왕국을 세워야 한다.[36] 마케도니아는 너에게 너무 좁아!"

필리포스는 알렉산드로스의 지력과 정신력이 유년기 스승들에게서 배울 단계를 넘어섰다고 판단했다. 아들이 왕이 되어 그리스 세계의 신흥 강국 마케도니아를 이끌 인물이 되기 위해서는 당대 최고 수준의 교육을 받아야 한다고 생각했다. 그가 아는 한 그런 수준의 교육을 제공할 인물은 한 사람뿐이었다. 그가 바로 아리스토텔레스였다.[37] 당시에는 많은 이들이 필리포스의 선택을 의아하게 생각했는데, 그때만 해도 아리스토텔레스는 사실상 무명에 가까운 망명자로 살아가고 있었기 때문이었다. 훗날 인류 역사상 가장 유명한 철학자 중 한 사람으로 알려질 이 인물은 어린 시절부터 필리포스와 친분이 있었다. 아리스토텔레스는 칼키디케반도 인근의 스타기라 출신이었지만, 필리포스의 아버지 아민타스 치세에서 왕실 주치의였던 아버지와 함께 궁정에서 자랐다. 필리포스는 아리스토텔레스보다 한두 살 정도 어렸고, 두 사람은 어린 시절 내내 함께 어울려 지냈다. 아리스토텔레스는 열일곱 살이 되었을 무렵 마케도니아를 떠나 아테네에 정착했으며 그 유명한 아카데미아Academy에서 플라톤의 제자로 20년 동안 수학했다. 플라톤이 사망했을 때 아리스토텔레스는 아카데미아의 후계자가 될 것으로 기대했지만, 오히려 필리포스와의 관계를 의심받아 데모스테네스를 위시한 반 마케도니아 세력에 의해 아테네에서 추방당하고 말았다. 심지어 같은 해 그의 고향 스타기라에서 반란이 일어나 필리포스의 군대에 의해 도시가 파괴되었고, 아리스토텔레스는 트로이 주변의 한 도시로 잠적해야 했다. 그곳은 헤르미아스라는 참주가 다스리던 페르시아의 세력권이었다. 아리스토텔레스는 3년 동안 머물며 참주의 양녀와 결혼하기도 했으나, 참주가 암살되자 가까운 섬 레스보스로 이주해 현지의 동식물을 연구하고 후학을 가르쳤다. 3년 후 알렉산드로스의 가정교사를 맡아달라는 필리포스의 제안을 그는 흔쾌히 수락하고 펠라로 떠났다.

아리스토텔레스는 탁월한 스승이었다. 소크라테스가 플라톤을 가르치고 플라톤이 아리스토텔레스를 가르친 것처럼, 이제는 스타기라 출신의 철학자가 알렉산드로스에게 우주의 경이로움을 보여주려 했다. 눈이 작고 혀 짧은 발음을 했으며, 비쩍 마른 다리에 화려한 반지와 유별난 옷차림으로 유명했던 그는 마케도니아 왕자에게 우스꽝스럽게 보였을 수도 있지만, 알렉산드로스는 그가 입을 열 때마다 천재의 진 면목을 느꼈다. 세상 모든 것을 이론과 사변으로 풀어냈던 플라톤과 달리, 아리스토텔레스는 매우 현실적인 사람이었다. 그는 사물의 원리를 이해하기 위해 끝없이 고민했고, 시학을 연구하기 위해 도서관에 앉아 있는 시간 이상으로 개구리알과 올챙

이를 채집하고 해부하느라 무릎까지 빠지는 늪을 헤맸다. 어떤 분야를 연구한다는 개념조차 없던 시절에, 아리스토텔레스는 세상의 모든 것을 탐구하고 기록했다. 그는 논리학의 실질적인 창시자였으며, 우주가 전능한 제1원인에 의해 창조되었지만 그 전능자는 자신이 창조한 우주에 관심을 갖지 않는다는 결론을 도출했다. 아리스토텔레스는 인류 최초의 위대한 실험 과학자였으며, 물리학과 천문학, 생물학, 발생학, 기상학 등 수많은 영역에서 선구자 역할을 했다. 그는 관찰과 실험을 통해 지구가 구형이라는 사실을 주장했고, 고래가 물고기가 아닌 포유류라는 사실도 정확히 분석했다. 그는 윤리학의 선구자였으며, 최고선greatest virtue은 중용moderation을 통해 구현된다고 주장했다. 그에 따르면 인간은 정치적 동물이며, 폴리스polis 혹은 도시 속에서 비로소 각자의 본질을 실현할 수 있었다. 또한 타인과 완전히 고립된 삶은 의미를 가질 수 없으며, 동료 시민이 없는 삶은 살아갈 가치가 없다고 선언하기도 했다. 하지만 그도 당시 대중의 통념처럼, 노예제는 자연스러운 발생이고, 남성이 여성보다 본래적으로 우월하며, 그리스인 이외의 야만인들은 각자의 열등한 본성에 맞게 다루어져야 한다고 믿었다.

알렉산드로스는 아리스토텔레스에게서 다양한 지식과 그 너머의 것들을 배웠겠지만, 그가 느낀 가장 흥미로운 분야는 시 외에도 의학과 과학 분야였던 것으로 보인다. 아리스토텔레스는 아버지에게서 배운 의술의 지식을 알렉산드로스에게 전수했다. 이는 훗날 전장의 장수로 활약하면서 병사들의 상처를 직접 치료하고 약을 처방한 바탕이 되었다. 알렉산드로스는 이국에서 식물표본을 수집해 아리스토텔레스에게 보내기도 했으며, 전에 없이 정밀한 세계지도를 제작하기도 했다. 그는 독서를 사랑했고, 특히 호메로스의 『일리아스』를 전쟁 교과서처럼 읽었다. 아리스토텔레스는 그를 위해 『일리아스』를 편집한 특별한 판본을 만들어주었다. 알렉산드로스는 이를 작은 상자에 소지해 원정길에서 읽었다. 그는 잠자리에서도 베개 밑에 날 선 단검 하나와 함께 이 책을 넣어두고 잠을 청했다.

아리스토텔레스는 마케도니아의 평야가 험준한 산맥과 만나는 펠라 서쪽 미에자 지역에서 알렉산드로스와 궁정의 젊은 귀족들을 가르쳤다. 함께한 청년들은 훗날 알렉산드로스의 가장 충직한 동료로 성장했다. 그 가운데는 프톨레마이오스도 있었는데, 마케도니아의 험난한 고지대 출신이자 왕실 혈통이었던 그는 훗날 이집트의 파라오가 된다. 또 다른 주목할 만한 인물로는 필리포스의 신실한 동료 안티파트로스의 아들 카산드로스가 있다. 그는 평생 건강이 좋지 않았지만, 알렉산드로스가 죽은 뒤에는 강력한 왕으로 등극했다. 다소 나이가 많았던 레스보스섬 출신의 라오메돈은 페르시아어에 능통해 알렉산드로스의 매우 중요한 보좌관이 되었고, 마케도니아의 동료 마르시아스는 훗날 알렉산드로스의 초기 전기작가 중 하나가 되었다. 또 다른 친구 네아르코스는 크레타섬 출신이었고 그가 가진 항해 기술은 원정 활동에 큰 도움이 되었다. 그런데 아리스토텔레스와 함께 했던 모든 동료 가운데 가장 가까운 벗은 단연 펠라 출신의 헤파이스티온이었다.

플루타르코스에 따르면 알렉산드로스는 피부가 희고 안색이 붉었으며 눈빛이 매서웠다.[38] 키는 평균적인 마케도니아인보다 작았지만, 소싯적 놀이터든 전쟁터 현장이든 그로 인해 위축되는 법은 결코 없었다. 그의 형상은 알렉산드로스 생전에 필리포스가 고용한 궁정 예술가들에 의해 대리석 흉상으로 만들어졌는데, 그 복제본들이 현재까지 전해지고 있다. 여러 면에서 그리스 예술 양식을 따른 이 흉상들은 갸름한 뺨과 각진 턱에 야망 가득한 수염 없는 젊은 남성으로 형상화되어 있다. 베르기나에 있는 필리포스의 무덤에서 발견된 높이 2.5센티미터 가량의 세밀한 상아 조각상 역시 비슷한 외관을 보여준다. 근육질의 목과 깊이 잠긴 눈, 그리고 하늘을 올려다보는 듯한 시선 형상이 특징적이다. 플루타르코스는 알렉산드로스의 피부에서 매우 좋은 향기가 났다고 전하기도 했다. 이 이야기가 사실인지는 알 수 없지만, 고대 세계의 신들은 좋은 향기와 연관되어 기술되곤 했으며, 중세 유럽에서도 기독교 성인들의 향기는 신성함의 상징으로 표현되곤 했다.

다양한 형태의 성적 향락이 넘쳐나던 고대 궁정에서는 알렉산드로스 역시 깊은 쾌락의 유혹에 노출되었을 것이다. 하지만 충동적이고 거침없는 성격에도 불구하고 그는 육체적 쾌락에 대해서는 놀라울 정도로 관심이 없었다. 그는 자기조절 능력이 뛰어났고 나이에 비해 매우 성숙한 태도를 견지했다. 어린 시절부터 노예 소녀와 첩들을 보면서 자랐고, 심지어 아내를 재산처럼 취급하는 시대를 산 그가, 여성에 대해서만큼은 다소간의 거리감을 유지하는 모습이었다. 어머니 올림피아스는 여성에 큰 관심을 보이지 않는 알렉산드로스가 걱정스러워 조금의 흥미라도 불러일으키고자 트라키아 출신의 아름다운 창녀 칼릭세이나를 보내기도 했으나 큰 효과는 보지 못했다.[39] 젊은 알렉산드로스는 요동치는 사랑의 감정이나 그에 따르는 피로한 마음을 달가워하지 않았던 것으로 보인다. 훗날 그는 사랑과 잠자리의 행위가 스스로 유한한 인간이라는 사실을 가장 강력하게 상기시킨다는 느낌을 고백한 바 있다.[40]

어느 날 알렉산드로스는 임박한 올림픽에서 경주 종목에 출전할 생각이 있느냐는 질문을 받았다. 그러자 그는 경쟁자들로 왕들이 나선다면 당연히 출전하겠고 답했다.[41] 누군가 그에게 왕이 되려는 열망이 충분한지, 혹은 전장을 누비며 공을 쌓을 의지가 있는지 의심했다면, 이 열여섯 소년의 답변은 그에 대한 충분한 대답이 되었을 것이다. 필리포스가 반란을 일으킨 도시 비잔티움을 정벌하는 원정에 나섰을 때도 마케도니아의 섭정으로 펠라에 남겨진 인물이 바로 알렉산드로스였다.[42] 필리포스가 왕의 인장 반지seal ring를 알렉산드로스에게 넘겨주며 왕의 통치 권한을 부여했을 때, 더불어 전한 이야기는 아마도 경솔한 행동은 삼가라는 아버지로서의 엄중한 조언이었을 것이다. 그 반지는 단순한 권력이 아니라 하나의 시험이었을 것이다. 알렉산드로스가 몇 달 동안 부여받은 권력의 무게를 견디어낸다면 그의 후계자 지위는 더욱 확고해질 터였다.

그런데 마케도니아 왕국의 국경에는 침략을 노리는 부족들이 수시로 침탈의 기회를 엿보고 있었다. 실제로 필리포스의 군대에 의해 수년간 억눌려 있던 북쪽 고지대 트라키아 지역의 거친 마이디족은 필리포스와 그의 군대가 머나먼 비잔티움으로 떠나고 어린 소년이 왕좌에 앉아 있다는 사실을 확인하자 즉시 태세를 전환했다. 부족의 전사들은 세를 모은 뒤 고지대 은신처를 떠나 암피폴리스 북쪽의 스트리몬 계곡을 따라 남하했다. 그들의 마음에는 복수심과 약탈의 욕망이 가득했을 것이다.

침략 소식을 접한 알렉산드로스는 아버지가 남겨둔 병력을 모아 북쪽으로 진군했다. 마침내 생애 첫 전투를 벌이게 된 것이다. 이에 대한 자세한 기록은 거의 남아 있지 않지만, 알렉산드로스가 몇 주 내로 마이디족을 완전히 격파하고 그들의 영토마저 장악했다는 사실은 역사의 사실로 남아 있다. 그 점령지는 염소를 키우는 것 외에 유용한 용도가 없는 척박한 고지대였지만, 무기를 만드는 데 필요한 철이 다량 매장되어 있었다. 알렉산드로스는 훗날 아시아 정복지를 통치하는 방식을 미리 보이기라도 하듯, 거점 도시에 원주민과 마케도니아인들을 뒤섞어 거주시켰으며, 도시 이름을 알렉산드로폴리스, 즉 알렉산드로스의 도시라고 명명했다. 플루타르코스에 따르면, 필리포스는 아들의 승전보를 듣고 떨 듯이 기뻐했지만, 동시에 점령지에 자기 이름을 붙이는 당돌한 10대 아들을 다소 경계하기 시작했다.

알렉산드로스는 얼마 뒤 자신의 가치를 입증할 더 큰 기회를 얻었다. 필리포스가 아테네인들의 끊임없는 도발에 더 이상 인내하지 않기로 결단했기 때문이었다. 데모스테네스 같은 이들은 아테네의 가장 큰 위협이 스파르타나 테베나 페르시아가 아닌 오직 마케도니아라고 오랫동안 도발했지만, 오히려 마케도니아 해변을 지속적으로 노략질한 것은 아테네의 해적들이었다. 심지어 아테네와 페르시아는 힘을 규합해 마케도니아를 대적하려는 구체적인 움직임까지 보였다. 이에 필리포스는 선제적인 공세에 나서기로 하고 마케도니아의 해역부터 통제했다. 흑해와 아테네를 왕복하는 곡물 수송 함대를 나포하며 아테네로의 식량 공급을 차단하는가 하면, 눈에 띄지 않게 남쪽으로 진군해 테베 북쪽의 엘라테아라는 도시를 점령했다. 아테네의 조급한 반응을 유도한 필리포스의 작전은 정확히 맞아떨어졌다. 아테네는 건재한 해상 강국이었지만 수십 년 동안 제대로 된 지상전은 벌인 적이 없었다. 그럼에도 데모스테네스는 아테네 시민들을 부추겨, 마라톤 전투에서 승리한 위대한 그리스는 분수 모르고 덤벼드는 야만인들을 격퇴해야 한다고 여론을 주도했다. 아테네인들은 필리포스가 아테네를 공격한다면 테베도 함락시킬 것이라며 테베와 공동 작전까지 추진했다. 기원전 338년 8월의 무더운 어느 날, 마침내 인근 동맹 부족들을 규합한 아테네군은 테베의 정예 신성대와 연합해 그리스 중부 카이로네이아로 집결했다.[43] 군대가 도착한 좁은 계곡 일대에는 이미 필리포스 군대가 주둔하고 있었다.

총병력 6만에 달하는 대규모 군대가 집결한 곳은 폭 1.6킬로미터가량의 습지였다. 양측의 병력 규모는 비슷했지만, 아테네의 군인들이 상인과 농부들이었던 데 비해, 마케도니아의 군인들은 오랜 시간 북쪽 산악지대의 야만 전사들과 그리스 호플리테스들을 상대한 정예 부대였다. 필리포스가 가장 우려한 것은 연인으로 참전한 300인의 막강 신성대였으며, 전투에서 승리하기 위해서는 이들을 꺾어야만 했다. 그런데 놀랍게도 필리포스는 신성대를 정면으로 마주하는 마케도니아 진형의 핵심 위치에 이제 겨우 18세가 된 아들 알렉산드로스의 부대를 배치했다.

필리포스는 수년 전 일리리아인들을 물리칠 때 사용한 전술을 다시 꺼내들었다. 아테네와 동맹군이 계곡을 가로지르는 일직선 대형을 취하자, 마케도니아군은 비스듬한 대각선 대형을 이루고 상대의 왼쪽을 겨냥했다. 필리포스가 전진 명령을 내리자 왼쪽부터 치열한 접전이 벌어졌지만, 오른쪽에서는 전투가 시작되지 않았다. 그런데 왼쪽 공격을 버텨내던 아테네군이 마케도니아군을 조금씩 밀어내기 시작했다. 마케도니아군이 후퇴하는 모습을 보이자 오른쪽 진형의 아테네 병사들이 대열을 벗어나 왼쪽으로 이동해 공격에 합세했다. 이 모든 것이 정확히 필리포스가 계획하고 유도한 작전이었다. 테베의 신성대가 이끄는 훈련된 병사들은 끝까지 진형을 유지했고, 그로 인해 중앙 아테네군과의 사이에 틈이 벌어졌다. 그 틈으로 알렉산드로스의 기병대가 돌진했다. 알렉산드로스의 병사들이 테베군을 포위하자 필리포스는 아테네군을 향해 일제 돌격을 명했다. 마라톤의 후예인 아테네 병사들은 혼란에 빠져 진형을 버리고 도망치기 시작했다. 그 과정에서 1000명이 전사하고 그 두 배에 달하는 병사들이 포로로 붙잡혔다. 아테네의 일부 용맹한 병사들은 자신의 자리에서 싸우다 전사했지만, 웅변가 데모스테네스 같은 다수의 위인들은 전장의 공포를 이기지 못하고 도주했다. 테베의 일반 병사들도 비슷한 운명을 맞이했는데, 신성대의 전사들만큼은 한데 모여 원형 진형을 이룬 채 알렉산드로스와 마케도니아군에 끝까지 저항했다. 그들의 시신은 전우의 시신 위에 겹겹이 쌓여갔고, 마침내는 최후의 한 사람까지 장렬한 최후를 맞이하며 전멸하고 말았다. 저항할 수 없을 만큼의 중상을 입어 생포된 자를 제외하고 그들은 예외 없이 자신의 자리에서 명예롭게 스러져갔다. 필리포스는 신성대 전사들의 시신을 한곳에 매장해 애도하도록 하고, 높다란 사자 석상을 세워 용맹함을 기렸다. 이 사자상은 지금도 카이로네이아 계곡에서 조용히 자신의 자리를 지키고 있다.

필리포스는 전투에서 승리하자 공을 세운 이들에게 후한 보상을 내렸다. 하지만 매우 중요한 기여를 한 알렉산드로스에게 정당한 보상을 하는 데는 다소 인색했다. 왕은 남쪽으로 군대를 몰아 테베와 아테네를 모두 파괴할 수도 있었지만, 알렉산드로스가 이끄는 사절단을 아테네 민회에 보내 평화를 제안했다. 필리포스의 관대한 모습은 단순한 인도주의가 아니었다. 아테네의 군대, 특히 강력한 해군이 온전히 마케도니아군의 편제로 들어온다면 전력에 큰 도움이 될 것이라는 계산 때문이었다. 그는 아테네의 시민과 재산을 존중하겠다고 약속했고, 카이로네이아 전투에서 포로로 잡힌 아테네 병사들도 몸값을 받지 않고 온전히 돌려보냈다. 아테네가 이미 점령하고 있던 에게해의 섬들에 대해서도 기존의 지배권을 인정했다. 마케도니아 군대를 아테네 시내에 주둔시키지 않겠다고도 약속했는데, 그에 대한 하나의 요구 조건은 아테네가 마케도니아의 동맹국이 되는 것이었다. 마케도니아 군대가 성벽 앞에 나타나지 않은 것만으로도 크게 안도한 아테네 민회는 필리포스가 요구한 모든 것을 수락했다. 그들은 필리포스와 알렉산드로스에게 아테네 시민권을 수여했으며, 나아가 번화가 한복판에 필리포스의 동상을 세우기까지 했다.

알렉산드로스에게 있어서 사절단을 이끌고 아테네를 방문한 일은 매우 강렬한 경험이었을 것이다. 그리스에서 가장 유명한 도시 아테네를 방문한 것은 그때가 처음이자 마지막이었다. 그곳에서 그는 도시 위로 우뚝 솟은 아크로폴리스를 보았을 것이고, 언덕 가장 높은 곳에서는 금장식의 아테나 여신상이 놓인 파르테논 신전을 보았을 것이다. 고대 그리스의 여타 건축물과 조각상들처럼 흰 색상 위에 화려한 채색을 입힌 아크로폴리스의 각양각색의 구조물들도 보았을 것이다. 알렉산드로스는 파르테논 아래 경사면을 내려가서 소포클레스의 『오이디푸스 왕』이 처음 상연된 디오니소스 극장도 방문했을 것이다. 아크로폴리스 맞은편 프닉스Pnyx 언덕에서는 페리클레스가 아테네의 위업에 후손들이 경탄할 것이라고 선언했던 아테네 민회 개최장을 보았을 것이다. 인근을 완보하면서는 스승 아리스토텔레스가 수학했던 아카데미아를 보았을 것이며, 소크라테스가 시민들과 함께 각자 신념을 토론했던 아고라agora도 목격했을 것이다. 그 찬란했던 여름, 알렉산드로스의 눈앞에는 그리스 역사와 문화의 심장부인 아테네 전역이 하나의 풍경으로 펼쳐졌을 것이며, 그는 그것을 가슴에 새겨 평생을 간직했을 것이다.

필리포스는 그리스에 대한 지배력을 공고히 하기 위해 더욱 고삐를 쥐었다. 그해 겨울, 코린토스에서 그리스 전역의 도시국가들이 참여하는 대회가 소집되었다.44 카이로네이아 전투 이후 이를 거부한 도시는 호전적인 도시 스파르타뿐이었다. 필리포스는 스파르타를 지도에서 지워버릴 수도 있었지만, 그들은 실질적인 위협이 되지 않았을 뿐 아니라, 오히려 그들이 불참하는 모양새가 대회의 자발적인 성격을 드러낸다고 생각했다. 필리포스는 이러한 양상을 계산했을 가능성이 크다. 코린토스 회의에서 제시된 조건들의 요지는 매우 명료했다. 그리스 도시국가들이 평화롭게 공존하고, 외부 공격에 공동 대응하고, 공동 대표 회의 시네드리온의 결정을 존중하는 것에 더해, 마케도니아와 동맹을 맺어 필리포스와 그의 후계자들을 연합군의 지도자로 인정하고 이에 서약하라는 내용이 그것이었다. 코린토스 동맹으로 명명된 이 연합체는 형식상 민주주의의 구현체지만, 실상은 필리포스를 그리스 전체의 확고한 지배자로 옹립하는 기구라는 사실은 분명해 보였다.

코린토스 동맹의 수장이 된 필리포스가 내린 첫 번째 결정은 오랫동안 마음속에 품어왔던 대담한 계획을 실행하는 일이었다. 그것은 바로 페르시아 제국의 병합이었다. 당시 페르시아의 정치적 상황을 고려하면 이것은 결코 실현 불가한 공상만은 아니었다. 90세가 넘은 아테네의 웅변가 이소크라테스는 오랫동안 범그리스 차원의 십자군원정을 주장했는데, 그리스인들이 서로 싸우는 대신 공통의 적과 맞서야 한다는 논리였다. 그러던 그는 마침내 필리포스에게서, 페르시아의 과거 만행에 대한 복수를 실행하고 소아시아와 에게해 인근 그리스 도시들을 페르시아의 압제로부터 해방시킬 힘과 권위를 두루 갖춘 지도자의 모습을 보았다. 필리포스는 범그리스주의라든가 민주주의 같은 고상한 개념에는 큰 관심이 없었지만, 이소크라테스의 주장이 자신의 군사적 야망을 이루는 데 필요한 훌륭한 선전 수단이 될 것이라고는 생각했을 것이다. 물론 필리포스가 페르시아 제국 전체를 일거에 차지하겠다는 허황된 꿈을 꾼 것은 아니었다. 그가 탐낸 것은 페르시아의 중심부에서 멀리 떨어진 소아시아 일대의 그리스 도시들이었다. 그런데 페르시아 제국은 실제로 이집트 등 여러 속주의 반란으로 지배력이 약화되어 있었고, 수사 궁정 또한 페르시아 대왕 아르탁세륵세스 3세가 환관이자 재상인 바고아스에게 암살당한 직후 극심한 혼란에 빠져 있었다. 왕좌는 세상 경험 없는 어린 아들 아르세스Arses에게 넘어갔고 그는 아르탁세륵세스 4세로 즉위했지만, 실상은 아버지를 죽인 바고아스의 허수아비에 불과했다. 필리포스에게 이보다 더 좋은 기회는 없어 보였다. 그리스 세계는 그의 통솔하에 일사불란한 조직이 되어 있었고, 페르시아의 지배층은 혼란에 빠져 있으며, 에게해 건너편 그리스 도시들은 각자도생에 여념이 없었다. 마침내 코린토스 동맹은 그리스 마케도니아 연합군의 총사령관으로 필리포스를 추대했다. 페르시아 제국을 상대할 대규모 원정군의 지도자로 필리포스 아닌 다른 이가 낙점될 수는 없었을 것이다.

    필리포스는 페르시아 정벌을 준비하는 와중에도 다양한 국가사업을 이끌며 그리스 문화의 수호자로 남고자 했다. 특히 올림피아의 제우스 신전 구역에 필리페이온이라는 웅장한 건축물을 건설하도록 했는데,45 여러 기둥이 원형으로 둘린 이 구조물의 내부에는 상아와 금으로 만든 화려한 조각상들이 놓였다. 그 가운데는 필리포스 본인은 물론 올림피아스와 알렉산드로스 등 왕실 인물상도 포함되어 있었다. 그의 이러한 행보에 일부 사람들은 필리포스가 자신과 가족을 반신半神의 존재로 격상시키려는 것이 아닌지 의심하기 시작했다. 죽은 영웅들에게 숭배에 가까운 경의를 표한 사례는 있었지만, 현직 왕을 위해 신전을 짓는 일은 그리스 역사에도 전례가 없었다. 한때 이집트의 파라오들이 신과 인간을 중재하는 거룩한 존재로 여겨지기도 했지만, 당시에는 대제국 페르시아의 왕들도 신처럼 숭배되지는 않았다. 심지어 마케도니아 귀족들도 왕을 신의 축복을 받은 존재로 여겼을지언정, 결코 신 그 자체가 아닌 여러 귀족 가운데 첫 번째 인물로 대우했을 뿐이었다. 필리포스가 카이로네이아 전투를 승리로 이끈 후 자신의 권력을 과시하려 했든, 혹은 그 이상의 어떤 것을 염두에 두었든, 필리페이온에 올림피아스와 아들 알렉산드로스의 조각상이 세워진 것은 필리포스가 알렉산드로스를 마케도니아 왕좌의 명백한 계승자로 낙점한 사실을 의미했다.

이런 상황에서 마케도니아 왕실의 혼돈스러운 역사 가운데서도 가장 기이한 사건 하나가 벌어졌다. 펠라로 돌아온 필리포스는 올림피아스에 간통 의혹을 제기하며 이혼을 선언했고,[46] 그와 동시에 혈통 좋은 마케도니아 귀족 여인과 재혼하겠다고 발표했다. 심지어 그는 알렉산드로스가 자신의 친자가 아닐지도 모른다는 소문을 퍼뜨리기까지 했다. 필리포스는 왜 그처럼 중차대한 시점에 근거 없는 의혹을 제기해 왕실을 혼란에 빠뜨린 것일까? 당시는 장군 아탈로스와 파르메니온, 아민타스가 에게해 너머로 파견되어 페르시아 정벌을 위한 사전 작업을 준비하고 있었고, 수천 명의 병력과 수 톤에 달하는 보급품이 그리스와 주변 동맹 부족들에게서 징발되고 있었으며, 소아시아 정복 계획은 이미 본격적으로 추진되고 있었다. 이런 상황에서 오로지 사적인 감정으로 인해 페르시아 정벌 계획을 위태롭게 만드는 그의 행위는 누구도 이해할 수 없는 광기가 아닐 수 없었다.

하지만 필리포스가 올림피아스와 알렉산드로스를 그토록 갑작스럽게 배척한 구체적인 이유가 있었을 것이다. 그 해답은 마케도니아 유력 귀족 가문들 사이의 파벌 싸움에서 찾아볼 수 있다. 기득권인 귀족들 입장에서 올림피아스는 에피로스 고지대 야만 부족 출신의 이방인이었으며, 뱀을 숭배하고 아들 알렉산드로스를 왕위에 앉히는 데만 혈안이 된 여자였다. 그런데 만일 필리포스가 순수한 마케도니아 귀족 출신의 여성을 새로 맞아들이고 그녀가 아들까지 낳는다면 그 아들이야말로 진정한 왕위 계승자로 인정받을 것이었다. 필리포스의 입장에서도 아직 마흔 살 무렵의 젊은 나이였기 때문에, 늙기 전에 아들을 낳아 성인으로 성장시킬 시간은 충분했다. 마침 그의 장군 아탈로스는 클레오파트라는 조카 소녀를 피후견인으로 두고 있었다. 그녀는 젊고 아름다웠으며 필리포스에게 다산이라는 선물을 안겨줄 적임자로 기대받고 있었다. 아탈로스는 또 다른 최고위 장군 파르메니온의 딸과 결혼한 사이였기 때문에, 클레오파트라가 낳을 아기는 펠라의 거의 모든 유력 가문들과 혈연적 연결고리를 가지게 되는 셈이었다. 귀족들에게는 에피로스 혈통이 절반만 섞인 알렉산드로스보다는 순수한 마케도니아 귀족 혈통의 후계자가 훨씬 바람직해 보였을 것이다.

필리포스는 올림피아스와 그녀의 아들을 버리는 것이 자신의 이익에 부합한다는 의견에 동조했다. 필리포스는 알렉산드로스가 태어난 후 20년 동안 올림피아스와 잠자리를 한 적이 없었고, 심지어 그녀가 뱀과 함께 뒤엉켜 침대에 누워 있던 한때의 광경을 결코 잊지 못했다. 그도 알렉산드로스가 훌륭한 청년이라는 사실은 인정했다. 전장에서도 탁월한 업적을 쌓았지만, 그 능력이 지나쳤고 야망은 과도했다. 그러한 아들을 잃는 것은 안타까운 일이지만 다른 아들을 낳아 잘 길러낼 수 있을 것으로 생각했다.

필리포스는 사적인 원한이 없다는 것을 보여주기라도 하듯 알렉산드로스를 결혼 연회에 초청했다. 언제나 그러했듯 마케도니아 연회에서는 포도주가 끝없이 제공되었고, 필리포스는 이를 누구보다도 많이 들이켰다. 밤이 깊어질 무렵, 아탈로스가 자리에서 일어나 자신의 조카를 신부로 취한 필리포스를 위해 건배를 제안했다. 그는 좌중의 마케도니아인들을 향해 신들께 기도를 올려야 한다며, 새 부부에게 조속히 왕위 계승자를 허락해달라고 아뢸 것을 제안했다. 알렉산드로스는 자신을 향한 노골적인 도전에 격분한 나머지 아탈로스에게 술잔을 던졌다. 그리고 자신을 아버지 없는 자식으로 취급하는 것이냐며 거칠게 따져 물었다. 이를 본 필리포스는 자리에서 벌떡 일어나 검을 뽑아들고 아들을 베려 했다. 하지만 술기운에 비틀거리다가 그만 바닥에 쓰러져 나뒹굴고 말았다. 알렉산드로스는 겨우 몸을 추스르는 필리포스를 내려다보며 경멸스러운 탄식을 내뱉었다. "그대들이여 보라! 유럽에서 아시아로 원정을 떠나겠다는 인물이 의자에서 다른 의자로 건너지도 못하지 않는가!"[47] 알렉산드로스는 분노에 차 방을 박차고 나가버렸다. 그리고 동이 트기 전에 그와 어머니 올림피아스는 에피로스 고지대에 있는 그녀의 친정으로 도주했다.

필리포스는 이후 몇 달 동안 펠라에 머물며 분노를 삭였고, 알렉산드로스는 에피로스에 숨어 침묵 속에서 마음을 가다듬었다. 그리고 얼마 후 일리리아에 있는 친구들 곁으로 거처를 옮겼다. 이듬해 여름에 클레오파트라가 출산을 했고 아이의 이름은 유로파라고 지어졌지만, 필리포스와 마케도니아 귀족들이 바란 남자아이는 아니었다. 그러는 중에도 시간은 흘러 오랫동안 준비한 페르시아 원정이 임박했고 병력과 보급 준비도 마무리되었다. 그런데 페르시아 궁정이 다시 혼돈의 격랑 속으로 빠져드는 사건이 발생했다. 아르탁세륵세스 4세가 환관 바고아스에 의해 또다시 암살되었고, 그의 뒤를 이어 다리우스 3세(페르시아어로는 다라야바우쉬Darayavaush)가 새로운 왕으로서 권좌에 올랐다. 필리포스는 원정에 대한 신의 승인을 얻기 위해 델포이의 아폴론 신전에 사신을 보냈다. 충분한 제물이 바쳐지자 델포이의 여사제는 다음과 같은 시 형식의 답변을 내놓았다. "제물로 바칠 황소가 준비되었고, 끝은 가까이 있으며, 집행자 또한 도착해 있노라."[48]

델포이의 통상적인 신탁처럼 의미가 모호한 문장이었지만, 필리포스는 이를 긍정적인 내용으로 해석했다. 황소를 페르시아로, 자신을 집행자로 대입한 것이다. 하지만 이내 다른 해석을 주장하는 이들이 나타날 터였다.

후계자를 결정하지 않은 왕이 장기 원정을 떠나는 것은 매우 위험한 일이었다. 마케도니아의 오랜 귀족들조차도 필리포스가 아시아에서 전사할 경우 벌어질 혼란을 우려했다. 결국 오랜 친구인 코린토스 출신 데마라토스[49]가 방문해 조언하면서 필리포스의 생각이 바뀌기 시작했다. 일상적인 인사를 주고받은 후 필리포스는 친구에게 그리스 도시국가들의 혼란상을 언급했다. 그러자 데마라토스는 고개를 저으며 필리포스가 그리스 문제에 관심을 둘 처지가 아니며, 사사로운 가족 문제조차도 제대로 해결하지 못하고 있다고 일갈했다. 나아가 심화된 반목과 불화는 전부 왕 스스로가 자초한 일이라며 필리포스를 꾸짖었다. 아들과의 불화를 속히 마무리해야 할 뿐 아니라 아시아 원정 전에 알렉산드로스를 정식 후계자로 세워야 한다고 촉구했다. 필리포스는 즉각 반론을 폈지만, 친구의 말에 담긴 일말의 진심을 느꼈고, 오랜 대화 끝에 마침내 그의 조언을 수긍했다. 후속 조치는 즉시 발동되었다. 일리리아산맥 너머에 있는 알렉산드로스를 데려오기 위한 사절단이 파견된 것이다.

필리포스는 펠라로 돌아온 아들을 따뜻하게 맞이했다. 하지만 오래 지나지 않아 자신의 관용을 후회하게 되는 일이 벌어졌다. 알렉산드로스가 복귀한 직후, 카리아의 페르시아 총독 픽소다로스로부터 사절이 도착했다.50 소아시아 남서부 카리아를 다스리는 그는 최근 자신의 여동생 아다의 왕좌를 탈취한 인물이었다. 그는 필리포스가 할리카르나소스까지 진군할 경우 자신의 안위를 보장받고 싶어 했다. 픽소다로스는 필리포스의 장남이자 알렉산드로스의 이복형이면서 정신적인 문제를 갖고 있는 아리다이오스에게 자신의 딸을 아내로 바칠 것을 제안했다. 일이 성사된다면 필리포스는 에게해 인근의 주요 도시 카리아와 동맹을 맺을 수 있었고, 픽소다로스는 마케도니아 왕실과 혈족으로 연결되는 이득을 취할 수 있었다. 물론 픽소다로스는 페르시아와의 공식적인 관계까지 끊을 생각은 없었다. 필리포스는 이 제안을 크게 반기지 않았음에도, 명확한 결론을 내리지 않고 주저하면서 페르시아 원정 준비를 마무리하는 중요한 시간을 허비했다. 그런데 이 소식을 전해 들은 알렉산드로스는 즉시 자신이 꾸린 사절단을 카리아로 파견했다. 비극 연기로 유명했던 배우 테살로스는 사절단의 일원으로 픽소다로스를 접견해, 왜 정신이 온전치 않은 사람을 사위로 맞이하는지, 차라리 알렉산드로스가 낫지 아니한지 물었다. 픽소다로스는 필리포스의 후계자인 알렉산드로스와 혼맥을 이룰 기회를 덥석 물며 왕자의 제안을 기꺼이 받아들였다.

알렉산드로스가 비밀리에 협상을 성사시켰다는 소문이 펠라에 퍼지자 필리포스는 분노를 참지 못했다. 그는 알렉산드로스의 침실로 뛰어들어, 왜 아버지를 속이고 페르시아 왕의 한낱 허수아비일 뿐인 카리아 모략가 집안과 혼인을 약속했는지 추궁했다. 또한 그처럼 어리석은 짓을 하는 것을 보니 언젠가 훌륭한 왕이 될 것으로 기대한 희망이 터무니없었다고 탄식했다. 그리고 측근들의 무도한 꾀임에 넘어가 왕의 특권을 넘보는 일을 벌였다며 크게 꾸짖었다. 아버지의 관용을 입은 직후에 변명의 여지 없는 잘못을 저질렀다고 생각한 알렉산드로스는 자신의 주장을 내세우기보다는 경솔했던 행동을 묵묵히 사과했다. 필리포스는 분노를 가라앉힐 수 없었지만, 아들을 다시 쫓아내는 대신 배우 테살로스를 사슬에 묶어 본국으로 돌려보냈고, 프톨레마이오스, 네아르코스, 하르팔로스, 에리기우스Erigyius 등 알렉산드로스의 가까운 친구 넷을 국외로 추방했다.

페르시아 원정을 떠날 시간이 임박했지만, 필리포스는 마케도니아를 비우기 전에 마무리할 일이 있었다. 에피로스의 동맹 부족들은 올림피아스와 알렉산드로스가 받은 처우에 진작부터 분노하고 있었고, 특히 올림피아스의 오빠이자 이름도 '알렉산드로스'인 에피로스 왕국의 왕은 극심한 불쾌감을 공공연히 표하던 상황이었다. 만일 이 상황에서 필리포스가 군사를 이끌고 에게해를 건넌다면 위험한 반란 사건이 벌어질 수도 있었다. 이에 필리포스는 자신의 딸을 에피로스의 알렉산드로스 왕에게 시집 보내기로 결정했다. 그 딸의 이름 또한 클레오파트라였다. 새로 맞이한 아내와 같은 이름을 가졌지만, 올림피아스가 낳은 자식이었기 때문에 젊은 알렉산드로스와는 온전히 피를 나눈 남매 사이였다. 외부인이 보기에는 이름도 겹치고 가계도도 복잡한 이 혼사가 매우 낯설게 느껴졌지만, 마케도니아인들은 필리포스가 자신의 딸을 에피로스 왕에게 시집보내는 것을 지역 왕에게 매우 큰 영예를 부여하는 일로 느꼈다.

필리포스는 이 결혼식이 단순히 마케도니아와 에피로스의 유대를 도모하는 자리 이상의 의미를 가진다는 것을 알았다. 곧 아시아 원정을 떠날 그는, 향후 수년 동안 대규모 연회를 열 기회를 가질 수 없을 터였다. 그래서 그는 그리스 전역은 물론 외곽의 먼 지역으로부터 친구와 귀족들과 외교 사절들을 초청해 베르기나에서 성대한 축제를 열기로 했다. 왕국의 행정수도는 펠라였지만, 베르기나는 고대로부터 마케도니아의 중심이었고 왕들이 죽어서 묻힌 신성한 땅이었다.

필리포스는 신들에 제사를 올렸고, 육상 경기와 호화로운 연회도 개최할 것을 명했다. 그리스 각지에서 온 방문객들은 코린토스 동맹의 지도자인 필리포스에게 다시 한번 충성을 맹세했다. 특히 아테네의 사절은 황금 왕관을 바치며, 만일 누군가 필리포스에게 반역을 꾀한 뒤 아테네로 도피해 은신처를 구한다고 해도, 그를 마케도니아로 돌려보내 정의의 심판을 받게 할 것이라고 선언했다. 인지도 높던 배우 네오프톨레모스는 만찬 도중에 왕을 위한 시를 헌정했다.

당신의 꿈은 하늘 높이 솟아오릅니다.
그 꿈은 가꾸어야 할 비옥한 옥토이며,
누구도 본 적 없는 웅장한 궁전입니다….
그리고 죽음은 갑작스럽게, 아무도 모르게 다가와,
이루지 못한 꿈을 앗아가버립니다.[51]

필리포스는 이 시를 흡족해했다. 시의 내용을 페르시아 왕의 임박한 몰락으로 이해했기 때문이었다.

다음 날 베르기나 야외극장에서는 해 뜰 무렵 개막식을 시작으로 축제를 기념하는 경기들이 개최될 예정이었다. 시민들은 좋은 자리를 차지하기 위해 날이 밝기 전부터 극장으로 몰려들었다. 그 여름, 여명이 밝아오고 장밋빛 손가락이 동쪽 하늘로 퍼져갈 무렵*, 수많은 군중이 왕의 등장을 기다리고 있었다. 필리포스는 극장 입구에 정교한 금장식의 열두 올림포스 신 조각상을 세워두었는데, 주의 깊게 살피지 않아도 누구나 알아챌 조각상 하나가 추가되어 있었다. 그것은 신들 사이에 자리 잡은 필리포스의 조각상이었다. 열세 번째 신처럼 옥좌에 오른 모습은 마치 그가 신들의 반열에 오르기라도 한 모양새였다.

마침내 눈부시도록 흰 예복을 입은 왕이 극장으로 들어섰다. 그날은 호위를 담당하는 근위병들을 물리친 채였는데, 자신을 흠모하는 시민들의 호의를 과시하고 싶었기 때문이었다. 시민들은 일제히 자리에서 일어나 왕에게 환호를 보냈다. 필리포스의 한쪽에는 새로 맞은 사위인 에피로스의 알렉산드로스가, 다른 쪽에는 아들이자 후계자인 알렉산드로스가 함께 있었다. 그 순간은 분명 필리포스에게 가장 영광스러운 순간이었을 것이다. 왕좌를 건사하고 마케도니아 제국의 확장을 위해 오랜 세월 분투한 그에게 그리스 세계의 위대한 시민들이 한자리에 모여 그의 이름을 연호하고 있었으니 말이다. 페르시아의 막대한 부는 이제 세상에서 가장 강력한 그의 군대가 취하게 될 것이었고, 자신의 옆에는 아들 알렉산드로스가 서 있었다. 고집은 세지만 기개 넘치는 이 청년은 언젠가 왕이 되어 자신의 유산을 이어갈 인물이 될 터였다.

바로 그때, 한 청년이 왕에게 다가왔다. 왕실 근위병인 그는 궁정 사람들에게 익숙한 인물이었고, 그가 극장 입구에서 서성댄다 한들 이상할 것은 없었다. 그가 망토 속에서 화려하게 세공된 켈트식 단검을 꺼내들었을

---

* 호메로스는 『일리아스』에서 '장밋빛 손가락과 같은 새벽rosy-fingered dawn'이라는 표현을 사용했다. (옮긴이)

때도 이를 눈치챈 사람은 아무도 없었다. 눈 깜짝할 새 왕을 향해 돌진한 그는 칼날을 세워 필리포스의 심장에 깊숙이 꽂아 넣었다.

비명과 고함이 극장을 가득 메운 난리통을 뒤로 하고 젊은 암살자는 그대로 달아났다. 왕은 쓰러졌고 그의 피가 솟구쳐 바닥을 온통 붉게 물들였다. 마지막 숨을 헐떡이는 필리포스가 이 세상에서 바라본 마지막 풍경에서는 자신을 내려다보는 아들 알렉산드로스의 눈동자가 흔들리고 있었다.

2장 그리스

> 그런 상황에서 알렉산드로스는 고작 스무 살의 나이에,
> 적의 가득한 질투와 증오와 위협이 사방에서 쏟아지는
> 마케도니아 왕국을 물려받았다.
>
> -플루타르코스[1]

필리포스를 암살한 인물은 마케도니아의 오레스티스 지역 고지대 명문가 출신의 파우사니아스였다.[2] 그는 왕실 시종으로 궁정에 들어와 아름다운 외모로 인해 한동안 왕의 총애를 받았다. 하지만 유년기가 지났을 무렵, 필리포스가 파우사니아스라는 동명의 다른 청년을 가까이 하면서 그는 관심에서 멀어졌다. 청년 파우사니아스는 질투에 눈이 먼 나머지 동명의 청년을 헐뜯으며 비열한 소문을 퍼뜨렸다. 그는 왕의 새 연인이 남녀의 신체를 모두 가졌고, 아무한테나 몸을 허락하는 부끄러움 모르는 사람이라고 말하고 다녔다. 하지만 젊은 파우사니아스는 용감하고 명예로운 전사였고 그 같은 모욕을 참을 수 없었다. 그래서 얼마 후 벌어진 일리리아인과의 전투에서 자신의 용기와 남자다움을 증명하고자 가장 치열한 전투의 최전선에서

싸우다 목숨을 잃었다.

첫 번째 파우사니아스에게 불리한 사실이 있다면, 전사한 파우사니아스가 필리포스의 측근 가운데 최고의 장군일 뿐 아니라, 소아시아로 건너가 페르시아 원정을 준비하는 선발대 지휘관 아탈로스의 친구라는 점이었다. 앞에서 언급한 것처럼 아탈로스는 필리포스의 새 아내 클레오파트라의 삼촌이었으며, 마케도니아 귀족들 사이에서도 왕을 철저히 옹립하고자 한 인물이었다. 아탈로스는 휘하의 젊은 전사 파우사니아스가 첫 번째 파우사니아스가 퍼뜨린 소문으로 인해 명예를 찾는 와중에 전사했다는 사실을 알았고, 이 불의한 모략가를 마케도니아식으로 징벌하고자 했다.

아탈로스는 파우사니아스를 저녁 만찬에 초대해 술과 음식을 극진히 대접했다. 연회를 즐기는 마케도니아인들은 대체로 포도주에 물을 섞어 마셨지만, 아탈로스는 물을 섞지 않은 독한 술을 파우사니아스에게 계속 권해 마침내 소파 위에서 정신을 잃게 만들었다. 아탈로스는 그를 성폭행했고, 연회에 참석한 손님들에게도 같은 행위를 하도록 요구했다. 심지어 그를 마구간으로 끌고 간 뒤 노예들에게도 집단 성폭행을 명령했다.

다음 날 정신을 차린 파우사니아스는 자신이 궁정에서 모욕을 당한 사실을 알게 되었다. 그는 곧장 필리포스를 찾아가 아탈로스를 처벌해달라고 호소했다. 필리포스는 아탈로스의 무도한 행위에 진심으로 분노했지만, 국가적인 상황을 고려하지 않을 수 없었다. 아탈로스는 페르시아 원정을 준비하는 데 필요한 핵심 인물이었고, 그를 처벌할 경우 마케도니아 국내의 지지 세력과 일가친척들이 등을 돌릴 수도 있었다. 필리포스는 곧 응당한 처벌을 내리겠노라고 분노한 파우사니아스를 달래면서 시간을 벌었다. 그러면서 값진 선물을 내리고 친위대 고위직까지 하사하며 그의 분노를 누그러뜨리고자 했다.

그러나 파우사니아스는 만족하지 못했다. 그는 친위대로 일하면서 등 뒤로 들려오는 수군거림을 애써 무시했지만, 그러는 동안에도 아탈로스가 왕의 총애를 받고 에게해 너머로 파견되는 모습을 지켜보았다. 새로운 일에 적응하려 애쓰던 파우사니아스는 그리스에서 온 소피스트 헤르모크라테스의 강연에 참석해 위안을 찾으려 했다. 그러던 어느 날, 그는 명예에 관해 이야기한 헤르모크라테스를 만나 영원한 명예를 얻으려면 어떻게 해야 하는지 물었다. 이에 헤르모크라테스는 유명한 인물을 죽이는 것이야말로 가장 확실한 방법이라고 답했다. 파우사니아스에게 이 대답은 매우 흡족한 것이었다. 자신을 괴롭힌 아탈로스는 아시아로 떠나 있어 손을 쓸 수 없었지만, 한때의 연인이었으며 약속한 정의를 미루는 필리포스는 가까이에 있었다.

에피로스의 알렉산드로스와 필리포스의 딸 클레오파트라가 부부가 되는 왕실 결혼식 아침, 파우사니아스는 거사를 치를 계획을 끝마친 상태였다. 뜻을 함께한 친구인 왕실 친위 대원 셋과 함께 해외 도피 계획도 만들어놓았다. 베르기나 야외극장에 접한 숲에는 도주에 쓸 말이 기다리고 있었다. 마침내 필리포스의 갈비뼈 사이로 단검을 찔러넣어 왕을 쓰러뜨렸을 때만 해도 그는 무사히 도망칠 수 있으리라 확신했다. 확약을 받은 것은 아니었으나, 아테네인들은 자신들이 증오하는 인물을 처치한 사람을 기꺼이 환영해줄 것이라고 믿었다. 그리스 세계의 모든 사람이 그의 이름을 환호할 것이고, 그를 기리는 사원을 건립할 것이며, 어쩌면 델포이에 황금 조각상을 세울지도 모를 일이었다. 자유와 정의를 사랑하는 모든 이들의 기억 속에 영원히 남는 일이 손에 잡힐 듯 가까운 듯했다.

하지만 일이 틀어진 것을 눈치챈 파우사니아스는 어찌할 바를 몰랐다. 함께 움직이기로 한 세 친구는 그를 돕는 대신 극장을 빠져나가는 그를 향해 칼을 뽑아들고 뒤쫓아왔다. 숲에 거의 이르렀을 무렵, 덩굴에 발이 걸려 그가 넘어지자 순식간에 친구들이 달려들어 새파랗게 질린 얼굴을 한 그를 가차 없이 살해했다. 그는 베르기나의 숲을 목전에 두고 한마디 말도 남기지 못한 채 숨을 거두었다. 그의 시신은 노예처럼 십자가에 매달려 모두에게 저주의 대상이 되었다.

필리포스의 암살을 두고 당시는 물론 현대에도 수많은 가설들이 난무한다. 단순히 배신당한 연인의 복수 이상의 훨씬 복잡한 음모가 있었을 것이라는 주장도 설득력이 있다. 그 음모의 중심에는 알렉산드로스보다는 그의 어머니 올림피아스가 있다. 물론 많은 이들이 왕위를 노리던 알렉산드로스 역시 살해의 동기와 기회가 충분했다고 주장한다. 필리포스는 곧 페르시아 원정을 떠날 예정이었지만, 그 원정에서 얻을 영광을 아들과 나눌 생각은 전혀 없어 보였기 때문이었다. 알렉산드로스는 궁정에 남아 섭정 역할을 하게 될 것이었고, 그 역할은 오래 지속될 가능성이 컸다. 그 사이 필리포스는 자신의 힘으로 아시아의 부를 쟁취해 더욱 강력한 권력을 얻게 될 것이었다.

올림피아스가 필리포스의 암살 전후에 보인 행적은 최소한 그녀가 사건에 연루되었을 가능성이 크다는 사실을 보여준다.[3] 그녀는 이혼 이후부터 줄곧 오빠를 종용해 필리포스와 전쟁을 벌이도록 했다. 물론 필리포스가 에피로스 왕과 혼사를 맺으며 그녀의 요청은 무시되고 말았다. 일부 사가들은, 파우사니아스가 아탈로스로부터 끔찍한 학대를 당한 뒤 그녀에게 하소연하자 이에 공감하고 그를 달래준 적이 있다고 주장했다. 그런 부당한 행위가 처벌받지 않고 넘어간다는 것은 있을 수 없는 일이라며 그를 두둔했다는 것이다. 심지어 파우사니아스가 자신의 거사 계획을 밝히자, 그녀가 반색하고 격려하며 도주용 말까지 제공했다는 이야기도 전해진다. 그가 죽어서 십자가에 매달렸을 때 머리에 황금 왕관을 씌우도록 지시했다는 이야기는 물론, 그의 시신이 내려지자 남편의 시신 위에 파우사니아스의 시신을 얹어 화장했으며, 필리포스와 파우사니아스의 무덤을 나란히 세웠다는 소문도 돌았다.

이러한 이야기들 가운데 어느 것이 사실인지 알 수 없고, 소문의 전부가 거짓일 수도 있겠지만, 필리포스 사후 몇 달 동안 올림피아스가 자신을 무시하던 이들을 처절하게 응징한 사실은 역사에 분명히 기록되어 있다. 그녀는 알렉산드로스가 자리를 비운 사이, 필리포스의 어린 신부 클레오파트라가 자신의 어린 딸이 산 채로 불에 타 죽는 모습을 강제로 보게 했고, 클레오파트라에게는 자살을 강요했다. 알렉산드로스는 어머니의 이런 처사에 충격을 받았지만 그렇다고 해서 그녀를 처벌하지는 않았다.

알렉산드로스가 필리포스 암살에 관여했는지, 혹은 암살 모의를 알고도 막지 않았는지 등의 사실관계는 영원히 밝혀지지 않을 것이다. 플루타르코스는 파우사니아스가 아탈로스에게 끔찍한 학대를 당한 뒤 억울함을 호소하고 도움을 청하고자 알렉산드로스를 찾아간 이야기를 전하고 있다.[4] 알렉산드로스는 그의 하소연을 들었지만 도움을 주기보다는 에우리피데스의 한 구절을 들려주었다고 한다. "신부를 준 자, 신부, 그리고 신랑."[5]

억울한 일을 당한 아내가 남편과 그의 새 신부와 신부의 아버지에게까지 복수를 하는 『메데이아』의 의미심장한 구절은 파우사니아스에게 아탈로스와 필리포스와 클레오파트라를 제거하라는 암시로 받아들여졌을 것이다. 하지만 이 일화는 필리포스 사망 이후에 생겨난 수많은 풍문처럼 후대에 만들어졌을 가능성이 크다. 분명한 사실이 있다면, 사건에 연루된 여부와 상관없이 아버지의 죽음을 통해 발생한 모든 이익을 차지한 사람은 알렉산드로스 자신이었다는 점이다.

알렉산드로스는 아들로서 신실한 의무를 다했다. 베르기나에 웅장한 무덤을 만들었고[6] 왕실 최고의 예우를 갖추어 장사 지냈다. 필리포스의 시신은 마케도니아의 모든 군대가 지켜보는 가운데 관례에 따라 장작더미에 올려져 화장되었다. 불이 모두 꺼지자 시종들이 뼈를 모아 포도주로 씻은 뒤 왕실을 상징하는 자주색 옷감으로 정성껏 감쌌다. 유해는 눈부신 황금 목관에 안치되었다. 관의 상단에는 열여섯 개의 광선이 형상화된 마케도니아 별이 장식되어 있었다. 옆면에는 파란색 유리 장미가 그려져 있었고, 바닥에는 사자의 발이 새겨져 있었다. 관은 다시 석관 안에 안치되었으며, 주변으로는 은으로 만든 잔과 갑옷과 무기들은 물론, 제우스에게 바쳐질 법한 화려한 황금 화환과 마케도니아 왕의 위엄에 걸맞는 수많은 귀중품들이 놓였다. 무덤의 입구 상단에는 사냥 장면을 묘사한 다채로운 벽화가 그려졌는데, 필리포스가 사냥을 즐겨 했기 때문이었다. 마지막으로 알렉산드로스의 지시에 따라 무덤 앞에는 필리포스를 신격화된 영웅으로 숭배하기 위한 작은 제단이 만들어졌다. 필리포스는 죽음 이후에야 비로소 생전에 그토록 원한 바를 이루었다. 마침내 신들의 반열에 오른 것이다.

그러나 알렉산드로스는 장례식을 끝마친 직후부터 왕좌를 지키기 위한 험난한 싸움을 벌여야 했다. 그를 가장 먼저 지지해준 인물 중 하나는 마케도니아 서부 고지대 린케스티스 출신의 또 다른 알렉산드로스[7]였다. 그는 애도의 분위기가 가시기도 전에 알렉산드로스를 새 왕으로 추대할 것을 주장하며 그를 왕처럼 보필했다. 하지만 그의 행동은 진심 어린 충정의 발로라기보다는 자신의 보신을 위한 것이었을 가능성이 크다. 그의 두 형제는 필리포스 암살에 연루된 혐의로 처형되었고, 이들과 거리를 두기 위해서는 왕자를 공개적으로 지지할 수밖에 없었을 것이다.

그러나 왕좌에 오른 알렉산드로스의 협력자들 가운데 가장 중요한 인물은 필리포스가 총애한 노회한 장군 안티파트로스였다. 필리포스의 형제 페르디카스 3세와 필리포스의 충실한 심복이었던 그는 이제 자신의 미래가 알렉산드로스의 안정된 왕권에 달려 있다고 판단했다. 마케도니아의 권력은 군대를 중심으로 형성된다는 사실을 알았던 그는 알렉산드로스에게 군 회의부터 장악해야 한다고 조언했다.[8] 알렉산드로스가 군 수뇌부의 지지를 얻을 수 있다면 왕좌는 굳건할 것이지만, 당시에 그것은 결코 쉬운 일이 아니었다. 병사들은 필리포스가 벌인 끝없는 전쟁에 지쳐 있었고, 오랫동안 가족과 고향에서 떨어져 지내며 심신이 고달픈 상태였다. 많은 이들이 필리포스의 암살 사건을 페르시아 원정을 취소하고 고향으로 돌아갈 구실로 삼으려 했다. 그들은 남쪽의 그리스인들과 북쪽의 야만인들이 더 이상 마케도니아에 고분고분하지 않을 것이며, 알렉산드로스에게 충성을 다한다면 향후 수개월, 혹은 수년 동안 사방으로 원정만 다니게 될 것이라고 생각했다. 그런데 이토록 위태롭고도 중요한 순간에 알렉산드로스는 조금씩 상황을 통제하기 시작했다. 최고의 그리스 스승들에게서 오랜 시간 수사학을 배웠고 이를 통해 사람들을 감동시키는 힘을 갖게 된 그의 언변은, 불패의 장군이자 사랑하는 아버지 필리포스의 죽음을 애도하는 마음을 병사들에게 호소하는 연설의 순간에 빛을 발했다. 그는 병사들에게 두려움을 떨쳐내야 하며 우리가 누구인지 기억해야 한다고 주장했다. 마케도니아는 세상에 존재한 적 없는 가장 위대한 군대를 가졌고, 그 군대 앞에 불가능이란 없으며, 만일 자신을 따르기만 한다면 상상조차 할 수 없는 부와 명예로 보답하겠노라고 호소했다. 그의 연설은 놀라운 효과를 발휘했다. 고향의 가족 곁으로 돌아가기만을 간절히 바랐던 전장의 노장들은 젊은 왕을 열렬히 환호했고 그가 어디로 향하든 함께하겠다고 맹세했다. 물론 마케도니아 본토의 세금을 모두 폐지하겠다고 약속한 것도 그들의 마음을 움직인 중요한 요인이었을 것이다.

    군대의 지지를 확보한 알렉산드로스의 다음 목표는 마케도니아 귀족들 사이의 잠재적인 반대 세력을 회유하거나 제거하는 일이었다. 그 가운데서 가장 중요한 인물은 아탈로스였다.[9] 그는 여전히 파르메니온과 함께 소아시아에 남아 페르시아 침공을 준비하고 있었다. 두 장군은 필리포스가 암살되기 불과 몇 달 전 봄에 소아시아로 파견되어 1만 명에 이르는 병력을 이끌고 해안을 따라 전투를 벌이고 있었다. 이들은 에페소스까지 점령했지만, 마케도니아로 망명한 전력이 있는 페르시아 장군 멤논에 밀려 후퇴한 상황이었다. 이들은 필리포스의 사망 소식에, 자신들의 지지 없이 풋내기 왕은 결코 권좌를 지킬 수 없다고 생각했다. 특히 아탈로스는 최근 파르메니온의 딸과 결혼했으며, 파르메니온 다음으로 마케도니아 귀족 가문들의 지지를 받는 인물이었다. 파르메니온이 주저하는 모습을 보인 데 비해, 아탈로스는 즉시 알렉산드로스를 몰아낼 계획을 세웠다. 그는 아테네의 데모스테네스와 그 일당에게 전갈을 보내 알렉산드로스에 대한 그들의 입장을 떠보았고, 마케도니아의 굴레에서 벗어나고 싶어 하는 그들의 열망을 전해 듣고는 매우 흡족해했다.

하지만 알렉산드로스는 정치 영역에서도 결코 만만한 상대가 아니었다. 마케도니아 궁정의 거칠고 냉혹한 환경에서 자란 그는 전혀 뜻밖의 동맹을 맺거나 은밀히 적을 제거하는 법을 잘 알고 있었다. 제국을 장악하고 페르시아를 정복하기 위해서는 아버지 휘하의 베테랑 장군 다수의 지지와 경험이 필요하다는 사실도 알았다. 가장 중요한 문제는 누가 배신할 것이며, 그들이 배신을 대가로 얻는 것이 무엇인지를 간파하는 일이었다. 그중에서도 아탈로스는 불과 몇 달 전 필리포스의 결혼 연회에서 알렉산드로스를 공개적으로 저격했으며, 어머니를 내쫓고 자신을 유배 보낸 주인공이자, 왕비가 된 신부의 삼촌이었다. 가장 먼저 처단할 대상이 누구인지는 자명했다. 알렉산드로스는 충직한 친구 헤카타이오스를 에게해 너머 마케도니아 군영으로 보내 파르메니온을 만나게 했다. 그리고 그와 협의해 아탈로스가 고향으로 돌아오는 일이 없도록 조치했다.

언제나 현명했던 파르메니온은 자신은 물론 일가친척 모두의 출세가 알렉산드로스의 권력과 함께하리라는 사실을 직감했다. 이 사실 앞에서 사위 아탈로스를 희생시키는 것쯤은 아무것도 아니었다. 아탈로스를 제거한 파르메니온이 얻어낸 보상은 엄청난 것이었다. 왕의 총애를 얻은 대가로 그는 목전에 둔 페르시아 원정에서 알렉산드로스 다음가는 이인자의 지위를 보장받았다. 나아가 그의 친족들도 군대의 주요 보직을 독차지했다. 이는 아버지가 중용했던 옛 장군들을 추출하고 싶어 했던 젊은 알렉산드로의 씁쓸하고도 불가피한 타협이었을 것이다. 알렉산드로스는 필리포스의 그늘에서 벗어나 자신의 힘으로 일어서기를 간절히 원했지만, 현실을 직시할 줄 알았고, 적어도 그 순간만큼은 파르메니온이 필요하다는 사실을 분명히 인식했다.

알렉산드로스는 픽소다로스와의 비밀 협상 사건으로 추방되었던 어린 시절 친구들을 잊지 않았다. 그는 고난을 함께할 친구 프톨레마이오스, 네아르코스, 하르팔로스, 에리기우스를 불러들였다. 다가올 원정에서 그들이 반드시 필요하다고 생각했기 때문이었다. 한 사례를 제외한다면, 이들은 페르시아와의 전쟁에서 왕을 충실히 보필하게 된다.

알렉산드로스의 다음 과제는 여러 그리스 도시들에 팽배한 반란의 기세를 잠재우는 일이었다.10 필리포스와 그의 후계자들을 지지하겠다고 맹세한 바 있는 이 도시들은 독립을 되찾을 기회를 포착하자마자 기존의 약속을 저버렸다. 영내 마케도니아 주둔군을 쫓아내는가 하면, 새로운 동맹을 추진했고, 심지어 반란 자금을 마련하기 위해 페르시아에 금을 요청하는 비밀 서신까지 보냈다. 어떤 도시도 알렉산드로스를 필리포스가 창설한 코린토스 동맹의 새 지도자로 인정하려 하지 않았다. 테살리아인들과 테베인들은 알렉산드로스에게서 등을 돌렸고, 스파르타인들은 그리스 남부로 진출해 패권을 되찾을 기회를 노렸다. 아테네인들은 데모스테네스의 주도로 감사의 날을 선포하고 필리포스 암살자에게 사후 영예를 수여했다. 데모스테네스는 심지어 며칠 전 세상을 떠난 사랑하는 딸에 대한 애도마저 멈추고 민회에 출석해, 알렉산드로스를 아버지의 왕좌에 앉아 왕 노릇하는 철없는 아이라고 조롱했다.

마케도니아의 내분이 정리되지 않은 상황에서, 다른 통치자 같았으면 국경 너머의 강력한 적들과 맞서기보다는 국내에 머물며 왕권을 공고히 했을 것이다. 하지만 알렉산드로스는 평범한 왕이 아니었다. 그는 즉시 군대를 이끌고 펠라를 떠나 남쪽 테살리아로 향했다. 그러자 테살리아 반란군은 두 진영 사이의 유일한 통로인 올림포스산 남쪽 템페 계곡을 미리 점령한 뒤 마케도니아군을 기습하려 했다. 하지만 알렉산드로스는 견고한 방어 진지가 있어 보이는 곳을 무모하게 돌파하는 대신, 공병 부대를 출동시켜 바다를 접한 오사Ossa산 기슭으로 길을 트도록 했다. 알렉산드로스와 마케도니아군은 새 길을 따라 이동한 뒤, 테살리아인들이 알지도 못하는 사이에 도시를 측면부터 포위하기 시작했다. 마케도니아의 전사들이 목전에 들이닥치자 테살리아의 도시들은 비로소 알렉산드로스를 필리포스의 정당한 후계자로 인정했다. 또한 알렉산드로스에게 세금을 바치기로 약속한 것은 물론, 자신들의 우수한 기병대를 알렉산드로스 군대의 산하 부대로 편입하기로 했다.

테살리아와 맺은 조약의 잉크가 마르기도 전에, 알렉산드로스는 남쪽의 테르모필레로 향했다. 그곳에서 암픽티온 회의를 소집한 뒤 중부 그리스 도시들의 충성을 확인했다. 다음 목표는 테베였다. 수 세기 동안 침략자들을 막아낸 견고한 성벽을 요새로 갖춘 테베인들은 필리포스의 오랜 지배가 못마땅했다. 그들은 필리포스의 오만무도한 아들이 왕좌를 이어받은 것에 대해서도 어떤 그리스 도시보다 강한 반감을 표했으며, 실제로 반란을 실행할 의지와 병력을 결속하고 있었다. 하지만 그들도 알렉산드로스가 진군해 전투를 걸어올 시점은 본국에서의 권력 토대를 다진 뒤인 몇 달 후로 예상했다. 그러나 불과 며칠이 지난 어느 날 아침, 수천 명의 마케도니아 군대가 완전 무장을 한 채 자신들의 도시를 포위하고 있는 광경을 목도했다. 테베인들은 충격에 휩싸였다. 그들은 그제야 새로 취임한 어린 왕이 응석받이가 아닌 야망 가득한 군주이자 명민한 전쟁 전략가라는 사실을 깨달았다. 누구도 예상치 못한 빠른 움직임으로 부대 배치를 완료한 알렉산드로스는 지평선 너머에서 테베를 지긋이 응시하고 있었다. 그에게 맞설 준비가 되어 있지 않은 테베인들은 눈만 껌뻑일 뿐이었다. 전투가 준비되지 않은 이들이 알렉산드로스를 자신들의 지배자로 받아들이지 않을 도리는 없었다. 도시 한쪽에 요새를 만들어 군대 일부를 주둔시킨 알렉산드로스는 남쪽으로 계속 진군해갔다.

다음 날, 전령이 테베의 항복 소식을 들고 아티카Attica에 들어서자 아테네인들은 공포에 휩싸였다. 교외의 농장 인근에 거주하던 시민들은 겁에 질린 채 도시 안으로 몰려들었다. 성벽 수리조차 되어 있지 않은 상황에서 마케도니아 군대가 이토록 신속히 침공해올 것이라고는 누구도 예상하지 못했다. 남자들은 급히 성벽을 보강하면서도, 한편으로는 시간을 벌기 위해 알렉산드로스에게 사절단을 보냈다. 사절단에는 난감한 상황을 맞이하게 된 데모스테네스도 있었다. 최근까지도 알렉산드로스를 거칠게 비난한 그는, 페르시아와 밀약을 추진한 사실만으로도 알렉산드로스가 자신을 증오할 거라고 생각했다. 두려움에 사로잡힌 그는 아테네 변두리를 벗어나지도 못하고 발길을 돌려 집으로 숨어버렸다. 하지만 알렉산드로스는 아버지가 그랬듯 아크로폴리스를 불태우기보다는 아테네의 해군을 보존해 페르시아 원정에 활용하고자 했다. 그는 예를 갖춰 사절단을 맞이했고 아테네 시민들이 두려워할 일은 없을 것이라고 안심시켰다.

알렉산드로스와 그의 군대가 도시를 지나친 뒤 남쪽 지협地峽을 넘어 펠로폰네소스반도로 향하자 아테네인들은 안도의 한숨을 내쉬었다. 알렉산드로스는 그곳에서 마케도니아군의 감시 아래 코린토스 동맹을 소집했다.[11] 고향의 안위를 우려한 각 도시 대표들은 신속히 그를 전 그리스를 통솔하는 종신 지도자로 추대했다. 그러자 알렉산드로스는 아테네 연극 무대에 어울릴 만한 극적인 장면을 연출했다. 그는 에게해 너머 소아시아 서쪽 해안에 위치한 그리스 도시 에페소스 출신이라고 주장하는 사절을 청중 앞으로 등장시켰다. 분노를 가득 품은 듯한 그는, 폭군 페르시아 왕에게 억압받는 자신의 도시를 해방시켜달라고 그리스 대표들에게 간절히 호소했다. 그러자 동맹의 대표들은 신호에 맞추기라도 한 듯 일제히 박수로 화답했고, 바다 건너에서 고통받는 동포들을 돕겠노라고 앞다투어 맹세했다. 그들은 수순처럼 알렉산드로스를 페르시아 원정 연합군의 전권 사령관으로 추대했다.

알렉산드로스는 임박한 원정을 위해 각 도시가 제공할 병력과 자금과 물자의 목록을 대표들에게 제시했다. 아테네의 경우는 선원과 보급품이 실린 함대를 제공해야 했고, 다른 도시들도 왕의 의지에 따라 병력과 물품을 바쳐야 했다. 이러한 흐름에 거스른 세력도 있었으니, 다름 아닌 스파르타인들이었다. 그들은 전쟁에 휘말리고 싶지 않다며 모든 동맹 활동을 거부했다. 그러나 알렉산드로스는 이들에 대해 훗날 후회하게 될 관용을 베풀었다. 그리고 스파르타의 산악 경계를 둘러싼 도시들에 친마케도니아 정권을 세운 것에 만족했다. 아버지 필리포스처럼 그도 고집 센 스파르타인들을 그리스의 동맹이 자발적으로 형성된 증거라고 생각했고, 설사 그들이 문제를 일으킨다고 해도 손쉽게 제압할 수 있을 것이라고 믿었다.

회의의 형식적인 절차가 모두 끝나자 알렉산드로스 주위로 수많은 정치가와 학자들이 축하 인사를 건네기 위해 모여들었다. 호들갑스럽지만 진심일 수 없을 찬사를 알렉산드로스는 타고난 정치가다운 품위로 넉넉히 받아들였다. 한편 그가 코린토스에서 가장 만나기를 고대한 인물은 따로 있었는데, 바로 흑해 연안 그리스 식민지 시노페Sinope에서 추방된 견유학파 철학자 디오게네스였다. 그는 화폐를 훼손한 죄로 고향에서 추방당한 뒤 생의 대부분을 아테네와 코린토스 등지를 떠돌며 지내고 있었다. 그는 자신의 철학적 신념을 일상에서 실천하는 것을 가장 중요하게 생각했지만, 일반 대중의 입장에서 그러한 삶은 우스꽝스럽고도 이해할 수 없는 모습이었다. 디오게네스와 그의 추종자들은 자연에 따라 살아가는 누추한 일상이야말로 삶의 본질이라 여겼고, 개처럼 공공장소에서 생리적인 욕구를 해결하는 일에도 거리낌이 없었다. 그들 학파의 이름인 키니코스Cynic는 그리스어로 개를 뜻하는 말에서 유래했다. 진심에서 우러나는 금욕주의를 주창한 견유학파 사람들은, 자신들의 철학을 타인들에게 적극적으로 권하며 사회의 관습에서 벗어날 것을 촉구하기도 했다. 디오게네스는 당시 코린토스 변두리에 놓인 커다란 항아리 속에서 생활하고 있었다. 알렉산드로스는 그를 찾아 나섰고, 결국 허리에 천 조각을 두른 채 따사로운 햇살을 쬐고 있던 디오게네스를 발견했다. 왕은 항아리 앞에 서서 그가 자신을 알아보기를 기다렸으나, 철학자는 그저 가벼운 경멸이 섞인 눈길로 상대를 외면할 뿐이었다. 다소 불편함을 느낀 알렉산드로스는 먼저 그에게 다가가 자신이 무엇을 해주면 좋겠는지 물었다. 그러자 디오게네스는, 햇볕을 가리고 있으니 비켜주면 좋겠다고 답했다. 알렉산드로스의 친구들은 그 늙은 철학자를 바보 같은 미치광이라고 비웃었지만, 젊은 왕은 다음과 같은 말로 탄식하며 아쉬워했다. "내가 알렉산드로스가 아니었다면, 디오게네스가 되었을 것이다."[12]

귀환하는 길에 알렉산드로스는 중부 그리스의 고지대를 돌아 신성한 땅 델포이로 향했다.[13] 파르나소스산 아래 위치한 그곳은 이전의 수많은 왕들이 군사작전을 앞두고 신탁을 구하기 위해 방문했던 곳이었다. 그런데 그날은 아폴론의 뜻을 전하는 여사제가 은거하는 시기였고, 종교적인 원칙에 따라 누구도, 심지어 그리스를 통치하는 왕조차 그녀를 만날 수는 없었다. 그러나 알렉산드로스는 전혀 개의치 않고 거처를 침범해들어가 여사제를 신전으로 끌어냈다. 그러자 지극히 불경스러운 이 행동은 즉시 의도한 효과를 발휘했다. 여사제는 비명을 지르며 이렇게 외친 것이다. "당신을 막을 것은 아무것도 없습니다." 알렉산드로스가 듣고 싶었던 바로 그 말이었다. 그는 신전을 운영하는 데 쓰도록 얼마간의 금전을 기부한 뒤 병사들을 몰아 마케도니아를 향해 나아갔다.

펠라에 도착한 알렉산드로스에게 쉴 틈은 없었다.[14] 이미 봄이 지나고 있었고 북쪽 국경 주변의 야만족들은 마케도니아 영토 깊은 곳까지 침입해 약탈을 벌이고 있었다. 남쪽의 그리스인들은 한동안 잠잠할 것이지만, 고향 북쪽의 부족들은 그의 왕국은 물론 페르시아 원정이라는 대업마저 위협할 기세였다. 발칸반도를 장악하지 못한다면 아시아로 건너갈 계획은 엄두도 내지 못할 상황이었다. 그는 함부로 운신한 부족들에게 뼈아픈 교훈을 안겨줄 참이었다. 아버지 필리포스는 북쪽에서 크고 작은 전투를 벌이는 데 그쳤지만, 알렉산드로스는 도나우강 유역의 영토를 정벌할 전면전을 계획했다.

젊은 왕이 이토록 대담한 계획을 실행한 데에는 두 가지 이유가 있었다. 무엇보다도, 페르시아를 상대로 격전을 치르기 전에 국경이 안정되어야만 했다. 동방에서의 전쟁이 얼마나 지속될지 알 수 없었고 어쩌면 여러 해가 소요될 수도 있었다. 전쟁을 끝내기 전에는 마케도니아로 돌아올 수 없을 것이니, 국경 인근의 발칸 부족들에게 공포감을 심어주어 왕이 먼 곳에 떠나 있더라도 함부로 영토를 넘보지 못하도록 해야 했다. 둘째는, 이 북벌 작전이 임박한 페르시아 전쟁에 대비하는 최고의 훈련이 될 것이기 때문이었다. 알렉산드로스의 군대는 산을 넘고 강을 건너 미지의 공포를 마주하고 두려운 적들을 대적해야 했다. 병사들은 그 과정에서 자신의 생사를 알렉산드로스에 의탁해도 된다는 사실을 배우게 될 것이었다.

알렉산드로스와 그의 군대는 암피폴리스를 떠난 뒤 에게해 연안을 따라 트라키아 동쪽으로 진군했다. 그리고 그리스 도시 압데라 서쪽에 위치한 네스토스Nestos강을 건넜다. 압데라는 철학자 데모크리토스의 고향으로, 세상 모든 물체가 원자라고 불리는 나눌 수 없는 입자로 이루어져 있다고 처음 주장한 인물이었다. 알렉산드로스도 그의 철학을 배워 알고 있었지만, 군대를 고지대로 이동시켜야 했기 때문에 그 도시를 방문할 여유는 없었다. 그는 험준한 협곡을 지나 헵로스Hebros강 상류의 주둔 도시 필리포폴리스로 향했다. 이 도시는 아버지 필리포스가 왕국 북쪽을 방어하기 위해 여러 해 전, 국경 전초기지로 세운 도시였다. 도시에는 그리스인과 마케도니아인, 트라키아인 등 2000여 명이 정착해 살고 있었다. 성격이 거칠고 난폭

한 고지대 주민이 사는 이 척박한 땅을 외지인들은 포네로폴리스Poneropolis라고 불렀다.15 '악당들이 사는 마을'이라는 뜻이었다. 방문객들은 이곳을 지나는 이들이 목숨이라도 부지해 돌아간다면 다행이라고 말하곤 했다.

북쪽 지평선을 가로지르는 거대한 장벽 하이모스산맥을 향해 나아간 알렉산드로스는 분명 필리포폴리스의 거친 전사들을 휘하 부대로 합류시켰을 것이다. 필리포폴리스 주민들이 아무리 거칠다고 해도 그들은 여전히 마케도니아인들이었다. 그런데 하이모스산맥의 준령 곳곳에는 유럽에서도 가장 사나운 전사들로 꼽히는 트리발리족이 터를 잡고 있었다. 알렉산드로스의 정찰병들은 지금의 시프카고개Shipka Pass*로 추정되는 협곡 한 지점에서 트리발리 주둔군을 발견했다. 트리발리 병사들은 좌우 150킬로미터 내에는 다른 통로가 없는 이 산맥의 유일한 길목을 점령한 뒤 수레로 길을 봉쇄하고 있었다. 알렉산드로스는 적진 가까이 나아가 상황을 면밀히 살폈다. 고개를 지나는 길은 좁고 가팔라서 10여 명 정도만 나란히 나아갈 수 있었다. 하지만 더 큰 위험 요소가 있었는데, 길목에 배치된 수레들이 그것이었고 전투 시 아래로 굴릴 용도로 배치된 듯 보였다. 전투가 벌어지면 수레들이 굴러 내려와 아군 병사들을 짓밟고 진형을 붕괴시킬 것이 분명했다. 알렉산드로스가 지휘관이 되어 직면한 최대 위기의 순간이었다. 하지만 그는 지휘관으로서의 탁월한 면모를 드러내게 될 기발하고 대담한 작전을 성공시키며 결국은 위기를 타개했다.

알렉산드로스는 병사들에게 길목을 따라 전진하는 표준 대형을 지시했다. 하지만 수레가 돌진해오면 즉시 대열을 열어 통과시킬 것이며, 그것이 여의치 않다면 재빨리 바닥에 엎드려 수레가 방패 경사면을 밟고 튕겨 나가도록 했다. 병사들은 수레에 깔려 크게 다칠 것을 우려했지만 그럼에도 명령에 따라 전진했다. 1파로 돌격해오는 수레들이 미친 듯이 굴러내려오

---

* 해발 1300미터에 이르는 불가리아 고지대 (옮긴이)

자, 잘 훈련된 마케도니아 병사들은 길을 터 수레가 지나가게 하거나 방패를 단단히 맞대어 충격을 막아냈다. 수레들은 엄청난 속도로 방패 벽에 부딪혔지만 그대로 경사면을 타고 날아간 뒤 산산조각 났다. 그 사이 알렉산드로스는 정예 병사들을 이끌고 측면으로 이동해 언덕을 돌파해갔다. 당황하면서도 물러서지 않는 트리발리 전사들을 향해 마케도니아의 궁수들은 일제히 화살을 쏟아부었다. 트리발리인들은 용맹했지만 무기가 보잘것없었고 조직도 허술했다. 알렉산드로스와 병사들이 고개 정상까지 밀고 올라가자 트리발리인들은 무기를 내던지고 북측 산비탈을 따라 필사적으로 도주했다. 1000명이 넘는 트리발리 병사들이 전사했고 막대한 보물이 탈취되었으며, 노예가 될 운명을 피할 수 없을 여자와 아이들이 붙잡혔다. 이들은 마케도니아의 젊은 왕이 거둔 승리를 알리는 증표가 되어 전리품과 함께 에게해 연안 도시들로 보내졌다.

고개의 정상에 선 알렉산드로스의 눈에는 숲과 언덕이 내려다보였고 그 아래는 다뉴브 계곡이 펼쳐져 있었다. 그의 군대는 산을 내려가 다뉴브강에서 사흘 거리에 있는 지류 리기누스Lyginus강에 이르렀다. 트리발리족의 왕 시르무스는 알렉산드로스의 진군 소식을 듣자 부족의 여자와 아이들을 다뉴브강 한가운데 놓인 소나무라는 뜻의 페우케Peuce섬으로 피신시켰다. 전세가 불안해지자 동맹 부족 주민 다수가 피신한 이 섬에 시르무스 왕도 재빨리 몸을 숨겼다. 그는 전투에 직접 나서기에는 자신의 목숨이 너무 소중하다고 생각한 모양이었다. 이러한 상황에서도 트리발리 병사들은 영리한 작전을 구상했는데, 알렉산드로스 부대가 리기누스 강가를 벗어난 틈을 타 그들이 떠난 후방 숲에 방어진지를 구축한 것이다. 울창한 숲이 마케도니아 보병과 기병의 대규모 공격을 불가능하게 할 것으로 판단했기 때문이었다. 그들은 정돈된 대열로 돌진하는 적의 병법을 무력화한 뒤 나무와 바위 사이에서 진정한 야만족의 방식으로 각개 격파의 난전을 벌이고자 했다.

트리발리 병사들이 등 뒤로 포진했다는 정찰병의 전갈을 들은 알렉산드로스는 즉시 군대를 돌려 리기누스로 되돌아갔다. 숲에 다다른 그는 트리발리 군대의 의도를 즉시 간파했고, 그들의 함정에 빠질 생각이 없었다. 보병대를 두텁게 정렬시킨 뒤 숲을 향해 긴 사리사 창을 겨누도록 했으며, 자신은 보병 중앙의 최전선에 자리했다. 보병의 양쪽 옆으로 기병대를 배치했는데, 우측 날개는 파르메니온의 아들 필로타스가 지휘하도록 했다. 트리발리 병사들은 선두에 선 알렉산드로스가 가장 먼저 치고 들어올 것으로 예상했으나, 그들에게 다가가 유인작전을 펼치며 병사들을 숲에서 끌어낸 것은 궁수와 투석병들이었다. 이들 교란 부대의 공격에 처참히 쓰러지는 동료들을 본 트리발리 전사들은 분노를 주체하지 못하고 숲을 뛰쳐나와 돌격을 감행하기 시작했다. 알렉산드로스의 작전이 본격적으로 시작된 것은 이때였다. 그는 전군에 일제 전진을 명령했다. 창병들은 지근거리로 육박해오는 트리발리 전사들을 사리사로 공격했고, 기병들은 측면으로 우회해 적을 포위했다. 트리발리 병사들이 양떼처럼 거대한 군집으로 몰리자, 마케도니아 기병대가 그 가운데로 뛰어들어 투창을 휘두르며 무리를 짓밟았다. 용맹했을 뿐 분별을 잃은 트리발리 병사들은 혼비백산해 뿔뿔이 흩어져 숲으로 숨어들었지만, 어둠이 깃들 때까지 숲에서 살아남은 이는 극소수에 불과했다. 이날, 부족을 지키다 전사한 트리발리 병사는 3000명에 이르렀지만, 프톨레마이오스의 기록에 따르면 마케도니아군의 전사자는 50명에 불과했다.[16]

사흘 뒤, 알렉산드로스는 다뉴브강 둑을 거닐고 있었다.[17] 기원전 8세기의 그리스 시인 헤시오도스Hesiod 이래로 지중해 세계는 저 기나긴 다뉴브강을 세상의 가로지르는 위대한 물길로 여겨왔다. 물론 그리스인들은 이를 트라키아식 이름인 이스트로스Ister로 불렀을 것이다. 그들에게 다뉴브는 알프스 어딘가에서 발원해 어두운 숲과 야만의 영토를 지나 흑해로 흘러드는 신비로운 강이었다. 그 물길을 따라 켈트족과 게르만족, 다키아족,

스키타이족, 트라키아족 등이 발흥했고, 그중에는 알렉산드로스가 마주한 북쪽 강변의 게타이족도 포함되어 있었다.[18] 그리스 역사가 헤로도토스를 공부한 알렉산드로스는 게타이족이 고대 세계에서는 드물게 하나의 신을 섬기고 영혼의 극락과 불멸을 믿은 부족이라는 사실을 알고 있었다. 그리스인들과 달리 이들은 병사들이 전사하면 창백한 그림자처럼 저승의 심연으로 멀어지는 것이 아니라 천둥과 번개를 주관하는 신 살목시스와 함께 또 다른 삶을 찾게 된다고 믿었다. 또한 이들은 5년에 한 번씩 희생자를 뽑아 병사들을 창날 위로 던져 신의 계시를 받는 의례를 거행했다. 희생자가 즉시 죽으면 성공한 제사가 되지만 제때 죽지 않으면 다른 희생자를 골라 의례를 계속했다.

그리스인들은 오래전부터 다뉴브 계곡의 부족들과 곡물을 비롯해 모피와 노예 등을 거래해왔는데, 한 세기 전에는 자신들의 변경에 출현한 거대 남방 군대를 목격한 일도 있었다. 페르시아 대왕 다리우스의 군대가 다뉴브강에 기다란 부교浮橋를 놓고 강 건너 흑해 북쪽까지 진군해 스키타이인들과 싸웠던 것이다.[19] 그리고 이제 젊은 알렉산드로스가 같은 강둑에 서서 눈앞의 광경을 바라보고 있었다. 트리발리족과 그들의 동맹 부족들은 가파른 절벽을 방벽으로 삼은 물길 중앙의 요새화된 섬 페우케를 점거하고 있었다. 그리고 강 건너 북측 강둑에는 게타이 전사 수천 명이 진을 치고 서서, 마케도니아 군대가 자신들에게 다가올 수 없다고 믿고 조롱과 야유를 쏟아내고 있었다. 알렉산드로스의 보급선 몇 척이 흑해 연안을 따라 주둔을 지원했지만, 그것만으로는 본대 전투병들을 실어 나를 수 없었다. 누가 보아도 알렉산드로스의 병사들이 섬을 공격할 방법은 마땅치 않았다.

이러한 상황에 놓이자 알렉산드로스는 더욱 간절한 갈망에 사로잡혔다. 그리스어로 포토스pothos라고 부르는 이 갈망은 한 번도 밟아보지 못한 영역이라는 금기를 돌파하고자 하는 마케도니아의 꿈이기도 했다.[20] 비록 그의 아버지조차 이루지 못한 일이었지만, 페르시아 군대를 이끈 다리우스는 강 건너 북쪽으로 진출한 바가 있지 않은가? 그렇다면 알렉산드로스라고 그러지 못하리라는 법이 없지 않은가? 이토록 기념비적인 원정을 성공시킨다면 페르시아 원정을 앞둔 병사들은 더욱 큰 용기를 얻을 것이고, 고집 센 그리스인들도 깊은 감동을 받을 터였다. 하지만 군대를 강 건너편으로 이동시키는 일은 큰 문제였다. 거대 병력을 모두 수송할 배는 없었고, 교량을 세울 시간도 부족했으며, 맨몸으로 건너기에는 거리가 멀었다. 다행히 알렉산드로스는 70년 전 메소포타미아에서 싸운 크세노폰과 1만의 그리스 용병 이야기를 읽은 내용이 떠올랐다. 유프라테스강에서 이와 비슷한 난관에 직면한 크세노폰은 매우 기발한 해법을 생각해낸 바 있었다. "병사들은 천막 덮개에 건초를 채운 다음 가장자리를 접고 봉합해 물이 스며들지 않도록 했다. 그리고 그 위에 올라타 강을 건넜다."[21]

알렉산드로스의 병사들은 반신반의했지만 왕을 믿고 천막을 거두어 수많은 소형 보트로 개조하기 시작했다. 마케도니아에서 온 배 몇 척과 확보할 수 있는 통나무배를 전부 보탠 결과, 그날 밤 보병과 기병 5000명 이상이 강 너머로 출정할 수 있었다.

마케도니아 병사들은 강 북측 둑에 무사히 도착한 뒤 높다랗게 자란 밀밭에 숨어 날이 밝을 때까지 휴식을 취했다. 때가 이르자 알렉산드로스는 병사들에게 게타이족 진영을 향해 조용히 진군할 것을 명했다. 보병을 선두에 배치해 긴 창으로 곡식을 쓰러뜨리도록 했고, 덕분에 병사들은 더욱 쉽게 전진해갔다. 마침내 곡식이 심기지 않은 평지에 도달해 게타이 진영에 다다르자, 알렉산드로스는 보병을 파르메니온의 또 다른 아들 니카노르에게 맡긴 뒤, 자신은 우측 선두에서 기병대를 이끌었다. 게타이족은 완전히 허를 찔렸다. 그들은 알렉산드로스가 다리도 세우지 않고 밤새 다뉴브강을 건넜다는 사실에 경악했다. 오래전 페르시아 대왕이 그렇게 진군해온 사실은 알았지만, 이번에는 마케도니아인들이 같은 일을 해낸 것이었다. 이제 그들은 눈앞에는 마케도니아 보병이 창으로 벽을 만들어 밀고 들어오는 믿을 수 없는 광경이 펼쳐지고 있었다. 심지어 측면으로는 기병대가 돌진하고 있었다. 게타이 병사들은 싸움은커녕 황급히 대열을 이탈해 강을 따라 마을로 도망쳤지만, 알렉산드로스의 병사들은 그들을 바짝 뒤쫓았다. 상황이 급박해지자 게타이족 사람들은 여자와 아이들을 최대한 말에 태우고 북쪽의 드넓은 초원으로 뿔뿔이 흩어졌다. 알렉산드로스는 마을로 들어가 값나가는 모든 것을 약탈하고 가옥을 불태워 잿더미로 만들었다. 약탈한 귀중품 가운데는 정교하기로 유명한 트라키아 금 세공품도 포함되어 있었다.

전리품을 강 너머로 운송한 알렉산드로스는 훗날 페르시아 원정에서 반복적으로 행하게 될 의례를 처음으로 거행했다. 의례를 통해 구원자Soter* 제우스와, 자신의 조상 헤라클레스와, 무사히 강을 건너도록 허락한 다뉴브강의 인격화된 지역 신에게 제물을 바쳤다. 알렉산드로스는 게타이족 피난민들을 쫓을 생각이 없었다. 전투의 목표를 충분히 달성했기 때문이었다. 이제 알프스부터 크림반도에 이르기까지 마케도니아의 젊은 왕을 가볍게 여겨서는 안 된다는 소문이 빠르게 확산될 것이었다. 북쪽 영토가 평정된 것을 확인한 알렉산드로스는 그날로 다뉴브강 남쪽 주둔지로 돌아갔다.

알렉산드로스가 진영으로 복귀하자, 트리발리족의 왕 시르무스가 평화 협정을 청하는 사절단을 보내왔다.[22] 정확한 조건이 전해지지는 않지만, 합의문에는 분명 알렉산드로스의 군대에 자신의 병력을 제공하는 조항도 포함되었을 것이다. 알렉산드로스의 이후 아시아 원정에 트리발리 병사들이 참여한 기록이 고대 문헌에 남아 있기 때문이다. 기록에 따르면 다뉴브강 유역 출신의 트라키아 전사 중 일부가 알렉산드로스가 중앙아시아

---

*　'소테르'라는 단어는 훗날 기독교인들이 그리스도를 지칭할 때 사용하는 그리스어이기도 하다.

옥서스 강가에 세운 도시에 정착했다. 이 당시, 평화를 구하는 지역의 여러 사절단이 속속 도착했지만, 가장 주목할 만한 이들은 켈트족 사절단이었다.23 알렉산드로스는 이후에도 여러 해 동안 중요한 외교 사절들을 맞이했지만, 다뉴브에서 이루어진 초창기 외교는 그의 생애에서 매우 특별한 경험이었을 것이다.

켈트족은 갈리아와 게르만 지역에서 오랜 세월 거주했다. 이들은 주로 목축업에 종사했으나, 막상 전쟁에 나서면 쓰러뜨린 적의 머리를 수집하는 등 세계에서 가장 거친 민족 중 하나로 악명 높았다. 이들은 알렉산드로스가 태어나기 몇 세대 전부터 고향 숲을 떠나 브리타니아와 아일랜드, 북이탈리아, 그리고 다뉴브강 상류 지역으로 진출했다. 알렉산드로스의 친구이자 함께 사절단을 만났던 프톨레마이오스의 기록에 따르면, 켈트족 사절단은 아드리아해 인근 거주지로부터 오랜 여정을 거쳐 주둔지에 도착했다. 그들은 놀라울 정도로 키가 컸는데, 마케도니아인들보다 머리 하나가 더 있는 듯했다. 프톨레마이오스는 그들이 알렉산드로스 대왕으로부터 좋은 대접을 받아 마땅하다는 듯 폼을 잡으며 다가왔다고 전했다. 친선과 평화를 모색하기 위해 찾아온 이들이니만큼, 알렉산드로스도 방문객을 따뜻하게 맞이하며 그들의 말을 경청했다. 스승 아리스토텔레스가 강조한 덕virtue에 관한 가르침이 대화에 도움이 되었을 것이다. 스승은 남자에게 있어서 용맹함은 존경받을 덕목이지만, 만용은 경계해야 한다고 가르쳤다. 그리고 만용을 드러내는 대표적인 이들로 켈트족을 들며, 그들은 심지어 바다의 파도와도 맞서 싸우려 든다고 언급한 적이 있었다. 알렉산드로스는 켈트족 사절들과 술잔을 비우며, 가장 두려워하는 것이 무엇인지 물었다. 내심 알렉산드로스 자신이라고 답할 것을 기대했으나, 무리의 우두머리는 왕의 두 눈을 똑바로 바라보며 이렇게 답했다. "우리는 두려운 것이 없소." 그러고는 웃으며 한마디 덧붙였다. "하늘이 머리 위로 무너져내린다면, 그건 좀 두렵겠군." 하지만 외교상의 예의를 염두에 두었는지, 그는 알렉산드로스와 같은 위인과의 우정이야말로 다른 무엇보다 소중하다는 말을 덧붙였다. 사절단이 긴 귀로의 여정을 시작하며 주둔지를 떠나자, 알렉산드로스는 곁에 있던 프톨레마이오스에게, 듣던 대로 셀틱인들은 믿을 수 없을 만큼 허풍쟁이들이라고 투덜댔다.

다뉴브강을 출발한 알렉산드로스는 산 너머 남서쪽으로 향했고, 랑가로스가 다스리는 고지대 아그리아니아에 이르렀다.[24] 랑가로스와 오랜 친분이 있었던 알렉산드로스는 마케도니아로 돌아가기 전에 옛 친구의 영토에서 병사들을 쉬게 할 생각이었다. 몇 주 사이 수백 마일을 행군하며 여러 차례 고된 전투를 치른 병사들에게 휴식을 허락하게 되어 그도 만족스러웠다. 며칠 동안 랑가로스와의 우정을 돈독히 한 뒤에는, 아그리아니아 병사들 가운데 가장 뛰어난 부대원들을 넘겨받았다. 이들은 험준한 산악지대에 최적화된 병사들로, 훗날 아시아 원정에서 알렉산드로스 군대의 핵심 전력으로 활약하게 된다. 이 부대 통합은 알렉산드로스가 그리스인이나 마케도니아인이 아닌 병사들을 정규 병력에 통합한 첫 사례가 되었다. 이러한 정책은 이후 여러 전투에서 큰 도움이 되었지만, 한편으로는 페르시아 원정에 나선 부족 지휘관들이 끝없이 반목하는 원인이 되기도 했다.

그런데 휴식을 원하는 병사들에게 많은 시간이 주어지지는 않았다. 전령의 보고에 따르면 일리리아인들이 반란을 일으켰으며, 그 지도자는 필리포스의 옛 대적자 바르딜리스의 아들 클레이토스였다. 그는 아드리아해 연안 부족 타울란티아의 왕 글라우키아스는 물론 북쪽의 아우타리아타이 부족과도 연합했으며, 이는 알렉산드로스에게 재앙과도 같은 소식이었다. 그렇지 않아도 강성한 일리리아인들이 이웃 부족과 연합전선을 구축했다면 아시아 원정은 요원한 일이 될 뿐 아니라 마케도니아 왕국의 안위마저 걱정해야 하는 상황이기 때문이었다. 일리리아 병사들은 마케도니아만큼 조직적인 군대는 아니었으나 매우 용맹했고 병사 수도 많았다.

알렉산드로스는 병사들에게 휴식을 주고 싶었지만, 이번만큼은 즉시 출동해 행동해야 한다고 판단했다. 그는 출정에 앞서 반란 측 군대에 대한 정보를 수집했다. 그리고 이제껏 알지 못했던 사실을 알게 되었다. 적진의 여러 부대 가운데 아우타리아타이 부족이 가장 취약하다는 것이었다. 그러자 랑가로스는 알렉산드로스가 클레이토스를 상대한다면 자신은 병사들을 이끌고 손쉬운 아우타리아타이인들을 격파하겠다고 제안했다. 알렉산드로스는 이에 감사를 표하며 전투를 마치고 돌아오면 자신의 이복누이 키나를 아내로 선사하겠다고 약속했다. 키나는 필리포스와 그의 첫 아내 아우다타 사이에서 태어난 팔자 기구한 딸이었고, 필리포스 암살 사건에 연루된 자 중 한 명과 결혼한 적이 있었다. 하지만 그마저도 처형된 지금, 키나는 다시 왕실 혼인 동맹의 게임 말이 되고 있었다.

랑가로스는 약혼녀를 맞이하기도 전에 죽음을 맞이했지만, 마케도니아 왕실의 일원이 된다는 기대를 품고 알렉산드로스의 명령을 열정적으로 따랐다. 그리고 아우타리아타이 부족에 압도적인 승리를 거두었다. 그 무렵 알렉산드로스는 이미 일리리아 영토 깊은 곳까지 나아가 성벽으로 둘러싸인 클레이토스의 본거지 펠리움 인근까지 도달했다. 글라우키아스 왕이 이끄는 타울란티아 병사들이 클레이토스에 도달하기 전에 서둘러 적진으로 진군한 것이었다. 어찌나 빠르게 달려갔던지, 적진에 도착한 마케도니아 병사들은 일리리아인들이 성벽 밖에서 거행하던 끔찍한 제사를 목격하게 되었다. 피와 살점이 난무하는 전쟁에 익숙한 그들이었지만, 제단 위에 바쳐진 세 마리의 검은 숫양 옆에 놓인 소년 소녀 유해 셋을 보고는 메스꺼움을 느끼지 않을 수 없었다. 인신 공양은 지중해 세계에서는 드문 일이었지만 유럽의 산악과 숲 지대에서는 여전히 행해지고 있었다.

상황을 살핀 알렉산드로스는 자신의 군대가 매우 위험한 상황에 놓였음을 깨달았다. 펠리움은 매우 견고하게 요새화된 도시였고, 이를 함락시키고자 한다면 긴 전투가 불가피했다. 도시를 둘러싼 언덕들도 모두 일리리아인들이 장악하고 있었으며, 설상가상으로 글라우키아스의 군대가 인근 계곡까지 도달했다는 소식까지 날아들었다. 마케도니아군은 클레이토스를 도시 안에 가두는 데까지는 성공했지만, 계곡까지 육박해온 글라우키아스 군대에 맞서 싸우기 시작하면 성안의 병사들이 쏟아져 나와 등 뒤에서 공격할 것이 분명했다. 또한 클레이토스를 상대로 공성전攻城戰을 펼친다면, 그 즉시 글라우키아스가 공격해올 것이었다. 그는 필로타스에게 명령해 기병대를 이끌고 나아가 인근 농가에서 식량을 공수할 것을 명했지만 해가 지기도 전에 적에게 붙잡혔고, 직접 나서서 그를 구출해야 했다. 알렉산드로스에게는 더없이 절망적인 상황이었다. 도성을 점령할 수도 없었고, 등 뒤의 적을 물리칠 수도 없었으며, 퇴로가 끊긴 상황에서 식량마저 바닥나고 있었다. 클레이토스와 글라우키아스는 마케도니아의 젊은 왕을 궁지로 몰아넣은 상황을 무척이나 기뻐했을 것이다. 이제 그들이 할 일은, 알렉산드로스의 군대를 서서히 압박해 숨통을 끊는 일인 것처럼 보였다.

하지만 알렉산드로스는 이번에도 지극히 의외의 전술을 실행하는 천재성을 드러내 보였다. 그는 자신의 군대가 병력에서 열세일 뿐 아니라, 도망칠 수도 없고 도시를 점령할 수도 없는 현실을 받아들였다. 이런 절망적인 상황을 타개하기 위해, 그는 뜻밖에도 전술 퍼레이드를 펼쳐 보이기로 했다.

이른 아침, 주변 언덕 위에 서 있던 일리리아인들은 알렉산드로스의 보병이 100열도 넘는 거대 밀집대형으로 도열한 광경을 보았다. 5.5미터에 달하는 장창 사리사를 손에 든 보병 군단은 완전한 침묵 속에서 대형을 이루고 있다가, 구령이 울리자 사리사를 하늘 높이 치켜들었다. 일리리아인들은 성채 앞 들판에서 마치 거대한 숲이 솟아오르는 듯한 장관을 목격했을 것이다. 보병들은 강도 높은 훈련이 만들어냈을 절도 있는 움직임으로 사리사를 전방을 향해 내질렀고, 연이어 왼쪽과 오른쪽으로 휘둘렀다. 알렉산드로스의 외침에 따라 병사들은 한마디 말도 없이 일사불란하게 행진하다가, 대형 그대로 일거에 방향을 바꾸어 측면으로 기동했다.

일리리아인들은 눈앞에 펼쳐진 광경을 넋을 잃고 바라봤다. 자신들은 무모한 용기를 유일한 전법으로 삼아 한결같은 방식으로 싸웠지만, 마케도니아 병사들은 마치 하나의 거대한 기계처럼 거동했고, 그 움직임이 너무도 경이로워 지켜보는 이들은 탄성을 내지를 수밖에 없었다. 알렉산드로스의 병사들은 적진을 향해 힘차게 나아가다가 일순간 복잡한 대형을 만들어냈으며, 마지막에는 정면을 향해 도열하며 뾰족한 쐐기 모양의 팔랑크스 태세를 이루었다. 퍼레이드의 완성도는 적군이 거의 환호성을 내지를 정도였다. 바로 그 순간 알렉산드로스의 신호를 받은 마케도니아 병사들은 창을 방패에 거세게 내리치며 죽은 자도 깨어날 듯한 힘찬 전투 구호를 외쳤다. 이 눈부신 심리 전술 앞에서 공포에 사로잡힌 일리리아와 글라우키아스의 병사들은 조금씩 뒤로 물러서다가 마침내 줄행랑을 쳤고, 덕분에 알렉산드로스의 군대는 탈출로를 확보할 수 있었다.

하지만 전 병력이 일거에 계곡을 벗어나는 것은 결코 쉬운 일이 아니었다. 정신을 가다듬은 일리리아 병사들은 마케도니아군에 반격을 개시했다. 도주로의 언덕을 점령한 뒤 탈출을 막으려 했으나 알렉산드로스의 기병대가 먼저 치고 나가 그들을 격파했다. 마케도니아군이 계곡을 벗어나 강을 건너려 하자 수천 명의 일리리아 전사들이 언덕을 내려와 그들을 뒤쫓았다. 알렉산드로스는 쫓기는 병사들을 지키기 위해 도강 중이던 궁병들에게 그 자리에서 전투 태세를 명했고, 강을 건넌 병사들에게는 강둑에 공성 무기를 설치하도록 했다. 그리고 추격하는 일리리아 기병들에게 화살 공격은 물론 장거리 투석 공격을 개시했다. 투석기 탄환이 먼 거리에서 발사되어 기병대 선두 병사들을 명중시키자 글라우키아스와 그의 기병대는 멈춰 설 수밖에 없었다. 그들도 공성전에서 사용되는 투석기라는 도구를 알았지만, 전장 한복판에서 적을 공격하기 위해 이를 사용한 경우는 없었다. 이처럼 이례적인 전술은 절박한 상황에 몰린 지휘관이 순간적으로 떠올린 기지였지만, 덕분에 마케도니아 병사들은 충분한 시간을 벌었고 단 한 명의 사상자도 없이 무사히 강을 건널 수 있었다.

알렉산드로스가 보통의 장군이었다면 기적적으로 탈출에 성공한 것에 대해 신들께 감사드리고 가능한 한 빠르게 마케도니아로 퇴각했을 것이다. 그러나 그는 승리를 쟁취하지 않은 채 싸움을 끝내는 사람이 아니었다. 사흘이 지났을 무렵, 클레이토스와 글라우키아스는 마케도니아군이 멀리 도망쳤다고 확신했지만, 알렉산드로스는 어둠을 틈타 병사들을 이끌고 조용히 강을 건너고 있었다. 정찰병의 보고에 따르면 적진의 상황은 알렉산드로스가 예상한 그대로였다. 그들의 방어벽과 참호에는 어떤 감시병도 자리를 지키고 있지 않았다. 마케도니아인들이 돌아올 줄은 꿈에도 몰랐기 때문이었다. 알렉산드로스와 병사들은 일리리아의 진영으로 단숨에 침투해 잠들어 있던 경비병들을 살해한 뒤 공포에 질려 있는 병사들을 놀라운 속도로 처단했다. 적들은 무기를 내던진 채 성 밖으로 도망쳐 산으로 숨어들어 목숨을 부지하려 했다. 클레이토스는 도시를 불태운 뒤 글라우키아스와 그를 따르는 타울란티아인들과 함께 도주했으며, 이후 이들의 행방은 역사에 기록된 바 없다.

마침내 아시아 원정에 나설 수 있으리라 기대한 알렉산드로스 앞에 또 다른 암운이 드리워졌다. 이번에는 남쪽 그리스 도시국가들의 반란 소식이었다.[25] 그리스 국가들 입장에서는 마케도니아 왕이 문명의 경계를 넘나들며 여러 주 동안 원정을 이어가는 상황이야말로 반란을 일으킬 적기였다. 그들은 스무 살이 되기도 전에 왕좌에 오른 세상 물정 모르는 청년이 북방의 야만 부족들을 물리칠 것이라고는 생각하지 않았고, 설사 그가 살아서 돌아온다고 해도 장기간 자리를 비운 왕을 그리스인들은 신임하지 않을 것이라고 확신했다. 게다가 페르시아인들은 언제나 그러했듯, 금으로 그리스인들을 매수하며 원정을 방해하는 각종 책략을 모색하고 있었다.

아테네의 웅변가 데모스테네스는 또다시 알렉산드로스를 모함하는 무리의 선봉에 섰다. 그는 그해 여름, 아테네 민회의 연단에 올라 알렉산드로스와 마케도니아 군대가 다뉴브강 인근 트리발리족에게 몰살당했다고 주장했다. 그는 스스로 참전 군인이라 주장하는 사람을 대중 앞에 세웠고, 피 묻은 붕대를 감은 그는 알렉산드로스가 쓰러지는 장면을 목격했다고 증언했다. 아테네 시민들은 그리스가 마케도니아의 압제에서 벗어나게 되었다며 환호했다. 젊은 폭군이 전사했다는 소식은 그리스 전역으로 퍼져갔다. 당시의 상황을 두고 로마시대 역사가 아리아노스는 다음과 같은 말로 냉소했다.[26] "사실이 분명하지 않을 때, 사람들은 자신이 바라는 것을 진실이라고 믿는다."

반란의 열기를 가장 뜨겁게 불태운 그리스 도시는 테베였다. 테베인들은 불과 3년 전 카이로네이아 전투에서 자신의 군대가 필리포스와 알렉산드로스에게 처참하게 패배하는 모습을 공포 가운데서 지켜보아야 했다. 이후에도 여러 차례 치욕과 수모를 견뎌야 했고, 도시를 내려다보는 카드메이아 성채마저 마케도니아 수비대에게 내주어야 했다. 이후, 오이디푸스의 전설과 스파르타를 정복한 영광으로 빛나던 테베는 마케도니아 제국의 변방 기지로 전락했다. 이것은 테베 시민들에게 참을 수 없는 치욕이었다. 비록 카이로네이아에서 뛰어난 병사들을 많이 잃었지만, 그들은 여전히 오랜 군사적 전통을 가진 자부심 강한 민족이었다. 조상 대대로 전해지던 신화에 따르면 그들은 땅에 뿌려진 용의 이빨에서 태어난 민족이었다. 이제 그들은 감춘 이빨을 드러낼 때가 되었고, 과거의 영광을 되살릴 기회가 왔다고 믿었다.

반란의 열기에 불을 붙인 사건이 벌어졌다. 여러 해 전 필리포스에 의해 추방된 테베 망명자 일부가 도시로 복귀했는데, 이들은 시민들을 선동하며 봉기를 주도하기 시작했다. 당시 테베에 주둔 중이던 마케도니아 수비대는 자신들의 안전을 지나치게 확신한 나머지 카드메이아 성채를 벗어나 테베 시내를 배회하곤 했다. 그들은 아마도 술과 여자를 찾아 헤맸을 것이다. 테베에서 추방되었던 망명자들은 매복하고 기다렸다가 배회하는 병사 둘을(아민타스와 티몰라오스) 습격했고 대담하게도 둘 모두를 살해하고 말았다. 그리고 당당히 민회에 출석해 자신들의 행동을 변호하며 이제는 시민 모두가 일어나 봉기해야 한다고 주장했다. 그들은 그리스인들이 가장 소중하게 여기는 이상인 엘레우테리아eleutheria, 즉 자유를 소리 높여 외쳤다.

테베 시민들은 그들의 외침에 열광적으로 호응했고, 마침내 무리를 지어 카드메이아를 향해 몰려갔다. 성채는 도시 남쪽 끝에 위치한 타원형 언덕으로, 성벽에 바짝 붙어 세워져 있었다. 시민들이 그 요새를 직접 공격해서 점령할 수는 없었지만, 마케도니아 수비대를 고립시키는 것은 가능했다. 그들은 즉시 참호를 파고 말뚝 장벽을 세워 보급대와 지원군의 접근을 차단했다. 민회도 나서서 우호적인 그리스 도시들에 전갈을 보내 지원을 요청했다. 말 탄 전령들이 펠로폰네소스반도의 아르카디아와 아르고스, 엘리스 등지로 급히 말을 몰았다. 그러나 안타깝게도, 이웃을 적대시하며 살아온 테베는 이웃 도시들과 사이가 좋지 않았고, 어느 도시 지도자도 선뜻 도와주려 하지 않았다. 아르카디아에서 마지못해 증원군을 보냈지만, 코린토스 근처 50킬로미터 밖에 진을 치고 상황을 지켜볼 뿐이었다. 아테네로 파견된 사절단 역시 별다른 성과를 거두지 못했다. 데모스테네스는 늘 그렇듯 용감한 테베 반란군을 지원해야 한다며 여론전을 폈지만, 그 자신은 물론 다른 아테네인들도 실질적인 행동을 취하지 않았다.

한편, 마케도니아 수비대의 지휘관은 카드메이아에서 아래를 내려다보며 시민들이 이중벽을 세워 자신들을 고립시키는 모습을 보았다. 그들은 도시 남쪽 성벽 너머까지 말뚝 장벽을 세워 도주로마저 차단했다. 지휘관은 전투태세를 명령했지만, 지원군이 없는 이상 기다리는 것 말고는 할 수 있는 일이 없었다.

알렉산드로스는 사태를 방관하지 않았다. 테베의 반란 소식을 들은 그는 일리리아의 주둔지를 해체한 뒤 급히 남쪽으로 내려갔다. 테베만도 만만찮은 상대였는데, 만일 펠로폰네소스 보병과 아테네 해군에, 페르시아 지원군까지 합세한다면 막강한 연합 세력이 형성될 것이었다. 조금의 시간도 지체할 수 없었던 알렉산드로스는 펠리움에서 병사들을 이끌고 험난한 중부 그리스 산길을 밤낮으로 행군했다. 그리고 마침내 테살리아 서부 평야지대에 이르렀다. 그곳에서 테르모필레협곡을 지나 남쪽으로 진군해갔다. 보이오티아Boeotia까지 가로지르자 이내 테베 외곽에 닿을 수 있었다. 이들의 이동은 유럽에서 가장 험난한 지형 중 한 곳을 하루에 30킬로미터씩 돌파한 놀라운 행군이었다. 고대에는 군대의 이동이 소식을 전하는 전령보다 빠른 경우가 있었고, 마케도니아군 역시 자신들의 진군 소식보다 먼저 이동해 테베 성문 앞에 도착했다.

그다음 벌어진 사건에 대해서는 역사가에 따라 견해가 나뉜다. 테베 전투를 기록한 양대 사가史家인 아리아노스와 디오도로스Diodorus는 이후 알렉산드로스의 행적을 각기 다른 방식으로 서술했다. 기본적인 사실에 대해서는 유사한 의견을 폈지만, 이 역사적 사건에서 알렉산드로스가 어떤 동기에서 움직였는지, 그리고 어느 정도로 징벌을 가했는지에 대해서는 극명한 차이를 보인다. 이 사건은 그리스 역사의 결정적인 분기점이 되기 때문에 그에 대한 해석의 차이는 매우 중요하다.

두 역사가 모두 알렉산드로스가 북쪽 성벽 인근에 진을 치고 테베인들이 마음을 돌이킬 시간을 주었다고 전한다. 알렉산드로스는 가능하면 전쟁을 피하고 싶어 했다. 테베를 아끼는 마음 때문이 아니라, 그리스에서 소진하는 매일의 시간이 아시아 원정을 더욱 힘들게 할 것이기 때문이었다. 가능했다면 그는 테베의 항복을 받아들이고 용서하는 쪽을 택했을 것이고, 주동자 몇 명을 처형하거나 추방하는 선에서 사태를 마무리했을 것이다. 일반 시민들에게는 향후 처신에 대한 약속을 받는 정도에서 그쳤을 것이다. 하지만 테베는 그런 식으로 굴복할 생각이 전혀 없었다. 오히려 민회를 개최해 결사 항전에 나설 것을 만장일치로 결의했다.

테베를 포위한 알렉산드로스는 마케도니아 병사들뿐 아니라 수많은 동맹군을 거느리고 있었다. 아리아노스가 강조한 것처럼 그 가운데는 테베 인근 세 도시 플라타이아, 오르코메노스, 테스피아이 출신 병사들도 있었다. 이곳 병사들은 어릴 적부터 마을이 불타고 땅을 빼앗기고 어머니를 빼앗기는 등 테베인들의 악행을 경험하며 자란 당사자들이었다. 알렉산드로스가 평화를 원했다고 해도 그와 함께한 동맹군 병사들은 복수를 갈망하고 있었을 것이다.

알렉산드로스는 시간을 더욱 지체하면서 테베의 항복 의사를 타진했다. 하지만 테베는 오히려 일군의 기병과 경무장 병력을 은밀히 풀어 성문 밖 마케도니아군을 습격했다. 이 작전은 성공적이었는데, 수적으로 열세인 테베인들이 선제공격을 할 것이라고는 누구도 생각하지 못했기 때문이었다. 테베 병사들은 전위부대원 여러 명을 살해한 뒤 성으로 되돌아갔다. 실망과 분노를 떨칠 수 없었던 알렉산드로스는 다음 날 아침, 아테네로 연결되는 성 남쪽으로 진영을 옮겼다. 이곳은 카드메이아 안에 고립된 병사들과 가까운 곳이었다. 알렉산드로스는 테베에 특사를 보내, 비록 일부 병사들이 살해되었지만 여전히 테베인들을 용서하고자 한다는 사실을 알렸다. 누구든 원한다면 항복할 수 있고, 이를 통해 모든 그리스인에게 주어지는 평화에 동참할 것을 촉구하며, 시민들의 분열을 꾀했다. 하지만 테베인들은 오히려 자신들에게 항복하라며 탑 위에서 소리 높여 외칠 뿐이었다. 알렉산드로스의 군대에 속한 자라도 누구든 성으로 받아들일 것이며, 알렉산드로스의 폭정에서 벗어나 테베와 페르시아 대왕과 함께하자고 목소리를 높였다.

아리아노스는 이러한 일련의 사건을 생략한 대신, 이후 개시된 전투의 직접적인 원인으로 알렉산드로스 휘하 장군 한 사람의 돌발 행동을 거론했다. 하지만 디오도로스는 이보다 설득력 있는 이야기로 사건을 전개한다. 그는 테베인들이 알렉산드로스를 '폭군'이라고 부르고 페르시아 대왕을 그리스의 해방자로 칭하자, 알렉산드로스의 분노가 걷잡을 수 없이 폭발했다고 기록했다. 플라톤의 『국가』를 배운 그는 폭정이야말로 가장 비천한 정치 체제이며, 귀족주의 철학자였던 플라톤의 관점에서조차 그것은 민주정보다 더 불명예스러운 통치 형태였다는 사실을 알고 있었다. 분노에 휩싸인 알렉산드로스는 테베에게 진정한 폭군의 모습을 보여주겠노라고 선언했다고 한다. 디오도로스는 이렇게 기술했다. "알렉산드로스는 도시를 완전히 파괴하기로 결심했다. 의도적으로 공포심을 유발해 향후 자신에게 대적하려는 자들의 의지까지 꺾고자 한 것이다."27 이러한 기치를 높이 내건 알렉산드로스는 공병대를 불러 공성 무기를 정비하면서 테베를 그리스 지도에서 지워버릴 계획을 세우기 시작했다.

그런데 아리아노스에 따르면, 이후 벌어진 전투는 근위대장 페르디카스로부터 촉발되었다. 이 장군은 마케도니아 오레스티스 고지대의 귀족 출신으로, 알렉산드로스의 가장 충직한 추종자 중 하나였다. 그는 일리리아 원정에서 알렉산드로스를 보좌하며 용감히 싸웠고, 훗날 마케도니아의 가장 중요한 지도자로 성장하지만, 이때만 해도 그저 왕의 심복이 되고자 노력하던 열정 가득한 청년에 불과했다. 그는 당시 도시의 남동쪽에서 적의 말뚝 장벽 가까이에 진을 치고 있었다. 병사들을 이끌고 성문을 기습할 기회를 노리던 페르디카스는 알렉산드로스에게 보고하지 않은 채 기습 공격을 감행했다. 그는 진영의 장군 누구에게도 알리지 않은 채 성내로 침입했고, 소부대 하나가 그의 뒤를 따랐다. 이 사실을 안 알렉산드로스는 이미 시작된 군사작전을 지원하기 위해 군 전체를 움직일 수밖에 없었다.

누구의 서술이 정확한지는 알 수 없으나, 테베의 전투가 참혹했다는 것은 분명한 사실인 듯하다. 알렉산드로스는 보병 예비대를 남겨둔 채 아그리아니아 병사들과 크레타 출신 궁병들을 장벽 안으로 투입했다. 성급히 작전을 펼친 페르디카스는 도시 깊숙이 침투했다가 중상을 입었지만, 병사들이 안전한 곳으로 후송한 덕분에 그는 가까스로 목숨은 건졌다. 하지만 마케도니아 병사들은 카드메이아 바로 아래 헤라클레스 신전 가까이서 치열한 접전을 벌였다. 그리고 마침내 테베 병력을 포함해 시민 다수를 포위해 가두었다고 생각했다. 그러나 테베의 본대가 격렬한 외침과 함께 반격하자, 알렉산드로스의 병사들은 당황한 채 길을 잃고 우왕좌왕했으며, 불과 몇 분 사이에 궁병 70명 이상이 목숨을 잃고 말았다.

알렉산드로스는 자신의 병사들이 혼비백산해 성 밖으로 도망치는 모습을 지켜보았다. 즉각적인 대응책이 마련되어야 했다. 그는 성 밖 보병들을 도열시킨 뒤 치명적인 사리사 대형을 이루어 추격해오는 테베 병사들에 맞서게 했다. 공포스러운 사리사 장벽 앞에 마주 선 테베 병사들은 두려움에 휩싸인 나머지 그대로 성벽 안으로 되돌아갔다. 마지막으로 도주한 이들이 성문을 잠그는 것을 잊을 정도로 그들은 공포와 혼란에 빠져 있었다. 알렉산드로스의 병사들은 즉시 성내로 돌진해 도시 곳곳으로 침투해갔다.

전쟁으로 도시가 함락되는 과정이 늘 그러하듯, 테베의 거리에도 빛나는 용기와 잔인한 학살과 시민들의 공포가 가득했다. 좁은 골목마다 금속 부딪히는 소리와 사람들의 비명이 쏟아졌다. 알렉산드로스의 병사 중 일부는 카드메이아를 공격해 갇혀 있던 마케도니아 병사들을 구출했지만, 대부분의 병사들은 마을 곳곳을 돌파하며 백병전을 벌여야 했다. 테베인들은 패전 후 맞이할 가족의 가혹한 운명을 떠올리며 서로를 격려하면서 끝까지 저항했다. 알렉산드로스는 마지막까지 물러서지 않는 시민들의 모습에 경외심을 느꼈지만, 동시에 배신에 걸맞은 대가를 치르게 하겠다는 의지를 불태웠다. 아리아노스에 따르면, 여성과 아이들까지 무자비하게 학살한 것은 테베 인근에서 핍박받던 부족 출신 병사들이었지만, 마케도니아 병사들도 그에 못지않은 살육을 저질렀다는 사실을 부인할 수는 없다. 마을은 약탈당했고, 아내와 딸들은 강간당했으며, 노인들은 침실에서 살해되었다. 심지어 신전으로 피신해 제단을 부여잡고 있던 주민들마저도 가차 없이 베어졌다.

그날 하루에만 6000명이 넘는 테베 시민이 목숨을 잃었고, 최소 3만 명이 포로로 잡혔다. 그리스 세계에서 한 번도 벌어진 적이 없는 참상이었다. 전쟁에 패배해 약탈을 당한 도시들은 많았지만, 유구한 전통을 자랑하는 그리스 도시 하나가 이처럼 갑작스럽고도 철저하게 파괴된 일은 일찍이 없었다. 그것은 마치 전설처럼 회자되던 트로이의 비극이 다시 한번 실현된 듯한 모습이었다.

폐허가 된 테베의 사후 관리에 대해서 알렉산드로스는 코린토스 동맹의 결정에 따르겠다고 했지만, 그것은 요식적 절차에 불과했다. 도시를 완전히 파괴하고 토지를 동맹국들에게 분배하고, 주민들을 노예로 파는 일은 이미 정해진 수순이었다. 노예 경매에서 발생한 막대한 수익은 모두 마케도니아 국고로 들어갔다. 알렉산드로스가 살려준 유일한 부류는 남녀 사제들과 마케도니아에 충성한 일부 인사들뿐이었다. 예외가 있었다면, 그리스 시문학을 특별히 아낀 알렉산드로스의 명령으로 목숨을 부지한 테베 출신 시인 핀다로스의 후손들이었다.

이토록 끔찍한 참상 속에서 알렉산드로스가 보여준 너그러운 행적에 관한 이야기는 상당 부분 사실에 근거한다. 그가 여성들에게 관용을 베푼 사례만 해도 적지 않기 때문이다. 플루타르코스에 따르면, 트라키아 병사들이 전투 중 테베의 한 저택을 습격했다.[28] 그곳에 살고 있던 젊은 과부 티모클레이아는 훌륭한 성품으로 도시 전체에 명성이 자자한 인물이었다. 트라키아 대장은 그녀를 강간한 뒤 숨겨둔 보물을 내놓으라고 협박했다. 그녀는 정원 한 곳에 보물을 감추어두었다며 그를 안내했다. 그리고 성이 포위되기 시작한 때부터 모든 귀중품을 던져 넣었다며 한 우물을 가리켰다. 욕심 가득한 대장이 우물 속을 굽어보려고 몸을 숙이자, 뒤로 다가간 티모클레이아는 그의 등을 떠밀어 우물에 빠뜨렸다. 그리고 무거운 돌을 안으로 던져 그를 죽게 했다. 트라키아 병사들은 즉시 그녀를 포박해 알렉산드로스 앞으로 끌고 가 중벌로 처단할 것을 촉구했다. 하지만 포로가 된 여인은 왕 앞에서도 위엄 있고 침착한 태도로 일관했다. 그녀가 누구냐고 묻는 알렉산드로스의 말에, 그녀는 카이로네이아 전투에서 필리포스에 맞서 싸웠던 테베 지휘관의 아내라고 답했다. 알렉산드로스는 티모클레이아에게서 감동을 받았고 그녀와 자녀들을 자유의 몸으로 도시 밖으로 놓아주었다.

테배가 패망했다는 소식이 그리스 전역에 번지자, 알렉산드로스에 반기를 들었던 도시들은 애초부터 그의 편이었다며 앞다투어 변명을 늘어놓았다.[29] 코린토스까지 병력을 파견해 테베를 돕고자 했던 아르카디아인들은 파병을 결정한 지도자들을 처형하기로 표결했다. 다른 도시들도 사절단을 보내 알렉산드로스에게 용서를 구했고 마케도니아에 대한 영원한 충성을 서약했다. 그리스 전체가 애초에 테베를 그다지 좋아하지 않았다는 사실이 새삼 판명된 형국이었다. 따지고 보면 과거 그리스의 존망을 건 대전쟁에서 사악한 페르시아의 편에 섰던 것도 테베가 아니었던가? 그렇다면 그들이 맞이한 불행은 마땅히 내려져야 했을 천벌이라는 주장이 힘을 얻었다. 필리포스가 그러했듯, 알렉산드로스 역시 이러한 상황을 수없이 마주했고 그 진부한 연극에서 자신이 어떻게 처신해야 할지 잘 알고 있었다. 그는 너그러이 관용을 베풀 것이며 그리스인들에게 복수하지 않을 것을 약속했다. 그런데 아테네만큼은 다른 도시들과 사정이 달랐다. 지원을 요청하는 테베의 사절이 아티카에 도착했을 때, 아테네인들은 인근 도시 엘레우시스에서 데메테르 여신에게 비의秘儀를 올린 뒤, 그녀의 응답에 기뻐하고 있었다. 여신은 다가오는 겨울 이후에도 따뜻한 햇살과 대지의 열매가 도시를 풍성하게 할 것이라고 답했기 때문이었다. 하지만 테베의 전령을 맞이한 순간, 아테네인들은 자신들의 도시에 깊은 먹구름이 드리워지는 듯한 위기감을 느꼈다. 그들이 테베에 지원병을 보낸 것은 아니었지만, 알렉산드로스에 맞서 음모를 꾸민 명백한 행적들은 어떻게 해명해야 할까? 아테네인들은 즉시 제의를 멈추고, 가능한 모든 소지품을 챙겨 성벽 안으로 숨어들었다. 이번만큼은 알렉산드로스가 마케도니아 군대를 몰고 와서 아테네를 완전히 파괴할 것이라고 생각했기 때문이었다.

아테네의 원로 정치가 데마데스는, 가능한 한 빨리 알렉산드로스에게 사절을 보내 북방의 야만족들을 물리치고 무사 귀환한 일과 테베에서의 눈부신 승리를 축하해야 한다고 주장했다. 민회는 이를 즉시 실행에 옮겼다. 알렉산드로스는 사절을 아테네로 복귀시키며 한 가지 메시지를 전했다. 자신에게 충성하지 않은 일은 묵과할 수 있으나 오랫동안 자신을 비방한 인사 열 명을 인도하는 조건이 그것이었다. 그 명단에는 대표적인 선동가 데모스테네스도 포함되어 있었다. 이에 대해 아테네의 보수파 지도자 포키온은 합리적인 요구라고 생각했다.[30] 포키온은 플라톤의 제자였으며 탁월한 전투 경력을 가진 인물이었다. 그는 데모스테네스를 혐오했고, 오랜 숙적인 그가 마케도니아인들에 의해 처형된다면 매우 기뻐할 사람이었다. 포키온은 민회 단상에 올라, 멸망 위기에 처한 국가를 구하기 위해 자신의 딸을 희생시킨 아테네 영웅 레오스와 히아킨토스를 거론했다. 그리고 데모스테네스를 향해 이렇게 외쳤다. "그 어린 소녀들조차 도시를 구하기 위해 기꺼이 죽음을 받아들였는데, 하물며 아테네의 진정한 애국자라면 마땅히 그래야 하지 않겠는가?"

민회를 장악한 다수는 데모스테네스를 지지하는 일파였고, 포키온은 사람들을 설득하는 데 실패한 채 연단에서 내려와야 했다. 이어 돌계단 단상에 오른 데모스테네스는 철저히 준비한 연설문으로 동료 시민들에게 호소했다. 그가 당대 최고 웅변가로 평가받은 것은 우연이 아니었다. 연설이 끝날 무렵 군중의 마음은 완전히 그의 편으로 돌아서 있었다. 이후 데모스테네스 일당에게 큰 뇌물을 받은 데마데스는 알렉산드로스에게 사절을 보내 아테네 지도자들을 용서해달라고 간청하는 전혀 다른 제안을 전했다. 알렉산드로스는 페르시아 원정에 보낼 아테네 해군이 필요한 상황이었기 때문에, 이번에는 장군 카리데모스 한 명만 인도하라는 완화된 조건을 제시했다. 이는 매우 계산된 셈법이었다. 카리데모스는 아테네 태생이 아니었기 때문에, 어느 쪽에서도 무리 없이 희생양으로 삼을 만한 인물이었다. 급박한 상황을 전해 들은 카리데모스는 즉시 배편을 이용해 페르시아로 망명해버렸다. 알렉산드로스는 명분이 세워졌다고 판단하고 아테네를 평화롭게 남겨두는 데 동의했다.

알렉산드로스가 테베를 떠나 마케도니아로 귀환한 것은 늦가을 무렵이었다.[31] 아시아 원정을 떠나기 위해서는 봄까지 준비해야 할 일들이 많았다. 알렉산드로스는 우선 파르메니온을 소아시아에서 소환해 원정대 부사령관으로 임명했다. 이는 불가피한 결정이었는데, 노장 장군의 지지를 확보하기 위해서는 보상이 필요하다고 생각했기 때문이었다. 필리포스가 신뢰했던 또 다른 원로 정치가 안티파트로스는 마케도니아의 섭정으로 임명했다. 그는 알렉산드로스가 에게해를 건너 전쟁을 수행할 동안 마케도니아에 남아 권좌를 지키고 그리스를 통제할 임무를 부여받았다. 두 측근은 알렉산드로스에게 길고도 위험한 원정을 떠나기 전에 결혼을 하고 후계자를 두어야 한다고 조언했다. 이는 마케도니아 전통에도 부합하는 합리적인 조치였지만, 알렉산드로스는 가정을 이루는 일에 전혀 관심이 없었다. 젊음의 패기로 가득한 스물한 살의 왕에게 가정 문제는 천천히 걱정해도 될 한가로운 일이었다. 그는 아내가 임신해 아들을 낳을 때까지 기다릴 마음의 여유도 없었다. 결혼을 하면 최소한 아시아 원정을 1년 이상 미루어야 했고, 그것은 받아들일 수 없는 일이었다.

알렉산드로스는 전쟁을 앞둔 병사들의 사기를 진작시키기 위해 올림포스 산자락 아래 디온에서 축제를 벌이고 운동경기를 개최했다. 10년 전 이 신성한 장소에서 그는 부케팔라스를 만나 길들였고, 이 위대한 준마는 여전히 그의 곁을 지키고 있었다. 병사들은 여러 경기에 출전했고 우승자들은 값진 상품을 받았다. 알렉산드로스는 여러 날에 걸쳐 신들의 아버지 제우스와 곧 자신의 위대한 업적을 노래하게 될 아홉 뮤즈에게 성대한 제물을 바쳤다. 손님들을 위한 식사용 긴 의자 100개가 공수되었고 그 위로 거대한 천막이 세워졌다. 모든 병사들은 며칠이나마 왕처럼 잔치를 즐겼다. 전투를 앞둔 진정한 마케도니아 전사의 의례로 그들은 포도주를 들이켰다. 그들에게는 분명 충만한 용기가 필요했을 것이다. 그들 앞에는 위엄 넘치는 페르시아 제국의 거대 군단이 기다리고 있었기 때문이다.

3장 아시아

여호와께서 스스로 기름 부어 세우신
고레스에게 말씀하셨다.
내가 너의 오른손을 붙잡으리라.
모든 백성을 네 앞에 굴복시키리라.
모든 왕을 네 앞에 엎드리게 하리라.
네 앞의 성문을 활짝 열어
다시는 닫히지 않게 하리라.

-선지자 이사야[1]

먼 옛날 아스티아게스라는 왕이 살았다.[2] 메소포타미아 동쪽 고지대 메디아Medes를 다스리던 그는 어느 밤 꿈을 꾸었다. 딸 만다네가 언젠가 아시아 전역을 지배할 아들을 낳을 것이라는 내용이었다. 이에 자신의 왕좌가 위협받을 것을 걱정한 왕은 딸을 남쪽의 작은 도시 페르시아 출신의 남자에게 시집보냈다. 아스티아게스는 만다네가 결혼한 1년 후에 또 다른 꿈을 꾸었는데, 이번에는 그녀의 자궁에서 덩굴이 뻗어나 제국 전역과 그 너머 영토까지 뒤덮는 모습이 보였다. 왕은 현자들로 알려진 마기들에게 자문을 구했다. 아이가 훗날 아스티아게스를 몰아내고 위대한 왕이 될 것이라는 답변이 돌아왔다. 아스티아게스는 아이가 태어나는 즉시 죽이기로 결심했다. 아이가 태어나자 그는 키루스라고 이름 지은 뒤 신하에게 명령해 아이를 죽이도록 했다. 하지만 그 신하는 아이를 마음 착한 목동에게 넘겼고, 목동은 아기를 몰래 데려가 자기 자식처럼 키웠다.

어려운 환경에서 자란 키루스는 일찍부터 왕의 기질을 드러내기 시작했다. 그리고 마침내 의심 많은 왕 아스티아게스 앞에까지 불려가게 되었다. 진실을 알게 된 아스티아게스는 다시 마기들의 자문을 구했는데, 이번에는 왕이 자식을 두려워할 필요가 없다는 답변이 돌아왔다. 하지만 성장한 키루스는 결국 아버지의 민족인 페르시아인들을 이끌고 외조부 메디아 왕에 반란을 일으켰고, 마침내는 페르시아 제국의 첫 번째 대왕의 지위에 이르렀다.

이 이야기는 헤로도토스가 남긴 영웅의 전설이지만, 키루스라는 실존 인물과 그가 이룩한 제국의 이야기는 이보다 훨씬 놀랍다. 오늘날 이란 남부에 해당하는 페르세폴리스 인근의 고지대 페르시아에서 세력을 키운 키루스는 기원전 549년에 메디아를 정복했고, 3년 뒤에는 리디아 왕국을 공격했다. 소아시아 리디아의 부유한 왕 크로이소스는 페르시아의 왕을 과소평가한 결과 왕국의 몰락을 맞이해야 했다. 기원전 539년에는 바벨론 제국을 무너뜨렸으며, 이후 중앙아시아 대부분을 영토로 병합했다.

기원전 530년, 키루스가 사망하자 장자 캄비세스가 왕위에 올랐다. 캄비세스는 이집트를 병합하는 공을 세우기도 했으나 기원전 522년에 갑작스럽게 사망했다. 이후 벌어진 피비린내 나는 권력투쟁 끝에 왕위에 오른 이가 다리우스 1세였다. 그는 인더스 계곡을 페르시아의 영토로 만드는 공을 세웠으나, 유럽 원정에서는 크게 성공하지 못했다. 다뉴브강을 건너 스키타이 정벌에 나선 일은 역사에 남는 업적이 되었지만 이는 명목상의 승리에 불과했다. 기원전 490년 아테네 인근 마라톤에서 벌어진 전투에서는 명목상 패배라는 결과를 얻었다. 그리스인들에게 마라톤 전투는 세상에서 가장 위대한 승리로 기억될 수 있겠으나, 페르시아인들에게 그것은 작은 시행착오에 불과했다. 다리우스의 아들이자 키루스의 손자인 크세르크세스는 결국, 기원전 480년에 다시 그리스를 침공했다. 스파르타의 전사들이 죽음의 항전을 벌였던 저 유명한 테르모필레 전투도 페르시아에게는 기록할 가치조차 없는 일이었다. 그해 아테네가 파괴된 사실도 마찬가지였다. 하지만 이듬해 테베 인근 플라타이아에서 당한 패배는 그리스를 병합하려는 페르시아의 꿈에 종지부를 찍었다. 크세르크세스가 죽은 기원전 465년 이후에도 페르시아 제국의 국경은 거의 변하지 않았다. 하지만 내부 반란이 빈번히 발생했고, 이는 다리우스 3세가 왕위에 오른 기원전 336년까지 이어졌다. 같은 해 마케도니아에서는 알렉산드로스가 왕위에 올랐다.

키루스의 통치로부터 시작된 페르시아 제국의 정책은 200년이 넘도록 그대로 이어졌다. 주민들은 세금만 제대로 납부하고 큰 문제를 일으키지 않는 한 기존의 삶과 신앙을 유지하며 평화롭게 살 수 있었다. 하지만 위대한 왕의 지배에 반기를 들 경우 신속하고도 가혹한 보복을 받았다. 이를테면 이집트와 바빌론의 민중이 페르시아에 반란을 일으켰을 때, 주민들은 잔인한 보복을 피할 길이 없었다. 도시는 불태워졌고 반란자들은 처형되었으며 가혹한 조공이 부과되었다. 페르시아인들은 자신들의 종교를 이방인에게 전파하는 데 관심이 없었지만, 그렇다고 해서 피지배 민족의 종교적 관습을 이해하고 존중한 것은 아니었다. 제국을 다스리는 왕들은 반란이 일어날 때마다 지역 신전을 파괴하고 신성한 상징을 모독했으며, 이로 인해 부족민들의 반감을 더욱 키우곤 했다.

페르시아인들은 다신교 신앙을 가졌는데, 유대인을 제외한 고대 세계의 거의 모든 문화에 나타난 종교가 다신교의 형태였다. 그리스는 물론 켈트족과 북인도인들도 문화와 언어의 측면에서는 페르시아와 유사했다. 페르시아인들도 수많은 신성한 존재들이 세상을 다스린다고 생각했다. 우주를 빛의 세력과 어둠의 세력 사이의 전쟁터라고 여긴 그들은 신들 가운데 가장 위대한 신으로 '지혜로운 주님Wise Lord'이라고도 불린 아후라마즈다를 모셨다. 그는 세상의 창조자이자 모든 선goodness을 상징하는 존재였다. 아후라마즈다에 맞서는 존재는 아리만으로, 인간을 타락시키고 악을 충동하는 강력한 영적 존재였다. 알렉산드로스가 태어나기 여러 세기 전에 살았던 페르시아의 위대한 종교 지도자 조로아스터는, 인간은 두 신 가운데 누구를 따를 것인지 선택해야 하지만, 결국에는 지혜로운 주님이 아리만을 물리치고 승리를 거둘 것이라고 가르쳤다. 페르시아인들이 믿었던 다른 신들에는 어머니의 여신 아나히타, 정의의 수도자 미트라, 그리고 아후라마즈다의 아들이자 신성한 불을 지키는 수호신 아타르 등도 있었다. 이처럼 다양한 신들을 모시고 섬기는 일은 고대 사제 계층인 마기가 수행했다. 그들은 신들에게 제물과 찬가를 바치고, 미래를 예언했으며, 별의 움직임을 보고 앞날의 징조를 읽었다. 이들은 페르시아인들이 정복 전쟁을 벌일 때도 동행했는데, 포교를 위해서가 아니라 페르시아 상류층을 보좌하기 위해서였다. 이들은 이집트인들이 머리가 자칼인 신을 섬기든, 그리스인들이 아테나에게 기도를 올리든 상관하지 않았다. 아후라마즈다와 그 주변 신들이 세상을 지배할 권한을 부여한 존재는 페르시아인 자신이었기 때문이었다.

동서의 거리가 3000킬로미터가 넘는 광대한 제국 페르시아는 여러 지방으로 나뉘어 통치되었는데, 각 지방은 대왕의 명령을 수행하는 총독인 사트라프가 다스렸다. 지방 간의 교역은 잘 정비된 도로를 통해 이루어졌고, 이 길을 통해 왕의 특사가 오갔다. 이 도로에 대해 헤로도토스는 다음과 같이 기록했다. "정비된 도로를 통해 임무를 완수할 때는 눈비도, 더위도, 밤의 어둠도 방해가 되지 않았다."[3] 페르시아인들도 마케도니아인들처럼 산악지대 출신의 전사들이었다. 그들은 자신이 정복한 고대 왕국들에서 문명과 기술을 배웠다. '말타기와 활쏘기와 진실 말하기'[4]라는 자신들의 단순한 교육 전통을 금과옥조로 여겼지만, 실제로는 외부의 문화를 매우 잘 받아들였고, 피지배 민족의 좋은 풍습을 적극적으로 흡수했다. 페르시아의 문자는 다리우스 1세 때 시작되었으며, 주로 기념비에 사건을 기록하는 용도로 활용되었다. 하지만 왕실의 일상적인 기록은 서기관들이 엘람어Elamite나 바빌로니아어, 혹은 아람어Aramaic 등으로 작성했다. 페르시아인들은 메소포타미아의 초기 국가들에서 예술과 공학은 물론 웅장한 궁전을 축조하는 건축양식도 배웠다. 이 모든 역사적 사실 가운데 페르시아 제국이 가지는 가장 중요한 의미를 꼽는다면, 수십 개 민족을 하나로 통합해 인류 최초의 진정한 제국을 세운 사실이라고 할 수 있다. 페르시아의 왕은 나일강 급류에서 에게해 해안을 지나 중앙아시아의 초원과 인더스 계곡에 이르는, 인류 역사상 가장 광대하고 강력한 왕국을 다스리고 있었다.

기원전 334년 이른 봄, 알렉산드로스는 마침내 페르시아를 상대하기 위한 먼 원정길에 나섰다.5 마케도니아와 그리스를 통치할 섭정으로는 안티파트로스 장군을 남겨두었다. 이날은 펠라의 궁전에 머물던 어머니 올림피아스에게도 특별한 하루였을 것이다. 아들이 주어진 운명에서 벗어나지 않도록 오랫동안 지략 싸움을 했고 그에 따른 희생도 치렀던 그녀는 떠나는 아들에게 작별 인사를 했을 것이다. 마케도니아 평원을 가로지르며 올림포스산 능선에 덮인 흰 눈을 바라보았을 알렉산드로스는 어머니도 고향도 다시는 보지 못할 것이라는 사실을 알지 못했다.

알렉산드로스에게는 병사들에게 지급할 돈이 부족했다. 마케도니아 국고는 거의 바닥난 상태였고, 평소에도 인색했던 그리스인들은 알렉산드로스의 이번 원정을 어리석은 싸움이라고 비난할 뿐 재정지원에 소극적이었다. 아테네를 비롯한 그리스 시민들이 이 전투에서 기대한 유일한 것은, 마케도니아군이 페르시아군에 패배해 몰살당하는 상황이었다. 알렉산드로스의 원정대에는 그리스 병사들이 많지 않았기 때문에 그들은 동포의 안위에 대해 걱정조차 하지 않았다. 사실을 들여다보면 알렉산드로스의 군대에서 싸우는 그리스 병사보다, 페르시아 군대에서 용병으로 싸우는 그리스 병사가 훨씬 많았다. 병사들이 그리스인이든 마케도니아 사람이든, 전쟁에서 승리해 수익을 창출하지 못한다면 알렉산드로스는 결코 군대를 유지할 수 없을 것이었다.

고대 기록에 따르면 알렉산드로스가 동원한 병력은 페르시아가 규합한 병력에 비하면 수적으로 훨씬 열세였다. 정확한 수는 알 수는 없지만, 원정군은 아시아에 주둔 중이던 파르메니온의 병사까지 합해서 5만 명 규모였다. 마케도니아 군대의 핵심은 오랫동안 필리포스와 싸웠고 최근 다뉴브 원정까지 다녀온 노련한 마케도니아 보병이었다. 발칸 지역의 동맹 부족 전사들도 언제나 중요한 역할을 했는데, 특히 트라키아의 용맹한 병사들도 중요한 축을 형성했다. 그 밖에도 마케도니아와 테살리아에서 온 기병과, 트라키아 출신의 기마 정찰병과 궁병, 그리고 알렉산드로스가 겨우 지원받은 소수의 그리스 직업 군인들이 함께했다. 마지못해 편제된 그리스 보급선 부대도 해안을 따라 본대와 속도를 맞추어나아갔다. 또한 필리포스가 창설한 뛰어난 공병 부대와, 왕의 서신을 담당하는 비서진과, 의료진, 지도 관리자, 과학자가 함께했으며, 아리스테텔레스의 조카이자 원정대의 공식 역사 기록 및 선전 활동을 책임졌던 칼리스테네스도 동행했다.

펠라를 출발한 알렉산드로스와 원정대는 암피폴리스를 지나 스트리몬강을 건너 에게해 북쪽 해안으로 나아갔다. 이 길은 한 해 전 다뉴브강으로 출격했을 때도 지난 길이었다. 하지만 이번에는 북쪽으로 나아가지 않고 헵로스강 하구 습지를 지나 동쪽으로 진군했다. 그리고 헬레스폰트해협* 너머로 아시아가 조망되는 갈리폴리Gallipoli반도로 내려갔다. 아시아의 트로이가 마주보이는 엘라에우스에서 알렉산드로스는 유럽에서의 마지막 제물을

---

* 현재의 튀르키예 다르다넬스Dardanelles해협 (옮긴이)

바쳤다. 트로이 전쟁이 시작될 때 아시아에 가장 먼저 발을 디뎠고, 동시에 가장 먼저 전사한 영웅 프로테실라오스의 무덤에서였다.6 신성한 숲의 느릅나무 아래서 그는 신들이 행운의 손길을 더해주기를 간절히 빌었다. 그가 그토록 걱정한 데는 이유가 있었다. 에게해에서는 이미 페르시아의 함대가 기동하기 시작했고, 그들은 알렉산드로스의 원정에 대해서도 훤히 알고 있었다. 원했다면 페르시아는 알렉산드로스의 군대가 해협을 횡단하기 전에 막았을 것이다. 하지만 그들은 알렉산드로스와 그의 군대가 아시아에 자유로이 상륙하도록 내버려두기로 결정했다. 해군을 가동해 상륙을 차단하기보다는 적군을 내륙 깊숙이 끌어들인 뒤 압도적인 병력으로 섬멸하려 했기 때문이었다.

앞 세기 크세르크세그 대왕이 그리스를 침공했을 때는 헬레스폰트 물결 위에 부교를 설치한 뒤 거대 병력을 신속히 이동시키고자 했다.7 하지만 강력한 폭풍이 몰아쳐 군대가 건너기도 전에 다리들이 파괴되어버렸다. 이에 분노한 크세르크세스는 헬레스폰트 물결에 채찍 300대를 내리친 뒤 족쇄 한 쌍을 물속에 던져 넣은 후에야 다시 다리를 연결했다. 알렉산드로스도 이 사실을 알고 있었고, 부디 행운이 깃들어 병사들이 무사히 해협을 건너게 되기를 바랐다. 파르메니온이 군함과 수송선으로 병사들이 바다를 건너도록 지휘하는 동안, 알렉산드로스는 엘라에우스의 주력부대에서 잠시 이탈해 헬레스폰트 한가운데로 나아갔다.8 그곳에서 바다의 신 포세이돈에게 황소를 제물로 바친 뒤 황금 잔에 술을 따라 바다에 붓는 의식을 거행했다. 그런 다음 배를 움직여 트로이 쪽으로 나아갔다. 호메로스에 따르면 그곳은 1000년 전 그리스인들이 상륙한 장소였다. 해안에 다다르자 알렉산드로스는 자신의 창을 들고 온 힘을 다해 해변으로 던지며, 이곳은 신들에게서 얻어낸 땅 아시아라고 선언했다. 그리고 배가 닿기도 전에 바다로 뛰어들었다. 파도를 헤치며 전진한 그는 마침내 페르시아의 영토에 발을 딛고 섰다.

아시아에 도착한 알렉산드로스가 처음 한 일도, 안전한 도착을 허락한 제우스와 아테나, 그리고 자신의 조상 헤라클레스에게 제물을 바치는 의식이었다.9 그는 언제나 종교 의례를 중요시했지만, 이번에는 더욱 더 정성을 들였다. 발을 딛고 선 땅이 그가 어린 시절부터 이야기로 들으며 자라온 신화의 무대 한가운데였기 때문이었다. 그리스인들이 주둔한 해변이 이곳이었고, 저 너머에는 트로이의 헥토르와 그의 군대가 침략자들에 맞서 싸웠던 드넓은 전장이 펼쳐져 있었다. 그 전쟁은 헬레네라는 영광을 차지하기 위해 10년 동안 벌인 대결이었고, 그녀의 아름다움은 고향으로부터 수천 척의 배를 출항시키기에 충분했다. 그리고 저 평원 위로 높이 솟은 것은 트로이의 성채였다. 물론 과거의 도시 그 자체는 아니었지만, 알렉산드로스의 상상 속에서는 여전히 거대한 위용을 자랑하며 서 있었다. 그의 영웅은 아킬레우스였다. 그리스인 가운데 가장 위대한 전사 아킬레우스는 바로 저 성벽 아래에서 싸우고 죽었다. 그는 가족과 친구들 곁에서 평화롭게 늙어가는 삶보다 영원히 기억될 영광을 위한 짧은 순간을 선택한 인물이었다.

알렉산드로스가 도착한 트로이는 3000년 전부터 흥망을 거듭한 뒤 최근에 다시 만들어진 도시였다. 여러 세기 동안, 이 일대는 수없이 약탈당하고 불태워졌지만 그 폐허 위에 다시 도시가 세워졌고, 그때마다 점점 더 높은 지대에 주거지가 만들어졌다. 알렉산드로스가 들어설 당시의 트로이는 사실상 작은 마을에 불과했다. 그곳에는 아테나 신전이 하나 있을 뿐이어서, 소수의 지역 사제들이 거주하다가 이따금 찾아오는 방문객을 반겼다. 스파르타의 제독 민다로스도 오래전 이곳을 방문했고, 위대한 왕 크세르크세스 역시 그리스로 향하던 중 들른 적이 있지만, 이제 알렉산드로스가 이끄는 마케도니아 연합군이 같은 장소에 상륙했다. 이는 트로이에서 근래 있었던 가장 주목할 만한 사건이 되기에 충분했다.

알렉산드로스는 우선 아테나 신전에 들러 제물을 바치고 자신의 갑옷을 제단에 봉헌했다. 자신의 흉갑과 방패를 내려놓은 그는 트로이 전쟁 이후 신전에 보관되어왔다고 알려진 무기들을 집어 들었다. 그의 호위병들도 몇몇 무기를 자랑스럽게 집어 들었는데, 훗날 아시아 전역에서 벌어진 전투의 선봉에서 이를 사용했다고 전해진다. 그 가운데 한 방패는 훗날 인도에서 알렉산드로스의 생명을 구하기도 했다. 그다음으로 알렉산드로스는 트로이 전쟁에서 도시를 점령하고 방어하다가 죽은 전사들의 무덤을 참배했다. 가장 감동적인 순간은 자신의 어린 시절 영웅이자 조상이기도 한 아킬레우스의 무덤에 술을 바친 의례였다. 알렉산드로스는 헤파이스티온을 포함한 동료 여럿과 옷을 벗고 고대 운동선수들처럼 온몸에 기름을 발랐다. 그리고 아킬레우스를 기리는 뜻에서 무덤 주위를 함께 달린 뒤 무덤에 화환을 바쳤다. 마지막으로 그는 제우스의 제단으로 피신했다가 살해당한 트로이의 왕 프리아모스의 혼령에 제물을 바쳤다. 제단에서 벌어진 이 살해 사건은 아킬레우스의 아들 네오프톨레모스가 벌인 수치스러운 일로, 당시의 신성한 관습에도 어긋나는 일이었다. 젊은 왕 알렉산드로스는 자신이 그 마케도니아인의 후손임을 밝히고 트로이 왕의 혼령이 자신에게 분노를 쏟지 말기를 간절히 기도했다.

도시의 여러 유적을 안내한 사제들은 마지막으로 트로이 왕자 파리스가 연주하던 리라lyra를 보고 싶은지 물었다. 하지만 알렉산드로스는 이를 탐탁지 않게 여겼다. 아름다운 여인에게 마음을 빼앗겨 전쟁의 승패에 무관심했던 파리스를 비겁한 자로 생각했기 때문이었다. 그는 이렇게 답했다. "나는 그 악기 따위엔 그다지 관심이 없다. 하지만 아킬레우스가 위대한 영웅들의 영광을 노래했던 리라가 있다면 기꺼이 보고 싶구나."[10] 그러면서 그는 자신의 안타까운 심정을 이렇게 토로했다. "내 영광을 노래해줄 호메로스가 내 곁에 없다는 사실이 안타까울 뿐."[11]

트로이에 도착한 알렉산드로스는 배를 타고 헬레스폰트를 거슬러 올라 북쪽으로 약 20마일 떨어진 작은 마을 아리스베Arisbe에 닿았다.¹² 그곳에는 해협을 건넌 주력부대가 그를 기다리고 있었다. 다음 날 그들은 가까운 마을 페르코트Percote까지 행군했는데, 이곳은 헬레스폰트 북쪽 입구를 방어하는 번영한 도시 람프사코스에서 불과 몇 마일 떨어진 곳이었다. 람프사코스는 전 세기에 벌어진 펠로폰네소스 전쟁 때 아테네의 부유한 동맹 도시였으며 금화를 주조한 화폐 도시였다. 재정 부족에 시달렸던 알렉산드로스는 이 도시의 부가 필요했고, 그러기 위해서는 도시를 페르시아의 압제에서 해방시킨다는 명분이 있어야 했다. 하지만 안타깝게도 람프사코스 주민들은 알렉산드로스에 의해 해방될 생각이 전혀 없었다. 페르시아의 통치 아래 있던 많은 그리스 도시들이 그러했듯, 이곳 주민들도 왕의 간섭이 거의 없는 비교적 자유롭고 풍요로운 삶을 누리고 있었기 때문이었다. 람프사코스 주민들은 그리스 도시들을 정복하고 테베를 멸망시킨 알렉산드로스의 행적을 충분히 알고 있었고, 자신들도 같은 운명을 맞이할 수 있다는 사실이 두려웠다. 하지만 그들은 페르시아의 느슨한 지배를 버리고 마케도니아의 억압적인 체제로 편입되고 싶어 하지 않았다. 알렉산드로스는 분노했지만 도시 하나를 포위하고 있을 시간은 없었다. 지금 그에게 간절한 것은 돈보다는 승리였다. 전쟁 사령관으로서의 임무를 수행하며 명성을 떨치기 위해서는 속히 페르시아 군대와 결전을 벌여 승리해야만 했다. 알렉산드로스의 승전보가 전해진다면 소아시아의 그리스 도시들은 두려움은 물론 이해타산을 고려해 스스로 금고 문을 열고 자금을 지원해줄 것이었다. 전해지는 이야기에 따르면, 람프사코스 출신 철학자 아낙시메네스가 원정대에 포함되어 있었다. 그는 알렉산드로스에게 자신의 고향이 페르시아를 지지하더라도 부디 파괴하지는 말아 달라고 간청했다. 이러한 요구는 어느 정도 관철이 되었고, 그로 인해 알렉산드로스가 관용을 베푸는 인물이라는 평판이 더욱 확산되었지만, 한편으로는 주어진 시간이 넉넉했다면 그 도시는 불타버렸을 가능성이 컸다.

알렉산드로스는 전장에서의 선전선동에 능했다. 그는 병사들에게 농장과 마을을 약탈하지 말라고 명령했는데, 곧 자신들의 소유가 될 것을 미리 파괴하는 것은 어리석은 일이라는 이유 때문이었다. 이러한 조치는 적진 주민들의 호감을 얻는 데도 효과적인 전략이었다. 그런데 알렉산드로스는 한발 더 나아가, 그리스 출신 페르시아 장군인 로도스의 멤논이 가진 재산은 특별히 조심할 것이며 절대로 훼손하지 말라고 명했다. 알렉산드로스는 이러한 조치가 곧 페르시아 총독들 사이에 퍼질 것을 알고 있었다. 이러한 조치는 심지어 멤논이 비밀리에 마케도니아와 내통하는 사람인 듯한 모양새를 만들었다. 알렉산드로스는 심리전을 전략적으로 활용했으며, 이러한 고도의 전략은 머지않아 실질적인 효과를 가져왔다.

마케도니아 원정대는 람프사코스를 떠나 이틀 동안 동쪽으로 행군해 헤르모톤Hermoton이라는 마을에 도착했고, 다시 이동해 디오니소스의 탐욕 가득한 아들의 이름을 딴 소도시 프리아포스에 이르렀다. 정찰병들은 프리아포스 시민들이 자발적으로 항복할 의사를 전해왔다는 소식을 알렸다. 작은 소도시이기는 하지만 페르시아 치하의 그리스 도시를 해방시키는 첫 기회를 얻은 것에 알렉산드로스는 감사했다.

알렉산드로스는 마침내 에게해 너머 고향에 그리스의 해방자가 된 자신의 명성을 전할 수 있게 되어 기뻤다. 하지만 그의 가장 큰 관심사는 지극히 현실적인 것이었다. 도대체 페르시아군은 어디에 있는 것인가? 사실 그들은 알렉산드로스가 생각했던 것보다 훨씬 가까운 곳에 있었다. 지역 총독들과 소아시아의 장군들이 이끄는 페르시아 군대는 그라니코스강 건너편의 젤레이아라는 마을에서 불과 30킬로미터 떨어진 곳에 진을 치고 있었다.[13] 멀리 박트리아에서 온 기병대와 수천 명의 그리스인 용병들도 함께였다. 마케도니아군이 그라니코스를 향해 행군할 때, 페르시아군은 알렉산드로스를 어떻게 상대할지에 대한 작전 회의를 하고 있었다.

헬레스폰트 지역의 총독 아르시테스가 회의를 주재했고, 가까운 리디아는 물론 에게해 연안 그리스 도시들을 모두 다스리는 스피트리다테스와, 소아시아 남쪽 해안의 킬리키아를 관할하는 총독 아르사메스도 참석했다. 이들 지도자와 그리스 장군들은 하나같이 위대한 페르시아 대왕의 영토를 방어하기 위해 목숨을 바치겠노라 맹세한 자들이었다. 지켜야 할 명예가 무엇인지 명확하지 않다고 해도, 그들은 자신들이 통치하는 땅을 지킨다면 부와 권력을 유지할 수 있다는 사실만큼은 잘 알고 있었다. 하지만 만일 알렉산드로스가 승리한다면 이들은 가진 것 모두를 잃게 될 것이었다.

회의에는 로도스 출신 장군 멤논도 자리해 있었는데, 대체로 페르시아에서 가장 뛰어난 장군으로 칭송받던 인물이었다. 그는 한 해 전에 파르메니온이 이끄는 선발대를 격퇴한 뒤 그들을 헬레스폰트까지 몰아내어 알렉산드로스를 초조하게 만든 위인이기도 했다. 마침내 발언 기회를 얻은 멤논은 자리에서 일어나, 근방의 모든 곡식을 불태우고 도시를 비워야 하며, 오히려 기습 원정을 통해 마케도니아 본토를 직접 공격해야 한다고 주장했다. 병사들에게 지급할 식량과 말에게 먹일 여물이 바닥난다면 알렉산드로스는 전투를 치르지도 못한 채 아시아에서 철수해 본토 방어에 나서야 할 것이라고 했다. 그는 또한 마케도니아 보병이 수적 열세에 있다고 해도 페르시아군보다 훨씬 유능한 병사들이며, 그들이 긴 사리사를 들고 페르시아군과 정면으로 맞선다면 결코 승리를 보장할 수 없다고 주장했다. 그는 자신이 그리스 출신이고 과거에 필리포스 치하의 궁정에서 망명 생활을 하면서 마케도니아군의 강함을 직접 목격했다는 사실도 강조해 말했다.

멤논의 주장은 분명 합리적이었고, 만일 왕이 그 조언을 받아들였다면 후대 사람들은 알렉산드로스 대왕이라는 이름을 듣지 못했을 수도 있다. 하지만 페르시아 수뇌부는 이를 받아들일 생각이 전혀 없었다. 그들은 멤논 따위가 감히 페르시아 제국의 귀족들에게 이 땅을 침범한 전투 경험 일천한 어린 왕을 피해 도망치라고 조언하는 것을 용납할 수 없었다. 더구나 자신들의 가옥과 곡식을 마케도니아군 앞에서 스스로 불태우고 겁에 질린 농민들처럼 도주하는 일은 상상조차 할 수 없었다. 멤논이 전쟁을 지연시키다가 종국에는 알렉산드로스의 진영으로 귀순해 그의 장군이 되려 한다는 주장마저 제기되었다. 알렉산드로스가 병사들에게 멤논의 영지를 훼손하지 말라고 명령한 사실을 놓고 보면, 그의 충심은 의심받기에 충분했다. 그러나 그의 주장이 진지하게 고려되지 않은 결정적인 이유는 물론 그들의 명예와 자존심 때문이었다. 그들은 페르시아 고지대 출신의 용맹한 전사들이었고, 키루스의 후손이었으며, 세상 곳곳을 호령했던 제국의 계승자들이었다. 정해진 운명을 맞이하듯 그들은 기어이 적군에 맞서 싸우기로 결정했다.

그라니코스강*은 트로이 너머 고지대에서 발원해 해안평야를 따라 북쪽으로 나아가다가 바다로 흘러든다. 5월의 늦은 오후, 알렉산드로스의 병사들이 도착했을 때는 봄비가 내려 강물이 조금 불어 있었고, 강둑이 가팔라서 병사들이 전투대형으로 도강하기란 쉽지 않아 보였다. 그리고, 고대인들의 문명이 교차하던 이 땅에서 알렉산드로스는 마침내 페르시아의 대군을 눈앞에서 마주했다. 정찰병들은 페르시아 기병대가 강 건너편 강둑에 늘어서 있고, 그 뒤로 보병대가 포진해 있다고 보고했다. 이는 일반적이지 않은 병력 배치였지만 당시 상황을 고려하면 꽤 효과적인 진형일 수 있었다. 만일 알렉산드로스의 군대가 페르시아군을 향해 돌진해야 한다면, 아무런 보호 수단 없이 강을 건너야 했고, 도강에 성공한다고 해도 적 기병대가 공격해오는 가파른 강둑을 기어올라야 했다. 마케도니아의 치명적인 무기 사리사는 강바닥에서 강둑으로 올라가는 동안 무용지물이 될 것이었다. 페르시아군은 마케도니아 보병의 강점을 무력화시키고 자신들의 강점을 극대화할 장소로 이곳을 택한 것이었다. 그들은 알렉산드로스를 함정으로 유

---

* 오늘날 튀르키예의 차나칼레Çanakkale주를 흐르는 비가Biga강이다. (옮긴이)

인한 뒤, 그가 걸려들 것인지 시험하고 있는 듯했다.

알렉산드로스는 고뇌 가득한 시선으로 지형과 병력을 살폈고, 페르시아군의 탁월한 계략을 인정하지 않을 수 없었다. 신중한 장군이라면 더 나은 도하 지점을 찾거나, 아니면 에게해 해안을 따라 남쪽으로 후퇴했을 것이다. 하지만 알렉산드로스는 용맹하고 민첩한 마케도니아군의 능력을 확신했다. 페르시아군은 정확히 그 점을 노렸고, 성급하고 젊은 왕 알렉산드로스는 던져진 미끼를 결코 마다하지 않을 것이라는 사실을 알았다.

테베 공성전의 경우처럼, 이후 벌어진 전투에 대해서는 두 가지 이야기가 전해진다. 역사가 디오도로스의 기록에 따르면, 알렉산드로스는 그날 밤 숙영宿營을 했고 공격에 나선 것은 다음 날 아침이었다. 하지만 또 다른 역사가 아리아노스에 따르면, 알렉산드로스는 해가 저무는 저녁 시간이었음에도 군대를 강 앞에 정렬시켰다. 이때 노장 파르메니온이 즉시 도강하기보다는 시간을 가지고 준비해야 한다고 만류했다. 전투가 매우 격렬할 것이기 때문에 밤새 더욱 효과적인 공격 태세를 마련해야만 하고, 원정의 가장 중요한 전투에서 패배한다면 그것은 돌이킬 수 없는 재앙이 될 것이라는 우려도 표했다. 하지만 기록에 따르면, 알렉산드로스는 공격을 주저하는 그의 모습을 비판했다. 그리고 저 넓은 헬레스폰트를 건넌 군대가 이런 보잘것없는 개울 하나에 막힌다면 부끄러운 일이 아니냐며 크게 반발했다. 나아가 전투를 지체한다면 페르시아인들은 우리가 자신들을 두려워하고 있다고 생각할 것이라고 했다. 아리아노스의 기록에는 알렉산드로스와 파르메니온이 나눈 비슷한 내용의 대화가 원정 전체를 통해 네 차례나 더 나타난다.[14] 그리고 모든 대화는 언제나 전투 전날 밤에 벌어진 언쟁이었다. 이 때문에 독자들은 파르메니온이 알렉산드로스의 용맹함을 강조하기 위해 등장해 가상의 역할을 수행한 것은 아닌지 의심하기도 한다. 하지만 그날 마케도니아군이 진을 치고 숙영을 했든 곧바로 공격에 나섰든 큰 차이는 없었다. 알렉산드로스는 그라니코스강에서 페르시아군에 맞서 싸우기로 결심했고, 단 한 번 던지는 주사위에 모든 것을 걸었다.

강 건너에는 수천 규모의 페르시아 기병과 그에 육박하는 수의 보병이 기다리고 있었다. 알렉산드로스는 양쪽 날개에 기병을 배치하고 중앙에 보병을 세우는 전형적인 전투대형을 만들었다. 왼쪽에 배치된 트라키아와 테살리아 기병대는 파르메니온에게 맡기고, 자신은 전투용 군마에 올라탄 뒤 오른쪽 날개를 이끌었다. 파르메니온의 아들 필로타스와 그의 기병 부대는 궁수들과 트라키아 출신의 거친 아그리아니아 창병들과 함께 알렉산드로스를 따랐다. 전선을 이끌었던 수많은 장교 가운데는 파르메니온의 또 다른 아들 니카노르와, 훗날 알렉산드로스가 가장 신뢰하는 지휘관이 되는 크라테로스, 그리고 아버지 필리포스의 친구이자 알렉산드로스의 유모의 오빠인 검은 클레이토스도 있었다. 총지휘관인 알렉산드로스는 눈에 띄는 화려한 갑옷을 입은 채 말을 몰아 전열을 누비며 병사들의 각오를 다지고 투쟁심을 북돋아주었다. 그의 위치를 알아챈 페르시아 지휘부는 최정예 기병대를 그의 정면으로 배치해 상대하도록 했다.

양측은 전투 진형을 완전히 갖춘 뒤에도 몇 분 동안 꼼짝도 하지 않고 침묵 속에서 서로 마주 보았다. 마치 전투를 개시하기 전에 깊은 숨을 들이쉬는 듯, 어느 쪽도 먼저 움직이려 하지 않았다. 그리고 마침내 알렉산드로스가 말 위로 뛰어올랐다. 전쟁의 신 아레스Ares를 부르는 우렁찬 목소리와 나팔 소리가 울려 퍼졌고, 알렉산드로스는 오른쪽 날개를 이끌고 힘차게 강을 건너기 시작했다.

알렉산드로스가 너무도 빠르게 강을 건너 둑을 기어오르자 페르시아 기병들은 그를 제대로 공격할 수 없었다. 함께 강을 건너던 많은 병사들이 쏟아지는 화살에 발이 묶인 상황에서도, 좌측에서는 파르메니온이 돌격을 했고, 보병 본대도 긴 창을 최대한 높이 들고 일제히 그라니코스강을 건너기 시작했다. 마케도니아군은 페르시아 기병을 양 측면에서 공격하는 전략을 사용했지만, 이는 곧 피비린내 나는 혼전을 초래하고 말았다. 양측 말과 병사들이 복잡하게 뒤엉키면서 서로 움직이기조차 힘든 상황이 되어버렸다. 강둑에 도달한 1파 공격진도 수적으로 크게 열세였고 적들의 공격에 무참히 쓰러져갔다. 멤논과 그의 장성한 아들들은 전선의 선두에서 무기를 휘두르며 알렉산드로스의 병사들을 쓰러뜨렸다. 하지만 알렉산드로스의 병사들 또한 물러서지 않고 동료의 시신을 넘어서서 강둑으로 기어 올랐다. 이를 본 페르시아 기병들이 사방에서 몰려들어 투창을 던지기 시작했다. 그러자 격분한 알렉산드로스는 최측근 호위병들을 이끌고 격전의 한복판으로 나아가 싸웠다. 마케도니아군은 점차 강 건너편에서 교두보를 마련했고 이를 확장해갔다. 긴 창을 든 알렉산드로스의 기병대는 짧은 투창을 휘두르는 페르시아군을 압도하기 시작했고 점차 전세를 유리하게 이끌어갔다. 하지만 페르시아군은 결정적인 일격으로 알렉산드로스를 죽여 전쟁을 빨리 끝내려 했다. 때문에 알렉산드로스의 주위에서는 계속해서 격렬한 싸움이 이어졌고, 그 과정에서 알렉산드로스의 창이 부러져버렸다. 그는 시종에게 새 창을 달라고 외쳤지만, 젊은 시종의 창 또한 두 동강이 나 있었다. 무기도 없이 적들에 둘러싸인 그 순간, 오랜 동료인 코린토스 출신 데마라토스가 달려왔다. 그는 먼 시칠리아 전선에도 참가한 바 있었고, 수년 전 혈기 넘치던 왕자 알렉산드로스에게 부케팔라스를 사주었던 인물이었다. 데마라토스는 자신의 무기를 그에게 건넸고, 친구의 도움에 용기를 얻은 알렉산드로스는 다시 적들에 맞서 싸웠고, 그러는 가운데 미트리다테스 Mithridates라는 페르시아 귀족의 얼굴을 창으로 뚫어버렸다. 그런데 페르시아 대왕의 사위였던 이 인물을 공격하던 순간 그는 또 다른 페르시아의 귀족 로이사케스의 기습에 무방비로 노출되었다. 로이사케스는 알렉산드로스에게 돌진해 칼로 머리를 내리쳤고, 그 충격에 왕의 투구가 두 쪽으로 갈라졌다. 알렉산드로스는 강한 일격에 잠시 실신했으나, 즉시 일어나 로이사케스를 쓰러뜨린 뒤 오히려 그를 창으로 꿰뚫었다. 그 순간 또 다른 적장 스피트리다테스 총독이 알렉산드로스의 등 뒤로부터 달려들어 죽음의 일격을 가하려 했다. 그 순간, 검은 클레이토스가 몸을 던져 스피트리다테스의 어깨를 정확히 내리쳐 팔을 잘라버렸다. 알렉산드로스는 군대의 요직을 아버지의 옛 동료 장군들이 꿰찬 상황을 못마땅해했지만, 이날만큼은 그들의 능력과 충성심 덕분에 목숨을 부지할 수 있었다.

모든 전투에는 전환점이 있고, 양측 모두 그 순간을 직감하곤 한다. 전환점이 지나면 결국 한쪽이 승리할 것이고, 다른 쪽은 도망쳐 목숨을 건지는 것만도 다행으로 여길 것이다. 마케도니아군을 막아낼 수 없다는 사실을 알게 된 페르시아군은 마침내 퇴각하기 시작했다. 1000명이 넘는 페르시아 기병이 전사했고, 그들 가운데는 귀족과 총독, 그리고 대왕의 친척들도 포함되어 있었다.

그러나 알렉산드로스는 전투를 끝낼 생각이 없었다. 그는 재빨리 군대를 몰아 후방에 예비대로 대기하던 그리스 용병들을 포위한 뒤 생포했다. 붙잡힌 병사들은 전문 직업군인이었고 자신들이 패배한 전황도 알고 있었다. 하지만 당시의 관례에 따라 본국으로부터 몸값이 지불되면 그 즉시 풀려나게 될 것으로 생각했다. 하지만 알렉산드로스는 이들을 모두 처형할 것을 명령했다. 그리고 소수의 인원만 살려 마케도니아 광산에서 남은 생을 노예로 일하도록 했다. 이들은 페르시아 왕을 편들고 마케도니아 왕을 대적한 이들이 처하게 될 결과를 보여주는 살아 있는 교훈이 되었다.

알렉산드로스는 부상병들을 찾아가 상처를 살폈고, 아리스토텔레스에게서 배운 의학 지식을 야전 의사들에게 조언해 부상을 치료하도록 도왔다. 전사한 수십 명의 마케도니아 병사들을 위해서는 예우를 다해 매장하도록 했고, 고향에 있는 가족들에게도 특별한 보상을 내렸다. 전사자 가운데 귀족 출신들에게는 당시 최고의 조각가 리시포스에게 명해 올림포스산 기슭에 청동 조각상을 세우도록 했다. 알렉산드로스는 페르시아 진영 전사자들에게도 예를 다했다. 그는 그리스 용병들을 매장하도록 허락해, 죽은 자의 강을 건너는 뱃사공 카론Charon과 함께 저승으로 인도되도록 했다. 페르시아군에게서 노획한 화려한 술잔과 자주색 옷감 등의 사치품들은 모두 어머니에게 보냈다. 마지막으로 페르시아 갑옷 300벌을 아테네 아크로폴리스로 보내 전리품으로 전시하도록 했다. 그리고 방문객들이 읽을 수 있도록 다음과 같은 문구를 새겼다.

> 필리포스의 아들 알렉산드로스와 모든 그리스인이
> -스파르타인을 제외하고-
> 아시아의 야만인들에게서 취한 전리품을 바칩니다.15

알렉산드로스는 뼈 있는 유머를 구사할 줄 알았다. 그는 페르시아에 대항하는 범그리스주의가 모든 그리스인의 지지 속에서 순조롭게 확산되고 있다는 사실을, 하지만 거기에 스파르타인의 동참은 없었다는 사실을 세상에 알리고 싶어 했다.

첫 번째 승리의 환희를 만끽할 여유는 없었다. 새로 획득한 영토를 관리해야 하는 현실적인 과제가 눈앞에 있었기 때문이었다. 그는 그라니코스 전투에서 패배한 뒤 수치심에 자결한 페르시아 총독 아르시테스를 대신해서 기병대 지휘관 칼라스를 헬레스폰트의 사트라프로 임명했다.16 일견 사소해 보이는 알렉산드로스의 이 임명은 장차 커다란 파급으로 돌아오게 된다. 알렉산드로스가 칼라스를 사트라프로 임명한 것은 페르시아의 관직 명칭을 그대로 사용하는 것은 물론, 페르시아의 행정 체계를 그대로 유지하겠다는 뜻이었다. 이러한 정책은 그가 소아시아 북서부의 도시들에 페르시아 치하에서와 같은 관습과 원칙에 따라 세금을 부과할 것이라고 발표하면서 더욱 분명해졌다.

알렉산드로스를 피해 산으로 숨어들었던 지역 귀족들은 이제 각자의 영지로 돌아갔고 모두 사면을 받았다. 전투 직전 페르시아군 수뇌부 회의가 열렸고 군사 본부로도 사용되었던 젤레이아 도시에 대해서는 논란이 있었으나, 알렉산드로스는 이에 대해서도 계산된 관용을 보여주었다. 원정은 아직 시작 단계였고, 앞으로 맞서게 될 도시들에게 자신이 관대한 인물이라는 사실을 알리고 싶었기 때문이었다. 이는 페르시아에 협력했더라도 처벌받지 않을 수 있다는 믿음을 주어서 자발적으로 항복할 구실을 주는 신중한 유도 전략이었다. 알렉산드로스는 파르메니온을 보내 이 지역의 수도였던 다스킬리온을 접수하도록 했다. 오랫동안 페르시아를 섬겨온 부유한 그리스 도시 다스킬리온도 마케도니아의 수중으로 들어왔지만, 정치인과 세금 징수원 등 관리와 행정 체계는 그대로 유지될 것이었다. 새 국왕 알렉산드로스는 잘 작동하고 있는 행정 체계를 불필요하게 망가뜨려서는 안 된다고 생각했다. 그는 원정을 이어갈수록 자원이 필요했고, 그 자원은 세금이 될 수도 있고 공물이 될 수도 있었다. 그리고 사트라프를 보좌하던 관리들은 지역 주민들을 효과적으로 착취하는 데 능한 이들이었다.

전장의 현실은 언제나 참혹했지만, 젊은 왕 알렉산드로스는 그 가운데서 반복되는 일상을 즐긴 것으로 보인다.[17] 그는 날마다 일찍 일어나 신들에게 제물을 바치며 하루를 시작했다. 이러한 의례는 마케도니아 왕으로서 수행하는 종교적인 의무였지만, 알렉산드로스는 아테나와 먼 조상 제우스와 헤라클레스에 대해서도 진심 어린 신앙심을 가졌던 것 같다. 제단의 의식을 마친 뒤에는 아침 식사를 했다. 부대이동이 없는 날이면 그는 군대 업무와 서신을 관리했고, 재판을 주관했으며, 남는 시간에는 친구들과 사냥을 즐겼다. 그는 책 읽기도 좋아해서 여유가 있을 때마다 독서를 했다. 역사학자 헤로도토스와 크세노폰의 책을 주고 읽었으며, 소포클레스와 에우리피데스의 비극도 즐겨 읽었다. 그가 특별히 좋아한 것은 시인 호메로스의 작품들이었다.

알렉산드로스는 부대이동을 하면서도 이따금 멈추어 서서 활쏘기 연습을 했고, 심지어 움직이는 전차에 오르고 내리는 훈련을 하기도 했다. 이동을 하다가 마을에 머물게 되면 그곳이 어디든 하루일과를 마무리하며 그리스식 목욕을 하거나 기름을 발랐다가 긁어내는 의식을 치렀다. 몸에서 하루의 먼지를 씻어내면서 그는 요리사들과 제빵사들에게 저녁 식사로 무엇을 준비하고 있는지 묻기도 했다. 이국적인 과일과 신선한 생선을 좋아했기 때문에 해안을 따라 이동할 때는 큰 즐거움을 느꼈을 것이다. 그의 저녁 식사상은 항상 화려하게 차려졌다. 문명인답게 친구들과 어울려 쿠션에 기대 식사했다. 그는 늘 동료들이 풍족하게 먹을 수 있도록 배려했고, 동석자들에게 먼저 음식을 직접 덜어주었기 때문에 종종 자신의 그릇에는 담지 못하기도 했다.

그는 마케도니아의 풍습에 따라 포도주를 넘치도록 마시곤 했지만, 적어도 생의 중요한 시기에 과하게 취해 널브러진 적은 없었다. 그는 높은 덕을 보이기도 했지만, 한편으로는 평범한 통치자처럼 아첨을 즐겼고 평범한 병사들처럼 자신의 행적을 자랑하기도 했다. 측근들은 종종 앞다투어 왕을 칭찬했기 때문에, 이 분위기를 즐기지 않았던 장군들은 경쟁에서 뒤처질 것을 우려하기도 했다. 이러한 성향은 알렉산드로스가 스스로 비극을 부르는 결함, 즉 하마르티아hamartia였다. 이 단어는 활쏘기에서 활이 과녁을 벗어난다는 뜻의 그리스어이며, 훗날 기독교에서 죄sin라는 의미로 쓰이게 된다. 아첨을 좋아하는 성향은 당시로서는 충분히 용서받을 수 있는 약점이었지만, 시간이 지나면서 그것은 점차 심각한 문제를 초래하게 되었다.

알렉산드로스는 고대부터 형성된 산길을 따라 그라니코스로부터 남하해 사르디스로 행군했다.[18] 풍요로운 리디아의 내륙 지역 수도였던 이 도시는 페르시아 제국의 주요 도시 중 하나였으며, 메소포타미아의 수사 궁정까지 1600킬로미터가 넘게 이어진 왕도royal road의 종착지였다. 도시 북쪽을 따라 에게해로 흐르는 헤르무스강 계곡 위로 수백 미터 높이의 요새가 만들어져 있었기 때문에, 이곳을 방문하는 사람은 누구나 이 성이 난공불락의 요새라는 사실을 알 수 있었다. 알렉산드로스가 도시에 접근할 때도 같은 우려를 했다.

리디아인들은 초기부터 그리스가 아닌 소아시아에 정착한 민족의 후손이었다. 그들은 1000년 전 이 땅에 번성했던 히타이트인에 가까운 언어를 여전히 사용했지만, 사르디스 사람들은 일찍부터 그리스의 문화와 풍습에 익숙해져 있었다. 그들의 땅에는 말과 금이 풍부했기에 수많은 정복자들이 지속적으로 탐냈다. 리디아인들은 부유하고 창의적이어서 세계 최초로 금속 화폐를 주조하기도 했다. 기원전 6세기에는 리디아의 마지막 토착 왕 크로이소스가 강력한 왕권을 바탕으로 리디아 외부로 국경을 확장하고자 했다. 그리스의 신탁을 열렬히 신봉했던 그는 페르시아 제국의 떠오르는 권력자 키루스에게 전쟁을 걸고자 해 델포이로 사절을 보내 아폴론의 조언을 구했다. 그는 신탁에 풍성한 예물을 바친 뒤 페르시아를 침공해도 될지 물었다. 그러자 신의 목소리를 대신하는 여사제는 늘 그렇듯 모호한 신의 언어를 들려주었다. "만일 크로이소스가 페르시아에 대군을 보낸다면 강력한 제국이 패망할 것이다."[19]

크로이소스는 이 신탁에 크게 고무되어 즉시 전쟁 준비에 착수했다. 하지만 그는 예언에서 무너질 제국이 자신의 제국일 것이라는 사실을 알지 못했다. 키루스는 낙타를 기발하게 활용해 리디아 기병대를 겁에 질리게 했고, 결국 사르디스를 함락해 소아시아의 패권자가 되었다. 크로이소스는 신들에게 올리는 제물이 되어 거대한 장작더미 위에서 산 채로 태워질 뻔했지만, 겨우 목숨만은 부지했고 이후에는 키루스의 충직한 관리자가 되었다. 이후 사르디스는 페르시아 서부에서 가장 중요한 도시로 성장했다.

알렉산드로스에게는 낙타도 없었고, 사르디스를 함락할 묘책이 준비된 것도 아니었다. 당장 할 수 있는 일이라고는 지루한 포위전뿐이었지만, 그렇게 시간을 허비해서는 안 되었다. 도시를 고립시켜 항복시키기까지 병사들은 부족한 자원을 소모할 터였고, 동시에 다리우스의 강력한 군대를 더욱 강성하게 준비시킬 것이었다. 그런 상황에서, 사르디스의 요새를 통솔하던 페르시아 장군 미트레네스가 도시 방벽 수 킬로미터 지점까지 마중 나와 도시를 넘기겠다고 선언했을 때, 알렉산드로스는 엄청난 안도감을 느꼈다. 하지만 미트레네스가 왜 그토록 허무하게 항복을 선언했는지는 아직까지 의문으로 남아 있다. 알렉산드로스의 군대에 맞섰다면 지역을 모두 방어할 수는 없었을지 몰라도, 안전한 요새에 숨어 몇 달 동안 마케도니아군에 저항하는 일은 가능했을 것이다. 이유 불문하고, 알렉산드로스는 미트레네스에게 관용을 베풀었고, 체제의 기존 역할을 그대로 수행하도록 했다. 미트레네스는 이후 소아시아 원정 내내 알렉산드로스의 원정대를 따라다녔다. 그것은 어쩌면 영예라기보다 섬기던 주군을 쉽게 배신한 자에게 내려진, 알렉산드로스의 불신 섞인 조치였을지도 모른다.

이제 사르디스는 알렉산드로스의 소유가 되었다. 그가 기뻐한 일 중 하나는 리디아의 황금이 가득 채워진 금고였다. 재물이 영원할 수는 없겠지만, 적어도 병사들에게 급여를 주고 한동안 전쟁을 이어가기에는 충분했다. 오랫동안 행군하고 전투를 벌인 후 마침내 급료를 지급받은 병사들은 크게 기뻐했다. 알렉산드로스는 도시 외곽의 야영지에서, 모든 리디아인은 자유인이 되었으며 과거부터 이어온 오랜 관습을 그대로 유지해도 좋다고 선언했다. 오랜 관습을 따를 수 있도록 허용한 것은 그럴듯한 수사일 뿐 실질적인 내용은 없는 조치였다. 페르시아 역시 제국에 속한 주민들이 조상 대대로 내려오는 관습을 지키는 일을 언제나 허용했기 때문이었다. '자유'라는 말도 따지고 보면 페르시아 제국에서 해방된 리디아인들이 마케도니아 제국의 지배를 받게 되었다는 뜻일 뿐이었다. 사르디스 사람들이 세금을 내고 제국의 규율을 준수한다면, 스스로 자유롭다고 생각하는 것은 언제든 가능한 일이었다. 알렉산드로스는 마침내 정복 군주가 되어 도시에 입성했고, 성채의 가장 높은 곳에 올라 헤르무스강이 흐르는 광대한 계곡과 그 너머로 펼쳐진 장엄한 풍경을 내려다보았다. 그는 언덕 위의 방어 시설들을 둘러보며, 이렇게 웅장한 요새를 상대로 포위전을 벌이지 않게 해준 신들께 다시 한번 감사드렸다. 그런데 그 순간, 갑자기 한여름 폭풍이 몰려오며 천둥과 함께 장대비가 쏟아졌다. 알렉산드로스는 성채 꼭대기에 자신의 조상인 제우스를 위한 신전을 지을 생각을 했다가, 반드시 그렇게 해야겠다고 더욱 결심을 굳혔다.

알렉산드로스는 파우사니아스를 도시의 신임 사령관으로 임명하고, 그리스인 니키아스에게 지역의 과세와 징수를 맡겼다. 파르메니온의 형제였을 수 있는 아산데르를 리디아의 사트라프로 임명했고, 치안을 유지할 수 있도록 충분한 기병과 경보병을 배정했다. 아르고스 동맹 도시에서 온 그리스 병사들은 파우사니아스와 함께 사르디스 성에 배치했지만, 마케도니아에서 그를 따라온 대다수의 그리스 병사들은 트로이 주변 지역의 주둔지로 돌아갔다.

일견 사소해 보이는 그의 인력 배치는 당시 알렉산드로스의 사고방식을 엿볼 수 있는 중요한 단서가 된다. 그는 이제 막 첫 전투에서 승리했고, 페르시아 제국의 핵심 도시 하나를 점령했다. 자신의 군대에서 더 이상 그리스 병력이 필요하지 않다고 느낀 그는, 이 원정에 덧씌워진 범그리스적 해방 전쟁이라는 가면마저 거추장스러웠다. 이제부터의 전쟁은 마케도니아가 주체가 되는 정복 전쟁일 뿐이었다. 물론 그리스인들도 때에 따라서 활용할 가치는 있겠지만, 더 이상 그들과 영광을 나누고 싶지는 않았다. 알렉산드로스는 또한 파르메니온의 일가가 군대의 요직을 장악할 것을 우려했고, 그 첫 번째 요주의 인물은 아산데르였다. 그는 여전히 파르메니온에 의지하고 있었지만, 그는 권력이 커질수록 어떤 일을 벌일지 알 수 없는 인물이었다. 알렉산드로스는 서서히 이 노회한 장군의 권력을 약화시킬 생각이었다. 마지막으로 알렉산드로스가 확대일로의 제국을 통치하면서 직책을 세분화하고 이를 책임질 관리를 복수로 배치한 것은 권한이 한 사람에게 집중되는 것을 막는 매우 적절한 조치였다. 과거 페르시아인들이 그랬던 것처럼, 알렉산드로스 역시 관리들 사이의 경쟁이 끝 모를 야망을 억제하는 가장 확실한 방법이라는 사실을 알고 있었다. 아산데르는 사트라프가 되었지만 재정은 니키아스가 책임졌고, 요새의 높은 성벽 방어는 파우사니아스가 지휘했다. 이들 중 누구도 서로를 신뢰할 이유가 없었고, 바로 그것이 알렉산드로스가 의도한 힘의 역학이었다. 알렉산드로스는 세 사람 중 누구도 리디아라는 부유하고도 강력한 지역을 독점하지 못할 것이라고 믿었고, 이를 바탕으로 자신은 안심하고 원정을 떠날 수 있었다.

알렉산드로스의 다음 목적지는 사르디스에서 나흘 거리에 있는 해안 도시 에페소스였다.[20] 이 도시는 수 세기 전에 이오니아계 그리스인들에 의해 건설되었으나, 이후 리디아의 왕 크로이소스의 지배를 거쳐 페르시아의 세력에 포함되었다. 이오니아인들은 아테네인과 같은 그리스인이었지만, 에페소스 사람들은 전쟁에서 항상 자신의 동족을 지지하지는 않았다. 그리스의 부족들이나 그들 언어의 차이를 잘 구분하지 못했던 페르시아인들은 모든 그리스인을 하나로 묶어 이오니아인(페르시아어로 야우나Yauna)으로 불렀다. 에페소스는 사냥과 처녀의 여신 아르테미스를 모시는 유명한 신전이 있는 곳으로 유명했다. 전해지는 이야기에 따르면 알렉산드로스가 태어난 날 밤에 이 신전이 불타버렸는데, 원정 당시에는 재건 중이었다. 후대 사람들은 '에페소스의 아르테미스는 위대하시다'[21]라고 고백하며 이 여신에 대한 존경심을 드러내곤 했다. 알렉산드로스 시대의 시민들 또한 같은 마음이었을 것이다.

에페소스에 있던 민주정 지지자들은 2년 전 파르메니온에게 성문을 열어주고 심지어 필리포스의 동상까지 세운 바 있었다. 하지만 멤논이 도시를 점령하면서 페르시아를 지지하던 지배 귀족들이 득세했다. 이제 망명에서 돌아온 민주파들은 복수를 시작했고 귀족들에 대한 가혹한 탄압에 들어갔다. 그들은 자신들과 정치적 신념이 다른 이들을 무참히 살해했으며, 필리포스의 동상을 철거했던 이들도 무자비하게 처단했다. 시르팍스라는 어느 과두정 귀족은 조카들과 함께 신전에서 끌려내려와 대중 앞에서 돌에 맞아 죽었다. 알렉산드로스는 귀족들을 그다지 동정하지 않았기 때문에 며칠 동안 이어진 유혈사태를 그대로 방치했다. 하지만 점차 사태가 도를 넘고 있다는 사실을 깨달았다. 폭력이 계속되면 정치와 무관한 개인적인 보복전이 만연할 것이고 나아가 사회적인 혼란이 불가피할 것 같았다. 그는 무차별적인 복수극과 시민들의 내분을 종식시키기 위해 아르테미스 신전을 재건하고 순례자를 유치해 수익 창출을 돕겠다고 제안했다. 놀랍게도 시민들은 제안을 거절했는데, 그 사업이 막대한 재정지출을 회피하려는 알렉산드로스의 술책이라고 생각했기 때문이었다. 하지만 알렉산드로스는 신전 재건을 명령했고 페르시아로 납부되던 도시의 세금을 신전 건축비로 사용하도록 했다. 또한 혼란에 빠진 시민들을 달래면서도 적절히 통제하기 위해, 완전 무장한 병사들을 동원해 도시 거리를 행진하도록 하는가 하면 전투 장면을 시연하는 행사도 벌였다.

 얼마 뒤에는 인근 도시 마그네시아와 트랄레스에서 사절단이 찾아와 알렉산드로스에게 도시를 넘기겠다고 전했다. 왕은 이를 너그러이 받아들였고, 항복 의사가 진심인지 확인하기 위해 파르메니온에게 대규모 기병과 보병을 붙여주어 두 도시를 살피도록 했다. 알렉산드로스는 연이어 다른 그리스 도시들에도 병력을 보내 페르시아 주둔군과 귀족 통치자들을 몰아낸 뒤, 시민들에게 민주주의와 자유를 선사했노라고 선포했다. 이제 그들은 자유 시민이 되었기 때문에 멀리 떨어진 페르세폴리스의 대왕에게 강압적인 세금을 바칠 필요가 없었다. 물론 그들은 해방된 그리스인의 자격으로 마케도니아의 대의에 기여하는 역할을 기꺼이 하게 될 터였다.

 알렉산드로스가 에페소스에 도착했을 때, 그곳에는 아펠레스라는 유명한 화가가 거주하고 있었다.[22] 그가 그린 아버지 필리포스의 초상화를 본 적이 있는 알렉산드로스는 부케팔라스에 올라탄 자신의 모습을 그려달라고 부탁했다. 누구라도 감동할 뛰어난 작품을 기대했던 그는 막상 그림이 완성되자 만족할 수 없었다. 그러자 아펠레스는 그림을 부케팔라스에게 보여주었는데, 말은 마치 그림에 감동하기라도 한 듯 크게 울부짖었다. 오만한 아펠레스는 알렉산드로스에게 왕보다 말이 더 나은 안목을 가졌다고 농담을 던졌다. 하지만 아리스토텔레스에게서 예술 이론을 배웠고 스스로 회화를 안다고 생각했던 왕은 아펠레스에게 다시 그려줄 것을 요구했다. 이번에도 아펠레스는 알렉산드로스의 자만심을 자극했다. 그는 알렉산드로스를 천둥번개를 휘두르는 제우스처럼 묘사했고, 인물에 강렬한 느낌을 더하기 위해 아껴둔 광택제까지 사용했다. 기존의 그리스 양식 초상화들과 매우 달랐던 완성된 그림에 알렉산드로스는 만족했고, 아펠레스에게 금화 한 자루를 지급했다.

파르메니온이 자리를 비운 사이, 알렉산드로스는 잔여 병력을 이끌고 에페소스를 떠나 남쪽으로 50킬로미터가량 떨어진 요충지 밀레토스로 향했다.[23] 나아가는 도중에 마이안드로스강 인근의 이오니아계 그리스 소도시 프리에네에 잠시 들렀다. 마이안드로스강은 굽이굽이 흐르는 물길이 유명했으며, 이로 인해 구불구불하다는 뜻의 미엔더meander라는 단어가 생겨나기도 했다. 하지만 세월이 흐르면서 프리에네와 밀레토스 사이의 만 전체는 퇴적물로 메워지게 될 운명이었다. 이곳에서 알렉산드로스는 근래에 새로 완공된 아테나 신전을 방문했다. 이 신전은 고대 세계의 7대 불가사의 중 하나인 할리카르나소스의 마우솔레움 영묘靈廟를 설계한 건축가 피티오스가 직접 설계했다. 에페소스에서와는 달리 알렉산드로스는 자신이 신전의 후원자로 불릴 수 있을 만큼의 거금을 헌납했다. 그 결과로 남겨진 그리스어 헌납 비문[24]은 오늘날까지도 전해지는데, 마케도니아 왕의 이름이 새겨진 몇 안 되는 역사 자료 중 하나이다.

ΒΑΣΙΛΕΥΣ ΑΛΕΞΑΝΔΡΟΣ ΑΝΕΘΗΚΕ ΤΟΝ ΝΑΟΝ ΑΘΗΝΑΙΗΙ ΠΟΛΙΑΔΙ
왕 알렉산드로스가 도시의 수호신 아테나에게 이 신전을 바치다.

알렉산드로스는 신들에 대한 진심 어린 경의를 표하면서도 병사들의 사기를 진작시킬 효과적인 선전 활동의 기회를 놓치는 법이 없었다.

파르메니온과 그의 군대는 밀레토스에서 알렉산드로스 본대와 합류했다. 밀레토스는 트로이 전쟁 시대까지 거슬러 올라가는 고대도시로, 여러 세기 동안 해군의 주요 거점 도시가 되어왔다. 알렉산드로스가 가장 우려한 것은 이 도시가 페르시아 함대의 정박지가 될 가능성이었다. 페르시아 대왕은 키프로스와 이집트에서 온 전함을 주축으로 한 400척 규모의 함대를 동부 지중해에서 운용하고 있었다. 하지만 알렉산드로스의 함대는 그 절반에도 못 미치는 규모였으며, 그마저도 충성심이 의심되는 그리스 도시들로부터 얻은 것이었다. 만일 페르시아군이 밀레토스를 해군 기지로 사용할 수 있게 된다면 알렉산드로스의 원정 활동에 큰 걸림돌이 될 것이고, 에게해 어디서든 나타나 불시에 공격할 수 있을 터였다.

밀레토스에 주둔 중이던 페르시아군 사령관은 알렉산드로스에게 항복 의사를 전했지만, 페르시아 함대가 가까이 있다는 소식을 듣자 약속을 철회한 뒤 성문을 닫아걸었다. 알렉산드로스는 즉시 함대 일부를 밀레토스로 급파해 페르시아군이 항구와 인근 섬들을 장악하는 것을 막고자 했다. 먼저 도착한 그리스 해군이 해안 바로 인근 라데섬에 기지를 설치하자, 뒤늦게 도착한 페르시아 함대는 어쩔 수 없이 북쪽으로 15킬로미터 떨어진 다소 불리한 장소에 정박지를 마련해야 했다. 알렉산드로스는 트라키아인과 기타 용병 수천을 라데섬으로 수송해 페르시아의 공격에 대비하고 섬을 방어하도록 했다.

페르시아 함대에 당당히 맞서야 한다고 가장 목소리를 높인 이는 파르메니온이었다. 그는 그리스 함대를 동원한 해상 공격은 성공할 수밖에 없는

데, 제우스가 사랑하는 새인 독수리가 전함의 선미에 앉아 있는 것을 보았기 때문이라고 했다. 만일 승리한다면 엄청난 대승이 될 것이고, 설사 패배한다고 해도 큰 타격을 입지 않을 것이라고 주장했다. 하지만 평소와 다르게 알렉산드로스는 조심스러운 입장을 보였다. 그 자신이 해상 전투의 경험이 거의 없었을 뿐 아니라, 그리스 해군 자체를 신뢰하지 못했기 때문이었다. 그는 훈련되지 않은 해군을 출동시켜 거대 함대에 맞서는 것은 어리석은 일이라며 파르메니온에 반박했다. 페르시아군과 해상전을 벌이기 위해서는 마케도니아 병사들을 전함에 태워야 하는데, 산악 고지대 출신 병사들을 선상에서 싸우도록 하는 것은 지극히 우려스러운 일이었다. 게다가 패배하게 된다면 상상 이상의 심각한 결과가 초래될 수도 있는데, 패배 소식이 그리스 도시들에 전해진다면 반란이 들불처럼 일 수도 있었다. 결정적으로 파르메니온이 본 독수리는 바다를 향한 것이 아니라 육지를 향해 앉아 있었고, 알렉산드로스는 그것을 땅 위에서 싸우라는 제우스의 분명한 뜻으로 읽었다.

공병 부대가 밀레토스에 도착하자마자, 왕은 즉시 공성 작전에 돌입했다. 공병대가 자신들의 놀라운 기술을 선보일 원정 첫 시험 무대가 시작되었고, 오래 지나지 않아 방어벽에는 마케도니아 병사들이 통과할 수 있을 커다란 구멍이 생겼다. 알렉산드로스의 병사들은 그 틈을 통해 도시 안으로 밀고 들어갔다. 그리고 눈에 보이는 모든 수비병들을 사살하며 항구를 향해 나아갔다. 해상에서는 마케도니아의 그리스 함대가 페르시아 증원병 상륙을 막기 위해 항구를 봉쇄하고 있었다. 도시 안에 있던 페르시아 병력은 대부분 멤논이 고용한 수백 명 규모의 그리스 용병이었는데, 이들은 일제히 해안으로 도주했다. 그들은 오목한 방패 위에 몸을 싣고 팔을 저어 항구 내에 있는 작은 섬으로 건너갔다. 그라니코스 전투에서 항전을 고집한 동료들이 어떤 운명을 맞았는지 알고 있던 그들이었지만, 항전 의지를 불태울 뿐 투항하겠다는 생각은 전혀 없었다. 알렉산드로스는 직접 배를 타고 섬에 올라 용병들을 설득했다. 그들의 용기와 충심을 높이 평가하며, 한 가지 조건만 받아들이면 자비를 베풀겠다고 제안했다. 목숨을 부지할 유일한 조건은 자신의 군대에 합류하는 것이었다. 절망적인 상황에 놓인 병사들은 이 제안을 받아들이지 않을 수 없었다. 전투에서 살아남은 시민들은 노예가 되는 끔찍한 운명을 피할 수 없었고, 마케도니아에 맞선 행위에 대한 거액의 배상금을 지불한 뒤에야 도시에 남아 살아갈 수 있었다.

페르시아 해군은 밀레토스를 빼앗긴 이후에도 계속해서 마케도니아군을 괴롭혔다. 날마다 기지에서 출항해 항구 앞에 정렬한 뒤 알렉산드로스를 해상 전투로 이끌어내고자 했다. 하지만 알렉산드로스는 치밀어 오르는 분노를 묵묵히 가라앉힐 뿐 해전에 나서지 않았다. 다만, 파르메니온의 아들 필로타스가 이끄는 일군의 부대를 페르시아군 정박지 인근 해안으로 투입해 식수를 구하고자 상륙하는 병사들을 막았다. 이를 견디지 못한 페르시아 해군은 인근 사모스섬으로 이동해 보급을 보충한 뒤 재차 밀레토스로 모여들었다. 알렉산드로스가 방심하고 있을 것을 기대한 페르시아는 함선 다섯 척을 내항으로 몰래 잠입시켰다. 하지만 알렉산드로스는 가까이 있는 배 열 척을 출동시키며 즉각 반격에 나섰다. 마케도니아군은 바다에서 싸우는 것을 두려워한다고 믿었던 페르시아인들은 자신들 두 배 규모의 함대가 항구로 다가오는 모습에 크게 놀랐다. 그들은 혼비백산해 노를 저으며 달아났지만, 그중 한 척은 마케도니아 해군에 붙잡히고 말았다.

알렉산드로스는 소규모 해전에서나마 승리했지만, 그럼에도 이후 전쟁의 향방을 가를 중대한 결정을 내렸다. 그것은 마케도니아 해군에 대한 해산 명령이었다. 고대부터 현대에 이르기까지 수많은 역사가들이 이 결정에 대해 연구했는데, 역사가 아리아노스의 주장이 가장 설득력 있어 보인다.[25] 즉, 마케도니아는 해군을 유지할 자금이 부족했고, 설사 자금이 충분했다고 하더라도 페르시아 함대와 맞설 수는 없었을 것이다. 그 밖의 이유를 생각해보자면, 알렉산드로스는 그리스 해군을 믿지 않았을 뿐 아니라 매우 번거롭다고 여겼을지도 모른다. 그러나 해군을 해산한다면 이후에는 육로를 오가며 페르시아 함대를 물리쳐야 한다. 만일 선제적인 조치를 취하고자 한다면, 유일한 방법은 페르시아 함대가 지중해 어느 항구에도 정박하지 못하도록 하는 것이었다. 알렉산드로스는 사실상 트로이에서 이집트에 이르는 모든 해안을 장악하겠다는 결심을 한 셈이었다. 그 목표를 달성하기 전까지는 소아시아와 그리스는 물론 마케도니아 본토까지 페르시아 해군의 공격에 무방비로 노출될 수 있었다. 하지만 동부 지중해 전역을 정복하겠다는 생각은 비현실적인 야망처럼 보였다. 알렉산드로스의 가까운 장군들은 물론 병사들 대부분도 작전 범위가 에게해 인근에 국한될 것으로 생각했을 것이다. 하지만 이 젊은 왕은 어쩌면 원정을 떠날 때부터 자신의 군대를 머나먼 피라미드까지, 심지어 페르시아 중심부 너머까지 이끌 계획이었는지도 모른다.

알렉산드로스에게 전갈 하나가 전해졌다. 다리우스 대왕이 귀족들의 반대를 무릅쓰고 멤논을 마케도니아에 대항할 페르시아 육해군의 총사령관으로 임명했다는 소식이었다. 이 중책을 맡은 대가로 멤논은 아내 바르시네와 자녀들을 다리우스 궁정에 인질로 맡겨놓아야 했다. 신임 총사령관 멤논은 밀레토스 남쪽 해안 도시인 할리카르나소스로 병력을 집결시켰다.26 이는 매우 적절한 판단이었는데, 소아시아의 주요 그리스 도시들 가운데 가장 남쪽에 위치한 이 도시는 에게해 연안에서 가장 발달한 항구를 가졌고, 견고한 성벽으로 둘러싸인 요새이기도 했다.

할리카르나소스는 카리아의 산악지대와 연결되어 있었고, 리디아인과 유사한 언어를 사용하는 비 그리스계 부족이 거주하고 있었다. 수 세기 전, 스파르타인과 같은 혈통인 도리아계 그리스인들이 이 해안에 정착해 할리카르나소스 등의 전초기지를 세웠다. 이후 세월이 흐른 뒤 카리아의 그리스 도시들은 이오니아 문화권에 속하게 되었고 할리카르나소스 출신의 역사학자 헤로도토스 같은 유명 인물을 배출하기도 했다. 그리스인들과 카리아인들은 조화롭게 공존했지만, 지역의 패권은 헤카톰니드라고 불리던 토착 왕조가 쥐고 있었다. 마케도니아인들이 그러했듯 귀족들은 그리스 문화를 수용했지만, 평범한 백성들은 헬레니즘을 받아들인 도시들에서조차 전통적인 삶의 방식을 고수했다. 자부심 강한 카리아인들에게 아버지는 그리스어 파테르pater가 아닌 테드ted였고, 어머니는 메테르meter가 아닌 엔en이었다. 이 지역의 경제적인 기반은 고대부터 이어져온 목축업이었으며, 대체로 외진 산꼭대기 마을들에서 이루어졌다. 왕실은 헬레니즘 문화를 널리 퍼뜨리고자 했지만, 카리아인들은 그리스식 생활 방식을 따르려고 하지 않았으며 자신들의 왕과 여왕에게만 충성을 다했다.

기원전 6세기 말에 카리아는 소아시아의 다른 지역들처럼 페르시아의 영토로 편입되었지만, 왕실은 여전히 대왕이라는 이름으로 지역의 통치를 이어갔다. 이 왕들 가운데 가장 유명한 인물은 마우솔로스였다. 그는 이집트 파라오나 페르시아 왕들처럼, 카리아 왕실의 전통에 따라 자신의 여동생과 결혼했다. 이후 그는 카리아의 수도를 내륙 도시인 밀라사Mylasa에서 해안 도시 할리카르나소스로 옮겼다. 기원전 360년경에 소아시아의 사트라프들이 일으킨 반란에 잠시 가담했지만 곧 용서를 받았고, 이후 통치 기간에는 페르시아에 충성하면서 지역에서의 권력 기반을 닦는 데 집중했다. 그가 이룬 최대 업적은 자신의 무덤이자 재위를 기념한 상징물인 마우솔레움이었다. 자신의 이름을 딴 이 건축물은 오늘날에도 세계의 주요 불가사의 중 하나로 꼽히는데, 45미터에 달하는 건축물의 꼭대기에는 피라미드가 얹혀 있었다. 건물에는 화려한 이오니아식 기둥이 있었고, 사자와 아마존 전사, 켄타우로스 등의 조각들이 정교하게 새겨져 있었다.

마우솔로스가 사망해 스스로 준비한 웅장한 무덤에 영웅처럼 안장되자, 왕권은 점진적으로 픽소다로스에게 승계되었다. 몇 년 전 알렉산드로스는 픽소다로스와 혼인 동맹이라는 돌발적인 결정을 내린 바 있었다. 여동생

아다에게서 권력을 빼앗은 그는 자신의 딸을 오론토바테스라는 페르시아 귀족에게 시집보냈다. 오론토바테스는 픽소다로스가 사망하자 카리아의 통치자가 되었다. 하지만 지혜로웠던 아다는 불과 80킬로미터 거리의 산악 요새 알린다를 여전히 장악하고 있었다. 카리아인들은 이방인의 통치에 불만을 가졌으며, 아다가 다시 왕좌로 복귀하기를 간절히 바라고 있었다. 이러한 상황은 알렉산드로스가 활용할 수 있는 좋은 기회가 되었다.

마케도니아군은 밀레토스에서 할리카르나소스로 진군하면서 인근의 소도시를 여럿 점령했다. 점령지 가운데는 디디마에 있는 신성한 아폴론 신전도 포함되어 있었다. 바다가 내려다보이는 언덕 위 성소를 알렉산드로스가 외면하고 지나쳤을 가능성은 없다. 기원전 5세기 초 페르시아 왕 다리우스 1세가 파괴하기 전까지, 이곳은 세계에서 가장 위대한 신탁소 중 한 곳이었기 때문이다. 다리우스는 디디마의 사제 계급인 브란키다이를 중앙아시아로 강제 이주시켰는데, 페르시아에 협력한 브란키다이들을 그리스 국가들의 보복으로부터 보호해주고자 했기 때문이었다. 이 신전에서 행해지던 의례나 사제들이 맞이한 운명에 대해서는 알렉산드로스도 알고 있었을 것이다. 델포이 신전과 마찬가지로, 이곳에서도 신에게 봉헌된 여사제가 신의 뜻을 받아 인간들에게 전달했다. 디디마에서는 여사제가 먼저 목욕을 한 뒤 신전에 들어온 청탁자들의 질문을 들었다. 여사제는 신성한 샘 위에 가로 놓인 수레바퀴 축 위에 앉았고, 신의 뜻을 이야기하기 전에 샘물에 발을 담갔다. 이 신성한 장소에 더 이상 아폴론의 목소리가 들리지 않게 된 사실에 알렉산드로스는 큰 안타까움을 느꼈을 것이다. 그는 어쩌면 신탁소를 다시 세우도록 명령했는지도 모른다.

해안 도시 이아소스에 도착한 알렉산드로스는 자신을 환대하며 페르시아 통치로 빼앗긴 어업권을 되찾아달라고 호소하는 관리 대표단을 만났다.[27] 이런 사소한 문제는 왕이 신경 쓸 사안이 아니라고 생각할 수도 있었다. 하지만 지역 지도자들의 지지가 원정에 매우 중요하다는 사실을 알고 있었던 알렉산드로스는 그들의 요청을 흔쾌히 들어주었다. 그는 또 한 소년을 만났는데, 길들인 돌고래와 노는 소년을 본 알렉산드로스는 바다 생물과 깊이 교감하는 능력에 깊은 인상을 받았다. 훗날 그는 성장한 소년을 바빌론으로 초청해 포세이돈 신의 대사제로 임명했다.

카리아의 경계에 이르렀을 때, 알렉산드로스는 마중 나와 기다리던 여왕 아다를 만났다. 마케도니아의 젊은 왕은 비슷한 연령의 이성에는 큰 관심을 보인 적이 없었지만, 나이가 많은 여성들과는 언제나 화목하게 지냈다. 아다 또한 알렉산드로스를 열렬히 환영하며 향후 일정과 계획을 논의했다. 알렉산드로스의 입장에서는 할리카르나소스를 점령한 뒤 다른 지방으로 이동할 경우, 이 땅을 지켜줄 믿을 만한 세력이 필요했다. 아다는 카리아인들의 사랑과 존경을 받는 인물이었으며, 대다수의 주민들은 자신들의 통치자를 페르시아의 압제자 오론토바테스가 아닌 아다로 생각했다. 아다는 알렉산드로스를 전폭적으로 지지하는 대가로 왕위를 되찾기를 원했다. 나아가 알렉산드로스를 자신의 양아들로 공식 입적해, 그를 카리아인들이 신뢰하는 정당한 통치자로 만들어주려 했다. 그렇게 되면 알렉산드로스는 단순히 정복을 목적으로 영토를 침범한 또 다른 이방인이 아니라, 부족의 원로이자 주민들이 사랑하는 여왕에게 정당한 권좌를 되돌려준 해방자의 명분을 얻을 수 있었다. 알렉산드로스는 아다의 성품에 매료되었고, 그녀의 제안이 현실적인 도움이 된다는 점을 간파하고 기꺼이 합의에 동의했다. 실제로 카리아인들의 반응은 매우 호의적이었으며, 인근 도시의 사절단들도 알렉산드로스의 진영을 찾아와 황금 왕관을 바치고 협력과 동맹을 결의했다. 아다는 곧 새 아들이 되는 알렉산드로스에게 자신이 부엌에서 직접 만든 진귀한 음식들을 보내기도 했다.

그런데 아다 여왕과 카리아 주민들이 알렉산드로스의 대의에 적극 협력한다고 해도, 할리카르나소스를 정복하는 일은 결코 쉽지 않았다. 알렉산드로스는 도시 인근에 주둔지를 마련한 뒤 언덕 위로 올라 사방을 살폈다. 그리고 사방에 축조된 페르시아의 방어 시설들을 보고는 낙담했다. 항구에 접해 있는 함대 사령부는 육상 공격으로 접근할 수 없었고, 도시 전체가 두 요새가 방어하는 튼튼한 성벽으로 완전히 둘러싸여 있었다. 함대를 해산한 마케도니아군은 할리카르나소스 항구로 진입하는 보급선과 병력 수송선을 막을 방법조차 없었다. 도시를 함락시킬 유일한 방법은 성벽을 돌파해 진격하는 것뿐이었다.

성을 포위한 첫날, 멤논의 병사 일부가 북동쪽 성문을 열고 나와 알렉산드로스의 병사들을 급습한 뒤 즉시 성으로 도망쳤다. 마케도니아군의 전열에 균열을 일으키기 위한 치고 빠지기식 공격의 시작이었다. 알렉산드로스는 도시를 방어하기 위해 곳곳에 파놓은 구덩이들을 메우라고 명령했다. 해자垓子를 돌파하려고 시도했지만, 성벽 위에서 가해지는 공격으로 인해 며칠 동안 진퇴를 거듭할 뿐이었다. 알렉산드로스는 쏟아지는 바위와 화살로부터 병사들을 보호하기 위해 이동식 차폐 구조물을 사용해보았지만, 폭풍처럼 쏟아져내리는 투사체들을 막아낼 수는 없었다. 상황이 여의치 않자, 알렉산드로스는 적군의 일부라도 할리카르나소스로부터 유인하기 위해 서쪽 1.5킬로미터 거리에 있는 페르시아 점령 도시 묀두스를 기습했다. 하지만 이곳에서도 같은 어려움에 봉착했는데, 공병을 이용해 성벽 아래 굴을 파서 성채를 무너뜨리려 했지만 큰 효과를 보지 못했다. 오히려 멤논의 지원군이 도착해 수비대와 합세한 뒤 마케도니아군을 몰아내고 패배만을 안겨주었다.

할리카르나소스로 돌아온 알렉산드로스는 성벽을 공략하는 데 집중하기로 했다. 바퀴 달린 거대한 공성탑을 끌어와 높은 곳에서 성으로 투사체를 퍼붓는가 하면, 무거운 공성 병기로 성벽 하단을 두드렸다. 이에 페르시아군은 야간 기습을 해 공성탑을 불태우려 했고, 마케도니아 경비병들이 재빨리 대응해 방어했다. 그날 밤 페르시아군은 200명 이상의 사망자를 냈지만, 알렉산드로스 병사들은 16명이 전사했다. 하지만 어둠 속의 공방전에서 300명 이상이 중상을 입었다.

교착 상태가 이어지면서 계절은 여름에서 가을로 바뀌고 있었다. 카리아 해안의 무더운 열기가 식어가고는 있었지만, 할리카르나소스를 정복한다는 알렉산드로스의 애초 목표는 오히려 멀어지는 듯했다. 그러는 사이 병사들의 불만도 쌓여갔다. 어느 밤, 경계 근무를 서던 마케도니아 병사 둘이 술을 마시면서 더 이상 답답한 상황을 참지 못하겠다고 소리쳤다. 술에 취한 두 병사는 서로의 나약함을 책망하다가, 마침내 명예로운 군인이 되겠다며 무기를 들고 성문 한 곳으로 돌진했다. 몇몇 수비병들이 이들을 방어했지만 뒤따른 마케도니아 병사들에게 살해당했다. 그러자 양쪽의 병사들이 더욱 많이 몰려들었고, 결국 성문 밖에서 대규모 전투가 벌어졌다. 마케도니아 병사들이 성벽을 돌파할 뻔했으나 양측 전사자들만 급증할 뿐 그 이상의 진전은 없었다. 동이 틀 무렵에는 수비군과 공격군 모두 뒤로 물러서 있었다.

알렉산드로스는 겨울이 오기 전에 도시를 함락하지 못하면 철수가 불가피하다고 판단했다. 여러 날 동안 직접 병사들을 이끌고 공성전을 벌여 상대에 큰 피해를 입히기도 했지만, 수비병들도 그에 못지않게 완강하게 맞서며 마케도니아군을 저지했다. 매번 공격할 때마다 많은 장군과 병사들이 쓰러져갔지만, 페르시아군의 손실은 그보다 훨씬 컸다. 점차 전세가 기울자, 멤논은 결국 더 이상 도시를 방어할 수 없다고 판단했다. 그는 도시에 불을 지르라고 명령한 뒤, 요새에 수비대만을 남겨둔 채 함대를 이끌고 알렉산드로스의 손이 닿지 않는 인근의 코스섬으로 달아났다.

마케도니아의 왕은 지금껏 치른 가장 고된 전투에서 승리를 거두었다. 그는 이제 헬레스폰트에서부터 카리아에 이르는 소아시아와 에게해 연안을 모두 장악하게 되었다. 그는 할리카르나소스 주민들의 생명은 살려주었지만, 페르시아군이 시작한 시가지 방화를 더욱 확대해 도시 전체를 잿더미로 만들었다. 수천 명의 남녀와 아이들이 겨울을 앞두고 삶의 터전을 잃은 뒤 어떤 운명을 맞이했는지에 대해서는 어떤 역사서에도 기록되어 있지 않다. 알렉산드로스는 폐허가 된 도시에 아다를 데려와 카리아 지방의 사트라프로 앉혔다. 또한 거대 병력을 동원해 주변을 수색해 페르시아군의 마지막 잔존 세력까지 몰아냈다. 승리를 만끽하는 분위기 속에서도, 알렉산드로스는 좁은 해협 건너 코스섬에 여전히 주둔하고 있는 페르시아군을 잊지 않았다. 그들의 해군력은 건재했고, 병력은 수천 규모였다. 알렉산드로스는 할리카르나소스를 차지했지만, 그가 상대했던 가장 유능한 장수 멤논은 결코 패배한 것이 아니었다.

알렉산드로스의 병사들 가운데는 갓 결혼한 청년들이 많았다. 그들은 지난봄 마케도니아를 떠날 때 어린 신부들을 고향에 두고 왔지만, 이제 원정 시즌이 끝났고 소아시아의 그리스 도시 전역이 마케도니아의 영토가 되었다. 알렉산드로스는 젊은 신랑들이 겨울 동안 아내들과 함께 지내며 다음 세대의 마케도니아 전사를 잉태할 수 있도록 고향으로 돌려보냈다. 그들은 봄이 되면 다시 군대에 합류해 페르시아 원정을 이어갈 자원들이었다. 이 결정에 병사들은 환호했고 군의 사기는 하늘을 찌를 듯 높아졌다. 병사들의 휴가는 선전 전략으로도 매우 적절한 조치였다. 이들은 고향으로 돌아가 직접 치른 대對페르시아 전쟁의 승리를 생생히 전할 것이고, 이를 통해 본국 주민들의 열렬한 지지도 이끌어낼 수 있었다. 알렉산드로스는 이 병사들을 이끌고 귀환할 인물로 역시 결혼한 지 얼마 되지 않은 코이노스와 멜레아게로스를 선발했다. 멜레아게로스는 마케도니아 고지대 출신의 충직한 장군이었고, 알렉산드로스를 보필하며 다뉴브강과 그라니코스 전투에서 공을 세운 인물이었다. 코이노스 역시 용맹을 떨친 장수였는데, 그의 아내는 필로타스의 여동생이었으니 파르메니온의 사위이기도 했다. 알렉산드로스가 겨울 동안만이라도 파르메니온의 가족들을 가능한 한 멀리 보내고 싶어 한 것은 이상한 일이 아니었다. 또한 그는 코이노스의 형제인

클레안드로스를 그리스 남부 펠로폰네소스로 보내 스파르타 주변 지역에서 용병을 모집하게 했다. 멜레아게로스와 코이노스 또한 고향에 머무는 동안 새로운 마케도니아 병력을 모집한 뒤 이듬해 봄에 아시아로 복귀하라는 명령을 받았다. 파르메니온 역시 주력 기병대를 이끌고 북쪽 사르디스로 파견 나갔다가, 몇 달 후 소아시아 내륙 프리기아의 고지대인 고르디움에서 본대와 합류하라는 명을 받았다. 알렉산드로스가 이렇게 군대를 분산시킨 것은 한 지역에 부과되는 식량과 말 먹이 비용을 줄이기 위해서였지만, 한편으로는 달갑지 않은 파르메니온의 조언을 피하고 싶기 때문이기도 했다.

겨울에 전쟁을 벌이지 않는 것은 고대 세계의 상식이자 지혜였다. 그러나 알렉산드로스는 그런 전통에 얽매이는 인물이 아니었다. 나뭇잎이 떨어지기 시작할 무렵, 그는 잘 훈련되어 더욱 강인해진 군대를 이끌고 할리카르나소스를 떠났다. 그리고 소아시아의 남부 해안을 따라 펼쳐진 리키아의 험준한 고지대로 향했다.[28] 이러한 출병은 통상적이지 않은 일이었지만, 곁에서 왜 그런 어리석은 일을 하느냐고 충고할 파르메니온은 없었다. 마침내 원하는 대로 행동할 자유를 얻은 그는 페르시아가 대비하지 못한 틈을 타 이 지역의 주요 해군 기지들을 점령하고자 했다. 그러나 군사적 이해관계 외에도, 예상치 못한 위험을 감수하고 그것을 이겨내어 더욱 큰 명예를 얻고자 한 의도도 있었다.

점점 추워지는 날씨에 두툼한 옷을 껴입은 알렉산드로스의 병사들은 산악지대와 해안선을 따라 150킬로미터가 넘는 거리를 행군해 항구도시 텔메수스에 도착했다. 이곳은 알렉산드로스가 가장 신뢰하는 점쟁이 아리스탄데르의 고향이기도 했다. 전해지는 이야기에 따르면, 알렉산드로스의 오랜 벗 네아르코스는 페르시아가 점령한 이 도시에 친구 하나를 두고 있었다.[29] 그 친구는 네아르코스에게 전투 없이 성을 점령하는 계략을 제안했고 네아르코스는 이를 수락했다. 친구의 도움에 힘입어 네아르코스는 연회장 안으로 한 무리의 무희를 들여보냈다. 만찬의 여흥이 무르익고 병사들이 포도주를 과음해 정신이 온전치 않게 되자, 무희들은 바구니에서 단검을 꺼내 순식간에 병사들을 학살했다고 한다. 이 이야기가 사실인지는 확인할 수 없으나, 알렉산드로스는 실제로 전투 한번 없이 텔메수스 성채를 점령했고, 이를 통해 남부 해안의 중요한 항구를 장악하게 되었다.

텔메수스를 떠난 군대는 높고 험한 산맥을 넘어 크산토스강에 이르렀고, 물길을 따라 내려가 해안에 자리 잡은 도시 크산토스에 이르렀다.30 그러자 파셀리스를 포함한 서른 곳이 넘는 리키아 지역 도시의 통치자들이 찾아와 충성을 맹세했다. 그런데 그즈음, 알렉산드로스는 크산토스강 근처에서 신성한 샘 하나를 발견했다. 때마침 샘에서는 고대 문자가 새겨진 청동판이 모습을 드러내고 있었다. 그 비문을 해독한 사람은 아마도 점쟁이 아리스탄데르였을 것이다. 멀지 않은 미래에 페르시아 제국이 그리스인들에 의해 패망할 것이라는 내용이었다. 알렉산드로스는 예언에 더욱 힘을 얻어 눈으로 뒤덮인 언덕길을 올라 리키아 동부를 향해 나아갔다.

알렉산드로스와 병사들은 마침내 300여 년 전 그리스인들이 세운 항구도시 파셀리스에 도착했다. 이 도시에서 북쪽으로 나아가는 길은 염소 떼가 지날 수는 있어도 수천의 병사들이 행군하기에는 너무 좁은 산길이었다. 왕은 트라키아 병사들을 보내 언덕길에서 팜필리아평야로 이어지는 길을 넓히도록 했다. 나머지 병사들에게는 며칠 동안의 휴식을 주었고, 자신도 현지 포도주를 즐기며 한숨 돌렸다. 어느 밤, 마케도니아 특유의 흥청거리는 술자리가 끝난 뒤 알렉산드로스는 친구들과 함께 도시 광장으로 나갔다. 그곳에는 이미 세상을 떠난 지역 시인 테오덱테스의 동상이 서 있었는데, 망자는 아테네에 머물던 아리스토텔레스가 자주 어울리던 벗이었다. 벗을 칭송하는 스승의 이야기를 기억한 그는 일행과 함께 동상에 수많은 화환을 걸어 그의 명성을 기렸다.

알렉산드로스는 파셀리스에 머무는 동안 파르메니온으로부터 심상찮은 보고를 받았다.31 참모 가운데 테살리아 기병대 지휘관인 린케스티스의 알렉산드로스가 다리우스와 공모해 자신을 암살하려 한다는 첩보였다. 파르메니온이 프리기아로 가던 길에 페르시아 첩자 시시네스를 체포하고 고문해 얻어낸 자백에 따르면, 다리우스는 린케스티스의 알렉산드로스에게 협력의 대가로 막대한 금과 마케도니아 왕위를 약속했다고 했다. 린케스티스 출신의 이 용의자는 이미 행적을 의심받던 인물이었다. 가족 구성원 가운데 필리포스 암살을 모의한 혐의로 처형당한 인물이 있었기 때문이다. 그가 한동안 살아남을 수 있었던 것은 필리포스 암살 직후, 알렉산드로스를 즉시 왕으로 추대할 것을 주장하며 그를 왕궁으로 이끌었기 때문이다. 어머니 올림피아스도 사건 이후 몇 달 동안은 아들에게 동명의 측근을 조심해야 한다고 경고하곤 했다. 그 이유는 그녀의 정보망에 충성심을 의심할 만한 그의 행적이 포착되었을 수도 있고, 단지 그를 개인적으로 싫어했기 때문일 수도 있었다. 그런데 아들 알렉산드로스는 어머니가 쏟아내는 달갑지 않은 충고를 흘려듣는 데 익숙해 있었다. 그는 훗날 어머니에게, 자신을 열 달 동안 뱃속에 품은 대가를 과도하게 요구한다며 투덜대기도 했다.[32]

어머니의 의심은 아들을 불편하게 만들었다. 아들은 린케스티스 출신 알렉산드로스를 용감하고 유능한 장군으로 신뢰했고, 심지어 테살리아 기병대 지휘관 칼라스를 헬레스폰트 지역의 사트라프로 파견한 뒤, 공석이 된 기병대 지휘관으로 그를 임명했다. 그는 원정을 떠나며 마케도니아 섭정으로 남겨둔 안티파트로스의 사위이기도 했다. 알렉산드로스는 즉시 측근들을 불러 회의를 열고 조언을 구했다. 동석자들은 모두 파르메니온의 우려에 공감했고, 그런 인물은 속히 제거되어야 한다고 입을 모았다. 어떤 이는 할리카르나소스를 포위하고 있던 당시의 일화를 상기시켰다. 알렉산드로스가 낮잠을 잘 때 제비 한 마리가 그의 머리 주위를 시끄럽게 날아다녀 잠을 깨운 일이 있다고 했다. 점쟁이 아리스탄데르는 이를 두고, 왕의 주변 인물 가운데 목숨을 노리는 자가 있다고 탄식한 바 있었다. 하지만 알렉산드로스는 이러한 여론 자체에도 적잖은 의심을 가졌다. 파르메니온은 왕이 임명한 인물을 참모진에서 제거한 뒤 자신의 사람을 심고 싶었을 수도 있다. 반역자 가문 출신을 첩자로 몰아 제거하는 것만큼 좋은 방법이 또 어디 있겠는가? 게다가 알렉산드로스는 몇 해 전에 시시네스를 만난 적이 있었다. 당시 그는 펠라에 파견된 이집트의 비밀 사절이었으며, 필리포스에게 페르시아에 반기를 든 반란자들을 도우라고 주장했다. 요컨대 시시네스는 도덕성부터 의심스러운, 전혀 믿을 수 없는 인물이었으며, 여러 왕국과 군주 사이를 떠돌며 가장 많은 보수를 지급하는 편에 서는 기회주의자였다. 제비 사건을 해석한 아리스탄데르의 이야기는 솔깃했지만, 늙은 점쟁이의 말을 모두 믿을 수는 없었다.

그렇다고 해도 프리기아에서 등 뒤에 칼이 꽂힐 위험을 감수하는 것은 현명한 일이 아니었다. 알렉산드로스는 신뢰하는 부하 하나를 산악 부족 주민으로 변장시켜 은밀히 파르메니온에게 보냈다. 매우 민감한 내용을 전해야 했기 때문에, 서신을 적어주는 대신 외우도록 했다. 페르시아 첩자들에게 사로잡힐 경우를 대비한 조치였다. 특사는 파르메니온을 만나 린케스티스 출신 알렉산드로스를 체포하되, 처형하지 말라는 왕의 메시지를 전했다. 음모 혐의에 대한 조사는 적절한 때 왕이 직접 진행할 것이었다. 그런 뒤, 알렉산드로스는 자신의 오랜 친구 에리기우스를 테살리아 기병대 지휘관으로 임명해, 파르메니온이 그 자리에 자신의 사람을 세우는 것을 미리 방지했다.

트라키아 공병 부대가 도로 확장 작업을 마치자, 알렉산드로스는 군대를 집결시킨 뒤 파셀리스에서 북쪽으로 나아가 클리막스Climax산의 언덕을 넘었다.[33] 그리고 해안을 따라 이어지는 좁은 길로 접어들었다. 이 길은 겨울 폭풍이 몰아치는 계절에는 특히 위험한 곳이었는데, 남풍이 거세게 불어 육지 위까지 파도가 밀려들기 때문이었다. 역사가 아리아노스는 공식기록자 칼리스테네스를 인용하며, 알렉산드로스가 그곳에 도착했을 때 북풍이 몰아치고 거센 파도가 들이쳤다고 전했다. 하지만 신들이 기적적으로 파도를 밀어내어 마케도니아군이 무사히 지나갈 수 있었다고 기록했다. 하지만 보다 현실적인 자료를 인용한 디오도로스는, 아마도 고된 행군을 경험했을 병사가 남긴 기록을 참고했을 것인데, 전 병력이 하루 종일 허리까지 차오른 차가운 물 속을 힘겹게 걸어 행군을 이어갔다고 전했다.

알렉산드로스의 부대가 긴 대열을 이루어 행군하다가 마르마레스라고 불리는 지역 원주민의 습격을 받은 것도 이 지역 어딘가에서였다.[34] 대열의 후미를 기습한 이들은 적지 않은 수의 병사를 죽이고 일부를 포로로 잡았으며, 물품을 실은 짐마차까지 탈취했다. 마르마레스족은 '바위Rock'라고 불리는 산꼭대기 요새로 물러나면서 이 정도 공격으로 큰 보복을 당하지는 않을 것으로 생각했다. 하지만 그들은 알렉산드로스가 지금까지 상대한 적장과는 전혀 다른 인물이며, 특히 분노했을 때 상대가 얼마나 큰 화를 입게 되는지 알지 못했다. 마케도니아군은 부족이 숨어든 고지의 요새에 대한 전면 공격에 나섰다. 이는 장차 벌어질 힌두쿠시산맥의 성채들을 탈취하기 위해 벌일 전투의 전초전인 셈이었다. 마르마레스족은 불과 이틀이 지나기도 전에 마케도니아군의 공격을 당해낼 수 없다는 사실을 깨달았다. 하지만 그렇다고 해서 침략자들에게 자신과 가족들의 자유와 생명을 내줄 수도 없었다. 부족의 장로들은 전사들에게 명해 적의 손에 넘어가 노예가 되고 학살당하게 될 아내와 자식을 먼저 베도록 했고, 젊은 전사들은 이를 거부할 수 없었다. 부족의 남자들은 학살을 자행하기 전에 가족을 불러 모아 마지막 만찬을 들었다. 하지만 막상 때가 되었을 때 차마 칼을 들지 못했고, 대신 집에 불을 질러 가족들을 산 채로 태워 죽였다. 더 이상 여자와 아이들에 발목을 잡히지 않게 된 마르마레스 전사들은 그날 밤 마케도니아군의 감시를 피해 산속으로 도망쳤다.

폐허가 된 마을을 뒤로한 채, 알렉산드로스와 그의 군대는 행군을 계속해 마침내 팜필리아에 닿았다.[35] 이곳에는 아름다운 평야가 해안을 따라 80킬로미터가 넘도록 펼쳐져 있었으며, 사방은 산으로 둘러싸여 있었다. 지역에서 가장 번화한 도시는 페르게였다. 이곳에는 아르테미스를 모신 유명한 신전이 있었고, 특히 신전의 중심에는 운석으로 추정되는 신성한 물체가 보관되어 있었다. 알렉산드로스의 귀에 다소 낯설게 들리는 고대 그리스어를 사용하는 주민들은 큰 저항 없이 항복했다. 한나절 거리에 있는 언덕 위에는 그리스 아르고스 출신 주민들이 세운 아스펜두스라는 도시가 있었는데, 오랫동안 페르시아인들이 장악한 곳이었기에 주민들은 페르시아에 충성을 바치고 있었다. 아스펜두스는 소금과 올리브유를 거래하며 부를 쌓은 도시로 유명했다. 도시의 원로들은 알렉산드로스를 찾아와 군대를 마을에 배치하지만 않는다면 왕의 권위에 따르겠다고 제안했다. 이에 알렉산드로스도 조건을 제시했는데, 기름진 초원에서 페르시아 대왕을 위해 기르던 말들을 모두 넘기고, 마케도니아 군대를 위해 거액의 돈을 헌납하라는 것이었다. 이는 사실상 협박이었지만 아스펜두스 시민들에게 이를 거부할 권한은 없었다.

알렉산드로스는 다시 군대를 이끌고 나아가 팜필리아의 가장 동쪽 도시인 사이데를 점령했다. 그곳에 주둔군을 남긴 뒤 약속한 말과 돈을 받기 위해 아스펜두스로 되돌아왔다. 그러나 잠시 자리를 비운 사이, 아스펜두스 주민들은 마음을 바꾸어 성문을 걸어 잠그고 도시의 가장 높은 아크로폴리스로 도망쳐버렸다. 아래 도시는 낮은 성벽으로 둘러싸여 있었기 때문에 마케도니아군이 쉽게 점령할 수 있었지만, 가파른 언덕과 강으로 둘러싸인 아크로폴리스는 요새와도 같았다. 알렉산드로스의 병사들은 아래쪽 마을을 점령한 뒤 자기 집처럼 머물며 시간을 끌었다. 말과 돈이 필요했던 알렉산드로스는 아스펜두스 사람들이 마을을 점령당해 외부와 고립된 상황을 견디지 못하고 쉽게 굴복할 것이라고 생각했다. 그의 예상은 정확했다. 얼마 지나지 않아 대표단이 나타나 이전의 조건대로 항복하게 해달라고 간청했다. 알렉산드로스는 아마도 미소를 지으며 고개를 가로저었을 것이다.

그리고 말은 그대로 받겠지만 돈은 약속한 두 배로 바치라고 요구했다. 또한 도시에 대규모 군대를 주둔시킬 것이며, 유력 인사들은 인질로 붙잡을 것이고, 해마다 세금도 징수할 것이라고 선언했다. 나아가 알렉산드로스에 우호적인 해안가 도시들에서 빼앗은 영토에 대한 사실관계를 면밀히 조사할 것이라고 통보했다. 아스펜두스 시민들은 뼈저리게 깨달았다. 알렉산드로스를 배신하는 자는 그에 상응하는 대가를 치러야 한다는 사실을.

알렉산드로스는 새로 얻은 말을 기병대에 지급하고 아스펜두스에서 얻은 금은 짐마차에 실은 뒤 나머지 부대와 합류하기 위해 고르디움으로 출발했다.36 그런데 이때, 목적지로 가는 도중에 길을 잃는 상황이 벌어졌다. 부대는 서쪽을 향해 잘못된 방향으로 나아갔고 결국 산악지대로 들어서는 길목에 우뚝 선 테르메수스의 요새에 이르게 되었다. 이 성채는 깊은 협곡과 절벽으로 둘러싸여 있었고, 그곳에는 페르시아에도 굴복한 적이 없는 강성 산악 주민들이 거주하고 있었다. 마케도니아군은 며칠 동안 이곳 전사들과 소규모 전투를 벌였지만 별다른 성과를 얻지 못했다. 시간이 충분했다면 테르메수스를 함락할 수도 있었지만, 알렉산드로스는 지루한 포위전으로 일정을 지연시키는 것을 원하지 않았다. 바로 그때 인근 도시 셀게에서 사절단이 찾아와 우호조약을 제안했다. 그들은 알렉산드로스가 잘못된 방향으로 나아가고 있다는 중요한 정보도 알려주었다. 자신들의 도시 근처를 지나 산맥을 통과하면 고르디움으로 연결되는 훨씬 평탄한 길이 있다고 했다. 이에 알렉산드로스는 자존심을 누르고 테르메수스를 그대로 둔 채, 군대를 이끌고 소아시아 내륙의 북쪽으로 진군했다.

고르디움으로 가는 여정에 피시디아 산악지대에 위치한 도시 사갈라수스에 닿았다. 남쪽으로 이어지는 중요한 길목을 접한 도시였기 때문에 정복하지 않고 지나칠 수 없는 곳이었지만, 주민들은 매우 호전적이었고 도시도 단단히 요새화되어 있었다. 지형마저 전투를 치르기에 적합하지 않아서 마케도니아군이 말을 탈 수 없을 만큼 험난했고, 성을 점령하기 위해서는 오르막길을 오르며 힘겹게 돌진해야 했다.

알렉산드로스의 군대는 보병과 궁병은 물론 트라키아 창병 부대까지 동원해 전열을 펼친 뒤 적을 향해 진격했다. 차가운 겨울 날씨에 치열한 접전이 벌어졌고, 갑옷이 없는 피시디아인들은 큰 부상을 입으며 점차 밀리기 시작했다. 사갈라수스 전사들은 지친 마케도니아군을 따돌리고 대부분 도주했지만, 고향을 지키다가 전사한 이들은 500명이 넘었다.

마케도니아군이 고르디움으로 가는 여정의 중간 지점인 켈라이나이에 도착했을 때, 아나톨리아Anatolia고원의 시냇물은 서서히 얼음이 녹기 시작했다. 이 지역 주민들은 염분이 많은 호수에서 자연스럽게 만들어지는 소금을 채취해 생계를 이어갔다. 이 도시는 페르시아와 에게해를 잇는 주요 도로상에 만들어져 있어, 마케도니아와 동방 각지를 잇는 교통로를 형성하기 위해서는 반드시 점령해야 할 요충지였다. 하지만 도시의 성채는 매우 견고했고, 내부에는 1000명이 넘는 카리아인과 그리스 용병들이 주둔하고 있어 쉽게 탈취하기는 어려워 보였다. 그들은 알렉산드로스에게 사절을 보내, 두 달 안에 지원군이 오지 않으면 마케도니아군에 항복하겠다는 솔직한 제안을 했다. 알렉산드로스는 이런 거래를 기뻐하지는 않았으나, 도시를 포위하며 몇 주를 허비하고 싶지는 않았다. 제안에 동의한 그는 병사 1500의 소부대만을 도시에 주둔시켰고, 외눈 장군 안티고노스Antigonus를 지역의 사트라프로 임명하고 관리를 맡겼다. 이처럼 야망 있고 유능한 장군들에게 마케도니아 제국의 새 영토를 맡긴 일은 훗날 제국에 중대한 영향을 미치게 된다.

소아시아 내륙 고지대에 봄이 시작될 무렵, 알렉산드로스는 고대 프리기아 왕국에 속했던 도시 고르디움에 도착했다. 황금의 손으로 유명한 미다스 왕이 다스리던 이곳은 지난 200년 동안 페르시아의 중요한 전초기지로 활용되어왔다. 알렉산드로스는 이곳에서 파르메니온이 이끄는 파견 부대와 마케도니아 증원군을 만나기로 했고, 이는 정확히 실현되었다. 무뚝뚝한 노장 파르메니온 장군은 이미 도착해서 기다리고 있었으며, 가족과 시간을 보낸 뒤 복귀한 병사들과 추가로 징집된 병사들을 합한 보병 3000과 기병 300, 테살리아 기병 200명 또한 본대에 합류했다. 이들을 따라온 사절단도 왕을 접견했다. 몇 달 전 그라니코스 전투에서 포로로 잡힌 아테네 출신 용병의 대표였고, 부디 관용을 베풀어줄 것을 호소하기 위해 먼 길을 달려온 이들이었다. 이 그리스 용병들은 페르시아 편에 섰다는 이유로 마케도니아 광산으로 보내져 지하에서 고된 노동에 시달리며 죽어가고 있다고 했다. 알렉산드로스는 이들을 정중하게 응대했지만, 안타깝게도 지금은 요청을 들어줄 수 없다고 답했다. 하지만 페르시아와의 전쟁이 끝난 뒤에는 모두를 석방하겠다고 약속했다. 그런데 광산 노예로 일하던 이들은 열악한 환경을 버티지 못하고 사망하는 경우가 많았기 때문에, 이는 그들에게 사형 선고나 다름없었다.

그해 봄에는 알렉산드로스를 향한 아테네 용병들의 불만보다 훨씬 심각한 문제가 불거졌다. 고르디움에 도착한 소식에 따르면, 페르시아 장군 멤논은 알렉산드로스가 아시아 원정에 집중하는 사이 에게해 주변에서 활발히 활동하고 있었다.37 멤논은 할리카르나소스 전투에서 패배한 뒤 코스섬의 함대를 북쪽으로 이동시킨 뒤 키오스섬을 점령했다. 나아가 레스보스섬으로 향하며 미틸레네 등 일부 도시를 제외한 영토 대부분을 장악했다. 심지어 아테네와 스파르타 같은 불만에 찬 본토 국가들에도 접근해, 페르시아를 지지하면 그리스 일대를 점령한 마케도니아 군대를 몰아내겠다고 약속했다. 그러자 그리스인 다수는 페르시아의 개입 가능성에 열광했으며, 다른 여러 도시도 멤논과 그의 군대를 환영하는 사절을 보냈다. 이는 불과 한 세기 전, 마라톤과 테르모필레에서 목숨을 걸고 페르시아를 물리쳤던 그들의 조상들이 보았다면 경악했을 모습이었다.

그리스로부터 전해진 소식에 알렉산드로스는 큰 충격을 받았다. 아시아 전투들에서 승리를 거듭하고 있었지만, 정작 그리스와 마케도니아를 잃을 위험에 처했기 때문이었다. 그리스가 반란을 일으키고 고향이 적의 수중에 떨어진다면 아시아 원정은 계속할 수 없을 것이 아닌가? 군사를 돌려 서쪽으로 돌아가야 한다면 지금까지 페르시아를 상대로 거둔 승리들은 모두 헛일이 될 터였다. 그의 원정 계획은 물거품이 될 것이고, 알렉산드로스는 위대한 일에 도전했으나 결국 실패한 평범한 왕으로 역사에 기록될 것이었다.

그런데, 역사의 흐름을 완전히 바꿔놓는 뜻밖의 사건이 벌어지고 말았다. 레스보스섬의 도시 미틸레네를 포위하고 있던 멤논이 병을 앓다가 갑작스럽게 사망한 것이다. 알렉산드로스는 이 소식을 듣고 귀를 의심하지 않을 수 없었다. 멤논은 죽기 전에 에게해 작전 지휘권을 조카이자 페르시아 장수인 파르나바조스에게 넘겼다. 그도 경험 많은 병사이긴 했으나 삼촌만큼 뛰어난 인물은 아니었다. 파르나바조스는 전쟁을 이어받아 미틸레네를 완전히 함락했고, 이어서 헬레스폰트 입구에 있는 작지만 중요한 전략 요충지인 테네도스섬까지 점령했다. 그는 연이어 그리스와 마케도니아 침공 계획까지 세웠지만, 멤논의 죽음 이후 상황은 많이 달라졌다. 그리스인들 사이에서는 반란에 대한 우려의 목소리가 제기되기 시작했고, 무엇보다 페르시아의 대왕 스스로가 가장 뛰어난 장군 없이 머나먼 서방에서 전쟁을 승리로 이끌 수 있을지 회의하기 시작했다. 다리우스는 멤논의 또 다른 조카인 그리스인 티몬다스를 급파해 파르나바조스의 군대 대부분을 바빌론으로 복귀하도록 조치했다. 페르시아군은 에게해에서의 작전을 이어가는 시늉을 했지만, 그것은 그저 시간을 끌기 위한 보여주기식 작전이었고, 다리우스가 후속 전략을 확정할 때까지 유지된 임시방편의 움직임일 뿐이었다.

다리우스는 가장 신뢰하는 장군들을 소집해 향후 작전을 논의했다. 몇몇 믿을 만한 지휘관을 파견해 용병들을 이끌도록 할 것인지, 아니면 대왕 자신이 직접 아시아로 진출해 알렉산드로스와 결전을 벌일 것인지 결정해야 했다. 지휘관들은 대부분 후자를 주장하며, 페르시아의 전 병력을 동원해 건방진 마케도니아 왕을 처단해야 한다고 주장했다. 하지만 한때 알렉산드로스의 명령으로 추방당했던 아테네 출신 노장 카리데무스는 강력한 반론을 폈다. 그는 제아무리 대왕이라도 마케도니아군과의 단 한 번의 전투에 모든 것을 걸어서는 안 된다고 주장했다. 본대는 바빌론에 예비대로 남겨두고, 능력 있는 장군이 용병으로 구성된 군대를 이끌고 알렉산드로스와 싸우도록 해야 하며, 맡겨만 주신다면 자신이 그 임무를 맡을 용의가 있다고 호소했다.

다리우스는 그의 말에 귀를 기울였지만, 다른 장군들은 즉시 카리데무스를 맹렬히 비난했다. 그가 군대를 지휘하고자 하는 것은 홀로 영광을 얻고자 하기 때문이며, 어쩌면 그가 대왕을 배신할 수도 있다고 주장했다. 이에 격분한 카리데무스는 분노를 표하며, 대왕을 에워싸고 있는 장군들은 평범한 페르시아인들과 마찬가지로 용맹한 적에 맞설 용기도 없는 여자 같은 겁쟁이들이라고 모욕했다. 다리우스는 그의 말에 몹시 분노했다. 그는 왕좌에서 벌떡 일어나 카리데무스의 허리띠를 움켜잡은 채 이 자를 즉시 처형하라고 소리쳤다. 카리데무스는 처형장으로 끌려가면서도 전혀 위축되지 않았고, 오히려 제국이 산산이 무너지는 모습을 모두가 보게 될 것이라고 좌중에 소리쳤다. 다리우스는 훌륭한 장군 한 사람을 너무 성급하게 죽였다는 사실을 뒤늦게 깨닫고 후회했다. 이후 그는 알렉산드로스와 마케도니아 병사들이 진격해오는 불안한 꿈에 자주 시달렸다. 그는 침입자들에 맞서 군대를 지휘할 멤논의 대체자를 애타게 찾았지만, 그럴 만한 인물은 보이지 않았다. 다리우스는 결국 자신이 직접 전투를 지휘하기로 결심했다. 그리고 제국의 변방 끝까지 명해 군대를 소집한 뒤 알렉산드로스와의 일전을 준비했다. 전쟁 준비에는 수개월이 소요될 것이었지만, 준비가 끝나는 즉시 출격해 마케도니아군을 산산조각 내어 먼지로 만들어줄 생각이었다.

4장 이소스

알렉산드로스가 말했다. "마케도니아인들이여,
우리는 이제 오랜 동안 사치에 젖어 살아온
메디아인과 페르시아인들을 상대하게 될 것이다.
하지만 수많은 전투에 단련된 우리는
어떠한 위험도 두려워하지 않노라."

-아리아노스[1]

고르디오스의 매듭 이야기에는 한 노인과 쟁기와 독수리가 등장한다.[2] 고르디오스라는 가난한 농부가 밭을 갈고 있었다. 그때 독수리 한 마리가 날아와 그의 쟁기 위에 앉았다. 신성한 제우스를 상징하는 독수리가 자신에게 날아왔다는 사실에 깜짝 놀란 농부는 지역의 신탁소를 찾아 이 사건의 징조를 묻고자 했다. 목적지 마을에 가까워졌을 때, 그는 우물가에서 물을 긷는 여인을 보았다. 그녀가 바로 그가 찾고자 한 신탁소의 여사제였다. 고르디오스가 자신이 겪은 일을 이야기하자 그녀는 독수리를 만난 곳으로 돌아가 제물을 바쳐야 한다고 말했다. 순박한 농부였기에 제사의 절차에 대해 아는 바가 없던 고르디오스는 함께 가서 제사를 집전해달라고 부탁했다. 제사를 올린 그들은 이후에도 함께 머물며 혼인의 연을 맺었다. 시간이 흘러 두 사람은 미다스라는 아들을 낳았고, 아들은 훌륭한 청년으로 성장했다. 당시 오랜 내전으로 혼란에 빠져 있던 프리기아에는, '수레를 끌고 온 남자가 왕이 되어 세상에 평화를 가져다줄 것'이라는 오랜 예언이 전해지고 있었다. 어느 날 청년 미다스가 아버지의 수레를 끌고 들어온 모습을 본 프리기아 사람들은 그를 왕으로 추대했다. 지도자가 된 미다스는 머지않아 나라의 혼란을 잠재웠고, 신의 은총에 감사하는 표시로 가문에서 쓰던 수레를 제우스의 신전에 바쳤다. 이후 하나의 전설이 생겨났는데, 수레를 묶은 매듭을 푸는 자가 아시아 전체를 지배하게 되리라는 예언이 그것이었다.

알렉산드로스는 어릴 적부터 마케도니아의 미다스 정원에서 아리스토텔레스와 어울려 지내며 이 이야기를 들었다. 다른 전승에 따르면 미다스는 본래 마케도니아의 지도자였고, 이후 주민들을 이끌고 아시아로 이주했다.[3] 프리기아어가 소아시아의 다른 고대 언어들보다 그리스어에 가깝다는 사실이 이러한 주장에 힘을 싣기도 한다. 정확한 사실은 알 수 없지만, 알렉산드로스도 그 유명한 수레를 보고 직접 매듭을 풀어야겠다는 생각을 오래 전부터 했는지 모른다. 그 매듭은 거친 나무껍질에 단단히 감겨 있어서 아무리 자세히 살펴도 어디가 시작이고 어디가 끝인지 알 수 없었다. 알렉산드로스가 제우스의 신전으로 행차했다는 소식을 들은 주민들이 현장으로 몰려들자, 왕의 측근들이 근심에 빠졌다. 만일 알렉산드로스가 매듭을 풀지 못한 채 신전을 떠난다면 체면이 말이 아니게 될 것이기 때문이었다. 그만큼 고르디오스의 매듭은 누구도 풀 수 없을 만큼 복잡해 보였다.

현장에서 벌어진 일에 대해서는 두 가진 이야기가 전해진다. 하나는 알렉산드로스의 원정에 동행했던 전기작가이자 군인이었던 아리스토불로스의 기록이다. 그에 따르면, 왕은 매듭을 면밀히 살핀 뒤 매듭의 중심을 이루던 쐐기 못을 뽑아 꼬임을 느슨하게 만들었다. 하지만 알렉산드로스의 성격을 감안할 때 두 번째 이야기가 더 설득력이 있다. 다른 전승에 따르면 왕은 주저없이 칼을 뽑아 매듭을 두 동강 내버렸다. 그리고 이렇게 말했다고 한다. '어떻게 푸느냐는 중요하지 않다.' 어느쪽이 사실이든, 신들의 왕 제우스는 알렉산드로스의 기지를 매우 흡족하게 여겼는지도 몰랐다. 그날 밤, 하늘에서는 천둥과 번개가 폭풍과 함께 몰아쳤다.

알렉산드로스의 페르시아 원정 둘째 해는 소아시아 중앙 고지대를 가로지르는 행군으로 시작되었다.4 고르디움을 떠난 원정대는 여러 날을 이동해 안키라*에 도착했다. 그곳에서 흑해 남쪽 해안 인근 지역인 파플라고니아에서 온 사절단을 만났다. 그들은 알렉산드로스에게 복종을 표했지만, 그럼에도 자신들의 땅으로 들어오지 말 것을 요구했다. 파플라고니아는 작은 마을들이 산개한 산악지대로, 목재 외에는 자원이 없는 곳이었기 때문에 알렉산드로스는 그들의 요청을 받아들였다. 하지만 이후부터는 헬레스폰트 지역의 사트라프인 칼라스의 통치를 받게 될 것이라고 통보했다.

안키라에서 남쪽으로 방향을 튼 마케도니아군은 다시 지중해 방면으로 나아갔다. 그리고 할리스Halys강을 건넌 뒤 여러 날을 행군해 카파도키아 고원지대에 도착했다. 이 지역에서 벌인 전투들의 자세한 내용은 역사에 남아 있지 않지만, 원정대가 무더운 날씨 속에서도 승리를 이어갔다는 사실만큼은 정확히 기록되어 있다. 고르디움을 떠난 지 몇 주가 지난 후, 마케도니아군은 마침내 소아시아 고지대와 지중해 연안을 가르는 타우로스 산맥에 도착했다. 그리고 이 장벽을 통과할 수 있는 유일한 길은 킬리키아의 문이라고 불리는 악명 높은 협곡이었다. 이 길목은 겨우 몇 명이 나란히 행군할 수 있을 정도로 폭이 좁았다. 알렉산드로스는 협곡 북쪽에 있는 넓은 들판에 진을 치도록 명령했다. 수십 년 전 크세노폰의 군대도 이곳에

---

* 오늘날의 튀르키예 앙카라Ankara (옮긴이)

진을 친 적이 있는데, 알렉산드로스는 독서를 통해 이 사실을 알았을 것이다.5 이곳은 비옥한 땅 킬리키아로 들어가는 입구이자 시리아로 가는 관문이었다. 마케도니아군이 이 길을 돌파할 수만 있다면 동부 지중해 일대는 그들의 것이 될 터였다.

페르시아에서 파견된 킬리키아 총독은 아르사메스라는 인물이었다. 그는 그라니코스 전투를 위한 전략 회의에 참석했던 인물로, 같은 회의에서 멤논은 마케도니아군을 방어하기 위해서는 마을을 불살라야 한다고 주장한 바 있었다. 이 주장을 기억한 아르사메스는 알렉산드로스가 지날 것으로 예상되는 모든 마을을 불사르기 시작했다. 그는 들판 곳곳에 불을 지르느라 킬리키아의 문에는 소수의 방어 병력만을 남겨두었다. 기회를 놓치는 법이 없는 알렉산드로스는 주력부대를 파르메니온에게 맡긴 뒤, 자신은 소규모 정예 병력을 이끌고 한밤중에 관문으로 돌격해갔다. 예상치 못한 알렉산드로스의 등장에 수비병들은 어둠에 몸을 숨긴 채 황급히 달아났다. 날이 밝았을 때, 마케도니아군은 소아시아에서 가장 중요한 전략 요충지를 장악하고 있었다.

총독 아르사메스는 공황 상태에 놓였다. 그는 알렉산드로스가 도착하기 전에 해안 지역 수도인 타르수스를 불태우기 위해 병사들을 움직였다. 하지만 정찰병을 통해 이 소식을 들은 알렉산드로스는 상황을 좌시하지 않았다. 그는 선발대를 이끌고 시드누스Cydnus강 계곡을 따라 전속력으로 진격했다. 마침내 도시에 도착했을 때 아르사메스가 목숨을 부지하기 위해 페르시아로 도망치는 모습을 가까운 거리에서 목격할 수 있었다. 알렉산드로스는 파르메니온을 보내 동쪽으로 이어지는 길을 장악하도록 했고, 파르메니온은 시리아에서 킬리키아로 진입하는 관문 일대를 점령했다. 긴 여정을 마무리한 마케도니아군은 이제야 잠시 쉴 여유를 갖게 되었다. 알렉산드로스의 군대는 고르디움을 떠난 이후 몇 주 동안 사막과 고산지대와 화산 지역 황무지를 행군해왔지만, 이제 다시 지중해 연안으로 되돌아온 것이다. 이제 알렉산드로스는 마케도니아와 그리스뿐 아니라 소아시아 전체의 지배자가 되었다.

알렉산드로스가 타르수스에 도착했을 때 킬리키아평야는 용광로처럼 뜨거웠다. 더운 열기를 느낀 알렉산드로스는 주둔지를 결정하자마자 병사들이 지켜보는 가운데 옷을 모두 벗고 벌거벗은 채 시드누스강으로 뛰어들었다.6 해안평야 지대는 찌는 듯 더웠지만, 산에서 눈이 녹아 흐르는 강물은 얼음장처럼 차가웠다. 시드누스의 강물이 특히 근육통이나 통풍에 탁월한 효과가 있다는 소문은 알렉산드로스도 들어 알고 있었을 것이다.7 그런데 알렉산드로스가 물에 몸을 담그자마자 팔다리가 경련을 일으키기 시작했고 얼굴에서 핏기가 사라졌다. 한기가 뼛속까지 스며든 듯 보였다. 그가 이전부터 기관지 감염이나 말라리아 같은 병을 앓고 있었을 가능성도 배제할 수 없는데, 갑작스러운 한기가 그의 몸에 충격을 준 듯했고 몸은 거의 마비 상태에 이르렀다. 병사들이 강에서 그를 끌어낼 때는 몸을 거의 움직이지 못하는 상태였다. 거의 죽은 사람처럼 몸이 굳은 그는 급히 천막으로 옮겨졌다.

알렉산드로스는 며칠 동안 생사를 넘나들었다. 몸에서는 열이 타올랐고 의식은 겨우 남아 있는 듯했다. 이것은 병사들에게도 두려운 상황이었다. 그들은 고국에서 멀리 떨어진 적지에 있었고, 페르시아 대왕은 막강 대군을 이끌고 그들을 향해 진군하고 있었다. 그 순간만큼은 다른 어느 때보다도 알렉산드로스가 필요했다. 만일 그가 죽는다면 살아서 귀향할 수 있을지도 장담할 수 없었다. 페르시아군에게 쫓기는 대규모 부대가 소아시아를 무사히 가로질러 마케도니아로 돌아갈 수 있을까? 병사들은 왕에 대한 연민과 자신의 운명에 대한 두려움 속에서 초조하게 왕의 천막을 주시했다.

원정에 동행한 의사들은 알렉산드로스를 어떻게 치료할 것인지 전혀 알지 못했고, 여러가지 치료법을 시도하는 것조차 두려워했다. 만일 치료

도중 왕이 죽기라도 한다면, 그 책임을 덮어쓰고 큰 벌을 받을 것이 분명했기 때문이었다. 그런 상황에서 유일하게 치료를 자처한 의사는 그리스 북서부 아카르나니아 출신의 필리포스였다. 필리포스는 알렉산드로스가 어릴 때부터 마케도니아 궁정의 충직한 의사로 봉직해왔으며, 수년 동안 젊은 왕의 각종 질병을 치료한 인물이었다. 잠시 의식이 돌아온 순간, 필리포스는 알렉산드로스에게 몇 가지 불가피한 치료법을 설명했다. 왕의 몸을 더욱 악화시킬 수도 있는 강력한 배출 요법들이었고, 상당한 위험을 감수해야 하는 치료법이었다. 하지만 약이 효과를 발휘한다면 왕의 건강은 회복될 수 있었다.

그리스의 의학은 균형이라는 개념에 토대를 두고 있었다. 코스섬의 히포크라테스는, 인간의 몸에는 피와 황담즙, 흑담즙, 점액이라는 네 가지 액체가 존재하며, 건강한 신체란 이 체액들이 자연스러운 평형을 이룬 상태라고 가르쳤다. 이 가운데 하나 이상이 과잉 상태가 되면 균형이 회복되도록 조정하는 일이 숙련된 의사의 임무였다. 균형을 되찾도록 하는 치료는 여러 방식으로 이루어졌는데, 가장 흔한 방법은 반작용을 불러일으키는 치료였다. 예를 들면, 감기에 걸린 환자에게 고추를 먹이거나, 열이 나는 발진 부위에는 차가운 오일을 바르는 식이었다. 진정의 효과가 있는 양귀비 역시 약초로 흔히 쓰이던 재료였다.

아리스토텔레스의 제자였고 스스로 의학 지식을 익히기도 했던 알렉산드로스는 필리포스가 제안한 치료법을 진지하게 경청했다. 그는 배출 요법이 다소 위험하다는 사실을 알고 있었지만, 자신이 침상에 누워 있는 하루하루가 군대 전체에 심각한 위협이 된다는 사실 또한 잘 알고 있었다. 다리우스는 분명 첩자들을 통해 그의 병세를 전해 들었을 것이고, 그렇다면 공격 계획을 서두르고 있을지도 몰랐다. 알렉산드로스는 속히 건강을 회복하지 않으면 어느 방식으로든 죽을 수밖에 없을 것이라고 생각했다. 그는 필리포스를 재촉해 신속히 약을 가져오라고 명령했다.

바로 그때, 파르메니온의 손에 짧은 문장이 적힌 쪽지가 전해졌다. 다음과 같은 내용이 적혀 있었다. "필리포스를 조심하시오! 다리우스가 그를 매수해 왕을 독살하려 한다오." 린케스티스의 알렉산드로스에게 그랬던 것처럼, 최측근 인물을 배신자로 의심하는 일은 알렉산드로스에게도 몹시 괴로운 일이었다. 그는 필리포스를 평생 알아 왔지만, 사람은 누구나 배신한다는 사실을 일찍부터 깨달았고, 특히 왕의 몸값에 상응하는 보상이 주어진다면 배신은 더욱 쉬울 것이라고 생각했다. 심지어 필리포스의 고향인 아카르나니아 사람들은 과거 반역을 일으킨 적이 있으며, 카이로네이아 전투에서도 마케도니아인들을 대적해 싸웠다. 이 의사가 알렉산드로스를 살해한 뒤 페르시아 진영으로 넘어가 약속된 보상을 받으려는 것일까? 그것이 아니라면, 파르메니온을 통해 알렉산드로스의 치료를 포기하게 만들어 병세를 더 악화시키려는 것일까? 노장 파르메니온은 향후 군대의 사령관은 물론 차기 왕으로 부상할 수도 있는 인물이었기에 더욱 의심을 살 만했다. 알렉산드로스가 제거된다면, 파르메니온은 다리우스와 협상을 맺고 마케도니아로 철수하는 대신 소아시아의 부유한 속주들을 하사받을지도 모른다. 반대로, 모든 것이 알렉산드로스가 최측근을 의심하게 만들고자 한 다리우스의 획책일 수도 있었다. 마케도니아인들은 다리우스가 알렉산드로스를 해치는 자에게 막대한 보상을 약속한 사실을 잘 알고 있었다. 그렇다면 신뢰받는 의사보다 그 일을 자연스럽게 수행할 위치에 있는 사람이 또 있을까?

파르메니온이 이같은 쪽지를 받은 사실을 전혀 알지 못하는 필리포스는 약이 담긴 사발을 들고 알렉산드로스의 천막으로 들어왔다. 그리고, 천막 안에서 알렉산드로스의 성격을 놀랍도록 잘 보여주는 유명한 상황이 연출된다. 그는 컵을 받아들고 약을 들이키면서, 동시에 파르메니온의 쪽지를 필리포스에게 건넸다. 그리고 필리포스가 글귀를 읽는 모습을 지켜보면서 컵에 담긴 약을 한 방울도 남김없이 모두 마셨다. 필리포스는 표정의 변화

없이 어깨를 으쓱하더니 왕에게 이렇게 말했다. "약효가 곧 나타날 것입니다." 알렉산드로스는 다시 침상에 누웠고, 잠시 후에는 의식을 잃은 뒤 점점 더 힘겨운 숨을 내쉬기 시작했다. 필리포스는 곁에 앉아 약효가 온몸으로 퍼지기를 기다리며 왕의 온몸을 오일로 마사지했다. 몇 시간이 지나자 알렉산드로스는 조금씩 몸을 움직이기 시작했다. 열이 서서히 가시면서 정신과 육체의 기력도 회복해갔다. 사흘이 지났을 무렵 그는 천막 밖으로 걸어 나왔고, 이를 본 마케도니아 병사들은 우레와 같은 환호성으로 그의 귀환을 환영했다.

다리우스와의 결전의 시간이 임박한 가운데서도, 알렉산드로스는 2주의 시간을 할애해 킬리키아에 대한 통제를 확고히 했다. 가장 먼저 취한 조치 중 하나는, 타르수스에 있는 페르시아 제국의 조폐소를 접수한 뒤 장인들에게 새로운 은화를 주조하도록 명령한 일이었다.[8] 은화의 앞면에는 자신의 조상 헤라클레스가 전통적인 치장인 사자 가죽을 덮어쓴 모습을 새겼고, 뒷면에는 셈족의 신 바알처럼 앉아 있는 제우스의 형상을 담았다. 이는 그리스와 오리엔트 문화를 융합한 형태로, 훗날 알렉산드로스 제국의 상징적인 문양이 되었다. 이 은화 또한 병사들에게 급여로 지급되는 등 매우 유용하게 사용되었다. 고대 시대에 화폐는 선전 수단으로도 매우 중요했다. 화폐가 한 번 유통되기 시작하면 동부 지중해 전역의 시장과 매음굴을 통해 순식간에 전 세계로 퍼져나갔다. 화폐를 누가 발행했는지 궁금한 자가 있다면 제우스 형상 옆에 새겨진 알렉산드로스의 이름만 확인하면 충분했다.

이후 알렉산드로스는 해안을 따라 남쪽으로 하루 동안 이동해 한때 아시리아 제국 변방의 위대했던 도시 안키알레에 도착했다. 그곳 안내인들은 약 400년 전 아시리아 왕 사르다나팔로스가 남긴 기념비를 보여주었다.[9] 기념비에는 동방의 왕이 손가락을 튕기는 형상이 부조로 새겨져 있었고, 옆에는 설형문자로 된 비문이 적혀 있었다. 안내인들은 그 내용을 왕에게 알려주었다. "나 아나킨다락세스Anakyndaraxes의 아들 사르다나팔로스는 안키알레와 타르수스를 단 하루 만에 정복했노라. 그러나 그대 이방인이여 먹고 마시고 사랑하라. 그 밖의 다른 이들의 삶은 내 삶에 비하면 이것만도 못하니라."

위 문장에서 '이것'이란 아시리아 왕이 손가락을 튕기는 행위를 가리킨다. 알렉산드로스도 자신감 넘치는 인물이었지만, 사르다나팔로스의 이 호방함만큼은 감탄하지 않을 수 없었다. 왕은 이 비문의 번역문을 스승 아리스토텔레스에게 보냈고, 아리스토텔레스는 그 같은 비문은 차라리 황소의 무덤에나 어울린다고 일갈했다.

해안을 따라 몇 시간 더 내려가 솔리라는 부유한 도시에 닿았다. 알렉산드로스는 주민들의 삶을 보장하는 대가로 막대한 몸값을 얻어냈다. 도시를 한 주 동안 머물 본부로 삼은 뒤 자신은 병사들을 이끌고 킬리키아 고지대를 수색하며 숲에 숨어 기습을 노리는 무리가 없는지 확인했다. 주둔지로 돌아오니 서쪽에서 온 급보가 기다리고 있었다. 그의 군대가 마침내 할리카르나소스 내부의 남은 요새들은 물론, 인근 도시 뮌두스와 코스섬, 그리고 카리아 일대의 정착지를 여럿 점령했다는 소식이었다. 양어머니 아다 여왕은 이제 자신의 고향 땅 전역에서 사트라프로 역할을 할 수 있게 되었다. 에게해에서 전해진 이 기쁜 소식들을 오래 누릴 수는 없었지만, 왕은 잠시나마 신들에게 제물을 바치고 병사들을 위해 체육 경기와 음악 경연을 열며 승리를 자축했다.

알렉산드로스는 파르메니온의 본대를 앞서가도록 했고, 그의 아들 필로타스는 말루스라는 도시를 탐색하도록 했다. 그리고 그 자신은 조금 우회해 해안가 소도시 마가르사를 방문했다. 이곳에 있는 아테나 신전에 제사를 지내기 위해서였다. 다음 날 말루스에서 필로타스와 합류한 그는 트로이 전쟁의 명장으로 알려진 암필로코스에게도 제물을 바쳤다.[10] 결전의 날을 앞둔 알렉산드로스는 다리우스를 향해 나아가는 길에서 만나는 모든 신과 영웅의 사당에 빠짐없이 기도를 올렸다.

그런데 마케도니아의 모든 구성원이 신의 가호를 빌며 임박한 전투를 대비한 것은 아니었다. 알렉산드로스의 어린 시절 친구이자 금전을 책임졌던 하르팔로스가 느닷없이 타우리스쿠스라는 성품 좋지 않은 인물과 탈영한 뒤 그리스로 도주했다.[11] 이러한 일탈 행위의 동기에 대해서 고대 사료들은 밝히고 있지 않으나, 재정을 담당했던 그가 소지할 수 있는 최대한의 금품을 들고 달아난 것으로 보는 것이 타당할 것이다.

킬리키아평야는 좁고 험준한 산맥에 의해 시리아와 나뉘어져 있었다. 크세노폰의 저술을 읽은 알렉산드로스는 이 산맥의 남쪽 끝에 문Gates이라고 불리는 협곡이 있고, 그것이 시리아로 진입하는 주요 통로라는 사실을 알고 있었다.[12] 이에 군대를 이끌고 해안을 따라 신속히 남쪽으로 진군해 이소스라는 마을을 지나고 피나루스강을 건넜다. 그리고 문 인근의 소도시 미리안드로스Myriandrus에 닿았다. 정찰을 다녀온 병사들은 다리우스와 그의 군대가 산맥 너머에 포진해 있다는 사실을 전했다.[13] 전투를 위해 드넓은 평야를 신중히 골라둔 것일 터였다. 오론테스강을 낀 그곳은 훗날 안티오크가 세워질 자리의 바로 북쪽이었다. 페르시아의 입장에서 이곳은 전투를 치르기에 완벽한 장소였다. 다리우스는 막힌 곳 없는 평야에서 자신의 압도적인 병력과 막강 기병대는 물론 상대를 공포로 몰아넣을 전차를 최대한 활용할 수 있기 때문이었다.

다리우스가 가진 유일한 문제는 알렉산드로스가 그 함정에 걸려들지 않고 있다는 것이었다. 다리우스도 알렉산드로스가 킬리키아에서 병에 걸려 앓아누운 사실을 알고 있었다. 정찰병들은 마케도니아 군대가 왕이 몸을 추스린 이후 솔리 방향으로 서진했고, 그곳에서 일주일 동안 산악 부족을 수색한 뒤 체육 경기 등을 즐긴 사실까지도 보고했다. 다리우스는 알렉산드로스가 명성과 달리 전투를 두려워하고 있을지도 모른다는 생각을 하기 시작했다. 페르시아의 책사들도 전장을 킬리키아로 옮겨 그곳에서 마케도니아군을 짓밟아버릴 것을 다리우스에게 권했다. 그런데 마케도니아 궁정에 머문 경험이 있는 망명자 아민타스는 계획을 변경하지 말아야 한다고 다리우스에게 충언했다. 애초에 계획한 전장에서 알렉산드로스를 기다리는 것이 최선이라는 주장이었다.

다리우스는 결코 어리석은 인물이 아니었으며, 고대 시대 역사가들이 평가한 것보다 훨씬 뛰어난 장군이었다는 것이 학계의 중론이다. 하지만 당시 그는 매우 난처한 입장에 놓여 있었다. 알렉산드로스가 산 너머 가까이에 도달한 상황에서, 군대를 주둔시킨 채 마냥 기다릴 수만은 없었다. 그의 권력은 궁극적으로 언제 어디서든 제국 전역을 누비며 막강한 군사력을 과시하는 능력에 달려 있었다. 만일 그가 알렉산드로스에 맞서기를 두려워한다는 소문이 퍼지기라도 한다면 광대한 제국을 다스리는 그의 위엄 또한 사그라질 것이다. 결국 다리우스는 군대에 킬리키아 방향으로 북향할 것을 명령했다. 남하한 마케도니아군이 여전히 북쪽 타르수스 근처에 머물고 있다고 생각한 그는 이소스 마을 북측 평야로 통하는 산길로 나아갔다.[14]

같은 시각, 알렉산드로스는 크세노폰의 기록에 집착한 나머지 시리아로 진입하는 다른 길이 있다는 사실을 알지 못한 채 이소스를 지나쳐버렸다. 그는 다리우스가 기다리고 있을 평야에서 전투를 벌이는 것을 두려워하지 않았다. 페르시아 측에서 택한 전장에서 싸우게 된다고 해도 마다할 생각이 없었던 것은, 어떤 상황에서도 승리할 것이라는 절대적인 확신이 있었기 때문이었다. 그런데 남쪽 '문'을 통해 산을 넘을 준비를 하던 중, 페르시아군이 이소스 근처의 좁은 해안평야, 즉 바로 자신들의 뒤편에 도착해 있다는 정찰병의 보고를 받았다. 알렉산드로스는 정찰병의 정보가 잘못된 것이라고 생각하고, 재차 병사들을 보내 확인했다. 한편, 다리우스는 북쪽으로 진군해 킬리키아에 도착했지만, 마케도니아군이 오히려 남쪽으로 내려가 있다는 소식을 들었다. 두 왕 모두에게 예상치 못한 혼란스러운 상황이 펼쳐졌다. 분노한 다리우스는 이소스에 남아 부상을 치료 중이던 마케도니아 병사들을 잡아 고문한 뒤 두 손을 잘라버리기까지 했다. 그가 분노한 데는 그럴 만한 이유가 있었다. 자신이 계획했던 시리아의 넓은 초원 지대를 포기한 뒤 산과 바다 사이의 좁은 땅으로 들어와 버린 판단이 후회스러웠기 때문이었다.

다리우스가 생각한 것을 알렉산드로스도 간파했다. 지금의 상황이 페르시아군에게 매우 불리하다는 사실이 그것이었다. 이전 세기 살라미스 해전에서 소규모 아테네 해군이 대규모 페르시아 함대를 좁은 해협으로 끌어들였던 상황과도 유사했다. 이소스평야에서 전투를 벌인다면 페르시아가 가진 거대 병력의 이점을 무력화시킬 수 있을 것이었다. 물론 그렇다고 해서 대규모 총력전이 쉬운 싸움으로 그칠 리는 없었다. 넓게 포진할 수는 없어도 매우 깊이 도열할 페르시아의 군대에는 수많은 민족에게서 불러 모은 정예 병사들이 가득했기 때문이다.

다리우스는 그라니코스 전투 이후 1년 동안 모병을 실시했다. 제국의 병력 징집은 느리게 이루어질 수밖에 없었지만, 일단 군대가 결성되면 그 위용은 실로 어마어마한 것이었다. 대왕은 제국 전역에서 모여든 병사들에게 메소포타미아의 바빌론으로 집결할 것을 명령했다. 전체 병력을 동원한 것은 아니었지만, 그것만으로도 마케도니아군을 상대하기는 충분하다고 생각했다. 일부 고대 기록들은 페르시아군을 60만 규모로 기술하고 있지만, 이는 승자의 편에 있었던 그리스 역사가들의 과장도 섞여 있었을 것이다. 하지만 바빌론에 모여든 군대는 실로 엄청난 규모여서, 수많은 부족의 병사들이 대왕 앞을 행진하는 데만 하루가 꼬박 걸렸다고 한다.

페르시아의 본토 병사들은 매우 용맹한 이들이어서, 대왕의 생명과 명예를 지키기 위해 기꺼이 충성을 서약했다. 본토 이외 지역에서 소집된 병사들도 많았는데, 북쪽의 메디아인과 타푸리아인, 그리스 카프카스Caucasus 산맥에서 온 아르메니아 보병과 기병 군단이 합류했고, 카스피해 남쪽 해안에서 온 거친 히르카니아 주민들도 기병대에 합류했다. 중앙아시아에서 온 바르카니족은 양날 도끼를 들고 싸우는 전사들이었다. 이들과 같은 지역 출신인 데르비케스인들은 철촉이나 청동 촉을 단 창으로 싸웠으며, 불에 달궈 단단하게 만든 나무창을 소지하기도 했다. 아울러 수천 규모의 그리스 용병들도 이들과 함께했는데, 노련하고 강인한 이 병사들은 마케도니아인을 전혀 두려워하지 않았다. 이토록 다채로운 편성의 용병들은 페르시아 병사들과 어깨를 나란히 하며 대왕이 지휘하는 전열의 핵심을 이루었다. 그 밖에도 제국의 곳곳에서 징발된 다양한 민족으로 구성된 병사들도 합류했지만 이에 대한 자세한 기록은 전해지지 않는다.

페르시아군의 편제에는 병사들 외에도 수많은 수행단이 포함되어 있었다. 노예나 하인은 물론 요리사와 의사, 수레꾼, 서기관, 사제, 환관 등이 그들이었다. 다리우스는 페르시아의 관례에 따라 모친과 아내와 세 자녀 등 가족 구성원들도 동행하도록 했다. 이들은 매우 호화로운 보좌를 받으며 이동했고, 주둔지에서도 화려한 장식의 천막에 머물렀다. 천막의 내부에는 온갖 값진 보물들이 가득했다. 대왕의 생활 동선을 따라 꾸며진 환경은 마치 페르세폴리스 궁전에 거주하는 것과 다름이 없을 정도였다.

그날 밤에는 폭우가 내리기 시작했다. 알렉산드로스와 병사들은 속옷까지 흠뻑 젖었고, 11월의 찬 바람까지 몰아치자 좁은 평야에 갇힌 병사들은 젖은 몸으로 추위에 떨어야 했다. 게다가 몇 킬로미터 밖에는 세계에서 가장 강력한 군대가 그들을 섬멸하기 위해 진을 치고 있었다. 뒤쪽의 '문'를 지나 시리아로 내려가는 길만이 유일한 퇴로였지만, 그럴 경우 좁은 입구에 한데 뒤엉켜 일거에 학살당할 것이 뻔했다. 알렉산드로스와 병사들은 이소스에서 싸워 이기지 못한다면 모두가 죽게 될 것이라는 사실을 분명히 깨달았다.

폭풍이 그친 뒤 마케도니아 병사들의 시야에 들어온 것은, 수천 개의 페르시아군 숙영지 모닥불이 하늘의 별처럼 들판을 뒤덮은 광경이었다. 알렉산드로스는 병사들에게 푸짐한 저녁 식사를 들도록 했고, 잠시 눈을 붙였다가 동트기 전에 출격할 것이라고 통보했다. 병사들이 잠을 청하려 애쓰는 동안 왕은 가까운 언덕에 올라 끝없이 펼쳐진 페르시아군의 주둔지를 내려다보았다. 그가 평생 기다렸던 순간이 목전에 있었다. 마침내 그 순간이 찾아왔건만 그는 조금 두려워졌다. 자신의 목숨이나 병사들의 안위를 우려해서가 아니라, 무슨 이유 때문이든 일이 잘못될까 봐 느낀 막연한 두려움이었다. 그는 밤새도록 지역의 신들에게 제사를 올리며 자신과 병사들에게 자비를 베풀어달라고 기도했다.

어둠이 채 가시지 않은 새벽, 알렉산드로스는 군대를 이끌고 이소스를 향해 진군했다. 행군 중간에 자주 병사들을 세워 휴식하게 했고, 산등성이부터 바다에 이르는 평야를 가득 메운 적군의 진지를 눈에 익히도록 했다. 피나루스강에 가까워지자 병사들을 최종 전투대형으로 도열시켰다. 산기슭에 가까운 가장 오른쪽에는 파르메니온의 아들 니카노르가 이끄는 보병 부대를 배치했다. 그 바깥으로 마케도니아 기병대가 자리를 잡았고, 전열의 정중앙에는 1.5킬로미터에 이르도록 길게 늘어선 수천 규모의 보병이 대열을 이루었다. 바다에 가까운 가장 왼쪽에는 정예 테살리아 기병대가 출격 준비를 마쳤다. 전열의 왼쪽 전체는 파르메니온이 지휘했고, 알렉산드로스는 중앙에 가까운 오른쪽에 자리를 잡았다. 이는 그라니코스 전투에서도 사용했던 고전적인 전투대형이었다. 즉, 빠르게 돌격하는 기병대를 양쪽 날개에 배치해 적을 포위하고, 중앙의 대규모 보병이 페르시아군의 전열을 격파하고 파쇄하는 방식이었다.

강 건너에는 수만 명 규모의 페르시아 병사들이 두터운 대열로 늘어서 있었다. 전열의 선두에는 궁병들이 있었고, 나머지 보병들은 바다에 이르기까지 길게 늘어선 상태였다. 다리우스는 마케도니아군의 후방을 공략하기 위해 모든 기병대를 해안 쪽 끝단에 배치했다. 또한 마케도니아군의 우측 날개 인근 언덕에 보병 일부를 배치해서 필요한 순간 기습하도록 했다. 다리우스 대왕 자신은 진형의 중앙에 자리를 잡았고, 그리스 용병과 페르시아 최정예 병사들에게 왕을 보위하도록 했다.

마케도니아군이 최후의 1마일을 전진하는 동안, 페르시아군은 강 건너에 굳게 서서 움직이지 않았다. 두 진영을 가르는 피나루스강의 강둑은, 마케도니아군 방향이 완만한 데 비해 페르시아군 방향은 높고 가팔랐다. 다리우스의 장군들은 이전 그라니코스 전투에서 실행했던 전술을 다시 들고 나왔는데, 높은 둑 위에서 강을 막 건넌 마케도니아군을 공격하는 방식이 그것이었다. 이미 한 차례 실패한 전략이었고 병력 수도 상대보다 월등했음에도, 페르시아군은 다시 한번 적의 공격을 방어하는 수세적인 전략을 실행하고자 했다.

알렉산드로스는 적의 화살 사정거리에 진입하기 직전에 군대를 멈추었다. 그리고 전열의 앞으로 말을 타고 달리며 병사들을 격려했다. 장군과 장교들뿐 아니라 일반 병사들에게도 힘을 북돋아주는 연설을 했다. 병사 개인의 이름을 부르며 이전 전투에서 보여준 용기를 칭송하기도 했다. 그러자 곳곳에서 거친 포효의 소리가 들렸고 이어서 진영 전체에서 거대한 함성이 일어 평야 전체에 울려 퍼졌다. 그리고 마침내 알렉산드로스는 병사들에게 전진을 명령했다. 그 자신도 말머리를 강쪽으로 돌려 힘차게 달리기 시작했다.

알렉산드로스와 그의 호위대가 너무도 빠른 속도로 돌진했기 때문에 페르시아의 궁수들은 활의 조준점을 맞추기도 전에 적을 맞이해야 했다. 질주하는 말 위에서 강을 건넌 그들은 순식간에 적의 대형을 뚫어 적병들을 공포에 빠뜨렸다. 알렉산드로스의 정면에 있던 페르시아 병사들은 자신들의 방어선이 무너지자 공포에 질려 후퇴하기 시작했다. 그런데 중앙에서 싸우던 다리우스의 그리스 용병들이 거세게 반격하면서 마케도니아 진영에 균열이 생겼고 마케도니아 보병들이 후퇴하기 시작했다. 그러자 다리우스의 병사들은 기세를 몰아 상대 병사들을 강 복판으로 밀어내며 칼로 베어 쓰러뜨렸다. 그리스어를 쓰는 양측 군인들은 치열한 공방전의 와중에 상대에게 세상에서 가장 험악한 쌍욕을 퍼붓기도 했다.

페르시아의 중앙 전선이 우세한 가운데, 그들의 강 하구 쪽 기병대마저 마케도니아의 테살리아 기병대를 밀어내기 시작했다. 반격에 반격이 이어지면서 해변 쪽 기병전은 어느 쪽도 물러서지 않는 치열한 접전으로 이어졌다. 그러는 가운데, 페르시아군에 조금씩 우위를 점하던 오른쪽 측면 부대들이 적을 돌파해 그리스 용병의 후방까지 침투하는 데 성공했다. 전투의 승패가 갈린 결정적인 순간이었다. 앞뒤에서 동시에 쏟아지는 공격을 감당할 수 없었던 그리스 용병들이 후퇴하기 시작했고, 이로 인해 페르시아의 중앙 전열도 허물어지기 시작했다. 보병이 붕괴되는 광경을 본 기병대는 스스로 공포에 휩싸여 말머리를 돌렸는데, 너무 다급했던 나머지 아군 병사들을 짓밟으며 달아났다.

다리우스는 자신의 병사들이 사방에서 포위되고 패퇴하는 광경을 공포 속에서 바라봤다. 하지만 군 전체가 수세에 몰린 가운데서도 후퇴하기를 거부했다. 전차 위에 똑바로 올라서서 다가오는 적의 파상공세에 맞설 채비를 했다. 알렉산드로스는 이 완벽한 표적을 놓칠 수 없었다. 만일 다리우스를 자신의 손으로 쓰러뜨린다면 전쟁은 즉시 끝날 뿐 아니라, 그의 명성은 아킬레우스에 버금가는 것으로 영원히 남을 것이었다. 알렉산드로스가 다리우스를 향해 돌진하자 다리우스의 형제 하나가 두 왕 사이로 끼어들었다. 하지만 이내 쓰러지고 말았다. 프리기아의 전 총독 아티지에스도 주군을 지키다가 전사했고, 그라니코스 전투에서 용맹을 떨쳤던 페르시아 귀족 레오미트레스와, 이집트 총독 사바케스도 모두 전사했다. 접전의 혼돈 속에서 알렉산드로스의 넓적다리를 칼로 베어 상처를 입힌 사람이 다리우스였는지도 모른다. 하지만 그는 이내 본대와 떨어진 채 고립되어 죽음을 목전에 두게 되었다.

　이후 벌어진 일을 시간이 멈춘 듯 고스란히 담고 있는 그림이 있다. 로마 도시 폼페이에서 발견된 정교한 모자이크가 그것이다. 베수비오Vesuvius산의 화산재에 묻혀 있다가 발견된 응접실 바닥 모자이크에는 알렉산드로스가 왼쪽에서 돌진해오는 모습이 그려져 있다. 투구는 쓰지 않은 채였고, 적의 몸을 돌처럼 굳게 만든다는 고르곤Gorgon의 머리가 새겨진 흉갑을 입고 있다. 알렉산드로스가 자신과 다리우스 사이에 있던 페르시아 경비병을 창으로 꿰뚫은 직후의 장면인데, 땅 위에는 양측 병사들의 시신과 부상자들이 널려 있고, 배경으로는 앙상한 나무가 홀로 서 있다. 중앙에는 짙은 갈색 말 한 마리가 피를 흘리며 죽어가는 모습도 보인다. 땅바닥에 쓰러져 숨을 몰아쉬는 한 페르시아 병사는 반짝이는 방패에 비친 자신의 얼굴을 보고 있다. 왕을 구하기 위해 달려드는 병사들 뒤로 페르시아의 창들이 숲처럼 솟아 있다. 하지만 다리우스는 전차를 돌려 전장을 벗어나려 한다. 그리고 이 모든 장면들 가운데서 가장 인상적인 부분은 다리우스의 표정이다. 알렉산드로스와 눈이 마주친 그는 두려움도 분노도 아닌, 경이로움에 찬 눈빛으로 상대를 바라보고 있다.

　기록으로 전해지는 내용들을 종합해보면, 실제 전장에서도 모자이크 그림과 같은 장면이 펼쳐졌을 것이다. 다리우스는 코앞까지 돌격해온 알렉산드로스의 의기충천한 기세를 이기지 못하고 퇴각하고 만다. 그는 퇴각하는 일군의 부대를 이끌고 전장을 빠져나간 뒤 산맥을 넘어 동쪽으로 빠져나갔다. 알렉산드로스와 부하들이 시체로 가득한 들판을 가로질러 수 킬로미터를 뒤쫓았으나 허사였다. 전투가 끝났을 때 페르시아 병사들은 수천 명 이상 전사한 것으로 드러났고, 마케도니아군도 사상자가 적지 않았지만 상대편보다는 훨씬 적은 수였다. 알렉산드로스는 다리우스를 놓친 것을 몹시도 안타까워했지만, 동료들이 승리를 축하하며 주위로 몰려들었을 때, 이제 겨우 스물세 살의 나이에 페르시아 대왕을 격퇴한 무공을 세운 자신의 위업에 기쁨을 감출 수 없었다.

알렉산드로스가 다리우스의 진영에 도착했을 때는 밤이 깊어 있었다.[15] 그는 이틀 동안 잠을 자지 못한 상태였고 전투와 추격으로 심신이 지쳐 있었다. 병사들은 진영을 약탈해 붙잡은 페르시아 여자들을 차지하려 다투는 가운데서도, 다리우스 대왕의 천막을 확보해 알렉산드로스를 위해 정돈해두었다. 웅장한 천막으로 들어간 알렉산드로스는 호화로운 가구와 사방에 흩어진 보물들을 보고 놀라움을 금할 수 없었다. 그는 이렇게 감탄했다고 한다. "왕이란 이런 것이로구나."[16] 접시와 대야와 욕조 등 모든 집기가 금으로 만들어졌고, 진한 향수와 향신료 향이 공기 중에 가득했다. 마케도니아 왕실의 시종들은 노획한 음식들로 연회를 준비했고, 따뜻한 목욕물도 마련해두었다. 알렉산드로스는 흙먼지 가득한 갑옷을 벗고 욕조로 다가가며, 친구 헤파이스티온에게 다리우스의 욕조에서 전장의 땀을 씻어야겠다고 말했다. 그러자 그가 알렉산드로스의 말을 이렇게 수정했다고 한다. "아니야, 그건 이제 알렉산드로스 자네의 것이야."

목욕을 마친 뒤 막 식사를 하려던 순간, 천막과 멀지 않은 곳에서 울부짖는 소리가 들렸다. 누가 저토록 슬피 우는지 묻자, 다리우스의 모친과 왕비를 비롯해 어린 두 딸과 아들이라는 답변이 돌아왔다. 다리우스가 죽은 것으로 생각한 가족들이 울부짖으며 옷을 찢고 대왕의 죽음을 슬퍼하고 있다고 했다. 알렉산드로스는 그들을 위로하기 위해 가까운 친구 레온나토스를 보냈다. 레온나토스는 그들의 처소 입구에 도착했지만, 허락 없이 들어가도 되는지 잠시 망설였다. 그가 천막 덮개를 젖히고 안으로 들어갔을 때, 다리우스의 가족들은 그가 자신을 죽이러 온 줄 알고 공포의 비명을 질렀다. 그들은 죽기 전에 다리우스의 시신이라도 정성껏 수습할 수 있게 해달라고 애원했다. 그러나 레온나토스는 대왕이 아직 살아 있으며, 알렉산드로스는 그의 가족에게 어떤 해도 가하지 않을 것이라고 안심시켰다. 알렉산드로스는 그들이 왕족 여성으로서 극진히 예우받을 수 있도록 할 것을 거듭 명령했다. 다리우스의 가족들은 마침내 마음을 추스렸고 왕의 자비에 깊은 감사를 표했다.

다음 날 아침, 알렉산드로스는 가까운 친구 헤파이스티온과 함께 직접 페르시아 왕족 여성들을 찾아가 그들을 안심시키고자 했다. 두 사람이 천막에 들어서자 여성들은 키가 더 큰 헤파이스티온을 왕으로 착각하고 그의 앞에 엎드렸다. 알렉산드로스는 박장대소하며 그 상황을 즐겼다. 통역사가 여성들에게 누가 왕인지 알리자 다리우스의 모친 시시감비스는 연거푸 사과했다. 하지만 알렉산드로스는 그녀를 안심시키며 바닥에서 일으켜 세웠다. 그리고 '어머니'라는 호칭을 붙이며, 저 사람을 알렉산드로스라고 불러도 된다고 말했다. 진정한 친구는 또 다른 자신이라는, 두 사람이 소년 시절부터 아리스토텔레스에게서 배운 가르침을 실천한 말이었다.

고대의 작가들은 다리우스의 여성들을 예우했던 알렉산드로스의 태도를 들며 그의 자비로운 성품을 설명하곤 했다. 물론 그것이 사실일 수 있지만, 그의 자비로운 태도는 매우 실용적인 목적을 가진 측면도 있었다. 새로운 백성들에게 그들이 모셨던 대왕의 왕실 여성들을 예우하는 모습을 보여줌으로써, 그 자신이 남편이자 아버지, 혹은 아들의 역할을 대신할 수 있다는 메시지를 전했다. 카리아에서 아다 여왕에게 입양된 경우처럼, 마케도니아의 왕은 혈연적 유대를 통해 통치의 토대를 쌓아가고 있었던 것이다. 그는 왕비의 어머니에게 보석을 하사하며, 자신의 치세에서도 그녀의 위엄이 조금도 손상되지 않을 것이라고 천명했다. 또한 다리우스의 아내이자 누이였던 여성에게는 왕비로서 기존에 누리던 모든 특권을 그대로 누릴 것이며, 왕은 물론 휘하의 그 누구도 함부로 처우하지 않을 것이라고 약속했다. 그녀의 두 딸 또한 순결하게 지켜질 것이며, 결혼할 때가 되면 마케도니아의 재정으로 지참금까지 내어주겠노라고 약속했다. 이어서 다리우스의 어린 아들을 불러 입을 맞추었는데, 소년은 왕을 두려워하는 기색이 전혀 없었다. 알렉산드로스는 소년의 용기를 칭찬했고 자신이 직접 친아들처럼 키우겠다고 맹세했다. 이 모든 일들은 분명 감동적인 장면들이었겠지만, 그럼에도 이날 이후 다리우스의 가족은 알렉산드로스의 인질이 되었다는 사실을 실감하지 않을 수 없었다.

이튿날, 부상병들을 위문한 알렉산드로스는 모든 병사에게 최상의 갑옷을 갖춰 입고 집결하도록 한 뒤, 전사자들을 위한 장례식을 거행했고, 살아남은 병사들 가운데 가장 뛰어난 이들을 선별해 공과에 걸맞는 특별 훈장과 보상을 수여했다.[17] 그리고 자신의 근위병 중 한 명인 발라크로스를 킬리키아 총독으로 임명했고, 다른 장군들에게도 새로운 직책들을 부여했다. 승리를 쟁취한 알렉산드로스의 마음은 매우 너그러워져, 심지어 이전에 솔리에 부과했던 벌금조차 감액해주었다. 당연히도 그는 자신이 가장 아끼는 신인 제우스와 아테나, 헤라클레스에게 감사의 제단을 세우고 성대한 제물을 바쳤다. 그리고 전승을 기념하는 영원한 기념비가 될 도시를 건설했는데, 바로 이소스 근처에 세운 알렉산드리아였다. 그는 십대의 나이에 전쟁을 승리로 이끈 첫 전과를 기념해 한 도시를 자신의 이름으로 바꾼 적이 있었지만, 이번에야말로 진정한 기념비로서 도시 알렉산드리아를 세운 것이다. 이 도시는 마케도니아인들이 이국땅에 세운 그리스 문화의 정착지로서, 전략적 요충지인 시리아 관문 근처에 세워졌으며, 알렉산드로스가 인도로 진출할 때까지 반복하게 될 헬레니즘 문명의 확산을 위한 중요한 첫 걸음이기도 했다.

알렉산드로스는 이소스에서 크나큰 영광과 명예를 얻었지만, 기대했던 막대한 금과 은은 얻을 수 없었다. 다리우스가 자신의 재정 대부분을 전장과 며칠 거리에 있는 다마스쿠스에 남겨두었기 때문이었다.[18] 다리우스의 천막에서 발견한 보물은 만족스러웠지만, 마케도니아가 향후 원정을 이어가기 위해서는 훨씬 더 많은 자금이 필요했다. 그래서 그는 파르메니온에게 명령해, 테살리아 기병대 1000여 명을 이끌고 다마스쿠스로 진격해 다리우스의 금고를 확보하도록 했다. 알렉산드로스는 파르메니온을 좋아하지는 않았지만, 그야말로 적진 깊숙이 들어가는 위험한 임무의 적임자라는 사실을 알았다.

이때 다마스쿠스 총독은 여러 상황을 저울질하며 자신의 앞날을 고민하고 있었다. 이소스 전투에서 알렉산드로스가 승리했다는 소식을 들은 그는 마케도니아군이 재물을 노리고 자신의 도시로 진격해올 것이라는 사실을 알았다. 그리고 다리우스의 보물을 알렉산드로스에게 넘기는 것이 자신에게 유리하다고 판단했다. 그는 자신의 의중을 알리는 전령을 마케도니아군에게 보냈지만, 파르메니온은 이를 함정으로 의심하고 선뜻 받아들이지 않았다. 시리아로 향하던 마케도니아군은 혹한의 겨울 날씨에도 불구하고 전 병력이 함께 '문'를 건너고 산과 사막을 지나 남쪽으로 나아갔다. 그리고 마침내 오아시스의 도시 다마스쿠스에 도착했다.

페르시아에 속한 도시 다마스쿠스는 일대의 사막 지역을 총괄하는 시리아 지방의 중심지였고, 무화과의 풍족한 산지이기도 했다. 또한 이곳은 메소포타미아 동쪽과 아라비아의 남쪽으로 이어지는 대상 무역으로 부를 일군 도시였다. 그런데 교활한 총독은 다리우스의 보물뿐 아니라, 페르시아 치하의 수많은 귀족과 인질들까지 알렉산드로스에게 넘길 계획을 세웠다. 이를 위해 그는 도시에 머물고 있던 페르시아인들에게 보물을 모두 싣고 자신과 함께 바빌론으로 탈출하자고 제안했다. 곧 수천 마리의 노새에 다량의 짐이 실렸고, 거대한 대상 행렬이 도시의 성문을 출발했다.

그날 밤에는 눈이 내렸고, 추위에 떨던 인부들은 수송 짐에서 군복을 꺼내 입었다. 하지만 공포에 휩싸인 피난민들은 마케도니아군이 도착하기 전에 속히 달아나고 싶었다. 바로 그때 지평선 너머로 파르메니온과 그의 기병대가 모습을 드러냈다. 파르메니온은 페르시아 병사들처럼 보이는 거대 행렬을 발견하고는 즉각 전투태세를 발령했다. 돌진해오는 마케도니아 기병대를 본 노새 몰이꾼들과 피난민들은 필사적으로 도주하기 시작했다.

그들이 버린 수많은 보물이 눈 덮인 길과 가시덤불 사이에 흩어졌다. 파르메니온은 자신들이 공격한 무리가 군대가 아니라는 사실을 알아차리고 부하들에게 보물과 피난민들을 모두 거두라고 명령했다. 그는 노새 몰이꾼들에게, 짐을 모두 실은 채 마케도니아 진영으로 향하든지 아니면 그 자리에게 죽든지 선택할 것을 명했다.

며칠 후, 보물을 실은 대상 행렬은 파르메니온의 통솔 하에 마케도니아 진영에 도착했다. 보물이 하역되는 모습을 지켜본 알렉산드로스는 매우 기뻐했다. 물품 가운데는 화려한 장식의 항아리와 전차, 왕실 천막, 은 500파운드는 물론, 알렉산드로스가 가장 아끼는 호메로스 시집을 보관하게 될 정교한 문양의 상자도 있었으며, 아울러 향후 수개월 동안 군대의 급여를 지급하기에 충분한 막대한 금도 포함되어 있었다. 그런데 획득한 목록 가운데는 페르시아 민간인들도 포함되어 있었는데, 이들은 마케도니아 왕의 수중에 들어온 협상용 물품의 처지가 되었다. 그들 가운데는 전 대왕 아르탁세륵세스 4세의 왕비와 세 명의 미혼 딸, 그리고 다리우스의 친형제 한 명도 있었다. 또한 아테네에서 파견된 두 명의 사절도 붙잡혀왔는데, 이들은 겉으로는 알렉산드로스의 원정을 지지하면서도 다리우스와 비밀리에 접촉하고 있었다. 스파르타 출신의 완고한 병사 넷도 포함되어 있었는데, 이들의 도시 스파르타는 자국민 포로에 대해서 마케도니아에게 어떠한 공식적인 입장도 표하지 않았다.

알렉산드로스에게 가장 흥미로운 전리품은 바로 바르시네였다. 그녀는 알렉산드로스의 라이벌 장군이었던 로도스 출신 멤논의 미망인이었다. 자녀들과 함께 왕 앞으로 끌려온 그녀는 어떠한 자비도 기대하지 않는다는 듯한 태도를 보였다. 하지만 뜻밖에도 알렉산드로스는 그녀를 극진히 대접했다. 바르시네는 수년 전 그녀의 아버지와 멤논이 필리포스의 궁정으로 피신했을 때, 어린 난민이 되어 함께 머문 적이 있었다. 그녀는 마케도니아의 왕자 알렉산드로스를 알았을 것이며, 어쩌면 알려지지 않은 깊은 교분을 나누었는지도 모른다. 바르시네는 특별한 매력을 지닌 인물이었고, 실제로 알렉산드로스가 처음으로 관심을 가지고 지켜본 또래 이성이기도 했다. 두 사람이 결혼까지 생각한 것은 아니었으나, 오랜 친분을 이어간 것은 사실이었다. 모든 기록과 문서들에 따르면, 그녀는 총명하고 아름답고 매력적인 여성이었다. 페르시아 혈통이었지만 훌륭한 그리스 교육을 받았으며, 그리스어도 유창하게 구사했다. 이후 시간이 흐른 뒤, 그녀는 알렉산드로스의 첫 번째 자식인 헤라클레스를 낳게 된다. 반면 다마스쿠스의 배신자 총독은 그리 행복한 말로를 맞이하지 못했다. 어느 페르시아 난민이 한밤중에 그의 목을 베어 다리우스에게 선물로 바쳤다는 이야기도 전해지고 있다.

알렉산드로스가 소아시아 일대를 누비며 페르시아군과의 전면전을 준비하는 동안, 에게해에서는 다리우스의 첩자들이 분주히 활동하고 있었다. 멤논의 조카 파르나바조스는 중요한 섬을 여럿 탈환했고 심지어 할리카르나소스도 재점령했다.[19] 이후 그는 시프누스섬으로 항해해 알렉산드로스의 오랜 적인 스파르타의 왕 아기스와 비밀 회담을 가졌다. 아기스는 이 회담을 위해 삼단노선trireme 한 척만을 운행해 시프누스에 도착했다. 두 사람은 페르시아와 협정을 맺고 알렉산드로스를 겨냥한 제2전선을 구축하고자 했다. 스파르타의 왕은 파르나바조스에게서 막대한 자금과 함께 해상 작전용 함선 열 척을 지원받았다.

그런데 두 진영이 새로운 동맹을 축하하던 그 순간, 알렉산드로스가 이소스에서 다리우스를 물리쳤다는 소식이 전해졌다. 망연자실한 파르나바조스는 즉시 소아시아 해안과 가까운 중요한 섬 키오스를 지키기 위해 출항했다. 반면 아기스는 소식에 낙담하지 않고 자신의 계획을 계속 추진했다. 그는 새로 얻은 함선에 필요한 해군을 모집했고, 자신의 형제를 크레타로 보내 새로운 해군 기지를 건설하게 했다. 이러한 과정을 통해 그리스 내에서 반란을 일으킬 기반을 조성해갔다.

알렉산드로스는 에게해에서 벌어지는 일들을 모두 전해듣고 있었지만, 그럼에도 이 시점에 매우 중요한 결정을 내려야 한다고 생각했다. 다리우스가 이소스에서 패하긴 했지만, 완전히 패망한 것은 아니었다. 시리아에 집결했던 병력은 그가 동원할 수 있는 군대의 일부에 지나지 않았다. 충분한 시간이 주어진다면, 그는 훨씬 규모가 큰 군대를 소집해 마케도니아군을 대적할 수 있었다. 알렉산드로스는 다리우스가 군대를 정비하는 것을 막을 유일한 방법은 제국 중심부까지 그를 추격하는 것뿐임을 알고 있었다. 물론 이는 매우 위험한 선택이었다. 그리스는 여전히 반란의 기운이 팽배했고, 페르시아는 지중해 도시의 대부분을 장악하고 있었다. 이러한 상황에서 다리우스를 추격한다면, 지금까지 정복한 모든 지역을 잃을 수도 있었다.

여러 상황을 따져본 알렉산드로스는 레바논과 팔레스타인, 이집트 등 지중해 연안을 장악하려던 본래의 계획을 밀고 나가는 것이 최선이라고 판단했다. 대신 마케도니아와 소아시아에 있는 자신의 장군들에게는 본국과 주변의 위험 요소를 철저히 억제해야 한다고 당부했다. 그는 가까운 미래에 다리우스와 결전을 벌여야 했고, 다리우스는 자신의 제국이 무참히 무너지는 것을 결코 용납하지 않을 것이었다. 다리우스가 제국 전역에서 병력을 소집하는 데에는 최소한 1년이 소요될 것이며, 그때가 되면 인류 역사상 가장 거대한 전쟁이 벌어질 것은 분명해 보였다.

알렉산드로스는 이소스의 주둔지를 해체한 뒤 '문'을 넘어 시리아로 내려갔다. 그리고 다시 레바논 해안을 향해 남쪽으로 이동했다.[20] 오론테스강 인근에 있는 고대 그리스의 무역 식민지 알미나al-Mina를 지난 뒤 바다와 산 사이의 좁은 평야를 통과해 마침내 페니키아의 도시 마라토스에 도착했다. 그러나 다리우스의 함대에 편제된 페니키아 함선들은 그곳에 없었다. 마라토스의 총독은 에게해 작전을 수행하느라 다리우스를 따라 먼 서쪽에서 복무 중이었고, 그의 아들만이 도시에 남아 통치를 유지하고 있었다. 왕자는 알렉산드로스에 맞서는 것이 무의미하다는 것을 알고 있었기 때문에, 성문 밖으로 나가 왕을 맞이하고 복종의 전통적인 상징인 황금관을 바쳤다. 아울러 그는 근처의 아라두스Aradus섬과 도시의 내륙 영토들도 함께 항복시켰다.

알렉산드로스는 자신이 받은 환대에 흡족해했고 마라토스에 얼마간 더 머물렀다. 그 며칠 동안 다리우스의 사절 두 명이 도착해 대왕의 서신을 전달했다. 알렉산드로스는 그 문서를 개인의 공간으로 가지고 들어가 읽었다. 고대 사료마다 편지의 내용이 다소 다르기는 하지만, 다리우스가 일종의 협상을 제안한 것은 분명해 보인다. 서신의 첫머리에서 다리우스는 아무런 도발이 없었는데도 자신의 제국을 침략한 알렉산드로스를 꾸짖었다. 페르시아인과 마케도니아인은 오랜 동맹이었으며, 필리포스가 페르시아에 보여준 무례한 태도가 이제 그의 아들에 의해 이어지고 있다고 일갈했다. 최근 전투에서 알렉산드로스가 승리한 것은 신의 알 수 없는 섭리에 따른 불운의 결과일 뿐이며, 향후에도 같은 행운이 따를 것이라고 기대하는 것은 큰 오산이라고 경고했다. 그러면서 대왕은 자비를 베풀 것이며, 알렉산드로스와 평화 조약을 맺을 의향이 있음을 밝혔다. 만일 지금이라도 철수한다면 에게해에서 고르디움 근처의 할리스강까지 이어지는 소아시아 전역에 대한 지배권을 넘기겠다고 제안했다. 아울러 포로로 잡힌 자신의 가족을 돌려준다면 후한 몸값을 지불하겠다고 약속했다. 알렉산드로스가 페르시아 영토에 대한 추가적인 침범을 중단하기만 하면 이 모든 것을 손에 넣을 수 있겠지만, 제안을 거절한다면 군대를 출동시켜 다리우스 자신이 선택한 시간과 장소에 따라 마케도니아군을 궤멸시킬 것이라고 경고했다.

이 편지를 파르메니온이나 다른 장군들에게 보여준다면 분명히 기뻐할 것이라는 사실을 알렉산드로스는 알았다. 그들이 평생 꿈꿔온 모든 것을 다리우스가 제안했기 때문이었다. 제안을 받아들인다면 소아시아에서 가장 부유한 도시들과 에게해 연안의 모든 그리스 도시들을 차지하게 될 것이고, 페르시아는 그들의 점령을 인정하며 해군마저 철수시킬 것이다. 그렇게 된다면 사방에서 위협받던 소국 마케도니아가 아드리아해에서 아나톨리아고원에 이르는 광대한 제국이 된 모습을 살아생전 목도하게 되는 것이다. 각각의 병사들은 부자가 되어 영웅처럼 귀향할 수 있을 것이었다.

그러나 알렉산드로스는 병사들을 설득해서 전쟁을 이어가고 싶어 했다. 그는 이미 수 차례 승리를 맛보았지만, 페르시아 제국 전체를 자신의 것으로 만들기 전에는 결코 만족하지 않을 생각이었다. 그는 군대를 이끌고 나일 강변을 행군하거나, 바빌론의 정원에서 연회를 즐기고, 페르세폴리스에서 황금으로 몸을 치장하고, 머나먼 인도의 경이로운 풍경에 매료되는 모습을 상상하고 있었다. 하지만 문제는 마케도니아 병사들을 어떻게 설득할 것인가였다. 그가 생각해낸 방법은 고금을 막론하고 정치가들이 즐겨 사용한 수법이었다. 즉, 그는 거짓말을 하기로 하고 다리우스의 편지를 위조했다. 급조된 편지에는 다리우스가 마케도니아인들을 모욕하고 터무니없는 요구를 하는 내용을 넣었고, 영토를 넘기겠다는 내용은 아예 삭제해버렸다. 이 위조된 편지가 자문 회의에서 공개되자, 이를 그대로 믿은 참모들은 분노를 표하며 다리우스의 제안을 단호히 거부했다.

알렉산드로스는 즉시 다리우스에게 보낼 답신을 작성했다. 그리고 가능한 모든 문구를 동원해 그를 도발했다. 편지의 서두를 "왕 알렉산드로스가 다리우스의 안부를 묻다"라고 적으며 의도적으로 페르시아 왕의 모든 칭호를 생략해서 커다란 모욕을 안겼다. 이어서 현재 벌어진 전란의 책임이 다리우스에게 있음을 주장했다. 지난 세기 마라톤 전투에서 그리스를 침공한 것이 바로 다리우스의 조상들이었기 때문이었다. 또한 페르시아인들은 아버지 필리포스의 암살에도 연루되어 있으며, 심지어 다리우스는 페르시아의 선왕 암살과도 무관하지 않다고 비난했다. 만일 다리우스가 직접 나타나 알렉산드로스를 아시아의 지배자로 선언하고 그에게 엎드려 경배한다면 가족 모두를 몸값 없이 돌려주겠다고 적었다. 마지막으로 즉각 항복해야 할 사람은 다리우스이며, 이를 실행하지 않을 경우 세상 끝까지라도 추격해 처단할 것이라고 협박했다.

마케도니아군은 이틀 동안 해안을 따라 행군해 페니키아 무역의 중심지 비블로스에 도착했다. 이 유서 깊은 항구도시는 트로이 전쟁 시대부터 그리스와 무역을 이어온 곳이었다. 오랫동안 파피루스 등 이집트의 상품을 거래하는 교역 도시였는데, 파피루스를 처음 두루마리 형태로 사용한 그리스인들은, 두루마리의 이름을 이 도시의 이름을 따서 비블리아biblia라고 불렀다. 이 단어는 오늘날 우리가 사용하는 바이블Bible의 어원이다.

비블로스 남쪽에는 돌출된 지형에 형성된 도시 베리토스(지금의 베이루트)가 있었고, 그 아래 레바논 해안의 중간 지점에는 유명한 페니키아 항구도시 시돈이 있었다.[21] 시돈 주민들은 페르시아인들을 몹시 증오했다. 몇 해 전 도시에서 벌어진 반란이 다리우스의 군대에 의해 잔혹하게 진압되고 무자비하게 약탈당한 이후 더욱 그랬다. 시민들은 페르시아의 꼭두각시 통치자를 몰아낸 뒤 알렉산드로스에게 성문을 열어주었다. 알렉산드로스는 존경받지 못한 총독을 폐위시킨 뒤, 자신의 가장 친한 친구인 헤파이스티온에게 새로운 통치자를 임명하라고 부탁했다. 헤파이스티온은 시돈에 체류하는 동안 현지의 명망 있는 두 청년의 집에 머물렀다. 그는 청년에게 차례로 총독직을 제안했지만 두 사람 모두 정중히 거절했다. 시돈에서는 오직 고귀한 혈통을 가진 인물만이 왕이 될 수 있다는 이유에서였다. 그러자 알렉산드로스의 친구 헤파이스티온은 그들에게 적합한 왕 후보를 추천해달라고 청했다.

두 청년은 시돈 외곽에 사는 가난한 남자 압달로니무스(페니키아어로는 압드엘로님Abdelonim이며 '신들의 종'이라는 뜻이다.)를 천거했다. 그는 시돈 왕가와 먼 친척 관계였지만, 교활한 페니키아인들을 상대로 정직하게 장사하며 살아온 결과 작은 오두막과 입에 풀칠할 텃밭 하나만을 두고 있었다. 그날도 채소밭의 잡초를 뽑느라 두 청년이 다가오는 것을 알지 못했다. 두 사람이 '왕이시여' 하고 불렀지만, 자신을 부르는 것으로 생각하지 못하고 농담할 시간이 없다며 상대조차 하지 않았다. 하지만 두 청년은 그에게 시돈을 다스릴 총독이 될 것이니 더러운 옷부터 갈아입어야 한다며 자초지종을 설명했다. 하지만 정원사였던 압달로니무스는 그들을 미친 자들로 생각하고 다시 잡초를 뽑으러 돌아가려 했고 청년들은 하늘에 맹세하며 자신들의 말이 사실임을 간곡히 호소했다. 압달로니무스는 알렉산드로스에 대해 들어본 적이 없었고, 마케도니아군이 시돈을 점령한 사실도 모르고 있었다. 하지만 그는 페르시아인들을 몰아낸 고마운 사람은 만나야 한다며, 자신이 가진 가장 좋은 옷을 입고 궁전으로 향했다. 알렉산드로스는 그를 보자마자 호감을 가졌는데, 때 묻은 손톱과 햇볕에 그을린 얼굴 때문이었는지, 그의 소박한 모습에서 정의로운 통치자의 일면을 본 듯했다. 알렉산드로스는 기쁜 마음으로 압달로니무스를 시돈의 새로운 총독으로 임명했다.

레바논 해안을 따라 하루 종일 남쪽으로 행군해 도달한 곳은 티레였다.[22] 티레는 페니키아 도시들 가운데서도 가장 강력한 도시였고 지리적으로도 중요한 도시였다. 인근의 시돈과 오랫동안 경쟁하며 함께 발전했지만, 티레야말로 지중해 전체에서 제일가는 부유한 도시이자 무역의 중심지였다. 도시의 본체는 해안에서 떨어진 섬 위에 건설되어 있었고, 높이가 30미터가 넘는 성벽이 둘러져 있어서, 어떤 침략군도 넘볼 수 없는 요새와도 같은 곳이었다. 이곳은 또한 페르시아 제국 서부에서 가장 중요한 해군 기지이기도 했다.

알렉산드로스의 군대가 티레 인근으로 진군하자 즉시 사절단이 마중 나왔다. 그리고 알렉산드로스에게 복종의 상징으로 황금관을 바쳤으며, 군대에 필요한 보급품을 제공했다. 그들은 왕 아제밀쿠스가 직접 나와 영접하지 못한 것에 대해 사과했다. 왕은 마침 페르시아 함대로 파견을 나가 있었지만, 결단코 다른 뜻이 있어서가 아니라는 점을 강조했다. 알렉산드로스는 황금관과 보급품을 제공한 것에 대해 정중한 태도로 감사를 표했다. 그리고 아무 일 없는 듯, 조상으로 모시는 헤라클레스에게 제물을 바치고 싶으니 섬에 있는 유서 깊은 신전으로 안내해줄 것을 요청했다. 그런데 알렉산드로스가 티레에 도착한 때는 멜카르트 신을 기리는 전통 축제가 시작될 무렵이었다. 멜카르트는 그리스의 헤라클레스에 해당하는 신으로, 이 축제를 위해서 멀리 카르타고에서 온 순례자들까지 참여하고 있었다. 티레의 사절단은 내부 회의를 통해, 마케도니아 왕이라고 할지라도 축제 기간에는 도시를 방문할 수 없다고 통보했다. 나아가 왕의 방문이 페르시아를 자극할 수도 있음을 이해해달라고 요청했다. 대신 도시 맞은편 본토에 훌륭한 헤라클레스 신전이 있으니 그곳을 방문하면 좋겠다고 제안했다.

양측 모두 이것이 단순한 제례의 문제가 아니라는 사실을 잘 알고 있었다. 티레의 사절들은 알렉산드로스를 성에 들이는 순간 그가 도시를 장악하고 군대를 주둔시킬 것이라고 생각했다. 알렉산드로스 역시 티레가 진심으로 자신에게 복종한 것이 아니라, 다리우스가 에게해에서 벌이고 있는 해상 작전이 성공해 마케도니아군이 물러갈 때까지 시간을 벌고 있다는 사실을 알았다. 무역업에 종사하는 티레의 지도자들은 알렉산드로스가 이기든, 다리우스가 이기든 별 관심이 없었다. 그들은 단지 1000년 넘게 이어온 지중해 무역의 막대한 지배권을 최대한 유지하기를 바랄 뿐이었다.

자신의 감정을 억제하는 데 능한 알렉산드로스라고 해도, 이토록 계산적인 거절의 상황은 참을 수 없었다. 그는 자리에서 벌떡 일어나 티레의 사절들에게 분노를 폭발시키며 이렇게 외쳤다. "너희가 섬에 살고 있으니 안전할 것이라고 생각하느냐? 보병부대는 아무것도 할 수 없다고 생각하느냐? 그렇다면 너희가 섬에 살고 있는 것이 아니라는 사실을 똑똑히 보여주겠다! 나를 도시로 안내하지 않으면 섬 전체를 포위하겠노라!"[23]

사절들은 두려움에 떨며 알렉산드로스의 메시지를 들고 도시로 돌아갔다. 티레의 원로들은 갑론을박을 벌인 끝에 성문을 닫고 알렉산드로스의 군대에 맞서기로 결정했다. 그들의 도시는 해안에서 800미터가량 떨어져 있었고, 깊은 바다는 물론 거센 조류와 바람의 보호를 받는 천혜의 요새였다. 육지에 설치한 투석기나 공성 장비 등의 공격이 닿지 않는 거리에 축조된 이 성은, 오랫동안 포위 작전을 폈던 모든 침략자들을 물러나게 한 곳이었다. 마케도니아군에는 해군이 없었기 때문에, 티레인들은 아무런 거리낌 없이 배를 타고 사방을 운행했다. 심지어 카르타고에서 온 방문자들도 유사시 보급과 장비를 지원하겠노라고 약속했다. 티레인들은 알렉산드로스가 도시를 공격한다면 성벽 위에 서서 비웃어주리라 생각했다.

티레의 시민들은 수 세기 동안 침략자가 여럿 나타났다가 사라지는 모습을 지켜보았고, 어떤 전쟁도 자신들이 구축한 탄탄한 무역망을 망가뜨릴 수는 없다고 생각했다. 페니키아인들은 가나안Canaan계 민족으로 히브리어와 매우 비슷한 언어를 사용했다. 이들은 척박한 지중해 동부에서도 해안에 접한 좁은 평야에 몰려 살았기 때문에 자연스럽게 바다를 생활의 터전으로 삼았다. 티레와 시돈 같은 도시의 주민들은 기원전 11세기부터 먼 서쪽으로 진출해 무역 거점을 세웠으며, 키프로스, 시칠리아, 북아프리카, 스페인 등 지중해 전역으로 나아가 초기 페니키아 식민지를 건설했다. 시칠리아의 맞은편이자 아프리카 해안에 위치한 카르타고는 수많은 무역 거점 가운데 가장 유명하고 또한 번영하던 도시였고, 여러 세기 동안 모母도시 티레와 긴밀한 관계를 유지했다. 그런데 페니키아인들의 항해는 지중해 안쪽에서 멈추지 않았다. 그들은 대서양으로 나아가 북쪽으로는 브리타니아, 남쪽으로는 세네갈까지 도달했을 가능성도 있다. 헤로도토스는 그들이 아프리카 대륙 전체를 일주했다는 기록을 남기기도 했다.[24] 그 여정 가운데서 그들은 수많은 민족과 교역을 하며 영악한 상인이라는 평판을 얻었고, 때로는 도둑이나 해적이라는 비난을 듣기도 했다. 실제로 호메로스 시대의 그리스 문학에는 아이들을 납치해 노예로 파는 사악한 페니키아 상인들의 이야기가 가득하다. 이러한 이야기들의 진위는 확인할 수 없지만, 그들이 자신들의 기술과 문화를 고대 세계에 널리 퍼뜨린 것만은 분명해 보인다.

그리스인들은 기원전 8세기 무렵에 페니키아 문자를 받아들이고 이를 변형해 자신들의 알파벳을 만들었다.25 그리스어 알파alpha, 베타beta, 감마gamma도 페니키아어의 알레프aleph, 벳bet, 기멜gimel에서 유래했다. 이토록 다방면에서 두각을 나타냈던 무역상들은 특히 고향 해안 산지에서 자라는 레바논 삼나무와, 레바논 해안의 뿔고둥에서 추출한 진귀한 자주색 염료를 거래하는 것으로 유명했다. 히브리인들은 페니키아인들의 기술력을 높이 평가했고 솔로몬 왕의 성전 건축에도 그들을 고용했지만, 한편으로는 자녀를 신에게 제물로 바치는 것으로 알려진 그들의 종교적 관습만큼은 철저히 배격했다.

알렉산드로스는 티레로 건너갈 제방을 만들기로 하고 육지의 옛 도시 일부를 철거해 자재를 확보했다. 또한 깊은 숲으로 부대를 보내 레바논 삼나무를 벌채해 공병 부대 병사들이 해저에 박아 넣을 기둥으로 사용하도록 했다. 예루살렘 대제사장에게도 사절을 보내 티레 작전에 필요한 보급품과 지원군을 요청했다.26 동시에 유대인들이 다리우스에게 바치던 조공을 자신에게 바치도록 요구했다. 주저하는 주민들에게는, 페르시아보다는 마케도니아에 협력하는 것이 훨씬 이로울 것이라고 설득했다.

처음에는 제방 건설이 순조롭게 진행되었다. 해안가의 바다는 얕았고, 부드러운 진흙에 말뚝을 박는 것도 어렵지 않았다. 기둥 사이의 공간은 다량의 돌무더기로 메웠고, 그 위로 섬을 향해 뻗어가는 넓은 도로를 축조했다. 제방은 수천 명의 병사들과 무거운 장비들의 무게를 견뎌야 했기에, 안정성에 극도의 주의를 기울였다. 알렉산드로스는 날마다 현장으로 나가 기술병들과 토론했고 병사들을 독려했으며, 직접 돌을 날라 바다에 던져 넣었다.

　티레인들은 이 모든 광경을 코웃음을 치며 바라보았다. 맑은 날이면 작은 배를 저어 마케도니아군의 화살 사거리 인근까지 다가가 병사들을 조롱했다. 그토록 명성이 자자했던 군인들이 이제는 당나귀처럼 등짐을 나르는 노새가 되었다고 비웃었다. 또한 알렉산드로스가 바다의 신 포세이돈이라도 되는 줄 아느냐며 놀려댔다. 그런데 제방이 점차 자신들의 성을 향해 나아가자 그들의 웃음소리는 조금씩 줄어들었다. 하지만 그럼에도 마케도니아군이 섬에 닿을 수는 없을 것이라고 믿었는데, 제방이 깊은 바다로 나아가면서 작업 속도가 눈에 띄게 느려졌기 때문이었다. 그러는 가운데, 제방이 점점 섬에 가까워지자 알렉산드로스의 포병이 자신들의 성벽을 사정권에 둘 수 있겠다는 우려가 제기되었다. 이에 주민들은 일부 여성과 아이들을 카르타고로 대피시킨 뒤, 모든 수단을 동원해 제방 축조 방해 작전에 돌입했다. 마케도니아군의 제방이 화살 사정권까지 근접하자, 성벽 위 주민들은 화살을 폭풍처럼 쏟아부었다. 작업을 위해 갑옷을 벗었던 마케도니아 병사들은 무방비 상태로 공격을 받았고, 송진에 담갔다가 불을 붙인 화살이 날아들자 목재 축조물과 장비들이 불타기 시작했다. 그들은 또한 제방 가까운 곳까지 삼단 군용선을 출항시켜 마케도니아 병사들을 향해 투사물을 쏟아부었다. 보다 못한 알렉산드로스는 궁병대를 태운 탑을 제방으로 이동시켜 접근하는 배들을 공격하도록 했다. 탑에는 동물 가죽을 덮어씌워 성벽에서 날아오는 화살을 막고 건설 작업도 안전하게 수행하도록 조치했다.

　명민한 티레인들도 지지 않고 기지를 발휘해 방화형 거대 화차를 만들었다. 오래된 기병 수송선을 찾아내어 선창 안에 마른 나무를 가득 채웠다. 배의 측면에도 널빤지를 높이 덧대 톱밥과 나무조각 등 불붙기 쉬운 물질들을 한가득 실었다. 그리고 틈새마다 유황을 채워 넣었고 맨 위에는 송진을 부어 발화력을 극대화했다. 돛대에는 가로 막대를 두 개 설치해 인화성 액체가 가득 담긴 가마솥을 여러 개 매달았다. 또한, 배가 전속력으로 돌진했을 때 배가 제방을 타고 오를 수 있도록 뒤쪽에 무거운 물질을 실어 뱃머리가 높이 들리도록 했다.

그들은 제방 쪽으로 강한 바람이 불기를 기다렸다가 여러 척의 삼단 군용선을 동원해 전속력으로 배를 출항시켰다. 마케도니아군은 이 괴상한 배가 다가오는 것을 지켜보면서도 그 용도를 이해할 수 없었다. 처음에는 티레인들이 왜 그토록 커다란 말 수송선을 출항시켰는지 이해하지 못했지만, 배가 점점 가까이 다가오고 갑판 위에서 불길이 솟아오르자 병사들은 불안해졌다. 삼단 군용선에 묶인 밧줄이 끊어졌고, 불덩어리 배의 키를 잡고 있던 마지막 승무원마저 바다로 뛰어들자, 대기 중이던 동료 함선이 그를 구조했다. 불길에 휩싸인 배가 제방으로 돌진하자, 그제야 사태를 파악한 마케도니아 병사들은 겁에 질린 채 목숨이라도 부지하고자 황급히 몸을 숨겼다. 배가 제방 위로 돌진해 타워에 충돌하자 배에 설치된 가로 막대가 부러지면서 매달려 있던 가마솥 액체가 불길로 쏟아졌다. 인화성 액체가 불꽃에 닿자, 제방과 타워에서는 마케도니아인들이 지금껏 본 적이 없는 거대한 불길이 피어올랐다. 제방 전체가 불에 휩싸이자, 타워들은 장작처럼 불에 타다가 하나둘 무너져내렸다. 제방 위에 남아 있던 불운한 작업자들은 티레의 삼단 군용선에서 퍼붓는 궁수들의 화살과 제방 위로 돌진한 습격조의 공격에 쓰러져갔다. 신의 뜻이었는지, 그날 밤에 거센 폭풍우가 몰아치면서 거대한 파도가 밀려왔고, 이미 망가진 제방을 완전히 파괴했다. 그러자 말뚝이 뽑히고 돌과 자재들이 바다에 휩쓸려 사라져버렸다. 다음 날 아침 무렵에는 수개월간의 노력이 완전히 허사가 된 폐허더미만이 해안에 남겨져 있었다.

알렉산드로스는 병사들의 고된 노력이 물거품이 된 무너진 더미들을 바라보며 앞으로 무엇을 해야 할지 깊이 고민했다. 티로에서 하루 더 머무는 것은 다리우스가 더 많은 병사를 모을 시간을 주는 일이었다. 하지만 티로를 정복하지 못한다면, 이곳은 페르시아 해군의 근거지로 남게 될 것이며, 그보다 더 안 좋은 것은 그의 실패가 만방에 알려질 것이라는 사실이었다. 결국 그는 처음부터 다시 시작하기로 결심했다. 이전보다 훨씬 크고 높은 둑을 세우고, 병사들을 보호할 방어책을 강화할 방안을 숙고했다. 그리고 공병과 보병만으로는 섬을 함락시킬 수 없다는 사실도 깨달았다. 티레를 정복하기 위해서는 반드시 함대가 필요했다.

알렉산드로스는 무너져내린 둑의 잔해 위에서 다시 공사를 시작했고, 일부 병력을 이끌고 시돈으로 가서 구할 수 있는 모든 배를 끌어모았다. 전운이 바뀌기 시작한 것이 바로 이 시점이었다. 시돈과 마라토스의 페니키아 왕들은 알렉산드로스가 자신의 도시를 장악했다는 소식을 듣고 에게해에 있던 다리우스의 함대를 이탈해 고향으로 돌아와 마케도니아군에 합류했다. 알렉산드로스는 일거에 정예 삼단노선 80척과 다수의 해군을 확보했다. 뒤이어 그리스의 로도스섬과 킬리키아 도시 솔리와 말루스, 리키아 해안의 여러 도시에서 함선이 추가로 도착했고, 알렉산드로스의 유년 시절 유모 라니케의 아들 프로테아스가 지휘하는 50인용 노선 한 척도 합류했다. 항구로 진입하는 선단을 환영하던 알렉산드로스의 눈에 키프로스의 함대가 시돈 항구로 뒤따라 들어오는 광경이 들어왔다. 키프로스의 왕들은 전쟁에서 페르시아가 패배할 것으로 예상하고 알렉산드로스에게 자신들의 전력을 거두어줄 것을 요청했다. 알렉산드로스는 과거의 오판을 기꺼이 용서했고, 가용한 군함 전력이 200척이 이르게 된 사실에 매우 만족해했다.

알렉산드로스가 우선적으로 해결해야 할 문제가 있었다. 산악지대에 거주하던 아랍계 원주민들 문제였는데, 이들은 벌목 작업 중인 병사들을 상대로 유격전을 벌이며 영역 침범을 완강히 거부했다. 알렉산드로스는 이들을 말살하기로 결정했다. 말뚝과 공성 병기를 만들기 위해서는 벌목이 필수적이었으며, 산악의 도적들이 제방 건설을 망치도록 둘 생각이 없었기 때문이었다. 그는 직접 트라키아 전사들과 궁수들로 구성된 정예 부대를 이끌고 경치 좋은 베카 계곡을 급습했다. 이런 산악 전투야말로 알렉산드로스와 트라키아 병사들이 즐기는 싸움이었다. 그런데, 이유는 알 수 없지만 옛 스승 리시마코스가 산악 작전에 동행하고 싶다고 요청했다. 그는 아킬레우스와 함께 트로이 원정에 동행했던 노스승 피닉스만큼이나 건재하다고 장담했다. 알렉산드로스는 분명 웃음을 터뜨렸겠지만, 스승을 향한 애정의 마음으로 작전의 동행을 허락했다.

병사들은 산악지대를 빠르게 행군했지만, 지형이 너무 험해서 말을 두고 가야 했다. 리시마코스는 고지대 도보 행군을 힘들어했다. 알렉산드로스는 병사들에게 먼저 올라가 야영지를 마련하라고 지시한 뒤, 소수의 병사들과 함께 스승의 곁을 지켰다. 왕은 리시마코스를 격려하기도 하고 때로는 부축해가며 산길을 올랐지만, 해가 질 무렵에는 주력부대에 크게 뒤쳐진 채 산속에서 길을 잃고 말았다. 계절은 봄을 향해가고 있었지만, 밤이 되자 기온이 급격히 떨어졌다. 알렉산드로스는 야외 숙영을 예상하지 못했기 때문에 천막은커녕 불도 피울 수 없는 상태였다. 일군의 병사들은 몸을 바짝 붙이고 웅크린 채 추위를 견뎠고, 알렉산드로스는 늙은 스승 리시마코스가 동사하지 않도록 필사적으로 돌보았다. 그때 먼 곳에서 모닥불 불빛이 어른거리는 모습이 보였다. 알렉산드로스는 리시마코스와 병사들을 남겨둔 채 조심스럽게 숲을 지나 불빛을 향해 나아갔다. 가까이 다가서자 약탈자 무리들이 잠든 가운데 경계병 두 명만이 불을 지키고 있었다. 알렉산드로스는 극도로 조심스럽게 그들 뒤로 다가가 소리 없이 경비병들의 목을 그어 쓰러뜨렸다. 그리고 잠든 병사를 한 사람도 깨우지 않은 채로 모닥불에서 타오르는 나뭇가지를 훔쳐 들고 어둠을 지나 자신의 진영에 도착했다. 그리고 진영 사방으로 불을 피웠다. 불길을 보고 놀라 깨어난 아랍 병사들은 대규모 병력이 급습한 것으로 착각하고 그대로 도망쳐버렸다. 알렉산드로스는 밤새 리시마코스 곁에 머물며 몸이 차지 않게 해주었다. 아마도 그에게 다음부터는 진영 내에 머무는 편이 낫겠다고 조언했을 것이다.

알렉산드로스가 아랍의 산악 부족들을 몰아낸 뒤 시돈으로 돌아왔을 때, 그리스 용병 4000여 명이 그를 기다리고 있었다. 한 해 전에 클레안드로스를 보내 모병을 했지만, 이소스에서 다리우스에 승리를 거두기 전까지는 가시적인 성과가 없었다. 하지만 중요한 전투에서 승리를 거두고 금도 넉넉히 보유하게 된 알렉산드로스는 이제 그리스 용병을 모집하는 데 어려움이 없게 되었다. 알렉산드로스는 병사들을 새로 구성한 함대에 모두 태운 뒤 전투대형을 갖추어 티레를 향해 출항했다. 그에게 해상전은 낯선 일이었지만, 그럼에도 마치 타고난 뱃사람이었던 듯 빠르게 적응했다. 키프로스와 페니키아 함대를 좌익, 즉 해안 가까이 배치하고, 자신은 새로 도착한 마케도니아 갤리선에 올라 이를 대장선으로 삼고 우익을 직접 지휘했다.

티레인들도 알렉산드로스가 시돈에서 함대를 징발했다는 소문은 듣고 있었다. 하지만 마케도니아가 끌어모은 보잘것없는 함대쯤은 얼마든지 상대할 수 있다고 자신만만해했다. 그들은 섬의 북쪽에 함대를 배치해 알렉산드로스가 출항시킨 배들을 일거에 타격할 준비를 했다. 그러나 그해 봄, 여명이 밝아오는 아침에 그들의 눈앞에 나타난 것은 눈앞으로 돌진해오는 200척이 넘는 군함 전단이었다. 알렉산드로스는 해상에서 일전을 벌일 태세를 갖추고 있었지만, 티레의 해군 사령관은 즉시 신호를 보내 자신의 함대를 도시 북쪽의 안전한 항구로 퇴각시켰다. 티레의 함대가 항구 쪽으로 돌아서는 모습을 본 마케도니아군은 이를 저지하기 위해 전력으로 질주했다. 아슬아슬한 추격전이 벌어지자, 티레인들은 자신들의 삼단노선 세 척을 희생양으로 삼아 알렉산드로스의 함대를 막아섰고, 그 틈을 타 나머지 배들은 항구 쪽으로 달아났다. 항구에 들어선 그들은 좁은 입구에 삼단노선을 가로로 정박시켜 진입로를 가로막았다. 알렉산드로스는 병사들을 상륙시켜 도시 내부로 침투시키고 싶었지만 여건이 허락하지 않았다. 그는 차선책을 택해, 도시의 북쪽 항구와 이집트 방향의 남쪽 항구를 봉쇄했다. 티레의 대규모 전투 함대는 별다른 대책이 없이 섬 안에 고립되는 상황을 맞이했다.

　알렉산드로스가 해군을 이끌고 전투를 벌이는 사이 공병 부대 병사들은 밤낮으로 작업을 이어가며 제방을 보수하고 길이를 연장했다. 그러는 가운데도 강풍과 파도가 밀려와 새로 지은 구조물 일부를 휩쓸어가기도 했다. 한번은 거센 폭풍이 불어 고대 역사가가 거대한 바다 괴물이라고 부른 생물이 제방 위로 밀어 올려지기도 했는데,27 이는 지중해에 간혹 출몰하던 고래였을 가능성이 크지만, 산악지대 출신인 알렉산드로스의 병사들에게는 낯선 생명체였을 것이다. 미신을 통해 희망을 품고자 했던 마케도니아인들과 티레인들은 제각기 이 괴물의 출현을 포세이돈이 자신들의 편에 섰다는 징조로 받아들였다.

　보호 설비가 덧붙여진 방어탑 아래 여러 주 동안 작업을 이어간 마케도니아 병사들은 마침내 티레의 성벽에 포격을 가할 수 있을 거리까지 제방을 쌓았다. 병사들은 강력한 투석기들을 제방으로 밀고 나가 적절히 배치한 뒤, 도시를 향해 돌 탄환들을 끊임없이 쏟아부었다. 또한, 성벽을 두드리는 공성추攻城椎를 단 함선 상단에 방패를 씌운 뒤, 바다에 면한 성벽을 들이받았다. 성벽에 배치된 티레의 수비병들은 쏟아지는 바윗덩이 세례를 피할 방법이 없었다.

　티레인들도 성을 방어하고자 온갖 방법을 동원했다. 성벽에 올라 마케도니아 병사들이 성에 접근하지 못하도록 불화살을 쏘았고, 방패에 모래를 담아 뜨겁게 달군 뒤 성벽 아래 병사들에게 쏟아부었다. 뜨거운 모래가 흉갑 안으로 스며든 병사들은 끔찍한 고통을 겪어야 했다. 모래를 털어내고자 갑옷을 벗어던진 이들은 성벽 위 궁수들의 손쉬운 표적이 되었다. 티레인들은 성벽 위에 바퀴를 설치하고 이를 빠르게 회전시켜 날아오는 화살이나 투사체를 튕겨내기도 했다. 대장장이들은 삼지창 갈고리를 만들어 줄에 매달아 던졌다. 그리고 줄을 당겨 마케도니아 병사들의 방패를 제거한 뒤 화살 공격을 퍼부었다. 주민들은 투석기에서 날아드는 바윗덩이의 충격을 완화하기 위해 동물 가죽을 덧댄 방어벽도 설치했다. 잠수부들도 바닷속으로 침투해 마케도니아 전함의 닻줄을 잘랐고, 이에 알렉산드로스는 닻줄을 쇠사슬로 교체할 것을 명령했다. 주민들은 기다란 낫을 제작해 해안으로 침투하는 병사들을 베기도 했는데, 티레의 장인들은 이처럼 온갖 기발한 전투 도구들을 제작해 알렉산드로스의 병사들을 막아내고자 했다.

전투가 여러 주 동안 이어졌지만, 어느 쪽도 뚜렷한 우세를 보이지 못했다. 티레인들은 신들이 자신들을 떠나지 않기를 기원하며 신전에 있는 신상들을 금사슬로 단단히 묶었다. 여름이 되었을 무렵, 티레 함대가 마케도니아 함대를 돌파하는 대담한 작전을 벌였으나 반격을 이기지 못하고 항구로 밀려 돌아갔다. 티레인들은 식민도시 카르타고에서 온 구원병에 마지막 희망을 걸었다. 그러나 고작 30명으로 구성된 사절단이 성에 당도해 전한 말은 매우 실망스러웠다. 전갈은 카르타고가 서방의 시칠리아 도시 시라쿠사와 격전을 치르고 있어서 어머니의 도시 티레를 도울 수 없다는 내용이었다.

이소스 전투가 끝난 지도 거의 1년이 지났고, 티레와 전투를 시작한 지도 6개월이 흘렀다. 스물네 살의 생일을 맞이한 알렉산드로스는, 이 요새만큼은 어떠한 대가를 치르더라도 반드시 점령하겠다는 결의를 새로이 다졌다. 그리고 무더위가 기승을 부리던 7월이 끝나갈 무렵, 마케도니아의 제방이 마침내 섬에 닿았다.

알렉산드로스는 병사들에게 이틀 동안 휴식을 주었다. 그리고 이튿날이 되자, 전 병력을 집결시켜 대규모 공격을 개시했다. 성벽으로 다리를 내리도록 만들어진 공성탑들이 제방 위로 밀려들었지만, 결정적인 돌파구는 육지가 아닌 바다에서 열렸다. 알렉산드로스는 선두 함선에 직접 오른 뒤, 도시를 둘러싼 해안 성벽 전체에 대한 일제 공격을 명령했다. 티레인들에게 어느 지점을 집중적으로 방어해야 할지 혼란을 주기 위해서였다. 공격이 계속되는 가운데, 공성추를 장착한 장갑선 한 척이 마침내 성벽에 구멍을 냈고, 정예 마케도니아 해군을 태운 삼단노선이 그 틈으로 닻을 내렸다. 아드메토스라는 용감한 장교가 즉시 병사들을 이끌고 성벽 틈으로 침투했다. 그는 곧 전사했지만 그의 병사들은 구멍 속으로 밀고 들어갔으며, 알렉산드로스도 그 대열에 합류해 싸웠다. 그는 누구보다 먼저 성벽 위에 올랐다. 티레인들도 온 힘을 다해 침입자들을 막았지만, 마케도니아의 함선들은 두 항구를 막고 있던 삼단노선마저 파쇄한 뒤 항구 내부로 진입했다. 때마침 마케도니아의 주력 보병부대가 공성탑 다리를 건너 도시로 밀려들었다.

도시에서는 학살이 벌어졌고 그 참혹함은 실로 충격적이었다. 마케도니아인들은 이 철옹성을 함락하기 위해 무려 7개월을 허비했다. 그들은 동료 병사들이 성벽 위에서 날아든 돌에 몸이 부서지고 불에 타 죽는 모습을 수없이 목격했다. 분노와 피로에 지친 그들은 자신들을 지옥 같은 상황으로 몰아넣은 티레인들을 사무치도록 증오했다. 알렉산드로스도 남녀노소를 불문하고 눈앞에 나타난 시민들을 학살하는 병사들의 행위를 말릴 수 없었다. 티레인들도 자신들에게 구원이 내려지지 않을 것이라는 사실을 알고 골목마다 필사적인 저항을 이어갔다. 공격이 시작된 지 불과 몇 시간 만에 수천 명의 사망자가 발생했다. 티레인 일부는 전설적인 건국자 아게노르Agenor에게 바쳐진 신전에서 최후의 항전을 벌였지만, 알렉산드로스가 직접 신전으로 돌격해 수비대 전원을 처단했다. 마케도니아인들의 분노가 점차 가라앉자 살아남은 시민들을 생포하기 시작했다. 생포된 이들은 모두 노예로 팔려갔는데, 그 수가 3만 명에 이르렀다. 헤라클레스 신전으로 도망치며 피난처를 구한 소수만이 왕의 명령으로 목숨을 건질 수 있었으며, 그 가운데는 카르타고에서 온 사절단도 포함되어 있었다. 하지만 전투 중 생포된 전투 가능 연령의 남성 2000명은 도시 맞은편 본토 해변으로 끌려가 십자가형에 처해졌다. 이 처형법은 고대 세계에서 가장 고통스러운 사형 방법이었다. 마침내 도시가 평정되자 수많은 마케도니아 전사자들을 위한 장례가 치러졌다. 알렉산드로스는 폐허가 된 도시 한가운데로 걸어들어가 오랫동안 미뤄졌던 제례를 헤라클레스 신전에서 치렀다.

알렉산드로스와 그의 군대는 연기 자욱한 티레의 폐허를 뒤로 하고, 지중해 연안을 따라 행군하며 마침내 지역을 떠날 수 있게 된 사실을 기뻐했다. 마케도니아 병사들이 오랜 시간 공들여 쌓은 제방은 세월이 흐르면서 점차 퇴적물과 모래가 쌓였고, 돌과 흙이 더해지면서 영구적으로 이어진 땅덩이가 되었다.

팔레스타인의 해안은 한여름 태양 볕을 받아 달아올랐지만, 마케도니아군은 남쪽으로 행군을 이어갔다. 일설에는 알렉산드로스가 갈릴리 지방을 지나 요르단강 계곡을 따라가는 다소 멀지만 지형이 평탄한 육로를 따라갔다고 하지만, 고대 기록들에는 그 같은 기록이 극히 드물다. 유대인 역사가 요세푸스만이 알렉산드로스가 예루살렘 성전을 찾아 대제사장에게 경의를 표했다고 기록했지만[28], 이는 분명 개인의 신념이 투영된 창작일 것이다. 마케도니아군은 해안선을 따라가는 빠른 길을 택했을 것이고, 갈멜산Mount Carmel을 지나 욥바로 향했다. 욥바는 요나가 배를 타고 항해하던 중 거대한 물고기에 삼켜졌다고 전해지는 곳이다.

황량한 이 지역 어딘가에서 알렉산드로스는 새로운 평화 협상안을 들고 온 페르시아 대왕의 사절단을 맞이했다.[29] 페니키아인들의 이탈로 에게해의 페르시아 원정대는 거의 붕괴 상태에 이르렀고, 그리스 내에서 봉기를 유도하려던 희망도 실현 가능성이 희박해진 터였다. 심지어 사절들이 마케도니아 진영에 도착했을 때는, 스파르타를 제외한 모든 그리스 도시국가의 사절들이 도착해 알렉산드로스의 승리를 축하하고 있었다. 다리우스는 제국의 먼 변방에서 군대를 모으는 데 예상보다 긴 시간을 허비하고 있었고, 제대로 전쟁을 준비하기 위해서는 최소 1년이 더 필요했다. 그는 시간을 벌기 위해서라도 알렉산드로스와 협상을 맺는 방법을 모색했을 것이다. 다리우스는 자신의 가족 몸값을 더 올렸고, 알렉산드로스에게 자신의 맏딸을 바칠 것이며, 유프라테스강 서쪽의 모든 영토를 넘기겠다는 조건까지 제시하며 정복 전쟁을 멈출 것을 요구했다. 다리우스는 또한 페르시아 제국이 얼마나 광대하며 전쟁에 능한 민족들이 얼마나 많은지 상기시켰다. 만일 어리석게도 이 대제국을 정복하려 든다면, 설사 페르시아군을 잠시 이긴다고 해도 결국에는 늙어 죽을 때까지 전쟁의 늪에서 벗어나지 못할 것이라고 경고했다. 그러니 차라리 동부지중해의 풍요로운 영토를 선물로 받아들이는 것이 페르시아나 박트리아의 황무지를 떠돌다 생을 마감하는 것보다 현명할 것이라고 주장했다.

알렉산드로스가 측근 장군들을 모아 다리우스의 서신 전문을 읽었을 때, 파르메니온은 자신이 알렉산드로스라면 이 조건을 받아들이겠다고 말했다. 그러자 왕은 즉시 받아치며, 자신이 파르메니온이라도 그랬을 것이라고 말했다. 알렉산드로스는 다리우스에게 답신을 작성했다. 자신은 아리우스의 몸값이 없어도 충분히 부유하며, 포로로 잡은 딸과는 아버지의 허락 없이도 결혼할 수 있다고 적었다. 또한 다리우스가 제안한 영토는 앞으로 자신이 정복할 제국에 비하면 아무것도 아니라며, 곧 리디아와 킬리키아와 페니키아는 물론 메디아와 페르시아와 인도 전역이 자신의 소유가 될 것이라고 으름장을 놓았다. 귀환하는 사절들에 쥐어진 서신의 마지막 문구는, 머지않아 전장에서 다시 만나자는 인사말이었다.

이제 이집트로 향하는 알렉산드로스 앞에 놓인 마지막 장애물은 네게브 사막 가장자리이면서 해안평야 지대에 위치한 요새 도시 가자뿐이었다.30 트로이처럼 바다를 접한 언덕 위에 건설된 이 고대도시는 허물어진 과거의 유적 위에 다시 세워진 곳이었다. 블레셋Philistine인들이 융성했던 시절부터 아라비아 깊숙한 지역까지 교역한 대상 무역의 요충지이기도 했다. 황금과 유향과 몰약이 모두 이 도시의 시장을 거쳐 유통되었으며, 헤로도토스도 아시아의 가장 큰 시장 중 하나로 가자를 꼽았다. 한때는 파라오들의 통치 아래 있었으나 이후 아시리아와 바빌로니아 치세를 거쳐 결국 페르시아의 지배로 귀속되어 있었다. 거세된 것으로 알려진 가자의 페르시아 총독 바티스는 마케도니아군이 자신의 도시를 함락시키지 못할 것으로 확신했다. 그는 성벽 뒤에 충분한 물과 곡물을 비축하는 등 장기 항전 태세를 갖추고 있었고, 사막 전투에도 능한 용병들도 고용해두었다. 알렉산드로스가 티레를 함락하고 주민들에게 끔찍한 보복을 가한 사실을 알았음에도, 바티스는 그를 두려워하기는커녕 가자를 함락시켜보라고 도전장을 내밀었다.

 성문 앞에 도착한 첫날, 도시와 주변 지형을 살핀 알렉산드로스와 기술자들은 성을 무너뜨리는 것이 쉽지 않다는 것을 깨달았다. 가자성은 평야 위로 높이 솟은 곳에 세워져 있었기 때문에, 마케도니아의 공성 무기들로는 성벽을 공격하기조차 쉽지 않아 보였다. 알렉산드로스는 도시를 완전히 둘러싸는 흙둑을 쌓도록 명령했다. 성벽과 같은 높이의 둑방을 만들어서 그 위에 공성탑을 세우고 도시를 공격하는 계획을 실행하려는 것이었다. 바로 직전에 티레섬까지 바다 위 제방을 쌓았던 병사들에게 또 다른 고단한 과업이 주어졌지만, 명령을 이행하지 못할 이유는 없었다.

 어느 날 아침, 성 아래에서 제물을 바치고 있던 알렉산드로스 앞에 맹금 한 마리가 날아와 발톱에 쥐고 있던 돌을 떨어뜨렸다. 왕은 곧바로 점쟁이 아리스탄데르에게 이 징조를 해석해달라고 청했다. 노련한 예언자는 시간이 지난 후에는 도시를 정복하게 될 것이지만, 오늘만큼은 결코 싸워서는 안 된다고 답했다. 왕은 어쩔 수 없이 신의 뜻을 따르기로 했지만, 그날 오후 가자의 아랍 용병들이 예상치 못한 기습을 하자 이를 참지 못하고 병사들을 데리고 적진으로 뛰어들었다. 그는 곧바로 투석기에서 발사된 화살에 맞는데, 화살촉은 그의 방패를 뚫고 갑옷까지 관통한 뒤 어깨 깊숙이 박혔다. 왕은 자신의 불운을 저주했고, 피를 흘리고 상처를 치료하는 가운데도 계속 싸움을 지휘했다. 하지만 결국 과다 출혈로 쓰러져 의식을 잃고 말았다. 바티스와 가자의 주민들은 알렉산드로스가 죽었다는 소식에 환호했다.

물론 알렉산드로스가 죽은 것은 아니었다. 하지만 그는 몹시 분노했다. 티레에서 사용했던 공성탑들이 배편으로 도착하자 기술자들에게 명령해 흙둑 위에 이를 배치하도록 했다. 마케도니아군은 이후 대대적인 총공세에 나섰지만, 티레에서의 경우처럼 수비대의 완강한 저항에 밀려 세 차례나 패퇴하고 말았다. 알렉산드로스는 어깨에 붕대를 감은 채로 네 번째 공격을 몸소 이끌었고 마침내 성벽이 돌파되었다. 가자의 주민들도 티레의 시민들 못지않게 용감히 싸웠지만, 분노한 마케도니아군을 막아낼 수는 없었다. 가자의 남성들은 성을 방어하다가 모두 전사했으며, 여성과 아이들은 포로가 되어 노예로 팔려갔다. 총독 바티스도 심한 부상을 당한 채 알렉산드로스 앞으로 끌려왔다. 왕은 그에게 무릎을 꿇고 항복하지 않으면 잔혹한 형벌을 내리겠다고 경고했다. 하지만 거세자 바티스는 왕을 경멸 어린 눈빛으로 바라볼 뿐 아무런 행동도 취하지 않았다. 이에 분노한 알렉산드로스는 그에게 너무도 끔찍한 형벌을 내렸고, 때문에 대부분의 고대 역사가들은 처형 장면을 기록에서 삭제하기까지 했다. 『일리아스』에서 아킬레우스가 트로이의 적 헥토르의 시신을 전차에 묶어 그리스 진영에서 질질 끌고 다닌 장면을 떠올리게 하는 형벌이었기 때문이다. 알렉산드로스는 살아 있는 바티스의 발목을 가죽끈으로 묶은 뒤 자신의 전차에 매달아 바위투성이인 가자의 사막을 이리저리 끌고 다니며 그를 잔혹하게 죽였다.

알렉산드로스는 현지의 베두인 부족들을 동원해 가자를 다시 요새화했다. 주민들을 정착시키고 성을 마케도니아의 통제권으로 재건하고자 한 것이다. 그는 함대를 먼저 출항시킨 뒤, 자신은 보병부대와 함께 시나이Sinai 북부의 해안사막으로 진군했다. 11월로 접어든 날씨는 선선하고 쾌적했지만, 행군을 이어가기에는 어려움이 많았다. 가는 곳마다 물이 부족했고, 마지막 구간인 염분 많은 세르보니스 호수 주변은 늪처럼 빠져드는 악명 높은 모래가 있는 곳이었다. 그럼에도 알렉산드로스의 부대는 가자를 출발한 지 엿새 만에 이집트 국경도시 펠루시움에 도착했다. 대략 2세기 전, 페르시아 키루스의 아들 캄비세스가 이집트 파라오의 군대를 물리친 곳이었다.[31] 훗날 이곳을 방문한 헤로도토스는 전사한 양측 병사들의 뼈가 햇볕 아래 색 바랜 채 흩어져 있는 것을 보았다고 기록했다. 펠루시움은 나일강의 가장 동쪽 지류가 지중해로 흘러드는 지점이기도 했다. 바로 이 지점을 통과해 알렉산드로스는 이집트의 영토로 들어섰다. 이집트는 그의 삶을 영원히 바꾸게 될 땅이었다.

5장 이집트

> 이집트를 이야기할 때는 다른 곳을 논할 때보다 길고 자세히 서술하고자 한다. 놀라운 유산과 경이로운 유적들이 그 어떤 곳보다 넘쳐나는 땅이기 때문이다.
>
> —헤로도토스[1]

알렉산드로스가 이집트에 대해 알고 있던 지식은 한 세기 전 나일강 유역을 여행하며 보고 들은 것을 기록한 그리스 역사가 헤로도토스의 저서에서 비롯된 것이었다.[2] 헤로도토스는 직접 목격한 것뿐 아니라 사실이 의심스러운 온갖 전언과 풍문들도 적지 않게 남겼다. 그는 나일강 계곡이 해마다 범람해 강 양쪽 비옥한 들판에 풍부한 충적토를 쌓는다는 사실은 알았지만, 그런 일이 일어나는 이유는 알지 못했다. 그는 어느 파라오가 인류 최초의 언어를 알아내기 위해 두 갓난아기를 말 못하는 이들에게 맡겨 키운 이야기도 기록했다. 그 아기들이 처음 내뱉는 말이 인류 최초의 언어일 것이라고 생각했기 때문이었다. 아기들이 처음 발음한 단어는 베코스bekos였다고 한다. 프리기아어로 이것은 빵bread을 뜻했다. 이집트인들은 고양이를 숭배하고 이를 이따금 미라로 만들어 보존했다는 기록도 남겼으며, 나일강의 악어를, 크기를 과장하기는 했지만, 작은 돼지를 미끼로 사용하면 잡을 수 있다는 이야기도 전했다. 헤로도토스는 피라미드 이야기에도 매료되어, 그것이 어떻게 지어졌는지에 대해 이집트 사제에게서 들은 이야기를 기록했다. 특히 이집트의 종교에 깊은 관심을 가졌는데, 그리스인들이 전승한 신성한 의식의 많은 부분이 이집트에서 유래한 것이라고 주장하기도 했다. 그는 또한 먼 서쪽 시와에 위치한 제우스암몬 신탁소의 신성한 기원에 대한 기록도 남겼다. 알렉산드로스도 어릴 적부터 이 신성한 장소에 대한 이야기를 들으며 자랐는데, 페르시아 왕 캄비세스가 이를 파괴하려다가 모래폭풍을 맞아 5만 명의 병력을 잃었다는 소문도 그중 하나였다. 알렉산드로스에게도 이집트는 신비와 경이로움으로 가득한 땅이었다.

이집트는 워낙 오랜 역사를 지닌 왕국이었기 때문에, 알렉산드로스의 입장에서도 기자의 대피라미드는 현대인이 알렉산드로스의 활약을 상상하는 것만큼이나 오래된 유산이었다. 나일강 유역에는 이미 수천 년 전부터 농부들이 정착해 살았고, 기록에 따르면 기원전 4000년대 말에 첫 번째 파라오 메네스가 남부의 상이집트와 북부의 하이집트를 통일했다. 그리고 몇 세기 후, 파라오들의 강력한 중앙집권체제가 정비되면서 고왕국 시대 The Old Kingdom가 시작되었다. 이집트의 통치자들은 곧 웅장한 기념물들을 건설했고, 메소포타미아를 비롯한 여러 왕국과 외교 관계를 맺기 시작했다. 이후 고왕국이 붕괴된 뒤에는 각 지역이 분열되기도 했으나, 중왕국 시대 The Middle Kingdom 이후의 파라오들이 다시금 이집트를 통합하고 왕권을 회복했다. 훗날 힉소스라고 불리던 민족이 나일강 북부를 장악했지만, 기원전 2000년 중엽이 되자 신왕국 시대 The New Kingdom로 접어든 이집트는 세력을 유프라테스강까지 확장해갔다. 이 시기에는 왕족 출신의 여성 하트셉수트가 파라오로 활약했는데, 투탕카멘과 장수한 대왕 람세스 또한 이 시기의 통치자였다. 람세스는 아부심벨에 거대한 암각 조각상을 세웠으며, 소아시아의 히타이트와 전쟁을 벌이기도 했다. 그런데 트로이 전쟁이 벌어진 시기에 바다 민족Sea Peoples이라는 정체불명의 침략자들이 북쪽으로부터 이집트를 공격했고, 이것은 연이은 이민족 침입의 시발점이 되었다. 누비아인Nubians과 아시리아인, 바빌로니아인, 그리고 결국에는 페르시아인까지 국토를 침범한 기나긴 혼란기가 찾아왔기 때문이었다.

기원전 6세기 말에는 페르시아의 캄비세스 대왕이 이집트를 정복하고 전국의 신전을 불태웠는데, 심지어 멤피스에서는 성스러운 짐승으로 숭배되던 황소 아피스를 홧김에 죽이는 등 수많은 만행을 저질렀다.[3] 이로 인해 이집트인들은 페르시아인들을 신성을 모독하고 전통을 억압하는 불경한 폭도로 인식하게 되었으며, 이후에도 과중한 세금과 곡물 징발로 나라를 피폐하게 만든 압제자로 여겼다. 한때 수십 년 동안 이어진 페르시아의 핍박을 견디지 못한 이집트인들이 반란을 일으켰고 대왕의 군대를 몰아낸 뒤 60년간 독립국가를 유지하기도 했다. 하지만 페르시아의 왕 아르탁세륵세스 3세가 또다시 군대를 이끌고 침공했다. 이집트의 마지막 토착 파라오 넥타네보가 남쪽의 누비아로 도망치자, 페르시아의 대왕은 사트라프를 임명해 이집트를 자신의 입맛대로 다스렸다.

마케도니아군이 아시아로 건너간 지 어느새 2년이 지났다. 알렉산드로스의 보병은 시나이 해안을 따라 남쪽으로 이동했고 그의 함대도 보병의 속도에 맞추어 뒤를 따랐다.[4] 마케도니아의 전 병력이 펠루시움에 도착했을 때 나일강에 정박한 배들을 발견했다. 알렉산드로스를 기다리던 인물은 새로 임명된 이집트의 페르시아 총독 마자케스였다. 그의 전임자 사바케스는 1년 전 이집트 병력의 대부분을 이끌고 이소스로 출동해 다리우스를 도왔지만, 자신을 포함해 대다수 병사들이 전사했다. 하지만 마자케스는 무익한 저항을 피하고자 했고, 알렉산드로스는 전투 한번 없이 이집트 전역의 통치권을 손에 넣게 되었다. 아마도 자신의 목숨을 부지하기 위해서였겠지만, 마자케스는 알렉산드로스의 환심을 사고자 국고 전부와 왕실의 값진 가구를 수레에 실어 새로운 통치자에게 바쳤다. 알렉산드로스는 단 하루 만에 그리스 전체보다도 크고 훨씬 부유한 속주를 자신의 제국에 추가하게 되었다.

알렉산드로스는 이집트에 주둔하던 페르시아 군대로부터도 항복을 받았지만, 이집트라는 나라를 통치하기 위해서는 극도의 신중함과 외교 감각이 필요하다는 사실을 알고 있었다. 새로운 이방인 지배자를 맞이하는 순간 이집트인들이 반란의 기회를 노릴 수도 있기 때문이었다. 그들이 자신을 기꺼이 통치자로 받아들이도록 하기 위해서는 매우 사려 깊게 행동해야 했고, 이를 위해서는 우선 이집트 사제들을 자신의 편으로 끌어들여야 했다. 때문에 알렉산드로스는 몇 달 동안 나일강 유역의 주민들에게 자신이 이집트의 종교를 존중할 뿐 아니라 이집트의 신들을 진심으로 숭배한다는 사실을 행동으로 보여주고자 했다.

알렉산드로스는 함대를 나일강 상류로 올려보낸 뒤, 자신은 보병을 이끌고 나일 삼각지대의 드넓은 평야로 진군해갔다. 오른쪽으로는 나일강이, 왼쪽으로는 황량한 사막이 펼쳐져 있었다. 밀과 보리가 자라는 들판을 지났고, 대추야자와 무화과나무 숲도 지났고, 가축 떼와 어부들도 마주쳤다. 그리고 고대 세계에서 가장 귀하게 여겨진 필사 재료인 파피루스가 무성한 늪지대도 지나갔다. 지나는 길에 만나는 농부들과 지역 귀족들은 새로운 왕을 열렬히 환영했지만, 군대를 이끌고 나아가는 왕에게 그러한 의례는 사실상 의무에 가까웠다. 마케도니아군은 고센 땅도 지났는데, 전설에 따르면 이곳은 한때 히브리인들이 고향의 기근을 피해 이주해온 땅이었다. 군대는 또한 아바리스 유적지도 지났다. 이곳은 거의 1000년 전 람세스가 세운 찬란한 도시였지만, 흐르는 세월 속에 사막의 모래에 묻혀 흔적만 남게 된 곳이었다.

일주일 동안 강을 따라 이동한 끝에 고대도시 헬리오폴리스에 도착했다.5 수천 년 동안 이집트의 학문과 제례의 중심지였던 곳이었다. 나일강의 동쪽 지류가 본류와 만나는 지대의 높은 언덕에는 태양신 라Ra의 신전이 있었는데, 그리스인들은 이를 태양신 헬리오스의 신전으로 부르곤 했다. 알렉산드로스는 헬리오폴리스의 사제들을 극진히 대접했을 것인데, 성소를 파괴하고 인근 오벨리스크를 무너뜨리려 했던 페르시아 왕 캄비세스의 태도와 차별을 두고자 했기 때문이었다.

헬리오폴리스에서 나일강을 따라 거슬러 올라가면 한나절 거리에 멤피스가 있었다.6 이 도시는 고왕국 초기부터 하下 이집트의 가장 중요한 종교 중심지였다. 수도가 다른 곳에 있던 때에도 파라오들은 여전히 멤피스에 궁전을 두었고, 이곳의 사제와 신전들을 아낌없이 지원했다. 도시의 서쪽에는 사카라의 계단 피라미드가 있는데, 이는 이집트 최초로 세워진 대형 석조 구조물이었다. 사카라를 지나 범람원 가장자리에 이르는 지역은 정교하게 조성된 무덤 구조물들이 광범위한 영역으로 펼쳐져 있었다. 멤피스는 상업의 중심지로 그리스 세계에까지 널리 알려져 있었지만, 도시를 가장 유명하게 만든 것은 창조의 신 프타의 신전이었다. 프타의 현세적 화신은 황소 아피스로, 당시 황소는 신전의 안뜰에서 정성껏 길러지던 특별히 선택된 동물이었다. 순례자들은 이 황소의 축복을 받기 위해 이집트 전역에서 모여들곤 했다. 주민들은 아피스가 죽으면 미라로 만들어 장례를 치른 후 사카라의 특별한 매장실로 옮겼다.

페르시아의 대왕이 이전 세기에 아피스를 죽인 일은 믿을 수 없을 만큼 극악한 신성 모독이었으며, 이집트인들은 이 사건을 결코 잊지 않았다. 이를 알고 있던 알렉산드로스는 프타 신전으로 나아갈 때 깊은 경외심을 마음에 품고자 했다. 그리고 페르시아 왕과 철저히 대조되는 방식으로 신께 제물을 바쳤다. 사제들은 이를 더할 나위 없이 기뻐했을 것이다. 고대의 주요 사료들에 명확히 기록되어 있지는 않지만, 이 시점에 알렉산드로스가 이집트의 파라오로 즉위했을 가능성은 매우 높다. 이후 이집트 전역에 알렉산드로스의 석상이 설치되었기 때문인데, 그 조각상은 위아래 모두 이집트의 통치자 복장을 하고 있었고, 비문에는 '아문의 아들이자 라의 사랑을 받는 자'라고 적혀 있었다. 알렉산드로스는 자신의 새로운 지위를 기념하고 현지 주민과 병사들에게 연회를 베풀기 위해 그리스에서 가장 유명한 운동선수들과 음악가들을 멤피스로 초대했다. 얼마 지나지 않아 멤피스에서는 이집트인과 마케도니아인들이 한데 어울리는 성대한 잔치가 벌어졌다. 참석자들은 술과 음식을 들며 경주와 레슬링 경기를 관람했으며, 희극과 비극 공연이 열린 것은 물론, 곳곳에서 합창단의 노래도 울려 퍼졌다. 이 모든 행사는 찬란한 문화유산이 가득한 이집트의 어느 별 좋은 겨울, 해 저무는 나일강 기슭에서 펼쳐졌을 것이고, 그것은 분명 상상조차 힘든 매혹적인 광경이었을 것이다.

알렉산드로스의 원정길을 추적한 고대 사가들은 그가 멤피스에서 어디로 향했는지를 두고 의견을 달리한다.[7] 어떤 이는 그가 곧바로 나일강을 따라 내려간 뒤 지중해 방향으로 나아갔다고 기록했다. 다른 이들은 그가 상 이집트의 고대 궁전과 유적을 보기 위해 남쪽으로 이동했을 것이라고 주장했다. 또 다른 단편적인 기록에는 그가 아리스토텔레스의 조카 칼리스테네스를 에티오피아 내륙까지 보내 나일강의 발원을 찾게 했다고도 기록되어 있다.[8] 이들 주장 가운데 어느 쪽도 불가능해 보이지는 않는다. 알렉산드로스는 제국의 영토는 물론 그 너머의 세계에 대해서도 매우 깊은 호기심을 가졌던 인물이기 때문이다. 나일강을 빠르게 거슬러 올라 이집트의 테베나 아스완 근처의 제1급류에 도착하고자 했다면 몇 주도 소요되지 않았을 것이다. 테베는 이집트 종교의 가장 중요한 중심지였으며, 나일 계곡에서도 가장 웅장한 신전들이 자리한 곳이었기 때문에 특히나 찾고 싶은 도시였을 것이다. 나일강 상류인 남부 지역에서의 통치를 강화하고 그곳 사제 계층과 확고한 유대관계를 가지기 위해서라도, 알렉산드로스는 잠시 시간을 내어 이 지역을 방문했을 수 있다.

알렉산드로스가 몇 주 동안 남쪽 도시를 방문했든 멤피스에 그대로 머물렀든, 1월 무렵에는 북쪽 바다를 향해 다시 길을 나섰다. 그 여정에서 나일강을 따라 하루 정도 내려가자 강 서쪽으로 기자고원의 풍경이 펼쳐졌다. 그곳에는 물론 이집트의 가장 위대한 세 개의 피라미드가 사막을 압도하듯 솟아 있었고, 스핑크스는 두 눈을 크게 뜬 채 동쪽으로 떠오르는 태양을 영원처럼 응시하고 있었다. 세워진 지 2000년 이상 지속된 유적들이었다. 알렉산드로스가 이처럼 유명한 유적지를 방문한 사실을 기록한 사료는 전혀 존재하지 않지만, 그가 이곳을 들르지 않고 지나쳤다고 생각하는 것도 자연스럽지 않다. 당시부터 1000년 후에는 피라미드를 덮고 있던 흰 외장 석회암이 대부분 뜯겨 건축 자재로 사용되었지만, 알렉산드로스가 방문했을 당시만 해도 이 거대한 구조물들은 아침 햇살에 눈부시도록 흰 빛깔을 발산하고 있었을 것이다. 그는 나일강에서 피라미드 복합 단지로 이어지는 긴 참도參道를 따라 걸으며, 수백만 개의 거대한 석재들이 완벽하게 맞물려 쌓아 올려진 인공의 산들을 경이로운 눈빛으로 바라보았을 것이다. 헤로도토스는 피라미드의 거대한 석재들이 기계 장치를 통해 축조되었다고 기록했지만, 알렉산드로스는 아마도 각각의 거대한 돌들을 보고 그런 설명에 의문을 품었을지도 모른다. 만일 그가 좁고 어두운 통로를 지나 피라미드 내부로 들어가보았다면 오래전 도굴꾼들에 의해 약탈당한 고대 파라오들의 매장실을 보았을 것이다. 바깥으로 빠져나와 신선한 공기를 들이마신 알렉산드로스는 주변의 여러 소형 피라미드와 신전도 둘러보았겠지만, 역시 위대한 축조물인 스핑크스도 가까이서 감상하지 않을 수 없었을 것이다. 현장의 자연석을 그대로 깎아 만든 높이 약 15미터의 이 거대한 조각상은 사자의 몸에 사람의 얼굴을 한 채 금방이라도 말을 건넬 듯한 자태를 뽐내고 있었을 것이다. 알렉산드로스도 분명 청년 오이디푸스의 이야기를 알고 있었을 것이다. 스핑크스는 그에게 수수께끼를 냈다. '젊었을 땐 네 발, 자라서는 두 발, 늙으면 세 발로 걷는 것이 무엇인가?' 이 물음에 답하지 못한 자는 모두 죽임을 당했지만, 오이디푸스는 우리 인간이 갓난아기일 때 기어다니고, 성장하면 두 발로 걷고, 노인이 되면 지팡이를 짚는다는 사실을 간파했다. 물론 알렉산드로스를 마주한 스핑크스는 그에게 어떤 질문도 하지 않았고, 언제나처럼 침묵을 지키는 영원한 수호자로서 나일강으로 돌아가는 왕의 행렬을 묵묵히 지켜보았을 것이다.

알렉산드로스의 배가 헬리오폴리스 인근에 이르자 나일강의 물길이 여러 갈래로 나뉘어 삼각주 전역으로 흘러갔다. 그의 함대는 동쪽 지류를 따라 펠루시움으로 되돌아가지 않고, 가장 서쪽 물길인 카노푸스Canopus 지류를 따라 그리스 무역의 거점이었던 나우크라티스로 이동했다. 이 도시는 바다에서 약 80킬로미터 떨어진 내륙에 있었지만, 이전 300년 동안 그리스 세계와 파라오의 왕국 사이를 연결하는 교역의 중심지였다. 하지만 알렉산드로스의 입장에서 나우크라티스는 지중해에서 너무 멀리 떨어진 작은 도시였기 때문에 그가 꿈꾸던 다국적 교역 도시의 조건에 맞지 않았다. 티레를 무너뜨린 이후, 그에게는 이집트뿐 아니라 동지중해 전체의 무역을 관장할 새로운 항구가 필요했다.⁹ 나일강의 하구이자 바다를 접한 곳에 항구를 세운다면 이집트의 곡물 운송은 물론, 아라비아의 향신료 무역과 동아프리카 연안에서 올라오는 물품들을 거래할 요충지가 될 것이었다. 나아가 수에즈만과 홍해를 지나 아라비아로 들어오는 상인들의 이동로까지 연계한다면, 그 항구는 페르시아나 인도와도 연결되는 무역의 종착지가 될 수 있었다.

나우크라티스처럼 소박한 항구는 알렉산드로스가 꿈꾸는 비전과 어울리지 않았다. 그에게는 지중해와 나일강 양쪽으로 쉽게 접근할 수 있고, 침입자나 해적을 방어하기 용이한 물 깊은 항구가 필요했다. 또한 기후가 온화하고 선선한 바람이 불고 식수가 풍부한, 전혀 새로운 개념의 도시가 필요하다고 생각했다. 알렉산드로스가 카노푸스 지류의 하구에 이르렀을 때, 지중해와 마레오티스Mareotis 호수 사이 서쪽으로 넓은 석회암 산줄기를 보았다. 순간 그는 자신이 구상한 새로운 도시를 건설할 장소를 찾았다고 생각했다. 그곳은 동서의 좁은 해안 도로로만 접근할 수 있는 지협 위에 형성된 항구였고, 나일강 하구와도 멀지 않아 담수를 안정적으로 공급받을 수도 있었다. 그럼에도 하구와 너무 가깝지도 않아 항구에 토사가 쌓이지도 않는 곳이었다. 또한 해안에서 약 1.5킬로미터 떨어진 바다 위에 파로스Pharos라는 섬이 있었다.[10] 자연적인 방파제 역할을 하는 이 섬은 오래전부터 그리스인들에게도 알려져 있었다. 전해지는 이야기에 따르면, 그날 밤에 알렉산드로스가 꿈을 꾸었다고 한다. 꿈속에 한 노인이 등장해 호메로스의 익숙한 구절을 읊었다고 전해진다.

폭풍이 몰아치는 바다 한가운데 섬이 있네.
이집트 앞의 그 섬을 사람들은 파로스라고 부르네.

실제로 그러한 꿈을 꾸었는지는 알 수 없지만, 알렉산드로스는 파로스섬 맞은편의 그 항구가 자신의 새로운 도시 알렉산드리아를 건설하기에 더할 나위 없이 완벽한 장소라고 생각했다.

역사가 아리아노스에 따르면, 알렉산드로스는 또다시 포토스, 즉 어떤 대상을 향한 강렬한 열망에 휩싸이기 시작했다.[11] 그리고 그는 즉시 도시를 구상하고 설계에 착수했다. 이에 대한 기록들은 저마다 다르지만, 다수의 사료들은 알렉산드로스가 너무 서두른 나머지 도시의 경계를 표시할 석회 덩어리조차 구할 시간이 없었다고 전한다. 그러자 한 병사가 자신이 가진 보리를 사용해보자고 제안했다. 알렉산드로스는 훌륭한 아이디어라고 기뻐했다. 그는 즉시 보리가 담긴 자루를 들고 현장을 누비며 성벽의 위치와 넓이를 표시했고, 시장과 신전이 들어설 장소를 결정했다. 특히 그는 이집트 신들에게 바치는 신전을 건립하는 일에도 열의를 보였는데, 현지인들의 신앙을 존중하는 모습을 보이기 위해서였다. 그리스인들에게 땅과 인간 모두에게 생명을 가져다주는 신으로 알려진 이시스의 신전도 도시의 상징으로 건립될 예정이었다.

그런데 그때, 근처 호수에서 날아든 수천 마리의 새들이 알렉산드로스가 정성껏 뿌려놓은 보리 낱알들을 순식간에 먹어버리는 일이 벌어졌다. 이 광경을 본 왕은 신들이 자신의 도시 건설을 반대하는 것이 아닐까 우려했다. 하지만 하늘의 징조를 언제나 좋은 쪽으로 해석하는 왕의 수행 점쟁이 아리스탄데르는 이를 다르게 해석했다. 그는 새들이 잔치를 벌이는 것은 길조이며, 알렉산드로스의 새로운 도시가 크게 번영해온 세상 사람들에게 풍요를 나누어줄 것이라고 예언했다.

왕이 알렉산드리아 건설에 몰두해 있을 무렵, 그리스로부터 반가운 소식이 날아들었다. 에게해 함대 공동 지휘관으로 활약하던 마케도니아인 헤겔로코스가 전령으로 도착해 전한 희소식이었다.[12] 트로이 인근의 전략 요충지인 테네도스섬 주민들이 체제에 반기를 들고 페르시아인들을 몰아냈는데, 더욱 놀랍게도 키오스섬 주민들도 페르시아인들을 축출하고 마케도니아군을 받아들였다고 했다. 헤겔로코스는 페르시아 함대의 지휘관이자 사망한 멤논의 조카인 파르나바조스를 생포했다고 보고했다. 모든 작전이 순조롭게 진행되고 있었다. 심지어 레스보스섬의 메팀나 출신으로 페르시아 편에 있던 그리스인 아리스토니코스는 키오스섬이 여전히 페르시아의 통제에 있는 줄 착각해 항구로 들어왔다가 붙잡혔다. 이로 인해 북 에게해의 요충지였던 레스보스섬 전체가 알렉산드로스의 수중으로 넘어왔다. 게다가 할리카르나소스 근처의 코스섬도 페르시아 세력을 몰아내는 마케도니아군에 협력하기로 했다. 이제 에게해와 동지중해 전체가 알렉산드로스의 지배 아래 놓이게 되었다.

헤겔로코스는 아리스토니코스는 물론 다리우스의 편에 섰던 키오스와 레스보스의 귀족 지도자들도 모조리 포박해서 데려왔다. 그런데 코스섬에 정박했을 때 파르나바조스가 탈출하는 일이 벌어졌고, 헤겔로코스는 이 실수에 대해서도 사과했다. 그러나 알렉산드로스는 눈앞에 엎드려 떨고 있는 포로 무리를 보며 흡족해했다. 그리고 곧바로 그들의 운명을 결정했다. 알렉산드로스는 레스보스의 지도자들을 고향으로 돌려보내 그들의 죄를 민중이 심판하도록 했다. 귀향한 그들은 결국 고문을 당한 뒤 처형되었다. 또한 키오스섬 주민들에게도 포고령을 내려 페르시아의 압제에서 벗어나 자유를 되찾게 되었음을 알렸고, 외지로 망명했던 이들도 환대할 것을 지시했다.[13] 그러나 동시에 시민들이 그 자유를 넘어서는 행위를 할 수 없도록 마케도니아 병력을 키오스에 주둔시켰고 도시의 행정 전반을 감시하도록 했다. 다행히도 키오스의 원로들은 주어진 자유의 한계를 현명하게 인식했고, 절제된 내용의 헌법을 만들어 알렉산드로스의 인가를 얻었다.

왕은 다리우스의 편에 섰던 키오스의 귀족 지배자들, 즉 자신에게 충성하지 않은 과두정 지도자들을 위해 특별한 처분을 지시했다. 섬 환경에 익숙한 이들을 이집트 최남단 국경지대이자 나일강 한복판에 있는 작은 섬 엘레판티네로 유배시킨 것이다. 그곳은 나일강의 험난한 제1급류 인근으로, 고향에서는 무려 1600킬로미터 이상 떨어진 남쪽 변방이었다. 그들은 그곳에서 해마다 강물의 수위를 측정하는 석조 구조물인 나일강 수위계를 바라보며 여생을 조용히 마무리하게 되었다.

알렉산드리아 건립도 순조롭게 진행되고 그리스 세계의 정치 문제들도 안정기에 접어들자, 알렉산드로스는 멀리 떨어진 도시 시와에 있는 신탁소를 방문하고자 하는 열망을 품었다.[14] 이 외딴 신탁소는 나일 계곡에서 서쪽으로 약 480킬로미터 떨어진 사하라사막의 한가운데 자리 잡고 있었다. 겉보기에는 종교 중심지로 전혀 어울리지 않는 곳이었지만, 그럼에도 그리스 세계에 조금씩 이름을 알리기 시작한 성소였다. 전설에 따르면 헤라클레스와 영웅 페르세우스 또한 이곳을 방문했으며, 그리스인들이 시와의 신탁소를 본격적으로 알게 된 것은 알렉산드로스가 태어나기 약 100년 전부터였다. 시와에서 모신 신은 이집트의 수많은 신들 가운데서도 최고의 통치자로 여겨지는 신 아문이었다. 그리스인들은 이 신을 암몬Ammon이라고 불렀고, 자연스럽게 자신들의 최고신인 제우스와 동일시했다. 아울러 시와의 신탁소를 제우스암몬 신탁소라고 불렀다. 뿔 난 양의 모습으로 자주 묘사되는 이 신의 신전과 성소는 아마도 이집트 서쪽 아프리카 해안에 위치한 그리스 식민도시 키레네를 통해 에게해 인근까지 알려졌을 것이다. 시와의 오아시스에서 출발한 대상인들은 인근 도시들과 교역하면서 아문 신이 모셔진 사막 너머의 경이로운 신탁소 이야기를 전했을 것이고, 그 신의 권능에 대한 이야기들 역시 선원들을 통해 그리스 전역으로 퍼져나갔을 것이다. 아테네에는 곧 암몬 신을 위한 신전이 세워졌고, 유명한 시인 핀다로스도 자신의 고향 테베에서 이 신을 찬양하는 시를 짓고 동상을 세웠다.[15] 제우스암몬 신탁소는 그리스에서 가장 권위 있는 신탁소였던 도도나Dodona나 델포이와 동등한 수준으로 인식되었지만, 실제로 험난한 여정을 감수하면서까지 이 사막의 오아시스를 방문하는 사람은 극히 드물었다.

 시와 신탁소를 방문한 알렉산드로스의 행적은 그의 생애 중에서도 가장 논쟁적인 사건 중 하나이다. 고대 작가들도 그가 왜 그토록 먼 여정을 강행했는지, 그리고 그곳에서 어떤 신탁을 들었는지에 대해 다양한 추측을 했다. 하지만 그 기록들은 서로 모순되고 불완전하며, 때로는 거짓임이 분명한 이야기들로 가득하다. 출처마다 엇갈리는 수많은 이야기들 가운데 분명한 사실이 하나 있다. 알렉산드로스는 원정의 일정에서 귀한 시간을 할애해 세상에서 가장 혹독한 사막을 가로질러 신의 응답을 듣기 위해 목숨을 건 일정을 강행했다는 것이다.

 현대의 독자들은 단지 종교적인 열정만으로 그토록 위험하고 불안정한 시기에 머나먼 여정을 감행한 사실을 이해할 수 없을지도 모른다. 하지만 알렉산드로스라는 인물과 그가 살았던 세계의 본질을 이해하기 위해서,

우리 자신이 가진 선입견과 회의주의와 냉소적인 불신을 잠시 내려놓아야 한다. 고대의 세계는 신비와 마법이 일상과 공존한 시대였다. 그렇지 않은 이들도 있었겠지만, 알렉산드로스를 포함한 당시의 대다수 사람들은 신들이 어디에나 존재해 인간 삶에 지대한 영향을 끼친다고 믿었다. 하늘을 나는 한 마리 새의 움직임과, 나무 사이를 스치는 바람의 소리와, 밤중에 꾼 불길한 꿈 등, 세상의 수많은 현상이 신께서 내린 징조와 계시일 수 있었다. 이러한 신적 존재들은 지상의 특별한 장소에서 인간에게 메시지를 전하며, 매우 모호한 형태이기는 하나 신의 뜻은 세계 곳곳에 흩어진 신탁을 통해 사람들에게 내려졌다. 그리고 많은 이들이 기꺼이 그 장소를 방문해 필생의 질문을 던지고 신의 응답을 들으려 했다.

알렉산드로스 역시 신에 대한 수많은 의문을 품었지만, 그의 마음을 가장 무겁게 짓누른 것은 다음의 세 가지였다. 첫째는 자신이 정말로 다리우스를 이기고 동방의 땅을 차지할 수 있을 것인가라는 의문이었다. 뛰어난 재능과 넘치는 열정을 지닌 그였지만, 자신이 상대하는 적은 거대하고 강력한 제국이었고, 실패할 가능성은 언제나 존재하는 현실적인 위협이었다. 둘째는 자신의 아버지 필리포스의 암살자들이 모두 상응하는 처벌을 받았는가라는 의문이었다. 알렉산드로스 자신이 아버지 암살의 배후라는 의심이 떠돌던 상황을 고려하면, 이 질문은 어쩌면 자신에게 쏠린 의심을 다른 곳으로 돌리기 위한 연막일 수도 있었다. 하지만 알렉산드로스가 정말로 결백했다면, 아버지의 죽음에 책임이 있는 자들을 찾아내어 단죄하는 일은 매우 중대한 과제였을 것이다. 그렇게 하지 않는다면 불충한 죄악이 그의 통치를 더럽히고 신들의 진노를 부를 것이기 때문이었다. 세 번째이자 마지막 의문은 가장 대담하면서도 다소 기이한 것이었다. 알렉산드로스는 필리포스가 정말 자신의 아버지인지, 그렇지 않다면 자신이 신의 아들인 것은 아닌지 알고 싶었다. 어머니 올림피아스는 자신이 번개의 형상으로 나타난 제우스에 의해 잉태했다고 말해주었다. 심지어 필리포스 본인도 꿈을 꾸었는데, 자신이 아내의 자궁에 사자의 형상을 새겨 봉인하는 내용이었다. 이에 대해 예언자 아리스탄데르는, 그녀가 신성한 아이를 잉태했다고 선언한 바 있었다.

정말로 알렉산드로스는 과도한 자아도취에 빠져 자신이 신들의 왕 제우스에게서 태어났다고 믿었던 것일까? 그렇다면 그것은 그리스인들이 휴브리스라고 부른, 신의 영역을 넘보는 오만함의 극치일 것이다. 그리고 고대 그리스에서 그러한 정념은 신들에 의해 파멸로 이끌려지는 전조였다. 물론 매우 먼 계보라고 할지라도 자신이 신들의 후손임을 주장한 그리스인은 많았다. 특히 이집트는 물론 페르시아와 인도에 이르는 동방의 왕들은 자신이 신의 자손임을 공공연히 내세우기도 했다. 그렇다면 알렉산드로스가 자신의 신성한 계보를 대중에게 내세운 것은 아프리카와 아시아 사람들에게 더욱 자연스럽게 받아들여지기 위한 냉정히 계산된 전략이었을까? 그렇지 않다면 그는 정말 자신의 아버지가 누구인지 의문을 품었던 것일까? 오늘날 독자들은 그가 정말로 자신이 신의 아들일 수 있다고 생각했다는 사실이 당혹스러울 것이다. 하지만 우리는 다시 한번 시대의 선입견을 내려놓고 그가 살았던 세계의 맥락 속에서 사실을 살펴야 한다. 그의 신하와 병사와 친구들은 물론 그 자신에게도 신의 혈통이라는 개념은 대담한 주장일 것이었지만, 그렇다고 해서 터무니없는 것은 아니었다. 젊은 왕은 이미 제국의 왕을 전투에서 패퇴시켰고, 어떤 그리스인도 꿈꾸지 못했던 광대한 영토를 정복해가던 과정에 있었기 때문이었다. 그를 따르던 이들의 입장에서, 이토록 경이로운 업적들이 신성한 피의 증거가 아니라면, 도대체 어떤 일들이 그 증거가 될 수 있겠는가? 그러므로 우리가 이를 이상하게 여기고, 그것이 정치적 목적으로 이용하는 수단이었다고 해도, 알렉산드로스가 자신의 출생에 대해 질문을 던진 일은 어느 정도 진심이었다고 보는 것이 타당하다.

가까운 동료 몇 명만을 동반한 알렉산드로스는 낙타와 현지 안내인을 앞세운 채 알렉산드리아를 출발했다. 나일 삼각주에서 서쪽의 시와에 이르기 위해서는 우선 지중해 해안에서 파라이토니움으로 이어지는 240킬로미터 거리의 교역로를 지나야 했다. 이 황량한 해안 일대에서 파라이토니움은 몇 안 되는 안전한 항구였다. 그곳에 도착하니 알렉산드로스를 만나고자 하는 아프리카 북부 도시 키레네의 사절단이 도착해 있었다. 이들은 자신들의 도시뿐 아니라 주변의 여러 공동체를 대표하고 있었는데, 전통에 따라 복종의 관을 바치고 값진 선물을 헌상했다. 알렉산드로스는 그들의 충성을 기쁘게 받아들이고 우호조약을 맺었다.

키레네는 300년 전 화산섬 테라Thera에서 건너간 이주민들이 세웠고, 아프리카 대륙에서 가장 중요한 그리스 식민도시였다. 이후 건너온 사람들은 대체로 스파르타인과 남부 그리스 부족 등 생활력 강한 도리아인들이었다. 키레네는 광대한 사막 가장자리에 위치한 푸르고 비옥한 땅으로, 도시는 해안에서 내륙으로 들어간 언덕 위에 형성되었다. 처음에는 현지 아프리카인들과의 관계가 매끄럽지 못했지만, 시간이 흐르면서 원주민 부족들에 대한 패권을 가지게 되었다. 이 지역에서는 훌륭한 말이 길러졌고 값비싸지만 향이 좋은 식물 실피움이 생산되었다. 해외로 수출되었던 실피움은 향신료뿐 아니라 피임제 등의 약제로도 쓰였으며, 도시에서 만든 주화에는 실피움 줄기의 형상이 새겨져 있었다. 오랫동안 페르시아에 충성을 맹세한 왕가의 통치를 받았으나, 결국은 시민들의 의해 그 왕조가 폐위되고 말았다. 이 도시는 지중해 세계와 사하라사막의 대상 무역로를 연결하는 외지지만 중요한 교역 중심지였다. 키레네의 입장에서 알렉산드로스에게 충성을 맹세하는 일에는 큰 비용이 들지 않았고, 동시에 마케도니아 왕이 해안을 따라 자신들의 영토로 진입해오는 것을 막는 효과적인 조치였다. 알렉산드로스의 입장에서도 이 지역에서 형식적이나마 영향력을 공고히 한다면 제국의 서쪽 국경을 안정시킬 수 있었다. 키레네에서 더욱 서진하면 카르타고가 나타난다. 이 도시는 티레 공방전 당시 알렉산드로스에 대적했던 적대적인 세력이 장악하고 있었다. 어쩌면 알렉산드로스는 이 시점에서 이미 카르타고와의 전쟁은 물론, 키레네를 거점으로 한 서지중해 진출 계획을 구상하고 있었는지도 모른다.

　해안 도시 파라이토니움을 떠난 알렉산드로스 일행은 이제 방향을 틀어 대륙의 남쪽으로 내려가야 했다. 현지 안내인들은, 시와까지의 거리가 320킬로미터가 넘고, 움직이는 모래 산과 거센 남풍이 몰아치는 지옥 같은 이동로를 지나야 한다고 설명했다. 하지만 알렉산드로스는 여정을 이어가겠다는 의지를 굽히지 않았다. 해안의 평야지대를 벗어난 소규모의 마케도니아 병력은 지금껏 한 번도 경험한 적 없는 낯선 풍경 속으로 빠져들었다. 초목이 전혀 없는 모래언덕은 지평선 너머까지 끝없이 이어져 있었고, 발목까지 빠지는 모래의 굽이침은 끝없이 펼쳐진 바다를 연상케 했다. 거센 바람이 폭풍을 일으키자 두 눈과 옷 속으로 모래가 파고들었고 점차 온몸을 뒤덮어버렸다. 사막 여행에 익숙하지 않던 알렉산드로스의 무리는 며칠 만에 가지고 있던 식수를 다 마셔버렸지만, 오아시스는 어디에도 보이지 않았다. 설상가상으로 모래바람 속을 헤매던 안내인들마저 길을 잃고 말았다. 그날 밤, 망망대해와도 같은 사막 한복판에 주저앉은 일행은 그 자리에서 죽을 수도 있겠다고 생각했다.

　그런데 그 절체절명의 순간, 마치 신이 선물이라도 내리듯 갑작스러운 폭우가 쏟아졌다. 생명을 되찾은 듯 기쁨에 찬 알렉산드로스와 병사들은 웅덩이에 천막을 깔아 물을 모았고, 캠프 주변을 뛰어다니며 입을 벌린 채 빗물을 받아 마셨다. 비가 내리자 허공에 가득하던 먼지가 씻은 듯 사라졌고, 사막 전체에 청명한 기운이 내려졌으며, 모래가 단단히 다져져 걷기 편한 길이 만들어졌다. 하지만 하늘이 생명의 비를 내려주었다고 해도, 여정을 이어갈 길을 보여준 것은 아니었다. 그때, 알렉산드로스는 머리 위로 날아가는 까마귀 두 마리를 보았다. 리비아 사막에서는 흔히 볼 수 있는 새들이었지만, 그 순간에 그것은 하나의 징조처럼 보였다. 까마귀들은 하늘을 선회하다가 남서쪽 방향으로 날아가며 병사들을 향해 까악까악 울어댔다. 알렉산드로스는 까마귀들이 오아시스를 향해 날아가고 있다고 직감하고, 즉시 일행에게 새를 따라가자고 말했다. 이 여정에 함께했던 프톨레마이오스는 훗날, 방향을 알려준 것은 까마귀가 아니라 뱀이었다고 기록하기도 했다. 새들이 날아간 방향으로 나아가던 일행은 얼마 지나지 않아 외진 곳에 위치한 가라Gara 오아시스에 도착했다. 이곳은 훗날 '알렉산드로스의 캠프'라는 이름으로 알려졌다. 목적지와는 거리가 있는 곳이었으나, 적어도 휴식을 취하고 물을 보충할 수는 있게 되었다. 그리고 다시 채비를 갖추어 메마른 협곡과 황량한 자갈 언덕들을 넘어 여정을 이어갔다. 그리고 이틀 이상의 고된 행군 끝에 마침내 척박한 고원의 끝자락에 이르렀다. 언덕 위에서 내려다본 풍경에는 믿을 수 없을 만큼 푸른 시와 오아시스가 드문드문 펼쳐져 있었다.

사하라사막 한가운데 있지만 해수면보다 조금 낮은 오아시스 도시 시와는 여러 개의 오아시스와 마을이 약 80킬로미터에 달하는 신록의 계곡을 중심으로 늘어선 곳이다. 황량한 사막이면서도 석류나무, 올리브나무, 야자수 등이 우거진 강렬한 풍경의 대비는 알렉산드로스와 그의 일행에게도 낯설고도 아름다운 모습이었을 것이다. 과수원에는 열매가 가득하고 땅속에서 샘물이 솟지만 외곽에는 메마른 사막과 황무지가 펼쳐진 곳, 양 떼가 풀을 뜯고 아이들이 천진하게 뛰놀지만 외부와 철저히 고립된 땅인 시와는 극적인 풍경 속에서 고유의 문화를 꽃피운 도시였다. 그리스인들이 암모니아라고 불렀던 시와의 주민들은 나일강 유역 주민들과 교역을 했지만 정식으로 이집트인이었던 적은 없었다. 오아시스 주변으로는 풍부한 소금 암반이 퍼져 있었으며, 이는 이집트 사제들의 종교의식에도 매우 중요한 자원이었다. 주민들은 야자잎으로 엮은 바구니에 소금을 담아 낙타에 싣고 동쪽 멤피스로 운반했다. 시와에서 채취하는 암염은 특유의 화학적 성분 때문에 귀하게 거래되었으며 '암몬의 소금'으로 불리기도 했다. 오늘날 사용되는 단어 암모니아ammonia도 여기서 유래했다. 시와 주민들은 소금과 대추야자는 물론 노예도 거래했으며, 사하라 너머에서 대상을 통해 들어온 각종 물품들도 교역선에 올렸다.

알렉산드로스가 시와에서 관심을 가졌을 만한 명소 중 한 곳은, 헤로도토스의 기록을 통해 널리 알려진 태양의 샘이었다.[16] 이 샘은 암몬 신에게 바쳐진 신성한 숲 중앙에 위치한 작은 연못으로, 해 뜰 무렵에는 따뜻한 물이, 오전에는 시원한 물이, 그리고 정오가 되면 차가운 물이 샘솟는다고 알려진 곳이었다. 하루가 저물고 서쪽 모래언덕 너머로 해가 넘어갈 무렵이면 샘물이 서서히 따뜻해지고, 다음 날 해가 뜨는 순간까지 따뜻한 물을 분출된다고 알려졌다. 하지만 알렉산드로스는 지역의 명소를 두루 돌아볼 만큼 한가하지는 않았을 것이다. 암몬 신의 신탁을 받기 위해 수백 마일의 사막을 횡단해온 알렉산드로스는 옷을 갈아입을 틈도 없이 곧장 오아시스 중앙의 바위 언덕에 세워진 신전으로 향했다. 언덕 위에는 신전뿐 아니라 시와 지배 가문의 오래된 거처도 함께 있었으며, 족장의 방과 아내나 후궁의 처소, 자녀의 공간도 구획되어 있었다. 하지만 알렉산드로스는 그러한 지역 귀족들의 존재에는 전혀 관심을 두지 않았다. 그는 곧장 언덕 위로 올라 위대한 신 암몬의 성소로 걸어들어갔다.

성소에서는 대사제가 그를 기다리고 있었다. 순례자가 오면 현지 여성들이 신에게 바치는 송가를 합창하며 맞는 것이 관례였다. 또한 신은 그리스 신전처럼 조각상으로 모셔져 있지 않았고, 측면에 은잔이 매달린 작은 황금 배가 등장하는 것으로 신의 나타남을 알렸다. 그런데, 대제사장은 왕의 방문 소식을 사전에 듣지 못했기 때문에 평소와 같은 환영 행사를 준비할 시간이 없었다. 그럼에도 불구하고 그는 알렉산드로스를 정중히 환영했다. 대사제는 바다 건너에서 찾아오는 방문객들과 간단히 대화할 정도의 그리스어는 구사할 수 있었지만, 강한 억양 때문에 오해를 초래하기도 했다. 측근들이 성소 바깥에서 기다리는 가운데, 대사제는 알렉산드로스를 향해 부드럽게 오 파이돈O paidon이라고 속삭였다.17 '오 내 아들이여'라는 뜻이었다. 하지만 억양이 너무 강해서 마지막 음을 잘못 발음했고, 그 결과 오 파이도스O paidos로 들리도록 말했다. 알렉산드로스는 이 실수를 웃으며 넘겼지만, 그 속에서 신의 계시를 읽었다. 그의 귀에는 사제의 말이 오 파이 디오스O pai dios, 즉 '오 제우스의 아들이여'로 들렸기 때문이었다. 알렉산드로스는 늘 자신의 진짜 아버지가 누구인지 궁금해했고, 이 말실수는 해답을 찾는 그에게 내려진 첫 번째 실마리였다.

프톨레마이오스를 비롯한 여러 동료가 밖에서 기다릴 때, 알렉산드로스는 신전 안에서 문을 닫았다. 그 때문에 내부에서 정확히 어떤 일이 있었는지는 추측의 영역이 되었지만, 확실한 것 하나는 제우스암몬 신탁 앞에서의 체험이 알렉산드로스를 깊이 변화시켰다는 점이다. 짧지만 격동적인 생애를 사는 동안 그를 괴롭혔던 모든 의문과 불안은 그곳에서 사라졌다. 훗날 어머니에게 보낸 편지에서 그는 성소에서 놀라운 이야기를 들었다고 적었지만 자세한 내용은 마케도니아로 돌아가 직접 말하겠다고 했다. 그러나 그는 끝내 고향으로 돌아가지 못했고, 오늘날 우리가 접할 수 있는 고대 기록들은 그가 친구에게 무심코 흘린 말이나 초기 작가들이 꾸며낸 창작 자료에 근거를 두고 있다. 많이 알려진 사료들에 따르면, 알렉산드로스가 신탁에 던진 첫 질문은 자신의 아버지를 살해한 자들이 처벌을 받았는가 하는 것이었다. 그러자 신탁은 대사제의 고갯짓으로 응답하면서, 그의 진짜 아버지는 인간이 아니므로 죽임을 당할 수 없음을 넌지시 알렸다. 대사제는 말을 이어가며, 필리포스를 죽인 자가 있다면 이미 처벌을 받았으니 이제는 마음을 놓아도 된다고 위로했다. 이제 알렉산드로스는 자신의 혈통에 대해 더 이상 궁금해할 필요가 없었다. 이미 답을 얻었기 때문이었다. 마지막으로 그는 자신이 온 세상을 다스리는 지배자가 될 것인지 물었다. 이에 신탁은 단순하지만 깊은 의미를 담은 고개 끄덕임으로 답했다. 역사가 아리아노스가 말했듯, 그것은 알렉산드로스가 간절히 듣고 싶었던 답이었다.18

이제 알렉산드로스는 자신이 누구이고, 자신의 앞에 어떤 운명이 기다리고 있는지 알게 되었다. 그는 제우스암몬의 대사제에게 감사의 뜻으로 값진 선물을 바친 뒤 성소를 떠났다. 이후 그는 시와에서 들은 음성에 따라 자신을 신의 아들이라 칭하기 시작했고, 신의 상징인 숫양의 뿔을 단 자신의 형상을 주화에 담았다. 자신도 다른 이들처럼 피를 흘릴 수 있고 죽을 수 있는 인간이지만, 그날 이후부터는 자신의 내면에 신성한 불꽃이 깃들어 있음을 확신하게 되었다.

신탁소를 방문한 알렉산드로스는 시와에 오래 머물지 않았다. 계절은 어느새 봄으로 바뀌고 있었고, 다리우스는 메소포타미아 어딘가에서 그를 기다리고 있을 것이었다. 게다가 자신은 서쪽 사막에 외따로 떨어져 있는 처지였기 때문에 하루속히 본대에 합류해야 했다. 또한 이집트의 행정을 정비하는 것은 물론, 나일 계곡을 떠나기 전에 주둔군 문제도 확정해야 했다. 알렉산드로스가 철군하는 과정에 대해, 다수의 사료들은 왔던 길을 되돌아간 것으로 기록했다. 즉, 왕의 행렬은 사막을 가로질러 파라이토니움으로 돌아간 뒤, 알렉산드리아를 거쳐 나일강의 카노푸스 지류를 따라 멤피스로 건너갔다. 하지만 알렉산드로스의 최측근 프톨레마이오스에 따르면, 왕은 동쪽으로 이동하며 사막을 가로지르는 가장 짧은 길을 택했다.[19] 이 길 역시 지구상에서 가장 황량한 사막을 480킬로미터나 가로지르는 험난한 여정이었다. 하지만 시와 주민들이 오랫동안 이집트인들과 교역할 때 이용하던 경로였기에, 알렉산드로스가 현지인을 길잡이로 동행시켰을 가능성이 크다. 위험한 경로이기는 했지만, 대담한 도전을 즐기는 알렉산드로스의 성향을 생각하면 기꺼이 선택했을 길이었다.

제우스암몬 신전과 푸른 계곡을 마지막으로 돌아본 알렉산드로스는 시와의 사막 낙원을 뒤로한 채, 낙타 행렬을 이끌고 나일강이 있는 동쪽으로 길을 떠났다. 새로운 경로 역시 지중해 연안을 떠나올 때와 마찬가지로 황량했다. 병사들은 메마른 자갈 평원과 거대한 모래언덕을 지났고, 더 나아가서는 위보다 아래가 더 빠르게 침식되어 거대한 버섯 모양이 된 사암 기둥들을 지나갔다. 시와를 떠나고 이틀이 지나도록 샘의 흔적조차 보이지 않자, 마케도니아 병사들은 길잡이들이 일행을 엉뚱한 길로 안내한 것은 아닌지 의심했을 것이다. 하지만 곧 사구 사이에 흩어진 작은 오아시스들을 발견했다. 시와 사람들은 이 마지막 오아시스를 지날 때 반드시 물주머니를 가득 채우라고 경고했을 것이다. 왜냐하면 이후 풀 한 포기를 보기까지는 160킬로미터를 더 걸어야 하기 때문이었다. 소부대 행렬은 다음 날 일어나 서부터 줄곧 태양과 모래와 바람 속을 낙타와 함께 묵묵히 걸었다. 그리고 적어도 일주일 이상 동쪽을 향한 고난의 행군을 이어간 끝에, 먼 지평선 너머로 바하리야 오아시스를 바라볼 수 있었다.

바하리야는 시와와 나일강을 잇는 교역로의 주요 거점이었고, 서부 사막을 감싸듯 늘어선 여러 오아시스 가운데서도 중요한 상업 중심지였다. 마을 외곽은 메마른 언덕이 풍화되어 드러낸 검은 암석 덩이들의 황량한 풍경뿐이지만, 마을 내에는 시와와 마찬가지로 풍성한 과일과 밀밭과 포도 넝쿨이 가득했다. 또한 차가운 샘과 뜨거운 온천이 동시에 흐르고 있었기 때문에, 알렉산드로스도 분명 이곳을 지나면서 사막의 먼지를 말끔히 씻어냈을 것이다. 아시아와 아프리카를 행군하는 동안 줄곧 '교역'이라는 단어를 떠올렸던 그는, 바하리야에서 만난 상인들에게 먼 도시들의 소식과 거래하는 물품들에 대해 물었을 것이다. 후대의 고고학자들은 멤피스와 이어지는 길목 마을의 한 귀퉁이에서 작은 신전을 발견했는데, 알렉산드로스를 숭배하기 위해 마련된 성소였다. 아마도 이 마을에 잠시 들른 왕에게 감사의 마음을 표하기 위해 현지인들이 세운 신전일 것이다.

하지만 추가적인 제례나 휴식을 위해 바하리야에 머물 여유는 없었다. 자신의 귀환을 기다리고 있을 본대 병사들을 향해 알렉산드로스는 다시 길을 나섰다. 지금까지의 길보다 더욱 험하고 황량한 사막을 가로지르며 북동 방향으로 나아갔고, 마침내 비옥한 나일 계곡 인근 멤피스에 닿을 수 있었다. 시와를 방문한 고된 여정은 한 달 이상이 소요되었지만, 자신의 신성한 혈통을 확인하고 세계를 정복할 운명을 재확인한 뜻깊은 일정이었다. 이는 알렉산드로스와 그의 동료들이 평생 내면에 간직할 위대한 모험이었다.

멤피스로 돌아온 알렉산드로스는 할 일이 많았지만 이집트를 떠날 시간은 다가오고 있었다.[20] 그는 자신의 아버지로 믿게 된 위대한 제우스를 기리기 위해 축제를 열었고, 다시 시작될 전쟁을 준비하기 위한 운동경기와 음악 제전도 개최했다. 마케도니아의 섭정으로 국내 통치에 전념하고 있던 안티파트로스는 시와에서 돌아오는 왕의 일정에 맞춰 트라키아 기병대와 용병 부대를 증원 병력으로 보내주었다. 하지만 1000명도 채 되지 않은 규모로 미루어볼 때, 그리스 세계의 정세는 여전히 안정을 되찾지 못한 것 같았다. 무엇보다 스파르타의 아기스 왕은 펠로폰네소스에서 지속적으로 분란을 일으키고 있었다. 메소포타미아 어딘가에서 자신을 기다리고 있을 페르시아군 병력이 얼마나 확충되었는지와 상관없이, 알렉산드로스는 이제 자신이 보유한 병력만으로 그들과 결전을 벌여야 했다.

알렉산드로스가 본대로 돌아오자 에게해 각지에서 온 사절단들이 그를 기다리고 있었다. 그 가운데 밀레토스에서 온 사절은, 오랫동안 말라 있던 디디마 근처의 신성한 샘이 다시 솟아나기 시작했다고 전했다. 몇 해 전 페르시아인들은 디디마의 제사장 브란키다이 일가를 중앙아시아로 강제 이주시켰는데, 이제 그 후임 제사장들이 알렉산드로스의 앞날에 대한 예언을 쏟아내기 시작했다. 그들은 알렉산드로스가 다리우스를 상대로 대승을 거둘 것이며, 다리우스 대왕은 곧 죽게 될 것이라고 예언했다. 또한 지금은 스파르타가 반란을 획책하고 있지만 결국 어떤 일도 성공하지 못할 것이라고 덧붙였다. 그들은 알렉산드로스가 시와에서 겪은 신탁 체험 이야기를 듣자, 자신들도 알렉산드로스가 제우스의 아들이라는 신탁을 받은 바가 있다는 뒤늦은 고백을 했다. 이에 질세라, 근처 이오니아 도시 에리트라이에서 온 다른 사절도, 자신들의 아테나 신전 여사제 역시 알렉산드로스가 제우스의 아들이라는 것을 미리부터 예언했다고 주장했다. 알렉산드로스는 이러한 새삼스러운 신탁 전언들이 자신의 환심을 사기 위한 도시들의 아첨일 수 있다고 생각했지만, 오히려 이를 자신의 통치를 위해 활용하고자 했다. 만일 자신이 제우스의 아들이라는 소문이 그리스 전역으로 퍼진다면 오히려 좋은 일일 수도 있다. 아테네나 스파르타, 테베인들이 알렉산드로스가 전쟁을 치르는 동안 문제를 일으키고자 모의할 때, 그러한 소문에 대해 한두 번쯤 생각하게 될 수도 있을 것이었다.

이집트에서 확정할 마지막 업무는 그 지방을 다스릴 장군과 행정 관리를 임명하는 일이었다. 나일강 유역의 드넓은 정착지에는 인구도 많고 생산되는 부도 막대했기 때문에, 이는 매우 까다로운 과업이었다. 만일 한 명의 총독에게 모든 권한을 몰아준다면, 그가 반란을 일으켜 스스로 강력한 왕으로 등극할 수도 있었다. 때문에 알렉산드로스는 리디아의 사르디스에서처럼 권력을 분산시키는 신중한 방식을 택했지만, 이번에는 더욱 세심하게 업무를 조정했다. 우선 이집트인들의 불만을 누그러뜨리기 위해 도로아스피스와 페티시스라는 두 명의 꼭두각시 통치자를 임명해 나일강 도시들의 전통적인 행정 체제를 유지하고자 했다. 페티시스는 이 허울뿐인 명예직을 사양했지만, 도로아스피스는 개의치 않고 그 역할을 맡았다. 이집트 농민들도 고대 파라오 시절부터 그랬던 것처럼 같은 땅에서 농사를 지었고 세금을 낼 수 있었다. 다만 그 세금은 이제 마케도니아의 국고로 산입되게 되었다. 지방 관리들도 대부분 자리를 지킬 수 있었다. 이집트 관리 페토시리스는 이러한 처사를 찬양하며 감사의 표시로 알렉산드로스를 정의로운 '이집트의 왕자prince of Egypt'로 묘사한 상형문자 비문을 남겼다. 앞서 통치했던 페르시아인들에 대한 억압적이고 부정한 묘사와 대조되는 표현이었다.[21]

알렉산드로스는 믿을 만한 두 장교를 선임해 이집트에 남길 정규군의 지휘를 맡겼다. 그리고 한 명은 멤피스에, 다른 한 명은 펠루시움에 두었다. 용병 부대의 지휘권은 북서 그리스 출신 장교에게 주었지만, 그 권한은 다른 마케도니아 장교와 공유되었고, 두 사람은 서로를 감시하는 역할을 했다. 심지어 이 두 용병 지휘관을 감시하기 위해 또 다른 감찰관 두 명을 임명했으며, 이들은 중요한 업무를 왕에게 직보해야 했다. 해군의 지휘는 또 다른 별도의 장교에게 맡겼으며, 30척의 삼단노선을 줘서 나일강 하구를 방어하도록 했다. 모든 권력을 분산하고자 했던 알렉산드로스는 이집트 서쪽의 아프리카 연안은 물론 시나이반도 인근 아라비아 지역까지 별도의 관리를 임명해 통치하도록 했다. 이 중 아라비아 지역은 나우크라티스 출신 그리스인 클레오메네스가 책임지도록 했다. 알렉산드로스는 이집트는 물론 인근 지역을 제각기 다른 통치자들로 구성했기 때문에, 누구도 단독으로 권력을 장악하는 일은 없을 것이라고 확신했다. 훗날 이것은 실책으로 드러나게 되지만, 당시로서는 매우 효과적인 방책이 아닐 수 없었다.

 어느 봄날의 이른 아침, 알렉산드로스는 이집트 파라오로서의 성대한 환송을 받으며 멤피스를 떠났고 나일강을 따라 펠루시움으로 향했다. 이 장엄한 행차에 한 가지 비보가 들려왔으니, 왕의 친구이자 파르메니온의 막내아들 헥토르가 사고로 세상을 떠났다는 소식이었다. 축제의 흥을 만끽하던 젊은 헥토르는 작은 배를 타고 알렉산드로스 해군의 삼단노선과 경주를 하려 했다. 그런데 너무 많은 사람과 짐이 실린 배가 전복되었고, 바다에 빠진 탑승자 대부분이 목숨을 잃었다. 마케도니아인들은 수영에 능하지 못했지만 헥토르는 젖은 옷을 입은 채 필사적으로 헤엄쳤고, 반쯤 숨이 넘어간 채 강둑에 닿았다. 하지만 탈진한 그는 이내 숨을 거두고 말았다. 왕은 파르메니온의 다른 가족들에게는 그다지 애정이 없었지만, 이 젊은 친구의 죽음만큼은 진심으로 애도했다. 알렉산드로스가 이집트를 떠나며 가슴에 새긴 마지막 장면은, 젊은 헥토르의 시신이 나일강 강둑 위 장작더미에서 불에 타 재가 되던 모습이었다.

6장 메소포타미아

타슈리투* 14일,
위대한 왕 알렉산드로스는
바빌론에 입성했다.

-바빌로니아 천문 일지[1]

남녀노소 200여 명이 황급히 요르단강 서쪽 황량한 산악지대로 숨어들고 있었다. 귀중품과 은화, 인장 반지, 고운 아마포, 그리고 자신들의 높은 신분을 증명하는 파피루스 문서를 담은 봇짐을 꼭 껴안은 채였다. 이웃한 유대인들에게서 참된 신앙에서 벗어난 이교도인 취급을 받던 사마리아인들이었다.[2] 이들은 300년 전부터 이주민의 피가 섞인 혼혈족으로 취급받으며 오랫동안 핍박을 받아왔다. 하지만 사마리아인들은 자신들이야말로 이스라엘의 고대 신앙을 지켜온 계승자라고 굳게 믿었다. 그들은 성경의 첫 다섯 권, 즉 모세오경만을 삶의 지침으로 받아들였고, 그 안에 담긴 율법

---

* 타슈리투Tashritu는 히브리 바빌론력 7월이다. (옮긴이)

을 철저히 준수했다. 유대인들조차도 이들이 지키는 엄중한 삶의 양식만큼은 인정할 정도였다. 유대인들이 안식일에 맛있는 식사를 하고 가벼운 산책을 즐기는 반면, 사마리아인들은 따뜻한 음식을 금하고 집 밖을 벗어나지 않았다. 그들은 예루살렘이 아닌 근처의 그리심산을 신앙의 중심지로 여겼다. 그들은 스스로 신앙심 깊고 정직한 상인이라는 자부심을 가졌으며, 수 세기 동안 그들의 땅을 거쳐간 아시리아와 바빌로니아, 페르시아 등 여러 지배자와도 문제를 일으키기보다는 순응하는 삶을 살았다. 그랬던 이들이기에, 광야를 헤매며 도망치던 그 급박한 순간, 알렉산드로스가 임명한 새 총독을 산 채로 불태워 죽인 일이 그들 자신에게도 의아했을지 모른다.

알렉산드로스가 이 충격적인 소식을 들은 것은 이집트를 떠나 페니키아로 돌아가는 행군 행렬에서였다. 한 해 전 그는 티레 공성전에서 함대를 지휘했던 안드로마코스를 작은 지방 사마리아의 총독으로 임명했다.[3] 그런데 평소에 온순하기로 유명했던 사마리아인들이 안드로마코스를 붙잡아 말뚝에 묶고 불태워 죽였다는 소식이 전해졌다. 권력이 바뀌는 혼란을 틈타, 현지 귀족을 중심으로 독립적인 도시를 건설하기로 결의한 모양이었다. 그들은 알렉산드로스가 메소포타미아에서 다리우스와 결전을 벌이기 위해 진군하고 있다는 사실을 알았고, 때문에 자신들을 벌하기 위해 산악지대까지 뒤쫓아오지는 않을 것이라고 생각했다. 하지만 그것은 오해였다. 알렉산드로스는 자신의 부하를 죽인 자들을 추격하기 위해 정예 병력을 이끌고 몸소 사마리아의 산악지대로 돌진했다. 그들의 수도에 도착하자마자 도시를 파괴하고 그 즉시 마케도니아의 식민도시로 만들었다. 남아 있던 일부 사마리아인들은 총독을 살해한 귀족들의 은신처를 밀고해 목숨을 건졌고, 그들은 알렉산드로스를 산속으로 인도하며 동족 귀족들을 뒤쫓도록 도왔다.

옷이 누더기가 된 채 도주하던 피난민 무리는 계곡 아래에서 마케도니아 병사들이 추격해오는 소리를 들었다. 그들은 나귀 한 마리가 겨우 지날 만한 좁은 암벽 위로 기어올랐다. 아이를 동반한 부모들은 울음을 그치지 않는 아이들의 입을 틀어막았다. 마침내 언덕 중턱에서 깊은 어둠을 품은 동굴 하나를 발견했다. 굴의 천장에는 박쥐들이 매달려 있었고, 바닥의 두꺼운 배설물층이 밟히면서 악취가 일었다. 도망자들의 눈과 코를 틀어막은 채 앞으로 나아갔다. 그들은 몇십 미터나 되는 동굴 바닥을 손으로 더듬으며 이동했다. 그리고 숨 막히는 어둠 속에서 서로에게 몸을 의탁한 채, 마케도니아 병사들이 자신들을 찾지 않기를 간절히 바랐다. 그러나 병사들이 그들의 흔적을 추적하는 데는 아무런 어려움이 없었다. 동굴 앞에 수색병들의 횃불이 모여들었다. 병사들이 여자와 아이를 분리하거나, 착한 사마리아인과 나쁜 사마리아인을 구분하는 일은 없었다. 그들은 즉시 동굴 안으로 진입해 내부에 존재하는 모든 생명체를 무차별적으로 살육했다. 2000년의 세월이 흐른 뒤 고고학자들이 발견한 뒤엉킨 해골들은, 알렉산드로스의 뜻에 반한 자들에게 얼마나 신속하고도 무자비한 처벌이 가해졌는지를 어떤 기록보다도 생생히 증언했다.

    사마리아의 산악지대를 벗어난 알렉산드로스는 다시 해안으로 내려가 북진했다. 그리고 티레를 다시 방문하기로 했다. 다리우스와의 전투를 위해 시간에 쫓기던 그였지만, 페니키아에서도 할 일은 있었다. 한 해 전, 자신과 병사들이 그토록 고통스럽게 건설한 인공 방조제를 밟으며 티레로 걸어가는 일은 한편으로는 씁쓸하고, 한편으로는 만족스러운 경험이었을 것이다. 티로는 조금씩 활기를 되찾기 시작했고, 죽거나 노예로 팔려 간 이들의 자리에는 새로운 이주민들이 들어와 생활하고 있었다. 신전이 여전히 기능하고 있었기 때문에, 알렉산드로스는 다시 한번 헤라클레스에게 제물을 바치고 값비싼 봉헌물을 헌납했다. 그는 관리들도 추가로 임명해야 했고 법적인 문제들도 해결해야 했다. 무엇보다도 새로운 총독을 임명해야 했는데, 살해된 안드로마코스 대신 마케도니아인 메논을 선임했다. 그러는 가운데 아테네 사절단이 다시 찾아와 노예 석방을 요청했다. 도시의 귀중한 전함 갤리선을 타고 나타난 그들은 3년 전 그라니코스 전투에서 붙잡힌 자국민의 근황을 알렸다. 광산 노역 중인 그들 대부분이 사망했다는 소식 때문이었는지, 아니면 반복되는 탄원에 지쳤기 때문인지, 알렉산드로스는 석방 요청을 흔쾌히 받아들였다. 전령이 도착해 알린 다른 소식은, 스파르타의 아기스 왕이 펠로폰네소스와 크레타에서 새로운 반란을 일으켰다는 내용이었다. 왕은 과거에도 어려운 임무를 맡겼던 오랜 친구 암포테로스를 파견해, 자신에게 충성하는 그리스인들을 규합해 아기스의 반란 세력을 진압하도록 했다. 알렉산드로스는 스파르타를 크게 위협적인 존재로 여기지는 않았지만, 아시아 깊숙이 진군하는 상황에서 배후에 반란 세력이 준동하는 상황은 원하지 않았다. 그는 섭정 안티파트로스와 장군 암포테로스라면 그리스의 여러 문제들을 충분히 수습할 수 있을 것이라고 생각했다.

하르팔로스의 처벌 문제도 고심해야 했다. 알렉산드로스의 오랜 친구인 그는, 2년 전 이소스 전투 직전에 국고에서 거금을 챙겨 행낭에 쑤셔 넣고는 그리스로 도망친 인물이었다. 그런데 이제 와서 다시 알렉산드로스의 신임을 얻고자 한다며 찾아왔다. 타고난 신체장애 때문에 전투 현장이 아닌 왕의 재정을 담당했던 그는, 모든 일이 오해에서 벌어진 것이며 간교한 그리스인 동료에게 속은 탓이라고 주장했다. 이유는 분명치 않지만, 알렉산드로스는 하르팔로스에게 유난히 너그러웠다. 그는 행적이 불량한 소싯적 친구를 다시 받아들였을 뿐 아니라, 이전과 같이 재정을 관리하도록 했으며, 심지어 다리우스를 격파하고 이집트를 정복한 이후에는 훨씬 더 막대한 자금을 운용하는 금고의 책임자로 세웠다.

알렉산드로스는 그 밖의 각종 인사를 단행했고, 그리스와 소아시아 도시들에서 올라온 청원들도 처리했지만, 그러면서도 병사들의 사기 진작을 위한 체육 경기와 연극 경연을 마련했다. 그는 메소포타미아 평원에서 벌어질 생사를 가를 전투가 임박했음을 잘 알고 있었고, 그 운명의 시간을 맞이하기 전에 병사들의 사기를 드높이고 싶었다. 키프로스의 왕들은 알렉산드로스의 총애를 얻고자 했기 때문에 축제 비용을 기꺼이 지원하겠다고 발표했다. 축제에는 고전 비극과 희극뿐 아니라, 디오니소스를 기리는 합창곡들도 연주되었다. 알렉산드로스는 이 공연을 특히 즐겼고, 마음이 한층 편안해졌다. 그리스 희극 배우 리콘이 극중 연기로 돈을 구걸하자, 그는 관중과 함께 웃음을 터뜨렸고 실제 금화를 그에게 쥐어주었다. 그리스 연극의 열렬한 애호가였던 알렉산드로스는 특히 비극 배우 아테노도로스와 테살로스의 연기 대결에 깊은 관심을 보였다. 이들 중 아테노도로스는 얼마 전 멤피스에서 열린 축제에도 등장했던 배우였다. 아테노도로스는 지난 20년 동안 수많은 대회에서 우승을 거둔, 그리스 세계에서 가장 유명하고 인기 많은 예술가 중 하나였다. 반면 테살로스는 알렉산드로스의 오랜 동료였는데, 아테노도로스만큼의 예술가적 기질은 없었는지 몰라도 왕에게 변함없는 충성을 바친 인물이었다. 몇 해 전, 필리포스 왕이 테살로스를 체포해 감옥에 가둔 적이 있었는데, 바로 알렉산드로스의 밀명을 받고 카리아의 픽소다로스 왕을 만나 비밀 결혼 동맹을 합의했기 때문이었다. 알렉산드로스는 친구에게 특혜를 주고 싶지 않았기 때문에 심사위원들이 자유롭게 승자를 가리도록 했고, 우승 월계관은 아테노도로스에게 수여되었다. 왕은 테살로스가 경연에서 패한 사실을 몹시 안타까워했으며, 아테노도로스가 우승한 것을 인정하느니 자신의 영토 일부를 내주는 편이 낫겠다고 투덜대기도 했다. 하지만 그는 예술이나 경연으로 앙심을 품는 사람이 아니었다. 아테노도로스가 자신 앞에서 연기하기 위해 아테네에서 예정된 공연을 취소하고 막대한 벌금을 부과받았다는 사실을 알고는, 그에 상당하는 금액을 자신의 금고에서 지급해주었다.

티로에서 바빌론에 이르는 가장 짧은 길은 지중해 연안에서 동쪽으로 직진하는 약 800킬로미터 지름길이었다. 하지만 아라비아의 사막과 황무지를 가로질러야 했기에, 대규모 군대가 지나기란 사실상 불가능했다. 알렉산드로스는 수많은 족장과 왕들이 오랜 세월 통행했던 전통적인 이동로를 따르기로 했다. 레바논산맥 남쪽을 돌아 북쪽으로 나아간 뒤, 아시리아고원 동쪽을 지나고, 티그리스강과 유프라테스강을 따라 남하해 바빌론에 다다를 생각이었다. 이 길은 직선거리보다 두 배가량 멀었지만, 여름에도 병사들이 마실 식수와 말들에게 먹일 풀이 풍부했고 기후마저 선선한 매우 실용적인 선택지였다.

이 여정 중에, 이소스 전투 이후 마케도니아군에게 붙잡혔던 다리우스의 아내가 갑자기 사망했다.[4] 고대의 기록들은 그녀의 사망 시기나 원인에 대해 일관되지 않고 상충되는 정보를 전한다. 어떤 자료는 그녀가 붙잡힌 지 몇 주 후인 티로 공성전 도중 사망한 것으로 기록했고, 다른 기록은 메소포타미아로 향하는 긴 여정 도중 숨졌다고 적었다. 사망 원인으로는 탈진과 신경쇠약이라고 적은 자료도 있으나, 일부 역사가는 출산 중 합병증으로 사망했다고 주장한다. 그녀가 다리우스와 헤어진 지 2년이 지났다는 사실을 고려하면, 출산 중 사망설은 그녀와 알렉산드로스의 관계에 대한 부정적인 소문만을 무성하게 한다. 젊은 왕이 공언한 안락한 처우가 실제로는 이루어지지 않았을 가능성이 암시되기 때문이다. 하지만 어떠한 경우든, 알렉산드로스가 그녀를 위해 화려한 장례식을 치렀다는 사실에 대해서는 모든 사료에 이견이 없다.

바빌론으로 가는 여정에서 전투도 한 차례 벌어졌지만, 엄밀히 말해서 마케도니아군과 페르시아군 사이의 접전은 아니었다. 고대 세계의 모든 군대가 그랬듯, 알렉산드로스의 군대 뒤에도 '군속'이라 불리는 큰 무리가 따라다녔다.[5] 상인과 포주와 창녀는 물론 다양한 역할을 하는 민간인들이었는데, 공식적인 통제 체제 밖에서 병사들을 상대로 각종 서비스를 제공했다. 지휘관들은 달가워하지 않았지만, 신발에 흙이 묻고 병사들이 전염병에 걸리는 일처럼, 그들의 활동은 원정 활동의 일부였다. 모두가 할 일을 마친 어느 저녁, 지루함을 견디다 못한 군속들은 편을 갈라 무리를 지은 뒤, 한

쪽은 알렉산드로스로 편으로 다른 쪽은 다리우스 편으로 이름 지었다. 처음에는 서로에게 흙덩이를 던지며 장난을 쳤지만, 곧 시비가 붙었고 주먹질이 시작되었다. 심지어는 막대기와 돌을 들고 싸움을 벌이다가 급기야 사망자가 나오기에 이르렀다. 이 소식을 들은 알렉산드로스는 즉시 현장으로 달려갔다. 현장에는 양측이 격한 말싸움을 벌이며 팽팽히 맞서고 있었다. 만일 군을 뒤따르는 무리를 적절히 통제하지 못하면 그 무질서와 해이함이 군 전체로 번질 위험이 있었다. 알렉산드로스는 인간 심리에 대한 탁월한 이해를 보여주는 기지를 냈다. 양측 우두머리를 불러내어 온 군대가 지켜보는 가운데 호메로스의 기록에 나올 법한 일대일 대결을 벌이도록 했다. 두 장수의 기마 결투인 일기토—騎討가 벌어지자 일촉즉발의 긴장된 분위기가 운동경기의 응원전으로 변했고, 병사들은 뜻밖의 구경거리에 환호하기 시작했다. 수천의 병사들이 몰려든 가운데 가짜 알렉산드로스와 가짜 다리우스가 맞붙었다. 그리고 시골 할머니들처럼 미신을 좋아하는 병사들은 대결의 결과를 임박한 전투의 징조로 받아들이려 했다. 다행히 가짜 알렉산드로스가 혈투 끝에 승리를 거두는 유리한 결과가 나타났다. 진짜 알렉산드로스는 승자가 된 가짜 알렉산드로스에게 페르시아식 망토를 하사했고, 무려 열두 마을을 다스리는 총독 자리에 앉혔다.

마케도니아군은 수주에 걸친 행군 끝에 유프라테스강 인근의 타프사쿠스라는 마을에 도착했다.6 계절이 지나 8월 초가 되어 있었다. 비옥한 초승달 지대였지만 날씨는 뜨거웠고, 지친 병사들에게는 가까이 흐르는 시원한 강물이 무엇보다 큰 위안이었다. 유프라테스강은 아르메니아산맥에서 발원해 남쪽으로 흘러가는데, 동쪽으로 몇십 킬로미터 떨어진 티그리스강과 거의 평행을 이룬 채 페르시아만으로 흘러든다. 이 두 강 사이의 비옥한 땅은 고대 그리스인들이 메소포타미아라고 불렀다. 두 강 사이의 땅이라는 뜻이다. 알렉산드로스는 유프라테스강을 건너기 위해 가까운 친구 헤파이스티온을 공병 부대와 함께 보내 배다리를 건설하도록 지시했다. 헤파이스티온은 주어진 임무를 훌륭히 수행했고 다리는 거의 완공되었다. 하지만 적군이 강 건너에서 다리를 공격하지 못하도록 하기 위해 마지막 구간은 의도적으로 마무리하지 않고 남겨두었다.

유프라테스강의 넓은 물길 너머에는 수천 명의 페르시아 기병들이 건너편을 지켜보고 있었다. 알렉산드로스가 거의 1년 만에 목격한 다리우스의 병사들이었다. 그 가운데는 바빌론의 총독 마자에우스가 이끄는 대규모 그리스 용병 부대도 포함되어 있었다. 그들의 임무는 알렉산드로스의 도강을 막는 것이 아니었다. 단지 선발대로 운용되는 감시병들로, 알렉산드로스가 유프라테스강을 건넌다면 그 사실을 다리우스에게 보고할 이들이었다. 다리우스는 마케도니아군이 유프라테스강을 따라 남쪽으로 이동할 것을 알았고, 바빌론으로 이어지는 강변의 모든 농작물을 불태우도록 마자에우스에게 명령한 상태였다.

하지만 이쯤 되면 다리우스도 예상 밖의 행동을 즐기는 알렉산드로스의 습성을 알아야 했다. 마케도니아군은 유프라테스강을 건넜지만, 남쪽으로 행군하는 대신 아르메니아산맥 기슭을 따라 북동쪽으로 이동했다. 목적지는 티그리스강 유역에 위치한 고대 아시리아의 수도 니네베였다. 마자에우스는 즉시 다리우스에게 달려가 이 소식을 전했고, 대왕은 예상치 못한 작전지 변경에 몹시 분노했다. 지난 2년 동안 알렉산드로스와 결전을 벌이기 위해 바빌론 북쪽 평야에서 전선을 다지고 있었기 때문이었다. 합리적인 지휘관이라면 물자 조달이 쉬운 잘 닦인 길을 따라 남하했을 것이었다. 하지만 알렉산드로스는 전혀 다른 방향으로 나아갔다. 멀고 느린 우회로를 통해 티그리스강까지 행군한 후에 남쪽으로 내려갈 의도를 분명히 드러낸 것이다. 이제 다리우스도 자신의 계획을 재빨리 변경해 대응책을 마련해야 했다.

알렉산드로스가 군대를 이끌고 메소포타미아 북부를 가로질러 행군할 때, 다리우스 또한 자신의 군대를 이동시키고 있었다.7 마케도니아군이 동쪽으로 방향을 틀었을 때는 매우 당황했으나, 이내 부대를 정비해 대응하기 시작했다. 다리우스와 주변의 장군들은 이전 전투는 물론 알렉산드로스의 여러 전투를 복기하면서 많은 깨달음을 얻었다. 특히, 2년 전 이소스 전투에서 큰 교훈을 얻었는데, 그중 하나는 좁은 전장에서 싸우면 수적인 우위가 무의미해진다는 것이었다. 처음 계획대로 넓은 평야에서 싸웠더라면 마케도니아군이 소아시아를 벗어나기도 전에 상당 부분 무력화할 수 있었을 것이었다. 두 번째 교훈은, 알렉산드로스의 뛰어난 보병 전력에 대응하기 위해서는 중장기병의 수와 질을 강화해야 한다는 것이었다. 기병대의 기동성과 무장을 동시에 강화해야만 마케도니아 보병과 장창 사리사에 대응할 수 있었다. 세 번째는, 마케도니아의 장창이 자신의 보병을 압도하고 있으니 아군 병사들에게도 더 긴 창을 지급해야 한다고 생각했다. 네 번째는, 자신의 광대한 제국에 속한 수많은 민족들을 활용해 거대한 연합군을 조직해야 한다는 것이었다. 다리우스는 이번 결전에서는 반드시 알렉산드로스보다 앞서 생각하고, 먼저 달리고, 더욱 용맹히 싸워 압도적인 전력으로 승리하겠노라 결심했다. 다리우스는 이처럼 야심찬 결의를 다진 뒤, 대규모 병사를 이끌고 티그리스강을 따라 북쪽으로 나아갔다. 그리고 결전의 무대로 삼을 완벽한 환경의 전장을 물색했다.

알렉산드로스가 이끄는 병력은 5만이 채 되지 않았고, 트라키아와 테살리아 지원군을 제외하면 대부분 마케도니아 병사들이었다. 하지만 다리우스의 병력은 그 두 배가 넘었는데, 어쩌면 그보다 훨씬 많았을 수도 있다. 병사들은 자국은 물론 시리아와 인도와 아시아 북부 초원 지대에 이르기까지 제국 전역에서 선발된 정예병들이었다. 여기에는 제국 동부의 숙련된 기병대와, 카이베르고개 인근 고지대 출신 기병대의 코끼리 부대도 포함되어 있었다. 마케도니아 병사들은 지중해 세계에서 벌어진 전투 역사상 처음으로 코끼리를 적으로 상대하게 되었다. 또한 박트리아와 소그디아나에서 온 산악 부족들도 합류했는데, 이들은 다리우스의 친척이자 잠재적인 경쟁자였던 베소스의 지휘를 받고 있었다. 베소스는 박트리아의 사트라프로 다리우스를 보좌하고 있었다. 함께한 사카에족 기마 궁수병들은 스키타이 평원 출신의 용맹하고 독립적인 전사들로, 페르시아의 신민이 아닌 동맹군의 자격으로 싸우는 것에 큰 자부심을 가지고 있었다. 인더스강 서쪽 국경 산악지대의 아라코시아Arachosia 부족과, 카스피해 남쪽 고지대 출신의 파르티아인과 히르카니아인들도 오랜 여정 끝에 다리우스의 군대에 합류했다. 페르시아인의 친족인 메디아인들도 있었으며, 그들과 친분이 두터운 카두시아인, 사케시니아인, 그리고 코카서스산맥 인근의 알바니인들도 전투를 위해 모여들었다. 그 밖에도 홍해 인근의 아라비아 기병들도 제국에 공헌하고자 말을 달려 집결했고, 바빌로니아 현지인들 역시 전쟁을 위해 추가로 징집되었다. 아르메니아인과 시리아인, 소아시아의 카파도키아인들도 마찬가지였는데, 두 해 전 알렉산드로스에게 항복한 도시의 한 맺힌 구성원들이었기 때문이었다. 그리스 용병 다수는 바빌론으로 집결하고 있었다. 이들은 신흥 마케도니아의 젊은 왕보다 페르시아 대왕을 선호하는 전문 군인들이었다. 물론, 다리우스를 가장 가까이서 호위하는 병사들은 수천 명 규모의 페르시아 병사들이었고, 그들의 핵심은 오랜 전통을 자랑하는 정예 기병대였다.

마케도니아군이 티그리스강에 도착한 것은 9월 중순이었다.[8] 하지만 날씨는 여전히 무더웠고 물길은 예상보다 빠르고 깊었다. 다리 설치를 준비하지 않은 알렉산드로스는 보병대를 이끌고 직접 물속으로 들어가 가슴까지 차오르는 급류를 돌파해야 했다. 왕이 먼저 강 건너편에 도착했고 병사들이 뒤를 따랐다. 그런데 그들은 지난 3년 동안 전장에서 모은 전리품을 머리에 이고 건너는 어리석은 행동을 보였다. 그로 인해 균형을 잃고 물살에 휩쓸리는 이가 발생했다. 알렉산드로스는 무기 외에는 모두 버리라고, 잃어버린 것은 모두 보상해주겠다고 외쳤지만, 병사들은 손에 쥔 귀중품을 포기하려 하지 않았다. 병사들의 고집을 책망하던 왕은 직접 강 속으로 들어가 병사들에게 명령해 팔짱을 끼고 강을 건너라고 명령했다. 옆에 있는 병사들과 팔을 엮어 인간 사슬을 형성하도록 한 것이었다. 기병대를 보병대 상류에 배치해 물살을 약하게 할 것을 명령하기도 했다. 도강으로 기진맥진한 병사들에게 알렉산드로스는 진을 치고 하루 동안 휴식할 것을 명령했다.

결전을 벌이기 전날인 기원전 331년 9월 20일, 마케도니아인들이 오랫동안 기억할 만한 특별한 사건이 벌어졌다.[9] 병사들이 구름 한 점 없는 사막 하늘 아래서 저녁 식사를 마쳤을 때, 보름달이 서서히 저무는 모습이 보였다. 그리고 얼마 지나지 않아 달 전체가 핏빛으로 뒤덮였다. 누구도 경험한 적 없는 이 기이한 현상은 개기월식이었다. 전투를 앞둔 밤이라는 상황 때문에 군인들은 매우 침착한 이들조차 공포에 빠져들었다. 이 사건은 당시 작성된 바빌로니아의 점성술 석판의 파편에도 기록되어 있는데,[10] 마케도니아와 페르시아 양 진영의 병사들은 이를 재앙의 징표로 받아들였다.

달이 완전히 빛을 잃었다…. 목성이 기울었고… 달이 사라지는 동안 서풍이 불었다…. 그리고 나서 동풍이 불었고… 죽음과 전염병이….

알렉산드로스처럼 학문을 깊이 연마한 이들은 지구와 달과 태양이 구형이며, 월식은 지구가 태양과 달 사이에 들어가 달 표면에 그림자를 드리울 때 나타난다는 사실을 알고 있었다. 하지만 평범한 사람들, 특히 마케도니아 병사들에게 하늘에서 벌어지는 놀라운 현상은 신의 계시와도 같았다. 그들은 머리 위의 달이 피처럼 붉은 빛깔로 변하자, 하루 뒤 전투에서 자신들이 끔찍하게 도살당할 것이라며 두려워하기 시작했다. 지휘 막사에서 공포에 질린 병사들의 탄식을 들은 알렉산드로스는 점쟁이 아리스탄데르와 함께 진영으로 나가 병사들 한가운데서 연설을 시작했다. 그리고 피로 물든 달이 신들의 징조이기는 하지만 아군에게 유리한 징조라고 안심시켰다. 아리스탄데르 역시 뒤따라 외치며, 어두워진 달은 페르시아를 상징하며, 그들이야말로 한 달 내에 알렉산드로스의 군대에 의해 저 달처럼 빛을 잃을 것이라고 예언했다. 알렉산드로스에게 그 순간은 군중의 심리와 이를 추스르는 통제력 사이에서 절묘한 리더십이 요구되는 중요한 때였다. 병사들의 환호성이 터져나왔을 때, 알렉산드로스는 자신의 말이 병사들에게 전달되었고, 하늘의 계시가 길조로 변화하기 시작했음을 느꼈다. 그는 승리를 약속한 거룩한 계시에 대한 감사의 표시로 태양과 달과 대지에게 공개적인 제사를 올렸다.

마케도니아군은 아르메니아산맥을 왼편에, 티그리스강을 오른편에 두고 평야를 지나 남쪽으로 행군했다. 페르시아군의 특별한 움직임은 없었지만, 강을 건넌 지 나흘쯤 되었을 때, 정찰병들은 적의 기병대 일부를 발견했다고 보고했다. 추가적인 정찰 보고에 따르면, 그들은 본대에 앞서 움직이는 1000명 규모의 선발대였다. 알렉산드로스는 즉시 자신의 기병대 몇 개 중대를 출동시켜 추격하도록 명령했다. 추격 부대는 아리스톤이 이끄는 파이오니아 기병대와 북부 고지대 병사들이 주축을 이루었다.[11] 아리스톤은 파이오니아 왕가 출신의 왕자로, 그라니코스 전투와 이소스 전투에서 이미 용맹함을 증명한 바 있었다. 이 고지대인들은 기마 전투에서는 자신들의 능력에 자부심을 가지고 있었고, 문명화된 그리스인들과 전혀 다른 야만적인 격렬함으로 전투에 임했다. 알렉산드로스는 결과만을 따질 뿐, 부족을 세세히 구분하고 차별하는 일은 하지 않았다.

알렉산드로스와 그의 부하들이 언덕을 넘자 페르시아 기병들은 전속력으로 도주하기 시작했다. 마케도니아 기병대는 그들을 추격하며 뒤로 처지는 병사들을 쓰러뜨리기 시작했다. 대부분을 일거에 처단했지만 심문을 위해서 일부는 생포했다. 파이오니아인들은 추격대의 선봉에서 싸우면서 따라잡을 수 있는 모든 페르시아인들을 쓰러뜨리고 사살했다. 아리스톤은 적군 지휘관인 페르시아인 사트로파테스를 생포하는 데 주력했다. 파이오니아의 대장이 앞장서서 창을 높이 치켜든 채 그에게 돌진했다. 그리고 힘껏 던져 목을 관통시킨 뒤 말에서 떨어뜨렸다. 아리스톤도 말에서 내려 사트로파테스의 머리를 베었다. 기쁨과 자부심으로 고무된 그는 말을 몰아 알렉산드로스의 앞으로 갔다. 그리고 잘린 머리를 바치자 왕은 크게 기뻐했다. 이 사건은 파이오니아의 전설로 남았고, 훗날 고향 마을에서는 이 일을 기념해 동전을 주조하기도 했다. 동전의 한쪽 면에는 아폴론 신이, 다른 쪽 면에는 쓰러진 적을 향해 창을 겨눈 아리스톤이 새겨져 있다.

포로들이 발설한 바에 따르면, 다리우스와 그의 군대는 멀지 않은 곳에 진을 치고 있었다. 니네베 동쪽 언덕 너머에 있는 아르벨라라는 마을 인근의 평야였다. 그곳의 이름은 가우가멜라였다. '낙타의 집'이라는 뜻이었고 인구가 드문 조용한 지역이었다.[12] 전설에 따르면, 옛날의 한 왕이 적들에게서 도망치면서 발 빠른 낙타를 타고 이곳으로 피신했다. 왕은 고마운 마음을 표현하기 위해 낙타를 위한 막사를 지어주었고, 마을 사람들에게 지시해 낙타가 죽을 때까지 정성껏 돌보도록 했다. 그 낙타는 이미 오래전에 죽었지만, 낙타가 평화롭게 늙어가며 풀을 뜯던 초원은 여전히 언덕과 티그리스강 사이로 광대하게 펼쳐져 있었다. 이소스 전투에서와 달리 가우가멜라에서는 다리우스가 자신의 대군을 충분히 전개할 드넓은 평야가 있었다. 그는 지난 며칠을 할애해 기병대나 전차 부대가 원활히 기동할 수 있도록 구덩이나 둔덕들을 평탄하게 골랐다. 가우가멜라에서는 모든 위험 요소를 사전에 차단하겠다는 각오를 한 터였다.

페르시아군의 위치를 파악한 알렉산드로스는 병사들에게 무기를 제외한 모든 짐을 남겨둔 채 야간 행군을 준비하라고 명령했다.[13] 페르시아군은 약 10킬로미터 밖에 진을 치고 있었고, 두 진영의 사이에는 언덕이 있어 서로를 볼 수 없는 상황이었다. 그런데 마케도니아군이 동이 틀 무렵까지 행군해 마지막 언덕을 넘자, 가우가멜라평야의 페르시아 진영이 한눈에 내려다보였다. 그곳에는 최소한 10만 명은 족히 넘을 페르시아군이 거대한 진을 치고 숙영 중이었다. 그 모습을 본 병사들은 동요했고, 알렉산드로스에게도 우려의 마음이 엄습했다. 그는 장군들을 불러 조언을 구하며, 즉시 공격해 기습 효과를 노릴 것인지 아니면 시간을 두고 전열을 정비할 것인지 논의했다. 파르메니온은 전투를 미루고 지형부터 살펴야 한다고 주장했다. 페르시아군이 땅에 말뚝과 함정을 숨겨놓았다는 정보를 입수했는데, 적과 교전하기 위해서는 지형을 숙지하는 것이 가장 중요하다고 진심으로 호소했다. 알렉산드로스도 이번만큼은 그의 의견에 동의했고, 다음 날 전투를 대비해 전투대형을 갖춘 상태로 야영을 하도록 지시했다.

알렉산드로스는 기병과 경무장 병사들을 데리고 평야로 나가 전장을 직접 살폈다. 페르시아 궁수들의 사정거리 안까지 접근하는 위험한 정찰이었지만, 그럼에도 다음 날 병사들이 싸우게 될 땅을 직접 확인하고 싶었다. 진영으로 돌아온 알렉산드로스는 장군들을 소집해 작전 지시를 하달했다. 전투 전날 밤이지만 장황한 연설이나 호소는 하지 않겠다고 말했다. 모두 용감하고 유능한 지휘관들이며, 여러 차례의 전투를 통해 이미 자신의 능력을 증명한 이들이었다. 하루 뒤 결전을 벌일 상대는 시리아나 티레나 이집트가 아니었다. 아시아 전체의 패권을 놓고 벌이는 운명의 상대는 페르시아 제국이었다. 모든 것이 이 전투의 결과에 달려 있었다. 만일 이곳에서 페르시아군을 격파하고 다리우스의 목숨을 거둔다면, 세상은 그들의 것이 될 것이다. 병력의 규모는 열세였지만, 각자가 능력만큼만 싸워준다면 승리를 쟁취할 수 있을 것이다. 물론 실수는 용납되지 않을 것이었다. 공격은 철저한 질서와 규율에 따라 이루어져야 한다. 명령이 떨어지면 숨죽이듯 침묵해야 하고, 신호가 떨어지면 함성을 질러야 하며, 다른 명령에는 늑대처럼 울부짖어 페르시아인들의 마음에 공포를 심어주어야 할 것이었다.

왕은 장군들을 해산시키고 군대에 푸짐한 식사와 충분한 휴식을 명령했다. 그리고 자신의 천막에 들었다. 그런데 그때 파르메니온이 홀로 왕의 침소에 들어, 조금 전과는 다른 대담한 제안을 내놓았다. 바로 이 밤중에 어둠을 틈타 페르시아군을 공격하는 기습 작전이었다. 하지만 알렉산드로스는 이를 단호히 거절하며, 자신은 승리를 도둑질할 생각이 없다는 후대에 길이 남을 명언으로 응수했다. 그런데 그가 아침까지 기다리기로 한 데는 보다 현실적인 이유도 있었다. 고대 세계에서는 야간 기습이 매우 드물었는데, 그 이유는 간단했다. 어둠 속에서는 전투의 전개가 예측 불능 상황으로 빠져들기 때문이었다. 기습한 병사들이 처음에는 우세하지만, 금세 혼란에 빠져 아수라장이 되고, 그 가운데 실수로 아군을 공격하는 경우도 많았다. 게다가 알렉산드로스는 자신이 고백한 것처럼 다리우스에게서 승리를 훔칠 이유가 없었다. 만일 마케도니아군이 야간 기습으로 승리한다면, 다리우스와의 정정당당한 싸움을 두려워한 나머지 어둠에 숨어 싸웠다는 소문이 퍼질 것이었다. 이런 소문은 향후 수년간 각국의 비난과 저항을 부를 수 있었다. 대낮에 공개적인 전투를 통해 다리우스를 꺾어야 하는 이유는 여기에 있었다. 또한 그렇게 해야만 페르시아인들이 다리우스에게 붙였던 칭호인 만왕의 왕King of Kings이란 칭호가 자신에게 돌아올 것이었다. 비록 장군들에게는 이야기하지 않았지만, 알렉산드로스는 가우가멜라에서 승리한다고 해서 나머지 국가들이 순순히 항복할 것이라는 환상을 품고 있지는 않았다. 하지만 막강 페르시아 군대를 부끄러움 없는 모습으로 물리친다면, 앞으로 다가올 여러 난관을 해소하는 데 매우 유리할 것이 분명했다.

전투의 방향은 그렇게 정해졌지만, 파르메니온의 제안은 무시되었다기보다는 알렉산드로스의 위장 전략으로 활용된 측면이 있었다. 그날 밤, 마케도니아군은 공격에 나서지 않았음에도, 페르시아군은 공격받을 것을 예상했기 때문이었다. 고대 사료들에 따르면, 알렉산드로스가 야간 기습을 감행할 것으로 확신한 다리우스는 병사들에게 밤새 전투태세를 유지하도록 명령했다. 알렉산드로스는 어쩌면 페르시아의 스파이들에게 역정보를 흘려 마케도니아군이 야간 기습을 준비한 것처럼 소문을 흘렸는지도 모른다. 이로 인해 마케도니아의 병사들이 다음 날 전투를 위해 편안히 휴식을 취한 반면, 페르시아의 병사들은 밤새 무장을 풀지도 못한 채 긴장 속에서 잠을 그르쳤을 것이다. 아침이 되었을 때 그들은 기진맥진한 상태였지만, 마케도니아군은 전투 준비를 끝마치고 있었다.

그런데 알렉산드로스 역시 밤이 늦도록 잠을 이루지 못했다. 페르시아군이 자신의 병력보다 최소 두 배 이상 많다는 것을 알았고, 그들이 자신에게 유리한 전장을 선택한 사실도 잘 알았다. 넓은 평야에서는 제국 전역에서 모여든 압도적인 수의 기병대가 마케도니아 전열을 쉽게 돌파할 수도 있고, 측면을 포위해 보병들을 완전히 섬멸할 수도 있었다. 어쩌면 거대한 쐐기 모양을 이루어 정면으로 보병을 격파할지도 몰랐다. 그래서는 안 되는 일이었다. 알렉산드로스는 직접 기병대를 이끌고 페르시아 전열을 돌파해 다리우스를 공격하고 싶었다. 만일 다리우스를 죽이거나 도망치도록 압박한다면 페르시아군은 순식간에 붕괴될 것이다. 하지만 페르시아 본대의 좌우를 맡고 있는 중무장 기병들은 마케도니아 전열보다 훨씬 길게 늘어서 있었고, 철벽과도 같은 이들의 대열을 돌파하기는 쉽지 않아 보였다. 그러던 중, 알렉산드로스의 머리를 스치는 기발한 생각이 떠올랐다. 그것은 대담하면서도 한편으로는 어처구니없는 작전이기도 했다. 그 순간부터 왕은 편안히 잠을 청할 수 있었다.

다음 날 해 뜰 무렵이 되어 장군들이 알렉산드로스의 천막에 도착했다. 그런데 놀랍게도 알렉산드로스는 아직도 잠에서 헤어나지 못하고 있었다. 감히 왕을 깨우지 못한 장군들은 병사들에게 아침 식사를 준비하도록 지시했다. 동쪽 산 너머로 해가 떠오르자 보다 못한 파르메니온이 왕의 천막에 들어가 두세 번 큰 소리로 불렀다. 그제야 눈을 뜬 왕을 본 파르메니온은, 전투가 시작되지도 않았는데 승리라도 거둔 듯 잠을 자고 있느냐며 따져 물었다. 알렉산드로스는 미소를 지으며 이렇게 말했다. "우리가 이긴 걸 모르고 있었소?"14 하지만 마냥 시간을 지체할 수는 없었다. 서둘러 아침 식사를 마친 알렉산드로스는 화려한 갑옷을 입고 천막 밖으로 나갔다. 그를 본 병사들이 환호성을 질렀다. 왕은 흰옷을 입은 아리스탄데르를 대동한 채 병사들 앞에서 희생 제물을 바쳤다. 그리고 장군들을 불러 전날 밤에 구상한 기발한 작전을 설명하기 시작했다.

다리우스의 병사들은 광활한 평원에 두 겹의 장벽으로 늘어서 있었다.15 앞줄에는 기병대가 뒷줄에는 보병대가 포진했다. 알렉산드로스를 마주하게 될 좌측에는 박트리아 기병대와 베소스가 지휘하는 중앙아시아 기병대가 있었고, 중앙의 긴 전선에는 수많은 민족의 기병대들이 자리를 잡았으며, 사이사이로 칼날 달린 전차 부대와 수천 규모의 궁수들이 도열해 있었다. 인도에서 온 전투용 코끼리들도 전선 중앙에 틈틈이 배치되었다. 우측의 기병대 전열 또한 높다란 벽처럼 늘어서 있었다. 뒤쪽에는 보병부대가 진형을 갖추고 있었는데, 기병대가 적의 전열을 돌파하면 곧바로 뒤따라 진격할 태세를 하고 있었다. 다리우스는 마케도니아군 우익의 맞은편에 자리를 잡았고, 충성스러운 페르시아 병사들과 강인한 그리스 용병들이 주변을 호위하고 있었다. 2년 전 이소스 전투 당시와 유사한 전투대형이었다.

마케도니아군의 경우, 좌익은 파르메니온이 맡았고 우익은 알렉산드로스가 지휘했다. 왕은 강력한 테살리아 기병대를 파르메니온에게 배속했지만, 자신의 주변에도 기병대를 여럿 두었다. 페르시아군이 중앙 보병대를 돌파할 경우를 대비해, 뒤편에 그리스 용병이 중심이 된 제2선 보병대를 배치했다. 하지만 전열이 무너지면 이들도 오래 버티기는 쉽지 않을 것이었다. 때는 9월 말이었지만 더위는 맹렬했고, 양측 병사와 말들이 일으키는 짙은 먼지가 가우가멜라평야에 가득했다. 양쪽 군대는 점차 전투태세를 갖추었고, 이후에는 상대가 먼저 움직이기를 기다리는 신경전 양상이 이어졌다.

알렉산드로스는 전열을 점검하고 병사들을 격려했다. 여러 마리의 준마를 보유하고 있었지만, 전투가 임박하자 자연스럽게 올라탄 말은 부케팔라스였다. 오래전 올림포스산 기슭에서 처음 길들였던 이 전투마는 이제 전성기를 지나고 있었지만, 여전히 총기와 기백을 발산할 줄 아는 명마였다. 이 운명의 결전에서 다른 말을 타고 출전하는 것은 생각조차 할 수 없는 일이었다.

이전의 전투에서 그랬던 것처럼, 알렉산드로스는 우익 기병대를 이끌고 나아가 상대의 좌측을 공략할 계획이었다. 그래서 페르시아의 중앙이 좌측을 지원하면서 벌어지는 틈을 파고들 생각이었다. 하지만 전면전으로 상대할 페르시아의 병력은 그의 전술을 압도할 만한 대부대였다. 이제 마케도니아군은 역사상 어떤 군대도 시도한 적이 없는 기이한 전술을 실행할 참이었다. 돌격 명령과 함께, 알렉산드로스는 자신의 기병대를 이끌고 달리기 시작했다. 하지만 페르시아군을 향해 전면으로 나아가는 대신 전장의 오른쪽으로 질주했다.[16] 적과 맞서는 대신 점차 오른쪽으로 멀어지는 모습은 다리우스에게 우스꽝스럽게 보였을 것이다. 알렉산드로스가 페르시아 병력의 규모를 알지도 못한 채 무작정 우회하려는 듯 보일 것이기 때문이었다. 하지만 알렉산드로스에게는 계획이 있었다. 만일 페르시아군의 일부가 자신을 쫓아 중앙에서 이탈한다면 전선에 혼란이 생기게 된다. 바로 그 순간 알렉산드로스는 적진을 향해 방향을 바꾸어 추격하는 페르시아 기병대를 따돌린 뒤, 곧장 다리우스에게로 돌진할 생각이었다.

이 작전에는 너무도 많은 돌발 변수가 나타날 것이기 때문에, 알렉산드로스는 아마도 실패할 경우는 애써 계산하지 않았을지도 모른다. 이 전략은 다리우스가 알렉산드로스를 추격하는 데 충분히 많은 병력을 보내서 페르시아 진영의 중앙 틈새가 벌어져야만 가능한 일이었다. 또한 알렉산드로스가 상대하는 적군보다 더 빠르게 기동해야 했다. 설사 여기까지 성공한다고 해도, 다리우스를 직접 공격하기 위해서는 그를 호위하는 페르시아군 밀집대형을 뚫어야 했다. 이 모든 계획이 실행되는 동안, 페르시아의 압도적인 병력은 알렉산드로스의 다른 부대들에 대한 총공세를 퍼부을 것이었다. 즉, 알렉산드로스가 페르시아 진영을 공략하는 동안, 파르메니온은 가장 가혹한 조건 속에서도 자신의 진영을 사수해야만 했다. 만일 다리우스가 알렉산드로스라는 미끼를 물지 않거나, 알렉산드로스가 돌파에 실패하거나, 중앙에서 버티고 있는 보병이 무너지기라도 한다면, 마케도니아군은 압도적 병력의 페르시아군에 궤멸당할 것이 뻔했다.

다리우스는 행운의 여신이 상대 진영을 향해 돌아서는 선택을 하고야 말았다. 알렉산드로스가 자신의 좌측 바깥을 향해 질주하는 모습을 본 다리우스는 베소스의 기병대를 보내 추격하도록 명령했다. 여러 날 동안 평탄화 작업을 한 땅을 벗어날 경우, 자신의 병사들이 알렉산드로스의 기병대를 따라잡기 힘들 것으로 생각했기 때문이었다. 베소스는 가능한 한 빨리 적을 추격한 뒤 바깥쪽으로부터 에워싸고 상대를 포위하고자 했다. 그러자 알렉산드로스는 그리스 용병대와 아리스톤이 이끄는 파이오니아 기병대에게 명령해 베소스와 그의 기병대를 맹렬히 공격하도록 했다. 본대에서 멀어진 추격자들을 가능한 한 오래 붙잡아두기 위해서였다.

한편, 마케도니아의 좌익은 페르시아 본대의 대대적인 공세를 막아내고 있었다. 페르시아군은 바퀴에 칼날이 달린 치명적인 전투 전차를 적에게 돌진시켜 진형을 붕괴시킨 뒤 후속 보병대를 위한 돌파구를 마련하고자 했다. 하지만 다리우스는 마케도니아 병사들이 수주 동안 이 무시무시한 전차에 맞서는 혹독한 훈련을 받은 사실을 알지 못했다. 전차들이 돌진해오자 트라키아 병사들은 전차병들을 향해 무자비한 창 세례를 퍼부었고, 전차병들은 대부분 돌격하는 도중에 전사했다. 다른 병사들은 전차에 고리를 던져 전차병들을 끌어내렸고, 일부 전투 전차들은 트라키아 병사들을 통과해 보병의 진형까지 도달했으나, 훈련받은 보병들은 정연하게 비켜섰다가 다시 대형을 닫아 포위된 적을 쓰러뜨렸다. 일부 병사들이 전차의 칼날에 신체가 잘리는 등 피해를 입기도 했으나 전체적인 피해는 크지 않았다.

그런데 전차는 본격적인 공격의 시작에 불과했다. 곧이어 엄청난 수의 기병대가 몰려와 전열을 강타했고, 그 뒤로는 보병이 물밀듯 밀려왔다. 좌익의 병사들은 한동안 잘 버텨냈지만, 페르시아군은 언제든 전열을 돌파할 기세로 돌진해왔다.

마침내 알렉산드로스의 눈앞에 고대하던 광경이 펼쳐졌다. 페르시아의 중앙 전열이 부쩍 얇아진 모습이 드러난 것이었다. 그는 보병대에게 즉시 쐐기 대형을 만든 뒤 얇아진 틈을 집중 공격할 것을 명령했다. 마케도니아군의 우익을 포위하려던 페르시아 기병대는 그리스 용병대와 파이오니아 기병대에 맞서 싸우느라 신속한 기동을 할 수 없었다. 덕분에 알렉산드로스는 큰 저항에 부딪히지 않고 다리우스를 향해 돌진할 수 있었다. 알렉산드로스와 기병대는 큰 함성을 내지르며 페르시아군의 중심부를 파고들었다. 다리우스는 이소스 전투에서처럼 또다시 진형이 뚫리는 경우는 상상조차 하지 않았겠지만, 이번에는 더욱 심각한 상황으로 내몰리게 되었다. 새파랗게 젊은 마케도니아의 왕이 호위병의 창칼을 헤치며 자신의 지근거리까지 육박해온 것이 아닌가. 필사적인 공방이 이어졌고, 페르시아 귀족들은 다리우스를 지키기 위해 몸을 던져 창칼을 막았다. 하지만 알렉산드로스와 그가 이끄는 부하들이 지척까지 육박해오자 다리우스는 마침내 마차 몰이꾼에게 명령해 전장을 떠나 도주하도록 했다.

승리의 여신이 미소를 짓던 바로 그 순간, 파르메니온과 그의 병력이 심각한 위기에 처했다는 소식이 들려왔다. 바빌론 총독 마자에우스가 이끄는 페르시아군이 박트리아인과 인도 병력과 연합해 마케도니아 전열을 돌파한 것이다. 그들은 방어막을 뚫고 후방의 병참 기지까지 나아가 페르시아인 포로를 풀어주기까지 했다. 풀려난 포로들은 무기를 들고 자국군의 공세에 합류해 후방에 있던 마케도니아 병사들을 급습했다. 진퇴양난의 상황에서 일방적인 수세에 몰린 파르메니온의 병사들은 지원군이 도착하지 않을 경우 궤멸될 상황이었다. 알렉산드로스는 고통스러운 결정을 내려야 했다. 만일 다리우스를 추격해 생포한다면 페르시아군은 그 즉시 무너질 것이다. 하지만 그 경우, 위태로운 상황에 몰린 자국 병사의 절반을 잃을 수도 있었다. 알렉산드로스는 결국 다리우스를 추격하는 것을 포기하고 부하들을 규합해 파르메니온에게 달려갔다. 그리고 마케도니아 진영 깊숙이 돌진한 공격 부대를 포위해 궤멸시켰고, 파르메니온과 함께 페르시아의 마지막 저항 세력까지 진압했다. 그러나 그러는 사이에 다리우스는 멀리 도망쳐버렸다.

마케도니아군은 역사상 가장 위대한 전투 중 하나로 기록된 가우가멜라 전투에서 승리를 거두었다. 조각난 채 발견된 바빌론의 한 점토판은 당시의 상황을 이렇게 새겨 놓았다.[17]

> 울룰루* 스물네 번째 날…
> 아침에, 세상을 다스리던 왕이…
> 전투를 벌였고, 군대가 크게 패배했으며…
> 페르시아 왕의 병사들은 뿔뿔이 흩어져 각자의 도시들로…
> 그들은 메디아 땅으로 도망쳤다.

페르시아군은 수만 명의 병력을 잃었다. 마케도니아군의 피해는 상대적으로 적었지만, 근접전에서 많은 병사와 군마들이 죽었으며 헤파이스티온을 비롯한 다수의 지휘관이 중상을 입었다. 막대한 전리품도 차지했는데, 거기에는 코끼리 여러 마리도 포함되어 있었다. 무엇보다도 이번 승리는 군사적인 승리를 넘어선 전 국가적인 영광이었다. 알렉산드로스는 자신의 모

---

* 울룰루Ululu는 바빌론력으로 6월을 말한다. (옮긴이)

든 것을 내걸었고, 결국은 승리를 차지했으며, 역사상 가장 많은 수의 페르시아군을 상대해 당당히 물리쳤다. 물론 다리우스 대왕을 죽이거나 생포하지는 못했지만, 전쟁에서 패배해서 도주한 다리우스의 권위는 회복하기 어려울 것이었다. 이제 그들 앞에는 바빌론이라는 전설적인 도시에 이르는 길이 활짝 열렸다. 페르시아와의 전쟁은 아직 끝나지 않았고, 제국의 심장부와 동부의 기름진 땅을 지키려는 여러 세력이 반란을 일으킬 수도 있겠지만, 그 모든 위험 요소들에도 불구하고 제국의 숭고한 왕권은 이제 알렉산드로스의 차지가 되었다.

이집트에 있을 때도 메소포타미아나 인도에 머물 때도, 알렉산드로스는 자신의 군영에서 끊임없이 전령을 보내 제국 내 지역들과 소통했다. 펠라에 있는 어머니에게 보내는 서신이 가장 많았고, 각 지역의 사트라프나 군 지휘관들에게 보내는 명령서도 많았으며, 동맹국과 외국 도시들에 보내는 전갈은 물론, 아리스토텔레스의 조카 칼리스테네스가 그리스 도시들에 보내는 선전물도 흔했다. 알렉산드로스가 있는 곳은 사실상 제국의 수도였다. 그가 수백만 명에 이르는 백성들을 통치할 수 있었던 힘은, 키레네의 최근 곡물 작황부터 다뉴브 인근 부족의 이동 상황까지 현지 소식을 한눈에 파악한 능력에 달려 있었다고 해도 과언이 아니다. 마찬가지로, 제국의 모든 속주의 왕이 어디에 있는지, 무슨 일을 하고 있는지, 그들의 군대가 어떤 전투를 벌여 어떤 결과를 얻었는지 등을 아는 일도 매우 중요했다. 제국의 한 지역에서 벌어진 반란을 재빨리 진압한다면 다른 지역의 반란을 막는 데도 큰 도움이 되기 때문이다.

그래서 알렉산드로스가 가우가멜라에서 다리우스를 물리쳤다는 소식이 에게해 일대에 전해졌을 때, 그리스 시민들은 다시 한번 경악했다.[18] 그들 대부분은 다리우스 대왕이 알렉산드로스를 격파하고 마케도니아라는 위협을 영원히 제거해주기를 바랐기 때문이었다. 그렇게만 된다면 코린토스 동맹은 잊힐 것이고, 그리스 도시들은 다시 옥신각신하며 협력하던 예전의 모습을 되찾을 수 있을 것으로 생각했다. 하지만 알렉산드로스가 승리를 거두자 그리스 세계를 움켜쥔 마케도니아의 고삐를 느슨히 할 방법은 더 이상 없어 보였다.

그리스인들이 마케도니아의 통제를 벗어나고자 시도한 적이 없었던 것은 아니었다. 가우가멜라 전투 이전부터 여러 사례가 있었는데, 경험 많고 열정 넘치는 지도자였던 트라키아 총독 멤논은 마케도니아 동쪽 산악지대 부족들을 선동해 반란을 일으킨 적이 있었다. 그는 매우 거칠고 공격적인 부족민들을 동원해 소요를 일으켰고, 알렉산드로스의 섭정 안티파테르가 황급히 병력을 이끌고 출동하도록 만들었다. 스파르타의 왕 아기스 또한 트라키아 사태를 주시하고 있다가, 이때야말로 그리스인들의 단결을 이루고 마케도니아라는 멍에를 벗어던질 순간이라고 판단하고 소요에 동참하고자 했다. 그는 아테네와 테베 등에 사절을 보내 봉기를 요청했으나, 언제나 그랬듯 시민 대다수는 실제로 무기를 들고 싸우는 일에 나서지 않았다. 특히 아테네인들은 언제나처럼 망설였고, 그 때문에 아기스는 결정적인 순간 해상 지원을 받을 수 없었다. 몇몇 도시들을 자신의 편으로 끌어들이는 데는 성공했지만, 대부분의 그리스 도시들은 사태를 지켜보자는 입장이었고, 스파르타의 거사가 성공할 것인지를 관망한 후에야 행동에 나설 태세였다.

스파르타의 봉기 소식을 들은 안티파테르는 신속히 트라키아의 멤논과 평화협정을 맺었다. 그런 뒤에는 군대를 이끌고 그리스 방향으로 진군했다. 안티파테르에게는 알렉산드로스를 따라 동방으로 간 정예 청년 병력은 없었지만, 여전히 4만 규모의 군대가 건재했고, 그 가운데는 마케도니아에 충성하는 그리스 병사들도 많았다. 이들을 합하면 아기스의 병력보다 두 배는 많았다. 양측 군대는 마침내 스파르타의 북쪽 도시 메갈로폴리스에서 충돌했고, 도합 수천 명이 목숨을 잃는 격렬한 전투가 벌어졌다. 안티파테르는 그리스의 내부 저항을 완전히 뿌리 뽑겠다는 생각이었고, 아기스는 조국의 자유를 되찾겠다는 의지를 불태웠다. 스파르타의 왕은 불리한 전세에도 불구하고, 마치 페르시아에 맞서 싸웠던 조상들처럼 마케도니아군에 맞서 분전을 벌였다. 하지만 전열은 무너졌고 병사들은 전우들에게 들려 전장에서 물러났다. 마케도니아군은 스파르타의 마지막 병사들까지 추격해 포위했다. 아기스 왕은 측근들에게 수단과 방법을 가리지 말고 적진을 뚫고 탈출하라고 명령한 뒤, 자신에게는 칼 한 자루만 남겨달라고 부탁했다. 부상이 극심했던 그는 마케도니아 병사들이 다가왔을 때 일어설 수도 없었지만, 안티파테르의 병사들을 향해 무릎을 꿇은 채로 칼을 휘둘렀다. 그리고 쓰러진 뒤 그 자리에서 고귀한 모습으로 생을 마감했다.

가우가멜라 전투에서 패한 다리우스는 가까운 아르벨라라는 마을로 숨어들었지만, 알렉산드로스가 곧 뒤쫓아올 것으로 생각하고 잠시 머문 뒤 떠나버렸다. 그곳에서 동쪽 산악지대로 들어가 고대 메디아 왕국의 수도였던 엑바타나로 향했다.[19] 자신의 여름 궁전이 있던 엑바타나는 높은 성채 위에 세워져 있었고, 그 가운데 정교한 목조 장식과 금은 세공으로 꾸며진 화려한 궁전이 자리 잡고 있었다. 이곳은 메소포타미아와 중앙아시아의 여러 속주를 연결하는 주요 거점이기도 했다. 다리우스는 성으로 피신하면서 생존 병사들을 규합했다. 그의 친척 베소스가 이끄는 박트리아 기병대는 처음부터 줄곧 함께였고, 집안사람들이 이끄는 부대의 잔여 병사들도 합류했다. 창끝에 사과 모양의 장식이 있어 '황금 사과 창병'으로 불리던 근위대가 이들을 호위했다. 얼마 후 그리스 용병 2000명도 지휘관 파트론과 글라우코스의 인솔 아래 합류했다. 그리스인이라는 정체성을 일찌감치 벗어던진 이들은 알렉산드로스의 진영에서 환영받지 못하리라는 사실을 알고 있었다.

다리우스는 엑바타나의 무기 창고를 열어 빈손의 병사들을 무장시켰고, 인근 부족들에게 전령을 보내 병력 지원을 요청했다. 또한 중앙아시아의 사트라프들에게도 서신을 보내 자신에 대한 충성심을 확인했다. 그는 동쪽의 파르티아, 박트리아, 소그디아나는 물론 인도 국경의 사막과 산악지대에서 세를 모아 마케도니아군을 상대로 유격전을 벌일 생각이었다. 이를 위해 추종자들에게 자신이 결코 패배한 것이 아님을 강력하게 주장했다. 실제로 알렉산드로스가 지중해 연안을 장악한 뒤 메소포타미아 일대를 행군하고 있었지만, 페르시아 제국의 절반은 여전히 어떠한 통제도 하지 못하는 상황이었다. 이를 알고 있는 다리우스는 머지않아 가용 병력을 총동원해 외세 침입자들을 물리칠 영광스러운 전투를 벌이겠노라고 공언했다. 이를 위해 조상들처럼 길들여지지 않은 말을 타고, 별빛 아래에서 잠자며 절치부심할 생각이었다. 궁전도 재물도 신경 쓸 겨를이 없었다. 반마케도니아 세력을 끌어모으는 동안에도 알렉산드로스의 병사들은 바빌론의 여자들을 착취할 것이며 향수 뿌린 환관들이 벗겨주는 포도알을 삼키며 남성성을 썩히게 될 것이었다.

그러나 다리우스를 추종하던 귀족들은 동굴과 외진 산촌을 떠도는 기한 없는 유격전을 크게 반기지 않았다. 또한 바빌론의 부와 페르시아의 겨울 수도인 수사를 대왕이 너무도 쉽게 포기한 사실이 불만스러웠다. 심지어 페르세폴리스는 물론 페르시아 본토를 수복하고자 하는 특별한 계획조차 없는 모습은 절망적이었다. 다리우스는 전쟁의 승패는 도시의 금은보석이 아니라 병사들의 용기와 준비된 무기에 달렸다고 수시로 강조했지만, 제국의 귀족들은 피지배 민족의 헌신에 기반한 사치와 특권에 익숙해져 있었다. 어느 날 갑자기 누추한 옷을 입고 박트리아 황무지를 다니며 덜 익은 염소 고기를 씹는, 가난하지만 영웅적인 전사로 살아가는 일이 그들에게는 영광스럽지 않았다. 엑바타나에 모인 여러 장군은 겉으로는 충성을 말했지만, 물밑에서는 새로운 대왕이 필요하다는 여론을 모으기 시작했다. 그리고 그 모의의 중심에는 베소스가 있었을 가능성이 매우 크다.

아르벨라를 떠나 엑바타나로 도망치던 다리우스는 너무 서두른 나머지 다량의 식량과 보석은 물론 거액의 은화를 남겨두고 떠났다. 다음 날 그곳에 다다른 알렉산드로스는 남겨진 보물들을 발견하고 전차에 실어 자신의 진영으로 옮겼다. 진영에서는 전사한 병사들을 위한 엄숙한 장례 의식이 벌어졌다. 햇볕 아래 들판에서는 수천 구에 이르는 병사들 시신이 썩어가고 있었고, 풍기는 악취 때문에 오래 머물 수 없었다. 병사들은 망자들을 위한 제사를 올린 즉시 바빌론으로의 행군을 시작했다.

알렉산드로스와 병사들은 지체 없이 메소포타미아 남부를 향해 행군했다. 가는 길마다 지역의 귀족들이 나와 환영했고, 볼거리 가득한 행사가 펼쳐졌다. 바빌론으로 향하는 길은 티그리스강을 따라 이어져 있었는데, 강변의 경작지들은 수천 년 전 메소포타미아인들이 처음 농경 기술을 습득한 이래 줄곧 개간되어온 땅이었다. 마케도니아 병사들은 그리스 조상들이 아직 유목민 생활을 하던 시절, 문자를 사용하고 별들의 운행을 기록하며 이들의 고대도시들을 지나갔다.

마케도니아 병사들은 지나던 어느 마을에서 사막의 지표를 뚫고 솟아오르는 역청 웅덩이를 보았다.[20] 석유는 알렉산드로스에게도 매우 신기한 액체였다. 헤로도토스의 저술에서 이와 관련된 기록을 읽은 적은 있지만, 실제로 본 것은 처음이었다. 에게해 인근에는 이러한 자원이 없었고, 난방이나 발화 에너지는 대부분 나무를 태워서 얻어냈다. 메소포타미아에서도 석유는 성경 속 인물 노아의 경우처럼 배를 밀봉하는 용도나 벽돌 사이를 메우는 재료로 쓰일 뿐[21], 난방이나 조리용으로도 사용되지 않았다.

역청이 흔했던 인근 마을의 주민들은 왕을 기쁘게 하고 싶어 했다. 그래서 그 끈끈한 액체를 그릇에 담아 왕이 숙소로 사용할 건물까지 길게 뿌리며 띠를 만들었다. 어둠이 내리고 알렉산드로스가 도착하자, 주민들은 타르의 첫 지점에 불을 붙였다. 알렉산드로스는 어둠 속에서 환하게 타오르며 띠를 따라 번져가는 불길을 바라보았고, 그것은 그때껏 본 것 중 가장 빠르게 번지는 불길이었다. 그는 꺼지지 않고 계속해서 타오르는 불의 띠를 따라 숙소로 이동했다.

알렉산드로스는 이 신기한 액체에 큰 관심을 보였다. 그러자 목욕 시중을 들던 아네테인 아테노파네스가 옆에 있던 행색 초라한 하인 스테파노스에게, 이 액체를 몸에 발라 불꽃이 어떻게 타오르는지 보고 싶다고 말했다. 젊은 하인은 왕의 기대를 저버리고 싶지 않았기 때문에 기꺼이 역청을 바르고 실험에 나섰다. 알렉산드로스도 이 불꽃 실험이 피부를 전혀 상하게 하지 않을 것이라고는 생각하지는 않았을 것이다. 하지만 이를 허락한 호기심은 분명 동정심과 상식을 저버린 것이었다. 온몸에 역청을 바른 스테파노스가 등잔에 손을 대자마자 그는 일순간 불길에 휩싸였다. 왕은 자리에서 벌떡 일어나 불을 끄기 위해 달려들었지만, 그 불은 그가 지금껏 겪어본 어떤 것과도 달랐다. 근처에 있던 목욕용 물 항아리를 가져다 물을 뿌렸지만 불은 쉽게 꺼지지 않았다. 단순한 흥미로 시작한 실험은 결국 젊은 하인에게 끔찍한 화상을 입혀 거의 죽음에 이르게 했다.

알렉산드로스는 티그리스강을 따라 계속 남쪽으로 행군했다.[22] 아시리아의 고지대를 벗어나 아수르와 타크리트를 지나자 광활하고 비옥한 땅 바빌로니아가 눈앞에 펼쳐졌다. 티그리스와 유프라테스강 사이의 목초지는 너무도 영양이 풍부해서, 가축이 풀을 너무 많이 뜯지 않도록 통제해야 하는 곳이었다. 이 남부 메소포타미아 지방에서는 두 강이 불과 몇 킬로미터 간격으로 흐르고 있었고, 알렉산드로스는 티그리스강 유역에서 유프라테스강 너머로 쉽게 이동할 수 있었다. 바빌론 북쪽의 한 마을에 이르자 마케도니아군 앞에 화려한 행렬이 다가왔다[23]. 그 선두에는 바빌론 총독 마자에우스가 있었다. 고위 관리들과 모든 신전의 사제들도 함께였으며, 새 왕에게 값진 선물을 바치고자 한다고 했다. 불과 몇 주 전까지만 해도 가우가멜라에서 페르시아군의 공격을 이끌었던 마자에우스는 이제 장성한 아들들과 함께 새 군주 앞에 엎드려 예를 표하는 입장이 되었다. 파르메니온은 수많은 휘하 병사들의 목숨을 빼앗은 이 페르시아인을 창으로 꽂아버리고 싶었을지도 모른다. 하지만 알렉산드로스는 매우 신중한 입장을 견지했다. 알렉산드로스와 마자에우스는 이 만남에 앞서 며칠에 걸쳐 협상을 진행했을 것이다. 그렇지 않았다면 마자에우스가 감히 알렉산드로스 앞에 나타나 자신과 가족을 위험에 빠뜨릴 리는 없기 때문이다.

마자에우스는 누구보다도 현실적인 인물이었다. 다리우스가 전장에서 달아나는 모습을 지켜본 그는 페르시아 제국의 시대가 끝났음을 직감했다. 이제 세계에서 가장 강력한 군주는 알렉산드로스이고, 자신도 그의 편에 있다는 사실을 입증할 필요가 있었다. 다른 페르시아 귀족들도 같은 생각을 했겠지만, 바빌로니아의 총독 마자에우스야말로 가장 먼저 나서서 마케도니아 왕에게 충성을 맹세했다. 마자에우스가 알렉산드로스에게 바친 것은 세계에서 가장 부유한 도시 바빌론이었다. 마케도니아군이 바빌론에 입성하기 위해서는 자칫 또 다른 전투를 치를 수도 있었고, 그것은 엄청난 고통이 따르는 일일 터였다. 하지만 티레에서 벌인 길고도 고통스러운 공성전을 되풀이하지 않고 도시를 선물처럼 넘겨받은 것은 더할 나위 없이 좋은 일이었다. 그 대가로 마자에우스가 요구한 것은 바빌론 총독의 지위였다. 알렉산드로스가 이 거래에 동의했다는 것은, 이제 페르시아에 대한 전쟁의 양상이 본질적으로 달라졌다는 것을 의미한다.

이제껏 마케도니아의 왕은 페르시아 제국의 영토를 침범해 자신의 영토로 편입시키려는 이방인이자 십자군에 불과했다. 이집트에서도 그가 임명한 현지 통치자들은 그리스인과 마케도니아인의 통제 아래 놓인 허수아비에 지나지 않았다. 하지만 바빌론의 총독으로 유임된 마자에우스는 알렉산드로스의 왕국에서 가장 중요한 도시를 통치하는 실질적인 권한을 가진 진짜 사트라프가 될 것이었다. 알렉산드로스도 순진한 인물이 아니었기에 이 지역 방어군의 지휘관은 마케도니아인들로 임명했지만, 마자에우스 총독을 그대로 유임한 정책은 점령지 통치 방식에 있어서 획기적인 전환이었다. 알렉산드로스는 더 이상 페르시아를 멸망시키고 다리우스를 죽이는 데

혈안이 된 존재가 아니었다. 그 자신이 대왕이 되었고, 그 지위에 따르는 모든 특권과 책임을 짊어지는 통치자로 역할을 해야 했다. 따라서 제국의 광대한 영토를 다스리기 위해서는 각 지방의 언어와 문화는 물론 부족의 특성과 권력관계 등을 꿰뚫고 있는 마자에우스 같은 유능한 인물이 필요했다. 실제로 페르시아인들은 200년 동안 세계 역사에서 가장 넓은 제국을 능숙하게 통치했으며, 그 일에 최적화된 유능한 관료들은 알렉산드로스에게도 필수적인 존재였다. 만일 그들의 충성을 확보할 수 있다면 말이다. 알렉산드로스가 마자에우스에게 그토록 중요한 도시를 계속 통치하도록 한 것은, 다리우스를 섬겼던 이들에게 새로운 통치자가 관대하고 합리적인 사람이라는 점을 널리 알리고자 한 조치였다. 그에게 복종한다면 그 대가로 충분한 보상을 받을 수 있다는 소문은 제국 전역으로 번져갈 것이었다.

알렉산드로스가 지역의 행정관들을 본국 사람들보다 더 중용했다고 해서, 마케도니아인으로서의 정체성에 무관심했던 것은 결코 아니었다. 그는 통치 방식에 있어서 근본적인 변화가 필요하다고 생각했다. 그가 관리해야 하는 영토는 더 이상 마케도니아와 그리스 세계만이 아니라, 세 대륙에 걸쳐 수십 개의 서로 다른 왕국들로 이루어진 진정한 의미에서의 제국이었다. 트라키아와 리디아, 카리아, 프리기아, 카파도키아, 시리아, 페니키아, 유대, 아라비아, 이집트, 바빌로니아 등이 이미 그의 지배하에 놓였고, 앞으로도 메디아와 엘람, 파르티아, 박트리아, 스키타이, 인도 등이 그의 수하로 들어올 것이었다. 이러한 통치 철학에 대해 마케도니아 지지자들이 반발하기도 했지만, 알렉산드로스는 한정된 영토를 관리하던 봉건 제도가 광대한 제국을 다스리기에는 적합하지 않다는 것을 애써 설득하곤 했다. 그는 제국의 대왕이라는 자신의 거대한 야망을 이루기 위해서라도 페르시아인들이 그랬던 것처럼 지역의 관리들을 제국의 관리로 통합시켜야 했다. 바빌론을 향해 행진하던 알렉산드로스는 서서히 깨닫고 있었다. 자신의 아버지가 이룩한 마케도니아 왕국의 시대는 종말을 고했으며, 이제는 알렉산드로스가 통치하는 마케도니아 제국의 시대가 도래했다는 것을.

　알렉산드로스는 이미 2000년의 유구한 역사를 가진 거대 도시 바빌론의 성문 앞으로 다가갔다. 전설에 따르면 이 도시는 먼 옛날 세미라미스 여왕이 세웠는데, 그녀는 유프라테스강 상류로부터 주기적으로 밀려오는 범람을 해결하기 위해 거대한 제방을 건설했다. 헤로도토스는 이 도시가 정사각형 모양으로 건설되었으며, 한 변의 길이가 20킬로미터가 넘었고, 둘레는 약 80킬로미터에 이른다고 주장했지만, 실제 길이는 분명 이보다 짧았을 것이다. 성벽 외곽에는 깊은 해자가 있어 도시의 경계를 분명히 했으며, 성벽은 폭이 21미터였고 높이는 무려 91미터에 달했다고 전해진다. 성벽의 상단 전체에는 네 마리 말이 이끄는 전차가 달릴 수 있을 넓은 도로가 정비되어 있었다. 도시로 들어가는 청동으로 만든 문은 100개나 되었는데, 그 가운데서 가장 화려한 입구는 이슈타르의 문이었다. 이 문은 유약을 입힌 수백 조각의 타일이 장식되어 있었고, 상단에는 황금으로 만든 소와 용의 상이 놓여 있었다. 문 전체는 화려한 띠와 장미 문양으로 세공되어 있었다.

　유프라테스강은 도시를 반으로 가르며 흘렀으며, 양쪽을 연결하는 다리가 있었다. 다른 고대도시들이 여러 세기 동안 무질서하게 확장된 것과 달리, 바빌론은 애초부터 모든 도로가 강과 평행이나 직각을 이루어 전체적으로 격자무늬를 형성하도록 설계되었다. 성벽 안의 가옥은 수천 채가 있었고, 각각은 3-4층 높이로 세워졌다. 도시 곳곳에는 중국산 비단부터 발트해산 호박에 이르기까지 제국 각지에서 모여든 온갖 물품을 파는 상점과 노점 거리도 형성되어 있었다. 도시 동쪽에는 왕궁을 방어하는 또 한 겹의 성벽이 세워져 있었으며, 별도로 만들어진 또 다른 성벽은 중앙 지구라트Ziggurat를 보호하는 형태로 건설되어 있었다. 이 지구라트에는 바빌론의 가장 존귀한 신 마르둑을 모시는 신전이 자리하고 있었다. 지구라트는 너무 높았기 때문에 설계자들은 순례자들이 오르다가 쉴 수 있도록 중간 지점에 쉼터를 마련해놓았다. 꼭대기 층에는 오직 사제들만 들어갈 수 있는 신전이 있었고, 신전 안에는 최고급 리넨으로 덮인 커다란 침대와 금 재질의 탁자가 놓여 있었다. 다른 대부분의 신전들과 달리 신상의 조각상이 안치되어 있지 않았는데, 지배자 마르둑이 직접 그 성소를 찾아와 머문다고 여겨졌기 때문이었다. 그 침대에서 자는 것은 오직 특별히 선택된 여성 한 명이었으며, 그녀는 그날 밤 마르둑의 신부로 간주되었다.

1000년도 훨씬 전에, 바빌론을 다스린 왕 함무라비는 백성들이 따라야 할 지침을 담은 법전을 마련했다.[24] 이 법전은 이후 수 세기 동안 근동 지역의 여러 문화권에 영향을 주었다. 왕국을 다스리는 수많은 법률은 태양신 샤마쉬의 형상이 조각된 돌기둥 아랫단에 새겨져 유구한 세월 동안 전해지고 있었다. 함무라비 치하에서 정의는 단순하고도 가혹했다.

만일 누군가 타인의 눈을 멀게 한다면, 그 사람의 눈도 멀게 한다.
만일 누군가 타인의 이를 부러뜨리면, 그 사람의 이도 부러뜨린다.

하지만 다음의 조문을 보면 이러한 법전에도 일정한 자비는 담보되어 있었다. "어떤 남자의 아내가 다른 남자와 동침한 사실이 발각되면, 그 둘을 묶어서 물에 던져 익사시킨다. 그러나 남편이 아내를 살리고자 한다면 왕의 동의로 이를 허락할 수 있다."

함무라비의 왕국은 아시리아 제국으로 이어졌고, 이후에는 네부카드네자르와 같은 통치자들이 다스린 신新바빌로니아 시대가 이어졌다. 네부카드네자르는 위대한 도시를 재건해 과거의 영광을 되살렸다. 하지만 이후 메소포타미아를 정복한 페르시아인들은 바빌론의 전통 종교를 존중하지 않았기 때문에, 현지인들은 정복자들에게 깊은 반감을 가지게 되었다. 페르시아인들은 이집트에서 그랬던 것처럼, 이 풍요로운 도시를 단지 보물 창고 정도로 여기고 약탈을 서슴지 않았다. 크세르크세스 왕의 경우에는 마르둑 신전에서 순금으로 만든 신상마저 끌어내렸다. 이를 막으려 했던 사제를 죽인 뒤, 신상을 녹여 전쟁 자금으로 쓸 주화를 만들었다. 그의 만행은 여기서 그치지 않았다. 크세르크세스는 몇 차례 반란을 겪은 뒤 신전 대부분을 파괴하고 이 유구한 고대 신앙의 중심 도시를 폐허로 만들었다. 바빌로니아인들에게 큰 모욕이 되었던 이 사건으로 인해 바빌론의 옛 영광은 회복할 수 없을 만큼 훼손되고 말았다.

성문 앞에 선 알렉산드로스는 바빌론의 종교 전통을 존중하겠다는 뜻을 분명히 밝혔다.25 또한 병사들에게도 처신에 주의할 것을 당부했다. 약탈은 물론 초대 없이 현지인의 집에 들어가는 일조차 금하는 등, 주민들과 조화롭게 지내고 바빌론을 평화롭게 통치할 마음의 준비를 했다. 심지어 혹시라도 발생할 소요 상황에도 철저히 대비할 것을 주문했다. 그리하여 마침내 따스한 가을 햇살 아래, 알렉산드로스는 완전한 전투대형을 갖춘 군대를 이끌고 이슈타르 문을 통해 바빌론으로 입성했다. 놀랍게도 시민들은 아무런 적대감도 보이지 않았다. 오히려 수천 명의 남녀노소가 성벽과 건물 위에 올라 행진하는 마케도니아 병사들에게 꽃을 던지며 환호했다. 이집트인들이 그랬던 것처럼, 바빌로니아인들도 다리우스가 권좌에서 쫓겨난 것을 기쁘게 여겼다. 새 왕이 그들을 어떤 식으로 통치할지 알지 못한 가운데서도 그랬다. 병사들이 지나는 곳에는 창과 화살이 날아드는 대신 화환과 향수와 유향이 쌓였고, 사자나 표범이 든 우리가 선물로 바쳐졌다. 현지 사제들은 고대어로 찬가를 부르며 새 왕을 맞이했다. 낯선 음악이 사방에서 귓전으로 흘러들었다. 시민들은 병사들의 행렬을 뒤따르며 걸었고, 군대의 입성이 축제라도 되는 듯 흥겨운 분위기를 즐겼다. 알렉산드로스는 그때까지 바빌론이라는 도시와 견줄 만한 곳은 한 번도 본 적이 없었다. 마케도니아의 가난한 마을에서 온 병사들도 완전히 다른 세상에 들어온 것처럼 놀라운 표정을 숨기지 못하고 두리번거렸다.

알렉산드로스는 가장 먼저 마르둑 신전으로 가서 크세르크세스가 모독한 신전을 복구하라고 명령했다. 그리고 사제들이 주문하는 절차에 따라 환호하는 주민들에 둘러싸인 채 신에게 희생 제물을 바쳤다. 그리고 장군들을 이끌고 도시 북쪽 이슈타르 문 근처에 있는 궁전으로 들어갔다. 그는 모든 장군과 병사들과 함께 이후 한 달여 동안 궁전 안팎의 화려한 삶을 즐기기로 했다. 알렉산드로스는 궁전의 어느 기둥에 새겨진 다리우스 왕의 식사 목록을 보고 놀라움을 금치 못했다. 수십 개의 꿀 케이크와 수백 자루의 밀가루, 어마어마한 양의 참기름과 식초, 적당히 손질한 향신료 카다멈cardamom 등이 만찬에 필요한 재료로 적혀 있었다.26 그는 이 비문을 파괴할 것을 명령했다. 페르시아인들의 사치와 낭비의 습성을 물려받지 않고자 하는 의지의 표현이었다. 장군들에게도 사치에 빠진 자들은 결국 전쟁에서 패한다고 타일렀다.

다음 날 알렉산드로스는 이 낯설고도 놀라운 도시를 둘러보기로 했다. 헤로도토스의 책을 손에 든 채 거리를 걷던 그는, 가족이나 친구로 보이는 이들이 환자를 광장으로 데려와 지나는 이들과 대화하는 모습을 보았다. 바빌로니아인들은 의사를 신뢰하지 않았고, 오히려 낯선 이들에게서 조언을 구했다. 지나가던 사람들이 광장의 환자들에게 다가와 치료법을 제안하는 식이었다. 어떤 이는 자신이 직접 경험한 치료법을 알려주었고, 다른 이는 타인에게서 전해 들은 지식을 전해주었다. 제국 곳곳에서 온 방문객들이 넘쳐나는 이 국제도시에서 환자들은 유용한 의학 지식과 돌팔이 치료법을 두루 접할 수 있었다.

알렉산드로스도 그랬는지는 알 수 없으나, 그의 병사들이 도시에서 가장 먼저 찾은 장소는 그리스 여신 아프로디테처럼 사랑과 성을 관장하는 여신 이슈타르의 신전이었을 것이다. 바빌론에서는 도시의 모든 여성이 일생에 한 번 이슈타르 신전에서 임의의 남성에게 자신을 바치는 거룩한 의식을 치르는 절대적인 규율이 있었다. 여성들은 빈부나 신분에 상관없이 신성한 구역으로 나아가 준비가 되었다는 표시인 끈으로 만든 화환을 쓰고 남성을 기다려야 했다. 남성들은 신전에 마련된 통로를 따라 걸으며 마음에

드는 여성 제물을 고르면 되었다. 마음에 드는 여성을 찾으면 그녀의 무릎 위에 은화를 던지고 여신의 이름으로 그녀를 청하는데, 대기하던 사제는 그 돈을 받아 신전 금고에 넣은 뒤 두 사람을 신전 근처의 방으로 안내했다. 여성에게는 남성을 거절할 권리가 없었기 때문에, 시골에서 올라온 가난한 목동도 궁정의 귀부인을 단 한 번이나마 선택할 수 있었다. 아름다운 여성은 오래 기다릴 필요가 없었지만, 그렇지 못한 여성은 몇 년 동안 신전 안뜰에 앉아 있어야 했다. 세속적인 풍습을 선호하지 않았던 그리스 작가들은 이 모든 것이 거국적인 매춘에 불과하다고 폄훼했지만, 바빌론 시민들에게 이것은 제우스나 아테나에게 드리는 가장 엄숙한 제사만큼이나 진지한 신앙의 행위였다.

알렉산드로스는 세계 7대 불가사의 중 하나로 꼽히는 바빌론의 공중정원만큼은 반드시 방문했을 것이다. 이곳은, 수 세기 전에 바빌론을 다스리던 아시리아 왕이 고향의 숲과 나무들을 그리워하는 이방인 아내를 위해 만들었다고 알려져 있었다. 왕은 사막 한가운데 거대한 기둥을 세우고 그 위 높은 곳에 테라스를 만들었다. 노예들을 동원해 엄청난 양의 흙을 담았고, 거대한 나사 장치로 물을 끌어올려 정원 전체에 순환하도록 했다. 테라스에는 과일이 열리는 유실수는 물론 야자수와 침엽수들을 한가득 심어 도시 위로 울창한 숲이 만들어졌다. 방문객들은 가장 무더운 여름철에도 그늘지고 서늘한 숲길을 거닐며 푸른 초지에서 여유로운 시간을 보낼 수 있었다.

언제나 그랬던 것처럼, 알렉산드로스는 종교에 대해서도 현지인들의 환심을 사기 위한 수단이 아닌 진지한 관심을 두어야 할 대상으로 여겼다. 바빌론에는 특별히 관리되는 구역이 있었는데, 이곳에는 칼데아인으로 불리는 고대 메소포타미아의 사제 겸 철학자들이 거주했다.[27] 이들은 별을 정밀하게 연구하는 것으로 유명했으며, 이미 수천 년 전부터 천문학 기록을 남기기도 했다. 이 기록들은 그리스 세계에는 알려지지 않은 설형문자로 쓰였기 때문에, 알렉산드로스 역시 그들의 설명을 믿을 수밖에 없었다. 칼데아인들이 가르친 수학은 다른 지역의 수 체계와 달리 10이 아닌 60을 기반으로 했다. 이는 후대 문명에도 전해져, 1시간을 60분으로, 1분을 60초로, 그리고 60을 여섯 번 곱한 360을 원의 각도로 구성해 시간과 공간 측정의 근간을 마련했다. 바빌로니아인들은 알렉산드로스 훨씬 이전 시대부터 복잡한 분수와 이차방정식, 그리고 훗날 피타고라스의정리로 알려진 수학의 개념을 가르치고 있었다. 실제로 그리스 수학의 상당 부분은 그해 가을, 마케도니아인들이 바빌론에 도착한 사건으로 인해 한 단계 발전하게 되었다. 칼데아인들은 점술에도 능했기 때문에, 알렉산드로스는 이들 가운데 몇 명을 자신의 원정에 동행시켜 앞으로 일어날 일들의 징조를 읽어내도록 했다. 그는 칼데아인들을 만나 신들과 세계의 기원에 대해서도 대화했을 것이다. 만일 그랬다면, 바빌로니아의 창세신화와 그리스 시인 헤시오도스의 이야기가 매우 흡사하다는 사실을 알았을 것이다. 바빌로니아의 창세신화에는 신들이 여러 세대에 걸쳐 우주의 지배권을 두고 서로 투쟁하는데, 헤시오도스의 이야기에도 크로노스가 아버지를 거세했지만 그 자신도 아들 제우스에게 가차 없이 내쳐지는 내용이 나온다.

도시를 둘러보고 현지 학자들과 교류하던 알렉산드로스도 마냥 여유로운 시간만 보낼 수는 없었다. 적임자를 선별해 행정관을 임명해야 했고, 군대 업무도 재정비해야 했다. 마케도니아를 출발한 병력 1만 5000명이 긴 행군 끝에 본대에 합류했기 때문이었다. 새로운 병사들은 기병과 보병으로 구성되어 있었으며, 긴 여정을 이끈 이는 수개월 전 알렉산드로스의 명을 받아 증원 병력을 모집하러 마케도니아로 떠났던 노련한 지휘관 아민타스였다. 알렉산드로스는 추가 병력이 절실했던 가우가멜라 전투 이전에 충원을 하지 못한 것을 두고 아민타스를 불만스러워했지만, 전투는 앞으로도 많을 것이므로 문제 삼지 않기로 했다. 아민타스는 마케도니아의 귀족 가문 출신 소년을 50명이나 데려왔다. 이들은 왕의 시종으로 궁정에 들어갈 것이고, 식사나 사냥을 돕고 침실을 지키다가 필요하면 전쟁에 동행할 예정이었다. 이는 야망 있는 청년들에게 매우 명예로운 자리였으며, 장차 마케도니아의 지도자가 되기 위해 거쳐야 할 수련의 과정이기도 했다.

바빌론을 떠나 출정에 나서는 알렉산드로스는 해안 도시 퓌드나 출신의 아가톤을 바빌론 성채 방어의 지휘관으로 임명하고 병사 1000명을 맡겼다. 바빌로니아 지역의 병력을 총괄할 장군으로는 암피폴리스 출신의 또 다른 마케도니아인 아폴로도로스Apollodorus가 임명되었으며, 그에게도 2000명 규모의 병사와 추가 모병에 필요한 자금이 지급되었다. 그리스인으로 추정되는 아스클레피오도로스에게는 지역의 세금 징수를 맡겼고, 전 페르시아 총독 마자에우스는 기존의 직위를 그대로 유지하도록 했다. 사기 진작을 위해서였는지, 유혹적인 도시를 벗어나는 것에 대한 보상이었는지, 알렉산드로스는 마케도니아 기병들에게 1년 치 급여에 해당하는 보너스를 지급했다. 외국인 기병들도 그에 못지않은 금액을 받았고, 마케도니아 보병은 6개월 치 이상의 돈을 지급받았다. 알렉산드로스는 페르시아 일대를 행군할 병사들의 불평을 사전에 차단하고 싶었는지도 모른다. 병사들도 앞으로 더 많은 보상을 받을 수도 있겠다는 기대를 품게 되었다.

바빌론의 사창가를 배회하던 마지막 병사들까지 모두 소집한 알렉산드로스는 더욱 증강된 군대를 이끌고 페르시아 제국의 겨울 수도인 수사를 향해 출발했다. 그 시각 다리우스는 여전히 메디아의 눈 덮인 산악지대 어딘가에서 은신하고 있었지만, 알렉산드로스에게 시급한 과제는 수사와 페르세폴리스에 있는 금고와 물품 창고를 가능한 한 빨리 확보하는 일이었다. 수사는 두 도시 중에서는 상대적으로 가까웠지만, 리디아의 사르디스까지 이어지는 왕도를 따라 160킬로미터 이상 행군해야 했다. 이 지역의 여름 날씨는 도로를 건너던 도마뱀이 건너편에 닿기도 전에 구워질 정도로 혹독했지만, 계절이 바뀌고 날씨가 선선해지면 매우 쾌적해지는 곳이었다. 마케도니아군의 행렬은 티그리스강과 유프라테스강이 페르시아만으로 흘러드는 드넓은 늪지대로 접어들었다. 고대부터 수메르라고 불리던 곳으로, 성경에 나오는 족장 아브라함이 가나안 땅으로 떠난 것도 바로 이곳이었다고 전해진다.28 알렉산드로스보다도 3000년 앞서 도시를 건설한 수메르인들은 인류 역사상 가장 오래된 문명을 일으킨 사람들이었다. 알렉산드로스는 동행한 칼데아인들에게서 고대 수메르의 영광스러운 시절에 관한 이야기를 들었을 것이다. 유프라테스 강변의 우루크라는 도시는 한때 길가메시라는 위대한 왕이 통치했다고 전해진다.29 길가메시의 이야기는 알렉산드로스 시대에 이미 잊힌 이야기일 수도 있지만, 만일 전해 들었다면 그리스 문학과 놀라울 정도로 유사하다는 사실에 매우 놀랐을 것이다. 길가메시는 호메로스의 아킬레우스처럼 신과 인간의 혈통을 함께 지닌 영웅으로, 명예로운 삶을 위해 괴물이나 신들과 싸움을 벌이고, 사랑하는 친구 엔키두와 함께 모험을 펼친다. 하지만 엔키두가 아킬레우스의 동료 파트로클로스처럼 갑작스러운 죽음을 맞이하고, 이로 인해 길가메시는 깊은 절망에 빠진다. 하지만 아킬레우스가 트로이 전사 헥토르에게 분노를 쏟아낸 것과 달리, 길가메시는 영원한 생명을 찾아 떠난다. 그의 여정은 신들이 인류를 멸절시키기 위해 만든 대홍수에서 살아남아 불사의 삶을 얻은 인물 우트나피쉬팀의 섬에까지 이르렀다. 길가메시는 불멸의 삶을 얻는 데는 실패했지만, 기나긴 여정에서 그가 얻은 교훈은 수천 년 동안 인류에게 위안을 주었다.

수사를 수도로 두었던 엘람왕국은 메소포타미아 남부에서 페르시아 동쪽의 자그로스산맥까지 뻗어 있었고, 키루스 대왕의 조상들이 고원을 장악하기 전까지는 페르시아 일부까지 포함하는 드넓은 영토를 자랑했다. 또한 동방과 메소포타미아 사이에 위치했기 때문에 목재나 광물 등의 물자가 운송되는 교역 도시이기도 했다. 엘람인들도 수메르인과 마찬가지로, 알렉산드로스 이전 수천 년 전부터 점토판에 쐐기문자를 새겨 기록으로 남겼다. 기원전 6세기, 페르시아가 메소포타미아 평원의 엘람을 제국에 편입시킨 이후 그들의 언어는 국가의 공식 언어 중 하나가 되었다. 엘람어는 이 지역의 다른 어떤 언어와도 달랐지만, 고대 인도의 일부 지역에서 쓰이던 언어와 같은 기원을 가졌다는 주장도 제기되고 있다. 이와는 상관없이 엘람어는 알렉산드로스의 새 제국에서도 중요한 의사소통 수단이 될 것이었고, 왕은 이 언어에 능통한 서기관들을 고용해야 했을 것이다.

바빌론을 출발한 뒤 20일이 지났을 무렵, 마케도니아군은 수사에 도착할 수 있었다.30 세 개의 가파른 언덕 위에 자리 잡은 수사 궁정은 성경에 나오는 에스더 이야기의 무대였으며, 아래쪽에는 예언자 다니엘의 무덤이 있었다. 궁전의 가장 특징적인 장소는 20미터에 이르는 높은 기둥이 수십 개가 세워진 개방형 알현실이었다. 탄원서를 들고 궁정에 오르는 백성들은 계단을 오르면서 화려한 황금 부조 근위병들과 실물보다 큰 다리우스 대왕의 조각상을 지나야 했다. 제국 전체에서 들어온 공물들은 왕의 위대한 권력을 상기시키는 상징물로 궁전 곳곳에 전시되었다. 레바논의 삼나무와 인도의 상아, 이집트인들이 제조한 벽 장식, 에게해 인근 그리스 장인들이 다듬은 석재 등이 그것이었다. 알현실 내부는 황금 스핑크스와 사자 형상의 장식물들로 가득했고, 기둥의 머릿돌은 거대한 황소의 두상으로 조각되어 있었다.

강 건너 광대한 왕궁 단지 옆에는 알렉산드로스의 할아버지 시대에 지어진 페르시아 대왕 아르탁세륵세스 2세의 작은 궁전이 자리하고 있었다. 이 왕은 왕실의 과중한 업무에서 벗어나기 위한 피신처로, 위압감을 주는 대신 화려함을 극대화한 양식으로 꾸며졌다. 궁전의 비문에는 신들이 자신과 궁전을 모든 악으로부터 지켜주기를 기원하는 기도가 새겨져 있다. 또한 이곳이 그에게 파라다야담paradayadam이 되기를 바란다는 내용도 담겨 있었다. 이 단어는 훗날 페르시아어 파이리데자pairidaeza로 변형되었고, 다시 그리스어로 흘러들어 파라데이소스paradeisos, 즉 낙원이라는 말이 되었다.

알렉산드로스는 가우가멜라 전투가 끝난 직후, 부하 장군 한 명을 수사로 보내 지역의 페르시아 총독 아불리테스에게 항복을 종용하는 한편, 금고와 창고에 손대지 말라는 엄중한 경고를 전달했다. 명령에 따른 아불리테스는 이제 자신의 아들을 보내 알렉산드로스를 맞이하게 했고, 가까운 코아스페스강을 따라 도시로 진입하도록 도왔다. 이 강은 바빌론의 대왕이 마시는 물의 수원이었기 때문에 상징적인 의미가 컸다. 아불리테스는 이곳에서 수사의 항복 의례를 치렀고, 최고급 자주색 옷감과 단봉낙타는 물론 인도에서 수입한 코끼리 등을 왕실 선물로 바쳤다. 그런데 알렉산드로스에게 더 중요했던 것은 아불리테스가 바친 막대한 양의 금괴와 은괴였다. 그 가치는 무려 4만 탈렌트에 달했으며, 이는 마케도니아군은 물론이고 제국 전체를 수년 동안 운영할 수 있을 만한 금액이었다. 또 다른 선물로 다릭이라고 불리는 금화 수천 개를 운송해왔는데, 이 주화에는 초대 대왕 다리우스가 활을 든 모습이 새겨져 있었다. 알렉산드로스는 상상조차 할 수 없던 보물들을 손에 넣게 되었고, 아불리테스의 성의에 사의를 표했다.

수사의 성채로 올라가 왕의 알현실에 들어선 알렉산드로스는 2세기 동안 제국 전역에서 공출된 화려한 장식물들과 전리품을 보고 두 눈을 의심했다. 한쪽에서 크세르크세스가 그리스 원정에서 가져온 두 청년 조각상을 발견했다. 석상의 주인공은 하르모디오스와 아리스토기톤으로, 아테네의 폭군을 암살하려다 죽음을 맞이했고 이후 영웅으로 추앙받는 이들이다. 알렉산드로스는 두 조각상을 아테네로 돌려보내라고 명하면서 자신의 안부도 전하도록 했다. 이것은 어쩌면, 자신이 가장 위협적인 폭군으로 생각하는 아테네 사람들에게 돌려보낸 아이러니한 응답이었을지도 모른다. 하지만 아테네 시민들은 조각상을 보내온 것에 감사했고 이를 아크로폴리스로 향하는 길가에 세워두었다.

알현실의 가장 끝에는 다리우스의 왕좌가 놓여 있었다. 대왕 외 누군가 그 자리에 앉는다면 즉시 사형에 처해질 것이었지만, 알렉산드로스는 일부러 사람들 앞에서 보란 듯 단상에 올라 당당히 자리에 앉았다. 그런데 한 가지 문제가 있었다. 새로운 대왕 알렉산드로스의 키가 보통 사람들보다 조금 작았고, 그의 발이 발받침에 닿지 않았던 것이다. 이는 당황스럽고도 위엄도 서지 않는 모습이었다. 그러자 눈치 빠른 궁정 시동이 발받침을 치우고 조금 더 높은 탁자를 가져다 놓았고, 알렉산드로스는 그 위에 편히 발을 올려 좀 더 위엄 있는 자세로 앉을 수 있게 되었다. 그런데 그때 한쪽 구석에서 나이 든 환관이 조용히 눈물을 흘리는 모습이 보였다. 알렉산드로스가 슬퍼하는 이유를 묻자, 자신이 오랫동안 모시던 위대한 대왕 다리우스의 식탁이 이제 발받침으로 쓰이는 것을 보니 가슴이 아프다고 답했다. 알렉산드로스는 혹시라도 자신이 예를 저버리고 신들을 화나게 한 것은 아닌지 우려한 나머지, 즉시 탁자를 치우라고 명령했다. 그러나 파르메니온 장군의 아들 필로타스가 이를 제지하며 반박했다. 적장이 쓰던 식탁을 알렉산드로스가 발받침으로 쓰게 된 것은 매우 의미 있는 일이라는 이유에서였다. 알렉산드로스는 그 의미를 되새길 필요가 있다고 생각했고, 탁자를 그 자리에서 결코 치우지 말라고 다시 명령했다.

궁전에 머물던 어느 날, 알렉산드로스는 이소스 전투 이후 줄곧 군대와 동행했던 다리우스의 가족이 예전에 머물던 수사의 숙소에서 지내도록 조치했다. 그들을 더 이상 전장에 데리고 다닐 필요가 없기 때문이었으며, 궁전에 거주할 때 필요할 그리스어도 배우도록 가정교사도 붙여주었다. 그는 특히 다리우스의 어머니 시시감비스를 따뜻하게 대했으며, 마케도니아에서 막 도착한 값진 옷감을 선물하기도 했다. 나아가 그녀와 손녀들이 직접 그 옷감을 짜며 여가를 보내도록, 솜씨 좋은 마케도니아 여성 재단사를 보내 일을 가르쳐주겠다고까지 제안했다. 그런데 알렉산드로스가 알지 못했던 사실이 하나 있었다. 이 일로 그는 왕족의 지체 높은 어르신을 최악의 방식으로 모욕한 것인데, 페르시아 궁정의 왕족 여성들은 천 짜는 일을 하지 않았다. 그것은 노예들의 일이었기 때문이었다. 시시감비스가 자신의 방에 틀어박혀 불쾌해하고 있다는 사실을 알게 된 알렉산드로스는 즉시 찾아가 진심 어린 사과를 했다. 그리고 마케도니아에서는 여왕과 공주들이 옷 만드는 일을 매우 자랑스럽게 여긴다고 설명했다. 설명을 들은 시시감비스는 그제야 왕의 지시가 모욕이 아니라는 사실을 이해하게 되었다.

겨울이 시작되고 새해가 밝을 무렵, 자그로스산맥 동쪽에는 눈이 쌓이기 시작했다. 이때 다리우스가 만일 수사 궁정을 차지한 알렉산드로스가 성채의 안락한 온기 속에서 겨울을 나리라 기대했다면 그것은 큰 오산이었다. 수사에 잠시 머문 알렉산드로스는 곧바로 출정 준비를 명령했다. 그는 바빌론에서 마자에우스를 유임했던 것처럼, 수사의 사트라프 아불리테스도 직위를 지키도록 했다. 물론 군사 지휘권은 충성을 잃지 않을 마케도니아 장군에게 맡겼다. 알렉산드로스는 지중해 연안과 메소포타미아 지역을 정복해 제국에 편입시켰지만, 페르시아의 심장부와 그 동쪽의 속주 여럿은 여전히 영향력 밖에 있었다. 지금까지 전쟁을 치르면서 만났던 원주민들은 알렉산드로스를 잠재적인 해방자로 보았거나, 적어도 페르시아인들을 몰아낼 수단으로 생각했다. 하지만 산맥을 넘어 페르세폴리스로 진입하게 되면, 그는 더 이상 해방자가 아니라 적국에 발을 들인 침략자일 뿐이었다. 그렇다면 페르시아인들은 자신의 고향을 지키기 위해 더욱 절박하게 싸울 것이다. 그들 뒤에는 박트리아인과 스키타이인과 인도인도 있으며, 세계에서 가장 용맹한 전사들로 알려진 이들은 자신들의 영토를 방어하기 위해 필사적으로 저항할 것이다. 서부 지역을 차지하기 위한 전쟁은 끝났을지 몰라도, 가장 어려운 지역을 공략하기 위한 전쟁은 이제 막 시작되고 있었다.

7장 페르세폴리스

이 얼마나 대단한 일인가,
전쟁에서 이긴 왕의 자격으로
페르세폴리스에 입성하는 일이란!

-크리스토퍼 말로[1]

수사에서 동쪽으로 여러 날을 행군했다. 알렉산드로스와 그의 군대는 메소포타미아의 온화한 목초지를 떠나 눈 덮인 산악지대로 들어섰다. 이 지역에는 우시아인이라고 불리는 부족이 거주하고 있었는데, 이들의 왕 마다테스는 다리우스의 사촌이었다.[2] 제국의 왕실과 혈연으로 맺어져 있었음에도, 자치적인 생존을 우선시했던 우시아인들은 자신들의 영토를 지나는 자에게 반드시 통행료를 요구했다. 키루스 대왕은 물론 이후의 모든 왕들도 수사와 페르세폴리스 사이의 협곡에 놓인 유일한 이 통행로를 병사들과 지나기 위해 우시아 산적들에게 금을 바쳤다. 페르시아의 대왕이 산적들에게 금을 바치는 것은 굴욕적인 일이었지만, 이 산악지대가 워낙 험준했기 때문에 어떤 군대도 이들을 정복하거나 쫓아낼 수 없었다.

우시아인들은 알렉산드로스의 야영지로 사절단을 보내 최고의 예를 갖추어 왕을 환영했다. 자신들 외에 그 누구에게도 충성하지 않는 그들이지만, 알렉산드로스의 방문을 환영할 뿐 아니라 페르세폴리스 함락을 위해 산악지대를 통과하는 것도 반대하지 않는다고 했다. 다만 작은 문제가 하나 있었는데, 그것은 바로 통행세를 납부하는 일이었다. 그들은 페르시아 대왕이 그랬던 것처럼, 알렉산드로스가 자신들에게 일정한 통행세만 지불한다면 군대가 지역을 편안히 통과하도록 돕겠다고 했다. 이 순간 알렉산드로스는 엄청난 자제력을 발휘했을 것이다. 그는 사절들에게 미소를 지으며, 산악 협곡에서 자신을 기다리라고 말했다. 그곳에서 필요한 통행료를 지불받게 될 것이라고 했다.

다리우스와 그의 선왕들은 이 산악 도적들에게 당했을지 몰라도, 알렉산드로스는 페르시아 통합이라는 거사를 이 같은 협박에 굴복하는 것으로 시작할 생각이 없었다. 그는 우시아인들에게 결코 잊지 못할 교훈을 안겨줄 생각이었다. 왕은 수사의 지리를 잘 아는 안내자들을 앞세우고 최정예 병사 수천 명과 함께 산악의 좁은 뒷길로 숨어들었다. 고지대 계곡마다 우시아인들의 거주지가 눈에 띄었고, 어둠에 몸을 숨긴 알렉산드로스와 병사들은 마을을 하나씩 기습하기 시작했다. 아무것도 모르고 잠들어 있던 주민들은 학살을 피할 방법이 없었다. 그들이 가진 재산은 괜찮은 말과 튼실한 양들뿐이었지만, 알렉산드로스가 원했던 것은 그들에게 공포를 안겨주는 것이었다.

알렉산드로스는 우시아의 병사들이 지키는 통행로가 있는 협곡으로 이동하면서 믿을 만한 부하 크라테로스에게 명해, 정예 산악 부대를 이끌고 적의 뒷쪽 봉우리로 침투하도록 했다. 자신이 공격을 감행하면 우시아인들은 그쪽으로 도망칠 것을 계산한 작전이었다. 우시아인들은 험준한 산악 지형이 적들로부터 자신들을 지켜줄 것이라고 믿었지만, 지금까지 마케도니아와 트라키아 고지대 병사들을 상대한 적은 없었다. 이들은 어느 곳 못지 않은 거친 산악에서 자란 이들로, 야생 산양들이 뛰노는 바위와 절벽 위를 오르내리는 데 익숙한 병사들이었다.

알렉산드로스는 협곡을 지키고 있던 우시아인들을 향해 아래로부터 기습적으로 돌진했다. 속도와 기세에 놀란 우시아인들은 뒤편 언덕으로 도망쳤다. 하지만 그곳에는 이미 크라테로스와 그의 산악 병사들이 매복해 있었다. 도주하던 전사들은 대부분 칼과 창에 쓰러졌고, 일부는 절벽 아래로 몸을 던져 목숨을 끊었다. 극소수는 겨우 도망쳐, 적들이 엄청난 속도와 기세로 진격하고 있다고 마을 사람들에게 알렸다. 알렉산드로스와 병사들은 그들을 바짝 뒤쫓으며 마주치는 마을을 모두 파괴했다. 우시아의 왕 마다테스는 너무도 절박한 나머지 비밀 산길을 통해 수사 궁정으로 사절을 보냈다. 그리고 다리우스의 어머니이자 장모의 자매인 시시감비스에게 알렉산드로스를 설득해 자신과 주민들을 구해줄 것을 간청했다. 시시감비스는 왕의 군사작전에 관여하는 일이 부담스러웠지만, 가족을 위한 일에는 나서지 않을 수 없었다. 그녀는 알렉산드로스에게 편지를 보내 우시아인들을 멸절시키지 말아달라고 간청했다. 알렉산드로스는 옷감과 관련된 오해로 상처를 준 것에 미안한 마음을 가지고 있었던 듯했다. 그녀의 부탁을 받아들여 마다테스를 비롯해 항복한 주민들을 용서하기로 했다. 남은 마을도 그대로 두기로 했지만, 그 대가로 해마다 말 100필과, 그 다섯 배의 운송용 가축, 그리고 양 3만 마리의 조공을 요구했다. 알렉산드로스와 그의 병사들은 페르시아 제국이 200년 동안 이루지 못한 일을 단 며칠 만에 해결했다.

마케도니아군은 페르세폴리스행을 막아서듯 늘어선 눈 덮인 산맥을 건너 동쪽으로 행군했다. 페르시아로 가는 가장 빠른 길은 페르시아의 문이라고 불리는 사방이 절벽인 고지대 통행로였다.[3] 우회로가 있었지만 남쪽으로 크게 돌아가는 길이었기 때문에 며칠을 더 허비해야 했다. 알렉산드로스는 정찰병들에게서 지역의 페르시아 총독 아리오바르자네스가 상당수의 병력을 이끌고 매복해 있다는 보고를 받았지만, 그 규모는 크지 않을 것으로 생각했다. 하지만 지형적인 이점을 십분 활용할 그들을 몰아내기란 쉽지 않아 보였다. 아리오바르자네스는 가우가멜라 전투에서 알렉산드로스에 대항했던 노련한 지휘관으로, 다리우스에 대한 지지를 거두지 않았을 뿐 아니라 페르시아 제국에 대한 애국심이 확고한 인물이었다. 그는 침략자들이 조국의 영토를 유린하는 것을 묵과하지 않겠다는 결의를 불태우고 있었다.

    상황을 면밀히 살핀 알렉산드로스는, 다시 한번 예상치 못한 결정을 내렸다. 그는 군대를 둘로 나누어, 대부분의 병력을 파르메니온에게 맡겨 남쪽 우회로를 통해 페르세폴리스로 진격하도록 했다. 나이 든 장군과 떨어져 독자적으로 작전을 펼치고 싶었는지도 모르지만, 그가 더욱 중요하게 생각한 것은 페르시아군이 보물을 숨기기 전에 신속히 페르세폴리스에 도착하는 일이었다. 이를 실현하기 위해서는 대규모 병력이 기동하기 힘든 페르시아의 문을 최소 병력으로 신속히 돌파해야 한다고 생각했다. 반면에 아리오바르자네스는 이 협곡이 두텁게 방어되고 있다는 사실을 아는 알렉산드로스가 군 전체를 남쪽 우회로로 이동시킬 것으로 예상했다. 그렇게 된다면 페르세폴리스를 방어할 시간도 벌고, 왕실 보물을 안전한 곳으로 옮길 시간도 확보할 수 있을 것이었다. 이를 계산한 알렉산드로스는 정반대의 선택을 했다. 그는 수적인 이점을 포기한 대신, 다소 위험이 따르는 기습 공격을 준비했다. 안전한 작전을 선호하는 지휘관이라면 취하지 않을 결정이었지만, 다시 한번 드러나는 사실은 알렉산드로스는 결코 안전한 전투를 계획하는 자가 아니라는 것이었다.

    알렉산드로스는 몇천 명 규모의 마케도니아군과 트라키아 산악병을 이끌고 출정했다. 그리고 조금의 지체도 없이 페르시아의 문으로 이어지는 계곡을 향해 맹렬히 돌진했다. 길 양쪽은 가파른 협곡을 이루는 절벽이 있을 뿐이었고, 눈앞에는 아리오바르자네스가 협곡을 막아 쌓은 성벽이 보였다. 성벽 위에는 수많은 페르시아 병사들이 전투 태세를 갖추고 있었지만, 알렉산드로스는 자신의 병사들이 길을 뚫을 수 있다고 확신했다. 그리고 성벽 바로 앞의 좁은 협곡으로 병력을 집중시켰다.

바로 그때, 협곡 상부 능선에서 우레와 같은 굉음이 울리더니 거대한 바윗돌들이 알렉산드로스의 밀집한 병사들 위로 쏟아져내렸다. 그뿐 아니었다. 산 위에 설치된 투석기에서는 돌덩이들이 날아들었고, 페르시아 병사들이 내리꽂는 창과 화살이 병사들 머리 위로 장대비처럼 쏟아졌다. 일부 병사들은 눈 덮인 절벽을 타고 올라 수비병들에게 접근하려 했지만, 너무 가팔라서 계속해서 떨어지고 미끄러지고 자기 병사들 위를 나뒹굴었다. 짧은 시간에 수백 명의 병사들이 속절없이 쓰러져갔다. 알렉산드로스는 철두철미하게 준비된 적군의 매복지로 자신의 병사들을 내몬 셈이었다. 아리오바르자네스는 이 협곡을 방어하기 위해 4만의 병력을 배치했다고 전해진다. 하지만 그 숫자가 4분의 1 수준이었다고 해도, 그리고 상대가 알렉산드로스 아닌 다른 누구였더라도 이 페르시아의 문은 뚫리지 않았을 것이다. 알렉산드로스는 병사들에게 방패를 머리 위로 들어 올려 거북 대형을 구축하라고 명령했다. 하지만 쉴 새 없이 쏟아지는 커다란 바위들을 모두 막기는 역부족이었고, 병사들은 계속해서 쓰러졌다. 성벽 앞 좁은 협곡에는 정예 병사들의 수많은 시신이 형체를 알아볼 수 없을 정도로 일그러진 채 쌓여갔다. 알렉산드로스는 퇴각 명령을 내리는 것 외에 할 수 있는 일이 없었다.

알렉산드로스는 패배에 익숙하지 않은 인물이었다. 그 때문에 이번 전투의 패배로 크나큰 수치심을 느꼈다. 그동안 수많은 전쟁터에서 승리를 안겼던 무모할 정도의 자신감이 이번에는 가장 용감한 병사 수백 명의 목숨을 잃게 한 요인이 되었다. 자신의 고집이 신들을 노하게 한 것은 아닌지 궁금했던 그는 예언자 아리스탄데르를 부를까 고민했지만, 지금 더 중요한 것은 낙담한 병사들에게 용기를 북돋아주는 일이라고 생각했다. 전투에서 패배하는 것만도 큰 고통이었는데, 만신창이가 된 전우의 시신을 남겨두고 떠나는 일은 감당할 수 없는 큰 상처였다. 병사들에게 가장 소중한 의무는, 쓰러진 전우를 잘 수습해 무사히 저승으로 떠나보내는 일이었다. 알렉산드로스는 아리오바르자데스에게 휴전을 청하면 시신 수습을 허락할 가능성이 높다는 것을 알고 있었다. 하지만 그러한 굴욕은 도저히 참아낼 수 없었다. 그는 전우들의 시신을 그대로 둔 채 파르메니온이 나아간 남쪽 우회로를 통해 페르세폴리스로 나아가기로 결심했다. 그런데 순간적으로, 협곡을 지키는 페르시아군의 측면을 우회할 방법을 찾을 수 있다면 기습 공격을 펼치는 것도 가능할지 모른다는 생각이 들었다.

마케도니아군은 전투 중 생포한 포로를 데리고 있었다. 알렉산드로스는 포로들을 직접 심문하기로 했다. 그는 상상할 수 있는 가장 끔찍한 고문을 거론하며, 페르시아의 문을 우회할 길이 있는지 물었다. 다른 포로들이 모두 고개를 저었지만, 그리스어를 구사하는 한 인물이 전향적인 태도를 보였다. 그는 소아시아 남부의 리키아 출신으로, 여러 해 전 포로가 되어 페르시아의 이 외진 곳으로 보내진 자였다. 산악지대에서 목동으로 살던 중 협곡 방어를 위해 아리오바르자네스에 의해 징집되었다고 했다. 그는 알렉산드로스에게 산세를 설명했는데, 성문 뒤로 이어지는 바위틈 오솔길이 있기는 하나, 여름철에 양 몇 마리가 지날 수 있을 정도로 외진 산길이며, 수천 명의 병사가 통과할 수 있는 길은 아니라고 했다. 그러자 알렉산드로스는 호기심 가득한 눈으로 그를 바라보며, 정말로 병사들이 지날 수 없는지 물었다. 리키아인은 그건 불가능하다고 재차 답했다.

바로 그때, 알렉산드로스는 소년 시절 들었던 한 예언을 떠올렸다. 오래전부터 페르시아 대왕과의 전쟁을 상상하던 그는 델포이 신전에 사람을 보내 자신이 페르시아를 정복할 수 있을지 물은 적이 있었다. 당시 받은 신탁은 이러했다. '너는 늑대에게 이끌려 페르시아로 들어가게 될 것이다.' 그는 한동안 이 수수께끼 같은 예언을 잊고 있었지만, 지금 리키아 출신의 남자를 눈앞에 두고 보니, 갑자기 모든 것이 명확해진 것 같았다. 늑대는 그리스어로 리코스lykos였고, 리키아인의 그리스어는 리키오스Lykios였으니, 두 단어는 흡사 같은 말로 들렸다. 그는 이것이 우연일 수 없다고 생각했다. 그리고 포로에게 그날 밤에 군대가 그 길을 갈 것이니 앞장설 준비를 하라고 명령했다. 이 말에 남자는 다시 한번 간곡히 만류했다. 갑옷을 입은 병사들은 그 길을 지날 수는 없을 것이며, 작전이 실패하면 그 책임이 자신에게 돌아올 것이니, 부디 냉정하게 생각해야 한다고 호소했다. 하지만 알렉산드로스는, 목동이 할 수 있는 일이라면 영광에 목숨을 거는 알렉산드로스의 병사들도 할 수 있다며 뜻을 굽히지 않았다.

알렉산드로스는 기병대 전부와 보병대 대부분을 충성스러운 장군 크라테로스에게 맡겼다. 그에게 주어진 임무는, 전군이 협곡 앞에만 모여 있는 것처럼 불을 피우고 대기하다가 나팔 소리가 들리면 즉시 성벽을 향해 돌격하는 것이었다. 알렉산드로스는 자신이 지휘할 일군의 보병 병사들에게 사흘 치 식량을 배낭에 넣고 인생에서 가장 험난한 등반을 준비하라고 지시했다. 그리고 신들에게 속삭이듯 기도를 올린 뒤, 수천 규모의 병사들과 함께 줄지어 그 좁은 오솔길을 오르기 시작했다.

병사들은 눈이 가슴 높이까지 쌓인 비탈길을 쉴 새 없이 올랐다. 구르고 넘어지기를 반복했으며 동료들과 뒤엉켜 구덩이에 빠지기도 했다. 언덕은 끝이 없었고 골짜기는 수시로 길을 막았다. 울창한 숲이 별빛마저 가려 시야도 확보되지 않았다. 칼바람은 매서웠으며 얼어붙은 나뭇가지는 병사들의 얼굴을 채찍질하듯 후려쳤다. 지친 병사들의 얼굴은 고통으로 일그러졌다. 하지만 알렉산드로스가 침묵 속에서 산을 오를 것을 명령했기 때문에, 병사들은 추위나 피로에 대해 한마디도 불평을 하지 못했다. 칠흑처럼 어두운 밤에 생소하고도 험난한 길을 리키아인 목동과 어린 시절의 예언을 굳게 믿는 왕을 믿고 몇 시간을 말없이 버텨가며 전진했다.

날이 밝아올 무렵, 병사들은 페르시아의 문보다 훨씬 높은 산 정상에 도달했다. 알렉산드로스는 지친 병사들에게 휴식과 식사를 명령한 뒤, 장군들과 함께 작전 회의에 들어갔다. 지휘부는 병력을 또다시 분할하기로 결정했다. 프톨레마이오스가 병력 다수를 이끌고 산비탈을 내려가 대기하다가, 신호에 맞춰 성벽의 측면을 기습하도록 하고, 알렉산드로스 자신은 나머지 병사들을 이끌고 오솔길을 따라 협곡의 후방으로 내달렸다. 이 길 역시 정상을 오르는 것만큼 험난했지만, 마침내 성의 후면으로 이어지는 진입로에 도달했다. 그리고 그곳에서 만난 후문의 페르시아 경비대를 급습해 전멸시켰다. 겨우 몇 명만이 성 반대편 아래로 달아나며 목숨을 건졌다.

산속에 어둠이 깔리자, 알렉산드로스는 숨어 있던 병사들을 전투대형으로 정렬시켰다. 그리고 성문을 열고 페르시아 진영을 향해 진격을 개시했다. 나팔 소리가 울려 퍼지자 반대편 정문 앞에서 대기 중이던 크라테로스 본대도 총공격에 나섰다. 동시에 프톨레마이오스와 병사들도 험준한 산비탈을 내려와 성의 측면을 기습했다. 이제 덫에 걸린 쪽은 아리오바르자네스였다. 그의 부하들이 끝까지 저항하는 가운데, 일부가 혼란을 틈타 도주하려 했지만, 알렉산드로스의 기습이 너무도 완벽하게 이루어져서, 그들 대부분이 무기력하게 학살당했다. 총독 아리오바르자네스와 극소수의 말 탄 병사들만이 산속으로 숨어들며 겨우 목숨을 건졌다. 이날의 전투는 설명하기 힘들 정도로 참혹한 사건이 되었다. 어둠 속, 눈 덮인 협곡에서 벌어진 대학살극에서 페르시아인 수천 명은 조국을 지키기 위해 싸우다가 쓰러졌고, 그들을 벤 것은 눈 덮인 겨울 산을 넘는 불가능에 가까운 작전을 견뎌낸 마케도니아와 트라키아 병사들이었다. 그들은 극도로 지쳐 있었지만, 결연한 의지로 무장해 결국 승리를 일구어냈다. 그리고 마침내, 이전 전투에서 쓰러졌던 병사들의 얼어붙은 시신들도 수습해 장례 지낼 수 있게 되었다. 산악 행군을 인도했던 리키아 목동은 알렉산드로스에게 넘치는 보상을 받았고, 그의 발길에 목숨을 맡겼던 병사들도 진심 어린 감사의 마음을 전했다.

이제 페르시아의 문은 함락되었고, 페르세폴리스로 향하는 길은 활짝 열렸다.

남은 것은 이제 시간과의 싸움이었다. 페르시아군이 방어 태세를 완비하거나 왕실의 보물을 북쪽으로 옮기기 전에 페르세폴리스에 도착해야 했기 때문이다.4 알렉산드로스는 이미 필로타스를 보내 도시로 가는 길목에 있는 아락세스강에 다리를 놓게 했다. 그러는 가운데, 페르세폴리스 왕실의 재무관으로 근무한 환관으로 추정되는 티리다테스라는 인물에게서 서신을 받았다. 왕이 신속히 도착한다면 도시와 보물 창고를 넘기겠다는 내용이었다. 한 가지 문제는, 아리오바르자네스와 그의 잔당보다 먼저 도착해야 한다는 것이었다. 만일 그렇지 못한다면, 도시를 두고 또다시 전투를 벌이게 될지도 모를 일이었다. 티리다테스는 도시와 보물을 자발적으로 넘긴 페르시아 고위 관리들이 알렉산드로스의 후한 처우를 받은 사실을 알았고, 자신도 같은 대접을 받기를 기대했을 것이다.

마케도니아군은 자그로스산맥을 넘은 뒤 페르세폴리스를 향해 전속력으로 행군했다.5 그런데 도시에 거의 닿을 무렵, 알렉산드로스의 걸음을 붙들어매는 놀라운 장면과 마주했다. 800명에 이르는 노인 남녀가 병사들의 행렬 앞으로 비틀거리며 나오고 있었다. 이들은 자비를 구하는 상징인 나뭇가지를 들고 있었는데, 모습이 참혹하고도 가엾기 그지없었다. 대부분 신체의 일부가 절단된 자들로, 어떤 이는 손이 잘리거나 발이 없었고, 혹은 코나 귀가 잘려 있었다. 더 충격적인 것은, 그들 모두가 알렉산드로스를 향해 그리스어로 울부짖었다는 사실이었다. 그들의 대표쯤 되는 인물이 나서서 설명했다. 자신들은 수년 전 고국에서 행한 어떤 일 때문에 페르시아 왕에 의해 끌려왔고, 페르세폴리스 성문 밖에 있는 그리스 망명자 구역에 억류되었다고 했다. 그런데 대왕은 이들의 존재 자체를 위대한 왕에게 불충한 자의 표본으로 삼기 위해 신체의 일부를 훼손했다. 특히 장인과 기술자들이었던 이들의 업무에 필요하지 않은 신체 부위를 끔찍한 모습으로 망가뜨려버린 것이다.

알렉산드로스는 오랜 시간 고통을 받은 이들의 이야기에 깊이 공감하며 눈물을 흘렸다. 그리고 그들을 그리스 고향 마을로 돌려보내기 위해 할 수 있는 모든 일을 하겠다고 약속했다. 하지만 그들은 감사의 마음을 표하면서도, 차라리 지금 있는 이곳에 남게 해달라고 부탁했다. 만일 그리스로 돌아간다면 각자의 고향 마을로 흩어져 조롱과 멸시의 대상이 될 것이지만, 이곳 페르시아에서는 고난이라는 공통의 결속으로 하나의 무리를 이루며 돕고 살 수 있기 때문이라고 했다. 그들이 알렉산드로스에게 바란 것은 단지 마을에서 자립해 살 수 있는 기반을 갖는 것이었다. 왕은 그들의 요청을 기꺼이 받아들였고, 남은 생을 걱정 없이 살아가도록 금전을 지급하라고 명령했다. 또한 의복과 식량은 물론 소와 양을 기를 수 있도록 도울 것을 명령했다. 더불어 세금을 면해주고, 지역 관리에게도 이들의 처우에 최선을 다하도록 엄중히 명령했다.

페르세폴리스는 페르시아의 심장부에서도 광활한 평야에 터를 잡았으며, 먼 외곽으로는 산맥을 두르고 있었다. 바빌론이나, 수사, 엑바타나 같은 유명한 도시들이 모두 전쟁으로 점령한 도시들이었던 데 비해, 페르세폴리스는 제국의 영혼과도 같은 곳이었다. 그래서 페르시아의 대왕과 귀족들은 정기적으로 이곳을 방문해 지난 200년 동안 이룩한 자신들의 성장을 되새기곤 했다. 젊은 키루스왕 시절만 해도 페르시아는 타국의 지배를 받는 소수민족에 지나지 않았으며, 문명 세계의 가장자리인 고지대 부족민들일 뿐이었다. 용맹하고 명예를 중시하는 부족이었지만, 메디아인들의 관점에서는 한낱 시골 촌구석의 먼 친척에 불과했고, 비옥한 초승달 지대의 문명인들에게는 그저 야만인들일 뿐이었다. 통용되는 문자도 없었고 거대한 기념비나 건축물을 세우는 기술도 갖고 있지 못했기 때문이었다. 그런데 단 한 세대가 지나는 동안 그들은 메디아를 정복하고 소아시아와 메소포타미아, 이집트, 중앙아시아에 이르는 광대한 영역으로 세력을 넓혔다. 역사상 어떤 제국도 이토록 급격한 발전을 이루지는 못했다. 한때 페르시아 초기 부족들이 천막을 치고 회합하던 그 자리에, 자신들이 통합한 민족들의 기술을 총합해 장엄한 도시 페르세폴리스를 세운 것이다. 그리고 각지의 속주들로부터 조공과 보물을 거두어 제국의 군대를 유지하고 행정을 발전시켰다. 최초의 대왕 다리우스는 페르세폴리스를 설계한 고대 세계의 건축가인 셈인데, 그는 도시의 벽에 이런 문구를 남겼다.

> 나는 왕 중의 왕, 대왕 다리우스이다.
> 나는 모든 민족의 왕이며 광대한 땅의 통치자이다.
> 나는 히스타스페스Hystaspes의 아들이며 아케메네스Achaemenid 가문의 후손이다.
> 왕 다리우스가 확인하노니:
> 이 성채가 세워진 터에는 지금껏 어떤 성도 지어진 적이 없다.
> 나는 아후라마즈다의 은총으로 이 성채를 세웠고,
> 아후라마즈다와 함께한 모든 신들도 이를 원하셨다.
> 나는 이 성채를 세우고 완성했으며, 아름답고 안전하게 만들었다.
> 모든 것은 내가 뜻한 그대로 이루어졌노라.6

알렉산드로스가 유럽을 떠나 아시아로 온 지 거의 4년이 지났다. 그리고 1월이 지나던 어느 날, 마케도니아군은 마침내 페르시아의 수도 페르세폴리스에 도착했다. 그들은 불가능해 보였던 험난한 지형을 돌파했고, 갖은 고통을 감내했으며, 협곡 페르시아의 문에서는 불굴의 의지로 아리오바르자네스를 물리쳤다. 그리고 이제 아무런 저항도 없이 페르세폴리스 성벽에 이르렀다. 페르시아의 재무관 티리다테스는 약속을 지켜 알렉산드로스에게 성문을 열어주었다. 하지만 바빌론에서처럼 거리마다 시민들이 늘어서 환호하는 모습은 보이지 않았다. 도시민들은 집 안에 숨어 신들에게 간절히 기도를 올리고 있었다. 그들은 세상의 변방에서 온 젊은 왕이 무슨 일을 벌일지 몰랐기 때문에, 두려움에 떨며 최악의 사태를 상상하고 있었다.

알렉산드로스가 바라본 페르세폴리스는 바빌론처럼 오랜 역사와 생동하는 화려함을 지닌 곳이 아니었다. 수사의 장대한 궁전이나 엘람의 풍부한 문화유산도 없었다. 페르세폴리스는 새로운 도시였으며, 문자 그대로 기념비적인 도시였다. 그것은 페르시아 제국의 당당한 권위를 석조건축으로 보여주는 장엄한 선언문과도 같았다. 평원의 위로 솟아오른 암반의 토대 위에 넓은 궁전 단지가 조성되어 있었으며, 그곳으로 올라가는 길에는 이중 계단이 넓게 조성되어 있었다. 계단 양쪽에는 거대한 황소 조각상이 세워져 있었는데, 악을 쫓는 의미가 담긴 고대 메소포타미아의 상징을 형상화한 것이었다. 방문자가 궁전의 테라스에 오르면 왕의 옥좌가 보이는 단상 위 알현실을 올려다볼 수 있었다. 홀의 벽면에는 페르시아 병사들과 제국에 복속된 민족들이 왕좌를 향해 나아가는 화려한 부조가 새겨져 있었다. 더욱 나아가 대왕에게 탄원하고자 하는 이들은 제국의 친위대와 귀족들의 전차 행렬이 정교하게 새겨진 벽면을 따라가야 했다. 그 맞은편 벽면에는 낙타를 이끄는 아라비아인들과 예물을 바치는 인도인은 물론 머리를 조아리고 있는 파르티아인과 박트리아인, 이집트인, 스키타이인, 그리스인, 시리아인, 바빌로니아인, 리디아인, 엘람인, 메디아인 등이 새겨져 있었다. 대왕을 알현하도록 허락받은 사람은 누구든 페르시아의 위엄을 증명하는 이 부조들 사이를 지나 왕의 단상으로 향해야 했다.

알현실 근처에는 100개의 기둥이 세워진 거대한 집회 공간이 있었고, 그 옆으로 진흙 벽돌로 지어 얼핏 소박해 보이지만 철저히 경비 중인 대형 보물 창고가 있었다. 테라스의 남쪽에는 초대 다리우스와 그의 아들 크세르크세스가 지은 궁전들이 있었다. 다리우스의 궁전은 이집트에서 영감을 받은 소박하고 간결한 형태였으며, 내부의 벽면은 놀라울 정도로 말끔하게 연마되어 거울의 방Hall of Mirrors으로 불리기도 했다. 그에 비해, 크세르크세스의 궁전은 가장 높은 터에 자리 잡고 있었으며, 아버지의 건축보다 훨씬 화려하고 웅장한 모습이었다. 본관 뒤편에는 수십 개의 작은 방들이 늘어서 있었는데, 아마도 왕의 하렘이었을 것으로 보인다. 대왕의 아내들과 후궁들이 외부와 격리된 채 생활하던 화려한 공간이었다. 이 궁정의 여성들은 대부분 페르시아의 귀족 출신이거나, 제국에 충성을 맹세한 속주 군주들의 딸들로, 충성과 동맹의 상징으로 바쳐진 이들이었다. 왕은 자신의 적통을 생산할 여성들이 다른 남성과 접촉하지 않도록 환관을 통해 철저히 감시했다.

페르세폴리스의 궁전 단지는 행정과 외교의 중심지였고, 대왕과 그의 신하들이 거주하는 공간이었으며, 제국의 보물 창고였다. 그리고 정기적으로 중대한 의례가 열리는 곳이기도 했다. 매년 춘분이 되면 이곳에서 페르시아의 신년 의식이 치러졌다. 조공이 바쳐질 때 대왕은 위대한 신 아후라 마즈다의 지상 대리인으로서의 역할을 했다. 궁전 단지 바깥의 도시에는 일반 주민들이 거주했는데, 대부분 화려한 예술품들로 장식된 호화로운 저택에 거주하는 관료와 상인과 사업가들이었다. 페르세폴리스의 다른 시민들도 페르시아 세계의 정점에 위치한 엘리트들이었으며, 200년 동안 수도로 쏟아져들어오는 조공 덕분에 막대한 부를 누리고 있었다.

원정을 다니는 동안 알렉산드로스는 병사들에게 충분한 보상을 지급했다. 급여를 높여주었고 군사작전 이후에는 노획물도 넉넉하게 나누어주었다. 그러다 보니, 부유한 페르세폴리스에 입성한 병사들은 들뜨고 충동적인 속마음을 내보이기 시작했다. 가는 곳마다 막대한 보물이 쏟아져 나오는 광경을 보았고, 일상적으로 지나치는 사유 저택에서도 상상을 초월하는 재화가 있다는 사실을 알게 되었기 때문이었다. 하지만 군인으로서의 규율을 지켜야 했기에, 대부분은 알렉산드로스를 보좌하는 일에 충실하고자 했다. 알렉산드로스 자신도 병사들의 자제심에 한계가 있다는 사실을 잘 알았다. 고대 세계의 병사들에게 정복한 도시를 약탈하는 것은 당연한 권리였는데, 왕과 조국을 위해 목숨을 걸고 싸웠으니 그에 대한 정당한 보상으로 전리품을 취하는 것은 자연스러운 일이었다. 영광이라는 것은 왕자나 귀족들에게 어울리는 말이었다. 평범한 병사들은 젊을 때 취할 수 있는 현실적인 보상이 필요했고, 고향에 돌아가 농장을 살 수 있는 금화가 절실했다. 포로가 된 여성들 역시 자신들은 전쟁의 전리품 그 이상도 이하도 아니며, 그에 걸맞은 방식으로 다뤄질 것을 예상하고 있었다.

한편으로, 페르세폴리스의 상황을 이토록 위태롭게 만든 장본인은 알렉산드로스 본인이기도 했다. 그는 이 도시를 원정의 궁극적인 목표로 설정했고, 이에 도달하기 위해 사막과 설산을 신속히 돌파하도록 병사들을 재촉했다. 또한 페르세폴리스를 아시아에서 가장 혐오스러운 도시로 지칭하며 철저한 복수의 대상으로 각인시켰다. 그 결과, 군대가 마침내 페르세폴리스에 도착했을 때, 병사들은 이 도시를 세상의 모든 악이 응축된 곳으로 여길 정도로 분노와 증오를 가득 품고 있었다. 따라서 그들은 아름다운 궁전에도 관심이 없었고, 새 제국의 일원이 될 현지인들과 좋은 관계를 가져야 한다는 생각도 하지 않았다. 그들이 원한 것은 오로지 두 가지였다. 값진 것을 모두 약탈하는 것과 가치 없는 것을 모두 불태우는 일이 그것이었다.

알렉산드로스는 페르세폴리스 시가지가 내려다보이는 왕실 테라스에 앉아 고민했다. 그리고 병사들의 충동을 더 이상 억눌러서는 안 된다고 생각했다. 군대가 규율을 잃고 통제 불능의 상황으로 빠져들 것을 우려한 그는 마침내 병사들에게 도시를 마음껏 약탈하도록 허락했다. 테베나 가자의 경우처럼 이전에도 약탈을 허용한 적은 있었지만, 이번처럼 평화롭게 항복한 도시를 유린하도록 허용한 것은 처음이었다. 이로써 정복지에 대한 그의 정책은 다시 한번 급선회했는데, 피지배 민족들의 신뢰를 얻는 데 전혀 도움이 되지 않는 변화였다. 병사들에게 마음껏 약탈하도록 허용한 것은 매우 위험한 선례가 될 것이지만, 알렉산드로스는 그렇지 않을 경우 더 큰 위험이 닥칠 것이라고 생각했다.

그날 병사들은 밤새 페르세폴리스 거리를 누비며 광란과 탐욕의 시간을 보냈다. 역사상 유례를 찾기 어려울 정도의 잔혹한 약탈이 벌어졌고, 폭력이 행해졌다. 마케도니아 병사들은 모든 사유 주택에 난입해 남자들을 죽이고 여성과 소녀들을 번갈아 성폭행했다. 그러다 지치면 포로들을 결박해 노예로 팔기 위해 가두었다. 집안을 뒤져 온갖 귀중품들을 찾아냈고, 좋은 물건을 차지하려 병사들끼리 싸움을 벌였다. 무거워서 들 수 없는 황금 조각들은 도끼로 찍어서 나누어 가졌다. 자주색 고급 옷감이나 은 장신구를 두고 다투다가 동료를 찌르는가 하면, 조금 더 많은 보물을 차지하기 위해 오랜 시간 전장을 누볐던 전우의 손을 자르는 일도 벌어졌다. 몇몇 페르시아 가문들은 저항을 시도했지만 역부족이었다. 명예를 가장 소중히 여기는 이들은 다가올 운명을 받아들이고, 병사들이 문을 부수고 들어오기 전에 집에 불을 지르고 그 안에서 온 가족과 절명했다. 어떤 이들은 가장 화려한 옷을 갖춰 입고 높은 지붕에 올라, 아내와 자식이 뛰어내리도록 한 뒤 스스로도 몸을 던졌다. 제국의 수도에서 하루 밤낮의 지옥 같은 참상이 벌어진 뒤에야, 알렉산드로스는 약탈과 살육을 멈출 것을 명령했다. 하지만 그때는 이미 훔칠 만한 것이 거의 남지 않았고, 살려둘 목숨도 얼마 없었다. 페르세폴리스는 시신으로 뒤덮인 연기 가득한 폐허가 되었고, 추운 겨울날 발가벗겨진 채 노예시장으로 향하는 미망인과 고아들의 모습은 말로 표현할 수 없는 참상이었다. 알렉산드로스는 마침내 다리우스 제국에 대한 복수를 이루었지만, 페르시아인들은 그가 저지른 일을 결코 잊지 않을 것이었다.

병사들이 도시를 유린하던 그 시각, 알렉산드로스는 궁전을 거닐며 자신의 수중으로 들어온 물품들을 살피고 있었다. 가장 먼저 눈에 들어온 것은 병사들이 쓰러뜨린 뒤 방치한 크세르크세스 왕의 조각상이었다. 크세르크세스는 지난 세기에 그리스를 침공해 테르모필레에서 스파르타 전사들을 학살하고 아테네마저 불태운 바로 그 왕이 아니었던가. 하지만 알렉산드로스는 그가 매우 훌륭한 인물이라는 사실에 대해서는 인정하고 있었으며, 무엇보다도 이 장대한 궁전을 건설한 뛰어난 안목은 높이 평가할 만하다고 생각했다. 알렉산드로스는 쓰러진 조각상 앞에 멈춰 서서 마치 살아 있는 사람에게 이야기하듯, 그리스에 그토록 해를 끼친 그대를 다시 원래의 모습으로 세워주어야 할지 물었다. 그리고 동료들과 함께 긴 시간 그 자리에 서서 깊은 회상에 잠겼다. 그리고 말없이 그 자리를 떠났다.

알렉산드로스는 왕좌의 방으로 들어갔다. 그리고 황금 차양이 드리워진 단상 위에 놓인 대왕의 왕좌 앞으로 다가갔다. 그의 등장을 예상하고 있던 시종들은 왕좌 앞에 높이가 적당한 발받침을 미리 놓아두었을 것이다. 고대 사료에는 수사의 알현실에서처럼 그의 발이 공중에 떠 있었다는 언급이 없기 때문이다. 이 순간은 알렉산드로스는 물론 그 자리에 함께한 모든 이들에게 이루 말할 수 없이 감격적인 순간이었다. 알렉산드로스는 마침내 대왕의 왕좌에 앉는 꿈을 이룬 것이다. 이 자리에 이르기까지 그는 지난 4년 동안 페르시아 제국을 오가며 수없이 전투를 치르고 수많은 도시를 정복하지 않았던가. 알렉산드로스 가문과 오랜 세월을 함께한 코린토스 출신 데마라토스는 눈물을 흘리며 이렇게 외쳤다고 한다. "알렉산드로스가 대왕의 왕좌에 오르는 이 장면을 보지 못하고 죽은 그리스인은 얼마나 불쌍한가!"

알렉산드로스는 왕좌의 방을 나와 보물 창고로 향했다. 그리고 그곳에서 지난 200년 동안 페르시아 왕가가 거둬들인 조공의 막대한 양에 혀를 내둘렀다. 수사의 왕실 보물 창고 역시 믿기 어려울 만큼의 금과 은을 다량 보관하고 있었지만, 페르세폴리스의 이 소박한 진흙 벽돌 건물에 축적한 부는 수사의 보물들을 초라하게 할 만한 것이었다. 창고에는 제국의 모든 민족에게서 거둬들인 금화 상자들이 줄지어놓여 있었는데, 그 수량은 가히 말문이 막힐 정도였다. 알렉산드로스는 이 엄청난 재물을 페르세폴리스에 그대로 두는 것은 위험하다고 판단하고, 대부분 수사로 옮길 것을 명령했다. 그런데 적재할 양이 워낙 많았기 때문에, 병참을 담당한 장군들이 메소포타미아에서 수천 마리의 노새와 낙타들을 끌고 온 뒤에야 물건을 수송할 수 있었다.

알렉산드로스는 페르세폴리스 동쪽 수 킬로미터 거리의 왕실 중심지 파사르가다이도 방문했다.[7] 이곳은 키루스 대왕이 메디아를 상대로 최후의 승리를 거둔 곳이며, 페르시아의 첫 대왕이 된 키루스가 그 전승을 기념해 궁전을 세운 곳이기도 했다. 또한 이 도시는 페르시아의 왕들이 즉위식을 치르던 성지였기 때문에, 왕권을 승계한 사람은 누구나 이 성소에 들어가 자신의 겉옷을 벗고 키루스가 생전에 입었던 의복을 입는 의식을 행했다. 그러면서 외부인에게는 이상하게 보일 수 있는 식사를 했는데, 먼저 무화과 케이크를 먹고, 다음에는 터펜타인turpentine 나무를 씹었고, 마지막으로 신 우유를 한 잔 마셨다. 이러한 절차는 단순한 관례가 아니라, 화려하고 안락한 궁전에도 잠시 거칠고 소박한 음식을 먹으며 자신이 고지대 전사 출신의 지도자임을 잊지 않고자 한 상징 의식이었다.

알렉산드로스는 파사르가다이의 왕실 보물 창고도 접수해 수사로 향하는 보물 운송 목록에 추가하도록 했다. 그런데 그가 더욱 관심을 보인 일은 키루스 대왕의 무덤을 직접 방문하는 일이었다. 계단식 단 위에 직사각형의 석조건물로 세워진 무덤은 단조로운 건축양식에도 불구하고 왕의 위엄이 느껴지는 곳이었다. 무덤 주변으로 정원이 가꾸어져 있었고 상주하는 사제들이 이를 관리했다. 무덤의 문은 작고 좁아서 알렉산드로스처럼 키가 작은 사람조차 몸을 웅크려야만 겨우 들어갈 수 있었다. 내부에는 키루스 대왕의 시신이 안치된 황금관이 놓여 있었다. 관 옆으로는 바빌로니아산 태피스트리가 덮인 침상이 있었고, 차가운 석재 바닥에는 자주색 양탄

자들이 깔려 있었다. 침상 옆에는 메디아식 바지 등 왕실 예복이 가지런히 놓여 있었고, 그 옆 탁자에는 칼과 장신구들이 진열되어 있었다. 사제들은 대를 이어 무덤을 관리했으며, 날마다 지급받는 양 한 마리와 곡물로 생계를 유지했다. 키루스의 영혼을 위로하는 제사를 위해 말도 한 마리씩 제공받았다. 무덤의 문 바깥쪽에는 페르시아 설형문자가 새겨져 있었다. 사제가 알렉산드로스에게 그 내용을 해석해주었다.

> 필멸의 삶을 사는 인간들이여, 나는 캄비세스의 아들 키루스다.
> 페르시아 제국의 창건자이자 아시아의 통치자였던 나의
> 이 작은 기념물을 부러워하지 마라.[8]

알렉산드로스는 키루스 대왕의 무덤에 깊은 감동을 받았다. 그리고 페르시아를 세운 최초의 대왕이 남긴 뜻이 영원히 이어져야 할 것이라고 말했다. 앞으로도 키루스 왕실의 의식은 대대로 계승되어야 하며, 무덤만큼은 어떤 경우에도 훼손시키지 말아야 한다고 분명하게 지시했다.

알렉산드로스는 페르세폴리스를 잠시 떠나 시골 지역으로 여행을 떠났다. 불타버린 도시에서 풍겨 나오는 악취 때문이었을 수도 있고, 어쩌면 병사들이 벌인 약탈을 허락한 것에 대한 수치심 때문이었는지도 몰랐다. 그는 다리우스와 페르시아군의 잔존 세력이 메디아에서 그의 행동을 예의주시하고 있다는 사실을 알았지만, 당장 그들을 추격하며 아시아 전역을 유랑할 생각은 없었다. 4년에 걸친 긴 원정을 이어왔고, 지금은 병사들이 휴식을 취할 시점이라고 판단했다. 북쪽 산맥에는 여전히 겨울 눈이 녹지 않았고, 험난한 행군은 앞으로도 오랫동안 이어질 것이었다. 병사들도 이제 원정이 마무리되었다고 생각했고, 머지않아 고향으로 돌아갈 수 있을 것으로 기대하고 있었다. 하지만 알렉산드로스는 다음 단계의 원정을 계획하고

있었으며, 이를 위해 병사들의 체력을 속히 회복시키고 다시금 전투 의지를 북돋을 방안을 고심했다.

알렉산드로스는 한곳에 오래 머무는 일상을 참지 못하는 성격이었다. 근처 산악지대에 그의 통치를 인정하지 않는 야만 부족이 있다는 정보를 전해 듣고는, 이를 핑계로 페르시아 탐험 길에 나섰다. 본대는 그대로 두고 가까운 장군들과 기병 및 경무장 보병 1000명만 데리고 험난한 산악지대로 올랐다. 날씨는 혹독했고 산길은 눈과 얼음으로 덮여 있었다. 더 높은 지대로 오르자 병사들은 마치 세상의 끝에 도달하기라도 한 것처럼 느꼈다. 사람은커녕 가옥이나 농장도 없었고 짐승도 보이지 않았다. 하늘만 끝없이 펼쳐져 있었으며 햇빛마저 흐려지는 것 같았다. 일대의 분위기는 마케도니아 고지대에서 자란 병사들에게조차 낯설고 음산한 풍경이었다. 마침내 일군의 병사들이 용기를 내어 알렉산드로스에게 철수할 것을 간청했다.

알렉산드로스는 병사들을 꾸짖지는 않았지만, 그렇다고 철군할 생각은 전혀 없었다. 그는 말에서 내려 앞장서서 걷기 시작했다. 눈과 얼음으로 덮인 산길을 성큼성큼 올랐고, 위험한 길에 이르자 곡괭이로 얼음을 깨 길을 만들었다. 이 모습을 지켜본 병사들은 부끄러움을 느꼈다. 장군들이 그의 뒤를 따랐고, 뒤이어 장교들이 나섰고, 마침내 모든 병사들이 행렬을 이었다. 그들은 천천히 숲을 지나고 산을 넘었으며, 마침내 사람이 거주하는 흔적을 발견했다. 고지대 유목민들은 한겨울에 자신들의 마을로 외부인이 나타나리라고는 전혀 생각하지 못했으며, 심지어 소규모라고 해도 군대가 행군해올 것이라고는 상상조차 하지 못했다. 부족민 일부는 당황한 나머지 침입자에게 끌려가느니 죽음을 택하겠다며 가족과 함께 목숨을 끊었고, 다른 일부는 더 높은 고지대로 도주했다.

마케도니아군도 더 깊은 고지대로 그들을 따라갔다. 그리고 마르디족이 사는 더욱 외진 거주지에 도달했다. 이 부족은 오래전부터 세상과 고립된 채 살아온 이들이었다. 산속 동굴에 거주하는 주민들은 양이나 야생동물을 사냥해 식량을 해결했다. 마르디족의 여성들은 남성 못지않게 거칠고 강했으며, 허벅지조차 제대로 가리지 못하는 소매 없는 헐렁한 옷을 입었다. 풍성한 머리카락은 매듭으로 묶고 다녔지만, 전투가 벌어지면 머리를 풀어 헤치고 남성들 틈에 섞여 싸움에 합류해 막강한 전투력을 발휘했다.

페르세폴리스 외곽을 유랑한 이 여정은 알렉산드로스에게 짐승 대신 인간을 표적으로 삼은 일종의 사냥 체험과도 같았다. 얻은 전리품이라고는 살집 없는 양들뿐이었지만, 그럼에도 불운한 마르디족은 왕과 병사들의 오락거리가 되어 추적당하고 살해되었다. 그렇게 30일 동안 야생을 누비고 산악을 넘나든 알렉산드로스와 병사들은 마침내 도시로 복귀했다. 함께한 병사들에게는 페르시아의 산악 탐험을 기념하는 선물이 주어졌다.

그리스에는 고대부터 남성들의 어리석은 행동에 대해 그 원인을 여성으로 지목하는 익숙한 기술 방식이 존재한다. 트로이의 헬레네가 그 대표적인 인물로, 그녀로 인해 1000척의 배가 출항했으며 트로이 성벽 앞에서는 수많은 병사들이 목숨을 잃었다. 최초의 여자 판도라 또한 금지된 항아리(상자라는 번역은 잘못되었다)를 열어 세상에 온갖 악을 풀어놓았다. 마찬가지로 페르세폴리스에서의 그해 봄, 알렉산드로스로 하여금 대왕의 궁전을 파괴하도록 한 아테네 출신의 창녀가 역사에 등장한다.

플루타르코스와 여러 고대 작가의 기록에는, 알렉산드로스가 산악 원정을 마치고 돌아온 직후 열린 어느 밤의 술자리 풍경이 묘사되어 있다. 마케도니아식 연회에는 언제나 그랬듯 포도주가 넘쳐났고, 왕을 비롯한 모든 참석자들은 곧 만취 상태에 빠졌다. 그 자리에는 알렉산드로스의 오랜 친구 프톨레마이오스도 참석했는데, 그의 애인 타이스도 함께였다.[9] 이 여인은 훗날 프톨레마이오스의 정식 아내가 되어 세 자녀를 낳는 인물이기도 하다. 타이스는 흔한 창녀는 아니었고 군을 따라다니는 잡역부도 아니었다. 아테네인들이 헤타이라라고 불렀던 이 여성들은 지성과 미모를 겸비한 매력적인 이들로, 단순히 육체적 관계를 넘어 현실의 조언과 마음의 위안을 총체적으로 제공하는 것으로 알려졌다.

    헤타이라들은 그리스 사회에서도 매우 존중받는 지위에 있었으며, 때때로 유명인들의 평생 반려자가 되기도 했다. 타이스 역시 그러한 여인이었는데, 아테네 출신의 그녀는 웬만한 마케도니아 병사들보다도 페르시아 전쟁사를 더 잘 알고 있었다. 그날 밤, 타이스는 흥겨운 술자리의 분위기를 타고 알렉산드로스와 그의 친구들에게 감정에 호소하는 솔깃한 이야기를 했다. 크세르크세스의 화려한 궁전에서 호화스러운 식사를 하게 된 것은 매우 훌륭한 보상이기는 하나, 우리 모두의 고향을 불사른 크세르크세스의 궁전에 불을 놓는다면 더할 나위 없이 만족스러운 복수가 될 것이라고 제안했다. 그녀는 사람의 마음을 움직이는 화술의 소유자였고, 그녀의 말이 끝나자마자 연회 참석자들은 우레와 같은 박수와 환호를 보냈다. 사람들은 왕이 직접 불을 붙여야 한다고 입을 모았다. 그리고 알렉산드로스는 기꺼이 이에 응했다. 그리고 가까이에 있던 횃불을 집어 들었다. 그가 궁전의 삼나무 기둥과 서까래에 직접 불을 지피자, 다른 이들도 모여들어 회랑을 뛰어다니며 곳곳에 불을 붙였다. 곧 궁전 전체가 거대한 불길에 휩싸였고, 그 불길은 페르세폴리스 평원을 환하게 비출 만큼 거대하고 맹렬하게 타올랐다. 그런데 크세르크세스의 궁전이 불에 타 허물어지는 광경을 지켜보던 알렉산드로스는 곧 자신의 성급한 행동을 후회하기 시작했다. 다시 불을 끄라고 명령했지만 이미 돌이킬 수는 없는 일이 되었다.

    이 이야기는 고대 문헌들이 공통적으로 증언하는 사건이지만, 이와는 다른 좀 더 어둡고 불길한 사료도 존재한다. 바로 알렉산드로스의 생애를 가장 설득력 있게 묘사한 사가로 평가받는 아리아노스의 기록이다. 그의 기술이 신빙성 있게 여겨지는 이유는, 그가 대체로 마케도니아 왕 알렉산드로스에 대해 매우 긍정적인 관점으로 서술했기 때문이다. 그런 그가 이날 밤 사건에 대해서는 놀라울 정도로 확정적으로 기술하며 알렉산드로스의 행위를 단호하게 비판했다. 아리아노스에 따르면, 알렉산드로스는 처음부터 궁전에 불을 지를 계획이었으며, 파르메니온 장군조차도 이를 만류했다고 한다. 노장 파르메니온은, 왕의 소유가 된 재산을 스스로 파괴하는 것은 어리석은 일이라고 주장했다. 또한 그럴 경우, 아시아인들이 알렉산드로스를 제국을 세우는 통치자가 아니라 제국을 파괴하는 침탈자로 여기게 될 것이라고 호소했다. 하지만 아리아노스의 기록에 따르면, 알렉산드로스는 페르시아인들이 그리스 세계에 저지른 모든 악행을 그대로 되갚아주기를 원했다.

그날 밤 무슨 일이 벌어졌는지 정확히 밝히는 것은 불가능하다. 고대 사료마다 기록이 다르기 때문이다. 하지만 확실한 것은, 알렉산드로스가 페르세폴리스를 떠나기 전에 궁전이 완전히 불타버렸다는 사실이다. 고고학자들은 유적 곳곳에서 두꺼운 재의 층을 발견했지만, 금과 같은 귀중품은 전혀 발견되지 않았다. 이는 보물이 불타기 전에 미리 옮겨졌다는 것을 의미하며, 그렇다면 화재도 우발적인 사건이 아니라 사전에 계획된 방화일 가능성이 크다. 만일 아리아노스의 주장대로 알렉산드로스가 고의로 궁전을 불태웠다면, 그 이유는 무엇이었을까? 아테네를 비롯한 그리스 본토의 지지를 얻기 위한 정치 선전의 일환이었다면 이해가 가는 측면도 있다. 하지만 실제로 알렉산드로스가 에게해를 떠난 후 자신의 원정 활동에 대해 그리스인들이 어떻게 생각하는지 거의 관심을 보이지 않았다는 사실을 감안한다면, 그러한 이유만으로는 설명되지 않는다. 어쩌면 이 방화는 그리스인이 아닌 페르시아인들을 겨냥한 것일 수도 있었다. 즉 구시대가 끝나고 알렉산드로스의 시대가 열렸다는 것을 분명히 각인시키려는 의도된 사건이라는 것이다. 이런 맥락에서 이해한다면, 궁전을 불태운 것은 다리우스 추격전을 앞두고 페르시아인들의 저항 의지를 꺾고 공포심을 심어주는 선제적 경고였을 것이다. 그런데 현실을 들여다보면, 페르세폴리스 주민들이 학살당한 지 얼마 지나지도 않았는데, 또 다시 알렉산드로스에게 저항하고자 하는 페르시아인들이 얼마나 있을까? 당시는 그의 힘에 맞서는 것이 무의미하다는 것은 이미 분명해진 시점이 아니었을까? 알렉산드로스가 크세르크세스의 궁전을 불사른 이유에 대해서 확인할 수 있는 사실은 아무것도 없다. 하지만 한 가지 유추할 수 있는 것은, 다수의 역사가들은 이 사건을 매우 불편하게 생각했고, 이 때문에 페르세폴리스의 비극을 과하게 들이킨 포도주와 어느 여인의 사악한 모략 탓으로 돌리려 했다는 사실이다.

이제 알렉산드로스는 다리우스를 생포하는 것을 다음 목표로 상정했다.[10] 그 겨울, 다리우스는 페르시아에서 북쪽으로 600킬로미터 이상 떨어진 메디아의 수도 엑바타나에 머물며 알렉산드로스의 행보를 예의주시하고 있었다. 그는 1만 명 규모의 군대를 모았으며, 그 가운데는 충성을 맹세한 그리스 용병들도 포함되어 있었다. 하지만 그 정도로는 마케도니아군과 정면 승부를 벌일 수 없다는 사실을 잘 알았다. 그래서 다시 산맥을 넘어 동쪽의 박트리아로 퇴각할 계획을 세웠으며, 후퇴하는 길에 있는 밭의 식물을 모조리 불사를 생각이었다. 그 지역은 애초에 농산물이 풍성한 지역이 아니었기 때문에, 이런 식의 초토화 전술은 식량 조달이 필요한 알렉산드로스의 군사작전을 힘들게 할 것이었다. 다리우스는 박트리아에 도착하면 그곳을 제국의 후방 교두보로 삼아 벼랑 끝 항전을 이어갈 생각이었다. 카스피해에서 인더스강에 이르는 드넓은 땅과 험준한 지형을 고려할 때, 다리우스의 계획은 충분히 합리적인 전략이었다. 힌두쿠시산맥의 준령과 계곡을 이용해 저항 활동을 벌인다면 마케도니아군의 체력과 자원을 수년간 소모시킬 수 있을 터였고, 그러한 가운데 제국 각지에서 소요 사태라도 발생한다면 알렉산드로스는 완전한 혼란 상태에 빠지게 될지도 모를 일이었다.

알렉산드로스는 다리우스의 그러한 전략을 정확히 읽고 있었으며, 그 계획이 실행될 경우 자신의 정복 활동에 어떤 문제가 발생할지도 잘 알고 있었다. 나아가 다리우스가 왕좌에서 물러나거나 죽지 않는 이상 자신은 아시아인들의 진정한 대왕이 될 수 없다는 사실도 깨닫고 있었다. 그렇다면 그는 다리우스가 박트리아로 도망치기 전에 반드시 추격해 붙잡아야 했다. 알렉산드로스는 장군들과 병사들에게 이렇게 말했다. "페르시아와의 전쟁은 끝나지 않을 것이다. 샤Shah가 마트mat하지 않는 한." 여기서의 '샤'는 페르시아어로 '왕'이고, '마트'는 '무력화된다'는 뜻이다. 따라서 샤 마트Shah mat는 왕이 제거된다는 뜻이다. 이 말은 훗날 체스에서 왕이 붙잡히게 되는 상황을 뜻하는 체크메이트checkmate라는 용어로 발전하게 된다.

페르세폴리스와 엑바타나 사이에 쌓였던 눈이 대부분 녹은 것을 본 알렉산드로스는 자그로스산맥 동쪽 경로를 따라 전격적인 출정을 준비했다. 그는 이전의 사례처럼 도시의 통치를 위해 페르시아 귀족을 사트라프로 임명했는데, 이번에 간택된 인물은 프라사오르테스였다. 그러면서도 믿을 만한 마케도니아 장군이 이끄는 강력한 수비대를 남겨 도시의 안정을 도모했다. 그런 뒤, 비로소 군대는 페르시아고원의 중심부에 있는 거대한 사막의 가장자리를 지나 엑바타나를 향해 나아갔다. 메마른 구릉과 이따금 나타나는 오아시스를 지나며 날마다 30킬로미터 이상의 강행군을 이어갔는데, 이토록 서두른 것은 다리우스가 도망치기 전에 그의 턱밑까지 도달하기 위해서였다. 약 2주 동안 가장 빠른 속도로 진군하던 차에, 다리우스가 엑바타나에서 결전을 준비 중이라는 정보가 들어왔다. 스키타이 지원군과 카스피해 인근 부족들도 지원군으로 합류했다고도 했다. 추격전이 아닌 결전의 상황이야말로 알렉산드로스가 고대하던 것이었다. 그는 보급 부대를 분리해 느린 속도로 뒤따르도록 하고, 자신은 주력군과 함께 더욱 빠른 속도로 북진했다. 그런데 며칠 지나지 않아 급변한 상황을 알리는 전갈이 도착했다. 약속한 지원군들이 도착하지 않은 관계로, 다리우스는 결전 계획을 연기했고 도주로 방향도 변경했다고 했다. 다리우스는 자신의 후궁들과 보급 부대를 먼저 출발시켜 지금의 테헤란에 해당하는 라게의 동쪽 고지대에 있는 협곡 카스피의 문을 지나 박트리아로 향하게 했다. 엑바타나 도착을 사흘 앞둔 어느 날, 알렉산드로스 앞에 비스타네스라는 페르시아 귀족이 군영으로 찾아왔다. 그는 선왕 아르탁세륵세스 3세의 유일한 아들로, 간교한 환관 바고아스가 주도한 유혈 숙청에서 유일하게 살아남은 인물이었다. 하지만 그 숙청 사건으로 왕위에 오른 이가 다리우스였기 때문에, 비스타네스는 다리우스에 대한 충성심이 없었고, 많은 귀족들처럼 알렉산드로스 쪽에 붙는 편이 낫다고 판단했다. 그는 알렉산드로스에게 여러 가지 정보를 제공했다. 우선 다리우스가 이미 메디아의 수도 엑바타나를 떠났으며, 현재는 카스피의 문을 향해 도망치고 있다는 사실을 알렸다. 또한 다리우스의 마차에는 병사들에게 임금을 지급하고 수년간 현지 용병도 고용할 수 있을 만큼의 금화가 다량 실려 있다고도 했다.

알렉산드로스는 더욱 초조해졌다. 만일 다리우스의 군대가 보물을 싣고 산맥을 넘어간다면, 그들은 오랜 시간 동안 전쟁을 계속할 기반을 확보하게 된다. 그렇다면 마케도니아군은 더욱 빠른 속도로 추격해야 했다. 그는 정예 병력을 추려 신속히 이동할 준비를 했다. 그런데 알렉산드로스는 이 긴박한 상황을 명분 삼아 지휘 체계에 과감한 변화를 단행했다. 첫째, 테살리아 기병대를 그리스 고향으로 귀환시키기로 결정했다. 이들은 이번 원정에서 자신들의 도시국가를 대표해 파병된 정규 병력으로 최선을 다해 복무했다. 왕은 이들에게 큰 퇴역금을 지급한 뒤 명예롭게 떠날 자격을 부여했고, 지중해까지 호위를 붙여 에게해를 건너 귀향하도록 했다. 퇴역 군인들은 이제 고향으로 돌아가 가족과 재회할 것이고, 평화롭고 풍요로운 삶을 살 수 있게 된 것이다. 그런데 왕은 다른 선택지도 제시했다. 만일 징집병이 아니라 유급 자원병으로 계속 복무하고자 하는 이가 있다면, 더욱 높은 급여와 함께 군대에 남도록 한 방침이 그것이었다. 그러자 대부분의 테살리아인들은 기꺼이 후자를 받아들였고, 새로운 지휘관 아래 배속되어 계속 복무하게 되었다.

테살리아 기병대를 재편한 것은 즉흥적인 결정이 아니었다. 이 기병대는 오랫동안 파르메니온의 지지 기반이었으며, 파르메니온은 이를 통해 군의 핵심 세력으로 남을 수 있었다. 알렉산드로스는 오랫동안 한 지휘관만을 바라보고 충성을 다해온 기병대를 재편하는 것으로 아버지의 오랜 친구였던 노장 장군의 권력 기반을 저항 없이 제거한 것이다. 또한 알렉산드로스는 파르메니온을 자신의 막사로 불러, 엑바타나에 도착하면 그곳에 머물며 국고를 총괄해줄 것과, 향후 메디아의 재정을 다루게 될 실무자 하르팔로스를 감시해달라는 부탁을 했다. 알렉산드로스는 그에게, 국고를 관리하는 일은 중차대한 일이며, 무엇보다도 일흔이 넘은 전쟁의 영웅은 도망치는 페르시아인을 쫓아 산과 강을 넘기보다는 휴식을 취하며 안락한 삶을 즐겨야 한다고 설득했다.

파르메니온은 알렉산드로스가 무슨 생각을 하고 있는지 정확히 간파하고 있었다. 이번 원정에서 알렉산드로스는 자신의 일가와 부하들을 권력의 핵심에서 조금씩 떼어내고 있었다. 누군가는 총독이 되어 도시에 남았고, 누군가는 수비대장으로 외곽에 배치되었다. 이제 그의 세력 가운데 의미 있는 위치에 있는 인물은 자신과 두 아들뿐이었다. 그리고 마침내 협의나 반박의 기회조차 없는 조치로 자신은 기병대와 분리되고, 본대에서도 떨어져 후방 관리 임무의 책임자가 된 것이다. 이제 파르메니온은 제 역할을 다한 뒤 들판에 놓인 노쇠한 말처럼 조용히 잊힌 존재로 밀려난 셈이었다. 다리우스를 추격하기 위해 출정을 앞둔 긴박한 상황에서 알렉산드로스에게 이의를 제기할 여유는 없었다. 필리포스의 아들 알렉산드로스는 온전한 자기 자신이 되기를 오랫동안 갈망해왔다. 또한 파르메니온의 입을 통해 들려오는 아버지의 목소리도 잠재우고 싶어 했다. 지난 몇 년 동안 스스로 함양한 리더십에 대한 확신도 있었고, 군대를 이끌며 풍부한 경험도 쌓았다. 이제 알렉산드로스는 제국의 많은 부분을 정복했고 대규모 전투도 끝났다고 생각했다. 그리고 더 이상 파르메니온은 필요하지 않다고 느꼈다.

알렉산드로스는 기병과 보병으로 구성된 기동부대를 이끌고 엑바타나를 떠나 다리우스를 추격하기 시작했다. 페르시아군을 따라잡는 데 몰두한 나머지, 황량한 고원을 질주하는 동안 병사들이 뒤처졌고 혹사당한 말들이 쓰러지기 시작했다. 그럼에도 길을 재촉해 단 11일 만에 라게에 도착해 눈앞에 거대하게 솟은 엘부르즈산맥을 마주했다. 하지만 멈춰 설 틈 없이 곧장 동쪽으로 나아갔다. 다리우스가 이미 며칠 전 카스피의 문을 통과한 상황이었기 때문이었다. 카스피의 문 너머의 땅이 매우 척박하다는 보고를 받은 알렉산드로스는 그 협곡에서 숙영지를 마련했고, 선도 부대에게 명령해 보급품을 준비하도록 했다.

알렉산드로스가 군영에 머물고 있는데, 바빌로니아 출신의 바기스타네스와 바빌론 총독 마자에우스의 아들 중 한 명인 안티벨루스가 찾아왔다. 자신들은 최근까지 다리우스와 함께 있었는데, 이제 그의 신변에 중대한 문제가 생겼다는 중요한 정보를 전해주었다. 박트리아 총독이자 다리우스의 친족인 베소스가 동부의 다른 사트라프 바르사엔테스의 도움으로 다리우스를 체포했다는 소식이었다. 다리우스가 시해를 당한 것은 아니지만, 수레에 갇힌 채 포로 신세가 되어 끌려가고 있다고 했다. 이는 알렉산드로스가 우려하던 일이었다. 페르시아 내부의 쿠데타는 다리우스를 생포하고 전쟁을 끝내려 한 알렉산드로스의 최종 목표를 더욱 복잡하게 만들었다. 만일 베소스가 다리우스를 죽이고 스스로 왕권을 주장한다면, 전쟁은 종결되기는커녕 더욱 길어질 위험이 있었다. 베소스는 유능한 장군이자 전사였으며, 박트리아를 비롯한 동부 총독들의 신임을 한 몸에 받는 인물이기 때문이었다.

알렉산드로스는 소식을 듣자마자 자신의 군대를 더욱 간소하게 재편했다. 기병과 정예 보병만으로 구성된 소규모 부대를 준비시켰고, 보급품이 준비되기를 기다리지도 않고 곧장 카스피의 문으로 출발했다. 나머지 병력에게는 신속히 따라오라는 명령만 남긴 채였다. 그는 밤새 달렸고, 정오 무렵이 되어 말과 병사들이 완전히 지쳤을 때 잠시 멈추었다. 그리고 마침내 다리우스가 체포되었다는 전갈이 진영에 도착했다. 알렉산드로스는 현지 페르시아인들에게서, 베소스가 이미 스스로에게 대왕의 칭호를 내렸으며 박트리아 기병대를 통솔하고 있다는 사실을 확인했다. 다리우스에 끝까지 충성하던 일부 페르시아 병사들은 베소스의 지휘를 거부했으며, 이들과 뜻을 같이하는 그리스 용병들도 산악지대로 숨어들어 고향으로 탈출을 시도하고 있다고도 했다. 한편, 베소스의 행보는 상황에 따라 패를 다르게 할 양면 작전이었다. 만일 마케도니아군이 추격을 중단하며, 다리우스를 알렉산드로스에게 넘긴 뒤 유리한 조건으로 협상하려 했고, 추격을 멈추지 않는다면 다리우스를 데리고 박트리아 산악지대로 도피해 고지대에 망명정부를 세운 뒤 게릴라전을 펼치고자 했다.

　　마케도니아군은 세계에서 가장 강력한 군대 중 하나였지만, 쉼 없이 길을 재촉해온 병사들은 완전히 지쳐 있었다. 하지만 알렉산드로스는 진영을 정리하고 강행군을 재개했다. 그리고 마침내 페르시아군이 머물던 야영지에 도착했지만, 하루 전 떠난 흔적만 남아 있었다. 알렉산드로스는 현지 주민들을 모아놓고 페르시아군을 앞지를 수 있는 지름길이 있는지 물었다. 그러자 몇몇 주민이 거의 사용하지 않는 길이 있지만 사막을 가로질러야 하기 때문에 물을 구할 수 없으며, 낙타 대상 외에는 누구도 진입하지 않는다고 했다. 그러자 알렉산드로스는 피로감을 호소하는 기병 500명을 말에서 내리게 하고 최정예 보병들을 대신 말에 태웠다. 그렇게 다시 추려진 정예 병력을 이끌고 밤새 전속력으로 달려, 어둠 속에서 무려 80킬로미터를 주파했다. 결국 날이 밝아올 무렵, 멀리서 페르시아군이 이동하는 모습이 시야에 들어왔다.

　　페르시아인들은 병력의 우위에도 불구하고 마케도니아군이 쫓아오는 모습에 공포에 질려 도주했다. 후방 부대가 추격을 저지하려 시도했지만 마케도니아 정예군에게 희생당할 뿐이었다. 베소스는 다리우스가 탑승한 마차를 끌고 한동안 도망쳤지만, 추격대를 따돌릴 수 없다는 사실을 깨달았다. 알렉산드로스가 지근거리까지 쫓아오자, 베소스는 다리우스의 마차로 다가가 노예 두 명을 살해하고 다리우스마저 창으로 찔렀다. 마부 없는 말까지 찌른 그는 요동치는 마차를 버려둔 채 박트리아 기병대를 이끌고 동쪽 산악지대로 도주했다.

추격의 현장은 아수라장이었다. 병사들과 말과 수레가 사방으로 흩어져 아수라장이 되었고, 그 사이로 도주하는 이들을 마케도니아군이 바짝 뒤따랐다. 상처 입은 말들이 고통에 몸부림치며 이끄는 다리우스의 마차는 마부도 없이 인근 골짜기에 있는 작은 오아시스로 요동치며 나아갔다. 알렉산드로스는 즉시 산과 계곡으로 수색대를 보내 다리우스를 찾으라고 지시했다. 그러던 중 폴리스트라토스라는 젊은 병사가 지친 몸을 이끌고 오아시스로 다가가 투구에 물을 뜨려고 했다. 물가에 쓰러진 상처 입은 말을 본 그는 무고한 동물을 이토록 가해한 자는 대체 누구일까 의아해했다. 그러다가 마차 안에서 신음 소리를 듣고 커튼을 열어 안을 들여다보았다. 좌석에는 피투성이가 된 다리우스가 쓰러져 있었고, 주변에는 이미 숨을 거둔 두 노예가 널브러져 있었다.

후대로 전해진 이야기들은 다리우스의 마지막 장면을 매우 극적으로 꾸미곤 했다. 어떤 기록에는 알렉산드로스가 그 자리에 있었고, 다리우스의 임종을 지켜보며 눈물을 흘린 것으로 그려져 있다. 그 상황에 다리우스는 가족과 왕국을 알렉산드로스에게 맡기고, 그를 후계자로 인정한 뒤 숨을 거두었다. 다른 이야기는, 다리우스가 서툰 그리스어로 폴리스트라토스에게 유언을 남기는 장면을 기술했다. 유언의 내용은 자신이 가졌던 모든 축복과 고귀한 적장이었던 것에 대한 감사의 마음을 알렉산드로스에게 전해달라는 부탁이었다. 우리가 알 수 있는 진실은 훨씬 더 단순하고도 애달프다. 다리우스는 젊은 병사가 마차 안으로 들어와 마지막 예를 표하는 모습을 바라보고는 겨우 물 한 모금을 청했다. 폴리스트라토스는 자신의 투구에 담은 물을 그의 입에 대주었다. 그리고 잠시 후, 황량한 사막 한가운데서 아무런 유언도 남기지 못한 페르시아의 위대한 마지막 왕은 적국 병사 앞에서 조용히 숨을 거두었다.

8장 박트리아

그럼에도 알렉산드로스는 행군을 멈추지 않았다.
깊이 쌓인 눈을 헤치며 당당히 나아갔고
보급이 부족해도 전진을 멈추지 않았다.

-아리아노스[1]

알렉산드로스는 결코 이런 식의 결말을 원하지 않았다. 그의 머릿속에서 다리우스는 포로로 붙잡혀오되 여전히 위엄 있는 모습이어야 했다. 그리고 대왕의 예복을 입은 채 왕좌 앞으로 걸어와야 했다. 그러면 자신이 예를 갖추고 일어나 그를 맞이하며 형제처럼 포옹할 생각이었다. 왕좌에서 물러나는 다리우스는 자신의 제국을 마케도니아 왕에게 이양하노라고 공식 선포해야 했다. 또한 자신의 딸이 새로운 왕가의 왕비로 합류하게 되었음을 발표하고 양가의 미래를 축복해야 했다. 그런 뒤에 다리우스는 몇몇 시종들과 함께 세상의 변방 어딘가로 물러나 은거해야 하며, 병사들의 감시 아래 평온하고 명예로운 노년을 보내야 하는 것이었다.

하지만 현실에서 왕 중의 왕 다리우스는 흔하디흔한 마차 뒷자리에서 외롭고도 비참하게 숨을 거두었다. 그는 동료들에게 배신당했고 동맹들에게 버림받았다. 알렉산드로스는 눈물을 흘리며 자신의 망토로 다리우스를 감쌌고, 그의 시신을 페르세폴리스로 옮겨 바위 구릉에 만들어진 왕가에 무덤에 안장하도록 했다. 페르시아 대왕의 시신을 실은 행렬이 남쪽으로 사라지는 광경을 지켜보며, 알렉산드로스는 모든 것이 허망하게 사그라진 그의 운명을 한탄했다. 다리우스를 생포했더라면 더할 나위 없이 좋았을 것이다. 그랬다면 강제적으로나마, 한 왕에서 다른 왕으로 순조로운 권력 이양이 이루어졌을 것이다. 그렇지 않았더라도, 작은 접전에서나마 전투 중에 다리우스를 쓰러뜨렸다면, 트로이 평원의 아킬레우스처럼 떳떳한 대결의 승리자가 되었을 것이다. 페르시아인들은 전투에서의 승패를 존중했고, 그랬다면 알렉산드로스를 더욱 정당한 통치자로 인정했을 것이다. 하지만 다리우스가 자신의 부하들에게 버림받고 살해당했다는 사실은 전쟁이 아직 끝나지 않았음을 의미했다. 처음에 알렉산드로스는 동방으로 진군해 전투에서 이긴 후 자신의 영토를 선언하면 원정이 마무리될 줄 알았다. 하지만 이제는 전쟁에서 승리하고도 그 정당성을 부정하고 도전해오는 박트리아인과 소그드인과 인도인들을 상대로 전투를 벌여야 하는 상황이 되었다. 몇 계절 안에 끝날 줄 알았던 전쟁은 이제 여러 해 동안 이어질 싸움으로 변하고 말았다.

하지만, 마케도니아 병사들에게 다리우스의 죽음은 더없이 기쁜 소식이었다.[2] 그들은 페르시아 제국을 무너뜨리기 위해 알렉산드로스를 따라 수천 마일의 사막과 준령과 들판을 행군해왔다. 왕국의 가장 큰 도시들을 함락했고 대왕마저 사망했으니, 이제는 고향으로 돌아갈 꿈에 그리던 시간이 다가온 것이다. 대체로 마케도니아 고지대에서 양치기나 농부로 살던 그들은 이제 상상조차 하지 못했던 돈을 손에 넣었다. 이제 아시아에서 지낸 4년을 뒤로 하고, 아내와 자식과 부모가 기다리는 고향으로 부를 안고 돌아갈 수 있게 되었다.

귀향이 곧 실현된다는 소문은 병사들을 들뜨게 했고, 심지어 부대가 금명간 해체될 것이라는 소문마저 돌았다. 일부 병사들은 천막을 걷기 시작했고, 짐을 마차에 실어 나르기까지 했다. 마치 누군가 지시라도 한 듯한 움직임이었다. 이 소식을 들은 알렉산드로스는 즉시 사태 파악을 명령했다. 귀향을 고대하던 병사들의 말이 잘못 전해져 심각한 오해가 초래된 사건이었다. 동방으로의 원정을 이어갈 계획이었던 알렉산드로스는 이제 어떤 수를 써서라도 병사들을 설득해야 했다. 그는 결국 병사들을 집합소로 불러 모았다. 그리고 그들의 표정을 하나하나 살피며, 왕이자 전우라는 자부심을 담아 이렇게 외치기 시작했다.

우리가 지난 몇 년간 함께한 일들을 기억하는가? 도나우 인근 시프카 고개에서 트리발리족을 어떻게 물리쳤는지, 그라니코스와 이소스와 가우가멜라에서 페르시아 군대를 어떻게 짓밟았는지 기억하는가? 우리가 힘을 합해 얻어낸 땅들에 대해 생각한 적이 있는가? 소아시아와 시리아, 페니키아, 이집트, 메소포타미아, 페르시아, 그리고 그 밖의 영토들까지. 우리는 마케도니아 군대의 일원이다. 아버지 시대에 마케도니아는 그리스 북쪽 변두리에 불과한 낙후된 왕국이었잖은가. 그런 우리가 불가능한 위업을 이루었고, 마침내 세상을 정복했노라, 친구들이여.

그런데 이 사실을 생각해보라. 우리가 기적을 이루었다고 해도, 그 모든 성취가 한순간 허물어지고, 나와 우리 소중한 전우들이 흘린 피가 헛된 일이 될 수 있다. 나 또한 귀향하고 싶지 않겠는가? 나도 이 황량한 땅을 떠나 어머니와 누이들이 있는 펠라로 달려가고 싶지 않겠는가? 하지만 우리는 한 가지 진실을 직시해야 한다. 적들은 우리가 경계를 늦추기만을 기다리고 있다. 유능한 장군 베소스는 스스로를 대왕이라 칭하고 있고, 그를 따르는 무리는 수천에 이른다. 우리는 지금이라도 귀향할 수 있다. 하지만 우리가 마케도니아로 돌아가 고향집의 화로 곁에 앉는 순간, 베소스의 군대가 어느새 따라붙어 마을까지 진군해들어올 것이다. 그렇다면 그대는 여기서 베소스를 상대하겠는가, 아니면 그가 헬레스폰트를 건너 마케도니아를 짓밟은 뒤에야 나서겠는가? 우리는 지금 싸우든 나중에 싸우든 한쪽을 택해야 한다. 하지만 그대들이 사랑하는 가족이 박트리아 기병대에게 침실에서 살해되는 광경을 보고 싶지 않다면, 지금 이곳에서 저들을 끝내야 하지 않겠는가. 우리는 지금 행군 며칠 거리까지 박트리아에 다가와 있다. 헤아릴 수 없이 많은 강과 눈 덮인 봉우리를 돌파한 우리에게 그 정도는 아무것도 아니다. 베소스를 쓰러뜨린다면, 우리는 다음 해 추수절까지는 귀향할 수 있으니, 그날이 오면 우리는 진정 페르시아의 위협에서 완전히 벗어날 수 있으리라!

그것은 훌륭한 연설이었다. 내용의 상당 부분이 거짓이었기에 더욱 그랬다. 박트리아는 수백 마을 먼 곳에 있었고, 동방의 여러 지방을 점령하는 데 여러 해가 걸릴 것이라는 사실은 알렉산드로스 자신이 잘 알고 있었다. 또한 베소스와 그의 군대가 반격에 나선다고 해도, 페르시아 국경에서는 성가신 일이 벌어지겠지만, 브리타니아 전사들이 그러한 경우와 마찬가지로 마케도니아에는 전혀 위험이 되지 않을 것이다. 심지어 알렉산드로스는 그 해 여름에 베소스를 무찌른다고 해도 곧장 귀국할 생각은 전혀 없었다. 그는 이미 페르시아 제국의 국경 너머에 있는 더 먼 영토를 꿈꾸고 있었다. 다행히도 병사들은 왕의 말을 굳게 믿었고, 몇 주만 더 진군하면 추가 급여까지 지급하겠다는 약속이 더해지자 기꺼이 왕을 따라나서기로 했다. 그런데 군대를 속이는 것은 매우 위험한 일이었다. 병사들은 알렉산드로스가 고향으로 돌아갈 생각이 없고 오히려 아시아 멀리까지 나아가고 싶어 한다는 사실을 곧 깨닫게 될 것이었다. 당장 병사들의 마음을 얻는 데는 성공했을지 몰라도, 지속적으로 사기를 진작시키고 용감히 싸우도록 이끄는 것은 알렉산드로스에게 주어진 힘겨운 과제가 될 터였다.

박트리아로 가는 길은 정동 방향이었지만, 알렉산드로스는 북쪽으로 잠시 우회해 카스피해 남쪽 연안에 있는 히르카니아 지방으로 향했다.3 사막지대를 벗어나 엘부르즈산맥을 지나니 무화과나무와 포도 넝쿨은 물론 오곡이 무르익는 아열대 낙원이 펼쳐졌다. 히르카니아는 페르시아 제국의 곡창지대였으며, 다양한 부족들이 운집해 살고 있었다. 알렉산드로스는 동부 지방으로 진격하기에 앞서 이 곡창지대를 먼저 장악해야 했다.

알렉산드로스는 히르카니아를 공격하면서 군대를 세 부대로 나누었다. 크라테로스에게 선발대를 맡긴 뒤 앞서 보냈고, 다른 장군에게 주력부대와 보급대를 맡겼다. 자신은 경무장 병력을 이끌고 가장 가파른 길을 따라 히르카니아에 가장 먼저 도달하고자 했다. 그가 산마루에 진을 치고 있을 때, 나바르자네스라는 페르시아 귀족이 몇몇 관료들을 이끌고 찾아와 항복 의사를 전했다. 나바르자네스는 다리우스를 추격할 당시 베소스와 함께 있었고, 베소스의 반란 음모에 가담한 인물이었다. 알렉산드로스의 성향으로 보아 페르시아 왕실 청년 바고아스의 개입이 없었다면 나바르자네스는 목숨을 건질 수 없었을 것이다. 아르탁세륵세스 3세를 암살한 바고아스와는 전혀 관계없는 인물인 청년 바고아스는 왕궁에서 영향력을 행사하던 잘생긴 환관이자 대왕의 성적 총애를 받던 인물이었다. 알렉산드로스 역시 이 청년에게 매료된 것으로 알려졌는데, 그의 조언에 따라 나바르자네스를 살려두었다. 알렉산드로스는 이후에도 바고아스를 곁에 두고 평생에 걸친 연애 관계를 이어갔다.

산에서 내려와 카스피해 해안에 도착한 마케도니아 병사들은 눈앞에 펼쳐진 광활한 바다를 경이로운 표정으로 바라보았을 것이다. 에게해 출신의 일부 상인들이나 소수의 병사들은 이곳을 다녀간 적이 있을지 모르지만, 카스피해는 그리스 세계에는 거의 알려지지 않은 바다였다. 바다 깊은 곳에 해양 괴물이 있다거나 기이한 빛깔의 물고기가 산다는 전설이 있을 정도로, 이 바다는 현지인들도 자주 항해하지 않는 것으로 소문이 나 있었다. 헤로도토스는 이곳을 거대한 내륙 호수로 정확히 묘사했지만, 대부분의 고대 작가들은 세상을 둘러싼 거대 바다의 일부라고 믿었다. 그래서 어떤 항해자는 히르카니아에서 배를 타면 서쪽 대서양은 물론 동쪽으로 아시아를 돌아 인도까지 갈 수 있다고 생각했다. 어떤 이들은 흑해와 연결되어 있다고 주장했으며, 다른 이들은 중앙아시아를 흐르는 옥서스강과 야크사르테스강이 카스피해로 흘러든다고 잘못 생각했다. 그런데 알렉산드로스는 결국 이 강들이 훨씬 더 먼 아랄해에서 끝난다는 사실을 알게 된다.

아시아의 이 외진 지역은 유랑하는 귀족이나 난민, 도피자 등이 서성대는 낯선 집합소였다. 어느 날 아르타바조스가 주둔지를 방문했다. 그는 알렉산드로스가 어릴 때 마케도니아로 망명했던 페르시아인으로 필리포스의 오랜 친구이기도 했다. 그를 잘 알고 있던 알렉산드로스는 군영에서나마 극진히 맞이했다. 그는 왕이 새 제국으로 끌어들이고 싶어 하던 바로 그 페르시아인이었다. 다리우스에게 끝까지 충성을 했으면서도 이제는 알렉산드로스를 정당한 후계자로 받아들이는 순응적인 인물이었기 때문이었다. 게다가 그의 딸 바르시네가 여전히 알렉산드로스의 정부로 있다는 사실도 나쁘지 않았다. 얼마 후, 다리우스를 섬겼던 그리스 용병의 사절단도 찾아와 항복 조건을 타진했다. 왕은 조건 없는 항복만을 허용하겠다고 말했고, 두려움에 사로잡힌 병사들은 즉시 무기를 내려놓았다. 그러자 왕은 그들의 전력을 묻지 않고 그 즉시 용병들을 정식 급여를 지급하는 마케도니아 군대에 편입시켰다. 다리우스와 내통하던 스파르타 사절들도 일부 체포되었는데, 그들은 자신들이 주장하는 명분이 이제는 무의미해진 사실조차 모르는 듯했다. 또한 페르시아를 설득해 알렉산드로스에 대한 반란 자금을 얻으려던 아테네 사절들도 체포되었다.

알렉산드로스는 히르카니아 군영에서 사절을 여럿 만났는데, 그 가운데 매우 기묘한 방문객도 있었다. 물론 많은 사료들은 이를 다루고 있지 않다. 그 주인공은 아마존 부족의 여왕 탈레스트리스라는 여성이었다. 호메로스 시대까지 거슬러 올라가는 그리스 전승에 따르면, 아마존은 문명 세계의 북쪽 변방에 사는 여전사 부족이었다. 그들은 때때로 에게해 인근에서 노략질을 했고, 트로이 전쟁에 참전하거나 심지어 아테네를 급습한 적도 있다고 알려졌다. 아마존a-mazon이라는 이름은 '가슴이 없다'는 뜻으로, 투창을 던질 때 방해가 되지 않도록 한쪽 가슴을 절제한다는 전설에서 유래한 것이었다. 그 전설에 따르면, 아마존 부족은 남자 없이 살아가면서, 후손이 필요한 시기에만 간헐적인 동침을 허용했다고 한다. 그리고 남자아이가 태어나면 죽이거나 멀리 보냈고, 여자아이가 태어나면 전사로 길렀다. 이러한 이야기에 의구심을 표했던 플루타르코스나 디오도로스 등 다수의 사가들에 따르면, 탈레스트리스는 히르카니아 북쪽인 흑해와 카스피해 사이 어딘가를 다스리는 나라의 여왕이었다. 알렉산드로스의 명성을 익히 들어 알고 있던 그녀는 여성 전사 300명으로 구성된 호위대를 이끌고 찾아왔다. 그리고 세상에서 가장 용맹하고 아름다운 여인인 자신은 세상에서 가장 위대한 남자의 아이를 갖기를 희망한다고 말했다. 알렉산드로스는 평소 여성에 큰 관심을 갖지 않았으나, 이 제안은 흔쾌히 수락했다. 그리고 탈레스트리스를 만족시키기 위해 13일 밤 동안 혼신의 힘을 다했다고 전해진다. 왕의 아이를 가졌다고 확신한 여왕은 마침내 귀향길에 올랐다. 고대 사회에서 여성 전사의 무리가 존재했다는 단편적인 기록들이 존재하기는 하지만, 이 이야기는 역사적 사실이라기보다는 역사적인 인물에 대한 환상을 드러낸 예라고 볼 수 있다. 원정대에 동행했던 오네시크리토스라는 작가가 훗날 이 이야기를 사람들에게 한 행사에서 들려주었다. 알렉산드로스와 함께 히르카니아에 있었고 훗날 큰 권력을 얻게 되는 젊은 동료 리시마코스도 그 자리에 있었는데, 이야기가 끝나자 그는 미소를 지으며 이렇게 물었다고 한다. "그런 일이 벌어졌을 때 나는 대체 어디에 있었단 말인가?"[4]

이야기의 진위와 상관없이, 알렉산드로스는 찾아오는 방문객들을 뒤로하고 카스피해 해안을 따라 서쪽으로 진군했다. 그곳에는 마르디족이라는 원주민들이 살고 있었다. 페르세폴리스 근처의 원시 부족과 이름은 같지만 전혀 다른 기마민족이었다. 자존심이 강했던 이들은 마케도니아인들을 대수롭지 않게 여겨 조공 바치기를 거부했다. 심지어 8000명 규모의 병력을 총동원해 길목마저 막아버렸다. 마케도니아 병사들이 이들을 공격해 일부를 쓰러뜨리고 나머지를 산으로 쫓아냈지만, 그들은 뜻밖에도 예상치 못한 기습 공격을 감행했다. 며칠 뒤, 왕의 시종들이 야영지 밖으로 나가 말들에게 풀을 먹이고 있을 때, 마르디족 소부대가 급습해 가장 좋은 말을 훔쳐갔다. 그 말은 하필이면 알렉산드로스의 애마 부케팔라스였다. 마르디족은 명예를 중시한 부족으로, 이방의 왕에게 일격을 가해 존중을 얻어내고 아울러 약간의 양보를 끌어내려 했을 것이다. 하지만 그들은 사람을 잘못 골랐고, 말 또한 잘못 고른 셈이었다. 알렉산드로스는 어린 시절부터 애정하며 기르고 훈련시킨 말을 잃느니 차라리 왕국의 절반을 잃는 편을 택했을 것이다. 그는 군사들을 산속으로 보내 마르디족의 영토를 초토화하라는 명령을 내렸다. 영토 내의 귀중한 나무들도 모조리 베라는 지시도 함께였다. 아울러 마르디족에게 전령을 보내, 부케팔라스를 무사히 돌려보내지 않는다면 그들의 고향이 황폐해질 때까지 파괴할 것이며, 부족의 남녀노소 전부를 끝까지 추적해 살해하겠다고 엄포를 놓았다. 마르디족은 알렉산드로스가 진심으로 분노하고 있다는 사실을 깨달았다. 곧 부케팔라스를 이끌고 용서를 구하는 사절단을 보냈다. 부족의 최고 지도자 50명이 동행했고, 값진 선물도 한가득 싣고 왔다. 알렉산드로스는 그제야 파괴를 멈추었지만, 부족이 향후에도 신의를 잊지 않도록 인질 몇 명을 남겨두었다.

알렉산드로스는 히르카니아에서 2주를 더 머물며 군대의 체계와 운영을 정리하고 신들에게 제물을 바쳤으며 병사들을 위해 운동경기를 개최했다. 이후 다시 군대를 이끌고 산맥을 넘으며, 박트리아로 향하는 긴 여정을 시작했다. 척박한 황무지의 북쪽 가장자리를 따라 고지대를 지났고, 훗날 강력한 제국을 건설하게 될 페르시아계 파르티아인들의 영토에 들어섰다. 그리고 여러 날에 걸쳐 수백 마일을 행군해 아리아 지방의 도시 수시아에 도착했다. 그곳에서 가우가멜라 전투의 노련한 지휘관이었던 사티바르자네스를 만났다.5 그는 즉시 항복 의사를 밝혔다. 페르시아의 수시아 총독인 그는 베소스가 이미 박트리아에 도착했으며, 머나먼 스키타이에서까지 동맹군을 모집하고 있다고 알렸다. 또한 그가 선왕처럼 높이 솟은 왕관을 쓰기 시작했으며, 왕실 복장도 갖춰 입는다고 했다. 심지어 자신을 다리우스의 후계자이자 만왕의 왕인 아르탁세륵세스 5세라고 일컫는다고 했다. 이는 알렉산드로스에게 결코 반가운 소식이 아니었다. 베소스를 추격해야 하는 급박한 상황 때문이었는지, 알렉산드로스는 사티바르자네스를 아리아 지방의 총독으로 즉시 유임시켰다. 또한 마케도니아 장군 아낙시포스를 기마 창병 40명으로 구성된 명예 호위대 지휘관으로 임명해 총독이 머물 코르타카나로 돌아가는 길을 호위하도록 했다. 알렉산드로스와 군대는 박트리아를 향한 행군을 계속 이어갔다.

　　베소스가 대왕의 복장을 갖춰 입기 시작했다는 소식을 들은 알렉산드로스는 오랫동안 고심하던 정책을 본격적으로 시행하기로 결심했다. 페르세폴리스를 정복하기 전까지만 해도 알렉산드로스는 제국을 침략한 이방인일 뿐이었다. 하지만 페르시아군을 물리치고 다리우스마저 사망한 뒤, 알렉산드로스는 대왕으로서 자신에게 주어진 막중한 책임을 실감하기 시작했다. 그는 이제 마케도니아의 왕이 아니라, 페르시아 제국의 명실상부한 지배자로서 제국 전체를 관리해야 했다. 헤아릴 수 없이 많은 민족들을 통합하기 위해서라도 그는 실질적인 지배자일 뿐 아니라 형식적으로도 대왕이 되어야 했다. 페르시아인과 메디아인을 비롯한 동방의 여러 민족은 자신들의 군주라면 마땅히 화려한 의전과 장엄한 격식을 갖춘 위엄 속에 머물기를 기대했다. 마케도니아의 족장은 부하들과 모닥불 앞에 모여 앉아 여인과 전쟁에 관한 속된 말을 주고받을 수 있었지만, 세계에서 가장 거대한 제국의 통치자는 그렇게 평범한 존재여서는 안 되었다. 하지만, 한편으로 알렉산드로스의 권력은 마케도니아 군대의 지휘관이라는 역할에 기반한 것이었다. 올림포스산 주변의 구릉과 평야에서 온 장군과 병사들은 오랜 전통에 따라 자신들의 왕을 전쟁의 지휘관으로서 존경했고, 전투에서는 그를 위해 목숨을 바칠 준비가 되어 있었다. 그들에게 왕은 자유로운 시민들이 이룬 공동체를 대표하는 자였고, 문제가 생기거나 불만이 있으면 누구라도 왕에게 나아가 의견을 개진할 수 있다고 믿었다. 병사들은 알렉산드로스를 존경했고, 그 이전에는 그의 아버지 필리포스를 사랑했지만, 그에게서 본 것은 마케도니아 원정대의 지휘관이지 아시아의 고귀하고 격식 차리는 군주가 아니었다.

병사들은 알렉산드로스가 점차 이국의 왕처럼 변해가는 모습이 불편했다.6 행군 중일 때만 해도 그는 여전히 알렉산드로스였으며, 진흙에 노새 새끼가 빠지기라도 하면 보통 병사들과 함께 다리를 하나씩 잡아 끌어내곤 했다. 하지만 일단 야영지를 마련하고 페르시아인 궁정 신하들에게 둘러싸이고 나면, 그는 전혀 다른 사람이 되었다. 그는 과거에 쓰던 간단한 마케도니아식 머리띠 대신, 다리우스의 것과 비슷한 자줏빛 왕관을 쓰기 시작했다. 페르시아식 바지만큼은 입지 않았지만, 대왕의 예복과 허리띠를 착용했다. 그리스와 마케도니아로 보내는 서신에는 아버지에게서 물려받은 인장 반지를 사용했는데, 아시아로 보내는 문서에는 다리우스에게서 얻은 인장으로 봉인을 했다. 또한 아시아의 가장 아름다운 여성을 365명이나 취해 후궁으로 거느리기 시작했다. 1년 동안 밤마다 한 명씩 동침하기 위해서였다. 여성들에게 큰 관심이 없는 그였지만, 페르시아 백성들에게 익숙한 형식적인 관습이라도 유지하고자 했을지도 모른다. 그는 장군들에게도 페르시아식 복장을 장려하기 시작했지만, 그들은 대체로 이를 꺼렸다. 알렉산드로스는 아시아 백성들의 기대에 부응하는 동시에, 자신의 병사들을 위해 마케도니아의 전통을 유지하는 아슬아슬한 줄타기를 시도했다. 하지만 그것은 결코 성공할 수 없는 것이었고, 향후 수년간 그에게 여러 가지 문제를 일으켰다.

박트리아로 향하는 행렬 가운데서 파르메니온의 아들 니카노르가 사망했다. 그라니코스 전투 이전부터 알렉산드로스의 충직한 병사였지만, 사인은 특별한 것이 없었고 왕은 그의 죽음을 크게 슬퍼하지 않았다. 이제 또 다른 아들 필로타스만이 군대에 남아 파르메니온 계파의 유일한 지휘부가 되었다.7 제대로 된 장례를 치를 여유가 없었던 알렉산드로스는 필로타스와 적지 않은 규모의 병력을 아리아에 남겨 장례 의식을 거행하도록 하고 최대한 신속히 본대로 합류하라고 지시했다.

박트리아 국경에 이르렀을 때, 알렉산드로스는 사티바르자네스를 아리아의 총독으로 유임시킨 성급한 결정을 후회하게 만든 소식을 들었다. 마케도니아군이 며칠 거리로 멀어지자마자, 총독은 마케도니아 장군 아낙시포스와 그의 기병 40명을 학살하고 베소스에게 투항했다. 자칭 대왕 베소스가 그에게 내린 지령은 동부 지역에 머물면서 게릴라전을 벌여 알렉산드로스를 궁지로 몰아넣는 일이었다. 그러자 알렉산드로스는 강력한 기병과 궁병 부대를 이끌고 고지대 사막을 가로질러 총독 관저가 있는 남쪽 도시 코르타카나로 향했다. 그리고 본대는 크라테로스를 지휘관으로 삼아 뒤따르게 했다. 알렉산드로스는 이번에도 적이 방비를 갖추기 전에 기습을 감행하는 특유의 기동전을 수행하기로 결심했다. 알렉산드로스는 이틀 만에 100킬로미터 이상을 달려 도시에 갑작스럽게 나타나 수비병들을 놀라게 했다. 사티바르자네스는 몇몇 원주민 기병들과 함께 도주했고, 다수의 병사들도 도시의 초소를 버리고 인근 울창한 산악 지역으로 몸을 숨겼다. 알렉산드로스는 총독을 추격했지만 놓치고 말았다. 대신 병사들이 피신한 산악지대로 방향을 돌렸다. 그 시점에 크라테로스가 본대를 이끌고 도착했고, 모든 병사들은 산악 일대를 포위하기 시작했다. 알렉산드로스는 병사들을 토벌하기 위해 지형을 살피며 공격 방안을 모색했다. 적군이 숨어든 산은 가파른 바위 절벽과 낭떠러지로 이루어져 정면에서 공격하기는 어려워 보였다. 정상 부분은 풀이 무성한 평지였지만 산비탈만큼은 나무들이 빽빽이 들어차 있었다. 처음에는 정상까지 길을 내기 위해 나무를 베어냈지만, 얼마 후 매우 간단한 계략이 떠올랐다. 알렉산드로스는 병사들에게 나무를 다량으로 베어 산 전체를 둘러싸는 거대한 원형 장작더미를 만들게 했다. 그리고 불을 붙여 산 전체가 화염에 휩싸이도록 했다. 불길은 급한 경사면을 타고 순식간에 번져갔고, 삼림은 불길을 더욱 솟구치게 했다. 정상의 병사들은 짙은 연기에 질식했으며, 불길을 뚫고 탈출하려던 이들은 마케도니아 병사들에게 베어졌다. 일부는 절벽 아래로 몸을 던지기도 했으나 대부분은 산 위에서 불에 타 죽었다.

알렉산드로스는 코르타카나로 돌아와 공성탑을 짓기 시작했다. 산으로 도주한 병사들의 최후를 전해 들은 성의 주민들은 공성탑이 건설되는 현장을 보자 즉시 사신을 보내 항복 의사를 전하고 사티바르자네스에게만 분노를 돌려달라고 간청했다. 시간을 허비하고 싶지 않았던 알렉산드로스는 그들을 용서하고 수비대만 주둔시켰다. 그리고 그곳의 이름을 아리아의 알렉산드리아로 바꾸었다. 이곳은 그가 중앙아시아에 세운 수많은 동명의 도시들 가운데 첫 번째 도시가 되었다. 마케도니아의 안티파트로스가 보낸 신규 병력이 때마침 도착해 알렉산드로스를 기쁘게 했다. 새로 도착한 병력은 7000명에 달했고, 이 가운데는 명성이 자자한 리디아 기병 2000명도 포함되어 있었다.

병력을 충원받은 알렉산드로스는 애초의 계획을 바꾸기로 했다. 이미 최초의 경로에서 상당히 벗어난 만큼, 남쪽 지방을 거쳐 베소스에게 접근하기로 했다. 즉 드란기아나와 아라코시아 지방을 거치는 길을 택한 것이다.[8] 조금 더 돌아가는 여정이었지만, 이 지역을 먼저 확보한다면, 베소스가 그 일대에서 병력과 자원을 얻는 것을 막을 수 있었다. 그런데 멀리 떨어진 산악지대의 적을 상대하기에 앞서 그는 자기 진영 내부에 도사린 위협을 먼저 다스려야 했다.

형의 장례식을 치른 필로타스는 본대에 합류한 뒤 마케도니아군 구파 舊派 세력의 지도자로 다시 자리를 잡았다. 그는 용감하고 관대한 지휘관으로 병사들의 존경을 받았으나, 인간적인 매력을 보이는 인물은 아니었다. 지나치게 자신을 높이 평가하는 경향이 있어 겸손함이 부족하다는 인식도 있었다. 그는 화려한 옷차림과 사치스러운 환경을 좋아해서 그의 아버지 파르메니온조차도 이런 성향을 꾸짖었다. 주변의 질투와 멸시를 불러일으킬 수 있기 때문이었다.

알렉산드로스는 필로타스를 어린 시절부터 알았지만, 그를 좋아한 적은 없었다. 하지만 위급한 상황에서 그는 자신의 아버지만큼이나 훌륭한 역할을 수행하는 인물임은 분명했다. 파르메니온과 필로타스의 가문은 마케도니아의 오랜 귀족으로, 궁정의 중요 인사들과도 친분이 두터웠다. 만일 페르시아 원정에서 알렉산드로스에게 무슨 일이 생겼다면, 틀림없이 파르메니온이 그 자리를 차지했을 것이다. 군대의 지지 세력을 바탕으로 그는 마케도니아는 물론 정복한 모든 땅을 다스리는 새로운 왕이 되었을 것이다. 이들이 가진 가문의 지위와 영향력을 잘 알고 있던 알렉산드로스는, 바로 그 점 때문에 원정 이후 줄곧 이 노장의 영향력을 약화시키는 방안을 고심해왔다. 파르메니온은 지금 엑바타나에서 보물 창고를 지키고 있으니 직접적인 위협은 덜했지만, 여전히 수천 규모의 병력을 가지고 있으며, 새로운 군대를 만들 충분한 자금마저 운용하고 있었다. 만일 파르메니온이 쿠데타를 결심한다면, 군대 상당 부분의 지휘권을 가지고 있는 아들 필로타스가 합류할 것이니, 성공할 가능성은 충분했다. 알렉산드로스는 마케도니아의 피비린내 나는 역사를 누구보다 잘 알고 있었고, 조상들 가운데 평온한 노년을 보낸 이가 거의 없다는 사실도 잊지 않았다. 음모와 암살은 마케도니아 귀족들에게 본능에 가까운 것이었으니, 그런 징후를 무시한 왕은 대체로 비극적인 최후를 맞이했다. 반란에 성공해 얻는 보상은 이제 마케도니아 왕국이 아니라, 알려진 세계의 대부분으로 확장된 제국이었다.

알렉산드로스가 파르메니온과 필로타스의 음모에 관한 소문을 들은 것은 이집트 체류 시기부터였다. 그때까지만 해도 유력 가문의 장군을 시기하는 자들이 퍼뜨린 험담쯤으로 치부하고 무시해왔다. 하지만 그럼에도 그는 전혀 뜻밖의 경로를 통해 필로타스를 감시하도록 조치를 취해두었다. 3년 전, 파르메니온이 다마스쿠스의 보물 창고를 점령했을 때, 알렉산드로스는 그에게 전리품을 하사하면서, 아들에게도 그리스 출신의 아름다운 여종 안티고네를 내렸다. 필로타스는 그녀를 들인 침상에서 자만심 가득한 이야기를 쏟아냈는데, 알렉산드로스는 그저 철없는 소년에 불과하며, 전쟁에서의 모든 승리는 자신과 파르메니온의 공이라는 내용이었다. 이 여종은 필로타스의 이야기를 주변에 흘렸고, 알렉산드로스는 측근 크라테로스를 통해 이 소문을 들었다. 왕은 안티고네를 비밀리에 불러 이야기가 사실인지 확인했고, 이후에는 필로타스의 말이라면 무엇이든 자신에게 보고하라고 명령했다. 그로부터 몇 달이 지나고, 몇 년이 지날 동안 필로타스는 여전히 왕에 대한 불평을 쏟아냈지만, 자신과 아버지를 역모죄에 빠뜨릴 만한 이야기는 하지 않았다. 그럼에도 알렉산드로스는 사태를 조용히 관망했다.

박트리아로 향하는 마케도니아군의 행렬이 코르타카나 외곽을 지날 때였다. 딤누스라는 마케도니아 병사가 알렉산드로스 암살 계획을 꾸미기 시작했다. 동기는 명확하지 않지만, 그는 연인 니코마코스에게 거사 계획은 물론 공모자들의 이름까지 발설했다. 니코마코스는 왕을 해치는 음모에 연루되고 싶지 않았기 때문에, 자신의 형 세발리누스에게 이 사실을 털어놓으며 왕에게도 알려야 한다고 주장했다. 직접 왕을 만날 수 없었던 세발리누스는 이 사실을 필로타스에게 알렸다. 필로타스가 알렉산드로스에게 즉시 보고할 것으로 생각했기 때문이었다. 소문을 믿지 않아서인지 아니면 더

어두운 속셈이 있었는지는 알 수 없지만, 필로타스는, 왕이 그런 헛소문에 신경 쓸 만큼 한가하지 않다고 나무랄 뿐, 아무런 조치도 취하지 않았다. 이후 여러 날 동안 알렉산드로스와 만나 군사 회의를 하면서도 필로타스는 이 사실을 알리지 않았다. 하지만 세발리누스도 쉽게 물러서지 않았다. 그는 또 다른 지휘관을 통해 결국 왕에게 이 사실을 알리는 데 성공했다. 알렉산드로스는 마침내 딤누스의 체포를 명령했다. 체포조가 들이닥쳤을 때 딤누스는 거칠게 저항하다가 결국 죽임을 당했다. 이로써 그의 역모 행위는 알렉산드로스의 눈에 더없이 확실해졌다.

왕을 오랫동안 따랐던 장군들도 필로타스를 인간적으로 좋아하지 않았기 때문에, 오히려 이 사건을 그를 제거할 완벽한 기회로 보았다. 그들은 알렉산드로스를 찾아가, 필로타스가 모반 사건에 단순 연루된 것이 아니라 깊이 관여했을 것이라고 주장했다. 왕은 최근, 모종의 음모가 진행 중일지도 모른다고 의심하며 마케도니아로 보내지는 병사들의 편지들을 열어보곤 했다. 그러던 중, 장군들이 자신을 적극적으로 지지하자 마음에 두고 있던 계획을 거리낌 없이 실행하기로 했다. 알렉산드로스는 필로타스를 불러 자신에 대한 음모를 알고도 보고하지 않은 이유를 추궁했다. 필로타스가 할 수 있는 말은 거의 없었다. 단지 그 소문이 연인 간의 갈등에서 불거진 빈말이라고 생각했다고 해명했다. 그는 깊이 사과하며 다시는 같은 일이 없도록 하겠다고 말했다. 하지만 알렉산드로스는 그런 일이 벌어지지 않을 확실한 조치를 취했다. 즉시 필로타스를 체포해 고문을 하고 배후를 밝힐 것을 명령했다. 동시에 병영 밖 길목에 감시병을 배치해 필로타스의 체포 사실이 아버지 파르메니온에게 전해지지 않도록 했다.

알렉산드로스는 커튼 뒤에서 크라테로스의 심문으로 채찍질과 구타에 신음하는 필로타스를 지켜보았다. 언제나 그렇듯, 고문은 필로타스의 몸을 완전히 부수었고, 그는 고통을 멈추기 위해 무엇이든 자백할 준비가 되어 있었다. 그런데 그 상황에서도 그는 그다운 재치를 발휘해, 무엇을 자백하

길 원하는지 정확히 알려달라고, 그래야만 제대로 자백할 수 있지 않겠냐고 반문했다.

강요된 자백 외에 결정적인 증거가 없는 가운데, 필로타스는 고대의 전통에 따라 마케도니아 군대 전체가 집결한 가운데 재판을 받게 되었다. 재판은 알렉산드로스에게 위험한 일이었다. 왜냐하면 병사들의 상당수가 필로타스의 사적인 성품에 대해서는 잘난 체하는 바보라고 생각했을지라도, 병영의 지휘관으로서는 진심으로 존경하고 따랐기 때문이었다. 그런데 필로타스는 자신의 혐의에 항변하면서 병사들이 사용하는 마케도니아어가 아닌 정통 그리스어로 말하는 중대한 실수를 저질렀다. 병사들은 이것을 잘난 체하는 행동이라 여겨 불평을 털어놓기 시작했다. 그리고 증거가 빈약함에도 마침내 그를 사형에 처하기로 결정했다. 알렉산드로스는 내심 기뻐하며 이 광경을 지켜보았고, 필로타스는 결국 음모에 연루된 몇몇 인물들과 함께 돌팔매질로 처형되었다.

필로타스가 사망하자, 그의 아버지 파르메니온이 이 소식을 들을 경우 반란을 일으킬 수 있다는 우려가 제기되었다. 아들이 죽었는데도 아버지가 아무 일 없듯 복무한다는 것은 상상할 수 없는 일이었다. 알렉산드로스는 매우 친한 친구 폴리다무스를 낙타 부리는 아랍인 안내자들과 함께 재빨리 엑바타나로 보냈다. 몇 날의 여행 끝에 메디아의 수도에 도착한 그들은 극비리에 파르메니온의 네 부관들을 만나 알렉산드로스의 편지를 전달했다. 이들 가운데는 알렉산드로스의 동료 클레안드로스도 있었다. 부관들은 명령서를 읽고 믿을 수 없다는 표정을 지었지만, 왕명이니 따르겠다고 말했다. 그 시각, 파르메니온은 자신의 거처 인근의 멋진 숲길을 걷고 있었다. 친분이 있을 뿐 아니라 매우 좋아했던 폴리다무스가 자신의 보좌관들과 함께 다가오는 모습을 보고는 놀라면서도 기쁨을 감추지 못했다. 알렉산드로스에게서 소식을 받은 지 몇 주가 지나고 있었고, 원정의 경과는 물론 유일하게 남은 아들에 대한 소식도 애타게 기다리고 있었기 때문이었다. 폴리다무스는 우선 동방에서의 야심찬 전쟁 계획을 알리는 알렉산드로스의 편지를 파르메니온에게 건넸다. 편지를 읽은 파르메니온은 이미 이룬 성과만으로도 충분하니 이제는 속도를 늦춰야 한다는 우려를 표했다. 다음으로는 필로타스의 편지를 가장한 또 다른 편지를 그에게 건넸다. 파르메니온은 기쁜 마음으로 편지를 읽기 시작했다. 바로 그때, 클레안드로스가 검을 뽑아 노장군의 옆구리를 찔렀고, 비명을 막기 위해 다른 칼을 목에 꽂았다. 옆에 있던 장군들도 가세해 일을 마무리했다. 이렇게 해서 마케도니아 역사상 가장 위대한 장군 중 한 명인 파르메니온은 엑바타나의 정원 한가운데서 피투성이로 쓰러져 숨을 거두었다.

사건이 병영에 알려지자 병사들이 검을 뽑아들고 달려와 파르메니온의 암살자를 찾아내 죽이려 했다. 클레안드로스는 그들 가운데 장군들을 불러 모아, 파르메니온을 처형하라는 명령과 그 이유가 적힌 알렉산드로스의 친서를 낭독했다. 병사들은 파르메니온을 진심으로 따랐지만, 장군과 그의 아들이 반역을 꾀했다는 알렉산드로스의 설명을 수긍할 수밖에 없었다. 그들은 파르메니온의 시신을 받아 예를 갖춰 장례를 치르게 해달라고 요구했지만, 폴리다무스가 전통에 따라 장군의 머리를 알렉산드로스에게 가져가 죽음을 확인받는 절차를 막을 수는 없었다.

파르메니온과 필로타스는 정말로 알렉산드로스의 목숨을 노리고 음모를 꾸민 것일까? 이 문제 또한 사가들에 따라 견해가 나뉘지만, 다수의 의견은 오랜 정적을 제거하기 위한 구실로 혐의가 만들어졌다는 것이다. 모반을 위한 음모가 있었는지를 최종적으로 판단할 수는 없겠지만, 만일 쿠데타가 성공했다면, 그 주도자는 파르메니온과 그의 아들이었을 가능성은 매우 높다. 결국 알렉산드로스가 확실하지 않은 모반 사건을 통해 민심의 흐름을 바꾸고 잠재적인 위협 세력을 단번에 제거했을 가능성이 널리 받아들여지고 있다. 중앙아시아의 황무지를 향해 몇 년이 걸릴지도 모를 전쟁을 치르러 나아가는 상황에서, 파르메니온을 권력을 넘볼 수 있는 자리에 남겨두는 것은 위험한 일이었을 것이다. 음모의 실체가 어땠는지와 상관없이, 알렉산드로스는 자신의 왕위에 대한 매우 현실적인 위협을 제거한 셈이었다.

알렉산드로스와 그의 군대는 지난 봄 페르세폴리스를 떠난 이후 거의 2500킬로미터를 행군했다. 페르시아로 진입한 이후에도 북쪽의 메디아를 거쳐 동쪽의 파르티아까지 다리우스를 추격했고, 다시 카스피해 연안의 히르카니아로 우회했다. 단숨에 박트리아로 내닫는 짧은 여정을 생각한 병사들과 달리, 알렉산드로스는 남쪽의 아리아 고지대로 병사들을 이끌었고, 이어서 드란기아나 국경까지 행군했다. 이 정도 행군을 했다면, 일반적인 지휘관은 겨울 주둔지를 마련하고 병사들에게 몇 달간의 휴식을 부여했을 것이다. 하지만 반역자 베소스를 잡겠다는 집념 때문인지, 아니면 장기간 휴식이 필로타스 사건과 같은 불만의 불씨를 키웠다고 생각했는지, 알렉산드로스는 겨울 눈보라가 몰아치는데도 힌두쿠시산맥의 봉우리를 향해 계속 전진할 뿐이었다.

드란기아나 지역은 비교적 쉽게 함락했지만, 얼마 지나지 않아 아리아 지역에서 사티바르자네스와 그에 동조하는 반역자들이 문제를 일으키고 있다는 소식이 들려왔다. 알렉산드로스는 이 무도한 사트라프에게 충분히 시달렸지만, 또다시 전군을 출동시켜 그를 상대하고 싶지는 않았다. 그래서 그는 오랜 친구이자 신뢰할 수 있는 레스보스 출신의 기병대 지휘관 에리기우스를 6000명 규모의 병력과 함께 파견하기로 했다. 이 부대에는 페르시아인 동료 아르타바조스도 포함되어 있었다. 자세한 전투 기록은 전해지지 않지만, 마케도니아 병사들은 사티바르자네스와 그의 군대를 맞아 용감히 싸웠다. 특히 에리기우스는 사티바르자네스와 일대일 결투를 벌였는데, 그리스 장군 에리기우스는 창으로 사티바르자네스의 얼굴을 관통해 일거에 쓰러뜨렸고, 이에 반란군 일당은 산으로 뿔뿔이 도망쳤다.

알렉산드로스가 박트리아로 향하며 택한 경로는 헬만드강을 따라 건조한 고원을 가로지르는 길이었다. 대규모 군대의 식수를 확보하는 일은 언제나 중요한 과제였기 때문에 이는 합리적인 선택이었다. 강이 북쪽 능선 아래로 굽이치기 시작하는 지점에서 알렉산드로스는 또 하나의 알렉산드리아 도시를 건설했고, 언제나 그랬듯 신들에게 제사를 올렸다. 힌두쿠시 남부 진입로를 굽어보는 이 도시는 세월이 흐른 뒤까지 번창했는데, 본래 이름의 흔적을 간직한 채 오늘날 칸다하르라는 이름으로 남게 되었다. 알렉산드로스는 이 식민도시의 거주할 지원자를 받았다. 그중에는 장차 행군할 눈 덮인 고산지대를 보고 겁에 질려 상대적으로 나아 보인 그곳을 선택한 종군 민간인들도 많았다. 머나먼 아시아 도시에 정착할 개척민들은 넉넉한 토지를 할당받아 새로운 삶을 시작할 수 있었다. 마케도니아에서는 무명의 가난한 병사였던 자도 이 도시에서는 넓은 저택을 짓고 시의회 의원으로 행세할 수 있었다. 군대를 따라다니던 가난한 포도주 장수도 이 유망한 도시에서는 부유한 상인이 될 수 있었고, 고단한 삶을 살던 창녀도 금화를 가진 병사와 결혼해 마을의 유력 가문을 이룰 수 있었다. 알렉산드로스가 건설한 이러한 도시들은 제국 전역에 걸쳐 매우 중요한 군사 거점이 되었다. 건설된 도시들은 수백 년 동안 현지 문화에 지대한 영향을 미친 그리스 문명의 첨병이었지만, 왕에게 가장 중요했던 것은 토착민들을 통제하기 위한 군사 식민지의 역할이었다.

마케도니아인들은 칸다하르 북쪽에 솟은 힌두쿠시산맥처럼 거대한 봉우리들을 상상조차 해본 적이 없었다. 이 산맥에 대한 이야기들은 오랫동안 그리스 세계에 전해져왔는데, 알렉산드로스처럼 교양을 쌓은 이들은 페르시아 제국의 동쪽 경계에는 세상의 어떤 산보다 높은 산맥이 있다는 사실을 알고 있었다. 그리스 학자들은 이 산들을 코카서스Caucasus라고 불렀다. 그들은 이곳을 흑해와 카스피해 사이에 있는 산맥의 한 줄기로 보기도 했고, 심지어는 소아시아 중앙에 솟아 있는 산맥의 한 갈래일 수도 있다고 생각했다. 하지만 발칸반도의 험준한 고지대에서 온 병사들도 막상 힌두쿠시산맥 앞에 서면 그 장엄한 풍경에 넋을 잃곤 했다. 이 산맥은 히말라야와 카라코람Karakorum에서 남서쪽으로 길게 뻗어 있으며, 평균 고도는 4500미터에 달했고, 가장 높은 봉우리는 6000미터를 훌쩍 넘겼다. 이 산맥은 남쪽의 페르시아와 아리아와 드란기아나를 북쪽의 박트리아나 동쪽의 인더스 계곡과 철저히 갈라놓았다. 이 산맥을 넘을 수 있는 길은 상인들이 박트리아로 갈 때 이용하는 몇 개의 고갯길이나, 인도와 연결되는 카이베르고개 같은 소수의 고산 통행로뿐이었다. 힌두쿠시산맥의 계곡에는 페르시아의 통치와 거의 무관하게 사는 독립 부족들이 있었다. 이들은 가축을 키우거나 노략질을 했으며, 일부는 희귀 자원을 판매해 생계를 유지했는데, 그 중에는 견과류 피스타치오와 푸른 염료의 재료인 청금석도 포함되어 있었다. 특히 힌두쿠시는 고대 세계에서 매우 귀했던 이 푸른 보석이 채굴되는 유일한 곳이었다.

 마케도니아군은 칸다하르에서 카불 계곡으로 이어지는 북로로 나아갔다. 길목은 눈으로 덮여 있었고 고개와 봉우리들은 온통 얼어붙어 있어 행군 자체가 고된 투쟁이었다. 강철처럼 단단한 병사들이었지만 고산병과 설맹에는 어찌할 도리가 없었다. 시야가 흐려진 나머지 뾰족한 원뿔 모양의 집들이 늘어선 산간 마을에 거의 다다랐는데도 그곳이 마을인 줄 알아차리지 못했다. 마을에서는 놀란 주민들의 항복을 받아낸 뒤, 취할 수 있는 모든 식량과 물품을 거두었다. 주민들은 다음 수확철이 올 때까지 굶주림에 시달릴 것이지만, 이를 생각할 여유는 없었다. 마을에서 마을로 행군하는 동안 고지대의 혹독한 환경에 지친 일부 병사들은 얼음 위에 쓰러져서 더 이상 움직일 수 없다고 버티기도 했다. 그들은 전우를 일으켜 세우고 서로 격려하며 앞으로 나아갈 뿐, 별다른 해결책은 마련할 수 없었다. 하지만 엄청난 고난에도 불구하고 병사들은 계곡 마을을 하나씩 점령하며 부족들을 복속시켰다.

마침내 초봄이 되어 군대가 카불 계곡에 도착했을 때, 알렉산드로스는 병사들에게 짧지만 꼭 필요했던 휴식을 주었다. 박트리아에 이르기 위해서는 힌두쿠시산맥의 가장 험한 준령들을 재차 넘어야 했고, 알렉산드로스는 신속한 기동으로 베소스를 기습하고 싶었지만, 북쪽 고갯길의 눈이 녹기 시작하는 초여름까지 카불 계곡에 머무는 것은 현명한 선택이었다. 그곳에서 그는 또 하나의 주둔 도시 코카서스의 알렉산드리아를 세웠다. 그리고 이곳 역시 징발된 현지인들과 자원한 병사들, 그리고 더 이상 행군을 이어갈 수 없을 정도로 다치거나 지친 이들로 주민을 구성했다. 이제 왕에게 주어진 문제는, 북쪽으로 나아가기 위한 여러 고갯길 중 어떤 길을 선택할 것인가였다. 그런 조건에서의 선택을 합리적이라고 말할 수 있다면, 가장 합리적인 선택지는 고도가 3000미터 이하의 서쪽 통로 중 하나였다. 하지만 그것이 바로 베소스가 예상한 경로였다. 물론 그도 알렉산드로스가 그토록 이른 시기에 움직이리라고는 생각하지 못했을 것이다. 베소스는 이미 그 지역 고개 북쪽에서 초토화 전술을 펼치고 있었으며, 마케도니아군이 힘겹게 산을 넘는 순간을 노려 기습할 만반의 준비를 하고 있었다. 가장 비합리적인 선택지라면, 동쪽에 있는 카와크고개*였다.9 해발 3600미터에 달하는 이 고개는 힌두쿠시산맥을 넘어 박트리아로 향하는 가장 높고 험난한 길이었다. 눈 덮인 가파른 길에는 피난처도 거의 없어 인근 주민조차도 그 시기에는 감히 오르지 않는 곳이었다. 물론 알렉산드로스는 바로 이 길을 택했다. 그는 병사들을 이끌고 카불을 떠나 누구도 가본 적 없는 극악한 산악지대로 진군했다.

마케도니아군이 박트리아로 이어지는 가파른 계곡으로 진입했을 때, 카와크고개는 여전히 깊은 겨울이었다. 고개를 지나는 길은 거의 80킬로미

---

* 오늘날도 카와크고개로 불리며, 아프가니스탄 카불의 북쪽에 위치해 있다. (옮긴이)

터에 달했고, 산비탈을 따라 이어지는 길은 너무 좁아 병사들은 대부분 한 줄로 걸어야 했다. 그렇다면 마케도니아군과 같은 대규모 군대는 병사와 말과 지원대로 이루어진 행렬이 수 킬로미터 길이로 늘어설 수밖에 없었다. 그 같은 고지대에서는 현지 식량 조달이 불가능하기 때문에, 병사와 짐승들은 식량과 사료를 모두 짊어진 채 산을 오르는 수밖에 없었다. 속도를 따라가지 못하는 짐말과 노새는 가장 빨리 잡아먹혔고, 땔감이 없는 눈 덮인 산에서는 많은 음식을 날것으로 취식했다.

어떤 지점을 통과할 때, 현지 안내인들은 알렉산드로스에게 한 봉우리를 가리켰다. 전설에 따르면, 병사들이 지나는 이곳보다 1킬로미터나 더 솟아 있는 저 봉우리는 하늘에서 불을 훔친 신이 사슬에 묶여 있던 곳이라고 했다. 심지어 격노한 신들의 왕은 그 신을 벌하기 위해 독수리를 보내 간을 쪼도록 했다며, 바위에 남은 긁힌 자국까지 보여주었다. 알렉산드로스는 이야기를 듣자마자, 그것이 그리스신화에 나오는 이야기라는 사실을 알았다. 제우스에게서 불을 훔쳐 인간에게 선물한 대가로 그는 먼 동방의 산속 기둥에 사슬로 묶여 독수리에게 쪼임을 당했으며, 그 주인공은 티탄Titan족 프로메테우스였다. 프로메테우스는 날마다 독수리에게 간을 쪼였고 밤이 되면 상처를 회복하는 나날을 반복했으나, 알렉산드로스의 선조로 여겨지는 헤라클레스에 의해 구출되었다. 알렉산드로스는 전설 속 조상인 헤라클레스가 한때 거쳐간 땅을 자신이 지나고 있다는 사실에 큰 위안을 얻었을 것이다. 그 자신도 전설적인 영웅처럼 불가능한 일에 도전하고 있었기 때문이다.

마침내 도착한 힌두쿠시의 얼어붙은 고갯마루에 베소스의 병사들은 나타나지 않았다. 베소스 역시 마케도니아군이 이처럼 험난한 길을 감히 넘으리라고는 꿈에도 생각하지 못했을 것이다. 북쪽의 풍경에는 산과 계곡들이 끝없이 펼쳐져 있었지만, 알렉산드로스는 그 길의 끝에 박트리아의 평야와 옥서스강과 중앙아시아의 초원이 있다는 사실을 알고 있었다. 전 병력이 고개를 넘어 온화한 지대로 내려가는 데는 며칠이 걸릴 것이었지만, 알렉산드로스는 자신의 군대가 베소스를 측면에서 우회했을 뿐 아니라, 거대한 장벽과도 같았던 힌두쿠시산맥을 넘어섰다는 사실에 크게 만족했다.

한겨울 얼음이 뒤덮인 카와크고개를 내려온 병사들은 단 며칠 만에 태양이 작열하는 무더위 속으로 들어섰다.[10] 설상가상으로 베소스가 펼친 초토화 전술로 지역에는 음식은 물론 가축을 먹일 풀조차 남아 있지 않았다. 박트리아의 몇 안 되는 도시들을 빠르게 함락했지만, 그곳에서도 보급품을 조달하기는 어려웠다. 그런데 알렉산드로스에게 가장 불만스러운 일은 어디에서도 베소스를 찾을 수 없다는 사실이었다. 그 시각 베소스는 오랜 세월 페르시아를 섬긴 소그디아나의 귀족 스피타메네스와 함께 옥서스강을 건너 소그디아나로 작전상 후퇴하고 있었다. 그리고 중앙아시아의 끝없는 평원에서 기습 공격에 능한 수천 규모의 소그디아나 기병을 거느리고 있었다. 그런데 박트리아 전사들은 베소스가 마케도니아인들에게 고향을 내주고 도망쳤다는 소식에 대부분 진영을 버리고 산 너머 고향 마을로 돌아가 버렸다.

알렉산드로스는 친분이 깊은 친구 아르타바조스를 박트리아의 새 총독으로 임명한 뒤, 베소스를 뒤쫓아 북쪽 옥서스강으로 향했다. 그런데 북쪽으로 행군할수록 한여름의 태양볕이 더욱 강렬해졌다. 지평선까지 끝없이 펼쳐진 메마른 모래언덕 지대는 경험 많은 무역상조차 별자리를 따라 야간에만 이동할 정도였다. 알렉산드로스의 병사들도 천문항법 지식을 활용해 길을 찾았지만, 어떤 지식도 물을 구할 방법을 알려주지는 않았다. 병사들은 타는 목을 부여잡고 지옥 같은 행군을 이어갔다. 불과 몇 주 전까지도 힌두쿠시산맥에서 동사할 위기에 처했던 병사들은 이제 사막의 태양 아래에서 갈증과 열기에 죽어가고 있었다. 병사들은 생각을 비운 채 한 발짝씩 앞으로 나아갔고, 어떤 이들은 그 자리에 선 채 움직이지 못했다. 일부는 술 저장고를 털어 포도주 가죽 부대를 비우기도 했지만, 갈증만 더욱 악화시킬 뿐이었다. 옥서스강을 향한 행군이 계속되는 가운데, 끝내 도태된 자들은 길가에 쓰러져 머나먼 이국의 황량한 땅에서 죽어갔다. 그러던 중, 왕이 앞서 보낸 정찰병 중 한 명이 물가죽 한 부대를 들고 돌아왔다. 함께 병사로 복무 중인 어린 아들들을 위해 구해온 것이었다. 그는 알렉산드로스를 보자 이를 통에 담아 왕에게 바쳤다. 하지만 왕은 물 마시기를 거절하고 자식들에게 먹이라고 지시했다.

마침내 군대가 옥서스강에 도달했을 때, 알렉산드로스를 선두로 늘어선 행렬은 수 킬로미터나 늘어져 있었다. 그는 언덕 위에 불을 피워서 멀리 뒤처진 병사들이 길을 찾도록 했고, 직접 길가에 서서 병사들을 격려했다. 힘겹게 강둑에 도착한 이들은 강물로 뛰어들어 물을 마구 들이키기 시작했는데, 그것이 얼마나 위험한 일인지 알면서도 참지 못했다. 어떤 병사는 토했고, 어떤 병사는 탈수 상태에서 다량의 물을 마신 탓에 질식해 죽었다. 강가에 도착해 물을 마시며 불만을 토로하던 병사들은 점차 분노를 드러내기 시작했다. 역사가 아리아노스는 알렉산드로스가 상황을 수습하기 위해 일부 나이 든 병사들과 테살리아 기병대를 해산시키고, 일부는 추가 급여까지 넉넉히 지급해 귀향시켰다고 전했지만[11], 상황은 훨씬 복잡했을 것이다. 테살리아 기병대의 경우 파르메니온에게 충성하던 이들이었고, 박트리아의 사막을 가로지르는 고난의 행군은 자신들의 옛 지휘관이 살해된 일로 불만에 찼던 이들을 더욱 분노하게 했을 것이다. 알렉산드로스는 불만이 증폭되어 반란에 이르는 상황을 맞이하기 전에, 일부를 돈으로 회유해 떠나게 했을 가능성이 크다. 그리고 이러한 결정은 향후 전쟁 국면에서 병력 부족이라는 치명적인 대가를 치르게 했다.

옥서스강은 동부의 높은 파미르산맥에서 눈 녹은 물이 흘러들기 때문에 매우 차갑고 흐름도 빨랐다. 알렉산드로스의 유능한 공병 부대가 강에 말뚝을 박아 다리의 기초를 세우려 했지만, 급류에 모든 것이 쓸려가버렸다. 설사 물살이 약했다고 해도, 강 주변에는 폭 800미터에 달하는 물길 위에 다리를 놓을 목재가 충분하지 않았다. 심지어 배를 건조할 수도 없었으며, 베소스가 마을의 배들을 모조리 없앤 탓에 주민들의 도움도 받을 수 없었다. 알렉산드로스는 6년 전, 머나먼 다뉴브강에서 사용했던 방법을 다시 꺼내들었다. 그는 병사들에게 명령해 천막에 마른 짚과 풀을 채워 부유물처럼 만들고, 그것을 이용해 강을 헤엄쳐 건너도록 했다. 처음 강을 건넌 병사들이 저편에서 경비를 섰고, 나머지 군사들은 전력을 다해 손으로 물을 저어 강을 건넜다. 군대의 규모가 너무 컸던 나머지 모든 병력이 강을 건너는 데는 꼬박 닷새가 걸렸다.

소그디아나에 도착한 병사들은 마치 세상의 끝에 다다른 듯한 기분을 느꼈을 것이다. 북쪽으로 야크사르테스강이 있었고, 그 너머로 중앙아시아의 대초원이 끝없는 풍경으로 펼쳐져 있었다. 동쪽 아득히 먼 곳에는 여러 봉우리와 사막이 어른거렸다. 소그디아나는 이국적이고 아름다운 땅이었지만, 끝없는 지평선에 익숙하지 않은 병사들에게 그것은 불안한 풍경일 수도 있었을 것이다.

이러한 정체 모를 불안감 때문이었을까, 알렉산드로스는 이곳에서 전쟁 전체에서도 가장 야만적인 행위로 꼽을 만한 일을 저지르게 된다. 북쪽으로 진군하던 군대는 대초원의 한 마을에 이르렀는데, 놀랍게도 주민들이 그리스어로 인사를 했다. 이들은 에게해 연안에 있는 밀레토스 인근 디디마에서 아폴론 신을 섬기던 브란키다이 사제들의 후손이었다.[12] 알렉산드로스는 5년 전 폐허가 된 그 신탁소에서 제례를 올린 바 있었으며, 고향에서 멀리 떠나온 사제들의 고손자들의 삶에 경이로움을 느꼈을 것이다. 이전 세기, 크세르크세스 왕은 페르시아에 협력한 그들의 조상이 그리스인들에게서 핍박받는 것을 막기 위해 이곳으로 강제 이주시켰다. 그들은 페르시아에 동조하며 신전을 불태웠지만, 후손들에게 그것은 오래전 일일 뿐이었다. 후손들은 페르시아의 땅에 번성하며 제국의 시민으로 살아왔지만, 조상들에게서 물려받은 언어와 종교와 풍습은 여전히 간직하고 있었다. 조국을 방문한 적도 없는 그들은 에게해 인근에서 온 알렉산드로스를 감격해하며 따뜻하게 맞이했다. 그리고 기꺼이 그의 통치를 받아들였다.

그런데 그날 밤, 알렉산드로스는 밀레토스 출신 병사들을 자신의 천막으로 불러 모았다. 그리고 브란키다이 사람들을 어떻게 했으면 좋겠는지 물었다. 밀레토스 출신 병사들은 어린 시절부터 배신자 사제들에 대한 증오심을 품었으며, 복수를 했으면 좋겠다고 속마음을 털어놓았다. 하지만 동시에 그 사건이 너무 오래전 일이니 이제는 잊을 때도 되었다고 말했다. 알렉산드로스는 그들에게 감사를 표하고 돌려보낸 뒤, 밤새 어떻게 할지 고민했다. 다음 날 아침, 알렉산드로스가 마을에 모습을 드러냈다. 주민들은 다시 모여들어 왕의 행차를 환영했다. 그런데 그 기쁨은 곧 공포로 바뀌었다. 왕의 뒤로 칼을 빼든 병사들이 있었기 때문이었다. 병사들은 올리브 가지를 흔들며 그리스어로 인사하는 주민들을 남녀노소 가리지 않고 모조리 학살했다. 마을을 약탈했고, 집과 성벽을 허물어버렸다. 심지어 근처의 신성한 숲을 베어내고 그루터기까지 뽑아내어 브란키다이 사람들의 흔적을 땅에서 지워버렸다.

알렉산드로스가 자신들의 땅으로 진군해왔다는 소식을 들은 소그디아나 사람들은 베소스를 따르던 마음을 거두기 시작했다.[13] 싸우지도 않고 박트리아를 버리고 도망친 그를 믿을 수 없다고 생각한 탓이었다. 그래서 소그드인 귀족 스피타메네스와 그의 부하들이 베소스의 천막으로 들어가 그를 체포했을 때, 이의를 제기하는 사람은 거의 없었다. 소그드인들은 즉시 알렉산드로스에게 사자를 보내, 마케도니아 진영까지 안전하게 호위해준다면 기꺼이 베소스를 넘기겠다고 전했다. 알렉산드로스는 함정일지도 모른다고 의심했지만, 전투 없이 자칭 다리우스의 후계자를 사로잡을 기회를 놓칠 수는 없었다. 알렉산드로스는 친구 프톨레마이오스를 강력한 부대를 붙여 소그디아나로 보냈다. 파견 부대는 포로를 인도받기 위해 길을 재촉한 지 열흘 만에 목적지에 도착했다. 그런데 마을에 닿을 무렵, 스피타메네스가 포로를 넘겨야 할지 망설이고 있다는 전갈을 받았다. 이에 프톨레마이오스는 병사들을 이끌고 마을을 포위했다. 하지만 그 시점에 소그디아나의 지도자 스피타메네스는 측근들과 함께 이미 도망친 상태였다. 프톨레마이오스는 병력 대부분을 남겨 포위를 유지하게 한 뒤, 소수의 병력만을 이끌고 마을 안으로 들어갔다. 매복병들의 기습을 조심해야 하는 긴박한 상황이었지만 프톨레마이오스는 거침없이 행동했다. 그는 베소스가 억류된 오두막을 찾아냈고, 누군가 반항할 틈도 없이 곧장 그를 끌고 나왔다. 그리고 알렉산드로스에게 사자를 보내 포로를 어떻게 처리할지 물었다. 왕은 곧 군대가 지나갈 것이니 나무 칼을 씌워 알몸으로 말뚝에 묶어두라고 명령했다.

알렉산드로스의 본대는 곧 마을에 도착했다. 왕은 말에서 내려 베소스에게 다가가 무슨 자격으로 다리우스 대왕을 체포했는지 물었다. 그리고 어떻게 은혜를 베푼 혈연인 대왕의 신의를 배반하고, 그를 감히 사슬에 묶고 노예처럼 죽일 수 있는지 매섭게 추궁했다. 그러자 베소스는 자신 혼자 한 일이 아니며, 대왕을 체포하면 알렉산드로스가 기뻐할 줄 알았다고 힘없이 답했다. 이 말이 통할 것으로 생각했다면 그것은 큰 오산이었다. 알렉산드로스는 그를 채찍질하게 한 뒤, 페르시아에서 배신자에게 내리는 전통적인 형벌대로 그의 귀와 코를 잘랐다. 그리고 만신창이가 된 그를 다리우스 왕가의 가족들에게 넘겼다. 베소스가 도착하자 전 대왕의 친족들은 그에게 할 수 있는 모든 고문과 모욕을 가했고, 결국은 산 채로 그의 신체를 토막 냈다.

힌두쿠시산맥을 넘고 박트리아의 황량한 사막을 건너는 일은 병사들은 물론 말들에게도 매우 혹독한 일이었다. 알렉산드로스는 세계에서 손꼽히는 말 사육지 중 한 곳을 지나게 되었고, 징발한 말들로 기병대의 전력을 확충했다. 이 말들은 곧 벌어질 소그디아나의 초지 전투에서 큰 위력을 발휘하게 된다. 이제 왕은 군대를 이끌고 평야와 고원을 따라 거의 300킬로미터의 길을 나아가, 소그디아나 중부의 페르시아 왕도였던 고대 성벽 도시에 도착했다. 마르칸다Marcanda라고도 불리는 이곳의 익숙한 이름은 사마르칸드였다. 이 도시는 훗날 아시아의 중요한 교역지 가운데 하나로 발전하게 되지만, 당장 알렉산드로스는 북방 원정을 빠르게 마무리 짓기 위한 교두보로 삼을 생각이었다.

 마케도니아군은 사마르칸드에서 다시 북쪽으로 진군했다. 그리고 옥서스강처럼 히말라야협곡에서 발원해 아랄해로 흘러드는 큰 물결인 야크사르테스강에 도달했다. 중앙아시아에서는 이 강이 페르시아 제국의 가장 먼 경계선을 이루었다. 그 너머는 그리스인들과 페르시아인들이 스키타이인이라고 부르던 유목 부족들이 거주하는 미지의 땅으로, 그들의 광대한 초원은 유럽의 다뉴브 북쪽까지 연결되어 있었다. 이 황량한 땅에 이르자, 알렉산드로스는 처음으로 이 지역에서의 정복 활동이 쉽지 않을 것임을 직감했다. 알렉산드로스는 스피타메네스가 베소스를 자신에게 넘겨주었으니 소그디아나 영주들도 자신을 새로운 대왕으로 인정한 것으로 생각했다. 그렇다면 그는 몇 차례 지역을 순시하며 왕권을 과시하고, 어쩌면 한두 개의 도시를 건설한 뒤 박트리아로 돌아가면 된다고 생각했다. 그리고 눈이 내리기 전에 인도로 진출할 계획이었다. 하지만 사정은 여의치 않았다. 현지 부족민들이 마케도니아 보급병을 습격해 학살하는 사건이 벌어졌을 때도, 이를 성급한 야만인들의 우발적인 행동으로 대수롭지 않게 여겼다. 하지만 비슷한 사건이 반복되자 알렉산드로스의 인내심도 한계에 이르렀다. 결국 왕은 기동력이 뛰어난 병력을 규합한 대부대를 이끌고 산기슭에 숨은 소그드족 전사들을 급습했다. 그러나 초원의 전사들은 쉽게 물러나지 않았다. 그들은 화살 비를 퍼부은 마케도니아군의 1파 공격을 견뎌낸 뒤 반격을 가했다. 많은 병사들이 부상을 입었으며, 알렉산드로스 자신도 오른쪽 다리에 화살을 맞아 종아리뼈가 부러졌다. 의원들이 즉시 뛰어들어 상처를 치료했고, 왕은 고통을 무릅쓰고 다시 산으로 올라가 전투를 지휘했다. 그리고 마침내 마케도니아 병사들은 고지를 점령하고 대부분의 소그드족 전사들을 처단했다. 이후 며칠 동안, 마케도니아의 기병과 보병 사이에서는 부상당한 왕을 누가 들 것인가를 두고 다투는 일이 벌어졌다. 이 이야기를 들은 알렉산드로스가 양쪽이 하루씩 교대로 할 것을 지시하면서 문제가 해결되었다.

야크사르테스 강가에서 상처를 회복하는 동안, 알렉산드로스는 소그디아나 원정에 대한 장단기적 계획을 구상했다. 페르시아인들은 예전부터 스키타이의 침입을 막기 위해 강을 따라 일곱 개의 요새를 만들어 북방 국경을 수호했다. 알렉산드로스는 여기에 더해, 이 요새들을 지지할 거점 도시들이 필요하다고 생각했다. 그렇게 만들어진 도시 중에서도 가장 중요한 곳이 페르시아의 가장 큰 요새와 인접한 곳에 있는 알렉산드리아 에스카테였다. 가장 먼 알렉산드리아라는 뜻이었다. 동쪽으로는 높은 산맥이 병풍처럼 둘려 있고, 분지가 끝나는 서쪽 너머로는 드넓은 초원이 펼쳐져 있어, 전략적으로 매우 유리한 곳이었다. 그런데 알렉산드로스는 이 도시를 단지 국경을 방어하는 데 그치지 않고, 장차 스키타이 원정의 전초기지로 삼을 작정이었다. 고대 사료들을 통해서도 확인할 수 있는 이러한 전략은 알렉산드로스가 제국을 확장해가는 정확한 방식이었다. 그는 페르시아 제국의 모든 속주들을 장악한 후에도, 그다음 단계를 구상했다. 키루스와 그 뒤를 이은 페르시아의 대왕들은 이 지역에서 200년 동안 싸웠지만, 그들의 목적은 야크사르테스강 너머 부족들을 막아내는 국경 방어였다. 하지만 알렉산드로스는 그 누구보다 위대한 정복을 꿈꾸었고, 아시아의 끝없는 초원지대까지 손에 넣으려 했다. 이제 막 스물일곱 번째 생일을 보낸 그였기에, 자신에게는 지구 끝까지 행군할 수 있는 시간이 충분하다고 생각할 법도 했다.

알렉산드로스에게는 외교도 전쟁만큼이나 유용한 수단이었다. 그가 야크사르테스 강가에 머무는 동안 스키타이의 다양한 부족 사절단들이 방문했다. 그중에는 소그디아나에서 매우 먼 서쪽 초원 지대에서 온 아비이족도 포함되어 있었다. 아비이족은 그리스 세계에도 알려져 있었는데, 흑해 연안의 그리스 식민지를 통해 소문이 난 것으로 보인다. 이들은 가난하지만 기품 있는 민족으로, 오직 방어를 위해서만 전쟁을 벌인다고 알려졌다. 알렉산드로스는 사절들을 따뜻하게 맞이했고, 그들과 우호 관계를 맺고 싶다는 뜻을 전했다. 그리고 자신의 선의를 증명하기 위해 몇몇 마케도니아 장군들을 사절들과 함께 보냈다. 그 가운데는 재무 책임자 하르팔로스의 친척인 데르다스라는 인물도 있었다. 이들은 덕분에 스키타이인들과 함께 아시아의 광대한 초원을 가로지르는 일생일대의 모험을 경험하게 되었다. 그런데 알렉산드로스는 이들을 떠나보내기 전에 은밀히 불러, 그 부족의 성향과 군사력, 거리, 주요 강과 수원지, 식량자원 등, 장차 침공할 경우 도움이 될 만한 정보를 빠짐없이 수집할 것을 지시했다.

그러던 중, 알렉산드로스는 스피타메네스를 비롯한 소그디아나 영주 여럿을 초대해 옥서스강 너머 박트리아에서 환담회를 가질 구상을 했다. 얼마 전 산기슭에서 소그드족 반란군을 학살한 일로 생긴 오해도 해소하고, 인도로 원정을 떠나기 전에 이 지방의 권력관계도 확실히 해두고 싶었기 때문이었다. 하지만 지역 귀족들은 당연히 마케도니아 요새로 들어가는 일을 망설일 수밖에 없었다. 고대 세계에서 적장을 초대하는 일은 흔히 그를 체포하거나 살해하기 위한 속임수인 경우가 많았고, 그들은 알렉산드로스가 야비한 인물이 아니라는 사실을 확인할 길이 없었다. 밤새 쉬지 않고 50마일을 달려가 그들을 침실에서 몰살시킬 수도 있는 알렉산드로스였지만, 적어도 손님을 보호하는 주인의 신성한 의무를 어기는 일은 결코 하지 않을 것이었다. 하지만 스피타메네스와 소그드족 영주들은 초청을 거부했고, 오히려 소그디아나 전역이 반란 체제로 돌입했다. 그리고 야크사르테스 강변에 자리 잡은 페르시아의 일곱 도시들을 점령한 뒤, 그곳에 주둔하던 마케도니아 병사들을 모조리 학살했다.

언제나 그랬듯, 알렉산드로스는 빠르고 단호하게 대처했다. 그는 직접 군대를 이끌고 북쪽으로 진군해 야크사르테스 강가 국경 요새들에 대한 탈환 작전에 돌입했다. 소그디아나 사람들은 뛰어난 기마 전사들이었지만, 포위당한 도시에서 방어전을 펴는 데는 익숙하지 않았다. 알렉산드로스가 처음 공격한 팔레스타인의 도시 이름이 가자였는데, 안타깝게도 이곳 국경 요새 이름도 가자였다. 팔레스타인 가자 주민들이 격렬하게 저항한 것과 달리, 소그디아나 가자 주민들은 낮은 흙벽 성을 제대로 방어할 수 없었다. 알렉산드로스의 군대가 급조한 사다리를 타고 성벽을 넘자 제대로 된 전투도 없이 성이 함락되었다. 도시의 남자들은 모두 죽임을 당했고, 여자와 아이들은 전리품으로 끌려갔다. 다음 날에는 두 번째 요새로 이동해 같은 방식으로 점령했고, 이튿날에는 세 번째 요새까지 차지했다. 이후에는 대규모 기병대를 보내 네 번째와 다섯 번째 도시를 저항할 준비도 하기 전에 점령해버렸다. 알렉산드로스는 그렇게 단 일주일 만에 국경의 일곱 요새 중 다섯 곳을 회복했고, 수천 명의 소그드족 여성과 아이들을 노예로 만들었다.

여섯 번째 요새는 키루스 대왕의 이름을 따 키로폴리스로 이름 지어진 곳이었다. 제국의 실질적 창건자 키루스 2세는 야크사르테스강 너머에서 스키타이와 싸우다 전사했다. 높은 성벽과 방어 시설을 갖춘 이 도시는 지금까지의 요새들 가운데 가장 크고 강력했다. 알렉산드로스는 공성 병기를 앞세워 성벽을 무너뜨리려 했으나, 방어 시설이 그가 예상한 것보다 훨씬 견고했다. 도시를 살피던 그는 성으로 유입되는 강물이 성벽의 좁은 수로를 통해 빠져나간다는 사실을 알게 되었다. 수로의 틈은 병사 한 명이 겨우 통과할 수 있을 정도로 좁았다. 알렉산드로스는 성문 앞에 주력군을 배치하고 대대적인 공격을 감행해 수비병들의 시선을 돌린 뒤, 직접 소수 병력을 이끌고 수로를 통과해 성내로 잠입했다. 침투에 성공한 병사들은 수비병들을 제압하고 성문을 열어 본대를 들여보냈다. 하지만 도시를 지키던 수천 명의 소그드족 전사들은 쉽게 항복하지 않았다. 다른 요새의 동료들이 어떤 운명을 맞이했는지 알았던 전사들은 마케도니아 병사들에 맞서 거리에서 치열하게 저항했다. 한 소그드족 병사는 죽기 직전 적장을 쓰러뜨리는 환희를 맛보기도 했다. 그는 무거운 돌을 집어 들어 알렉산드로스의 얼굴과 목에 던졌고, 왕은 그대로 쓰러져 의식을 잃었다. 마케도니아 병사들은 그가 죽은 줄 알고 크게 당황했지만, 잠시 후 몸을 일으켜 건재한 모습을 보여주었다. 그러나 그는 그 충격으로 며칠간 극심한 후유증에 시달렸을 것이며, 다리의 상처도 적잖은 고통을 유발했을 것이다. 이러한 부상 때문이었는지, 알렉산드로스는 심기가 몹시 불편했다. 그는 키루스 대왕이 세운 첫 도시를 보존할 생각이었으나, 그 계획을 철회했다. 그리고 도시에 있는 모든 주민을 학살하라고 명령했다. 고대 기록에 따르면 도시에서는 여성과 아이도 살아남지 못했다. 알렉산드로스는 뒤이어 점령한 일곱 번째 요새에서도 똑같은 명령을 내려 모든 주민을 살해했다.

접경의 요새들은 다시 알렉산드로스의 수중에 들어왔지만, 문제는 아직 끝나지 않았다. 스피타메네스를 위시한 동맹 부족장들이 사마르칸드를 포위했다는 소식이 들려온 것이다. 알렉산드로스는 도시를 회복하기 위해 수백 명 규모의 기병과 용병 부대를 급파했다. 부대의 지휘관은 외교에 능한 리키아 출신의 파르누케스였다. 그는 한때 페르시아에 헌신했으며, 각종 현지어에 능통했다. 그동안 알렉산드로스는 야크사르테스 강가에 머물며 자신이 세우고 있는 새 도시의 건설을 감독했다. 이 도시는 단순한 전초기지가 아니라, 지역 전체를 총괄할 군사도시로서 매우 중요한 역할을 수행할 것이었다. 그는 병사들의 사기를 북돋고, 남쪽 퇴로가 수천 명의 소그드족 전사들에 의해 봉쇄된 사실을 잊도록 하기 위해, 체육행사를 개최하기도 했다.

야크사르테스강 북쪽에 거주하던 스키타이 부족들은 소그디아나에서 벌어진 반란 소식을 듣고 국경으로 몰려왔다. 그들은 마케도니아군이 맞이한 혼란을 틈타 강을 건너 약탈할 기회를 노리고 있었다. 그러나 알렉산드로스는 야크사르테스 강변에 충분한 병력을 배치해 그들이 강을 넘지 못하도록 했다. 스키타이인들은 강을 건너는 대신 맞은편에 진을 친 채 마케도니아 병사들을 조롱했다. 강을 건너오면 자신들의 전투 실력을 보여주겠다고 위협하기도 했다. 거의 3주 동안 끝없는 도발이 이어지자, 알렉산드로스는 그들을 맨손으로라도 부숴버리고 싶은 심정이 되었다. 그는 결국 직접 강을 건너 기습을 하기로 하고, 신들에게 재물을 바쳤다. 하지만 예언자 아리스탄데르는 불길한 징조가 보인다고 그를 말렸다. 알렉산드로스는 더 나은 징조가 나오길 바라며 다시 점을 보게 했지만, 제물의 내장은 스키타이 공격이 화를 부를 것이라는 불길한 징조만 보여주었다. 알렉산드로스는 신들이 경고하는 이 기습과 유사한 작전에서 키루스 대왕이 죽음을 맞았다는 사실을 알았을 것이다. 하지만 그는 죽음을 무릅쓰고라도 야만인들에게 조롱거리가 되는 것을 용납할 수 없었다.

왕은 가죽으로 만든 배를 준비하도록 지시했고, 야크사르테스강 건너 적군 진지를 공격할 포병대를 배치했다. 스키타이인들은 공성 무기를 본 적이 없었기 때문에 여전히 마케도니아 진영을 향해 조롱을 퍼부었다. 하지만 그 순간 강 건너 투석기에서 날아든 투사체들이 진영의 가운데로 떨어지기 시작했다. 많은 전사들이 부상을 입었고, 지도자 한 명은 그 자리에서 즉사했다. 예상치 못한 공격에 놀란 스키타이인들은 강변에서 물러났지만, 마케도니아군의 투석과 포격은 계속 이어졌다. 이를 기회 삼아, 알렉산드로스는 배들을 띄웠다. 가장 먼저 출발하는 배로 투석병과 궁수들을 날랐고, 이들은 후속 부대 상륙을 엄호했다. 스키타이인들은 뛰어난 기마 전사들로, 상대를 기습한 뒤 재빨리 후퇴하는 방식으로 싸웠다. 이에 대항해 마케도니아 기병대도 전열을 완비하기 시작했다. 알렉산드로스는 직접 기병대를 지휘하며 적을 추격했다. 이 추격전에서 스키타이 전사들 가운데 최소

1000명이 사망했다. 마케도니아 병사들이 초원을 가로질러 추격할 때는 더위가 극심했다. 병사들은 미처 물을 준비하지 못했고, 갈증을 견디다 못한 이들은 웅덩이에 고인 물을 들이켰다. 알렉산드로스도 마찬가지였는데, 결국 반나절도 지나지도 않아 왕과 병사들은 심각한 이질에 걸려 움직일 수조차 없게 되었다. 부대는 추격을 중단한 채 겨우 도시로 되돌아갔다. 예언자 아리스탄데르가 경고했던 왕의 위험은 현실이 되었고, 병사들의 몰골은 알렉산드로스가 원한 영광스러운 귀환과는 다른 모습이었다.

한편, 사마르칸드에 있던 마케도니아 병사들은 스피타메네스의 줄기찬 공격을 간신히 막아내고 있었다. 그런데 마케도니아의 구원병들이 접근하고 있다는 소식을 들은 소그드족 지도자 스피타메네스는 현명하게도 포위를 풀고 퇴각했다. 방어를 책임진 알렉산드로스 장군 중 하나였던 리키아 출신 파르누케스는 그를 멀리까지 추격했는데, 자신이 들어선 곳이 초원지대라는 사실을 제대로 인식하지 못했다. 그곳은 소그드인들이 어릴 때부터 전투 훈련을 받으며 살았던 앞뜰이었다. 설상가상으로, 스키타이 기병 600명을 합류시켜 전투력을 증강한 스피타메네스는 병력만으로도 마케도니아군을 압도하고 있었다. 스피타메네스는 파르누케스의 부대를 일부러 깊숙이 유인했고, 말과 병사들이 기진맥진해졌을 무렵 방향을 돌려 반격을 개시했다. 그들은 말을 달리며 활을 쏘는 데 능한 유목민이었고, 마케도니아 병사들은 속절없이 쓰러져갔다. 전열이 무너지는 상황에서 파르누케스는 상대편 장군들에게 자신은 협상가일 뿐 군인이 아니라고 해명했지만 소용없었다. 병사들은 화살 공격을 피하기 위해 강을 접한 숲으로 달아나 최선을 다해 싸웠지만, 소그드족과 스키타이의 기병들은 끈질기고 맹렬했다. 몇 시간이 지났을 무렵, 마케도니아 병사들은 대부분 초원에서 전사했다. 겨우 몇백 명만이 살아남아 본진으로 귀환할 수 있었다.

이러한 참패는 심리전의 입장에서도 엄청난 재앙이었다. 알렉산드로스는 패전 소식이 초원 전역으로 빠르게 퍼져 마케도니아군이 무기력하다는 인식이 고착될 것이 두려웠다. 그러한 상황을 막기 위해서라도 그는 속히 회복해야 했다. 그리고 마침내 병상에서 억지로 몸을 일으켜 기병 위주로 편제된 대규모 기동부대를 이끌고 다시 사마르칸드로 출정했다. 그 시각, 스피타메네스는 도시를 다시 포위하고 있었다. 알렉산드로스는 300킬로미터에 이르는 거리를 단 사흘 만에 돌파했고, 넷째 날 새벽에 도시 인근에 이르렀다. 예상치 못한 그의 출현에 소그드인들은 공포에 질려 달아났으며, 마케도니아군은 즉시 추격했다. 얼마 전 마케도니아 병사들이 학살당했던 지점에서는 잠시 멈추어 전사자들을 매장했지만, 곧바로 다시 말에 올라 초원을 가로질러 적을 뒤쫓았다. 스피타메네스와 그의 부하들은 이 지역의 지형에 익숙할 뿐 아니라, 말도 훨씬 능숙히 몰았기 때문에, 알렉산드로스는 끝내 그들을 잡지 못했다. 분노와 좌절에 휩싸인 왕은 말머리를 돌려, 스피타메네스를 도왔을 것으로 생각되는 소그드족 마을을 차례로 불태우기 시작했다. 병사들은 눈에 띄는 모든 마을을 파괴하고, 주민들을 가차 없이 살해했다. 마지막 마을까지 잿더미가 된 후, 알렉산드로스는 지역 전역에 주둔군을 배치했다. 그리고 주력군을 이끌고 옥서스강을 건너 박트리아로 철수했다. 이제 겨울을 맞이할 때였다. 당초, 단기간에 끝낼 계획이었던 소그디아나 원정은 이제 스피타메네스와의 지구전 양상이 되었고, 심지어 극한의 게릴라전으로 변해갔다. 알렉산드로스는 지금껏 맞서 싸운 모든 무리들 중에서도 가장 위험한 적수와 대결을 벌이고 있었다.

알렉산드로스가 힌두쿠시 능선을 넘어 박트리아와 소그디아나 지역 공략에 나선 지도 수개월이 지났다. 그동안 스피타메네스의 교묘한 기습과 매복 공격으로 수백 명의 병력을 잃었고, 야크사르테스강 국경선을 지키기 위해 고군분투했으며, 적의 기병과 수십 차례의 전투를 벌였다. 하지만 막상 기세를 올려 적을 처단하려고 하면 그들은 언제나 초원 곳곳으로 흩어져버렸다. 그 자신은 화살에 다리를 다치고, 바위에 맞아 머리를 다쳤고, 오염된 물을 마셔 복통과 고열에 시달렸다. 무엇보다도 불만스러웠던 것은, 1년 전과 비교해도, 소그디아나를 제국의 영토로 완전히 확보하고자 한 계획을 전혀 실행하지 못했다는 점이었다. 천막 안에 앉아 강 건너 박트리아의 눈 내리는 풍경을 바라보고 있던 알렉산드로스는 어쩌면 신들이 자신을 버렸을지도 모른다고 느꼈다.

하지만 봄을 기다리는 긴 시간 동안 반가운 소식도 전해졌다.[14] 소년 시절 친구이자 리키아 총독으로 있던 네아르코스가 도착했다. 다른 신임 장교들과 함께 그리스와 시리아에서 2만 명에 이르는 노련한 용병들을 이끌고 온 것인데, 지중해에서부터 몇 달을 행군을 해 마침내 본대에 합류한 것이다. 반드시 필요했던 증원군 덕분에 알렉산드로스는 봄이 되면 스피타메네스와의 전쟁을 재개할 수 있으리라는 기대감을 가졌다. 또한 카스피해 인근 스키타이 부족으로부터 두 번째 사절단이 도착했다. 선왕이 사망하고 새 왕이 등극했으며, 새로운 왕은 알렉산드로스와의 우호 관계를 유지하고 싶어 한다는 뜻을 전했다. 같은 스키타이인일지라도 직면한 적과는 상관없는 먼 지역의 부족이기 때문에, 알렉산드로스는 그들과의 새로운 조약을 기꺼이 허락했다. 왕이 자신의 딸을 보내겠다는 정략결혼을 제안했지만, 알렉산드로스는 이를 정중히 거절했다. 지금은 전쟁 중이라서 여건이 되지 않는다고 예를 갖추어 말했다. 또 다른 사절단이 도착했는데, 아랄해 남쪽에 거주하는 코라스미아인이었다. 베소스와 스피타메네스가 알렉산드로스에 맞서는 반란군을 모집하기 위해 접근했으나, 이들의 왕 파르사메네스는 그들보다 알렉산드로스가 훨씬 유익하다고 판단해 우호를 청하기 위해 나선 것이었다. 파르사메네스는 직접 기병 1500명과 함께 진영으로 찾아와 만일 알렉산드로스가 아랄해와 카스피해 사이의 영토를 원한다면 기꺼이 돕겠다고 했다. 해당 지역을 차지한다면 파르사메네스 자신에게도 큰 이익이 될 것이 분명했다. 그의 적들이 제거된다면, 자신이야말로 지역의 가장 강력한 군주로 등극할 것이기 때문이었다. 이에 대해 알렉산드로스는 다시 한번 정중히 계획을 미루겠다는 의사를 밝혔다. 우선적으로 인도를 정벌할 것이며, 이후 원정 계획에 반드시 그 제안을 실행할 것이라고 약속했다. 그 약속은 진심이었던 것으로 보이는데, 파르사메네스에게 밝힌 향후 원정 계획을 살펴볼 때 매우 합리적으로 보이기 때문이다. 그는 인도 원정을 먼저 실행한 후 마케도니아로 돌아갈 것이며, 그곳에서 서쪽에서부터 스키타이를 공격하는 대원정을 준비할 것이라고 했다. 그와 동시에, 야크사르테스 강변에 세운 요새들에서 병사들을 출동시켜, 양방에서 협공하는 형태로 스키타이 부족을 섬멸해, 마침내 중앙아시아 초원 지대 전체의 지배자가 되겠다는 원대한 포부는 매우 그럴듯했다.

긴 겨울이 끝날 무렵, 알렉산드로스는 유목 전사들을 섬멸할 구체적인 전략을 구상한 뒤 스피타메네스에 대한 원정을 재개했다.[15] 그는 광활한 평야를 무리 지어 뒤쫓는 대신, 기동력이 뛰어난 다섯 개의 별개 부대로 여러 지역을 동시에 타격하고자 했다. 헤파이스티온에게 첫 번째 부대를, 프톨레마이오스에게 두 번째 부대를, 페르디카스와 코이노스에게 각각 세 번째와 네 번째 부대를 맡겼으며, 자신이 다섯 번째 부대를 직접 지휘했다. 고대 사료에는 그해 봄부터 여름에 이르는 긴 원정의 이야기가 거의 나타나지 않지만, 알렉산드로스의 부대들이 맡겨진 역할에 따라 소그디아나 곳곳의 저항 거점을 소탕하고, 끝없이 달아나는 적 기병들을 추격한 것은 분명해 보인다. 병사들은 마을을 불태우고 약탈하며, 저항을 철저히 분쇄하는 데 성공했지만, 정작 스피타메네스를 붙잡는 데는 실패했다. 영리한 소그드족 지도자 스피타메네스는 병력을 이끌고 야크사르테스강을 넘어 스키타이 지역으로 도피해버렸다.

그렇게 몇 달이 지나자 알렉산드로스는 스피타메네스를 멀리 쫓아버렸는지도 모르겠다고 생각했을지도 모른다. 하지만 스피타메네스는 인내심의 가치를 알고 있는 자였다. 알렉산드로스와 그의 병사들이 소그디아나 곳곳에 흩어져 있는 동안, 그는 오히려 가까운 곳에서 기회를 포착했다. 병력을 이끌고 야크사르테스강을 건넌 그는 곧바로 옥서스까지 진격한 뒤, 박트리아 영토로 진입했다. 그는 소그디아나 기병대와 수백 명의 스키타이 동맹군을 앞세워 박트리아 요새 가운데 한 곳을 급습했고, 대비가 허술했던 마케도니아 수비대는 쉽게 무너지고 말았다. 스피타메네스는 요새를 점령한 뒤 수비병들을 살해하고 지휘관을 인질로 붙잡았다. 그런 뒤에는 박트리아의 주요 도시 자리아스파로 이동했는데, 이곳은 몇 달 전 알렉산드로스가 겨울 요새로 세운 곳이었다. 방어가 훌륭했던 그 도시를 함락시키지는 못했지만, 주변 마을을 기습하며 상당한 전리품을 약탈했다. 당시 자리아스파에는 부상자들과 용병, 궁정의 시종, 비전투 인원 등 최소한의 방어 병력만이 남아 있었다. 이들 가운데는 알렉산드로스의 아버지 필리포스 시대부터 마케도니아 궁정에서 활동해온 하프 연주자 아리스토니코스도 포함되어 있었다. 이들은 갑작스런 약탈에 격분한 나머지, 소그드인들을 몰아내야 한다며 가용한 말을 끌어모아 자발적으로 출격했다. 이들은 약탈자들 가운데 고립된 일부를 기습해 사살한 뒤 빼앗긴 전리품을 회수했다. 이후에 즉시 돌아가려 했지만, 용감했을 뿐 유능한 지휘관의 전략이 부재했던 그들은 스피타메네스의 쉬운 먹잇감이 되었다. 소그드족 영주는 성 밖에서 매복해 있다가 귀환하는 이들을 모조리 몰살시켰고, 아리스토니코스 역시 전사했다. 훗날 알렉산드로스는 델포이에 하프 연주자 아리스토니코스를 기리는 동상을 세웠다. 조각상의 한 손에는 하프가, 다른 손에는 창이 들려 있었다.

왕은 멀리 떨어져 있었지만, 소그드인들의 매복 소식을 들은 크라테로스는 곧바로 출격해 스피타메네스를 추격했다. 그리고 소그디아나와 스키타이 동맹군을 초원지대로 몰아냈다. 그곳은 적에게 익숙한 지형이었기 때문에 진입하는 것 자체가 위험했지만, 크라테로스와 병사들은 추격을 그치지 않았고, 치열한 접전 끝에 스키타이인 1000명 이상을 쓰러뜨렸다. 하지만 스피타메네스는 또다시 초원의 숲으로 사라져버렸다.

여름이 끝날 무렵, 알렉산드로스는 부하 코이노스에게 대규모 기병대를 맡겨 소그디아나에 주둔하게 했다. 겨울까지 스피타메네스가 계속 침입할 것을 우려한 방어 조치이자, 혹시라도 포획할 수 있을지 모른다는 희망 섞인 결정이었다. 전과는 지지부진했고 낙담한 알렉산드로스는 다시 사마르칸드로 돌아가 휴식을 취하며 제국 전역에서 올라오는 행정 서신을 처리하는 데 집중했다. 하지만, 이전 해 가을과 비교해도 소그디아나 문제는 여전히 해결되지 않은 상태였다. 옥서스강과 야크사르테스강 일대에서 전쟁의 계절을 두 번이나 보냈지만, 지역의 통합은 이루어지지 않았다. 그는 인도 원정을 간절히 바라고 있었지만, 스피타메네스처럼 영리하고 교활한 적장이 제멋대로 활개 치는 동북 국경을 방치한 채 떠날 수는 없었다. 그를 꺾을 방법을 반드시 찾아야 했다. 하지만 알렉산드로스는 뛰어난 통솔력과 사력을 다한 노력에도 불구하고 여전히 건재한 적을 어찌하지 못하고 있었다.

트로이 전쟁은 불화의 여신 에리스Eris가 신들의 연회장에 황금 사과 하나를 들인 것에서 시작되었다. 사과에는 '가장 아름다운 이에게'라는 문구가 적혀 있었고, 이는 세 여신 사이의 다툼으로 번졌다. 제우스는 가장 아름다운 여신을 선택하는 일을 젊은 왕자 파리스에게 맡겼고, 파리스는 사랑의 여신 아프로디테를 선택한 대가로 스파르타의 헬렌을 데려갔다. 이는 곧 트로이 전쟁으로 이어졌다. 그리고 이제 머나먼 땅 사마르칸드에서도, 또 다른 사과 하나가 분노와 죽음과 회한의 촉매가 되었다. 알렉산드로스는 제국 전역에 광범위한 우편체계를 구축해 명령서와 서신을 전달하도록 했는데, 이때 사용되는 운송수단으로 본국의 사치품이 날라지기도 했다. 그 가을, 그리스에서 과일 한 상자가 도착했다. 그 안에는 탐스러운 사과가 들어 있었고, 왕은 무척 흡족해하며 여럿이 함께 들고자 클레이토스 등을 불렀다.[16] 검은 클레이토스라고 불리는 그를 알렉산드로스는 어릴 적부터 알고 있었다. 클레이토스의 누이 라니케가 알렉산드로스의 유모였기 때문이었다. 그는 파르메니온만큼 나이가 많지는 않았지만, 필리포스 치세의 군대에서 장교로 복무했으며, 원정이 시작된 이후에도 여러 중책을 맡아 충성을 다해왔다. 클레이토스는 마케도니아 보수파의 대표격이었기 때문에, 구세대에 속했지만, 알렉산드로스는 늘 그를 좋아하고 신뢰했다. 그라니코스 전투에서 그는 알렉산드로스의 생명을 구한 일도 있었다.

알렉산드로스의 부름을 받았을 때, 클레이토스는 희생 제물을 바치는 제사를 집전 중이었다. 하지만 왕의 요청을 무시할 수 없었기에 제사를 중단하고 제단을 떠났다. 양에게는 이미 신에게 바치는 술이 부어진 상태였는데, 하지만 양은 양일 뿐이어서 제멋대로 발버둥 치고 움직이다가 클레이토스를 따라 알렉산드로스의 천막으로 들어가버렸다. 어찌 보면 우스운 장면이지만, 이 사실을 들은 왕은 매우 불안해졌다. 고대 마케도니아와 그리스에서는 이런 현상이 하늘에서 내려온 불길한 징조로 해석되기 때문이었다. 알렉산드로스는 즉시 점쟁이들을 불러 사건의 의미를 물었다. 그들은 제물로 바쳐질 양이 클레이토스를 따라올 정도로 그와 결부되어 있는 것은, 클레이토스에게 나쁜 일이 닥칠 조짐이라고 해석했다. 이 말을 들은 알렉산드로스는 더욱 불안해졌다. 이틀 전 꿈에서 클레이토스가 검은 옷을 입고 이미 죽은 파르메니온과 그의 두 아들 곁에 앉은 모습을 보았기 때문이었다. 왕은 점쟁이들에게 제사를 올려 오랜 친구 클레이토스를 보호해달라고 요청했다.

클레이토스가 몸을 씻고 알렉산드로스의 숙소에 들어서자 연회가 시작되었다. 언제나 그랬던 것처럼 훌륭한 음식과 다량의 포도주가 곁들여졌다. 소그디아나에서의 2년을 매우 힘겹게 보낸 왕과 장군들은 평소보다 많은 술을 마시며 위안을 얻고자 했다. 그날 밤에는 궁정의 음유시인 하나가 스피타메네스를 잡는 데 실패한 마케도니아 장군들을 재미있게 풍자하는 노래를 지어 불렀다. 이 시인은 알렉산드로스 역시 실패한 장군의 일원이었다는 사실은 생략하고, 조심스럽게 가사를 만들어 노래했다. 젊은 장교들과 왕은 그 노래에 크게 웃으며 매우 즐거워했다. 그리고 계속해서 노래를 이어가라고 부추겼다. 그런데 노래가 계속될수록 나이 많은 장군들은 조금씩 모욕감을 느꼈다. 그들은 자신도 어쩔 수 없는 상황이었다며 지나친 조롱을 불쾌해했다. 그러자 알렉산드로스의 기분도 나빠졌을 것을 우려한 어느 병사가, 알렉산드로스는 누구와도 비교할 수 없는 최고의 군인이라며, 심지어 아버지 필리포스조차도 그에 필적할 수 없는 평범한 왕이었다는 무례한 말을 했다.

마침내 클레이토스가 술에 취한 채 일어나 소리쳤다. 충직한 마케도니아 병사들을 이방인들 앞에서 모욕하는 것은, 설령 농담일지라도 수치스러운 일이라고 말했다. 그리고 페르시아인과 이국의 하인 여럿이 왕의 식탁에서 웃음을 터뜨리는 동안, 마케도니아인이 누구보다 용감했던 자신의 동료를 비웃었다며 분통을 터뜨렸다. 하지만 알렉산드로스는 이 모든 언쟁을 술자리 환담쯤으로 여기며 즐거워했다. 그리고 클레이토스에게, 스피타메네스를 놓친 일을 합리화하고, 실패의 원인을 비겁함이 아닌 불운으로 돌리는 것이냐며 농담을 던졌다. 그러자 이미 자제력을 잃은 클레이토스가 폭발하고 말았다. 그는, 비겁한 자신이 어떻게 그라니코스 전투에서 왕의 목숨을 구한 것이며, 왕께서는 마케도니아인들이 흘린 피에 관심이 없어서 필리포스가 아닌 이집트의 신을 아버지로 부른 것이냐며 거침없이 따졌다. 이 말은 알렉산드로스가 스스로를 암몬 신의 아들이라고 주장하면서, 친아버지 필리포스와 마케도니아의 전통과 멀어지는 모습을 보인 것에 대한 강도 높은 비판이었다.

이제 알렉산드로스도 분노하기 시작했다. 막사 안의 분위기는 순식간에 얼어붙었다. 그는 클레이토스를 향해 마케도니아인과 이방인들을 분열시키지 말라고 소리쳤다. 그러자 클레이토스는 더욱 기세를 올려 반박했다. 충성스러운 마케도니아 병사들은 이미 하급 병사 취급을 받았고, 자국의 왕을 만나기 위해서는 페르시아 궁정 하인에게 허락을 구해야 할 지경이 되었다고 쏘아붙였다. 분노한 알렉산드로스는 클레이토스에게 달려들었고, 두 사람은 잠시 뒤엉켰지만 주변 사람들의 만류 덕분에 주먹다짐까지는 가지 않았다. 마음을 조금 누그러뜨린 왕은 곁에 있던 몇몇 그리스인들에게 부하 장군의 행동을 사과했다. 그러자 클레이토스는 더욱 격분해 소리쳤다. 그렇게 사과할 거면, 왕과 왕이 입은 페르시아 옷에 아첨하는 자들에게 말고, 여기 있는 모두에게 당당히 말하라는 것이었다. 이 말은 페르시아의 왕실 문화를 받아들인 왕과 그 주변의 신하들에 대한 통렬한 비판이었다.

사태가 여기에 이르자 알렉산드로스는 완전히 자제심을 잃었다. 그는 주위를 두리번거리며 무기를 찾았지만, 눈치 빠른 근위병이 상황이 심상치 않음을 눈치채고 칼을 모두 숨겨둔 뒤였다. 왕은 그리스 사과를 하나 집어 클레이토스를 향해 던졌다. 그리고 계속해서 칼을 찾으면서, 비상 나팔을 불고 호위병들을 부르라며 마케도니아 방언으로 외쳤다. 그러나 나팔수는 술에 취해 있지 않았고, 용기 있게도 명령을 거부했다. 그 대가는 왕에게 얻어맞는 것이었다. 그럼에도 클레이토스는 물러서지 않았다. 그는 계속해서 왕에게 모욕적인 말을 퍼부었고, 결국 주변 사람들이 그를 억지로 들어 막사 밖으로 끌어냈다. 그는 끌려가면서도 비극 작가 에우리피데스의 희곡에 나오는 구절을 소리 높여 외쳤다.

'오, 그리스가 어찌 이리도 타락했는가….'[17]

알렉산드로스는 에우리피데스를 깊이 이해하고 있었기 때문에, 클레이토스가 내뱉은 구절의 나머지 부분도 머릿속에 떠올렸을 것이다.

…군대가 적을 물리치면 승리의 깃발을 높이 세운다네.
하지만 사람들은 실제 싸운 병사들을 알아주지 않는다네.

그들에게 돌아갈 명예는 오롯이 장군에게 돌아간다네.
그도 다른 병사들처럼, 자신의 창을 들었을 뿐인데,
더도 덜도 아닌, 병사 하나의 공을 세웠을 뿐인데!

막사 밖으로 끌려가던 클레이토스가, 자신을 부축한 동료들의 손을 뿌리치더니 비틀거리며 천막 안으로 되돌아왔다. 그는 왕을 향해 비난을 쏟아부었지만, 말은 길게 이어지지 못했다. 알렉산드로스가 한 호위병을 제압하고 그의 창을 빼앗아 클레이토스를 향해 돌진했기 때문이었다. 창은 클레이토스를 꿰뚫어버렸다.

왕은 창을 던진 거의 직후부터 깊은 후회에 휩싸였다. 친구를 죽였다며 비통한 울음을 터뜨렸고, 시신에서 창을 뽑아 바닥에 세운 뒤 그 위로 몸을 던져 자해하려 했다. 하지만 동료 장군과 호위병의 필사적인 저지 덕분에 자살은 막을 수 있었다. 호위병들의 부축으로 숙소에 이른 알렉산드로스는 절망에 빠진 채 그곳에서 한동안 움직이지 않았다.

알렉산드로스는 사흘 동안 침상에 누워 통곡하며 클레이토스를 애도했다. 음식과 물도 들이지 않고 깊은 슬픔에 잠겨 있었다. 그런데 시간이 지나면서 병사들은 왕의 모습에 점차 불안을 느끼기 시작했다. 그들은 고향을 떠나 머나먼 이역에서 적을 마주하고 있으며, 상황을 지배할 확고한 지도력이 절실했다. 만일 왕이 이성을 되찾지 못하고 있다는 소문이라도 퍼진다면, 스피타메네스와 같은 사방의 적들에게 공격당할 위험이 매우 컸다. 그러던 중, 점쟁이 아리스탄데르가 왕의 숙소를 방문했다. 그는 알렉산드로스에게, 클레이토스의 죽음은 신들이 오래전에 정한 운명이었으며, 알렉산드로스는 단지 신의 뜻을 따른 대리인이었다고 위로했다. 평소에도 그의 말을 신뢰했던 알렉산드로스는 그의 말에 조금씩 마음을 누그러뜨리기 시작했다. 얼마 후에는 아리스토텔레스의 조카이자 이번 원정의 공식기록가였던 칼리스테네스가 방문했다. 그는 클레이토스 사건이 겉보기만큼 나쁜 일은 아니며, 그렇게까지 자책할 필요는 없다고 조심스레 설득했다. 그런데 철학자 아낙사르코스가 천막 안으로 들이닥쳐 분위기를 바꾸어놓았다. 그는 왕에게 노예처럼 슬픔에 빠진 채 칭얼대지 말라고 호통쳤다. 그리고 왕은 세상 모든 것을 지배하는 자이니 그에 걸맞게 행동하라고 꾸짖었다. 백성들 위에 군림하는 자가 왕이고, 왕은 필요하면 신하를 창으로 뚫는 것은 물론, 어떤 일도 행할 수 있다고 주장했다. 그것이 세상의 이치이며, 군대의 존경을 받고 싶다면 속히 마음을 다잡고 왕좌에 올라야 한다고 신랄한 어조로 충고했다.

이와 같은 마키아벨리식 충고는 알렉산드로스를 우울증에서 끌어내는 데 제격이었다. 왕은 여전히 죄책감에 시달렸지만, 마침내 숙소에서 나와 지휘소를 통제하기 시작했다. 그리고 클레이토스를 위한 성대한 장례식을 치르도록 조치했다. 장군들과 병사들은 그가 돌아온 것에 크게 안도했다. 하지만 그러면서도 일말의 불안감을 떨쳐낼 수는 없었다. 아무리 술자리 분노가 부른 참극이라고 할지라도, 알렉산드로스가 자신의 가장 충직하고 신뢰받는 친구인 클레이토스를, 단지 자신에 맞서고 마케도니아 병사들의 속마음을 대변했다는 이유로 살해한 사실은 변하지 않았다. 왕을 호위하는 장군들과 병사들은 어쩌면 다음 차례는 누가 될지 우려했을지도 모른다.

알렉산드로스 진영의 분위기는 매우 가라앉아 있었지만, 전장의 상황은 마케도니아군에게 점차 유리하게 돌아가고 있었다. 알렉산드로스가 소그디아나 전역에 배치한 주둔군들로 인해 활동의 제약을 느낀 스피타메네스는 잠시 스키타이 국경 쪽으로 후퇴했다. 그리고 스키타이 기병 3000명을 정비해 소그디아나로 기습 공격을 감행하고자 했다. 당시 마케도니아군은 상당수가 겨울 진영에 머물고 있었기 때문에, 변방쯤은 쉽고 빠르게 공략할 수 있을 것으로 생각했다. 그러나 스피타메네스는 알렉산드로스의 부관 코이노스가 보여줄 기민함과 용맹함을 미처 예상하지 못했다. 스피타메네스가 기습을 하면 이를 뒤쫓는 방식의 대응은 이미 폐기 처분되었다. 코이노스는 지역 첩보망을 구축해 상대가 공격하기 전부터 정보를 입수했고, 공격이 시작되자마자 즉각 대응했다. 대응을 넘어 적의 본거지까지 침투하는 데 성공해 800명 이상의 전사들까지 처단했다. 이 전투가 끝난 이후부터 전장 안팎의 분위기가 크게 바뀌기 시작했는데, 소그드인들은 스피타메네스에게 등을 돌리기 시작했고, 박트리아 병력들도 대부분 그를 떠나 코이노스에게 항복했다. 군대에 남아 있던 스키타이인들만큼은 여전히 충성심을 보였지만, 전투에 충실하기보다는 보급 짐수레만 챙긴 뒤 스피타메네스를 따라 초원지대로 도주했다.

스피타메네스의 최후는 의외의 곳에서 찾아왔다.[18] 그는 영리하고 수완이 뛰어난 인물이었지만, 로마의 역사학자 쿠르티우스의 표현을 빌리자면, 그의 약점은 아내를 격정적으로 사랑한다immodicus amor는 점이었다.[19] 때문에 그는 아내를 집에 둔 다른 지휘관들과 달리, 전쟁터와 초원과 산악지대까지 부인과 동행했다. 하지만 그 가엾은 여성은 2년 동안 유랑 생활을 하면서 완전히 지쳤고, 마침내 남편에게 알렉산드로스에게 항복하라고 간청하기에 이르렀다. 마케도니아의 왕 알렉산드로스의 자비를 믿어보자고 그를 설득하려 한 것이다. 자신은 이미 세 아들을 낳았고, 그 아이들도 모두 성인이 되었으니 그만 전쟁을 끝내고 귀향하자고, 도저히 이길 수 없는 적과 끝없는 소모전을 벌이며 삶을 망치지 말자고 호소했다. 하지만 스피타메네스는 아내의 간청에 마음을 돌리기는커녕, 오히려 그녀가 자신을 배신했다고 느꼈다. 분노한 그는 초승달처럼 굽은 칼인 시미터scimitar를 뽑아들고 아내를 죽이려 했다. 그러자 아내의 오빠들이 나서서 그를 제지했다. 스피타메네스는 아내에게 다시 얼굴을 보이면 죽이겠다고 위협하며 당장 눈앞에서 꺼지라고 소리쳤다.

스피타메네스는 며칠 동안 후궁들과 잠자리를 했지만, 얼마 후 아내에 대한 그리움이 그를 사로잡았고, 다시 아내의 침실을 찾았다. 그러자 아내는 과거의 일을 사과하며, 모든 일은 여성의 나약함 때문이었다며, 앞으로는 충실하고 순종적인 아내가 되겠다고 약속했다. 스피타메네스는 아내와의 화해를 기념해 성대한 연회를 열었고, 결국 만취한 그는 부하들에게 들린 채 자신의 침소로 옮겨졌다. 그런데 그가 잠든 사이, 사랑스럽고 다정한 아내는 남편의 칼을 뽑아들고 그의 목을 베었다. 그녀는 남편의 잘린 머리를 천에 싼 뒤, 믿을 만한 하인 한 명과 함께 말을 타고 마케도니아 진영으로 달려갔다. 알렉산드로스의 주둔지를 지키는 경계병을 마주한 그녀는 왕을 직접 만나야 한다고 말했다. 알렉산드로스는 피 묻은 옷을 입고 들어오는 여성을 보고, 자기 병사들에게 학대당한 뒤 항의하러 온 현지 귀부인 여성인 줄로 생각했다. 그런데 여성이 하인을 불러 보따리를 들고 들어오게 한 뒤, 천을 풀자 안에서 잘린 머리가 나타났다. 너무 심하게 망가져 있어서 누구의 머리인지 알아볼 수가 없었기 때문에, 알렉산드로스는 그것이 누구의 것인지 물었다. 상황을 파악한 알렉산드로스는 자신이 쫓던 위험한 적이 죽었다는 안도감과, 그의 아내가 이런 일을 저질렀다는 충격 사이에서 갈등했다. 왕은 그녀에게 감사의 마음을 표했지만, 자신을 보좌하는 수행원들에게 나쁜 본보기가 될 것을 우려해, 그녀를 먼 곳으로 떠나보내기로 했다.

적어도 쿠르티우스의 기록에는 사건이 이렇게 기술되어 있었다. 하지만 아리아노스는 권력과 배신이 난무하는 좀 더 현실적인 이야기를 전하고 있다. 그에 따르면 끝까지 스피타메네스를 따르던 스키타이인들조차 자신들을 추적하는 알렉산드로스가 두려웠고, 그들의 충성심이란 것도 결국은 자신들의 목숨을 부지하는 것 이상은 아니었다. 마침내 그들은 스피타메네스의 목을 베어 마케도니아 진영으로 보냈다. 사실이 어느 쪽이든, 스피타메네스의 죽음으로 소그디아나 북부 국경의 저항 세력은 와해되었다. 스키타이인들은 평화를 청했고, 소그드인들도 스피타메네스의 잔당을 붙잡아 마케도니아군에게 인도했다.

    승리를 축하하느라 시간을 낭비하고 싶지 않았던 알렉산드로스는, 인도로 떠나기 전에 지역의 통치 기반을 빠르게 다져놓고자 했다. 그는 군대를 이끌고 소그디아나 산악지대로 나아갔는데, 그곳에는 아직도 새 왕의 지배를 받아들이지 않는 고지대 부족들이 살고 있었기 때문이었다. 고지대의 겨울 날씨는 매우 기이했다. 낮에는 천둥번개를 동반한 폭우가 내렸고, 밤에는 눈이 내리고 땅이 얼었으며, 때때로 거대한 우박이 떨어져 병사들이 방패로 몸을 가려야 했다. 그러던 어느 날, 병사들이 울창한 숲에서 방향을 잃고 헤매다가 2000명에 가까이 동사하는 끔찍한 일이 벌어졌다. 남은 병사들도 뿔뿔이 흩어져 나무 밑에서 몸을 웅크리며 추위를 피했고, 알렉산드로스는 목동처럼 사방을 오가며 잃어버린 병사들을 찾았다. 서로 부둥켜안고 나무에 얼어붙은 채 숨진 병사들 가운데서 생존 병사들을 찾아 인근 산촌 오두막으로 데려가 몸을 녹이기도 했다.

    알렉산드로스는 최대한 많은 병사를 찾아서 본대로 복귀했고, 완전히 지친 몸을 이끌고 왕좌에 쓰러지듯 앉았다. 그때 마케도니아 보병 한 명이 거의 죽기 직전의 몰골을 하고 비틀거리며 천막 안으로 들어왔다. 그는 지금 어디에 있으며 누구의 막사에 들어온 줄도 몰랐다. 왕은 즉시 자리에서 일어나 위태로워 보이는 병사를 자신의 왕좌로 데려가 난로를 쬐도록 했다. 그리고 따뜻한 물을 먹이고 담요를 덮어주며 정성껏 돌보았다. 한동안 심신을 추스르던 그는 마침내 온전한 정신을 찾았고, 자신이 지금 누구 앞에 있는지도 알아차렸다. 그 순간 병사는 소스라치게 놀라며 자리에서 일어났다. 알렉산드로스는 그를 안심시키며 다시 자리에 앉으라고 권했다. 그리고, 만일 그대가 앉은 곳이 페르시아 대왕의 왕좌였다면 죽음을 면치 못했겠지만, 마케도니아 왕의 의자일 뿐이니 문제될 것이 없다고 달랬다.

    알렉산드로스는 병사들에게 지시해 휴식을 취하고 심신을 회복하도록 한 뒤, 소그디아나 동부로 향하는 마지막 공세를 준비했다. 그 지역에는 여전히 왕의 통치에 저항하는 지방 영주들이 지키는 산악 요새들이 여럿 있었다. 이들은 마케도니아군이 인도로 떠나면서 자신들을 잊기만을 기다렸겠지만, 알렉산드로스는 등 뒤에서 위험한 적이 활동하는 것을 결코 묵과할 수 없었다. 그는 어떤 대가를 치르더라도 그 겨울 안에 요새들을 점령하기로 결심했다. 첫 공격 대상으로 삼은 견고한 성은 수백 피트 높이의 고산에 세워진, 소그디아나의 바위 요새로 불리던 곳으로, 사방이 가파른 절벽으로 둘러싸여 있었다. 충분한 식량과 물을 확보하고 있던 주민들은 오랜 포위전도 충분히 버틸 수 있다고 자신했다. 그들은 너무도 자신만만한 나머지, 날개라도 달려 있지 않은 한 이곳을 넘어올 수는 없을 것이라며 절벽 아래 마케도니아 병사들을 자극했다.

이런 식의 도발은 그러나 알렉산드로스의 결의를 더욱 굳세게 할 뿐이었다. 그는 군을 소집해 병사들에게 연설을 하며, 절벽을 기어오를 지원병을 모집하겠다고 선언했다. 정상까지 오르는 데 성공한 자에게는 왕이 직접 보상을 내릴 것이라고 약속하기까지 했다. 이미 위험한 절벽을 수 차례 오른 이들이 많았기 때문에, 300명이 넘는 병사가 자원했다. 병사들에게는 가벼운 리넨 밧줄과 천막용 말뚝이 쥐어졌다. 그들은 절벽에 말뚝을 박고 밧줄을 묶으며 경비병 없는 가파른 절벽을 올랐다. 눈과 얼음을 헤치며 밤새 등반하던 이들 가운데 서른 명가량이 추락해 절벽의 틈새 사이로 사라졌다. 그러나 나머지 병사들은 해가 뜰 무렵까지 봉우리 정상에 도달했다. 알렉산드로스는 즉시 산 아래 요새의 수비대에 사자를 보내 이렇게 전했다. "뒤를 돌아 위를 보라. 나는 날 수 있는 병사들을 찾았노라." 정상에 운집한 마케도니아 병사들은 흰 리넨 깃발을 흔들며 웃고 있었다. 이를 본 부족 전사들은 믿을 수 없는 광경에 경악했다. 자신들의 요새는 인간의 힘으로 점령되지 않는다고 생각한 그들은 싸울 의지를 잃고 그대로 항복하고 말았다. 이 소식이 전해지자, 소그디아나의 다른 산악 요새들도 차례로 항복했고,

알렉산드로스는 마침내 이듬해 봄이 되기 전까지 소그디아나 전역을 평정하기에 이르렀다.

소그디아나 바위 요새에서 생포된 포로 가운데는, 알렉산드로스와 싸웠던 박트리아 귀족 옥시아르테스Oxyartes의 가족도 있었다.[20] 그의 딸 가운데는 록사네라는 소녀가 있었는데, 마케도니아 병사들이 지금껏 본 여성 가운데 가장 아름답다고 입을 모을 정도로 미모가 빼어났다. 그동안 여성에 특별한 관심을 보이지 않던 알렉산드로스였지만, 이번만큼은 예외였던 듯, 그는 이 10대 소녀에게 마음을 빼앗기고 사랑에 빠졌다. 그는 그녀를 전리품처럼 취할 수도 있었지만, 그녀에게서 특별한 감정을 느꼈고, 결국 아내로 맞이하기로 결심했다. 알렉산드로스는 오랫동안 수많은 혼인 제의를 거절했던 인물이었기에, 이 시점에서 갑자기 박트리아 여인과 결혼을 결심한 이유에 대해서는 정확히 알기 어렵다. 하지만 정치적 계산과 순수한 열정이 뒤섞인 결과로 보는 관점이 합리적일 것이다. 당시 스물여덟 살이었던 알렉산드로스는 수많은 영토를 정복했지만 후계자를 염두에 두고 있지 않았다. 그 때문에 주변 사람들은 몇 년 전부터, 속히 결혼해 후사를 보아야 한다고 입을 모으곤 했다. 그리고 아버지 필리포스의 경우에서 보듯, 마케도니아 왕이라고 해서 반드시 자국 여인과 결혼할 이유도 없었다. 알렉산드로스의 어머니 올림피아스도 타국 에피로스 왕국의 여인이었다. 또한 록사네가 첫 번째 왕비라고 해서 다른 왕비를 들일 수 없는 것도 아니어서, 훗날 마케도니아 귀족 가문의 여성과 정략결혼을 맺을 수도 있었다. 그렇다면 박트리아의 유력 가문 귀족인 옥시아르테스와의 동맹을 굳건히 하는 방법으로 혼인은 매우 효과적인 정치의 수단이 될 것이었다. 머나먼 변방의 불안정한 지역과 혈연을 맺는 것이야말로, 통치 기반을 굳건히 할 수 있는 가장 확실한 방법이라고 여겼기 때문이다. 이 결혼은 또한 제국의 부족들에게 보내는 하나의 중대한 메시지가 될 수 있었다. 즉, 새로운 왕이 이방인 출신 신하와 기꺼이 혈연관계를 맺는 모습은 이후 오랫동안 유용하게 활용될 중요한 정치 선전이 될 것이다. 비록 마케도니아의 구파 인사들은 왕이 또다시 이민족을 편애한다며 불평할 수 있겠지만, 그에게는 제국을 안정시키는 정치적인 포석이 무엇보다 중요했다. 게다가 그는 록사네를 진심으로 사랑했는지도 모른다. 수많은 그리스인과 마케도니아인들처럼, 알렉산드로스도 성적 관계에 있어서 남성과의 교제를 선호했다. 하지만 그렇다고 해서 여성을 사랑하지 않았던 것은 결코 아니었다. 고대 세계의 사람들, 특히 알렉산드로스와 같은 귀족에게 오늘날의 이성애 중심의 성적 취향은 그 자체로 낯설고 이해하기도 어려운 개념이었을 것이다.

이러한 이유로, 마케도니아의 왕이자 이집트에서 힌두쿠시산맥에 이르는 광대한 영토의 지배자가 된 알렉산드로스는 소그디아나의 먼 산악지대에서 박트리아 귀족 옥시아르테스의 딸 록사네와 결혼을 했다. 고대 마케도니아 풍습에 따라 시종들은 갓 구운 빵 한 덩이를 부부 앞에 내왔고, 왕은 자신의 검으로 빵을 반으로 갈라 신부와 나누었다. 그 자리에 함께한 옥시아르테스는 알렉산드로스를 사위로 맞이하게 된 것을 누구보다도 기뻐했을 것이다. 페르시아인은 물론 리디아인, 시리아인, 바빌로니아인 등 제국의 곳곳에서 모인 병사들과 왕실 신하들은 자신들의 젊은 왕이 아시아의 주요 지역 출신 여성과 결혼하는 모습을 기쁨으로 지켜보았을 것이다. 마케도니아 장군들은 이 결혼을 못마땅히 여겼을 수 있지만, 겉으로는 기뻐하는 모습을 보이며 왕에게 가장 따뜻한 축하 인사를 건넸다. 클레이토스 사건 이후, 그들은 더 이상 자신의 솔직한 생각을 감히 입 밖에 낼 수 없게 되었다.

9장 인도

> 고대 세계에 알려진 수많은 민족 가운데
> 해가 떠오르는 동쪽과 가장 가까이 사는 부족은 아시아의 인도인이다.
> 그 너머에는 사람이 살 수 없는 모래사막만이 펼쳐져 있다.
>
> -헤로도토스[1]

알렉산드로스가 원정 7년이 되던 해에 록사네와 결혼한 것은 인도 국경으로 진출하기 전에 제국의 다양한 세력들을 통합하기 위해 단행한 논란 많은 조치들 가운데 첫 번째에 불과했다. 그 조치들 가운데 가장 선견지명이 돋보인 일을 꼽는다면, 제국 전역에서 현지 청년 3만 명을 징집해 마케도니아 병사로 양성한 일이었다.[2] 이 계획은 단지 이상주의적인 조화가 아니라 현실적인 필요에 의해 추진된 사업이었다. 비록 다수의 장군들은 반대 입장을 표명했지만, 지중해의 소국 마케도니아만으로는 이미 정복했고 앞으로 정복할 영토를 통제할 병력을 충당할 수 없다는 사실을 알렉산드로스는 잘 알고 있었다. 페르시아 제국이 그랬던 것처럼, 알렉산드로스 역시 자신이 지배하는 수많은 민족들의 현지 인력을 확보해야만 제국을 안정시키고 확장시킬 수 있다는 사실을 알았다. 그는 선발된 청년들에게 그리스어를 가르치고, 마케도니아 병사와 같은 장비를 지급하며, 마케도니아식 군사훈련을 시킬 생각이었다. 이들은 고대 세계에서 흔했던 외국인 보조 부대의 일원이 아니라, 새롭게 편제된 마케도니아 군대의 정규군이 될 예정이었다. 따라서 이들 가운데 일부는 고위 지휘관급으로 진급할 수도 있었다. 이는 이전의 어떤 군사 역사에서도 시도된 적이 없는 대담하고 혁신적인 정책이었다. 알렉산드로스는 이러한 조치가 기존 병사들의 지위를 상대적으로 떨어뜨리는 일이 아니라는 것을 애써 강조했지만, 병사들은 곧이곧대로 믿지 않았다. 누가 보더라도, 왕이 마케도니아 군대를 자국 중심 군대에서 다국적 군대로 탈바꿈시키려 한다는 것은 분명했다. 기존의 병사들은 늙을 것이고, 외국의 청년들은 속속 합류할 것이다. 그렇다면 오랫동안 함께 싸워온 병사들은 금 주머니 하나를 지급받은 채 형식적인 환송식 이후 마케도니아로 돌아갈 것이다. 그들의 아들과 손자도 알렉산드로스의 군대에서 복무하겠지만, 그때가 되면 마케도니아인들도 다국적 연합군의 일부에 불과한 제국군이 될 것이다. 그렇다면 제국군의 지휘관들은 펠라 출신이 아니라 페르시아와 바빌론과 인도 출신일 수도 있을 것이다. 이것은 그동안 충성을 바쳐온 병사와 장군들에게 참기 힘든 일이었다. 그들은 알렉산드로스가 구상하는 새로운 제국의 비전을 받아들이려 하지 않았다.

그런데 마케도니아인들에게 훨씬 더 충격적이었던 것은, 이제 왕에게 예를 표할 때 그리스인들이 신에 대한 경배를 뜻하는 프로스퀴네시스 방식으로 인사해야 한다는 사실이었다.[3] 헤로도토스에 따르면, 페르시아인들은 길거리에서 누군가를 만나면 사회적 지위에 따라 다른 방식으로 인사했고, 그 가운데 각자의 지위가 드러났다. 지위가 동등한 이들은 서로 입을 맞추었고, 지위가 낮은 사람은 높은 사람으로부터 뺨에 키스를 받았으며, 지위가 매우 낮은 사람은 상대 앞에 엎드려 절을 올렸다.[4] 이 예법은 궁정의 대왕에게도 동일하게 적용되었다. 왕은 모든 이들보다 우월했기 때문에, 극소수만을 제외하고는 모두가 땅에 엎드려 왕에게 절했다. 페르시아의 예술 작품에 묘사된 장면을 보면, 그리스인을 포함한 대부분의 사람들은 왕 앞에 엎드려 절을 올렸고, 높은 관직에 있는 소수의 인물만이 왕좌에 앉은 왕에게 손을 들어 예를 표했다.

그리스인과 마케도니아인들에게는, 어떤 왕 앞에서든 이런 굴욕적인 행동은 상상할 수 없는 일이었다. 자유 시민인 그리스인들은 신에게만 절을 할 뿐, 인간 왕에게는 절하지 않았다. 사람이 바닥에 완전히 엎드리는 자세는 노예가 주인 앞에 복종하거나 신을 숭배하는 자의 모습이었다. 심지어 에게해 일대의 주민들은 기도를 할 때조차 가볍게 고개만 숙이고 서서 신에 대한 경의를 표했다. 이에 비해, 페르시아인들은 프로스퀴네시스, 즉 완전히 엎드리는 행위를 신앙 행위가 아니라 왕권에 대한 존경과 복종의 표시로 생각했다. 그리스인들은 페르시아인들의 이 풍습을 들어 알고 있었지만, 상식적으로 그러한 굴종의 예를 직접 실천할 수는 없다고 생각했다. 오래전 페르세폴리스로 파견된 어느 영리한 테베 사절은 페르시아 왕 앞에 나아갈 때 일부러 반지를 떨어뜨려 줍는 시늉을 하면서 엎드린 행위를 애써 합리화했다.[5] 그런데 수사에 도착한 어떤 스파르타 사절은 신념이 너무도 투철한 자여서 바닥에 엎드리라는 근위병들의 요구를 거부했다고 한다. 근위병들이 억지로 땅에 무릎 꿇리려 하자, 자신은 전통적으로 어떤 인간에게도 무릎 꿇지 않는다며 저항했다.[6] 이처럼 페르시아의 궁정 예식에 대한 그리스인들의 반감은 민족정신 깊숙이 자리 잡고 있었고, 그러한 굴욕을 받아들이느니 차라리 죽음을 택하고자 했다.

하지만 페르시아인들과 왕궁의 다른 사람들에게 프로스퀴네시스는 궁정 의례의 통상적인 행위였다. 페르시아인들은 알렉산드로스 앞에 처음 나아갈 때부터 존경의 표시로 땅에 엎드렸는데, 마케도니아인들이 그 모습을 비웃고 경멸해도 자신들의 행동을 바꾸려 하지 않았다. 그 때문에 알렉산드로스 앞에서는 계속해서 혼란스러운 광경이 펼쳐졌다. 아시아 출신 신하들은 알렉산드로스 앞에서 계속해서 프로스퀴네시스를 행하며, 자신들의 풍습을 고수했고, 그리스인과 마케도니아인들은 그 의식을 불경스럽고 굴욕적인 야만의 풍습으로 여겨 실행을 거부했다. 인도 원정을 앞둔 알렉산드로스는 이 문제를 해결해야 한다고 생각했다. 그는 마케도니아인들도 점진적으로, 혹은 변형된 형태로나마 프로스퀴네시스를 예법으로 받아들이기를 바랐다. 그래서 그 행위가 종교적 의미가 배제된 순전히 형식적인 표현으로 관습화되기를 원했다. 알렉산드로스는 자기 나라 사람들에게 신으로 숭배받기를 원하지도 않았고, 심지어 전통적으로 페르시아 대왕에게 행해지던 화려한 궁정 의례를 즐기고 싶었던 것도 아니었다. 하지만 신하의 절반은 자신 앞에서 정중히 절을 올리고, 나머지 절반은 그것을 우스꽝스러운 행위로 치부하는 상황은 궁정의 분열을 초래하는 개선이 시급한 문제였다.

알렉산드로스는 그리스인들과 마케도니아인들에게도 프로스퀴네시스를 도입하려 했지만, 궁정의 역사학자 칼리스테네스 때문에 처참한 실패로 끝나고 말았다. 칼리스테네스는 논쟁에서 지는 것을 싫어했고, 자신을 동방의 전제정치에 맞서는 자유의 수호자라고 생각했다. 그는 전통을 옹호하는 발언으로 마케도니아 구파들 사이에서 많은 존경을 받았는데, 그들이 마음속에만 담아둔 생각을 거침없이 발언했기 때문이었다. 하지만 칼리스테네스는 자신이 누구도 필적할 수 없는 위대한 인물이라고 착각했다. 그에 대해서는 아리스토텔레스조차도 웅변이 뛰어나지만 상식이 부족하다고 평한 적이 있지만, 본인은 전혀 개의치 않았다.

칼리스테네스는 어느 밤 벌어진 연회에서 자신의 운명을 가르는 행동을 했다. 그날 알렉산드로스는 마케도니아 장교들과 동료 병사들이 납득할 수 있을 정도의 프로스퀴네시스를 마련해 시험 삼아 실행하는 시간을 가졌다. 왕이 만찬 참석자에게 포도주 한 잔을 건네면, 그는 왕 대신 그 뒤에 마련된 신의 제단에 예를 표한 뒤 왕의 입맞춤을 받고 자리로 돌아가는 간단한 의례였다. 칼리스테네스의 차례가 되자, 그는 잔을 받은 뒤 제단에 인사를 하지 않았다. 헤파이스티온과 대화하던 왕은 그 모습을 보지 못했지만, 옆에 있던 친구가 그 사실을 왕에게 일러바쳤다. 알렉산드로스가 따져 묻자 칼리스테네스는 대담하게도, 왕의 입맞춤마저 사양하겠노라고 대답했다.

알렉산드로스는 이미 가장 신뢰하던 장군과 그의 아들을 처형했고, 분노에 휩싸여 가장 충직한 친구 한 명을 직접 살해한 바 있었다. 그런 그가 고작 궁정 역사가 하나를 처벌하지 못할 것으로 생각했다면, 칼리스테네스는 정말로 어리석은 사람이었다. 그러나 알렉산드로스 또한 매우 영리한 인물이었기에, 칼리스테네스의 자만심을 이용해 그의 몰락을 끌어내고자 했다. 그래서 칼리스테네스에게 즉석연설을 요청해 마케도니아인의 용맹을 찬양해보라고 주문했다. 그는 기꺼이 나서서 마케도니아의 아들들이 이룩한 업적을 찬양했고, 병사들은 이에 환호하며 그의 발밑에 화환을 던져주었다. 이때 알렉산드로스는 그를 슬그머니 부추겨, 앞선 연설과 반대되는 입장을 펼치는 고대 그리스 수사학의 전통적 변론 방식으로 연설해줄 것을 요청했다. 그렇게 되면 그는 마케도니아인들의 미덕을 정면으로 비판해야 했다. 칼리스테네스는 그 미끼를 덥석 물며, 자신에게 환호하던 마케도니아인들의 결점을 신랄하게 질타하는 무리수를 두고야 말았다. 알렉산드로스 휘하의 장군들은 그리스 수사학의 기술적인 측면에 대해 잘 알지 못했고, 칼리스테네스의 비판을 곧이곧대로 받아들이며 분노하기 시작했다. 이렇게 해서 알렉산드로스는 단 한 번의 계략으로 칼리스테네스를 가장 열렬히 지지하던 이들에게서 고립시키는 데 성공했다. 이제 남은 일은 그를 영원히 침묵시킬 적절한 기회를 노리는 일뿐이었다.

기회는 머지않아 찾아왔다. 왕의 시종들 가운데 어리석은 인물로 소문난 청년 헤르몰라오스가 알렉산드로스를 죽이고 이름을 크게 날리고자 계획을 세운 사건이 벌어진 것이다. 이 시종은 사냥 도중에 왕보다 먼저 멧돼지를 죽였다는 이유로 태형을 당한 적이 있었고, 그 일에 앙심을 품고 복수를 벼르기 시작했다. 몇 년 전 파우사니아스가 필리포스를 암살해 이름을 남기고자 한 것처럼, 헤르몰라오스도 위대한 왕을 암살해 자신의 이름을 대대로 남기고자 했다. 하지만 이 청년은 친구들에게 이 터무니없는 계획을 털어놓는 우를 범했고, 이는 곧 상부에 보고되어 모반죄로 즉시 체포되고 말았다. 알렉산드로스는 이 사건이 본래 왕의 시종이 될 능력이 없는 청년이 꿈꾼 실행 불가능한 음모임을 알고 있었다. 하지만 그는 사건을 칼리스테네스를 제거할 완벽한 기회로 만들었다. 헤르몰라오스는 고문을 당하면서도 칼리스테네스를 지목하지 않았지만, 궁정 시종들과 가까이 지냈던 칼리스테네스를 역모죄로 엮는 일은 어렵지 않았다. 그는 자신도 모르는 사이에 체포되어 족쇄에 묶였고, 이에 대해 최근 그의 발언에 모욕을 느낀 마케도니아 구파 장교들조차도 이의를 제기하지 않았다. 어떤 사료에는 그가 즉시 교수형에 처해졌다고 기록되어 있고, 다른 기록에는 그가 몇 달 뒤 병으로 죽었다고 쓰여 있지만, 공통적으로 칼리스테네스의 궁중 사관으로서의 경력은 인도 국경 인근에서 죽음으로 마감된 것으로 확인된다. 그럼에도 칼리스테네스의 영구적인 업적이 있다면, 알렉산드로스가 마케도니아인들 사이에 프로스퀴네시스를 도입하려 한 시도를 저지한 일이었다. 왕 자신도 그러한 의례가 반드시 필요하다고는 생각하지 않았던 것 같다.

아시아로 건너온 지 일곱 해가 되던 늦은 봄, 알렉산드로스는 마침내 박트리아를 뒤로하고 인도 원정길에 나섰다.7 이번에는 남쪽으로 가로막힌 산맥을 열흘 만에 넘었는데, 2년 전 카와크고개를 통해 북쪽으로 진군하던 때보다 훨씬 빠른 속도였다. 카불 계곡 북쪽에 자신이 세운 알렉산드리아에서 며칠을 머물렀고, 자신이 없는 동안 통치를 제대로 하지 못한 총독을 교체했다. 고대 사료들은 알렉산드로스를 주로 장군이자 정복자로 묘사하기 때문에, 사람들은 그가 군사작전에만 능했던 인물로 생각하곤 한다. 하지만 그는 자신의 제국을 운영하는 수많은 행정 문제에도 적지 않은 시간을 들여 고민했다. 물론 그가 언제나 현명한 결정만을 내렸는지에 대해서는 논란의 여지가 있다. 특히 그는 도시나 지방의 총독을 신속히 임명했고, 그가 실정失政을 한다고 판단되면 즉시 교체했다. 코카서스의 알렉산드리아에서도 믿을 만한 마케도니아인을 새 통치자로 임명했지만, 인근 지역을 총괄하는 사트라프로는 페르시아인 티리에스피스를 큰 고민 없이 세웠다. 하지만 2년 뒤에 부패 혐의가 확인되자 언제 그랬냐는 듯 그를 해임하고 죄과에 따라 처형했다.

알렉산드로스는 아직 소그디아나를 완전히 벗어나지 못한 시점에, 인근 도시들로 사절을 파견했다. 그리고 현지 왕들에게 군영으로 찾아와 알현하고 충성을 맹세해야 한다는 요청서를 전달했다. 알렉산드로스가 카불 계곡을 따라 동쪽으로 진군해오자 여러 왕이 그를 맞이하고 충성을 서약했다. 인더스강 너머에 위치한 인도의 주요 도시 탁실라의 왕도 그들 가운데 한 명이었다. 그는 마케도니아인을 페르시아인만큼이나 좋아하지 않았지만, 알렉산드로스의 힘을 이용해 자신의 경쟁자들을 제압할 생각이었다. 진정성을 입증하기 위해 그는 향후 전투에서 활용할 수 있는 전투용 코끼리 스물다섯 마리를 알렉산드로스에게 선물로 바쳤다.

이 시점에 알렉산드로스는 군대를 다시 둘로 나누었다. 헤파이스티온에게 다수의 병력을 내주고 동쪽으로 향하는 비교적 평탄한 카이베르고개*를 넘도록 했다. 그의 임무는 진군하는 길목에서 대항하는 부족들을 진압하고, 유프라테스강에서 그랬던 것처럼, 인더스강에 먼저 도착해 후속 부대가 건널 다리를 건설하는 일이었다. 이 행렬에는 공병 부대는 물론이고 인도의 왕도 여럿 함께했다. 알렉산드로스 자신은 소수의 병사들을 이끌고 북동부 산악지대로 우회해 힌두쿠시 동부의 고지대 부족들에 대한 정벌 활동에 나섰다. 언제나 그렇듯, 그는 가장 힘든 과업을 도맡아 이끌었다.

---

* 오늘날 아프가니스탄과 파키스탄 국경의 카이베르 구역에 위치해 있다. (옮긴이)

산악지대를 통과하는 알렉산드로스의 원정대는 수개월에 걸쳐 좁은 오솔길과 거친 물길을 건너는 고된 행군을 이어갔다. 항복을 거부하는 난공불락의 요새가 나타날 경우에는 어떤 어려움이 따르더라도 반드시 함락시켰다. 고지대 부족들의 요새를 접수한 당시의 전투 기록들은 대체로 같은 이야기를 반복한다. 알렉산드로스가 한 도시의 항복을 요구하면, 주민들은 결사 항전을 다짐한다. 하지만 막상 격렬한 전투가 벌어지면, 마케도니아군이 도시를 점령하고 주민들을 도륙당한다. 물론 이러한 반복적인 전투 양상에도 약간의 변화는 있었다. 고지대 원정에 나선 초기의 어느 날, 알렉산드로스는 어깨에 화살을 맞아 이미 많았던 상처에 또 하나를 보태게 되었다. 다른 곳에서는 저녁 야영을 준비하던 중 갑작스러운 기습을 받아 인근 언덕으로 퇴각하기도 했다. 그러나 알렉산드로스는 반격에 나서 기어이 적을 물리치고 잔여 병력을 성벽 안으로 몰아넣었다. 원정에서 마주한 가장 강력한 적들이었지만, 나흘간의 공성전 끝에 결국은 그들에게서도 항복을 받아냈다. 그리고 목숨을 살려주는 조건으로 마케도니아군의 보조 병력으로 합류시켰다. 이는 그들이 동의한 일이었으나, 그날 밤 병사들은 탈출을 시도했고, 이를 눈치채고 매복해 있던 마케도니아 병사들은 그들 전원을 몰살시키고 도시를 접수했다.

알렉산드로스는 스와트 계곡의 험준한 봉우리들과 아름다운 숲을 따라 동쪽으로 이동했다. 그리고 길목에서 만나는 요새들을 점령하고 현지 부족들을 복속시켜 나갔다. 그런데 바지라라는 마을에 도착했을 때, 전 병력과 주민들이 인근의 아오르노스산으로 도망친 사실을 알게 되었다. 소그디아나의 바위 요새에서와 마찬가지로, 주민들은 험한 산이 침입자들을 막아줄 것이라고 믿었다. 실제로 산은 수백 미터 높이의 가파른 비탈로 이루어졌고, 정상으로 통하는 유일한 길 역시 가파르면서도 튼튼이 방비되고 있었다. 그런데 정상에는 넓은 평지가 있어서 곡식을 풍부하게 재배되었고, 목재도 충분했으며, 사철 마르지 않는 수원도 있었다. 현지 안내인들은 알렉산드로스에게, 헤라클레스조차 이 산을 정복하지 못했다고 설명했다. 이 말은 알렉산드로스의 심기를 건드렸다.

아오르노스산은 소그디아나의 바위 요새와 달리 암벽 등반으로 오를 수 없었고, 좁고 험한 능선을 돌파하며 공격하는 방법밖에 없었다. 안내인들은 프톨레마이오스와 기타 병력을 산의 한 지점까지 인도했다. 그곳은 적과 공방을 벌일 수는 있지만, 안전이 보장되지는 않는 위치였다. 하지만 프톨레마이오스는 적의 맹렬한 공격 속에서도 거점을 확보했고, 이를 틈 타 알렉산드로스와 공병 부대는 정상으로 오를 통행로를 확보하기 시작했다. 이들은 정상 근처까지 힘겹게 진격했지만, 마지막 구간에는 가파른 협곡이 있어 더 이상 나아갈 수가 없었다. 왕은 흙이 쓸려나가지 않도록 바닥에 말뚝을 촘촘히 박고, 그 위에 흙을 다져올리라고 명령했다. 병사들은 적의 공격을 막아내면서도 여러 날 동안 작업을 이어간 결과 마침내 좁은 제방길을 완성할 수 있었다. 놀란 부족민들은 평화를 청하며 다음 날 항복하겠다고 약속했다. 하지만 그들은 한밤의 어둠을 틈타 도망치려 했고, 이를 대비한 알렉산드로스에게 발각되고 말았다. 도주하던 이의 상당수가 그 자리에서 살해당했고, 일부는 절벽 아래로 추락했다. 마케도니아군은 마침내 성을 함락시키고 산을 점령했다. 헤라클레스조차 정복하지 못한 곳으로 알려진 요새를 점령한 알렉산드로스는, 자신의 업적을 누구보다도 자랑스럽게 여겼다.

마케도니아군은 아오르노스산에서 남쪽으로 방향을 돌려 인도를 향해 나아갔고, 여정 가운데 잠시 시간을 내어 야생 코끼리를 사냥하는 시간도 가졌다. 그런데 가장 놀라운 장면을 목격한 것은 뉘사라는 마을에 이르렀을 때였다. 그 지역에서는 사람은 물론, 풀과 꽃과 나무들도 이전의 산악 지대와는 전혀 다른 모습을 하고 있었다. 뉘사 사람들은 시신을 삼나무 관에 넣어 나무 위에 올려놓았고, 알렉산드로스가 실수로 일부를 소각하도록 명하기도 했다. 또한 주민들은 인근의 다른 곳과 달리 포도로 와인을 만들었다. 그들은 알렉산드로스가 진군해오자 해치지 말아 달라고 간청하며, 자신들은 오래전 디오니소스 신이 정착시킨 이민자들의 후손이라고 주장했다. 마을에는 인근 산악지대 어디에서도 볼 수 없었던 담쟁이덩굴이 무성히 자라는데, 이는 자신들이 신의 축복을 받은 민족임을 보여주는 증거라고 했다. 이러한 이야기는 알렉산드로스가 관심을 가질 만한 것이었다. 그들은 왕에게 디오니소스의 성소라고 불리는 덩굴로 뒤덮인 숲을 보여주었다. 알렉산드로스와 병사들은 그곳에서 덩굴 화환을 머리에 쓰고 술의 신에게 찬가를 부르며 예를 올렸다. 실제로 그들이 숭배하던 신은 디오니소스가 아닌 시바Shiva일 가능성이 컸지만, 알렉산드로스는 그들의 이야기를 받아들였고, 부족민들을 호의적으로 대했다. 오지에서 낯선 부족들을 만나자, 그는 고대의 디오니소스가 도착했다는 세계의 끝자락에 이른 징표를 본 듯 느꼈다. 그에게 있어서 이 모든 풍경은 세상의 끝자락에 다다른 증거였다.

마침내 높은 산악지대에서 내려와 인더스강에 다다랐을 때, 헤파이스티온은 이미 넓은 강 위에 튼튼한 부교를 완성해놓았다. 그리고 강 건너에는 그리스 세계에 거의 알려지지 않은 신화의 땅 인도의 풍경이 펼쳐져 있었다. 인도에 대한 초기 기록은 소아시아 카리아 출신 항해사 스킬락스가 서방에 전한 것이었다.[8] 그는 알렉산드로스가 활약하기 200년 전에, 페르시아의 첫 번째 대왕 다리우스의 명을 받아 인더스강을 탐사했다. 그리고 인더스강을 따라 바다까지 탐험한 뒤 아라비아반도를 돌아 이집트까지 항해했다. 그의 기록은 현재 단편적인 기록으로만 전해지지만, 당시 수집한 정보 덕분에 다리우스는 인더스 계곡을 페르시아 제국의 스무 번째 행정구역 사트라피satrapy로 편입할 수 있었다. 알렉산드로스 시대에 와서는 페르시아의 인더스 통제권이 사실상 형식적인 수준으로 유명무실해져 있었다. 하지만 알렉산드로스는 여전히 그 지역을 페르시아의 영토로 간주했고, 따라서 자신이 반드시 확보해야 할 영토의 일부로 여겨졌다.

스킬락스가 항해한 지 불과 몇 년 뒤, 카리아 출신의 또 다른 그리스인 의사 크테시아스Ctesias도 페르시아사를 기술하면서 인도를 간략히 소개한 바 있다. 그는 스킬락스의 기록뿐 아니라 페르시아 궁정에서 사육하던 인도산 동물들을 직접 관찰하고 글을 썼다. 그의 저서 역시 일부만 전해지지만, 알렉산드로스는 두 사람의 온전한 저술을 읽은 것으로 보인다. 왕은 헤로도토스가 남긴 인도 이야기에도 익숙했을 것이다. 그리스 출신의 헤로도토스는 이집트와 바빌론은 방문했지만 인도를 방문한 적은 없기 때문에, 그의 인도 관련 서술은 제한적일 뿐 아니라, 다른 저술들보다 상상력이 더 가미되어 있었다. 그는 인도가 금이 풍부한 나라이고, 다른 속주들보다 훨씬 많은 조공을 페르시아 왕실에 바친다고 했지만, 그 금은 개미들이 땅속에서 파낸다고 주장했다. 또한 헤로도토스는 인더스강을 따라 거주하는 수많은 민족들은 서로 다른 언어를 쓰고 제각기 다른 풍습을 지니고 있다고 전했다. 어떤 부족은 오직 생고기만 먹고살며, 다른 부족은 어떤 동물도 죽이지 않는다고 했다. 또한 어떤 인도인들은 돌아가신 아버지의 시신을 먹는 것으로 망자에 대한 존경을 표시하며, 때문에 화장하는 것을 매우 불경한 일로 여긴다고 전하기도 했다.[9] 그런데, 알렉산드로스가 접했을 헤로도토스 등의 문헌들은 공통적으로 인도가 세계의 동쪽 끝에 위치한 땅이며, 약간의 사막지대 너머에는 둥글고 거대한 바다가 펼쳐져 있다고 언급했다. 마케도니아의 원정 이전까지는 고대 작가들 누구도 인도 너머로 광대한 땅이 끝없이 펼쳐져 있다는 사실을 알지 못했다.

이러한 시대를 살았던 알렉산드로스는 인도의 인더스 계곡만 정복하면 자신의 제국을 인간이 거주하는 세상의 끝까지 확장하는 것이라고 믿었다. 그래서 사막을 조금만 더 행군하면 마침내 세상 끝 동쪽 해안에 설 수 있을 것으로 믿었다. 일부 그리스인들은 힌두쿠시산맥 정상에 서면 그 바다를 볼 수 있다고까지 이야기했다. 그러나 인도 도시 탁실라의 왕이 박트리아의 숙영지로 찾아와 동방의 땅에 대해 이야기했을 때, 알렉산드로스는 자신이 얼마나 잘못된 정보를 가지고 있었는지 깨닫게 되었다. 탁실라의 왕은 인더스 북부 계곡을 따라 다섯 개의 강이 손가락처럼 뻗어 흐르는 편자브 지방의 지리에 대해서도 설명했을 것이다. 또한 히말라야산맥 아래의 광활한 대지를 가로지르며 흐르는 거대한 강 갠지스에 대해서도 말했을 것이다. 갠지스강 유역에는 유구한 역사를 자랑하는 강력한 부국들이 수없이 자리 잡고 있었다. 갠지스 남쪽으로는 거대한 인도반도가 바다를 향해 길게 뻗어 있으며, 그 남동쪽 해안 바로 건너에는 지금의 실론, 혹은 스리랑카인 전설의 섬 타프로바네가 있었다. 탁실라의 왕은 또한 갠지스강 하구 동쪽에 이르면 남쪽 바다 멀리 또 하나의 거대한 반도가 나타난다고 이야기했을 것이다. 그곳은 진귀한 향신료가 생산되는 전설 속 섬들로 향하는 길목이기도 했다. 이 자리에서 알렉산드로스는 히말라야 너머의 거대한 두 강 사이에 살고 있는 비단의 민족 세레스에 대한 이야기를 들었을 것이며, 이 부족에 관한 이야기를 전해 들은 사람은 에게해 인근 출신으로는 알렉산드로스가 처음이었을 것이다. 알렉산드로스는 동방 원정에 대해 자신이 그려온 비전에 대폭적인 수정이 필요하다는 사실을 깨달았고, 이는 말 그대로 방향 감각을 잃을 만큼의 충격적인 일이었을 것이다. 하지만 설령 인도를 한참 가도 세상의 끝은 나타나지 않는다고 해도, 풍요로운 대지와 번성한 왕국들로 가득한 또 다른 세계가 존재한다는 사실은 그의 야망과 상상력을 더욱 부채질했을 것이다.

알렉산드로스와 병사들은 헤파이스티온과 공병 부대원들이 크고 작은 수십 척의 배를 묶고 그 위에 도로를 얹어 만든 부교를 통해 인더스강을 건넜다.[10] 이 지역은 여름마다 폭우와 장마로 강물이 범람했기 때문에 일반적인 다리를 짓는 것은 현실적으로 불가능했다. 마케도니아군은 강을 무사히 건넌 것에 대한 감사를 표하기 위해 제사를 올리고, 체육 경기를 개

췄다. 낮은 구릉지를 지난 뒤 남쪽 탁실라를 향해 계속해서 나아갔다. 도시까지는 아직 여러 날을 더 걸어야 했는데, 이때 탁실라의 왕이 우호의 표시로 은과 가축과 코끼리를 보냈다. 탁실라를 통치하는 이 왕은 이전에 박트리아에서 알렉산드로스를 만났던 인물과는 다른 사람이었다. 이번에 만난 사람은 그의 아들 옴피스였는데, 아버지의 왕위를 승계한 지 얼마 되지 않은 그는 아버지처럼 마케도니아인들과 협력하고자 했다. 실제로 헤파이스티온과 그의 공병 부대에 곡식을 지원하기도 했는데, 의외로 그 자신이 직접 헤파이스티온을 찾아가지는 않았다.

 마케도니아군이 탁실라에 가까워졌을 때, 자신들에게 접근하는 군대를 보고 깜짝 놀랐다. 수천 명의 인도 병사들이 전투대형을 갖추고 있었고, 장식된 코끼리들은 마치 움직이는 요새처럼 거대해 보였다. 알렉산드로스는 즉시 나팔수들에게 명령해 전투대형을 펼치도록 하고, 기병대를 양옆으로 배치해 다가올 공격에 대비하도록 지시했다. 의외의 상황에 놀란 사람은 왕 옴피스였다. 그는 자신이 준비한 화려한 환영 행렬이 전투대형으로 오인받은 사실을 깨달았다. 옴피스는 즉시 군대를 물리고, 소수의 수행원만 이끈 채 직접 말을 타고 알렉산드로스 앞으로 나아갔다. 그 순간은 다소 긴장된 상황이었다. 양쪽이 서로의 언어를 이해하지 못했기 때문에, 속히 통역 가능한 사람을 수소문했다. 옴피스는 단지 인도의 전통적인 방식으로 새 군주를 환영하려 했을 뿐이라고 설명했다. 그는 알렉산드로스에게 충성을 맹세하고 자신의 왕국을 그에게 바쳤다. 그러자 알렉산드로스는 탁실라 왕국에 대한 통치를 그대로 옴피스에게 위임했다.

 알렉산드로스는 행렬의 선두에 서서 탁실라로 들어갔고, 처음으로 인도의 주요 도시를 자세히 살펴볼 수 있었다. 도시는 거칠게 다듬은 석회석과 진흙 벽돌로 지은 집들이 혼잡한 거리를 따라 질서 없이 늘어서 있었다. 부유한 왕국의 수도라기보다는 사람들이 운집해 살아가는 시골 마을 같았다. 도시와 건물들은 기대만큼 웅장하지 않았지만, 열렬히 환영하는 주민들의 모습에 병사들은 큰 위안을 얻었다. 옴피스는 알렉산드로스와 그의 병사들을 위해 사흘 동안 연회를 열었고, 왕과 장군들에게는 은화가 주종을 이루는 막대한 재물과 여러 가지 귀중품을 바쳤다. 알렉산드로스는 고마움을 표하면서도, 그의 충심에 대한 왕실의 답례로 그가 바친 모든 재물을 그대로 돌려주었고, 거기에 더해 금과 은으로 만든 그릇과 페르시아식 예복, 그리고 왕실 금고에서 가져온 다량의 금까지 하사했다. 적지 않은 재물이 하사되는 모습을 본 알렉산드로스의 동료 멜레아게로스는, 그토록 귀한 재물을 안겨줄 사람을 먼 인도에 와서야 찾았냐며 비꼬아 말했다. 알렉산드로스는 그의 빈정거림이 거슬렸지만, 클레이토스의 죽음 이후 분노를 억누르고자 노력했고, 질투심이 많으면 자기 자신만 괴로울 뿐이라며 차가운 말투로 응수했다. 멜레아게로스가 이해하지 못한 것은, 알렉산드로스가 충성심이라는 귀중한 대가를 얻고 있었다는 점이었다. 인도는 제국의 중심지에서 너무도 멀리 떨어진 곳이었기에, 그는 탁실라와 그 왕 옴피스를 확실히 자기 사람으로 만들어야 했다. 이를 위해 페르시아에서 얻은 적지 않은 양의 보물을 사용한다고 해도, 그것은 얼마든지 감수할 수 있는 일이었다.

옴피스가 알렉산드로스에게 협조적이었던 데는 그럴 만한 사정이 있었다. 주변 왕국들과 전쟁을 벌였던 그는 특히 남쪽 히다스페스강 너머에 있는 강력한 왕국 파우라바의 왕 포루스와 숙적의 관계였다. 탁실라의 젊은 왕은 포루스의 영토를 합병해 국토를 확장하고자 했고, 이를 위해서는 알렉산드로스의 황금과 군대가 매우 유용한 수단이 될 것이라고 생각했다. 포루스 왕에게 보낸 알렉산드로스의 사절단이 탁실라로 돌아오자 그의 기대는 매우 컸다. 알렉산드로스의 친서에는 조공을 바칠 것과, 남쪽으로 내려가 영토에 진입할 때 나와서 맞이하라는 내용이 담겨 있었고, 다른 소국의 군주들은 이 요구에 순순히 응했다. 하지만 포루스가 보낸 회신의 내용은 달랐다. 조공을 바칠 생각이 없으며, 강가로 나온다면 군대를 이끌고 나아가 맞이하겠다고 도발하기까지 했다.

이제 알렉산드로스가 바랐던 신속하고도 평화로운 원정 계획에 큰 차질이 빚어지게 되었다. 정보원들에 따르면 포루스는 100마리가 넘는 전투용 코끼리를 포함한 대군을 보유하고 있었다. 알렉산드로스는 어떤 적수도 이길 수 있다는 자신감이 있었지만, 쉬운 싸움이 되지 않을 가능성도 충분히 염두에 두고 있었다. 특히 계절은 우기로 접어들고 있었다. 마케도니아인들은 날씨에 크게 신경 쓰지 않았지만, 인도의 하늘에서 쏟아지는 폭우는 평생 겪어보지 못한 재앙이었다. 게다가 참을 수 없는 무더위 속에서 비에 젖은 상태로 하루 종일 행군하는 고통까지 감내해야 했다. 폭우는 하루도 쉬지 않고 계속해서 내렸다. 그러자 거리는 강으로 바뀌었고 들판은 호수가 되었으며, 모든 것은 질척한 진흙으로 덮여버렸다. 인도인들은 빗물이 농사에 큰 도움이 된다는 사실을 알기에 폭우를 맞으면서도 전혀 힘들어하지 않았다. 하지만 마케도니아 병사들은 모든 것이 젖어 마르지 않는 날씨가 고통스러웠다. 현지인들은 몇 달이면 비가 그칠 것이라고 안심시켰지만, 알렉산드로스는 몇 달씩 기다릴 여유가 없었다. 그는 혹시라도 다량의 금을 하사받은 옴피스가 마음을 바꿀 경우를 대비해, 마케도니아인 장군을 탁실라에 남을 영구 주둔군의 지휘관으로 임명했다. 그리고 나서, 여전히 비에 흠뻑 젖은 군대를 이끌고 히다스페스강으로 향했다.

알렉산드로스와 병사들은 낮은 산맥을 넘어 여러 날 동안 남쪽으로 행군했다. 그러던 어느 순간, 히다스페스 평원으로 내려가는 고개에 이르렀고, 그곳에 오르자 펀자브의 광대한 평야가 한눈에 내려다보였다.[11] 완전히 평평한 대지는 남동으로 흐르는 먼 갠지스강까지 끝없이 이어진 풍요의 땅이었다. 아래쪽 가까운 곳으로 히다스페스강이 보였는데, 폭이 1500미터가 훌쩍 넘는 물길은 히말라야의 눈 녹은 물과 장마 폭우까지 더해져 굵은 줄기가 요동치며 흘렀다. 범람하는 강의 건너편에는 포루스 군대의 주둔지가 보였다. 병사의 수는 알렉산드로스보다 적었지만, 그들은 지형에 정통했으며, 전투 훈련을 받은 다수의 코끼리를 보유하고 있었다. 거대한 야생동물들은 접근하는 말들을 공포로 몰아넣기에 충분할 것이었다.

히다스페스강을 두루 살핀 알렉산드로스는 코이노스에게 명령해, 다시 인더스강으로 가서 헤파이스티온이 만든 부교를 해체한 뒤 조각들을 모두 가져오라고 명령했다. 그동안 야영지를 마련한 뒤, 포루스에게 들키지 않고 거센 물길을 건널 방법을 고민했다. 그렇다면 남쪽 강변에서 보이지 않는 도강 위치를 찾아야 했다. 며칠 동안 수색한 정찰병들은, 강을 따라 동쪽으로 몇 킬로미터 나아간 곳에서 능선으로 보호되는 적절한 도하 지점을 발견해 보고했다. 강둑이 불룩하게 돌출된 곳이 있었고, 가까운 곳에 큰 섬이 있었다. 그 주위에는 작은 섬 여러 개가 흩어져 있었는데, 모든 섬들이 울창한 삼림으로 덮여 있어서, 남쪽에 진을 친 포루스의 병사들의 시야를 가리기에 충분했다. 남쪽 강변으로 포루스의 병사들이 끊임없이 순찰을 돌고 있었기 때문에, 시야를 차단하는 지형지물은 매우 중요했다. 알렉산드로스는 이곳이 수륙 양면 공격을 감행하기 최적의 장소라는 사실을 직감했다. 하지만 그러면서도 공격이 이곳에서 이뤄질 것이라는 사실을 포루스가 절대로 눈치채지 못하도록 해야 했다. 그는 포루스의 혼란을 유도하는 작전을 실행했다. 알렉산드로스는 군대를 강둑을 따라 수 킬로미터씩 이동하도록 했는데, 서쪽으로 이동시켰다가, 다시 동쪽으로 이동시켰다가, 다시 본진으로 되돌아가는 식으로 끊임없이 병력을 움직였다. 마케도니아 병사들은 강가 곳곳에서 모닥불을 피우고 일부러 시끄럽게 움직이며 알 수 없는 임무를 수행했다. 히다스페스강 맞은편에 있던 인도 병사들은 끊임없는 부대이동과 소란스러운 움직임에 점점 둔감해지기 시작했고, 결국 병력의 모든 동향을 세세히 추적하는 일을 포기하고 말았다. 알렉산드로스가 의도했던 바였다. 왕은 주변 민가에서 엄청난 양의 곡물을 운반하게 했고, 마치 우기가 끝나서 물줄기가 잠잠해질 때까지 그곳에 머물 계획인 듯 소문을 냈다. 알렉산드로스는 자신의 병사들뿐 아니라, 그들 사이에 숨어 있을

지도 모르는 첩자들까지 들을 수 있도록, 향후 두 달은 저 강을 건너지 않을 것이라고 이야기하고 다녔다. 포루스는 이러한 내용의 보고를 완전히 믿지는 않았으나, 알렉산드로스의 목적은 단순한 기만이 아니라, 상대의 생각을 끊임없이 흔들어서 마침내 상황을 방조하도록 만드는 것이었다.

배들이 준비되자, 알렉산드로스는 가장 강력한 전투력을 발휘할 본대를 크라테로스에게 맡기고, 포루스 맞은편에 자리 잡도록 했다. 그리고 인도 왕이 알렉산드로스의 도하 부대를 방어하기 위해 병력을 이동시키기 전까지는 절대 움직이지 말라고 지시했다. 알렉산드로스는 도하를 감행할 정예 병력을 이끌고 어둠 속에서 강을 따라 이동했다. 미리 정해둔 도하 지점에 도달했을 때, 그들은 신들이 돕고 있다고 느꼈다. 평소에 부슬부슬 내리던 비가 갑자기 격렬한 폭우로 바뀌었기 때문이었다. 폭우와 천둥소리로 인해 마케도니아 병사들이 배를 띄울 준비를 하며 내는 소음을 완벽하게 가려주었다. 그런데 어떤 기록에 따르면, 몇몇 병사가 번개에 맞아 목숨을 잃었다고도 한다.

수천 명의 병사들이 조용히 배에 올랐다. 거센 물살을 헤치며 노를 저었고, 큰 섬을 돌아 남쪽 강둑을 향해 나아갔다. 그런데 짙은 어둠 속에서 방향을 착각한 병사들이 강 건너편이 아닌, 강 중간에 있는 작은 섬에 상륙하고 말았다. 그동안 시간이 흘러 태풍이 그치고 해가 떠오르기 시작했다. 재앙과도 같은 상황이 벌어졌는데, 마케도니아 병사들이 인도 정찰병들에게 발각되기 좋은 여건이 형성되었기 때문이었다. 시간이 없다고 판단한 알렉산드로스는 곧바로 입수 명령을 내렸다. 병사들은 섬과 건너편 제방 사이로 흐르는 깊고 거센 물결 속으로 뛰어들었다. 무거운 갑옷을 입은 병사들은 목까지 물에 잠겼고, 기병대의 말들도 거센 물결 속에서 겨우 헤엄쳤다. 그러나 그들은 마침내 온몸이 젖고 지친 채로 건너편 강둑으로 상륙하는 데 성공했다.

이때 포루스는 수 킬로미터 동쪽에서 다수의 마케도니아 병력이 강을 건너고 있다는 소식을 접했다. 그는 어려운 선택을 해야만 했다. 마케도니아의 본진이 여전히 강 건너 주둔지에 남아 있었기 때문이었다. 적의 도하 작전이 자신을 유인하려는 기만전술일까? 자신이 주력부대가 그쪽으로 이동한다면 강 건너 본진이 후방을 칠 것인가? 도강해 측면으로 내려오고 있는 저 부대가 본진인 것인가? 정찰병을 추가로 보낼 시간이 없었던 포루스는 자신의 아들을 전차 부대와 함께 상류로 급파해 적의 상륙을 막거나 최소한 지연시키도록 했다. 자신은 본진에 남아 전투를 지휘했고, 강변에는 소수의 병력과 일단의 코끼리들을 배치해 적의 도강을 방해하고자 했다.

포루스는 용감하고 유능한 지휘관이었지만 이제 절망적인 상황에 놓이게 되었다. 병력이 수적으로 열세인 상황에서 알렉산드로스의 정예병들과 정면으로 부딪치게 되었기 때문이었다. 끝없이 내리는 비를 맞으며 고난의 행군을 이어온 마케도니아 병사들은 지칠 대로 지친 상태였지만, 오히려 그로 인해 맹렬한 분노를 불태우며 전투에 임하고 있었다. 그들은 눈에 보이는 모든 인도인들을 몰살시킬 기세로 달려들었다. 포루스가 가진 유일한 이점은 전투용 코끼리였는데, 알렉산드로스가 우려한 것처럼 코끼리 부대는 마케도니아 기병대를 혼란에 빠뜨리고 병사들을 짓밟으면서 큰 타격을 주었다. 그런데 전투 전에 마케도니아군은 이미 코끼리를 상대할 전술을 연마해두었다. 비록 적지 않은 아군이 희생되기는 했지만, 병사들은 코끼리를 포위한 뒤 길고 날카로운 사리사로 찔렀고, 궁수들은 코끼리의 눈을 정확히 조준해 쏘았다. 그 결과, 눈이 먼 채 고통에 몸부림치는 코끼리들은 미친 듯이 날뛰며 적군과 아군을 가리지 않고 마구 돌진했다.

알렉산드로스는 인도군의 전열을 살핀 뒤, 고전적인 포위 전술을 사용하기로 결심했다. 기병대를 양쪽 날개로 보내 인도 병력을 측면과 후방에서 압박하도록 한 뒤, 자신은 정면에서 주력군을 이끌고 돌격했다. 전투는 진흙과 핏물이 난무한 참혹한 공방전이 되었고, 쌍방 모두에게 무시할 수 없는 피해가 따랐다. 자신의 애마 부케팔라스를 타고 전투를 치르던 알렉산드로스는 나이 든 말이 창에 맞아 치명상을 입고 쓰러지는 바람에 바닥을 나뒹굴었다. 하지만 슬퍼할 틈도 없이 즉시 다른 말을 타고 전투를 이어갔다. 인도군의 전열이 붕괴되고 병사들이 도주하기 시작하자, 크라테로스가 즉시 강을 건너 인도군의 퇴로를 후방에서 차단했다.

오직 포루스만이 자신의 거대한 코끼리 위에서 끝까지 싸움을 이어갔다. 알렉산드로스는 그의 용기에 감명을 받았고, 사절을 보내 항복한다면 살려주겠다는 메시지를 전했다. 처음 보낸 사절은 탁실라의 왕 옴피스였다. 그를 매우 증오했던 포루스는 즉시 창을 던져 옴피스를 죽이려 했다. 그러자 알렉산드로스는 다른 사절을 보내 무기를 내려놓고 항복하도록 유도했다. 포루스가 알렉산드로스 앞으로 나아갔을 때, 그가 탄 상처 입은 코끼리는 무릎을 꿇어 왕이 내릴 수 있도록 했다. 포루스에게 다가간 알렉산드로스는 180센티미터가 넘는 그의 다부진 체격과 패장임에도 흐트러지지 않는 위엄 있는 태도에 감복했다. 그는 포루스에게 어떤 대우를 받고자 하는지 물었다. 포루스는 짧고 당당하게 답했다. "왕에게 걸맞은 대우를."[12] 이 대답에 깊은 인상을 받은 알렉산드로스는 그가 전장에서 벗어나 치료를 받을 수 있도록 허락했다. 이후 그의 왕국을 그대로 돌려줄 뿐 아니라 주변의 땅까지 끌어 붙여서 하사했다. 이러한 과정을 지켜본 탁실라의 옴피스는 불쾌한 감정을 숨기지 못했다. 마케도니아 병사들은 전사자들을 위해 장례를 치르고 제사를 올렸으며, 히다스페스 강가에서 운동경기를 열어 값비싼 승리를 기념했다. 또한 왕의 애마 부케팔라스를 기리기 위해, 전투가 벌어진 장소 인근에 도시를 세우고 그 이름을 부케팔라스라고 지었다.

한편 알렉산드로스는 인근 산악지대에 병사들을 보내 배를 건조할 목재를 베어 오게 했다. 그는 대규모 함대를 건조해 히다스페스강을 따라 인더스강까지 내려갈 것이며, 바다에 이르는 도중에 만나는 왕국들을 정복할 생각이었다. 그런데 거대한 선박을 여러 척 건조하는 작업은 수주에서 수개월이 걸릴 수도 있었기 때문에, 알렉산드로스는 그 기간 동안 가용한 병사들을 이끌고 인도 동쪽 지역을 정복하겠다고 선언했다.[13] 이 당시 알렉산드로스는 인도 아대륙亞大陸이 얼마나 거대한지 알고 있었지만, 병사들은 대부분 지평선 너머에 대해가 있을 것으로 믿었다. 언제나 그랬듯, 지친 병사들을 어떻게 계속 전진하게 할 것인가가 문제였다. 우기는 계속되고 있었고, 진군한 지역은 뱀이 너무도 많아 병사들은 현지인들처럼 해먹을 만들어 자야 했다. 그럼에도 알렉산드로스는 충성심보다 원성을 높여가는 군대를 이끌고 행군을 이어갔다.

출발 지점에서 가장 가까운 갠지스강 서쪽 지류조차도 320킬로미터 떨어져 있었고, 그 거대한 강의 삼각주는 동쪽으로 1600킬로미터가 넘는 거리에 있었다. 그럼에도 알렉산드로스는 갠지스강 하구까지 군대를 이끌고 가겠다는 결심을 굽히지 않았다. 그리고 강을 따라 늘어선 부유한 왕국들을 정복하고자 했다. 그의 첫 번째 목적지는 포루스의 국경 근처에 있는 도시들로, 히말라야산맥을 먼 배경으로 둔 서른일곱 개 도시였다. 도시들은 큰 저항 없이 쉽게 정복되었고, 알렉산드로스는 이들 또한 포루스에게 넘겨주어 그의 왕국을 더욱 확장시켰다. 다음으로 그는 펀자브에서 가장 크고 물살도 빠른 강 가운데 하나인 아케시네스강으로 나아갔다. 병사들을 분해 가능한 수송용 배에 태워 강에 띄웠지만, 거센 물살에 여러 척이 산산조각 났고, 그 과정에서 병사 여럿이 익사하고 말았다. 마케도니아 병사들이 마주한 다음 물줄기는 히드라오테스강이었다. 아케시네스강 못지않게 강폭이 넓었지만 유속은 그보다 느렸다. 강 건너편에 있던 현지 주민들은 형식적인 수준의 저항을 보였으나 곧 마케도니아군에 복속되었다. 그러나 히드라오테스강 너머에는 카타이아족의 땅이었다. 그들은 호전적 성향이 강한 부족으로 상갈라라는 성채 도시를 수도로 삼고 있었다. 마케도니아 병사들은 카타이아족에 관한 충격적인 이야기를 들었다. 부족의 여성들은 남편이 죽으면 장례의 화장 예식에서 스스로 불에 뛰어들어 죽어야 한다고 했다. 수티라고 부르는 이러한 순장 풍습은, 한 지역 여성이 남편을 독살한 사건 이후 시작되었다고 알려졌다. 카타이아족은 도시 앞에 수레들을 배치해 마케도니아군의 돌격을 저지하려 했고, 성벽 위에는 병사들을 배치해 화살과 창을 쏟아부었다. 하지만 알렉사드로스의 병사들은 벽돌로 된 성벽을 어렵지 않게 돌파한 뒤 도시로 진입했다. 포루스도 코끼리 부대를 이끌고 나타나 마케도니아군을 도왔다.

진창이 된 행군길을 따라 도착한 다음 도시의 왕은 소페이테스였다. 그는 현명하게도 마케도니아군이 수도에 접근하기도 전에 항복했다. 알렉산드로스는 그가 자신의 이름으로 통치할 수 있도록 왕국을 되돌려주었고, 그가 베푸는 인도식 연회를 며칠 동안 즐겼다. 이 나라의 기이한 관습을 전해 들은 알렉산드로스는 스파르타를 떠올렸을 것이고, 플라톤의 『국가』에 묘사된 이상 도시를 연상했을 것이다. 소페이테스의 왕국에서 아기가 태어나면 두 부류 중 한 곳으로 속해졌다. 건강하고 아름다운 아기는 정성껏 길렀지만, 그렇지 못한 아기는 죽임을 당했다. 그렇게 살아남은 아이들이 성장하면, 국가를 위해 가장 우수한 자손을 낳을 법한 상대와 정략결혼을 했다. 사냥개를 자국의 자랑거리로 여겼던 소페이테스는 알렉산드로스에게 100마리가 넘는 사냥개를 선물했다. 이 개들은 매우 사납고 용맹해서 핏속에 호랑이의 피가 흐른다고 할 정도였다. 그는 자신의 말을 입증하기 위해, 다 자란 사자 한 마리를 이 개 네 마리와 싸움 붙이는 구경거리를 준비했다. 개들이 승리한 것으로 판정이 나자, 소페이테스는 하인을 보내 사자를 물고 늘어진 개의 오른쪽 다리를 자르도록 했다. 알렉산드로스가 이를 만류하기 위해 벌떡 일어났지만, 개는 다리가 잘리는 순간에도 꿈쩍하지 않았고, 피를 흘리고 서서히 죽어가면서도 끝까지 사자를 물고 놓지 않았다.

수주에 걸쳐 펀자브 일대를 전투로 돌파해온 마케도니아 병사들은 어느 시점이 되자 자신들을 소페이테스의 사냥개처럼 느끼기 시작했다. 알렉산드로스는 언제나처럼 병사들을 몰아붙였고 다음 목적지는 펀자브의 마지막 대하인 히파시스 강변에 있는 페게우스의 왕국이었다. 페게우스 또한 즉시 항복했고, 그 대가로 왕권을 그대로 돌려받았다. 폭우가 내리는 진흙탕에서 싸우고 싶지 않았던 병사들에게 이는 매우 좋은 소식이었다. 알렉산드로스는 페게우스에게 동쪽 땅의 형세에 대해 물었고, 그 너머에는 광활한 사막이 펼쳐져 있으며 더 나아가면 갠지스강으로 이어지는 깊은 지류가 있다는 사실을 알게 되었다. 다시 그 너머에는 크산드라메스가 다스리는 거대한 왕국 강가리다이가 있는데, 보병만 20만이고, 기병 2만에 전투용 코끼리 4000마리도 보유하고 있다고 했다. 알렉산드로스는 이러한 대군을 보유한 도시가 있다는 사실을 믿을 수 없었기 때문에 포루스에게 사절을 보내 사실을 확인했다. 포루스는 그의 말이 맞다고 확인해주면서, 크산드라메스가 천한 이발사의 아들로 태어나 배신과 암살을 획책해 왕위를 찬탈한 사실도 전했다. 이 소식을 들은 알렉산드로스는 더욱 정복욕에 불탔으며, 나아가 페르시아의 대왕들조차 감히 꿈꾸지 못했던 땅을 정복한 첫 번째 서방 통치자가 되고 싶었다. 그는 스스로에게 이렇게 상기시켰다. 델포이 신탁은 자신이 무적의 존재임을 알렸고, 시와의 제우스암몬은 자신에게 세계의 통치권을 부여했노라고.

　　기대감이 한껏 고조된 알렉산드로스는 병사들을 히파시스 강둑으로 이끌고 나아갔다. 동쪽으로 진군하기 위해서는 강을 건너야 했고, 알렉산드로스는 도강 직전에 병사들과 동맹군들을 향해 그동안의 용기를 치하하는 격정적인 연설을 했다. 그리고 곧 차지할 부유한 도시의 전리품을 아낌없이 나눠줄 것을 약속했다. 그는 말했다. 동쪽에는 적군이 기다리고 있고 코끼리 부대가 있지만, 그동안 극복한 일에 비하면 아무것도 아니라고. 알렉산드로스는 더욱 힘을 주어 이렇게 호소했다.[14] 8년 전, 우리는 헬레스폰트를 함께 건넜고, 소아시아와 시리아와 이집트, 바빌로니아, 페르시아, 박트리아, 소그디아나를 정복했노라. 1만 마일을 행군했고 불가능해 보인 일들을 이루어냈다. 고귀한 정신을 지닌 이에게 불가능이란 없으니, 이제 아시아 전체가 우리 손안에 있다. 조금만 더 나아가자. 저 지평선 너머의 동쪽 바다는 우리 발이 닿기만을 기다리고 있다. 그곳에 이르면 우리는 제국의 안전을 확보할 수 있고, 우리의 이름을 영원에 새긴 뒤, 기쁨에 겨워 고향으로 돌아갈 수 있노라. 물론, 지금 이곳에서 멈추고 싶다면 그렇게 해도 좋다. 고향으로 달려가 자식들에게 말하라. 먼 이국땅에서 싸우고 있는 왕을 버리고 도망쳤노라고. 그러나 나는 혼자서라도 계속 나아갈 것이다. 나와 함께 저 부유한 왕국으로 향하는 자들은 고향으로 돌아가 왕처럼 살며 모두의 부러움을 사게 될 것이다!

알렉산드로스의 이런 연설은 그동안 큰 효과를 발휘했다. 그래서 그는 연설이 끝나면 당연히 환호성이 터져 나올 것을 기대했다. 하지만 놀랍게도 병사들은 아무 말도 하지 않은 채 머리를 숙였고, 왕의 얼굴을 쳐다보려 하지도 않았다. 그러자 알렉산드로스군의 현역 최고 고참이자 아버지 필리포스 때부터 충성을 다해온 코이노스가 자리에서 일어나 말했다. 병사들의 마음을 대변한 백전노장의 진심 어린 고백이었다. 저 병사들은 지금껏 수많은 고난과 위험 속에서도 왕과 함께할 수 있었던 것을 영광으로 여긴다고. 하지만 이제는 몸과 마음이 지쳐버렸고 의지마저 꺾였으니, 너무도 많은 전우가 죽었고, 살아남은 이들조차 온몸에 상처를 안고 있다고. 의복마저 닳아버려 이제는 갑옷 아래 페르시아와 인도 옷을 입고 다닌다고. 혹시라도 살아 있을지 모를 부모가 보고 싶고, 아내와 자식들을 다시 껴안고 싶다고. 코이노스는 왕에게 군대를 거두고 마케도니아로 돌아가자고 간청했다. 그리고 그곳에서 젊고 기개 넘치는 새 세대 병사들을 모아 앞으로도 계속될 영광스러운 승리를 이어가자고 호소했다. 하지만 지금 이 자리에 있는 자신들은 더 이상 한 발자국도 나아갈 수 없다고 하소연했다.

그러자 그의 말을 지지하는 병사들의 엄청난 환호가 터져 나왔다. 병사들은 고향으로 돌아갈지도 모른다는 생각에 그 자리에서 눈물을 흘렸다. 하지만 격노한 알렉산드로스는 병사들을 해산시킨 뒤 자신의 천막으로 성큼성큼 들어가버렸다. 그리고 가까운 장군조차 사흘 동안 만나지 않았다. 그는 과거에 그랬듯, 병사들이 마을을 돌이켜 자신에게 용서를 구하고, 세상 끝까지 따르겠노라 맹세하러 찾아오기를 기다렸다. 하지만 그렇게 한 사람은 없었다. 마침내 알렉산드로스는 갠지스강 하구까지 진군하려던 자신의 꿈이 끝났음을 인정할 수밖에 없었다. 그는 일말의 기대감으로 공공 제사를 올리며 하늘의 뜻을 물었다. 제물의 내장을 살펴본 사제들은 현명하게도 강을 건너기에는 징조가 좋지 않다고 단언했다. 그러자 알렉산드로스는 다시 병사들을 모은 뒤, 자신은 신의 뜻을 거역할 수 없고 병사들의 마음도 외면할 수 없으니, 이제 정말로 고향으로 돌아갈 것이라고 선언했다. 알렉산드로스는 히파시스강을 떠나기 전에 올림포스의 열두 신을 위해 제단 열두 개를 세울 것을 명령했다.[15] 이곳까지 인도해준 신들에 대한 감사의 표시이자 동시에 자신의 업적을 영원히 기념하려는 의도였다. 어떤 기록에 따르면, 마케도니아군은 그곳에 엄청난 크기의 요새를 건설했는데, 실내에는 길이가 2미터가 넘는 침대와 보통 크기의 두 배나 되는 여물통을 비치해두었다고 한다. 이는 후세의 인도인들이 마케도니아 병사들과 그들의 말이 엄청난 거구였다고 믿도록 하기 위해서였다고 전해진다.

동쪽 지평선을 향해 아쉬운 마지막 시선을 던진 알렉산드로스는 마침내 마케도니아로 가는 긴 여정을 시작했다. 그들은 아직 인도 북부 변두리에 있었으며, 히다스페스강에서 함대를 건조 중이던 네아르코스의 병력은 160킬로미터 이상 떨어져 있었다. 네아르코스와 병사들은 함선을 타고 1000킬로미터에 달하는 강줄기를 따라가서 무리 없이 바다에 이를 것이었다. 알렉산드로스는 박트리아를 거쳐 귀향하는 대신, 인더스 계곡을 따라 남진하며, 지나는 경로에 있는 부족들을 정복할 생각이었다. 때문에 그는 병사들에게 가장 **빠른** 귀환 경로는 남쪽이라고 주장했고, 이를 위해 그럴듯한 설명 자료와 언변으로 호소했다. 군사적인 관점에서 보아도, 서인도 인근의 지역을 정복하고 돌아가는 것은 합리적인 판단이었다. 인더스강 하구의 삼각주에 도달하면, 함대는 해안을 따라 이동할 것이고, 자신이 이끄는 보병은 육로로 행군할 것이며, 양측은 페르시아에서 합류할 계획이었다. 이렇게 되면 4년 전 페르세폴리스를 떠나 다리우스를 추격하며 시작된 대장정이 일단락되는 셈이었다. 이러한 경로를 완성한다면 제국의 여러 도시와 인도의 속주들이 무역로를 통해 교류하게 될 것이었다. 그런데 병사들은 물론이고 알렉산드로스 자신도 예측하지 못한 것이 있었으니, 기나긴 원정 가운데서도 가장 혹독한 전투와 군사 역사상 가장 처참한 사막 행군이 그들을 기다리고 있다는 사실이었다.

히다스페스강으로 돌아가는 여정은 일단 특별한 사건 없이 순조롭게 진행되었다.[16] 마케도니아군이 철수하고 있다는 소식을 들은 몇몇 인도 왕들이 더 이상 싸울 필요가 없다고 판단하고 자발적으로 항복한 것 외에는 군사적인 문제도 벌어지지 않았다. 그리스에서부터 먼 길을 이동한 대규모 증원군도 도착해 알렉산드로스를 기쁘게 했다. 보병 3만과 기병 6000에, 수레로 운반된 의료 물자와 금과 은으로 장식된 갑옷 2만 5000벌도 도착했으니, 이는 재정 담당관 하르팔로스가 보낸 물자였다. 낡고 닳은 장비들을 걸치고 있던 병사들에게 이는 매우 반가운 선물이었다. 코이노스가 갑작스럽게 사망했다는 비보가 날아들기도 했다. 철군 시점에 그가 사망한 사실에 의심의 눈초리를 보낸 이들도 있었지만, 자연사였을 가능성이 높다. 히파시스 강변에서 알렉산드로스에 맞서며 병사들의 귀환을 주장한 것은 자신의 죽음을 예감한 이의 마지막 용기였을 수도 있었다.

알렉산드로스는 마침내 네아르코스가 있는 히다스페스강에 도착했고, 함대가 완비된 모습에 크게 기뻐했다. 1000척이 넘는 선박이 원정을 위해 준비되어 있었으며, 선단에는 대형 전함은 물론, 말 수송선과 화물선까지 마련되어 있었다.[17] 알렉산드로스는 군대 내에서도 페니키아인과 키프로스인, 카리아인, 이집트인 등 해양 민족 출신들을 선원으로 발탁했고, 어린 시절 친구인 네아르코스를 제독으로 임명했다. 마침내 모든 준비가 끝난 어느 새벽, 알렉산드로스는 제우스와 헤라클레스, 그리고 인도의 강들을 지배하는 신적인 존재들을 포함한 모든 신들에게 제사를 지냈다. 그는 황금 술잔으로 히다스페스강에 제물을 부었는데, 이는 여러 해 전 트로이 진군을 앞두고 헬레스폰트해협 한가운데서 했던 의식과 같은 방식이었다. 배에 탈 수 있는 공간이 부족했기 때문에 알렉산드로스는 헤파이스티온과 크라테로스에게 나머지 병력을 나누어 맡긴 뒤, 함대를 따라 강 양쪽 둑을 행군하도록 했다. 이 두 장군은 왕의 오랜 동료였지만, 서로에 대한 증오심을 키워왔으며, 언젠가는 실제로 칼을 뽑아들고 맞서기까지 했다. 그래서 알렉산드로스는 둘 사이에 강을 두는 것이 현명하다고 판단했다.

    출항 의식은 성대하게 거행되었다. 넓은 강물 위로 대오를 맞춘 함선들이 북소리에 맞춰 노를 젓기 시작했다. 인도의 주민들은 그러한 광경을 한 번도 본 적이 없었고, 특히 배 위에 말을 태우고 나아가는 모습에 큰 감동을 받았다. 사람들은 일제히 강가로 몰려나와 마케도니아인들을 향해 열렬히 환호했고, 노래를 부르며 이들의 귀향을 축하했다. 알렉산드로스는 인도인들이 보여준 아름다운 작별 인사에 깊이 감동했으며, 그들의 행위를 진심 어린 애정의 표시로 받아들였다. 하지만 현실적으로, 주민들은 이국의 군대가 마침내 떠나는 모습을 보고 크게 기뻐했을 가능성이 크다.

    히다스페스강을 따라 남쪽으로 항해한 처음 며칠 동안, 알렉산드로스는 오랜만에 휴식을 취하며 편안한 시간을 보냈다. 수천 킬로미터에 이르는 행군과 생사를 가르는 싸움에 몰두했던 나날을 뒤로 하고, 이제 인도의 강 위를 순항하는 함선 위에서 드물게 맞이하는 사치를 만끽했다. 그는 시간을 할애해 오랜 친구 아리스토불로스가 자신이 집필한 원정 기록을 낭독하는 것을 듣기도 했다.[18] 최근 전투를 기록한 부분을 읽는 도중, 알렉산드로스가 인도 왕과 일대일 결투를 벌이는 장면이 나왔다. 왕이 창을 들어 포루스의 코끼리를 단숨에 쓰러뜨리는 부분을 듣던 알렉산드로스는, 그의 책을 빼앗아 강물에 던지며 이렇게 말했다고 한다. "이런 헛소리를 쓴 작자도 강물에 던져버려야겠어!"

항해 닷새째 되던 날, 마케도니아 함대는 히다스페스강과 아케시네스 강이 합류하는 지점에 이르렀다. 넓고 완만하게 흐르던 두 강이 하나의 깊은 물길로 합쳐지면서 급류와 소용돌이가 뒤엉킨 거친 물살이 생겨났다. 지중해의 폭풍을 경험한 병사는 있어도, 급류를 타본 병사는 아무도 없었으며, 이는 알렉산드로스도 마찬가지였다. 작고 둥근 운송용 선박들은 물살을 타고 부드럽게 흘렀지만, 대형 전함들은 통제를 벗어난 채 통나무처럼 휩쓸렸다. 그러는 가운데 배들은 서로 충돌했고 노를 망가뜨렸으며, 병사들은 균형을 잃고 강물로 추락했다. 야만족 전사들과 코끼리의 돌진을 묵묵히 막아낸 병사들조차 공포에 질려 비명을 지르다가 급류에 휘말렸다. 그리고 적지 않은 인원이 소용돌이로 빨려들어가 목숨을 잃었다. 기함이 급류에 휘말리자 알렉산드로스도 극심한 공포에 휩싸였다. 수영을 배운 적이 없는 그는 거추장스러운 옷을 벗어던지고 급류 속으로 뛰어들었다.[19] 그러자 측근들도 일제히 물속으로 뛰어들었고, 간신히 왕과 함께 강둑으로 나아갔다. 그리고 목숨을 건진 것에 안도의 한숨을 내쉬었다. 알렉산드로스는 자신을 구해준 신들에게 진심으로 감사했고, 치열한 전투에서 살아남은 심정으로 제사를 올렸다. 한동안 휴식을 취한 그는 자신의 경험을 농담처럼 토로했는데, 트로이 전쟁에서 강의 신과 싸운 영웅 아킬레우스처럼 자신도 강과 힘겨루기를 해 승리했다고 너스레를 떨었다.[20]

손상된 선박들에 대한 수리가 마무리되자, 알렉산드로스는 네아르코스와 선단을 다음 강의 합류 지점으로 앞서 보내고 자신과 본대는 육로로 행군했다. 그리고 펀자브 지역에서 거칠기로 악명 높은 말리족의 영토로 진군했다. 말리족은 마케도니아군이 강을 따라 접근할 것으로 생각하고 그에 맞춰 대비했지만, 알렉산드로스는 언제나 그렇듯 예상을 뒤엎고 어둠을 틈타 물 한 방울 없는 사막을 가로질러 적을 기습했다. 첫 번째 도시에 대한 기습은 완벽히 성공했는데, 말리족 전사들은 도시 밖에서 아무런 대비도 없이 휴식을 취하고 있었다. 알렉산드로스는 성벽을 돌파하고 내성citadel을 점령했으며, 그곳에 숨어 있던 주민 2000명을 전원 사살했다. 나아가 가까운 습지로 도망친 소수의 생존자들까지도 끝까지 추격해 학살했다. 이후 두 번째와 세 번째 도시도 연달아 함락에 성공했다. 알렉산드로스는 공격의 선봉에 서서 성벽 사다리에 가장 먼저 올라 적을 베고 침투로를 확보하는 등, 무모할 정도로 용감하게 싸움을 벌였다.

살아남은 말리족들은 자신들의 가장 견고한 도시로 도망쳐 최후의 저항을 준비했다. 해 질 무렵이 되어서야 도시에 도착한 병사들에게, 알렉산드로스는 새벽에 있을 공격에 대비해 휴식을 취하라고 지시했다. 그는 병력을 두 부대로 나누었는데, 첫 번째 부대는 자신이 지휘했고, 두 번째 부대는 페르디카스에게 맡겼다. 진군하는 마케도니아군의 위세에 겁먹은 말리족은 방어진지를 떠나 도시 중앙의 내성으로 퇴각해버렸고, 외곽 성벽은 무방비 상태가 되었다. 성문을 통과한 마케도니아 병사들은 도시를 점령한 줄로 착각했지만, 이내 도심 중앙의 견고한 요새에서 결연히 버티고 있는 말리족 전사들을 마주했다. 병사들은 내성으로 침입할 방법을 찾았지만 두터운 방벽에는 전혀 빈틈이 없었다. 알렉산드로스는 분노와 초조함에 휩싸인 나머지 직접 방패를 들고 사다리를 타오르기 시작했다. 뒤를 따른 페우케스타스Peucestas라는 병사는 알렉산드로스가 트로이의 아테나 신전에서 가져온 성스러운 방패를 들고 있었다. 그의 뒤로 두 명이 바짝 따라붙었다. 한 명은 왕의 근위병 네온나토스였고, 그는 이소스 전투 이후 다리우스의 부인들을 보필하는 임무를 맡았었다. 다른 한 명은 아브레아스라는 평범한 병사였다.

성벽 꼭대기로 오른 알렉산드로스는, 호위병 세 명이 합류하기를 기다리며 홀로 적과 맞섰다. 성벽 아래의 병사들은 왕을 앞세우고 자신들이 뒤처진 사실에 수치심을 느꼈다. 병사 여럿이 앞다투어 사다리를 오르려 했고, 그 무게를 이기지 못한 나무 사다리가 부러지고 말았다. 이제 왕과 호위병 셋만 성벽에 올라 위태로운 싸움을 벌이게 되었다. 그런데 알렉산드로스는 그 자리에 있으면 화살의 표적이 될 것을 알았기 때문에, 복잡하게 따지지 않고 성내로 몸을 던졌다. 성벽 밖에 있던 병사들은 왕이 사라지는 모습을 보고 당혹감과 두려움에 휩싸였다. 아군의 시야에서 사라진 알렉산드로스는 홀로 큰 나무를 등진 채, 접근하는 적들을 향해 검을 휘두르며 싸웠다. 그는 수비수 여럿을 단숨에 쓰러뜨렸고, 이를 보고 놀란 말리족 전사들은 그의 칼이 닿지 않는 거리로 물러나 반원의 형태로 에워쌌다. 그러자 왕은 땅에 떨어져 있던 돌을 집어 들어 다가오려는 자에게 던지기 시작했다. 이에 말리족들도 돌을 던지며 맞대응했다.

그 순간, 알렉산드로스와 함께 성벽 위에서 싸우던 호위병 셋이 홀로 싸우는 왕을 보고 즉시 그에게 달려갔다. 그 과정에서 아브레아스는 얼굴에 화살을 맞아 즉시 전사했고, 알렉산드로스 역시 가까운 거리에서 날아온 화살에 맞아 갑옷이 뚫리는 상부 관통상을 당했다. 스스로를 방어하고자 애썼지만, 심한 출혈과 호흡곤란으로 바닥에 쓰러졌다. 레온나토스는 왕의 옆에 붙어서 싸웠고, 페우케스타스는 트로이에서 가져온 방패를 들어 올려 쏟아지는 화살과 돌팔매를 막아냈다.

성 밖의 마케도니아 병사들은 갖가지 방법으로 내성으로 침투하고자 했다. 어떤 병사들은 진흙 벽돌 사이에 말뚝을 박아 절벽을 타듯 성벽을 올랐고, 어떤 병사들은 전우의 어깨를 밟고 벽을 오르려 했으며, 많은 병사들은 공성 장비를 끌고 와서 성문에 충돌시켰다. 그리고 마침내 성문의 걸쇠가 부러지며 본격적인 돌파가 시작되었다. 병사들이 알렉산드로스를 찾았을 때, 그는 나무 아래 피 웅덩이 가운데 쓰러져 있었고, 페우케스타스가 여전히 그의 옆을 지키고 있었다. 병사들이 의학을 알았던 것은 아니지만, 전장의 부상병들을 지켜본 경험으로 보아, 왕의 상처는 매우 치명적이었고, 어쩌면 이미 숨을 거두었는지도 모른다고 생각했다. 그들은 분노에 사로잡혀 내성에 남아 있던 말리족들에게 돌진해 남녀노소 가리지 않고 살아 있는 모든 것을 학살했다.

알렉산드로스는 인근에 정박해 있던 자신의 기함으로 실려갔다. 일부 기록에 따르면 그리스 코스섬 출신의 전설적인 치료자 아스클레피오스의 후손인 크리토데모스라는 의사가 왕의 몸에 박힌 화살을 제거했다. 하지만 다른 기록에는 의사가 없었기 때문에, 페르디카스가 자신의 칼로 직접 화살촉을 빼낸 것으로 나타난다. 어느 쪽이었든, 화살이 뽑혔을 때 왕의 몸에서는 엄청난 출혈이 발생했고, 그 즉시 의식을 잃었다. 그가 죽었다는 소문이 군영에 퍼지자, 곳곳에서 울부짖는 소리와 구슬픈 탄식이 메아리쳤다. 병사들은 다시 한번 불안에 휩싸였다. 알렉산드로스가 없으면 누가 자신들을 고향으로 이끌 수 있을까 우려되었기 때문이었다. 마케도니아에서는 상상조차 할 수 없는 머나먼 이국으로 떠나온 병사들에게 상황은 더욱 절망적으로 느껴졌다. 며칠이 지나도록 지휘부가 잠잠하자 병사들은 완전히 절망에 빠져들었다. 그러던 어느 날, 한 장군이 나타나 왕이 살아 있으며 곧 모습을 드러낼 것이라고 발표했지만, 대다수는 알렉산드로스의 죽음을 감추려는 거짓말로 여겼다. 하지만 얼마 후, 배의 휘장이 열리면서 들것에 실려 움직이지 않는 왕이 경사로를 따라 옮겨지는 모습이 보였다. 병사들은 숨을 죽이고 그 광경을 지켜보았다. 강둑에 서 있는 병사들의 눈에 그것은 죽은 자를 이송하는 장면이었다. 그런데 놀랍게도, 들것이 강가에 도착하자 알렉산드로스가 손을 들어 병사들을 향해 흔들었다. 그 즉시 하늘을 찌를 듯한 환호성이 터져 나왔다. 살아 있는 왕을 두 눈으로 확인한 세상에서 가장 강인한 마케도니아 병사들은 어린아이처럼 오열했다. 장군들은 왕을 부두로 옮기기 위해 또 다른 들것을 준비해두었지만, 알렉산드로스는 말을 끌어오라고 명령했다. 그리고 후세에 가장 용기 있는 행동 중 하나로 꼽힐 명장면이 연출되었다. 그는 측근들을 제지하고 아직 회복되지 않은 몸을 일으킨 뒤, 자신은 여전히 건재하다는 듯 천천히 말 등에 올랐다. 모든 병사들이 기쁨을 주체하지 못하고 박수를 치며 환호했고, 주변에 만발한 꽃을 따서 알렉산드로스를 향해 뿌렸다. 그가 말을 타고 부대를 사열하자 병사들은 그의 옷자락에라도 손을 대기 위해 사방에서 모여들었다. 마침내 막사에 이르러 자신의 두 발로 천막 안으로 걸어들어간 알렉산드로스는 침대로 다가가 몸을 던지듯 쓰러졌다.

알렉산드로스의 병세가 호전되고 기력이 되살아나자, 장군들은 그에게 성벽 위에서의 행동은 용감했지만, 왕으로서는 어리석은 짓이었다고 나무랐다. 지휘관의 임무는 그런 식으로 자신의 생명을 위험에 빠뜨리는 것이 아니며, 그런 일을 대신할 병사들은 부대에 얼마든지 있다고 말했다. 하지만 알렉산드로스는 앞에서 모범을 보이는 일이야말로 왕이 가지는 진정한 의미라는 생각을 타인에게 어떻게 설명해야 할지 알지 못했다. 그는 사람들의 비판에 맞서기보다는 천막 밖으로 걸어나가 진영 안으로 향했다. 그때 그리스 중부의 보이오티아 출신의 한 노병이 왕에게 다가왔다. 그는 왕이라면 몸조심해야 한다는 보좌관들의 질책을 들었다는 듯한 표정으로, 왕의 눈을 똑바로 바라보며 시골 사투리로 한마디 했다. "알렉산드로스, 진짜 사내만이 그토록 용감할 수 있죠."[21] 왕은 그 노병을 끌어안았고, 그를 평생의 친구로 삼았다.

인도에서 수시로 잔혹한 전투를 치러야 했던 알렉산드로스지만, 현지 종교에도 지대한 관심을 보였다.[22] 그는 탁실라를 방문했을 때부터 이미 인도의 현자들을 불러 모아 그들의 믿음에 대해 묻곤 했다. 알렉산드로스는 종교 전통이 깊은 나라를 방문하게 된 것은 행운이라고 생각하고 있었다. 수많은 신들을 숭배하는 인도의 종교는 지중해 세계 사람들에게도 익숙한 모습이었지만, 그 이외의 각종 사상은 알렉산드로스에게 매우 난해하게 느껴졌을 것이다. 특히 자이나교 전통의 신자들은 고행을 통해 고통과 환생의 순환으로부터 영혼을 해방시키고자 했다. 신자들 중에서도 실천을 중요시하는 이들은 나체의 수도승이 되어 몸을 씻는 작은 물통만을 지닌 채 무

소유로 유랑했다. 자이나교도들은 깨달음에 이른 스승들의 가르침을 따랐는데, 가장 최근의 스승은 마하비라로, 알렉산드로스보다 200년 앞서 갠지스강 유역에 살았던 전사 출신 수행자였다. 다른 인도인들은 고타마 싯다르타라고 불리는 스승을 모셨다. 그는 마하비라와 비슷한 시기에 히말라야 근처에서 살았으며, 왕자로 태어났으나 생로병사를 깊이 사유한 뒤 세속의 삶을 버렸다. 보리수 아래에서 깨달음을 얻고 환생의 순환으로부터 벗어난 그는 부처, 곧 깨어 있는 자로 불리게 되었다. 이후 그는 전 생애를 바쳐 고통과 환생으로부터 벗어나는 길을 설파하는 데 헌신했다. 한편 힌두교라고 불리는 또 다른 종교 전통도 있었는데, 수 세기 전 인도로 들어온 아리아인으로부터 유래한 것으로 알려졌다. 그들은 베다의 찬가들은 물론 페르시아의 신들과 유사한 여러 신을 모셨지만, 그러한 전통은 인도의 풍부한 토착 풍습과 융합되면서 더욱 다양하게 발전했다. 힌두교도들은 자이나교나 불교도들과 마찬가지로 윤회의 고리를 끊고 해탈에 이르기를 소망하며 비슈누Vishnu와 브라흐마Brahma, 시바 등의 신을 숭배했다.

그리스인들이 짐노소피스타이gymnosophistai라고 통칭한 인도의 '벌거벗은 현자들'의 가르침을 접한 알렉산드로스는 10년 전 코린토스에서 만났던 키니코스 철학자 디오게네스의 가르침을 떠올렸을 것이다. 어느 기록에는, 알렉산드로스가 푸른 초원에서 노숙하는 이 종교인 무리를 만난 것으로 전해지고 있다.[23] 왕이 다가가자 그들은 모두 일어나 땅을 발로 구르기 시작했다. 알렉산드로스가 그 행위에 담긴 뜻을 묻자, 살아 있는 모든 사람은 자신이 딛고 서 있는 땅만큼만 소유할 수 있다는 의미라고 답했다. 그러고 나서, 그들은 이렇게 충고했다. "온 세상을 정복하느라 분주한 당신도 언젠가 죽고 말 것이다. 그때가 되면 당신의 뼈가 닿은 땅만이 당신의 것이 될 것이다."

이 지역에는 사람들의 존경을 한 몸에 받는 종교 지도자 두 사람이 살고 있었다. 숲에서 홀로 은거하던 단다미스와 칼라노스가 그들이었다. 알렉산드로스는 철학자 디오게네스를 따르던 자이자 원정을 함께하던 궁정 철학자 오네시크리토스를 보내 가르침을 구했다. 오네시크리토스는 소크라테스와 디오게네스, 피타고라스(그 역시 환생을 믿었다)의 가르침을 이야기했다. 그러자 단다미스는, 그들 모두 훌륭한 분들이지만, 너무 규칙을 따르는 데 집착하는 듯하다고 말했다. 오네시크리토스가 칼라노스 앞에 서자, 인도의 현자는 소리치며 말했다. "옷을 벗고 알몸으로 앉으시오. 그렇지 않으면 제우스가 보냈다고 해도 아무 말도 하지 않겠소." 오네시크리토스는 요청에 따라 옷을 벗고 칼라노스 앞에 앉아 가르침을 들었고, 이후에는 그를 설득하는 데 성공해 알렉산드로스 앞에까지 데려왔다. 칼라노스를 마주한 알렉산드로스는 제국을 다스리는 최선의 방법이 무엇인지 물었다. 그러자 현자는 소 가죽 한 장을 땅에 던지고는 한쪽 가장자리를 눌렀다. 그러자 다른 쪽이 불룩 솟았다. 그러자 이번에는 가죽의 한가운데를 밟고 섰다. 그러자 전체가 평평해졌다. 이는 왕이라면 자신의 제국 중심에 머물러야 하며 먼 국경을 떠돌지 말아야 한다는 가르침이었다. 알렉산드로스는 칼라노스의 지혜에 깊은 인상을 받아 자신의 나머지 여정에 함께해줄 것을 요청했다. 다른 인도 현자들이었다면 세속 권력과의 유착을 꺼려했겠지만, 칼라노스는 기꺼이 초대를 받아들였다.

알렉산드로스는 상처를 회복하는 중에도, 병사들이 승선해 바다까지 항해할 더 많은 배를 건조하도록 지시했다. 배들이 준비되자 그는 수천 규모의 병력을 배에 태웠고, 나머지는 강둑을 따라 행군하도록 했다. 넓은 강 아케시네스는 며칠 후 동쪽에서 흐르는 히파시스강과 합류했으며, 얼마 후 선단은 마침내 인더스강에 닿았다. 강들이 마지막으로 합류하는 지점에서, 알렉산드로스는 또 하나의 알렉산드리아를 건설했다. 훗날 이 도시가 세계적인 항구로 발전하기를 기대하며 선창을 짓고 도시를 계획했으며, 마찬가지로 새로운 도시를 수비할 병사들을 남겨두었다. 남겨진 이들 가운데는 고향에서 멀리 떨어진 인더스강둑에서 생을 마치게 될 트라키아 산악 출신의 베테랑 병사들도 있었다.

드넓은 평야를 따라 비교적 평화롭게 몇 주 동안 나아가던 병사들은 마침내 인더스강 삼각주 바로 위에 있는 무시카누스의 왕국에 닿았다. 무시카누스왕은 즉시 항복했고, 알렉산드로스는 또 다시 그에게 영지를 돌려주며 대리 통치를 맡겼다. 하지만 근처의 삼부스라는 왕이 다스리는 땅에서는 상황이 복잡해졌다. 도시의 한 곳은 인도의 사제 계급인 브라민들의 성소로 알려진 곳이었다. 이 종교 지도자들은 마케도니아인들의 침략에 저항해야 한다고 선동했고, 말린 뱀독을 바른 무기를 소지한 전사들을 전투에 투입했다. 이 독성이 체내로 유입되면 극심한 통증과 경련을 보인 후 천천히 죽어갔다. 오랜 친구 프톨레마이오스도 이 독에 중독되어 목숨이 위태로워졌는데, 전해지는 이야기에 따르면, 알렉산드로스가 환시 속에서 해독제를 보았고, 이를 구해 프톨레마이오스의 몸에 발랐다고 한다. 덕분에 그는 회복할 수 있었다. 브라민들의 도시를 상대로 한 전쟁은 쉽게 끝나지 않았는데, 마케도니아군이 패퇴할 위기를 맞았다고 판단해 항복한 왕 무시카누스도 브라민들에 가세했다. 그러나 알렉산드로스는 총력전을 벌여 도시를 점령했고, 무시카누스와 주요 브라민들을 반역자로 간주해 교수형에 처했다.

마침내 마케도니아 군대는 인더스강이 두 갈래로 나뉘어 거대한 삼각주를 이루며 남쪽 바다로 흘러드는 곳에 접한 도시 파탈라에 도착했다. 왕이 도시에 입성했을 때 주민들이 피난을 떠난 뒤여서, 인적이 전혀 없었다. 병사들은 인근 시골 마을로 숨어든 주민들에게 해를 끼치지 않겠다고 설득해 마을로 돌아오도록 했다. 알렉산드로스는 이곳에서 부대를 셋으로 나누었다. 크라테로스가 이끄는 첫 번째 부대는 육로를 통해 북서쪽의 칸다하르를 지난 뒤 페르시아에서 본대와 합류하도록 했다. 이 부대에는 퇴역을 앞둔 마케도니아 노장들과 코끼리 부대가 속해 있었다. 네아르코스가 지휘하는 두 번째 부대는 바람이 순해지기를 기다렸다가 함대를 이끌고 해안을 따라 페르시아만까지 항해하도록 했다. 알렉산드로스는 주력부대를 이끌고 게드로시아 사막을 지나는 남쪽 경로를 통해 페르세폴리스로 돌아가고자 했다.

인도 원정을 마무리하던 알렉산드로스는 마지막 행군에 앞서 미지의 영역을 탐험하고 싶었다. 그는 함선을 타고 인더스강의 한 지류를 따라 내려가다가 바다에서 멀지 않은 곳에 닻을 내렸다. 그런데 그곳에서 매우 기이한 현상을 목격하게 되었다. 단 몇 시간 만에 바닷물이 몇 미터씩 높아지며 배들이 서로 충돌하는 상황이 벌어진 것이다. 알렉산드로스는 조수 현상이라는 것을 들어본 적이 없었다. 지중해에서는 바닷물이 하루에 몇 인치 오르내리는 것이 전부였기에, 다방면에 학식이 있는 사람조차도 해안에서 물이 그토록 빠르고 극심하게 오르내리는 것을 본 적이 없었다. 그는 배를 수리하고, 하루에 두 번씩 반복되는 이 이상한 자연현상에 대비하도록 지시한 뒤, 강 어귀에 있는 실루타라는 섬까지 항해했다. 그리고 그곳에서 바다가 내려다보이는 또 다른 섬으로 나아갔다. 알렉산드로스와 병사들은 눈앞에 펼쳐진 광대한 대양을 경이로운 눈빛으로 바라보았다. 에게해 인근 출신들로서는 좀처럼 보기 힘든 광경이었다. 그러나 왕은 이것만으로 만족할 수 없었다. 그는 배 한 척만을 출항시켜 바다 멀리까지 나아갔고, 정복할 새로운 땅이 있는지 확인했다. 마침내 그 너머에 아무것도 없다는 사실을 알았을 때, 그는 바다의 신 포세이돈에게 제물을 바치고, 세상의 끝자락까지 자신을 인도해준 신들에게 감사하는 마음을 담아 황금 대접 하나를 바다에 던져 넣었다.

10장 **바빌론**

알렉산드로스가 군대를 이끌고 티그리스강을 건너 바빌론을 향할 때, 칼데아의 점쟁이들이 찾아와 호위병을 물린 채 먼 곳으로 나올 것을 청했다.
그리고 왕의 안위가 걱정되니 바빌론으로의 행군을 멈추라고 간청했다.
—아리아노스[1]

알렉산드로스와 그의 군대가 인더스강을 따라 남하하며 정복 활동을 하는 데는 몇 달이 더 소요되었다. 그리고 다시 우기가 찾아왔다. 크라테로스는 이미 수많은 마케도니아 노병들과 코끼리들을 이끌고 북쪽 경로를 따라 페르세폴리스로 돌아가고 있었다. 아시아에서 10년을 보낸 왕 자신도 본격적으로 페르시아 귀향을 시작해야 했지만, 바람이 순조롭지 않은 탓에 네아르코스가 이끄는 함대는 인더스강의 항구도시 파탈라를 떠나 메소포타미아로의 항해에 나설 수 없었다. 마음이 급해진 왕은 결국 오랜 친구 네아르코스를 두고 먼저 떠나며 그에게 자세한 지시를 내렸다. 항해할 때는 북쪽 해안을 살펴야 하는데, 육군이 그들을 위해 우물을 팔 것이며, 적소에서 필요한 식량도 공급해줄 것이라고 했다. 이 귀환 작전은 육상과 해상이 긴밀한 협조 체계를 유지해야 했으며, 양측의 생존은 서로에게 달려있었다.

알렉산드로스는 게드로시아 사막을 건너는 여정이 극도로 험난할 것임을 잘 알고 있었다.[2] 그럼에도 그는 병사들과 함께 지구상에서 가장 황량한 땅 중 한 곳을 지나기로 결심했다. 고대는 물론 현대의 일부 학자들도, 왕이 갠지스 계곡 정복을 포기한 병사들에게 약간의 고난을 맛보게 하려 했다는 견해를 제시하기도 한다. 그에 따르면 알렉산드로스는 병사들에게 앙심을 품고 그들을 황야로 내몰아 죽음에 이르게 했다는 것이다. 하지만 그것이 그의 진심이었다고 보기는 어렵다. 알렉산드로스도 때때로 옹졸했고, 이따금 앙심을 품기도 했으나, 그렇다고 해서 자신의 제국 건설과 통치의 근간이 되는 군대를 일부러 제거하려 했다는 주장은 합리적이지 않다. 게드로시아 사막 행군의 진짜 이유는 역사가 아리아노스가 분명히 밝히고 있으며[3], 이는 알렉산드로스의 다른 삶의 양상들과 완벽히 일치한다. 무엇보다도 매우 실용적인 이유 때문이었다. 그는 인도양에서 서쪽으로 항해 중인 함대와 긴밀히 협조하고자 했는데, 특히 해안 탐사에 관심이 많았고, 나아가 인도와 페르시아를 잇는 무역로를 개척하고자 했다. 그러나 어쩌면 그보다 더 중요한 것은 게드로시아 사막을 행군한 군대가 인류 역사상 전무했기 때문이었는지도 모른다. 전해지는 각종 기록에 따르면, 바빌로니아의 여왕 세미라미스가 한때 인도에서 돌아올 때 이 길을 택했다가 병사들을 대부분 잃고 오직 스무 명만 귀환했다고 한다. 페르시아의 초대 대왕 키루스 역시 같은 경로를 건넜지만, 살아남아 이야기를 전한 병사는 일곱에 불과했다. 이러한 실패 사례들이 알렉산드로스의 도전 욕구를 자극했음은 분명하다. 만일 그가 군대를 이끌고 인도에서 게드로시아의 황무지를 통과해 귀환할 수 있다면, 그것은 영원히 기억된 영광스러운 이야기가 될 것이었다. 알렉산드로스에게는 그것만으로도 충분한 이유가 되었다.

여름이 끝나갈 무렵, 5만 명이 넘는 마케도니아와 동맹군 병사들이 인더스강을 떠났다. 병사들 뒤로는 여느 때처럼 수많은 종군 민간인의 수레가 따랐고 그들이 동반한 여자와 아이들도 긴 행렬을 이루었다. 처음에는 해안을 따라 서쪽으로 이동했으며, 기후가 온화했고 땅도 기름졌다. 이후에는 낮은 산맥을 넘어 아라비타이 부족의 영역에 진입했다. 알렉산드로스는 해안의 함대를 위해 우물을 파는 작업대를 보내는가 하면, 자신의 권위에 대항하는 인근 원주민들에 대한 정복 활동을 벌였다. 2주가 지났을 무렵, 알렉산드로스는 해안과 가까우면서 수자원이 풍부한 계곡에 도착했다. 이곳은 오레이타이 부족의 고향이었다. 부족민들은 알렉산드로스가 접근하자 모두 도망쳐버렸다. 중심 마을 람바키아는 무역 기지나 식민지를 세우기에 적당한 곳으로 보였고, 알렉산드로스는 헤파이스티온을 남겨 또 하나의 알렉산드리아로 건설하도록 했다. 그가 동방에 세운 마지막 알렉산드리아 도시였다.

그러는 가운데, 원주민들이 거주지 서쪽 언덕에 숨어 마케도니아군을 기습할 기회를 엿보고 있다는 첩보를 보고받았다. 알렉산드로스는 소수의 병력만을 이끌고 나갔지만, 부족민들은 진지를 버리고 도주했다가 항복을 청하는 대표자들을 보냈다. 왕은 그들의 항복을 받아들이고, 마케도니아 총독과 주둔군의 통치를 받되 자신들의 땅에서 전처럼 살 수 있도록 허락했다. 알렉산드로스는 자신의 동료 레온나토스를 지역에 남겨, 함대를 기다리면서 지역에 남은 저항 세력들을 정리하도록 했다. 얼마 후 헤파이스티온이 본대에 합류했고, 오레이타이의 온화한 계곡을 떠나 서쪽 사막을 향한 고된 여정이 본격적으로 시작되었다.

게드로시아는 오늘날 이란과 파키스탄의 국경에 걸쳐 있는 지역으로, 페르시아 제국의 모든 속주 가운데서도 가장 가난하고 척박한 곳이었다. 심지어 황무지에는 염분이 가득했고, 메마른 산지에서도 경작이 불가능했다. 오직 군대를 따라다니던 페니키아 상인들만이 그런 환경에서도 대지의 소산을 얻었다. 그들은 드문드문 자라난 키가 매우 큰 몰약 나무에서 향료로 사용되는 귀중한 몰약을 채취해 짐승에게 실었다. 또한 진저그라스라는 식물도 채취해 담았는데, 군대가 지나면서 풀을 밟자 향기로운 냄새가 들판에 가득 퍼졌다. 병사들은 군 행렬을 피해 도망치다가 가시덤불에 걸린 토끼를 잡아 식량으로 삼기도 했으나, 곧 그마저도 찾기 어려워졌다. 게드로시아에 거주하는 소수의 원주민들은 대부분 해안가에 모여 살았고, 마케도니아인들이 본 적조차 없는 가장 원시적인 삶을 꾸려가고 있었다. 이들은 물고기를 먹는 사람들이라는 뜻의 이크티오파기라고 불렸다. 바닷가에서 잡아 햇볕에 말린 작은 물고기만을 유일한 식량으로 섭취하는 그들은 머리카락이 제멋대로 엉키도록 길렀고, 손톱도 전혀 깎지 않았으며, 옷은 물고기 비늘로 만들어 입었다. 그리고 고래 갈비뼈 위에 조개껍데기와 가죽을 얹어 지은 움막에 살았다. 너무도 빈곤한 이들의 실상을 본 알렉산드로스는 마을을 건드리지 말라고 지시했다.

그런데 해안을 따라 이동해야 할 네아르코스와 그의 함대가 보이지 않았다. 알렉산드로스는 몹시 애가 탔다. 해상 보급이 없이는 군대에 충분한 식량을 공급할 수 없기 때문이었다. 곡물 비축분이 바닥나자, 병사들은 물자 운반용 동물들을 잡아먹기 시작했다. 알렉산드로스는 낙타 기병을 급히 가까운 사트라피로 보내 식량을 공수해줄 것을 명했지만, 거리가 너무 멀어 신속한 응답을 기대하기는 어려웠다. 물이 떨어지자 병사들은 사막에서 이따금 발견되는 오아시스에 전적으로 의존해야 했다. 하지만 그런 곳은 드물고 멀었으며, 하나가 발견되면 먼저 도착한 이들이 물을 마구 퍼마신 뒤 탈이났고, 나머지 병사들이 마실 물은 혼탁해졌다. 이후 알렉산드로스는 모든 야영지를 오아시스에서 최소한 3킬로미터 떨어진 곳에 두고, 급수를 철저히 통제했다.

여러 날이 지나고 다시 한 주가 지나자, 병사들은 수백 명을 넘어 수천 명 단위로 복통과 고열과 갈증으로 쓰러져갔다. 수많은 병사들이 일어나지 못하고 앓아누웠으며, 군대가 출발한 뒤에야 겨우 몸을 일으킨 자들은 동료들의 발자취를 추적하려 했지만, 행렬을 따라잡지 못하고 길을 잃었다. 그들은 마치 바다에 빠진 사람처럼 흔적도 없이 사라져버렸다.

어느 밤에는 모래 사이로 작은 실개천이 흐르는 마른 하천 바닥에서 야영을 했다. 그런데 어둠이 내려앉자 먼 언덕 쪽에 천둥번개를 동반한 폭우가 내렸다. 그러더니 잠시 후 고랑으로 거대한 물줄기가 쏟아져내렸다. 예상치 못한 급류에 병사들은 당황했지만, 옷가지와 무기를 들고 가까스로 탈출할 수 있었다. 하지만 민간인들은 그렇게 민첩하지 못했다. 지옥 같은 사막 행군을 겨우 따라오던 수많은 여성과 아이 일행은 도망칠 시간조차 없이, 그토록 갈망하던 물길에 휩쓸려 그대로 익사하고 말았다.

고난의 행군이 끝나갈 무렵에는 장교와 병사를 막론하고 사막에서 살아나갈 희망을 거의 포기하고 있었다. 그때 작은 웅덩이를 발견했다는 정찰병의 보고가 들어왔다. 고인 물은 투구 하나를 겨우 채울 만큼밖에 되지 않았지만, 병사들은 이마저도 너무나 감사하는 마음으로 담아 알렉산드로스에게 가져왔다. 그도 다른 누구 못지않게 목이 말랐지만, 자신의 심신이 아무리 고통스럽더라도 병사들이 더 힘들어한다는 사실을 잘 알고 있었다. 그래서 그는 4년 전 박트리아 사막을 건널 때와 같은 모습을 보이기로 결심했다. 알렉산드로스는 병사들이 마실 수 없다면 자신도 마시지 않겠다며, 그 귀한 물을 받아든 뒤 그대로 땅에 쏟아버렸다. 갈증에 지친 병사들에게는 왕이 자신들과 함께 고통을 나눈다는 사실이 모래를 적신 한 줌의 물보다 훨씬 더 큰 의미였다. 아리아노스에 따르면, 병사들은 마치 자신들이 그 물을 마신 것처럼 깊은 감동과 용기를 얻었다고 한다.[4]

알렉산드로스는 물길을 찾으면서도 함대와 합류할 수 있도록 바다 방향으로 나아갔다. 함대는 보이지 않았지만, 해안에 우물을 파서 며칠 분량의 물은 확보할 수 있었다. 일주일가량을 전진하던 왕은 자신의 함대가 남쪽 바다의 낯선 해안에서 조난당한 사실을 보고받고 부끄러움에 사로잡혔다. 협력하기로 한 해군을 돌보지 못했고, 그로 인해 해군 병사 전체를 죽음으로 내몬 셈이 되었기 때문이었다. 물론 그와 함께 두 달 동안 사막을 헤맨 보병 역시 최악의 상황을 맞이하고 있었다. 전체 병력의 절반 가까이가 게드로시아의 모래 속에서 목숨을 잃었으며, 민간인 대부분도 행방을 알 수 없었다. 그럼에도 진군할 수밖에 없었던 알렉산드로스는, 병사들에게 마지막 힘을 짜내도록 독려해, 해안 북쪽으로 160킬로미터 가량 더 나아갔다. 그리고 페르세폴리스로 연결되는 초라한 지방 파우라의 수도에 도착했다. 현지 주민들은 대규모 병사들의 진주를 두려워하면서도, 비쩍 마르고 지친 모습으로 비틀거리며 성내로 들어선 마케도니아 병사들을 따뜻하게 맞이하며 식량과 물을 주고 편히 쉬도록 했다.

파우라에서 페르세폴리스에 이르는 마지막 구간도 약 800킬로미터에 이르는 먼 거리였고 여전히 메마른 황무지였지만, 식량과 물이 꾸준히 공급되는 무난한 여정이었다.5 몇몇 고대 기록에 따르면, 게드로시아 사막을 통과한 해방감으로 가득한 알렉산드로스와 병사들은 피리를 불고 화관을 쓴 채 디오니소스 행렬처럼 행군했다고 한다. 고된 여정을 기념하는 축제와 경연 대회도 열었는데, 노래와 춤 경연에서는, 몇 년 전 페르세폴리스를 떠날 때부터 가까이 두었던 페르시아의 내시 바고아스가 우승을 했다. 경연이 끝난 뒤, 바고아스는 극장을 가로질러 입고 있던 의상 그대로 알렉산드로스 옆에 앉았다. 병사들은 환호하며 왕에게 우승자 키스를 하라고 재촉했다. 이에 알렉산드로스는 기꺼이 바고아스에게 입맞춤을 해주었다.

문명의 경계로 되돌아온 알렉산드로스는 더 이상 생존 자체에만 집중할 필요가 없게 되었다. 마케도니아군이 페르시아의 중심지를 떠나 동방 원정을 실행한 지는 5년이 지났고, 그 사이 알렉산드로스가 남겨놓은 수많은 총독과 관리들은 그가 결코 돌아오지 않을 것이라고 생각했고, 돌아오지 않기를 간절히 바랐다. 실제로 왕이 임명한 관리들이 알렉산드로스의 장기간 부재를 틈타, 자신의 행정구역에서 사실상 독립된 통치자처럼 행세하고 있다는 보고가 들어오기 시작했다. 그들은 호화로운 생활을 즐겼고, 사병을 동원해 백성들을 억압했다. 이제 알렉산드로스는 수개월에 걸쳐 제국 곳곳에 있는 부패한 관리들을 숙청하는 데 집중했다. 그 대상에는 현지 관리들뿐 아니라 그리스인과 마케도니아인까지 포함되어 있었으며, 심지어 그의 오랜 친구 하르팔로스도 현지인과 한통속으로 작당하고 있었다. 그는 왕의 재정을 맡았던 인물이었지만, 개선의 여지가 없는 사기꾼이 되어 있었고, 막대한 탈렌트의 금화를 사치품과 여성을 사들이는 데 사용했다. 먼 나라에서 진귀한 별미를 수입해 식탁에 올렸고, 이름난 아테네 출신 고급 창녀들을 침실에 들였다. 그러다가 분노한 알렉산드로스가 페르시아로 올라오고 있다는 소식을 듣자, 그는 공포에 휩싸인 나머지 용병 6000명과 가능한 많은 금을 빠른 배에 싣고 아테네로 도망쳤다. 그러자 아테네에서는 민회가 개최되었다. 마케도니아를 탐탁지 않게 여겼던 데모스테네스와 그의 동조자들도 처음에는 하르팔로스에게 피신처를 제공했다가 알렉산드로스의 분노를 사게 될 것을 우려했다. 하지만 하르팔로스가 건넨 거액의 뇌물에 생각을 바꾸어, 알렉산드로스와의 약간의 대립도 감수할 만하다고 생각하게 되었다. 알렉산드로스의 제독 중 한 명이 아크로폴리스까지 찾아가 하르팔로스의 송환을 요구하자, 아테네인들은 그가 바친 금은 그대로 둔 채 하르팔로스만을 넘겨주었다. 하르팔로스는 곧 탈옥해 크레타로 도망쳤으나, 얼마 후 마케도니아 첩자들에 의해 암살당했다.

하르팔로스가 에게해로 도주하던 당시, 알렉산드로스와 그의 군대는 페르시아만 입구의 호르무즈해협 인근, 카르마니아 지방을 지나고 있었다. 때마침 인도에서 먼저 출발해 칸다하르와 동부 페르시아를 지나는 북부 경로를 따라온 크라테로스가 도착했다. 노병들과 코끼리도 함께였다. 그러던 어느 날, 호르무즈 인근 숙영지로 햇볕에 검게 그을리고 소금기 범벅이 된 누더기옷을 입은 이들이 찾아왔다. 처음에 아무도 이들을 알아보지 못했으나, 절도 있는 행동거지는 분명 예사 사람이 아니었다. 한 사람이 쉰 목소리로 자신을 인도에서 막 돌아온 네아르코스 제독이라고 밝히며, 알렉산드로스에게 안내해달라고 요청했다.

네아르코스의 항해 기록은 고대에서 전해진 가장 잘 보존된 여행기 중 하나로 평가받는다.6 그의 항해 여정이 역사가 아리아노스에 의해 거의 원문 그대로 옮겨졌기 때문이다. 이 필사본에 따르면, 네아르코스와 그의 함대는 알렉산드로스가 육로로 떠난 지 몇 주 후인 9월에 마침내 인더스강의 항구도시 파탈라를 출발했다. 우기가 끝나지 않았지만, 육군을 지원해야 한다는 사명감에 불리한 날씨를 무릅쓰고 출항을 강행했다. 그는 신들에게 통상적인 제물을 바친 후, 함대를 이끌고 삼각주를 따라 며칠 동안 남하했다. 그리고 마침내 인더스강 어귀를 지나 탁 트인 대양으로 나아갔다. 그런 뒤에는 서쪽으로 방향을 틀어, 해안을 따라 아라비타이 땅을 지났고, 결국 크로칼라Crocala라는 섬에 도착했다. 네아르코스는 가능한 한 해안 가까이 항해하는 것을 원칙으로 했고, 야간에는 육지 야영이 위험하다고 판단해 오목한 만灣이나 가까운 섬에 정박하곤 했다. 다음 날 그들은 비박타라는 섬 근처에서 매우 안전한 항구를 발견했다. 고요하고 평화로운 풍경이 마음에 든 네아르코스는 이 항구에 알렉산드로스의 안식처라는 이름을 붙였다. 계절풍이 여전히 거셌기 때문에 함대는 출항을 며칠 연기했다. 하지만 거센 역풍이 좀처럼 잦아들지 않았다. 네아르코스는 비박타섬에서 날씨가 바뀔 때까지 기다려야 한다는 사실을 받아들일 수밖에 없었다. 그러면서도 그는 섬에 돌담을 쌓아 요새를 건설해 원주민들의 습격에 대비했다. 그해에는 인도양을 건너게 해줄 무역풍이 평소보다 늦게 부는 듯했고, 함대는 섬에서 거의 한 달 동안 발이 묶였다. 네아르코스는 예상치 못한 지체로 인해 육상 부대에 한참 뒤처지게 된 사실에 매우 초조해졌다. 하지만 날씨가 변하기 전까지는 어찌할 도리가 없었다. 한편, 병사들은 상황을 심각하게 받아들이기보다는 열대 섬에서 홍합과 굴 등 조개류를 채취하며 시간을 보냈다. 식수에 소금기가 있다며 불평하기도 했다.

바람이 동쪽에서 서쪽으로 불기 시작하자, 네아르코스는 닻을 올리고 항해를 재개해 도마이라는 사막 섬에 도착했다. 병사들이 상륙해 물을 찾았지만 끝내 발견하지 못했다. 항해 내내 가장 큰 문제는 식수를 확보하는 일이었고, 이로 인해 병사들은 고통을 받았다. 먼저 이동한 알렉산드로스의 육상 부대가 파놓았을 우물들을 기대했지만, 실제로는 거의 찾을 수가 없었기 때문에, 대부분 스스로 물을 조달해야 했다. 도마이를 비롯한 여러 곳에서, 무장 순찰대를 내륙 깊숙이, 때로는 수십 킬로미터까지 보내 큰 항아리와 가죽 부대에 신선한 물을 담아 배로 운반했다.

며칠 뒤, 함선들이 해안 가까이로 항해하던 중 암초 지대를 가까스로 빠져나가는 위험한 상황에 직면했다. 노를 젓는 병사들이 노를 들어 양쪽의 바위를 밀어야 할 정도였지만 다행히도 무사히 통과했고, 현지어로 여인의 항구Woman's Harbor라 불리는 작은 만에 무사히 정박했다. 이 이름은 과거에 이곳을 다스린 여왕의 전설에서 비롯되었다. 높은 파도와 변화무쌍한 조수의 위협을 피해가며, 함대는 울창한 숲이 이어진 온화한 해안을 따라 항해했다. 그리고 아라비스강 어귀에 도달했다. 이곳은 아라비타이 부족의 땅이 끝나는 지점이자, 과거 알렉산드로스의 군대가 접근하자 공포에 질려 도망쳤던 오레이타이 부족 영토의 시작점이기도 했다.

해안을 따라 항해하던 어느 날, 바다가 점차 거칠어졌고, 네아르코스는 선박들이 암초에 부딪혀 파손되는 것을 막기 위해 해안에서 다소 떨어진 바다에 닻을 내렸다. 하지만 거센 풍랑에 휩싸인 함선 세 척이 침몰했으며, 나머지 병사들도 요동치는 배 위에서 탈진 상태로 버텼다. 연일 계속되는 풍랑으로 병사들이 고통을 호소하자, 네아르코스는 위험을 무릅쓰고 해변에 요새화 진지를 구축한 뒤 병사들이 단단한 땅 위에서 하룻밤 쉴 수 있도록 했다. 이러한 위기의 순간, 알렉산드로스가 함대를 돕도록 지역에 남겨둔 동료 레온나토스가 진지를 발견해서 합류했다. 네아르코스는 크게 안도하지 않을 수 없었다. 알렉산드로스가 떠난 뒤 오레이타이 부족은 재차 반란을 일으켰고, 레온나토스는 수천 명의 현지인들과 전투를 벌여야 했다. 그 과정에서 총독 아폴로파네스가 전사했다. 혼돈과 무질서의 한 가운데서도 레온나토스는 함대를 지원하라는 알렉산드로스의 임무에 충실했으며, 함선에 공수할 최소 열흘간의 식량과 물을 비축해두었다. 네아르코스는 레온나토스와 협력해 손상된 선박들을 수리했으며, 항해 중 문제를 일으킨 일부 병사들을 레온나토스에 넘기는 대신 그가 이끌던 새로운 인원을 충원해 함대의 병력을 쇄신했다.

함대가 게드로시아 해안을 따라 서쪽으로 이동하자 지형은 점점 산악지대로 변했고, 땅은 더욱 메말라 갔다. 식수 확보가 시급했는데, 내륙 깊숙이 들어가 우물을 파는 일은 매우 힘들어졌고, 식수 확보 가능성은 더욱 희박해졌다. 그러던 중 토메로스라고 불리는 귀한 개울을 찾아낸 병사들은 이곳에서 물고기 먹는 사람들인 이크티오파기들과 마주쳤다. 이들은 이전에도 알렉산드로스의 육상 부대와 해안 길에서 만난 적이 있었다. 네아르코스는 이 부족을 알렉산드로스가 묘사한 것보다 더 호전적으로 그렸는데, 이는 최근 마케도니아 육군과 겪은 충돌 때문이었을 수도 있었다. 수 세대 동안 외부 세계와의 접촉이 거의 없었던 이들은, 단 몇 달 사이에 두 차례나 외국 군대의 침입을 겪었기 때문이었다.

분노한 원주민 600여 명이 마케도니아 병사들이 상륙하자 공격할 준비를 했다. 하지만 네아르코스는 그들의 나무 창이 근접전이 아니면 위협이 되지 않는다는 사실을 간파했다. 그러고는 가볍게 무장한 병사들 중에서 수영에 능한 이들을 얕은 바다에 상륙시켜 무기를 들고 일제히 전진하도록 명령했다. 병사들은 전쟁의 신 아레스를 외치며 전진했고, 함선에서 쏘아 올린 화살 세례의 엄호 아래 돌격을 개시했다. 반쯤 벗은 채 싸우는 이크티오파기족은 두려움에 휩싸여 황야 건너 내륙으로 도망쳤다. 포로로 잡은 일부 원주민들은 마케도니아 병사들의 큰 흥미를 끌었다. 네아르코스는 알렉산드로스와 함께 이들이 손톱을 길게 기른다는 점을 주의 깊게 살폈다. 하지만 그는 이것이 위생 관념의 부족 때문이 아니라 금속가공 기술이 없어 손톱을 쇠붙이 도구처럼 사용하기 위해서라는 사실을 파악해 기록했다.

게드로시아 해안은 알렉산드로스의 군대가 도달한 최남단 지점이었다. 항해에 밝은 네아르코스는 밤하늘에 떠 있는 눈에 띄는 별들에 주목했다. 함대는 북쪽 별자리들을 수평선 아래로 가라앉힐 만큼 남쪽으로 내려와 있었고, 그 자리는 지금껏 본 적 없는 새로운 별들이 자리하고 있었다. 이러한 별자리의 변화는 자신들이 아득히 먼 땅까지 와 있다는 사실을 명료히 보여주는 증거들이었다.

하지만 천문학을 통해 별자리를 이해하는 것과 상관없이, 네아르코스의 함대는 점점 더 위태로운 상황으로 몰리고 있었다. 해안은 더욱 험하고 거칠어졌으며, 식수를 찾는 일은 날이 갈수록 어려워졌다. 병사들은 끝없이 메마른 해안을 따라 서쪽으로 이동했고, 이따금 나타나는 이크티오파기족 마을만이 잠시나마 안도감을 주었다. 그러나 원주민들에게는 가져갈 만한 것이 거의 없었으며, 함대로 공출한 것은 겨우 앙상한 양 몇 마리뿐이었다. 이 땅에는 양들에게 먹일 풀조차 자라지 않기 때문에, 원주민들은 말린 생선을 먹이로 사용했다. 마케도니아 병사들은 양고기에서 바다 냄새가 진하게 난다고 투덜댔다. 함대가 상륙하면 주민들은 마을을 비운 채 도망쳐버렸지만, 어느 작은 항구에서는 바닷길에 능통한 선원 한 명을 만났다. 그는 게드로시아 해안의 남은 항로를 안내해줄 수 있는 인물이었다. 항구 근처에는 반갑게도 민물을 얻을 수 있는 우물이 있어, 함대는 식수 보급을 완비한 뒤 잠시 숨을 돌릴 수 있었다.

이 지점부터의 항해는 사정이 한결 나아졌다. 물 공급이 좀 더 안정적이었는데, 네아르코스의 기록에 따르면 현지 주민들은 원시인들처럼 '짐승'과 같은 모습으로 살지는 않았다. 지역에는 주민들이 가꾸는 대추야자 나무와 꽃밭이 있었으며, 마을 사람들은 그 꽃으로 화환을 만들었다. 어부들은 그리스인들처럼 노를 구멍에 고정해 젓는 방식이 아니라, 카누처럼 손에 쥐고 물을 헤쳤다. 현지인들은 마케도니아인과의 충돌을 피하고 싶어 했고, 구운 생선이나 대추로 만든 식량 등, 구할 수 있는 모든 음식을 선물로 제공했다. 그럼에도 네아르코스는 무력으로 마을을 점령했고, 집안에 숨겨둔 식량까지 남김없이 빼앗았다. 하지만 안타깝게도, 병사들이 얻은 것은 대부분 생선가루로 만든 조악한 덩어리와 기념일에 쓴다는 소량의 밀과 보리뿐이었다.

다시 바다로 나선 함대는 어느 아침, 뱃머리 쪽 바다에서 솟아오른 물줄기에 병사들이 소스라치게 놀랐다. 그것은 고래들이 뿜어낸 물줄기였다. 지중해에서도 본 적은 있었지만, 이 지역의 고래들은 훨씬 거대했다. 병사들의 대다수는 그리스인과 페니키아인과 이집트인이었는데, 본래부터 미신을 가까이하고 살았던 병사들은 배 바로 앞에서 거대한 해양생물을 목격하자 두려움에 사로잡혔다. 병사들은 노를 팽개치고 한데 모여 신들이 자신들에게 어떤 운명을 내리려는지 모르겠다며 두려움에 떨었다. 그러나 네아르코스는 갑판을 걸으며 병사들에게 자리를 지키라고 명령했다. 그리고 두려움에 질린 선원들에게 뜻밖의 명령을 내렸다. 고래를 향해 함선의 뱃머리를 돌리고 공격 진형을 갖추라는 지시였다. 그는 나팔 소리에 맞춰 파도 위로 전투 함성을 내지르게 했고, 노잡이들에게 고래를 향해 전속력으로 돌진할 것을 명령했다. 성가심을 느꼈는지, 고래들은 조용히 물속으로 미끄러져 들어가 시끄러운 침입자들을 피해 사라졌다. 마케도니아인들은 심해 괴물과의 전투에서 승리를 거두었다고 생각했다.

함대가 더 서쪽으로 나아가자, 해안에서 수 킬로미터 떨어진 곳에 노살라라는 섬이 나타났다. 안내인은 그 섬이 태양신에게 바쳐진 신성한 섬이며, 누구도 그곳에 상륙해서는 안 되고, 혹시라도 섬에 접근하는 사람은 파도에 휩쓸려 다시는 돌아오지 못할 것이라고 경고했다. 전설에 따르면 섬은 바다 여신의 거처이며, 조난 당한 선원들을 하룻밤의 사랑으로 맞이한 뒤, 다음 날 아침에 물고기로 변하게 만든다고 했다. 이 이야기는 네아르코스에게 마치 호메로스의 『오디세이아』에 나올 법한 이야기처럼 들렸다. 그런데 다음 날, 이집트 선원들이 탑승한 배 한 척이 노살라섬 근처에서 실종되자, 네아르코스는 직접 진상을 조사하기로 했다. 네아르코스는 섬 가까이 배를 붙여 실종된 병사들의 이름을 불렀지만 아무런 응답이 없었다. 결국 그는 병사들을 강제로 상륙시킨 뒤, 자신도 섬에 올라 실종자들을 찾았다. 하지만 아무런 실마리도 찾을 수 없었다. 파도에 휩쓸려 사라졌는지, 아니면 정말로 여신에 의해 물고기로 변했는지, 실종자들은 다시는 모습을 드러내지 않았다. 네아르코스와 병사들은 무사히 함대로 귀환했고, 서쪽으로 이어지는 끝없는 항해를 이어갔다.

인도양 해안을 따라 거의 800킬로미터를 항해한 함대는 마침내 게드로시아 땅을 벗어나 아라비아반도와 마주한 호르무즈해협에 진입했다. 어느 아침, 좌현 앞바다에 멀리 솟은 곶을 발견했는데, 이는 단 하루만 더 항해하면 페르시아만 입구에 도달한다는 표시였다. 이 순간, 네아르코스는 알렉산드로스가 자신에게 내린 미지의 해안 탐사 임무를 마침내 완수했다는 사실을 깨달았다. 동시에 그는, 몇 달 동안 아무런 소식도 듣지 못한 알렉산드로스가 지금쯤 얼마나 애태우고 있을지 생각했다. 네아르코스는 곧바로 함대를 해안에 정박시키고, 선원들에게 방어 울타리를 세우도록 명령한 뒤, 소수의 인원만을 데리고 내륙으로 들어가 육군을 찾아나섰다. 그들은 얼마 뒤, 홀로 떠도는 한 남자와 마주쳤다. 그는 그리스식 외투를 입고 있었고, 네아르코스가 크레타에서 자라며 배운 그리스어를 사용했다. 며칠 전 알렉산드로스의 군대에서 이탈해 길을 잃은 병사라고 했다. 마케도니아 본대는 불과 며칠 거리에서 주둔 중이며, 알렉산드로스 왕도 그곳에 있다고 밝혔다. 뜻밖의 행운에 네아르코스는 크게 기뻐하며 병사들과 함께 서둘러 사막을 가로질렀다.

네아르코스는 마침내 마케도니아의 진영에 도착했고 경비병에게 자신이 왕이 애타게 찾고 있을 제독임을 설명했다. 그는 알렉산드로스 앞으로 인도되었다. 왕은 오랜 친구를 다시 만난 기쁨에 눈물을 흘렸고, 몇 분 동안 아무 말도 하지 못할 정도로 감정에 복받쳐 있었다. 그런데 네아르코스와 경비병들의 모습이 몹시도 누추하고 수척했기에, 알렉산드로스는 이들 몇 명만이 함대의 생존자라고 생각했다. 함대를 찾지도 못하고 보급도 해주지 못했다는 죄책감에 사로잡힌 그는 슬픔에 잠겨 있었다. 하지만 네아르코스가 그 점을 눈치채고, 함대가 불과 며칠 거리에 무사히 정박해 있다는 사실을 알리자 이번에는 기쁨의 눈물을 흘렸다. 그러고는 게드로시아 사막에서 겪은 참혹한 손실을 생환한 함대가 보상해주었다며 기뻐했다. 알렉산드로스는 감사의 제사를 올린 후, 네아르코스에게는 휴식을 명했고 다른 장군에게 함대를 이끌 것을 지시했다. 하지만 네아르코스는 자신이 시작한 여정을 끝까지 완수하게 해달라고 간청했다. 알렉산드로스는 그 요청을 기꺼이 받아들였다. 왕은 충분한 보급 물품과 함께 네아르코스를 함선으로 돌려보냈으며, 이토록 충직한 인물을 휘하에 두고 있다는 사실에 깊이 감사했다.

페르시아를 떠난 지는 거의 6년이 지났고, 유럽을 떠난 지는 10년의 세월이 흘렀다. 겨울바람이 차가워지기 시작하는 계절에, 알렉산드로스는 마침내 제국의 중심지 페르세폴리스로 돌아왔다. 그가 지나온 여정은 히르카니아와 파르티아, 박트리아, 소그디아나, 인도, 게드로시아, 카르마니아 등을 거치는 수천 킬로미터의 대장정이었으며, 그 행보에는 타오르는 사막과 우뚝 솟은 산맥과 숨 막히는 정글이 연이어 놓여 있었다. 역사상 그 어떤 군대도 이토록 험난한 길로 광범위한 원정을 수행한 적은 없었고, 어떤 탐험도 알렉산드로스의 원정만큼 머나먼 이국땅과 이민족들에 대한 정보를 기록한 적이 없었다. 그가 페르세폴리스를 떠날 당시에는 스물여섯 살의 청년이었지만, 이제 그는 서른이 넘은 검증된 명장이자, 페르시아의 어떤 대왕들보다 넓은 영토를 가진, 세상이 본 적 없는 거대한 제국의 지배자였다. 아직 정복해야 할 땅은 남아 있었지만, 그의 최우선 과업은 통합한 영토를 장악하고 안정시키는 일이었다. 오랜 부재로 인해 느슨해진 속주들의 행정은 왕이 왕좌로 복귀하면서 재정비될 것이었다.

알렉산드로스가 돌아와 처음 방문한 곳은 파사르가다이였다. 이곳에서 그는 다시 한번 페르시아의 초대 대왕 키루스의 무덤을 찾았다. 그는 동방에서 수많은 야만인들과 싸우면서, 자신에 앞서 같은 적들과 맞섰던 이 위대한 통치자에 대한 존경심을 새로이 하게 되었다. 그런데 그가 몸을 굽혀 무덤의 작은 방으로 들어섰을 때, 눈앞에 펼쳐진 광경에 충격을 금치 못했다. 무덤은 도굴되어 텅 비어 있었고 왕의 침상과 석관 외에는 아무것도 남아 있지 않았다. 심지어 거대한 석관 뚜껑은 억지로 열려 있었고, 잘 보존되어 있던 키루스의 시신은 바닥에 아무렇게나 놓여 있었다. 도굴범들은 석관을 조각내어 출입구로 빼내려다 실패한 모양이었다. 석관 조각들은 무덤 안에 흩어져 있었다. 이 참담한 광경에 알렉산드로스는 격분했다. 그는 무덤을 관리하도록 임명했던 마기 사제들의 일가 전체를 체포해 고문을 가하며 범인의 정체를 추궁했으나, 아무런 성과도 얻지 못했다. 그는 곧바로 오랜 친구인 아리스토불로스에게 부탁해 무덤을 원상태로 복원하도록 했다. 키루스의 유산에 대한 이처럼 노골적인 모욕은 알렉산드로스 자신이 대왕으로서 받은 모욕이기도 했다.

파사르가다이를 떠난 알렉산드로스는 기분이 언짢은 채로 페르세폴리스로 말을 달렸다. 몇 년 사이에 재건이 이루어졌지만, 불타버린 왕궁의 폐허는 여전히 도시를 흉물스럽게 내려다보고 있었다. 그는 다리우스와 크세르크세스의 궁전을 불태운 일을 깊이 후회했다. 파르메니온이 말한 것처럼, 자신의 소유물을 파괴한 것은 어리석은 짓이었고, 아울러 페르시아인들의 반감을 부추긴 일이었다. 다시 분노가 치밀어 오른 알렉산드로스는 현지 총독 오르크시네스를 반역 혐의로 고발해 매섭게 추궁했다. 오르크시네스는 며칠 전 파사르가다이에서 알렉산드로스의 귀환을 환영하며 왕과 측근 전원에게 화려한 선물을 바친 바 있었다. 알렉산드로스와 주변 인물 모두에게 아낌없는 선물을 베풀었지만, 왕이 총애하던 환관 바고아스에게는 아무것도 주지 않았다. 이것은 의전상 실례라는 점을 조용히 지적한 왕의 측근에게 그는, 왕의 친구들에게는 선물을 줄지언정, 몸 파는 사람에게는 선물을 줄 수 없다고 답했다. 이 발언은 바고아스의 귀에까지 들어가고 말았다. 궁정 경험이 풍부한 환관인 그는 즉시 복수를 실행했다. 그는 알렉산드로스의 귀에, 키루스의 무덤을 도굴한 장본인이자 그 외의 여러 범죄의 배후가 바로 오르크시네스라고 속삭였다. 당시 왕은 속주의 엉터리 행정을 누구에게든 책임 지우고 싶은 마음이었기에, 총독을 문책하는 것은 매우 적절해 보였다. 실제로 오르크시네스는 재임기 동안 무분별한 행위를 여럿 저지른 것으로 알려져 있기도 했다. 결국 이 페르시아인은 페르세폴리스의 뜰로 끌려나가 교수형에 처해졌고, 그 광경을 본 바고아스는 크게 기뻐했다. 알렉산드로스는 오르크시네스를 대신해 자신의 근위병인 페우케스타스를 새 총독으로 임명했다. 그는 인도에서 말리족의 도시 성벽 안에서 방패를 들어 알렉산드로스의 생명을 구한 인물이었다. 페우케스타스는 진정한 마케도니아인으로, 왕에 대한 절대적인 충성을 보여왔다. 특히 알렉산드로스에게 강한 인상을 남긴 점은, 대왕이 된 이후 새로운 정치 질서를 모색하던 그를 공개적으로 지지한 몇 안 되는 장교 중 하나였다는 사실이었다. 그는 페르시아어를 배워 유창하게 구사했고, 적절한 상황에서 현지 복식을 갖춰 입기도 했는데, 이는 바로 알렉산드로스가 자신의 행정관들에게서 기대했던 모습이었다. 그러한 노력 덕분에 그는 페르시아인들에게도 좋은 평판을 얻었으며, 마케도니아 상층부와 여전히 다수인 지역 페르시아인들 사이의 중재자로서도 큰 역량을 보였다.

페르세폴리스에서 메소포타미아의 수사로 향하는 길에서도, 알렉산드로스는 향후 정복 활동을 구상하고 있었다.7 평범한 왕이었다면 이쯤에서 만족하고 통치권을 공고히 하는 데 주력하며, 이후에는 방대한 제국이 생산하는 과실을 즐겼을 것이지만, 알렉산드로스는 그 너머 새로운 지평을 꿈꾸는 일을 그치지 않았다. 아리아노스가 말한 것처럼, 그는 언제나 현실 너머를 추구했으며, 다른 경쟁자가 없었기에 오직 자기 자신과 경쟁했다. 특히 네아르코스가 아라비아 일대의 해안에 대해 기록한 내용은 알렉산드로스가 오랫동안 품어왔던 인더스강에서부터 아라비아반도를 돌아 이집트를 아우르는 해상 지배권에 대한 열망을 더욱 부추겼다. 이미 기원전 2세기, 카리아 출신의 항해사 스킬락스가 다리우스 대왕의 명을 받아 인도에서 이집트까지의 긴 항해에 성공한 바 있었기 때문에, 알렉산드로스도 자신의 계획을 실현할 수 있다는 확신을 가지고 있었다. 나아가 그는 아라비아 해안의 여러 왕국에 대한 정복 계획도 세웠다. 아라비아반도의 내륙은 끝없는 사막뿐이었지만, 페르시아만이나 인도양과 홍해를 따라 거주하는 해안 민족들은 오래전부터 유향과 몰약, 진주, 계피 등 고가의 물품을 사막을 가로지르는 대상을 통해 시리아와 팔레스타인으로 운송해왔다. 중간 유통을 생략하고 이 모든 부의 이동을 직접 통제할 수 있다면 더할 나위 없이 좋지 않겠는가?

이것만으로도 부족했는지, 알렉산드로스는 헤로도토스의 기록에서 읽은 페니키아인들의 항로를 따라 아프리카 대륙 전체를 일주하고 싶은 열망까지 품게 되었다.8 티그리스강에서 출항해 아라비아를 돌고 아프리카 동해안을 따라 남하한 뒤 거대한 대륙의 해안을 따라 항해해 마침내 지중해 서쪽 입구인 헤라클레스의 기둥*에 이르겠다는 원대한 구상을 한 것이

---

*   헤라클레스의 기둥은 모로코 최상단 지브롤터해협의 입구에 있는 두 개의 거대한
     바위산이다. 그리스신화에서 헤라클레스가 만든 것으로 전해진다. (옮긴이)

다. 그는 이 여정이 얼마나 먼 거리인지 정확히 알 수 없었지만, 페니키아인들이 이 항해를 마치는 데 3년이 걸렸다는 사실만으로도 그 장대한 거리를 짐작해야 했다. 하지만 그는 아라비아 해상권을 통제하고 아프리카 연안을 일주할 가능성에 몹시 흥분했다. 그래서 곧바로 선원과 조타수들을 모집하고, 유프라테스강 인근에서 원정에 필요한 갤리선 함대를 건조하도록 명령했다.

그런데 왕의 구상은 거기서 끝나지 않았다. 그는 티레 공성전 당시 카르타고가 티레를 도운 사실에 오랫동안 원한을 품고 있었으며, 자신이 만일 키레네 너머 지중해 서쪽으로 나아간다면 북아프리카의 강력한 상업 왕국인 카르타고와의 충돌을 피할 수 없을 것으로 생각했다. 알렉산드로스에게 가장 중요한 목표는 카르타고를 섬멸하고, 그들이 가졌던 아프리카 해안 전역은 물론 주요 섬과 도시들까지 장악하는 제해권을 확보하는 것이었다. 또한 그는 이탈리아 중부 티베르Tiber강 인근의 작은 도시 하나가 점차 세력을 키우고 있다는 소식을 들었다. 로마인Romans으로 불리던 현지인들은 같은 세기 초에 갈리아 침입자들을 물리쳤으며, 이제는 전쟁과 외교를 통해 이탈리아반도 전역으로 세력을 확장하고 있었다. 용맹한 전사들로 알려진 그들도 장차 병합해 식민지로 키워야 할 뿐, 전략적으로 중요한 지중해 한편에서 독자적인 세력을 키우게 둘 수는 없었다. 이탈리아 남부와 시칠리아도 마찬가지였고, 삼니움족을 비롯한 여러 이탈리아계 민족 역시 제국의 통제 아래로 편입시켜야 했다. 그 너머에는 금광과 은광으로 유명한 히스파니아가 있었고, 그곳은 제국의 서쪽을 이루는 자연스러운 경계선이 될 것이었다. 만일 마케도니아가 헤라클레스의 기둥을 넘어 대서양으로 나아가지 않는다면 상관없겠지만, 그 너머를 바라본다면 브리타니아Britain와 히베르니아Ireland마저도 제국에 포함시켜야 할 것이었다.

알렉산드로스는 서방 정복이 마무리되면 동방으로 돌아가 소그디아나 전쟁 중에 계획했던 스키타이 정복을 마무리할 생각으로 기대감을 키웠다. 마케도니아 함대가 흑해를 따라 북쪽으로 항해하면, 육군은 초원을 가로질러 동쪽으로 진군해 옥서스강과 야크샤르강에 도달할 것이다. 이때 스키타이의 일부 왕들과 동맹을 맺어 그들의 지원을 받으면 금상첨화일 것이다. 생각이 여기까지 이른 알렉산드로스는 그 즉시 카스피해 남쪽 히르카니아에 전갈을 보내, 갑판이 개방된 그리스 갤리선 함대를 건조하도록 명령했다. 그리고 카스피해를 탐사하고 그것이 세계를 둘러싼 거대한 바다와 연결되어 있는지 확인하라는 임무를 하달했다. 이러한 북방 원정이 완료된다고 해도, 갠지스강 인근의 왕국들은 여전히 그의 손길을 기다리고 있을 것이었다. 그들이 얼마나 많은 전투용 코끼리를 동원하든 그것은 상관없는 일이었다. 알렉산드로스는 메디아인과 페르시아인들이 자신들을 '아시아의 지배자'라고 부른 사실이 새삼 우습게 느껴졌다. 대륙의 대부분을 정복하지도 못한 자들이 그런 칭호를 붙였기 때문이었다. 알렉산드로스 자신은 유럽은 물론 아프리카와 아시아를 아우르는 최초의 진정한 세계 제국을 건설할 생각이었다. 그 제국은 히스파니아와 미지의 아프리카 해안부터 시작해서 스키타이와 동방의 미개척 국가들, 어쩌면 중국에까지도 이를 것이었다. 그것은 세계를 하나로 통합하는 놀라운 비전이었다. 신들이 그에게 충분한 시간을 허락해주었다면, 그는 어쩌면 이 원대한 꿈을 실현할 수 있었을지도 모른다.

수사에 도착한 알렉산드로스는 사트라프 아불리테스를 불러 게드로시아 사막에서 요청한 보급품을 보내지 않은 이유를 추궁했다.[9] 아불리테스는 그 이유는 물론, 왕이 오랜 기간 자리를 비운 사이 사트라피의 행정이 엉망이었던 이유에 대해서도 제대로 된 답변을 내놓지 못했다. 그는 막대한 금화를 선물하며 알렉산드로스의 분노를 달래려 했지만, 왕은 그 금화를 말들 앞에 던져주고는 가만히 지켜보았다. 말들이 보물에 관심을 주지 않자, 왕은 사막에서 필요한 것은 보급품이지 저런 재물이 아니라며, 아불리테스를 감옥에 가두었다가 이내 처형했다. 또한 그의 장성한 아들 옥사트레스는 자신이 직접 창을 던져 꿰뚫어 죽였다.

그러던 가운데, 펀자브에서부터 알렉산드로스를 따라왔던 인도의 현자 칼라노스가 갑자기 찾아온 복통으로 고통스러워했다.[10] 평생 금욕적인 삶을 살며 건강을 유지했던 그였지만, 이제 70세가 넘었고, 낯선 땅을 다니며 몸이 쇠약해진 듯했다. 그는 질병으로 고통받는 것보다 정신이 온전할 때 스스로 불꽃에 몸을 던져 삶을 마감하고 싶다고 왕에게 호소했다. 알렉산드로스는 노 철학자에게 깊은 애정을 품고 있었기 때문에 한사코 이를 만류했으나, 칼라노스는 뜻을 굽히지 않았다. 왕은 결국 그의 요청을 받아들였고, 친구 프톨레마이오스에게 칼라노스를 위한 거대한 장작더미를 쌓도록 지시했다.

경건한 화형식이 거행된 아침, 칼라노스는 더 이상 오래 걸을 수도 없어서 가마에 실린 채 장작더미 앞으로 나아갔다. 그는 기쁜 표정으로 가마에서 내려 목재 단 앞에 서서 작별 인사를 했다. 그리고 알렉산드로스가 선물한 값진 장구들도 마케도니아 병사들에게 모두 나누어주었다. 그는 머리카락 한 자락을 잘라 장작 위에 던진 뒤, 천천히 장작더미 위로 올라가 상단에 누웠다. 모든 병사가 지켜보는 가운데 장작에 불이 붙여졌고, 칼라노스는 자신의 모국어로 인도의 신들에게 바치는 찬가를 불렀다. 알렉산드로스는 마치 적진을 향해 돌격하듯 함성을 질렀고, 병사들도 우렁찬 소리로 그에 화답했다. 잠시 후 칼라노스는 불길에 휩싸였으나, 단 한 번도 몸을 움직이거나 신음하지 않고 그대로 불덩어리가 되어 타올랐다. 어떤 병사는 늙은 현자가 고통을 자처한 것은 미친 짓이었다고 말했고, 어떤 병사는 고통을 참는 자신의 능력을 과시한 일이었다고 투덜댔으나, 알렉산드로스를 포함한 대부분은 죽음을 두려워하지 않는 그의 용기와 단호한 의지에 깊은 경외심을 느꼈다.

그해 겨울, 수사에서 칼라노스의 장례식을 치른 알렉산드로스는, 이번에는 대규모 집단 결혼식을 열었다.[11] 마케도니아인들과 토착민들의 관계를 긴밀히 하기 위한 또 다른 정책의 일환이었으며, 이전의 어떤 행사보다도 거대한 규모로 개최했다. 왕 자신도 두 명의 페르시아 여인을 아내로 맞이했다. 그들은 각각 다리우스의 딸인 스타테이라와 이전 대왕 아르탁세륵세스 4세의 딸인 파리사티스였다. 왕은 자신의 친구 헤파이스티온에게 다리우스의 또 다른 딸 드리페티스를 아내로 맞이하도록 했는데, 훗날 두 사람의 자녀들이 서로 사촌이 되게 하려는 의도였다. 크라테로스는 알렉산드로스의 첫 번째 아내 록사네의 여동생을 아내로 맞았고, 그밖에도 페르디카스와 프톨레마이오스, 네아르코스, 셀레우코스 등 수십 명의 동료들도 페르시아와 메디아와 박트리아의 토착 귀족 여성들과 혼인했다. 결혼 예식은 의도적으로 마케도니아식이 아닌 페르시아식으로 진행되었다. 모두의 건강을 기원하는 건배가 제안되었고, 신랑들은 앉아서 아내들을 기다렸다. 신부들이 입장해 신랑 옆에 앉으며 신랑과 신부는 손을 맞잡고 입을 맞추었다. 알렉산드로스도 두 아내에게 모두 입을 맞추었다. 이후 모두는 잠자리를 위해 각자의 침실로 들었다. 마케도니아 장교들의 사기를 진작시키기 위해 왕은 모든 여성의 지참금을 넉넉히 마련해주었다.

알렉산드로스의 입장에서 훌륭한 행사였던 이 결혼식은 그러나, 궁정 내의 갈등을 완화하려 한 대부분의 시도들과 마찬가지로 처참한 실패로 귀결될 수순이었다. 마케도니아인들 가운데 누구도 토착 여인과의 결혼을 반기지 않았다. 이민족 여성을 잠시 만나는 것은 괜찮았지만, 정말로 원했던 것은 고향 출신의 정숙한 여성이었다. 수사에서 이루어진 혼사 가운데 실제로 오래 지속된 경우는 거의 없었다. 오히려 왕의 정책은 일반 병사들 사이에서 호응을 얻었다. 적지 않은 병사들은 아시아를 행군하면서 자발적으로 토착 여성들과 결혼했고, 진영 내에서 자식을 길렀다. 알렉산드로스는 그러한 병사들의 결혼을 공식적으로 인정하고, 각 부부에게 값진 결혼 선물도 선사했다. 또한 병사들이 지난 몇 해 동안 진 고리대금업자와 술 장수, 창녀 등에게 진 빚을 갚아주기도 했는데, 조건 없이 지원한 재정지원으로 인해 국고에 큰 부담을 지웠다. 처음에 병사들은 각자 진 빚을 적어서 제출하라는 지시를 듣고, 불이익을 당하는 것이 아닐까 의심했다. 하지만 왕이 진심으로 병사들을 돕고자 하며, 심지어 돈을 받은 병사의 이름조차 기록하지 않겠다고 하자 크게 감동을 받아 왕에게 감사했다.

그런데 머지않아 병영이 어수선해지는 한 사건이 벌어졌다. 페르시아 청년들이 지난 수년간 마케도니아 병사로 훈련받은 뒤 주요 보직에 배정받아 수사에 도착했기 때문이었다. 이들은 그리스어 교육을 받았고, 마케도니아식 전투기술과 군대 운영법을 배웠으며, 이제는 올림포스산을 뛰어놀던 마케도니아 청년들과 견줄 만한 실력을 갖추고 있었다. 이들은 전통적인 마케도니아 병사의 복장과 무장으로 도열해, 왕과 장교들 앞에서 그동안 훈련받은 제식을 완벽하게 선보였다. 이 모습을 알렉산드로스는 크게 기뻐했지만, 나머지 병사들은 몸서리를 쳤다. 왕이 차세대 병력으로 길러낸 이 젊은이들은 시간이 지나면 알렉산드로스 군대의 장교로 성장할 것이고, 나아가 제국 전역에서 통치권을 행사할 것이며, 왕의 권력을 새로운 땅으로 확장해나갈 핵심 세력으로 역할을 할 것이었다. 마케도니아 병사들은 자신들이 이 외국 청년들에게 밀려나는 것이 아닌지 우려했고, 날이 갈수록 분노를 쌓기 시작했다. 그리고 이 청년들을 경멸의 뜻을 담아 전쟁 춤꾼war dancers이라고 불렀다. 세상을 정복한 백전노장들이 자신의 자리를 외국의 풋내기들에게 빼앗긴다면 그게 무슨 소용이란 말인가!

알렉산드로스가 다수의 노병을 제대시키고 고향으로 돌려보내겠다고 선언하면서 위기는 절정에 이르렀다.[12] 왕이 수사에서 티그리스강을 따라 북쪽으로 이동해 오피스Opis라는 도시에 도착했을 때였다. 메소포타미아로 침입하는 해상 세력을 방어하기 위해 페르시아인들이 설치한 댐들을 철거하는 작업을 점검하는 일정이었다. 이 댐들 때문에 강을 오르내리는 선박의 운항이 어려웠으며, 알렉산드로스는 이를 군사적으로도 도움이 안 되는 제국의 잔재라고 비판했다. 왕은 그곳에서 마케도니아 병사들을 소집한 뒤, 나이가 들었거나 부상으로 복무가 힘든 병사들을 제대시킬 것이며, 그들에게는 공로에 걸맞는 충분한 보상이 주어질 것이라고 발표했다. 남는 병사들 또한 큰 부를 손에 넣어 마케도니아 전체의 부러움을 사게 될 것이라고 선언했다. 알렉산드로스는 남는 자와 떠나는 자 모두 이러한 방침을 크게 반길 것으로 기대했다. 하지만 돌아온 반응은 싸늘한 침묵이었다. 오랜 세월을 마케도니아를 위해 복무해온 병사들은, 비록 고대하던 귀향이었음에도, 이민족 신규 병력이 쏟아져들어오는 상황에서 갑작스러운 제대 통보를 받자 당혹스러워했다. 복무자 명단에 오른 병사들 또한, 언젠가 자신들도 불시에 버려질 것이라는 불안감에 사로잡혔다. 외국 병력이 속속 합류하고, 페르시아식 풍습이 도입되며, 일방적인 결혼 정책까지 시행되는 등의 상황은 그 불안감을 부채질했다. 왕의 발표에 병사들은 박수 대신 불만의 목소리를 높였다. 자신들에게 관심이 없는 왕이 이제는 동포들을 모두 고향으로 돌려보내려 한다며 투덜대기도 했다. 어떤 병사는, 왕은 이제 새로 들인 아버지 암몬과 함께 싸우라며 소리치기까지 했다.

알렉산드로스는 노골적으로 반발하는 병사들의 모습에 격노했다. 그리고 서 있던 연단에서 뛰어내려, 경비병들에게 가장 악질적인 목소리를 낸 병사 열두어 명을 체포해 즉시 처형하라고 명령했다. 그리고 다시 연단으로 올라가, 병사들의 얼굴을 마주하고는 그의 생애에서 가장 격정적인 연설로 기록될 발언을 시작했다.[13] 그는 자신과 군대가 마케도니아를 위해 얼마나 많은 일을 했는지 상기시키며, 그러한 업적에 대해 보인 터무니없는 망언을 꾸짖었다. 그리고 병사들은 각자의 과거를 잊었냐며, 필리포스 왕이 군대로 받아들이기 전에는 그저 짐승 가죽을 걸치고 염소를 돌보며, 늑대나 일리리아 도적 떼를 피해 다니던 무지렁이들이 아니었냐고 일갈했다. 그는 계속해서 다음과 같이 호소했다. 아버지 필리포스 아래 마케도니아는 그리스와 발칸 전역을 지배했다. 그리고 이제 새로운 깃발 아래 아시아로 진군했고, 트로이에서 키레네에 이르는 지중해 일대를 정복했고, 에게해 연안과 시리아와 페니키아, 이집트를 제국의 영토로 만들었으며, 페르시아 본토는 물론 박트리아와 소그디아나와 인도에까지 진격했다. 모두들 부자가 되었지만, 누구도 일신을 위해 방탕하지 않았다. 왕과 장군들도 보병과 같은 음식을 먹고 같은 고생을 하며 이 자리까지 왔다. 그대들은 나에게 상처를 자랑하고 싶은가? 그렇다면 나도 그대들에게 상처를 보여주겠노라! 사실, 그의 몸 곳곳에도 병사들과 마찬가지로 수많은 상처 자국이 있었다. 병사들과 함께 온갖 고난을 견디낸 탓이었다. 그는 병사들의 빚을 갚아주었고, 진영에서 낳은 아이도 정식으로 인정해주었다. 행군 중에 죽은 이가 있으면 화려한 장례식을 치러주었고, 그의 가족은 향후 모든 세금을 면제받았다. 알렉산드로스는 이렇게 외쳤다. 모두 내 눈앞에서 꺼져라! 늙은이도 병든 이도 모두 마케도니아로 돌아가라. 나는 이제 너희가 필요 없노라. 돌아가서 한 가지는 분명히 전하라. 왕을 버리고 왔노라고, 너희가 정복한 제국을 너희가 무찔렀던 야만인들의 손에 넘기고 도망쳤노라고.

이 말을 마지막으로, 알렉산드로스는 연단에서 성큼성큼 내려가 자신의 천막으로 들어가버렸다. 그리고 사흘 동안 누구도 만나려 하지 않았다. 인도의 히파시스 강둑에서 갠지스강 방면으로 진군하기를 주저하던 병사들에게 보였던 바로 그 수법이었다. 그때는 자신의 뜻을 굽힌 그였지만, 이제는 병사들의 속성을 정확히 파악하고 있었다. 자신의 말이 허언이 아니라는 사실을 분명히 하기 위해, 그는 충성스러운 페르시아의 장교들을 불러 군 지휘권을 할당하기 시작했다. 이쯤 되자 마케도니아 병사들은 크게 당황했다. 그들은 무기를 내던진 채 왕의 천막 밖으로 몰려들었다. 그리고 왕을 만나게 해달라고 애원하며, 그렇게 하기 전에는 결코 자리를 떠나지 않겠다고 선언했다. 마침내 알렉산드로스가 모습을 드러내자, 참회하는 병사의 무리가 그에게 다가왔다. 그 가운데서 늙은 마케도니아 기병 칼리네스가 나서서 병사들의 생각을 전했다. 그는 모두를 고향으로 돌려보내는 결정을 철회해달라고 간청했고, 앞서서 감정적으로 내뱉은 말들을 용서해달라고 머리를 숙였다. 그들은 왕이 자신들을 외면한 채 페르시아인들을 중용하는 모습을 참을 수 없었다고 고백했다. 그러자 알렉산드로스는 칼리네스를 껴안고 입을 맞추었다. 병사들은 환호성을 지르며 손뼉을 쳤다. 그들의 얼굴에서는 눈물이 흘렀고, 왕 또한 함께 눈물을 흘렸다. 왕은 다가오는 모두를 기꺼이 껴안고 어루만지며, 자신에게 다가와 입맞춤으로 축복을 받으라고 말했다. 이제 모든 것이 용서되었다. 정말로 싸울 수 없는 병사들만 마케도니아로 귀환하기로 했는데, 그들은 금과 은을 넉넉히 지급받고 기꺼이 귀국길에 올랐다. 알렉산드로스는 자신이 병사들을 얼마나 존중하는지 보여주기 위해, 가장 아끼는 장군 크라테로스를 호송 지휘관으로 임명했다. 왕이 요청한 한 가지 사항은, 병사들이 진영에서 새로 맞이한 아내와 아이들은 고향으로 데려가지 말고 남겨두라는 것이었다. 외국인 아내와 혼혈 아이가 마케도니아에 도착하면 가족은 물론 주변 사람들의 반감으로 인해 고통을 받을 것이 분명했다. 알렉산드로스는 그들의 보살핌을 책임질 것이며, 자녀들은 진정한 마케도니아 병사로, 아버지의 자랑스러운 후계자로 키우겠다고 약속했다. 토착인 아내와 자녀들을 두고 떠나는 것은 마음이 아팠지만, 병사들도 왕의 말에 일리가 있다고 생각했다. 야성의 관습을 가진 박트리아나 인도인 여인이나 그 자식들을 데려가 일가에 소개하느니, 마케도니아의 옛 아내에게 돌아가거나 새로운 신부를 맞이해 다시 시작하는 편이 낫다고 생각했다.

크라테로스에게는 마케도니아로 돌아가 처리해야 할 또 하나의 민감한 문제가 있었다. 알렉산드로스의 어머니 올림피아스와 고령의 섭정 안티파트로스 사이에 발생한 갈등을 해결하는 일이 그것이었다.[14] 고집 센 두 사람은 서로를 좋아한 적이 한 번도 없었지만, 왕이 동방 원정으로 자리를 비운 사이에는 불가피하게 권력을 나눠야 했다. 알렉산드로스가 헬레스폰트에서 인더스강을 지나 다시 돌아오는 여정 내내, 두 사람은 상대방의 불합리한 처사를 고발하는 편지를 끊임없이 보냈다. 안티파트로스는 올림피아스가 성질 고약한 고집불통이라고 비난했고, 그녀가 국정에 지속적으로 간섭한다고 주장했다. 올림피아스도 그에 못지않은 강도로 상대를 비판했다. 안티파트로스는 자신을 그 자리에 임명한 사람이 누구였는지 잊었으며, 이제 섭정이 아니라 마치 왕처럼 행동하고 있다는 것이었다. 알렉산드로스는 지난 10년 동안 두 사람의 갈등을 멀리 떨어진 곳에서 편안히 관조했지만, 이제는 이 골치 아픈 문제를 단호하게 해결할 때가 되었다고 생각했다. 안티파트로스는 아시아 원정 동안 충성을 다한 유능한 인물이었지만, 여전히 하나의 잠재적인 위협이었다. 파르메니온 계파가 제거된 이후, 마케도니아 본국에서 알렉산드로스의 권좌를 위협할 수 있는 존재는 안티파트로스와 그를 기반으로 한 일가뿐이었다. 대왕의 권좌에 오른 알렉산드로스라고 할지라도 자신의 어머니를 내칠 수는 없는 노릇이었다. 물론 그렇게 하고 싶은 순간이 있었는지도 모르겠다. 결국 알렉산드로스는 어머니 대신 안티파트로스를 물러나게 할 결심을 굳혔다. 그는 섭정에게 보내는 명령서를 통해, 크라테로스가 도착하는 즉시 그에게 그리스와 마케도니아 통치권을 넘기고, 새로 징집된 마케도니아 병사들과 함께 바빌론으로 전출할 것을 지시했다. 바빌론에서는 그간의 공로를 인정받고, 도심의 정원에서 평화로운 은퇴 생활을 하게 될 것이라고 명시했다. 그러나 안티파트로스는 명령서를 받자마자, 그것이 곧 자신의 사형 선고장임을 알아차렸다.

안티파트로스는 자신의 아들이자 알렉산드로스의 어릴 적 친구인 카산드로스를 바빌론으로 보냈다. 그리고 아들이 협상을 하는 사이 자신의 살길을 모색하고자 했다. 그런데 상황은 계획대로 흘러가지 않았다. 왕 앞으로 인도되었을 때, 카산드로스는 동행한 페르시아인들이 얼굴을 땅에 대고 절하는 모습을 보고 비웃으며 웃음을 터뜨렸다. 그러자 알렉산드로스는 왕좌에서 벌떡 일어나 카산드로스의 머리채를 잡고 벽에 내리쳤다. 시간이 흐른 뒤 머리의 상처는 회복되었지만, 마음의 상처는 오랫동안 남았다. 그는 몇 년 뒤 그리스로 돌아간 후에도 알렉산드로스의 그림이나 조각상을 보면 소스라치게 놀라곤 했다. 카산드로스가 그토록 왕을 두려워하게 되었음에도, 안티파트로스의 또 다른 아들 이올라오스는 여전히 왕의 시중을 들고 술을 따랐다. 그의 직책은 왕의 술잔에 독이라도 탈 수 있을 만큼 신뢰받는 자리였다. 안티파트로스도 어쩌면 협상에 실패할 경우, 왕이 자신을 제거하기 전에 먼저 알렉산드로스의 잔에 독을 타리라 생각했을지도 모른다.

여름이 되자 알렉산드로스는 이전의 모든 페르시아 왕들이 그랬던 것처럼, 메소포타미아 평원 위 고지대인 메디아 산악지대에 위치한 서늘한 도시 엑바타나에 머물렀다.15 그곳에서 낮에는 병사들을 위한 다채로운 운동경기와 음악 경연을 열었고, 밤에는 동료들과 함께 성대한 술잔치를 벌였다. 이 축제를 위해 그리스에서 3000명의 예술가와 배우들이 파견되었으며, 행사는 며칠 동안 이어졌다. 알렉산드로스의 가장 가까운 친구 헤파이스티온은 낮의 경연보다 밤의 연회에 더 관심을 가졌지만, 알렉산드로스는 낮의 경기들에 열광했고, 주요 종목들을 직접 참관해 즐겼다. 연회가 끝난 어느 밤, 헤파이스티온이 열병에 걸려 병석에 누웠다. 그의 주치의 글라우키아스는 건강을 해칠 수 있으니 더 이상 과음하지 말라고 엄중히 경고했다. 헤파이스티온은 어쩔 수 없이 주치의의 말을 따랐고, 글라우키아스는 7일 동안 그의 곁을 지켰다. 그런데 의사가 회복을 낙관하고 가벼운 마음으로 극장을 방문한 날, 헤파이스티온은 침대에서 일어나 식당으로 갔다. 그곳에서 삶은 닭 한 마리를 먹고 차가운 포도주 한 통을 단숨에 들이켰다. 하지만 이내 기절하듯 쓰러졌고 주변 사람들에 의해 침실로 옮겨졌다. 헤파이스티온의 병세가 다시 위중해졌다는 소식에, 알렉산드로스가 경기장에서 뛰어나와 단숨에 그의 곁으로 갔지만, 도착했을 때는 자신이 가장 사랑한 사람이 이미 세상을 떠난 뒤였다.

고대 사료들은 이후 일어난 일들에 대해 다양한 이야기를 전하고 있지만, 한 가지에 대해서는 공통된 기술을 한다. 알렉산드로스는 통제할 수 없을 만큼의 깊은 슬픔에 빠져들었다. 그는 헤파이스티온의 주치의 글라우키아스가 환자를 제대로 돌보지 못했다며 십자가형에 처하도록 명령했다. 그리고 트라키아인들과 페르시아인들이 따르던 관습에 따라, 도시의 모든 말과 노새의 갈기와 꼬리를 자르도록 명령했다. 도시 내에서 모든 음악은 금지되었고, 엑바타나에 있던 치유의 신 아스클레피오스의 신전을 불태우라고 지시했다. 하루 뒤에도 그는 헤파이스티온의 시신에 몸을 기댄 채 울부짖었고, 먹지도 않고 마시지도 않았다. 결국 보좌관들이 억지로 그를 끌어내야 했다. 마침내 그는 헥토르에게 파트로클로스를 잃고 트로이 성벽 앞에서 울부짖던 영웅 아킬레우스처럼, 자신의 머리카락을 자른 뒤 헤파이스티온의 시신을 직접 운구하며 장례 행렬을 이끌었다.

알렉산드로스는 이집트 시와의 신전에 사자를 보내, 헤파이스티온을 신으로 모실 수 있는지 문의했다. 그러나 이 요청은 순종적이기로 유명했던 제우스암몬 신전의 사제들조차 승인할 수 없을 만큼 지나친 것이었다. 대신 사제들은 헤파이스티온을 신적인 영웅으로 명명할 수 있으며, 개인이 신적인 영웅에 대해 자신만의 숭배를 올리는 것은 허용된다고 회신했다. 왕은 적어도 처음에는 이에 만족했고, 이집트와 몇몇 지역들에 헤파이스티온을 위한 제단을 세울 것을 지시했다. 알렉산드로스는 친구의 자리를 기억하기 위해 군 지휘관의 직책을 공석으로 두었고, 호화로운 장례 경기들을 준비했다. 살아남은 전우들은 헤파이스티온에 대한 경의를 표하기 위해 앞다투어 그를 기리는 몸짓과 행동을 보였다. 어떤 이는 자신의 충성을 그의 이름에 바쳤고, 어떤 이는 자신의 무기를 그에게 바쳤다. 다른 이는 상아와 금으로 헤파이스티온의 조각상을 제작하기도 했다. 몇몇 용감한 친구들은 알렉산드로스를 위로하며, 크라테로스 같은 인물들도 헤파이스티온 못지

않게 왕을 사랑한다고 조심스레 말해보았다. 그러나 왕은 이렇게 답할 뿐이었다. "크라테로스는 나를 왕으로 사랑한 것이고, 헤파이스티온은 나라는 인간을 사랑한 것이다." 실제로 어린 시절부터 알렉산드로스와 고락을 함께한 그는, 둘의 사이를 질투하던 왕의 어머니 올림피아스에게조차 당당히 편지를 보내 자신의 입장을 밝힌 적이 있었다. 편지에서 그는, 알렉산드로스는 세상 무엇보다 소중한 존재이니 우리 사이를 이간질하려는 일은 그만두어달라고 호소했다.

알렉산드로스는 이전의 어떤 기념물도 견줄 수 없는 값지고 화려한 무덤을 세우라고 지시했다. 그 무덤은 바빌로니아의 지구라트 형태로 지어질 예정이었으며, 기단은 한 변이 180미터가 넘는 정사각형이었고, 높이는 약 60미터에 달하는 중층 구조였다. 장식을 위해 최고의 예술가들이 초청되었으며, 활을 쏘아 올리는 궁수들과 야생동물을 사냥하는 사람과 날갯짓을 하며 날아오르는 독수리 등을 조각할 계획이었다. 기념비 곳곳에는 황금으로 만든 배의 뱃머리와 페르시아 양식의 사자와 황소도 형상화될 예정이었다. 특히 속이 빈 세이렌Siren 조각상을 세울 것인데, 누구든 그 안에 들어가 죽은 친구를 위한 애가를 부르도록 설계할 생각이었다. 그런데, 알렉산드로스를 지지하고 헤파이스티온을 좋아했던 이들조차도, 이 모든 조치가 지나치다고 느꼈다. 물론 그러한 생각을 감히 왕에게 말할 수는 없었다. 알렉산드로스와 헤파이스티온 둘 모두를 가르쳤던 아리스토텔레스는, 우정이야말로 세상에서 가장 위대한 선 가운데 하나지만, 동시에 절제야말로 훌륭한 인간이 매사에 추구하는 덕목이라고 하지 않았던가. 헤파이스티온의 장례 준비를 지켜보던 사람들은 대체로 알렉산드로스가 정도를 넘어섰다고 생각했다. 아무리 순수한 의도라고 해도, 친구를 위한다는 명목으로 이토록 슬픔을 드러내는 것은 신들에 대한 모욕일 수도 있는 일이었다. 그리고 사람들은 알고 있었다. 신들은 모든 일에 상응하는 대가를 치르게 한다는 사실을.

헤파이스티온에 대한 알렉산드로스의 애도는 겨울이 깊어지는 몇 주간 계속되었고, 결국 궁정의 모든 이들이 그를 절망의 수렁에서 건져내야 한다는 사실을 알게 되었다. 다행히도 그 시점에, 왕이 좋아하는 군사작전을 수행해야 할 사건이 생겼다. 엑바타나 남서쪽 고지대에 살고 있던 코사이족Cossaeans이 반란을 일으킨 것이다.16 이들은 수년 전에 알렉산드로스가 상대했던 우시아인들처럼 한 번도 페르시아 제국에 복속된 적 없는 고지대 전사들로, 자신들의 땅을 지나려는 왕실 관리들에게 통행세를 요구하던 자들이었다. 마케도니아의 사절들이 항복을 요구하며 찾아갔을 때, 코사이족은 이를 거부했다. 알렉산드로스에게 이러한 모습은 황소 앞에서 붉은 천을 흔드는 행위와도 같았다. 마케도니아인들은 안도했다. 왕이 마침내 슬픔을 벗어던지고 활기찬 일상을 되찾을 것이라고 생각했기 때문이었다. 왕은 이 오만한 산악 부족에게 본때를 보여주겠다는 새로운 결의로 일어설 것이었다. 코사이족은 전에도 군대가 접근하면 산악으로 도주해 숨어 있다가, 위협이 사라지면 다시 나타나 약탈을 벌이곤 했다. 하지만 이번에는 알렉산드로스가 몸소 출전했다. 그는 프톨레마이오스와 함께 코사이족의 영토를 포위해 마을을 고립시킨 뒤, 눈 덮인 산악지대 곳곳에서 40일 동안 분노에 찬 공격을 단행했다. 알렉산드로스는 이 전투에서 죽은 자들은 모두 헤파이스티온의 혼령에 바치는 제물이라고 선언했다. 이는 마치 아킬레우스가 파트로클로스를 위해 트로이 청년들을 희생시킨 일을 연상시키는 행동이었다. 마케도니아의 공격에서 겨우 살아남은 이들은 사로잡혀 노예로 전락했고, 결국 코사이족 지도자들은 항복을 청했다. 알렉산드로스의 지배를 받아들인 그들은 왕의 충직한 신하가 되기로 서약했다.

봄이 시작되고 자그로스산맥에 야생화가 만개하자, 알렉산드로스는 마침내 엑바타나를 떠나 바빌론으로 향했다. 행군 도중에도 먼 나라의 사절들이 찾아와 정복 활동에 대한 축하 인사를 전하며 우호 관계를 맺기를 진심으로 청했다. 그들은 알렉산드로스의 활동을 예의주시하고 있다가

장차 벌어질지도 모를 갈등에 대비하려 했다. 이들 가운데는 키레네 서쪽의 아프리카 지역에서 온 사절들도 포함되어 있었다. 그들은 복종의 의미로 왕관을 바쳤다. 이집트 남쪽의 에티오피아인들은 물론, 카르타고인들까지 사절을 보내왔는데, 그들은 다른 어떤 부족들보다도 걱정할 일이 많았기 때문이었다. 이탈리아의 여러 부족도 방문했는데, 브루티아인, 루카니아인, 에트루리아인 등이 있었고, 일부 그리스 사료에 따르면 로마에서 온 사절도 있었다. 그러나 후대의 로마 기록들에는 알렉산드로스에게 경의를 표한 사실이 기록되어 있지 않았다. 켈트족은 12년 전, 알렉산드로스의 다뉴브강 인근 원정 때와 마찬가지로 다시 사절단을 보냈다. 머나먼 히스파니아에서 이베리아인들도 도착했고, 흑해 북쪽 지역에 거주하는 스키타이인들도 찾아왔다. 이들 중 일부는 과거에 알렉산드로스와 만난 적이 있었지만, 마케도니아인들에게 완전히 새로운 부족들도 있었다. 알렉산드로스는 이들 모두를 밝은 얼굴로 맞이하며, 따뜻한 우정의 말과 평화의 약속을 전했다. 물론 그것은 그가 필요하다고 판단되면, 훗날 얼마든지 깨도 좋은 약속이었다.

    마침내 알렉산드로스가 바빌론 성벽 가까이 이르렀을 때 칼데아 사제들이 그를 맞이하면서 한 가지를 간청했다.[17] 그들은 왕이 바빌론의 성문을 절대 통과해서는 안 된다는 신탁을 받았다며, 위대한 신 마르둑으로부터 받은 경고인 것 같다고 했다. 알렉산드로스는 칼데아인들을 존중했고, 실제로 동방 원정 때는 칼대아 사제 몇 명을 수행원으로 동반하기도 했지만, 이제는 그들이 이렇게 행동하는 동기를 의심하고 있었다. 그가 인도에 머무는 동안 자신이 내렸던 마르둑 신전의 복원 명령이 무시되었다는 보고를 받은 상황이었고, 사제들이 그 상황에 만족해하고 있다는 사실도 알고 있었다. 신전을 복원하기 위해 책정한 막대한 자금은 아직 신전 금고에 보관되어 있었고, 칼데아인들이 마음대로 사용하거나 착복할 수도 있었다. 만일 알렉산드로스가 바빌론에 입성해서 공사를 강행할 경우 금고 속의 부가 급속히 줄어들 것이었다. 알렉산드로스는 그 신탁을 비웃으며, 그리스 비극 작가 에우리피데스의 말을 인용했다. "가장 훌륭한 예언자는 가장 추측을 잘하는 자다."[18] 이렇게 말은 했지만, 알렉산드로스도 그 시대 사람이었고, 신들로부터 온 경고가 아무리 의심스러워도, 여전히 이를 조심할 수밖에 없는 사람이었다. 칼데아 사제들은 자신들의 계획이 통하지 않자, 즉시 전술을 바꾸어, 왕이 해가 지는 서쪽 방향에서 도시로 들어가면 안 된다고 주장했다. 고대 세계에서 서쪽은 죽음을 상징하는 보편적인 개념이었기 때문에, 이는 매우 교묘한 책략이었다. 사제들은 바빌론이 거대한 습지로 둘러싸여 있어서 다른 방향으로 입성하는 것이 매우 어렵다는 사실을 잘 알고 있었다. 결과적으로 그것은 왕이 도시로 들어가는 것을 포기하도록 유도한 작전이었다. 그러자 알렉산드로스는 일부 병사들을 도시 안으로 먼저 들여보낸 뒤, 자신은 나머지 군대를 이끌고 습지를 돌아 도시의 반대편으로 나아갔다. 칼데아 사제들이 알렉산드로스를 그토록 손쉽게 도시 밖에 묶어둘 수 있을 것으로 생각했다면, 그것은 크나큰 착각이었다. 며칠 뒤, 알렉산드로스는 당당히 바빌론의 성문을 통과해 입성했고, 왕궁에서 업무를 개시했다.

그런데 그가 도시 안으로 들어온 뒤부터, 신들이 내리는 것으로 오해할 불길한 징조들이 연이어 발생했다. 동료 장군 한 명이 왕을 위해 제물을 바치고 제사를 올리던 중, 동물의 간이 기이하게 변형되었다. 이는 항상 불길한 징조로 여겨졌다. 어느 날은 까마귀 떼가 알렉산드로스의 머리 위에서 싸우다가 몇 마리가 그의 주변으로 떨어져 죽었다. 왕궁에서 기르던 멋진 자태의 성체 사자가 길든 당나귀의 공격을 받아 걷어차여 죽기도 했다. 며칠 후, 알렉산드로스는 잠시 도시를 벗어나 강줄기를 따라 항해했는데 조타수가 길을 잃어 그가 직접 배를 조종해 탈출한 일도 벌어졌다. 또한 범람한 강을 따라 항해하다가 물에 잠긴 고대 아시리아 왕들의 무덤 인근을 지나던 중, 갑자기 돌풍이 불어 그의 머리에서 헝겊과 왕관이 하늘로 날아가버렸다. 왕관은 오래된 무덤 곁에 있는 굵은 갈대에 걸렸다. 한 병사가 이를 건지기 위해 물속으로 뛰어들었다. 그는 왕관을 집어 들었지만, 손에 든 채로는 물길을 건널 수 없어서 자신의 머리에 쓴 채 헤엄쳐 돌아온 후 왕에게 전달했다. 알렉산드로스는 그에게 감사하며 값진 상을 내리도록 했지만, 동시에 감히 자신의 머리에 왕관을 쓴 실수에 대해서는 벌도 내릴 것을 명령했다. 어떤 기록에는 병사가 채찍질 당했다고 하고, 어떤 사료에는 참수되었다고 전한다. 사실 여부는 알 수 없지만, 알렉산드로스가 이 사건을 자신이 왕관을 잃을지도 모른다는 경고로 받아들인 것은 분명해 보인다.

그 가운데 가장 충격적인 사건은, 어느 날 알렉산드로스가 도시로 돌아와 공놀이를 하던 중에 일어났다. 햇살이 따갑게 내리쬐는 봄날, 더위에 지친 왕은 자신의 예복을 벗어 근처에 있던 왕좌 등받이에 걸쳐두었다. 운동을 마치고 돌아온 왕좌에는 놀랍게도 한 남자가 왕의 망토와 왕관을 쓰고 앉아 있었다. 이해할 수 없는 행동을 한 그는 심문에도 침묵을 지키다가, 극심한 고문을 겪은 뒤에야 입을 열었다. 그의 이름은 디오니시오스Dionysius였고, 스파르타 근처 메세니아 출신의 그리스인이었다. 그는 자신이 탈옥한 죄수이며, 오랫동안 사슬에 묶여 있었지만, 어느 신이 나타나 풀어 준 뒤 왕의 복장을 입고 조용히 왕좌에 앉아 있으라고 명했다고 진술했다. 알렉산드로스도 알고 있었을 가능성이 있는데, 이는 바빌로니아의 지역 관습과 놀라울 정도로 유사한 행동이었다. 즉, 사형수가 '대리 왕' 역할을 해 하늘의 진노를 대신 받아들이고, 진짜 왕을 재앙에서 구제하는 풍습이 그것이었다. 알렉산드로스는 이 일이 행운인지 불운의 징조인지 알 수 없었지만, 자신에게 맡겨진 일을 수행하기로 하고 그 희생양 죄수를 처형했다. 한 사람의 희생이 신들을 만족시킬 수 있을지도 모른다고 생각했기 때문이었다.

5월이 지나고 6월로 접어들 무렵, 알렉산드로스는 머지않아 단행할 아라비아 원정을 점검하고 있었다. 선박 수백 척과 장비 건조는 이미 마무리 지었고, 해군 병사들은 유프라테스강에서 경주를 하며 훈련에 매진하고 있었다. 아라비아 해안가에서 식수 공급처를 발견한 정찰병들은 페르시아만 연안에 정박하기 좋은 섬도 있다고 보고했다. 이번 원정은 페르시아만을 따라 남하한 뒤, 해협을 지나고 아라비아반도의 남쪽 해안을 돌아 유향과 몰약의 땅들을 점령한 후, 홍해를 따라 북상해 이집트에 이르는 대원정이 될 것이었다. 왕은 출항 날짜를 확정해 떠날 날만을 손꼽아 기다렸다.

알렉산드로스는 낮 시간에는 항해에 관한 세부 계획을 수립하느라 바빴지만, 밤 시간에는 전형적인 마케도니아식 연회와 술자리를 즐겼다. 어느 저녁, 그는 제독 네아르코스를 위해 개최한 연회를 마치고 잠자리에 들기 위해 돌아가다가 테살리아 출신 친구 메디우스를 만났다. 그는 늦은 밤이지만 한 잔 더 마시자며 그를 이끌었고, 다른 장군 여럿과 함께 새벽녘까지 시간을 보냈다. 과음을 한 다음 날 아침에도 알렉산드로스는 일찍 일어나 관례에 따라 제물을 바쳤다. 다음 날 저녁에도 그는 메디우스의 집을 찾았는데, 이번에는 헤라클레스를 기리는 만찬이 열리고 있었다. 그날 그는 희석하지 않은 포도주 한 사발을 단숨에 들이켰고, 곧 무언가에 얻어맞은 듯 비명을 지르며 쓰러졌다. 그러자 놀란 보좌관들이 달려와 그를 부축해 침대로 데려갔다. 알렉산드로스는 다음 날 아침에도 열병에 시달렸지만, 신들에게 바치는 제물 의식은 몸소 집전했다. 들것에 실린 채 제단으로 이동해야 할 만큼 쇠약했지만, 의례를 거를 생각은 없었다. 그렇게 며칠이 흐른 뒤, 마침내 아라비아 원정대의 출항 날짜를 확정했고, 보병에게는 그 전날까지 준비를 완료하도록 지시했다. 그리고 강가로 이동해 배를 타고 자신이 아끼던 정원으로 가서 목욕을 하고 휴식을 취했다. 출정일이 임박했지만, 그는 여전히 몸을 제대로 가눌 수 없었다. 신들에게 바치는 제사만큼은 집전했으나, 음식은 거의 먹을 수 없었다. 장군들에게 다음 날 회의를 개최하기로 약속했지만, 그날 밤에도 고열에 시달렸다. 다음 날에도 겨우 일어나 제사를 드리고 목욕을 한 뒤, 네아르코스를 만나 출정 계획을 논의했다. 그 다음 날에도 신들에게 바치는 의무는 다했지만, 그의 몸은 확연히 병약해지고 있었다. 그러한 가운데서도 알렉산드로스는 곧 일어나 아라비아로 향하는 함대에 탑승할 것이라고 호언했다. 하지만 그의 말을 믿는 주변의 장군은 더 이상 없었다. 고열에 시달리는 왕은 궁전이 아닌 서늘한 목욕탕에 누워 휴식을 취할 정도로 몸이 극도로 쇠약해져 있었다. 이후 며칠 동안 제사와 군사 회의, 목욕, 휴식이라는 일과만을 반복했다. 그동안 장군들은 수시로 왕의 침실을 찾아 병세를 살폈다.

왕의 병이 위중하다는 소식은 삽시간에 전군으로 퍼져갔다. 심지어 일부 병사들은, 인도에서 그랬던 것처럼 그가 이미 사망했고 그 사실이 은폐되고 있다고 생각했다. 이 사실을 알게 된 알렉산드로스는 원하는 병사가 있다면 직접 와서 자신을 보도록 조치했다. 그 시점에는 이미 말을 하는 것조차 힘들 정도로 쇠약해져 있었지만, 병사들이 자신의 생존을 확인하는 일이 시급하다고 판단을 했다. 병사들은 조용히 줄을 서서 그의 침실을 통과해갔고, 왕이 고개를 끄덕이거나 미소를 지으면 눈물을 흘렸다. 어떤 험난한 전장에서도 죽음을 이겨내고 살아남았던 위대한 알렉산드로스가, 이제 바빌론의 침상에서 죽음을 맞이할 수 있다는 사실을 누구도 실감하지 못했다. 어떤 장군은 왕을 가까운 신전으로 옮겨 신들의 자비를 구해야 한다고 제안했고, 다른 장군은 심신이 쇠약한 왕을 움직이게 해서는 안 된다고 주장했다. 시간이 갈수록 열은 더욱 치솟았고, 고통은 점점 심해지는 듯했다. 그리고, 서른세 살의 생일을 불과 며칠 앞둔 알렉산드로는 마침내 죽음이 임박했다는 것을 깨달았다. 그는 왕의 인장 반지를 벗어 페르디카스에게 건넸는데, 그가 임시 섭정을 맡도록 하기 위해서였다. 하지만 누가 최종 후계자가 될지는 불분명했다. 박트리아인 아내 록사네가 임신 중이었지만, 뱃속의 아이가 기대와 달리 아들이 아닐 수도 있었다. 설령 남아라고 할지라도 성장하는 데만도 오랜 시간이 걸릴 것이며, 나아가 마케도니아인들이 과연 반¾ 이방인 혈통을 지닌 왕을 받아들일 수 있을지도 알 수 없었다. 제국의 상황으로 보아, 왕이 명확한 유언으로 후계자를 지명하지 않는다면 혼란은 불가피해 보였다. 마침내 장군들이 침상으로 다가와 간절한 마음으로 물었다. "왕이시여, 누구에게 제국을 맡기시겠습니까?"

침상에 모인 이들은 작은 속삭임이라도 듣기 위해 왕에게 가까이 다가갔다. 알렉산드로스는 사력을 다해 이렇게 답했다. "가장 강한 자에게."

그렇게 해서 세상을 호령하던 위대한 왕 알렉산드로스는 눈을 감고 마지막 숨을 내쉬었다.

11장 세상의 끝에서

그 시대에는 알렉산드로스의 이름이 닿지 않은
어떤 나라도, 어떤 도시도, 어느 곳의 어떤 사람도
존재하지 않았던 듯하다.

-아리아노스[1]

알렉산드로스의 시신이 채 식기도 전에, 왕이 암살당했다는 소문이 돌았다.[2] 이를테면, 안티파트로스가 아들 카산드로스를 사주해 독살했다는 이야기였다. 카산드로스는 당시 바빌론에 머물고 있었고, 얼마 전 알렉산드로스에게서 입은 상처를 회복하던 중이었다. 안티파트로스야말로 자신의 목숨을 부지하기 위해 왕을 제거할 충분한 동기를 가지고 있었다. 게다가 그의 또 다른 아들 이올라오스는 왕의 음료를 따르던 시음관이었기 때문에 왕의 포도주에 손을 댈 수 있는 위치에 있었다. 많은 이들이 이러한 정황을 논하며 안티파트로스 일가의 암살 가능성을 입 밖으로 흘렸다. 몇몇 사료들에 따르면 스트리크닌strychnine으로 추정되는 독약이 짐 나귀의 발굽을 파낸 공간에 숨겨져 궁전으로 밀반입되었다. 또한 왕의 잔을 맡은 시음관

이올라오스의 연인이 바로 메디우스였다는 사실은 의혹을 더욱 신빙성 있게 만들었다. 알렉산드로스를 운명의 마지막 파티에 초대한 사람이 메디우스였으며, 그 자리에서 알렉산드로스는 독한 술을 마신 뒤 비명을 지르며 쓰러졌다. 심지어 당시에는 안티파트로스의 친구였던 아리스토텔레스가 자신의 옛 제자인 알렉산드로스의 암살에 간접적으로 연루되었다는 주장도 제기되었다.

시대를 막론하고 대중의 이목을 사로잡는 것이 음모론이지만, 알렉산드로스가 자연사했을 가능성도 적지 않다. 그가 이소스 전투 직전 타르수스에 있는 시드누스강에 뛰어들었다가 앓았던 열병은 말라리아였을 수 있다. 이후에도 수많은 상처와 질병을 겪으며 죽음을 여러 차례 피했는데, 허약한 사람이었다면 이미 목숨을 잃었을 상황이었다. 이질도 수없이 앓았을 것이며, 특히 인도에서 말리족의 성을 공격할 때 입은 폐 관통상은 그의 면역력을 심각하게 약화시켰을 것이다. 게다가 늪지대와 산악지대를 12년 넘게 행군한 극심한 피로와, 마케도니아 왕으로서 감당해야 했던 과한 음주까지 더한다면, 알렉산드로스가 그 정도까지 살았던 것이 오히려 놀라운 일일 수 있었다. 그를 죽음에 이르게 한 직접적인 원인이 말라리아나 폐 감염, 혹은 간부전이 아니었다면, 마지막 며칠 동안 나타난 복통과 고열의 증상으로 보아 장티푸스가 유력한 사인으로 제기되기도 한다.

자신이 죽어가고 있음을 깨달은 알렉산드로스가 몰래 병상을 빠져나와 유프라테스강에 몸을 던져 흔적도 없이 사라지려 했다는 슬프고도 동화 같은 이야기도 전해진다.³ 그였다면 평범한 인간처럼 죽기보다는, 신의 아들이라는 자신의 주장을 입증하기 위해 신비롭게 사라지는 방식을 택했을 것이라는 주장이다. 이야기에서는 아내 록사네가 황급히 달려가 물길 한복판으로 힘겹게 나아가는 알렉산드로스를 붙잡았다고 한다. 그러자 알렉산드로스는 영원한 명성을 얻으려는 자신의 뜻을 이해하지 못한 아내에게 불평을 쏟은 것으로 전해진다. 그를 죽음에 이르게 한 것이 치명적인 독소든, 아니면 대다수의 인간을 사망케 하는 질병이든, 알렉산드로스는 결국 사망했고, 살아 있는 이들은 모두 그를 애도했다.

알렉산드로스의 죽음이 알려지자, 마케도니아인을 비롯한 현지 거주민 모두가 거리로 뛰쳐나와 울부짖었다.4 페르시아인들은 관례에 따라 머리를 깎았고, 다리우스의 어머니는 마치 자신의 아들을 잃은 듯 식음을 전폐하고 슬퍼하다가 숨을 거두었다. 그런데 그 순간부터 마케도니아 장군들은 곧바로 권력 다툼에 돌입했다. 왕의 인장 반지를 소유한 야심찬 페르디카스와, 보수파의 수장인 보병 지휘관 멜레아게로스, 그리고 왕과 어린 시절부터 뛰어놀았던 프톨레마이오스 등은 치열한 암투를 벌인 끝에, 마침내 평화롭게 만나 제국을 어떻게 다스릴 것인지 논의하기로 했다. 병사들은 바빌론 외곽에 있는 평야에서, 몸통이 갈라진 개 시체를 양쪽에 두고 그 사이를 행군하는 고대 마케도니아의 풍습으로 왕의 죽음을 기렸다. 그리고 열린 지휘관 회의에서, 바빌론에 머물고 있던 정신적으로 장애가 있는 알렉산드로스의 이복형제 아리다이오스를 필리포스 3세라는 이름의 왕으로 추대했다. 록사네가 임신 중인 아이가 만일 남자아이라면, 그가 성장해 아버지의 뒤를 잇도록 하기 위해서였다. 물론 누구도 아리다이오스를 진정한 왕으로 생각하지 않았고, 단지 잠시 왕좌를 지킨 뒤 희생당할 상징물로 여겼다. 제국 각지에서 자신의 지위를 공고히 할 시간이 필요했던 유력 인물들에게는, 그런 형식적 인물이 오히려 편리했다. 그들은 록사네가 아들을 낳는다고 해도, 그 아이를 시한부 허수아비 이상으로 키울 생각이 없었다. 알렉산드로스가 들인 페르시아인 부인이 낳은 서자 헤라클레스는 후계자로 고려할 가치조차 부여하지 않았다.

회의의 결과는 제국의 분할이었다. 프톨레마이오스는 이집트를 차지했고, 페르디카스의 친구였던 셀레우코스는 한시적으로 아시아 대부분을 다스리게 되었다. 안티파트로스와 아들 카산드로스는 마케도니아와 그리스를 계속 통치하기로 했고, 왕의 전직 근위병 리시마코스는 트라키아를 받았다. 알렉산드로스의 시신은 방부처리되어 마케도니아로 운구한 뒤 왕가의 전통에 따라 장례를 치를 예정이었다. 하지만 이 계획은 프톨레마이오스가 장례 행렬을 막아서면서 무산되었다. 그는 시신을 이집트로 가져가 알렉산드리아에 안치했으며, 그 무덤은 초기 기독교 시대에 이르기까지, 황제 아우구스투스를 포함한 그리스와 로마인들의 인기 있는 순례지가 되었다.

이후 제국은 본격적인 내전으로 접어들었는데, 페르디카스가 멜레아게로스를 살해하면서 그 서막이 열렸다. 멜레아게로스는 성소로 피신했지만, 그곳까지 밀고 들어온 병사들에 살해당했고, 그의 추종자들 가운데 많은 이들이 전투용 코끼리 앞에 내던져져 짓밟혀 죽었다. 이는 수년 동안 이어질 전쟁의 불길한 시작이었다. 서로를 적대시한 각 진영은 오직 자신의 세력을 강화하는 데만 혈안이 되어 있었고, 자신들이 다스리는 다수 민중의 운명에는 아무런 관심이 없었다. 알렉산드로스를 믿고 따랐던 이들 가운데 평온하게 죽음을 맞은 이는 거의 없었다. 록사네는 알렉산드로스가 수사에서 아내로 맞았던 다리우스의 딸 스타테이라와 그녀의 여동생을 주저 없이 독살하고, 두 여인의 시신을 우물 속에 던져버렸다. 이 모든 행위는 페르디카스의 승인하에 이루어졌다. 록사네가 낳은 아이는 사내아이였고, 이름은 알렉산드로스 4세로 지어졌다. 페르디카스는 자신의 욕망을 위해 록사네와 아이를 지지하며 이들의 정통성을 계승하려 했지만, 이집트에서 프톨레마이오스 군대와 전투를 벌이다가 전사하고 말았다. 록사네와 어린 알렉산드로스 4세는 마케도니아로 도피해 올림피아스의 환대를 받았다. 그러나 아버지 안티파트로스 사후 마케도니아를 장악한 아들 카산드로스는 록사네와 왕자를 살해하며 알렉산드로스의 혈통을 끊어버렸다. 올림피아스는 후계자 다툼이 벌어지는 가운데서도 생존을 모색하며 여러 음모를 꾸몄다. 하지만 그 가운데 마케도니아 귀족들을 다수 살해해 많은 이들의 공분을 샀다. 카산드로스가 마침내 그녀를 생포했고, 목숨만은 살려주겠다고 약속했지만, 보내진 병사들은 그녀를 살려두라는 명령을 받지 않았다. 병사들은 피를 흘리며 죽어가면서도 머리카락과 옷매무시를 정리하며 마지막까지 위엄을 잃지 않던 올림피아스의 최후를 묵묵히 지켜보았다.

알렉산드로스의 남은 친구들과 가족 대부분도 비참한 운명을 피할 길이 없었다. 왕의 이복형제 아리다이오스는 마케도니아로 돌아온 후 트라키아 출신 근위병에게 살해되었는데, 이는 올림피아스의 명령에 따른 것으로 알려졌다. 알렉산드로스의 생존한 아들 헤라클레스와 그의 어머니 바르시네 역시 정치에서 벗어난 조용한 삶을 살고자 소아시아의 페르가뭄 Pergamum으로 이주했지만, 그곳에서 독살되고 말았다. 아리스토텔레스는 알렉산드로스의 죽음 이후, 반反마케도니아 봉기에 휘말려 아테네를 떠나야 했다. 그는 소크라테스를 언급하며, 아테네인들에게 철학을 짓밟는 두 번째 죄를 짓게 하고 싶지 않다는 말을 남겼다고 한다. 아리스토텔레스는 망명지에서 소화기 질환으로 생을 마감했다. 그리스 세계에서 알렉산드로스를 가장 격렬히 반대한 웅변가 데모스테네스 역시 하르팔로스 사건에 연루되어 뇌물수수 혐의를 받고 아테네를 탈출했다. 하지만 안티파트로스가 보낸 암살자들이 뒤쫓아오자 에게해의 작은 섬에서 스스로 목숨을 끊었다. 알렉산드로스의 충직한 부하로, 동방 원정에서 용맹히 싸웠던 크라테로스는 후계 구도를 위한 권력투쟁 와중에 말에서 떨어지는 사고를 당해 사망했다. 인도의 왕 포루스는 알렉산드로스 사후에도 자신의 행정권을 유지했지만, 몇 년 뒤 알렉산드로스의 장군 중 한 명의 배신으로 살해당했다. 외눈박이 안티고노스는 원정 초기에 소아시아 인근의 반란을 방지하기 위해 지역의 사트라프로 임명되었으나, 자신의 영지를 사실상 사적인 왕국으로 만들었고, 나중에는 너무 뚱뚱해져서 전투를 직접 지휘할 수 없을 정도가 되었다. 셀레우코스는 친구 페르디카스를 제거한 뒤, 에게해에서 중앙아시아의 초원 지대에 이르는 알렉산드로스의 옛 제국 대부분에 대한 통제권을 확보했다. 그가 세운 왕조는 수 세기 동안 지속되었지만, 결국 동부 지역은 파르티아에, 서부 지역은 로마에 의해 무너지고 말았다. 프톨레마이오스는 이집트에서의 권좌를 확고히 했고, 다뉴브에서 인더스까지 이어졌던 알렉산드로스의 대원정에 관한 회고록을 남길 정도로 오래 살았다. 그가 세운 왕조는 여러 세대를 거쳐 파라오의 왕위를 이어갔고, 마지막 통치자 클레오파트라가 사망하면서 막을 내렸다. 그녀가 독사에 물리는 방식으로 자살한 이후, 이집트의 통치권은 로마로 넘어갔다.

알렉산드로스가 짧은 생애를 바쳐 건설한 대제국은 이후 수 세기 동안 그리스 문화의 유산을 아시아와 아프리카와 유럽 전역으로 확산시켰다. 만일 마케도니아의 왕과 그의 정복 활동이 없었다면, 오늘날 2000년 넘게 우리 삶에 지대한 영향을 미친 고대 그리스의 철학과 문학과 예술은 수많은 고대 문명 가운데 한 목소리에 불과했을 것이다. 알렉산드로스가 세 대륙에 걸쳐 그리스 문화를 전파하고자 한 것은 사실상 다양한 민족을 군사적으로 통제하기 위한 실용적인 수단에 불과했을 수 있다. 이전의 페르시아인들이나 이후의 로마인들도 그랬지만, 알렉산드로스 역시 피지배 민족이 어떤 언어를 쓰든, 어떤 신을 숭배하든 크게 상관하지 않았다. 단지 자신의 통치를 인정하고 협력하기만 하면 많은 것을 허용해주었다. 그가 제국 전역의 도시들에 전파한 헬레니즘 풍습은 주로 마케도니아인과 그리스 본토인들을 위한 것이었고, 그들은 각 지역의 지배계층으로 살았다. 알렉산드로스는 자신의 부하들이 박트리아에 있든 바빌론에 있든, 마치 고향에 있는 듯한 느낌을 받기를 원했던 것이다. 그는 각지의 청년들에게 그리스어를 가르치고 장교단으로 훈련시켰지만, 그 본래의 목적은 각 민족들에게 그리스 문화를 전파하고자 한 것이 아니었다. 심지어 알렉산드로스의 후계자들, 특히 셀레우코스의 후손들은 대체로 그리스 문명을 효과적인 정치 지배의 수단으로 삼았다. 결국 헬레니즘이라는 새로운 시대는 권력과 부와 명예를 얻기 위해서는 그리스 문화를 수용해야 한다는 사실을 깨달은 현지 귀족들의 적극적인 협력 덕분에 더욱 효과적으로 확산될 수 있었다.

인도의 경우, 마케도니아의 직접적인 정치 지배는 점차 약화되었지만, 그리스 문화의 영향력은 지속되었다. 갠지스 계곡의 여러 왕국은 찬드라굽타라는 강력한 지배자의 통치 아래 들어갔고, 그는 마우리아Maurya 제국을 세우면서 인더스강까지 지배 영역을 확장했다. 알렉산드로스가 이 지역을 차지하기 위해 분투한 지 불과 20년 후, 셀레우코스는 찬드라굽타와 합의해, 힌두쿠시산맥에 이르는 영토의 주권을 넘겨주는 대가로 서방의 적들을 물리치는 데 사용할 전투용 코끼리 500마리를 제공받았다. 셀레우코스는 메가스테네스라는 사절을 인도 궁정에 파견한 바 있었다. 그런데 그는 이전의 헤로도토스가 그랬던 것처럼, 직접 관찰한 내용과 사실이 의심스러운 현지 이야기들을 뒤섞어 고대 지중해 세계에서 가장 방대하고 영향력 있는 인도 체류기를 남겼다.

그런데 셀레우코스 제국이 인더스 계곡에서 철수한 이후에도, 그리스 문화와 영향력은 먼 동방에서 수 세기 동안 이어졌다. 찬드라굽타의 손자이자 위대한 불교 군주였던 아소카는 마우리아 제국의 영토를 인도 아대륙 대부분으로 확장했는데, 자신의 권위를 선포하는 비문을 다름 아닌 그리스어로 세웠다. 헬레니즘 예술가들의 영향으로 인해 불상이 처음 등장했으며, 그 모습은 마치 그리스 신 아폴론처럼 그리스 의복을 입은 모습으로 표현되었다. 또한 알렉산드로스가 동방 곳곳에 세운 수많은 알렉산드리아 도시들에는 마케도니아와 그리스 출신 병사들이 정착했고, 그 후손들이 대대로 거주하며 그리스 문화를 계승했다. 대체로 남성이었던 그리스계 정착민들은 현지 여성과 결혼하며 역동적인 통합 문화를 형성했다. 옥서스 강변의 아이하눔Ai Khanum에서 발굴된 고대의 흔적들은, 그곳에 그리스식 극장과 체육관과 그리스어 동전을 주조한 주조소鑄造所 등이 세워진 번성한 도시가 있었음을 밝혀주었다. 시간이 흐른 뒤, 마우리아 제국은 인더스 상류 지역에 대한 통제력을 잃었지만, 대신 그리스어를 쓰는 알렉산드로스의 식민 후손들이 다스리는 여러 그레코박트리아 왕국들이 번성했다. 데메트리오스Demetrius 1세와 같은 통치자들은 에게해 국가들과 활발히 교류했고, 그가 속한 궁정 귀족들도 박트리아와 소그디아나의 혼합된 그리스식 현지 문화를 더 자연스럽고 편안하게 여겼다. 비록, 이후에 페르시아를 계승하는 파르티아 왕국이 등장하면서, 그레코박트리아는 지중해 세계와의 관계가 단절되지만, 초기 정복자들과 이들과 동반했던 상인들의 후손은 여전히 번성했다. 동방에서, 그리스계 통치자들 가운데 가장 위대한 인물을 꼽자면 카불 근처에서 태어난 메난드로스였다. 그는 펀자브를 정복하고 갠지스 계곡까지 정복하는 등, 수많은 전쟁을 승리로 이끌었음에도 훗날 불교도가 되었다. 그리고 그리스와 인도의 예술 문화를 융합하는 데 큰 공을 세웠다. 이 융합된 문화는 알렉산드로스의 사망 이후 200년 뒤 그레코박트리아 왕국들이 몰락한 이후에도 오랫동안 지속되었다.

페르시아에서는 알렉산드로스가 오랫동안 영웅이자 악인으로 기억되었다. 중세 페르시아 대서사시인 『샤나메』에서는, 중동에서는 이스칸다르Iskandar로 알려진 알렉산드로스가 이란 왕실의 고귀한 왕자로 묘사됨과 동시에, 페르시아 제국의 파괴자로 비난받는다. 이후 등장한 『이스칸다르나메』에서는, 그를 그리스 출신의 훌륭한 통치자로 그리며, 용맹한 전사임은 물론 철학자이자 과학자의 면모를 겸비했다고 강조했다. 또한 옥시아르테스의 딸 록사네와 결혼하고 왕위에 올랐으며, 중국을 여행하고 메카까지 순례한 인물로 묘사했다. 하지만 고대 페르시아 왕들의 종교 전통을 신봉하는 조로아스터교도들에게 알렉산드로스는, 저주받아 마땅한 자였다. 그는 성스러운 경전을 불태우고 대지를 피로 물들인 악인이었기 때문이다. 페르세폴리스를 불태운 사건은 오늘날까지도 흔히 회자되는데, 조로아스터교도들은 지금도 아후라마즈다의 성스러운 불을 소중히 여기며 당시의 기억을 떠올린다. 현대에 와서도 이란의 무슬림들은 알렉산드로스를 마을 축제나 행렬 가운데서 미국을 상징하는 엉클 샘Uncle Sam과 함께 자주 등장시킨다.

심지어 어떤 어머니들은 말 안 듣는 아이를 향해 이스칸다르가 잡아간다고 겁을 주곤 한다.

중동 전역에도 알렉산드로스의 유산은 여전히 남아 있다. 그는 코란에 둘카르나인Dhul-Qarnayn이라는 이름으로 등장하는데5, 문자 그대로 '두 개의 뿔을 가진 자'라는 뜻으로, 그의 아버지 제우스암몬의 뿔을 머리에 쓴 고대 주화 속 이미지에서 비롯된 표현이다. 마호메트의 기록에는 그가 '신께서 온 땅을 지배할 힘을 주시고, 모든 것을 이룰 수단을 부여하신 자'로 묘사되어 있다. 알렉산드로스가 이 지역에 유입시킨 그리스 학문은 이슬람 시대에도 오랫동안 살아남았으며, 특히 시아파 이슬람의 지적 유산에 중요한 영향을 미쳤다.

유대인의 문화에는 알렉산드로스와 그리스 문명의 가치에 대한 상반된 태도가 나타난다. 유대인들은 페르시아의 통치 아래에서 비교적 번영을 누렸기 때문에, 북쪽에서 온 새로운 침략자를 곱게 보지 않는 이들이 많았다. 성경의 「다니엘서」에는 마케도니아 왕이 이방인 지배자 계보의 마지막 인물로 등장한다.

> 땅 위에 네 번째 나라가 일어날 것인데,
> 그 나라는 다른 모든 나라와 달라서,
> 온 세상을 집어삼키고 짓밟고
> 산산이 부숴버릴 것이다.6

성경 속의 알렉산드로스는 코란에서와 마찬가지로 뿔을 단 인물로 등장한다. 그런데 뿔을 열 개나 단 것으로 묘사되는데, 이는 그가 죽은 뒤 팔레스타인의 지배권을 두고 다툰 셀레우코스 왕조의 악한 통치자들을 상징한다. 이들 가운데 가장 악명 높은 인물은 안티오코스 4세 에피파네스로, 그는 유대인들에게 그리스 문화를 강제한 왕으로 알려져 있다. 당시에 이러한 정책은 유대인 지도자들의 협조 가운데서 적극 시행되었으며, 예루살렘 안에도 그리스식 체육관과 교육기관이 무리 없이 세워졌다. 젊은 유대인 남성들은 자신들의 성전 근처에서도 그리스인과 나란히 서서 나체 운동경기에 참가했다. 일부는 자신들이 할례를 받았다는 사실을 부끄럽게 여겨 포피를 복원하는 고통스러운 수술을 받기까지 했다. 한때 유대인들은 셀레우코스의 왕에 반기를 들고 반란을 일으켰지만, 군대에 쉽게 진압당했으며, 성전 북쪽의 시온산 요새에는 셀레우코스 병사들의 수비대가 주둔하게 되었다. 안티오코스왕은 심지어 유대교 신앙을 금지하고 그들이 경건히 여기는 지성소Holy of Holies를 파괴하기까지 했다. 그러자 비교적 그리스 문화를 관대히 받아들이던 유대인까지 반발하기 시작했다. 재차 발흥한 반란군을 이끈 것은 하스몬 가문Hasmonean family이었는데, 이들은 마카베오라고 불리는 게릴라 전사 집단과 합세해 셀레우코스 왕조와 그들의 그리스 문화를 예루살렘에서 몰아내고 성전 제사를 재개했다. 이 사건은 오늘날까지도 하누카Hanukkah라는 절기를 통해 기념되고 있다.

그런데 유대인 전부가 알렉산드로스가 전한 문화에 반대한 것은 아니었다. 많은 수의 유대인들이 지중해 연안에 새로 건설된 이집트 도시 알렉산드리아로 이주했고, 그곳을 당대 가장 위대한 도시로 탈바꿈시키는 데 지대한 공헌을 했다. 알렉산드로스가 바빌론에서 죽은 지 불과 한 세기 뒤, 알렉산드리아의 유대인들은 히브리어 성경을 그리스어로 번역하기 시작했고, 그들은 이제 자신들의 모국어보다 소크라테스의 언어에 더 익숙해졌다. 그 결과 탄생한 것이 바로 『칠십인역성경』으로, 이 번역본은 그리스어를 사용하는 유대인들과 기독교인들에게 표준 성경으로 자리 잡았다. 그런데 『칠십인역성경』은 알렉산드리아가 꽃피운 찬란한 헬레니즘 문화가 낳은 수많은 위대한 성과 중 하나에 불과했다. 프톨레마이오스 왕조의 든든한 지원을 받은 이 도시에서는 그리스 문명이 만개했으며, 심지어 아테네보다도 더 뛰어난 고대 세계의 학문 중심지로 성장했다. 그리스 시민들은 자발적으로 모여 알렉산드리아로 이주했고, 유대인 공동체는 물론이고, 철저히 2등 시민으로 취급되던 이집트 현지인들과도 합심해 역사상 유례없는 국제도시를 만들었다. 이 도시의 유명한 도서관과 박물관은 헬레니즘 시대 최고의 과학자와 연구자들이 활동하고 교류하는 구심점이었다. 이를테면 태양이 중심이고 지구는 자전한다는 이론을 처음 제시한 사모스의 아리스타르코스와, 지구의 둘레를 정밀하게 계산한 지리학자 키레네의 에라토스테네스도 이곳을 중심으로 활동하던 학자였다.

그런데 알렉산드로스의 유산으로 수혜를 입은 여러 나라 가운데 그리스 문화를 가장 적극적으로 받아들인 나라는 아이러니하게도 알렉산드로스가 한 번도 정복하지 못한 로마였다. 알렉산드로스가 죽고 200년 뒤, 로마 군대가 진군해 그리스와 마케도니아를 정복해 제국의 일부로 편입시켰지만, 그 과정에서 정복당한 그리스는 오히려 정복자 로마에게 강력한 문화적 영향을 끼쳤다. 당시 교육받았다고 자부하는 로마인이라면 누구나 그리스어에 능통해야 했고, 헬레니즘 철학과 문화를 공부해야 했다. 로마인들은 외래 문물에 대한 경계심이 많았으며, 문화라는 선물을 들고 성벽 안으로 들어오는 그리스인들*을 의심의 눈초리로 바라보기도 했으나, 그리스 문명은 너무도 매혹적이고 강렬해서 그 확산을 막을 방법은 없었다. 헬레니즘 문화는 시리아는 물론 브리타니아에 이르기까지 로마 세계 전역으로 퍼져나갔다. 율리우스 카이사르는 호메로스와 헤로도토스를 누구보다 열심히 연구했으며, 대서양 연안 히스파니아의 한 사원에서 알렉산드로스 대왕의 동상을 보고 눈물을 흘렸다고 한다. 눈물을 흘린 이유에 대해 그는, 알렉산드로스가 죽은 나이에 나는 이룬 것이 너무 없어 슬펐다고 고백했다.

---

* 베르길리우스Virgil의 서사시 『아이네이스Aeneid』에 나오는 유명한 구절 '나는 선물을 가져오는 그리스인들을 두려워한다'를 차용한 말이다. 선물은 트로이의 목마를 뜻한다. (옮긴이)

아우구스투스 황제 또한 알렉산드로스를 존경했지만, 그가 감탄한 것은 제국을 통치한 알렉산드로스의 행정 능력보다는, 누구도 견줄 수 없는 군사 지휘관으로서의 탁월함이었다. 그의 뒤를 이은 수많은 로마 황제들 역시 자신이 알렉산드로스처럼 보이길 원했고, 그처럼 동방 원정을 고민했지만, 로마의 통치 영역을 메소포타미아 너머로 확장시키는 데 성공한 자는 아무도 없었다.

기독교가 성공적으로 확산된 핵심 요인 가운데 하나로, 알렉산드로스의 헬레니즘 문화가 로마와 전 세계에 이념적 토대를 마련한 사실도 간과될 수 없다. 신약성경과 초기 기독교 문헌 대부분은 나사렛 사람 예수Jesus of Nazareth의 모국어 아람어가 아니라 그리스어로 기록되었다. 당시의 보편 언어였던 그리스어 기록들이 널리 확산된 덕분에, 복음서는 예루살렘은 물론 로마와 이집트 등 어디서나 쉽게 읽힐 수 있었다. 사도 바울이 소아시아와 그리스와 로마의 신도들에게 보낸 신약의 서신들도 모두 알렉산드로스의 언어, 즉 그리스어로 쓰였다. 실제로 마케도니아 왕 알렉산드로스의 정복이 없었다면, 기독교는 아마도 지역 신앙 이상으로 확산되기 어려웠을 것이라는 주장도 설득력이 있다.

알렉산드로스 대왕 이야기의 가장 유명한 판본인 『알렉산드로스 로망스』가 초창기부터 널리 읽힌 것도 그리스어로 기록된 덕분이었다. 왕이 죽은 지 불과 한 세기 뒤, 대왕에 관한 흥미롭고도 놀라운 이야기들이 수집되어 책으로 만들어졌는데, 이 최초의 판본은 아마도 이집트에서 만들어졌을 가능성이 크다. 이 이야기들은 당대에 엄청난 인기를 끌었고, 이후 수 세기 동안 라틴어는 물론 아람어, 히브리어, 아랍어, 아르메니아어, 산스크리트어, 페르시아어 등 수많은 언어로 번역되었다. 심지어 아이슬란드어와 초서Geoffrey Chauce 시대의 중세 영어로도 기록되었다. 이 판본들은 아리아노스나 기타 고대 역사가들이 전한 내용보다 훨씬 자유분방하고 과장된 요소들을 담고 있으며, 사실보다는 전설에 가까운 이야기들로 알렉산드로스를 신화적 인물로 만들었다. 『알렉산드로스 로망스』에 등장하는 알렉산드로스는 독수리들이 들어올리는 바구니로 하늘을 날며, 다이빙벨diving bell을 타고 바다 깊은 곳까지 탐험해 생명의 물을 찾는다. 이러한 이야기들을 접한 고대와 중세의 사람들은 알렉산드로스를 고대의 위대한 왕, 즉 신화적 영웅으로 인식하게 되었다. 그의 전설은 멀리 중세 서아프리카에까지 퍼졌고, 말리 왕국의 왕자 순디아타Sundiata도 알렉산드로스의 이야기에 탐닉했다고 전해진다.

세계 각국은 자신들만의 시각으로 해석한 알렉산드로스 이야기를 전하고 있다. 페르시아가 그랬듯, 역사 속의 모든 나라들이 그를 긍정적으로 본 것은 아니었다. 이탈리아의 중세 시인 단테는 알렉산드로스를 폭력을 일삼은 죄인들이 처해지는 제7층에 두었으며, 그곳에서 자신이 죽인 이들의 끓는 피 속에서 영원히 고통받고 있다고 적었다.7 이후에도 많은 이들이 알렉산드로스를 오직 살육에 능한 폭군이자 교활한 장군이라고 평가했다. 그에 대한 평가는 역사의 흐름에 따라 끊임없이 요동쳤고, 그 관점은 시대의 분위기는 물론, 이야기를 기록한 이들의 선입관과 세계관에 따라 달라졌다. 빅토리아 시대 영국인들에게 알렉산드로스는 자신들의 모습을 반영하는 거울 같은 존재였다. 즉 우월한 문화를 바탕으로 문명을 전파하는 계몽된 정복자이자, 강력한 군사력으로 운명을 실현하는 제국의 지도자라는 이상적인 자화상이 그것이다. 하지만 이러한 이상화된 자의식은 20세기의 참혹한 전쟁과 그 가운데 드러난 절대 권력의 패착들이 드러나면서 서서히 무너졌다. '자애로운 폭군'이라는 낭만적 개념은 역사의 참담한 현실 속에서 설 자리를 잃은 것이다. 실제로 오늘날 많은 역사학자들은 알렉산드로스를 '미성숙한 젊은 독재자'로 간주하곤 한다. 이 표현은 최근의 한 저명한 학자가 사용한 말이기도 한데, 그는 알렉산드로스를 전설 속의 영웅이라기보다는 피비린내 날리는 폭군으로 묘사하고 있다.

하지만 알렉산드로스에 대한 이러한 평가는 지나치게 단순화된 시각

일 수 있다. 그는 극도로 폭력적인 시대를 살아간 인물로, 그의 행적들을 보건대, 카이사르나 한니발보다 나았다고도, 나빴다고도 할 수 없다. 그는 원정의 행보 가운데 수만 명의 민간인을 죽였고, 그가 지나간 자리마다 고통과 상처가 남았지만, 이는 고대의 모든 장군이 한결같이 저지른 일이었다. 만일 그가 오늘날 같은 일을 벌였다면 전범의 수괴로 비난받았을 것이지만, 그는 지금의 도덕과 기준이 적용되지 않는 시대를 살았다. 토마스 러브 피콕의 걸작 풍자시 『디나스 보어의 전쟁 노래』에 나오는 영웅들처럼, 알렉산드로스가 고대 세계를 정복한 이유는 단지 그렇게 할 수 있었기 때문이었다.

> 산양이 맛있기는 한데
> 골짜기 양들이 더 살이 쪘는걸,
> 그래서 우리는 좋은 쪽을 택했어.
> 살찐 양들을 훔치기로 했지.
> 우리는 원정을 떠났고,
> 적군을 만났지만, 진압했어.
> 견고한 진지를 뚫었고
> 그 자리에 있던 자들을 모조리 죽였어.

알렉산드로스 역시 이러한 이야기를 이상하게 여기지 않았을 것이다. 그리고 그의 칼날 아래 쓰러진 이들 역시 마찬가지였을 것이다. 만일 다리우스 대왕이 헬레스폰트를 건너 길목을 가로막는 마케도니아인을 몰살한 뒤 모든 영토를 자신의 제국에 편입시킬 수 있었다면, 그도 일말의 주저함이나 후회 없이 그렇게 했을 것이다.

알렉산드로스의 대체로 잔혹했던 전술을 우리가 수긍하든 그렇지 않든, 역사를 진지하게 공부하는 사람이라면, 그가 역사상 가장 뛰어난 군사 전략가 중 한 명이었다는 사실에 동의할 것이다. 페르시아 제국 전체를 상대로 극도로 불리한 조건에서 싸워 이기고, 아시아를 가로질러 인도까지 진격한 것은 전쟁에 통달한 천재 전략가만이 할 수 있는 일이기 때문이다. 알렉산드로스가 전쟁을 이어간 이유에 대해 생각할 때, 우리는 흔히 그를 지나치게 이상화한 나머지, 세계 정복이라는 열망을 품은 탁월한 장군이라는 본질을 놓치곤 한다. 알렉산드로스를 마치 프로메테우스처럼 그리스 문명의 빛을 아시아의 무지한 대중에게 전달한 구원자로 보는 시각은 역사적으로 근거가 부족한 편견일 뿐 아니라, 당시 고도로 발달한 동방의 문명들에 대한 모욕이기도 하다. 알렉산드로스를 진정으로 이해하기 위해서는, 그가 역사에 등장한 그 어떤 인물보다 패배를 증오한 인물이었다는 사실을 알아야 한다. 그는 인간적 야망의 순수한 결정체였으며, 그것이 초래하는 선과 악의 모든 양상을 온몸으로 체현한 존재였다. 그가 세계 곳곳을 누비며 남긴 전쟁과 파괴의 발자국은 분명 비난받아 마땅하지만, 그럼에도 우리는 그토록 거대한 과업을 온몸으로 추구했던 한 인물을 어쩔 수 없는 경외감으로 바라보게 된다.

용어

가우가멜라: 오늘날 이라크 북부 모술Mosul 인근이다. 기원전 331년 10월, 알렉산드로스가 다리우스를 상대로 결정적인 승리를 거둔 전투가 벌어진 장소이다.

게드로시아: 오늘날 이란 남동부의 황량한 사막지대로, 알렉산드로스는 인도에서 바빌론으로 돌아가는 길에 군대를 이끌고 이 지역을 행군했다.

고르디오스의 매듭: 고르디움은 소아시아 중부 프리기아의 고대 수도였다. 그곳에 있던 고대 전차를 감은 매듭은 기원전 333년 알렉산드로스에 의해 풀렸다. 어떤 기록은 그가 매듭을 풀었다고 하고, 어떤 기록은 칼로 내리쳐 잘랐다고 전한다.

그라니코스: 오늘날 튀르키예 북서쪽의 코자바스Kocabas강 인근이다. 기원전 334년 알렉산드로스가 페르시아군과의 첫 대규모 전투에서 승리한 곳이기도 하다.

네아르코스: 크레타 출신으로 알렉산드로스의 소년 시절 친구였다. 초기에는 소아시아에서 사트라프로 있었고, 이후 인도에서는 해군 지휘관으로 복무했다. 인도에서 티그리스강까지 알렉산드로스의 함대를 이끌었으며, 훗날 자신의 업적을 기록한 책을 남겼으나 현재는 전해지지 않는다. 이 책은 역사가 아리아노스가 참고한 주요 자료 중 하나였다.

다뉴브: 알프스에서 발원해 흑해로 흘러드는 유럽의 강. 알렉산드로스는 기원전 335년에 이 강을 건너 북쪽 접경의 부족들을 제압한 뒤 아시아 원정에 나섰다.

다리우스 1세: 기원전 522년에 제국의 권력을 장악한 페르시아 귀족으로, 기원전 490년에 그리스를 침공했으나 마라톤 전투에서 아테네군에게 패배했다.

다리우스 3세: 기원전 336년 아르탁세륵세스 4세가 암살된 뒤 페르시아의 왕위에 올랐다. 이소스와 가우가멜라 전투에서 알렉산드로스와 싸웠으나 패배했으며, 기원전 330년에 베소스에게 살해되었다.

데마라토스: 코린토스 출신으로 시칠리아 전쟁에 참전한 노장. 알렉산드로스의 아버지와 친분이 있었으며, 어떤 전승에 따르면, 알렉산드로스를 위해 부케팔라스를 사준 인물로 알려져 있다. 알렉산드로스와 함께 아시아로 건너갔지만, 인도 원정이 시작되기 직전에 사망했다.

데모스테네스: 아테네의 유명한 웅변가. 필리포스와 알렉산드로스 모두를 격렬히 비판한 인

물이다.

델포이: 그리스 중부 산악지대에 위치한 아폴론 신의 유명한 신탁소. 알렉산드로스는 왕위에 오른 직후 이 신성한 신전을 방문해 여사제로부터 유리한 신탁을 받아냈다.

디온: 올림포스산 기슭에 있는 지방으로, 마케도니아 남부의 성지이다. 알렉산드로스는 이곳에서 부케팔라스를 얻었다.

레오니다스: 어린 시절 알렉산드로스를 가르친 엄격한 스승. 검소하기로 유명했으며, 한 번은 제사 때 향을 너무 많이 쓴 알렉산드로스를 꾸짖은 적이 있다. 이를 기억하고 있던 알렉산드로스는 아시아 원정 중에 얻은 풍부한 유향과 몰약을 그에게 보냈다.

록사네: 박트리아 귀족 옥시아르테스의 딸로, 인도 원정을 앞둔 기원전 327년에 알렉산드로스와 결혼했다. 그녀의 아들 알렉산드로스 4세는 아버지의 유일한 적자였다. 그녀와 아들은 기원전 311년에 살해당했다.

리디아: 오늘날 튀르키예의 소아시아 서부 지역으로 에게해와 접하고 있다. 강성한 기병대로 유명했다. 수도 사르디스는 페르시아 제국 서부의 주요 도시였다.

리시마코스: 알렉산드로스의 소년 시절 스승 중 한 사람이다. 그는 호메로스를 특히 좋아했으며, 어릴 때부터 그에 대한 애정을 제자에게 심어주었다. 그는 티로 인근 산악지대에서 죽음의 위기를 맞이했지만 옛 제자인 알렉산드로스에게 구출되었다. 리시마코스는 알렉산드로스 사후 트라키아를 지배한 지휘관 중 한 사람의 이름이기도 하다.

마기: 정확한 역할은 잘 알려져 있지 않지만, 종교 전문가들에 따르면, 그들은 메디아인과 페르시아인들 사이에서 신성한 의식을 집행하고 구전 역사를 보존했다. 또한 신약성경의 예수 탄생 이야기에서처럼, 고대 세계에서는 점성술에 능한 이들로 묘사되고 있다.

마라톤: 아테네 동쪽 해안 지역으로, 기원전 490년에 그리스인들이 첫 페르시아 대왕 다리우스의 침공을 물리친 전투가 벌어진 장소이다.

마자에우스: 가우가멜라 전투에서 다리우스를 섬긴 페르시아 귀족으로, 이후 곧바로 알렉산드로스의 편으로 돌아서서 바빌론 장악을 도왔다. 알렉산드로스는 그를 바빌로니아의 사트라프로 임명했다. 마자에우스는 알렉산드로스가 임명한 첫 번째 고위직 페르시아인이었다.

마케도니아: 오늘날 그리스 올림포스산 북쪽 지역으로, 고대에는 동쪽으로 트라키아, 남쪽으로 테살리아, 서쪽으로 에피로스와 일리리아와 접해 있었다.

말리족: 인더스강 계곡에 거주하던 강성 부족으로, 알렉산드로스는 이들의 도시 중 한 곳을 공격하던 중 거의 목숨을 잃을 뻔했다.

메디아인: 그리스인들은 메디아인을 종종 페르시아인과 혼동했지만, 실제로 이들은 오늘날 이란 북부 지역에 거주하던 전혀 다른 민족이었다. 그들의 수도는 엑바타나였다. 키루스 대왕은 이들의 왕국을 공격해 페르시아 부족들을 그들의 압제에서 해방시켰다.

멤논: 로도스섬 출신의 그리스 장군이다. 333년에 죽음을 맞이하기 전까지 다리우스를 위해 크게 활약했다. 그는 페르시아의 사트라프 아르타바조스의 딸 바르시네와 결혼했다. 그라니코스 전투에서 싸웠으며, 할리카르나소스에서는 알렉산드로스를 저지하다가 결국 철수했고, 이후 에게해에서 항전을 이어갔다.

바고아스: 두 명의 페르시아 왕을 암살한 고위직과 동명이인이다. 외모가 매력적인 환관으로 유명했으며, 다리우스의 연인이었다가 알렉산드로스의 연인이 되었다.

바르시네: 아르타바조스의 딸이자 멤논의 미망인으로, 알렉산드로스와의 사이에서 헤라클레스라는 아들을 낳았다.

바빌론: 바그다드 남쪽 유프라테스 강변에 위치한 메소포타미아의 유명한 고대도시. 신바빌로니아 제국의 수도였으며, 페르시아 제국에서도 중요한 도시였다. 알렉산드로스는 기원전 331년에 이곳에 입성했고, 그곳에서 기원전 323년에 사망했다.

바티스: 가자의 환관이자 총독으로, 알렉산드로스의 점령에 저항했다. 때문에 알렉산드로스의 분노를 샀고, 전차에 묶여 가자의 성벽 주변을 끌려다니다가 죽음을 맞이했다.

박트리아: 북으로는 옥서스강을, 남으로는 힌두쿠시산맥을 둔 중앙아시아 지역으로, 오늘날 아프가니스탄의 대부분을 포함한다. 페르시아 제국의 중요한 사트라피였으며, 알렉산드로스가 가장 격렬한 저항에 직면한 곳 중 하나였다.

베르기나: 고대 아이가이로 알려진 이 언덕 지대는 마케도니아의 해안평야를 굽어볼 수 있는 땅이다. 이 지역에서 행해진 발굴에서는 마케도니아 왕들의 화려한 무덤들이 드러났으며, 그중에는 필리포스의 무덤도 확인되었다. 필리포스는 이곳의 극장에서 암살당했다.

베소스: 다리우스를 모시던 박트리아 총독이지만, 다리우스를 살해하고 페르시아의 왕을 자처했다. 동방에서 알렉산드로스에 대한 저항을 이끌었으나, 결국 생포되어 절단 형벌을 받은 뒤 처형되었다.

부케팔라스: 알렉산드로스가 소년 시절 길들인 황소 모양 표시가 있는 테살리아산 말. 알렉산드로스는 이 말을 타고 페르시아 전역을 누볐다. 부케팔라스는 인도에서 죽었고, 알렉산드로스는 그를 기리기 위해 한 도시에 이 말의 이름을 붙였다.

브라민: 인도의 사제 계급으로, 알렉산드로스에 저항한 일부는 그 대가로 목숨을 잃었다.

사르디스: 소아시아 서부 리디아의 고대 수도로, 기원전 334년에 알렉산드로스에게 항복했다.

사리사: 끝에 철촉이 달린 최대 길이 5.5미터에 이르는 나무 창으로 훈련이 잘된 마케도니아 보병들이 사용했다. 전장에서 막강한 효과를 발휘했다.

사마르칸드: 고대 소그디아나의 수도인 마르칸다로, 오늘날 우즈베키스탄의 실크로드 요지에 위치해 있다. 이 도시는 기원전 329년부터 시작된 원정에서 군사와 행정의 중심지였다.

사트라프: 지방 총독을 의미하는 페르시아 용어로, 알렉산드로스가 차용해 각 지방의 통치

자들을 명명한 직함이다.

삼단노선: 세 줄로 배치된 노꾼들이 젓는 빠르고 강력한 그리스 군함의 일종이다. 뱃머리에는 청동으로 만든 충돌 무기 충각衝角이 달려 있었다.

세미라미스: 전설 속 바빌론의 여왕으로, 게드로시아 사막을 군대를 이끌고 통과하려 했으나 거의 전 병력을 잃었다고 전해진다.

셀레우코스: 훗날 정복자를 뜻하는 니카토르Nicator로 알려졌으며, 알렉산드로스의 후반 원정에 참전했다. 알렉산드로스 사후 바빌로니아를 장악했고, 한동안 알렉산드로스의 아시아 제국 대부분을 지배한 왕조를 세웠다.

소그디아나: 박트리아 북쪽에 위치한 고대 지역으로, 오늘날 타지키스탄과 우즈베키스탄 대부분을 포함한다. 알렉산드로스는 기원전 329년부터 이 지역에서 원정 활동을 벌였다.

수사: 오늘날 이란 남서부에 해당하는 고대 엘람왕국의 수도로, 페르시아 제국의 행정 중심지 중 한 곳이었다. 알렉산드로스는 기원전 331년에 이 도시에 무혈 입성했다. 기원전 324년에는 대규모 집단 결혼식이 개최되었다.

스킬락스: 소아시아 카리아 출신의 항해사였고, 첫 번째 페르시아 대왕 다리우스를 섬겼으며, 인도에서 이집트까지의 해상 항로를 탐사했다.

스파르타: 강성한 군대로 유명했던 그리스 도시국가이다. 알렉산드로스 시대에는 세력이 약화되었으나, 아기스 왕 치하에서 마케도니아 남부 그리스 지배에 도전했다가 알렉산드로스의 섭정 안티파트로스에게 완패했다.

스피타메네스: 소그디아나의 귀족으로, 베소스 사망 이후 알렉산드로스에 대한 저항을 이끌었다. 그는 1년 넘게 마케도니아인들을 상대로 효과적인 유격전을 벌였으나, 결국 생포되어 처형당했다.

시동들의 음모: 기원전 327년에 알렉산드로스를 시중들던 마케도니아 귀족의 아들들이 꾸몄다고 알려진 암살 음모. 칼리스테네스는 이들과 공모했다는 누명을 쓰고 처형되었다.

시시감비스: 이소스 전투에서 포로가 된 다리우스의 어머니로, 자신을 극진히 대접한 알렉산드로스가 죽자 식음을 전폐하고 슬퍼하다가 자살한 것으로 알려졌다.

시와: 오늘날 리비아와 이집트의 국경에 위치한 큰 오아시스로, 암몬 신탁소가 있었다. 알렉산드로스는 기원전 331년에 이곳을 방문했다.

아기스: 스파르타의 왕이었고 알렉산드로스와는 불구대천의 원수였다. 마케도니아의 발흥에 맞서서 그리스 세계 내 스파르타의 입지를 회복하고자 연합 세력을 구축해 싸웠다. 하지만 기원전 331년, 메갈로폴리스에서 안티파트로스와의 전투 중 전사했다.

아다: 카리아의 여왕이었으나 오빠 픽소다로스에 의해 내쳐진다. 알렉산드로스에 의해 권좌에 복귀했으며, 이후 알렉산드로스를 양자로 들인다.

아라비아: 오늘날의 아라비아반도를 가리키며, 고대에는 향료와 향신료의 주요 산지였다. 알

렉산드로스는 이곳을 정복할 계획을 세웠으나, 기원전 323년 바빌론에서 사망하면서 그 꿈을 이루지 못했다.

아르타바조스: 제국에 반란을 일으킨 페르시아 귀족. 기원전 352년에 마케도니아 궁정으로 망명한 적이 있다. 이후 페르시아로 돌아가 다리우스에게 충성을 다했으며, 왕이 사망한 뒤에는 알렉산드로스에게 합류해 박트리아의 총독으로 임명되었다. 그의 딸 바르시네는 멤논과 결혼했으며, 멤논이 사망한 후에는 알렉산드로스와 오랜 관계를 맺었고, 헤라클레스라는 아들을 낳았다.

아르탁세륵세스 3세: 오코스Ochos라고도 알려져 있으며, 기원전 359년부터 338년까지 페르시아를 통치했다. 소아시아 총독들의 반란을 진압하고 이집트를 재정복했으나, 암살로 인해 생을 마감했다. 알렉산드로스는 기원전 324년 수사에서 거행된 집단 결혼식에서 그의 딸과 결혼했다.

아르탁세륵세스 4세: 아르탁세륵세스 3세의 아들로, 기원전 338년부터 336년까지 페르시아를 통치했다. 그가 암살된 후에는 다리우스가 왕위에 올랐다.

아리다이오스: 알렉산드로스의 이복형제로, 필리포스 2세와 그의 일곱 아내 중 한 명인 테살리아 출신 필린나Philinna 사이에서 태어났다. 정신적으로 장애가 있었던 것으로 전해지며, 기원전 323년 바빌론에서 뜻밖에도 알렉산드로스의 어린 아들과 함께 왕으로 추대되었다. 후계자들의 손에 놀아나다가 결국에는 올림피아스에 의해 살해되었다.

아리스탄데르: 리키아 텔메수스 출신의 인정받던 점쟁이. 나타난 징조들을 알렉산드로스에게 유리한 쪽으로 해석해 불리한 상황들을 긍정적으로 타개하도록 했다.

아리스토불로스: 아리스토텔레스의 원정에 동행한 기술자이자 건축가. 말년에는 알렉산드로스를 미화하는 저작들을 남겼으며, 그의 기록은 훗날 역사가 아리아노스의 주요 참고 자료가 되었다.

아리스토텔레스: 플라톤의 제자이자 알렉산드로스의 스승이며, 고대 세계에서 가장 영향력 있고 학식 높은 사상가였다. 기원전 384년에 북부 그리스 스타기라에서 태어났으며, 알렉산드로스의 할아버지인 아민타스 3세의 궁정 의사의 아들이었다. 어린 시절의 일정 기간을 마케도니 펠라의 궁정에서 지냈다. 미에자에서 알렉산드로스와 그의 또래 친구들을 가르쳤다. 알렉산드로스는 원정 중에도 스승과 연락을 유지했고, 그에게 식물표본을 발송하기도 했다.

아리아노스: 알렉산드로스의 전기를 집필한 저명한 고대 작가. 비티니아Bithynia 출신으로 로마 치세에서 아시아 지역을 담당하는 중요한 정치 및 군사 직책을 맡았다. 스토아 철학자 에픽테토스Epictetus의 제자이기도 했다. 그가 남긴 저서 『알렉산드로스 원정기』와 『인디카Indica』는 오늘날 알렉산드로스의 일대기를 연구하는 이들의 가장 중요한 참고 자료이다.

아이하눔: 알렉산드로스가 건설했을 가능성이 큰 식민도시. 현재 아프가니스탄 북부이자 아

무다리야Amu Darya강(옥서스강) 인근이다. 이 박트리아 지역의 그리스 도시는 프랑스 고고학자들에 의해 발굴되었으며, 기원전 2세기 중반까지 융성한 거주지였다는 증거가 나타났다.

아카르나니아 출신 필리포스: 기원전 333년 이소스 전투 직전에 알렉산드로스의 생명을 구한 그리스 의사이다.

아케메네스: 페르세폴리스 인근에서 번창한 페르시아 왕가. 모든 페르시아 왕들은 가문의 시조 아케메네스의 후손임을 자처했다. 나아가 이 용어는 왕실의 혈통과 제국 자체를 가리키는 말로 사용되기에 이른다.

아킬레우스: 트로이 전쟁으로 알려진 가장 위대한 그리스 영웅. 알렉산드로스는 아킬레우스의 혈통이 어머니를 통해 자신에게 이어졌다고 주장했다. 그는 불멸의 명성을 추구하는 삶 속에서 그를 본보기로 삼았다.

아탈로스: 마케도니아의 귀족이자 파르메니온의 사위. 알렉산드로스가 왕위를 이을 정당한 후계자인지 의문을 제기했으나 필리포스가 암살된 직후 살해되었다.

아테네: 오랫동안 마케도니아를 적대시한 그리스의 주요 도시. 해군력이 강성한 것으로 유명했다.

안티고노스: 모노프탈모스Monophthalmus, 즉 외눈박이라고 불린 마케도니아 귀족. 필리포스 2세와 동시대 인물이다. 알렉산드로스는 그를 소아시아 프리기아의 총독으로 임명했다. 알렉산드로스 사후의 후계 전쟁에서 중요한 세력으로 활약했다.

안티파트로스: 필리포스 2세의 총애를 받았던 마케도니아 귀족이자 부관. 알렉산드로스는 아시아 원정을 떠나면서 마케도니아와 그리스를 통치할 섭정으로 그를 임명했다. 스파르타의 아기스가 일으킨 반란을 진압했지만, 이후 신임을 잃었고, 크라테로스로 대체될 위기에 처했다. 알렉산드로스 사후 권력투쟁에서 중요한 인물로 부상했다.

알렉산드로스 4세: 알렉산드로스 대왕과 록사네 사이에서 태어난 아들. 후계 구도 갈등의 혼란 가운데 권력투쟁의 도구로 이용되었으며, 기원전 310년에 어머니와 함께 살해되었다.

알렉산드리아: 알렉산드로스가 지중해에서 인도에 이르기까지 세운 여러 도시에 붙인 이름이다.

알렉산드리아(이집트): 기원전 331년, 알렉산드로스가 지중해 연안의 나일강 삼각주 서쪽 끝에 건설한 도시. 알렉산드로스의 시신이 마케도니아로 운구되는 도중 프톨레마이오스에 의해 탈취되어 이곳에 그의 무덤이 세워졌다. 이 도시는 인구 100만 명이 넘는 헬레니즘 문명의 중심지로 발전했다. 파로스 등대와 박물관과 도서관은 물론 대규모 유대인 공동체로 유명했다.

암몬: 이집트인들의 아문이나 그리스인들의 제우스와 동일한 신으로 여겨진다. 이집트와 리

비아 국경 인근 시와 오아시스에 있는 신탁소가 유명했으며, 알렉산드로스는 기원전 331년에 이곳을 방문했다.

야크사르테스: 오늘날 시르다리야Syr Darya강으로, 아랄해로 흘러든다. 고대 페르시아 제국의 북동부 경계선이었다. 알렉산드로스는 이 지역에서 치열한 전투를 벌였고, 인근에 '가장 먼'이라는 뜻을 담은 알렉산드리아 에스카테라는 도시를 건설했다.

에피로스: 오늘날 대략적으로 알바니아 지역에 해당하는 마케도니아 서쪽의 산악지대다. 알렉산드로스의 어머니 올림피아스의 고향이다.

에피로스의 알렉산드로스: 올림피아스의 오빠이자 에피로스의 왕. 필리포스 2세의 딸 클레오파트라와 혼인해 마케도니아와의 유대를 강화했으며, 기원전 331년 이탈리아에서 싸우다가 전사했다.

엑바타나: 오늘날 이란 서부의 하마단Hamadan에 해당한다. 메디아 왕국의 수도였고, 페르시아 제국의 궁정이 있는 곳이었다.

엘람: 오늘날 이란 남서부에 번성했던 고대 왕국. 페르시아에 의해 정복되었으며, 이 지역에서는 수사가 가장 크고 번영한 도시였다.

오네시크리토스: 철학자 디오게네스의 제자로, 알렉산드로스의 함대에서 키잡이로 복무했다. 현재는 전해지지 않는 그의 저작은 인도를 자세히 묘사했으며, 알렉산드로스를 전사이자 철학자로 그린 것으로 알려졌다.

옥서스: 오늘날 아프가니스탄 북부 국경에서 발원해 아랄해로 흘러드는 아무다리야강으로, 고대 박트리아의 북쪽 경계를 이루었다.

올린토스: 마케도니아 동쪽 칼키디케반도에 위치한 그리스 도시. 아테네와 내통한 사실이 밝혀져 기원전 348년에 필리포스가 파괴했다. 이곳은 알렉산드로스의 공식 역사가 칼리스테네스의 고향이기도 했다.

올림포스산: 오래전부터 신들의 거처로 여겨졌다. 높이가 거의 3000미터에 이르는 이 거대한 산은 마케도니아의 남쪽 경계에 솟아 있다.

올림피아: 고대 올림픽경기가 4년마다 열리던 그리스 서부 도시이다.

올림피아스: 필리포스의 아내이자 알렉산드로스의 어머니. 에피로스 출신으로 총명하고 수완이 뛰어나고 야심 찼으며, 때로는 잔혹했다. 알렉산드로스의 마케도니아 왕위 계승에 명운을 걸었다. 필리포스가 죽은 뒤에도 마케도니아에 남아 있었으며, 알렉산드로스가 페르시아를 정복하는 동안 그와 긴밀히 연락을 주고받았다.

유스티누스: 서기 3세기경 살았을 것으로 추정되는 로마인. 폼페이우스 트로구스Pompeius Trogus가 남긴, 현재는 소실된 아버지 필리포스 통치사에 대한 요약본을 저술했다.

이소스: 오늘날의 튀르키예와 시리아의 해안 경계 지역으로, 기원전 333년에 알렉산드로스가 다리우스를 상대로 결정적인 승리를 거둔 전투가 벌어진 곳이다.

이소크라테스: 아테네의 웅변가로, 일찍이 그리스 세계를 통합해 페르시아를 침공하자고 주장한 인물이다.

인도: 고대에는 인더스강 계곡에서 동쪽으로 펼쳐진 땅을 가리키는 명칭이었으며, 구체적으로는 펀자브 지역을 의미했다. 알렉산드로스 시대 당시 그리스인들에게는 오늘날의 파키스탄과 인도를 모두 포함하는 아대륙 전체를 포괄하는 개념이었다.

일리리아: 대략 오늘날 구 유고슬라비아 지역에 해당하는 고대 발칸반도 인근이다. 에피로스의 북쪽이자 마케도니아의 서쪽에 위치한다. 필리포스 2세는 마케도니아의 안정을 위해 이 지역을 장악했고, 알렉산드로스는 기원전 335년의 초기 원정에서 지배권을 확고히 했다.

조로아스터: 페르시아 에언자 자라투스트라Zarathushtra의 그리스식 이름이다. 빛과 어둠의 대립에 기반한 종교 전통을 발전시켰으며, 아후라마즈다가 최고의 신으로 숭배되었다.

카레스: 레스보스섬 출신으로, 알렉산드로스의 궁정 시종을 지냈다. 왕의 궁정 생활에 대한 길고도 생생한 기록을 남겼다.

카르타고: 기원전 1000년경, 티레인들이 건설한 페니키아 식민지이자 해상 강국으로, 오늘날 튀니지에 위치한다. 알렉산드로스에 저항하던 티레를 지원했으며, 이 도시 역시 알렉산드로스의 함락 대상에 올라 있었다고 전해진다.

카리아: 오늘날 튀르키예 남서부인 소아시아 해안 지역으로, 알렉산드로스가 기원전 334년에 정복했다. 가장 중요한 도시는 할리카르나소스였다.

카이로네이아: 기원전 338년, 필리포스가 테베의 신성대를 포함한 그리스 연합군을 무찌른 그리스 중부 도시. 알렉산드로스가 처음 참전한 주요 전투의 현장이기도 하다.

칼라노스: 알렉산드로스와 함께 페르세폴리스로 입성한 인도의 현인. 그 도시에서 극적인 공개 자살로 생을 마감했다.

칼리스테네스: 필리포스에 의해 파괴된 도시 올인토스 출신으로, 아리스토텔레스의 조카이자 알렉산드로스 원정의 공식 역사 기록자였다. 알렉산드로스의 동방식 예법 프로스퀴네시스에 반대하다가 미움을 샀고, 왕을 모시던 시종의 모반을 사주한 혐의로 처형당했다.

켈트족: 알렉산드로스 시대에 중부유럽을 지배한 일군의 부족 집단. 기원전 335년, 이들의 사절단이 도나우강에 머물던 알렉산드로스를 만나 우호 조약을 체결했다.

코린토스: 아테네 서쪽 요충지에 융성했던 그리스 도시. 기원전 338년 카이로네이아 전투 이후 필리포스가 설립한 코린토스 동맹의 중심지였다. 이 동맹은 그리스 도시국가들에게 명목상의 독립과 통일된 목소리를 부여했지만, 실제로는 마케도니아의 통제 아래 있었다.

코이노스: 마케도니아 휘하의 저명한 장군으로, 파르메니온의 사위였다. 기원전 330년 처남 필로타스에 반대했으며, 기원전 326년 히파시스 강가에서 있었던 군의 항명 사건 때, 병사들의 심경을 대변하는 발언을 했다. 그 직후 사망했다.

쿠르티우스 루푸스: 2세기 로마의 역사학자. 알렉산드로스에 관해 기술한 역사서에서 꾸민 듯 과장된 표현을 많이 썼고, 동시에 왕을 여러 차례 비판한 것으로 알려져 있다.

크라테로스: 이소스와 가우가멜라 전투는 물론 동방 원정 각지에서 활약한 알렉산드로스의 주요 지휘관. 필로타스와 파르메니온 제거에 가담했다. 알렉산드로스는 죽기 직전에 그를 그리스로 돌려보내서 퇴역 병사들을 호송하도록 했고, 안티파트로스의 직위를 대신할 것을 명령했다.

클레오파트라: 마케도니아 귀족 사이에 흔했던 여성 이름. 알렉산드로스의 여동생도 클레오파트라였으며 에피로스의 알렉산드로스와 결혼했다. 또 다른 동명이인은 아탈로스의 조카이자 필리포스의 일곱 번째 아내였다.

클레이타르코스: 기원전 4세기 후반 알렉산드로스 시대의 역사학자. 그의 방대한 저작은 후대 역사가들의 귀한 자료가 되었다.

클레이토스(검은 클레이토스): 마케도니아 귀족이자 알렉산드로스의 유모의 오빠. 그라니코스 전투에서 알렉산드로스의 목숨을 구했지만, 후에 사마르칸드의 연회 자리에서 왕을 비판했다가, 취한 왕에게 살해당했다.

키레네: 이집트 서쪽 북아프리카 해안의 그리스 식민지로, 오늘날 리비아 영토에 포함된다. 기원전 331년에 알렉산드로스에게 복속되었다.

키루스 대왕: 페르시아 제국을 건국한 왕. 기원전 6세기 중엽, 메디아 왕의 지배를 받던 작은 지역의 통치자에서 출발해 중앙아시아에서 지중해에 이르는 거대 제국의 대왕이 되었다.

킬리키아: 오늘날 튀르키예와 시리아의 접경 지역에 해당하는 소아시아 남동부의 해안 지역. 알렉산드로스는 기원전 333년에 이 지역의 중심 도시인 타르수스를 점령했다.

탁살라: 오늘날 파키스탄 이슬라마바드Islamabad 근처 인더스 계곡 북부에 위치한 고대도시. 이곳의 왕은 알렉산드로스의 인도 진입 초기에 그의 동맹이 되었다.

테르모필레: 그리스 중부에 있는 좁은 협곡으로, 기원전 480년에 스파르타인과 동맹군이 페르시아 침공군 본대에 맞섰다가 전원 전사한 곳이다.

테베: 그리스 중부의 유서 깊은 도시로, 알렉산드로스는 기원전 335년에 이곳의 반란을 진압한 뒤 도시를 완전히 파괴해 자신에게 저항하려는 이들에게 경고를 보냈다.

테살리아: 마케도니아 바로 남쪽에 위치한 지역으로, 호전적인 부족들이 살던 땅이다.

트라키아: 마케도니아 동쪽과 북쪽에 걸쳐 있는 지역으로, 성격이 거친 부족들이 살던 땅이다.

트로이: 소아시아 북서부 헬레스폰트해협에 위치한 도시로, 그리스 전설 속 트로이 전쟁의 무대이다. 오늘날 튀르키예의 차나칼레 인근 유적 발굴을 통해 알렉산드로스가 334년에 방문하기 이전 수천 년까지 거슬러 올라가는 방대한 유적지가 드러났다.

트리발리: 도나우강 유역의 부족으로, 알렉산드로스가 기원전 335년에 북부 발칸반도의 초

기 원정에서 격파했다. 이후 이들은 알렉산드로스의 아시아 원정에 병력을 제공했다.

티레: 고대 페니키아 도시로, 한때 해안에서 떨어진 섬이었으며, 오늘날은 레바논 해안에 붙어 있다. 알렉산드로스는 이곳에 대한 오랜 공성전 끝에 기원전 332년에 함락시켰다.

파르메니온: 마케도니아 귀족이자 필리포스의 수석 장군으로, 알렉산드로스를 위해서도 복무했다. 고대 사료에서는 대담한 젊은 알렉산드로스와 대조적으로 매우 신중한 인물로 묘사된다. 그의 아들 필로타스가 처형된 직후인 기원전 330년에 알렉산드로스의 명령으로 살해되었다.

파사르가다이: 페르세폴리스 근처에 있는 페르시아 왕실의 묘지. 키루스 대왕의 무덤은 지금도 남아 있다.

파우사니오스: 필리포스의 젊은 경호원으로, 궁정 사람들에게 심한 학대를 당한 것으로 알려졌으며, 이를 계기로 기원전 336년에 필리포스를 암살했다.

펀자브: 문자 그대로 다섯 줄기의 강을 뜻하며, 오늘날 파키스탄 북부에서 인도로 이어지는 지역이다. 알렉산드로스는 기원전 326년에 이곳에서 원정 작전을 벌였다.

페니키아: 오늘날 레바논에 해당하는 해안 지역으로, 티로와 시돈 같은 도시들이 있었으며, 항해술로 세계 곳곳으로 진출했던 페니키아인들의 본거지였다.

페르디카스: 마케도니아 귀족들 사이에 흔했던 이름. 오론테스의 아들 페르디카스는 알렉산드로스의 군 지휘관이자 경호원이었으며, 기원전 324년에 헤파이스티온에 이어 기병대 지휘관이 되었다. 록사네가 그를 통해 알렉산드로스의 아들을 보호하고자 했으나, 후계자 전쟁 중에 죽었다.

페르세폴리스: 고대 페르시아의 중심지였다. 오늘날 이란의 쉬라즈Shiraz 근처이며, 페르시아 왕들의 주요 거처 중 하나였다. 알렉산드로스는 기원전 330년에 이곳의 궁전을 불태웠으나, 그 동기에 대해서는 의견이 분분하다. 발굴 작업을 통해 왕가의 일상이 부조로 새겨진 놀라운 도시 유적이 드러났다.

페르시아인: 인도이란어를 사용하는 민족으로, 메디아인들은 물론 북인도 부족들과도 언어적인 유사성을 가진다. 본래는 페르세폴리스 인근 지역의 호전적인 부족민이었으나, 키루스와 그 후계 왕들을 거치며 인류 역사상 가장 거대한 제국을 장악하게 되었다.

페우케스타스: 인도의 말리족 도시를 공격하던 중 알렉산드로스의 목숨을 구한 마케도니아인으로, 이후 근위병으로 승진했고, 사트라프로도 임명되었다. 그는 알렉산드로스의 동방정책을 진심으로 받아들인 몇 안 되는 유력한 마케도니아인 중 하나였다.

펠라: 고고학 발굴을 통해 알려진 마케도니아의 핵심 도시. 기원전 5세기 후반에 행정수도로서 베르기나(고대 아이가이Aegae)를 대신했다.

포루스: 인도 펀자브 지역의 파우라바 왕국의 왕이다. 기원전 326년 히다스페스강 전투에서 알렉산드로스에 맞서 용감하게 싸운 왕이었다고 알려져 있다. 전투 후에는 용서를 받고

왕위에 복귀했지만, 훗날 탁실라에서 마케도니아 지휘관에게 살해되었다.

포토스: 깊은 갈망이나 열망을 뜻하는 그리스어 단어. 역사가 아리아노스는 알렉산드로스가 대담하고 때때로 불가해한 판단을 내릴 때, 그 동기를 설명하는 원인으로 이 개념을 사용했다.

프로스퀴네시스: 원래는 종교적인 숭배를 뜻하는 그리스어로, 페르시아왕 앞에서 행해지던 다양한 복종의 표시를 의미했다. 알렉산드로스가 이를 궁정 의례로 도입하자 마케도니아인들의 거센 반발이 일어났다.

프톨레마이오스: 알렉산드로스의 소년 시절 친구이자 페르시아 원정에서 공을 세운 군 지휘관이다. 그는 훗날 알렉산드로스의 시신을 차지하고 이집트의 왕이 되어, 클레오파트라로 종말을 맞는 프톨레마이오스 왕조를 세웠다. 알렉산드로스의 원정에 관한 회고록을 남겨 아리아노스 등 후대 역사가들이 참고했지만, 지금은 전해지지 않는다.

플루타르코스: 서기 1세기 중엽에 태어난 인물로, 그리스와 로마 세계 유명인들의 삶을 전기 형식으로 기록했다. 셰익스피어가 즐겨 인용한 자료의 저자이기도 하다. 그리스 중부 카이로네이아 출신으로, 알렉산드로스의 초기 생애를 다룬 매우 귀한 전기를 저술했으며, 도덕적 관점을 담고 있기도 하다.

필로타스: 파르메니온의 장남으로, 기원전 330년에 알렉산드로스의 명령으로 사형당했으며, 얼마 후 그의 아버지도 처형되었다.

필리포스 2세: 알렉산드로스의 아버지이자 올림피아스의 남편이다. 마케도니아를 변방의 소국에서 강력한 제국으로 탈바꿈시킨 주역이다. 그는 기원전 336년에 암살당했다.

하르카니아: 오늘날 이란의 카스피해 남쪽 해안 지역으로, 알렉산드로스가 기원전 330년에 이곳을 점령했다.

하르팔로스: 마케도니아 상류 지역 출신으로, 알렉산드로스의 소년 시절 친구이다. 재무 담당관으로 일했다. 이소스 전투 이전에 알렉산드로스를 배신하고 도망쳤지만, 용서를 받고 복직되었다. 하지만 기원전 324년, 알렉산드로스가 바빌론으로 돌아오기 전에 또 다시 탈주했다.

할리카르나소스: 오늘날 튀르키예 남서부 해안의 도시로, 지금의 보드룸Bodrum에 해당한다. 유명한 무덤 마우솔레움 영묘가 있는 카리아의 중요한 그리스 도시였으며, 알렉산드로스는 기원전 334년에 치열한 포위전 끝에 이 도시를 점령했다.

헤라클레스: 이 이름은 알렉산드로스가 조상으로 여긴 그리스신화의 영웅과, 그의 측실 바르시네 사이에서 태어난 아들 모두를 가리킨다.

헤로도토스: 기원전 5세기 할리카르나소스 출신의 그리스 역사가. 여러 고대 세계에 대한 생생한 이야기를 담은 역사서를 집필했다.

헤파이스티온: 알렉산드로스의 소년 시절 친구이자 가장 친밀했던 동료. 아시아 원정 중에

중요한 군사 지휘권을 맡았다. 기원전 324년 엑바타나에서 갑자기 사망했고, 알렉산드로스는 큰 슬픔에 잠겼다. 그의 장례는 극진히 치러졌다.

호메로스: 기원전 8세기에 활동한 유명한 그리스 시인. 『일리아스』와 『오디세이아』를 지었다. 알렉산드로스는 『일리아스』의 영웅 아킬레우스를 본보기로 삼았으며, 『일리아스』 사본을 베개 밑에 두고 잘 정도로 즐겨 읽은 것으로 전해진다.

히다스페스: 오늘날 파키스탄의 젤럼Jhelum강으로, 알렉산드로스가 기원전 326년에 인도 왕 포루스를 격파한 장소 인근을 흐른다.

히파시스: 오늘날 인도 북부의 비아스Beas강으로, 알렉산드로스가 갠지스 계곡으로의 원정을 계획했으나 병사들의 반발로 출전하지 못한 항명 사건이 벌어진 곳이다.

힌두쿠시: 파키스탄 북부에서 아프가니스탄 북동부까지 뻗은 산맥으로, 높은 봉우리들은 7600미터에 이른다. 알렉산드로스는 원정 중에 이 산맥의 높은 고개들을 여러 차례 넘었다.

참고 문헌

고대 사료

 알렉산드로스의 생애에 관한 고대 사료는 풍부하지만 문제가 있다. 갈리아 전쟁과 로마 내전을 직접 기록으로 남긴 카이사르와 달리, 알렉산드로스는 석문에 기록된 칙령 몇 가지와 후대 저자들이 인용한, 진위가 의심되는 서한 단편 몇 통 외에는 직접 저술한 것이 전해지지 않는다. 그래서 알렉산드로스에 대해 정확히 기록한 자료를 찾는 일은 예수나 소크라테스를 추적하는 일과 유사하다. 예수나 소크라테스와 마찬가지로, 알렉산드로스를 이해하려면 궁극적으로는 그를 직접 알았던 이들(우호적이었든 적대적이었든)이 남긴 기록에 기대게 된다. 그러나 그의 생전이나 사후에 곧바로 쓰인 전기들조차 고대 말기에 이르러서는 그리스 및 로마의 도서관에서 사라지고 말았다. 이로 인해, 초기 사료들에 접근했던 로마시대 역사가들이 남긴 2차 사료에만 의존하게 되었다.
 그렇다고 해서 알렉산드로스에 관한 역사 연구에 희망이 없다는 뜻은 결코 아니다. 다만 사료에 관련된 문제들을 예리하게 인식해야 할 필요는 분명히 있다. 알렉산드로스의 지인들이 그와 함께 여행하며 남긴 기록조차 각자의 의도를 담고 있다. 일부 동시대인은 이 마케도니아의 왕을 혐오하며, 영원한 영광을 위해서라면 살인도 서슴지 않는 술주정뱅이로 깎아내렸다. 반대로 다른 이들은 그를 고결하고 자비로운 인물로, 정의로운 군주의 전형으로 묘사했다. 오늘날의 역사학자들이 그렇듯, 고대의 전기작가들 역시 시대적 상황과 개인적 편견에 깊이 영향을 받았다.

알렉산드로스에 관한 고대 사료는 아리스토텔레스의 조카이자 그리스 도시 올린토스 출신인 칼리스테네스에게서 시작된다. 올린토스는 알렉산드로스의 아버지 필리포스에 의해 파괴된 도시였다. 알렉산드로스는 칼리스테네스를 원정에 동행시켜, 영웅적 업적을 미화해 그리스인들에게 알리도록 했다. 칼리스테네스는 고향을 파괴한 마케도니아 왕가에 분명 큰 원한을 품고 있었을 테지만, 알렉산드로스에 의해 처형당하기 전까지 그의 뜻에 따라 아첨하는 선전물을 써냈다. 그의 선전물은 부분적으로라도 고대의 알렉산드로스 전기작가들에게 널리 인용되었다.

초기 알렉산드로스 전기작가 가운데 가장 중요한 인물 중 한 명은 프톨레마이오스였다. 그는 알렉산드로스의 소년 시절 친구이자 라구스의 아들로, 훗날 이집트의 파라오가 되었다. 프톨레마이오스는 다뉴브 강가의 첫 원정부터 바빌론에서의 마지막 날들까지 알렉산드로스 곁에 있었다. 평생을 함께하며 그의 삶을 가까이에서 알았던 만큼, 프톨레마이오스가 남긴 사료는 더할 나위 없이 좋은 자료다. 다만 그에게는 알렉산드로스를 긍정적으로 묘사해야 할 이해관계가 있었다. 노년기에 알렉산드리아에서 글을 썼던 그는 이집트의 계승자이자 통치자로서 영웅적이고 존경스러운 알렉산드로스가 필요했다. 그럼에도 프톨레마이오스가 단순한 아첨꾼이었던 것은 아니다. 후대 저자들(특히 아리아노스)에게 그의 자료는 알렉산드로스의 군사 정복 활동에 관한 세부 사항을 전하는 데 핵심적인 역할을 했다.

알렉산드로스의 여정을 직접 목격한 또 다른 인물은 그리스인 기술자

아리스토불로스였다. 그는 알렉산드로스의 원정에 동행하며 키루스 대왕의 묘를 복원하는 등 여러 사업을 맡았다. 그가 남긴 기록은 긍정 일색이며, 의심스러울 때마저도 있다. 그가 여든을 넘긴 나이에 집필했다는 점을 고려하면 기억하고 싶은 것만 기억했을 수도 있다. 알렉산드로스가 페르시아 왕실 여성들을 대우한 일화 등등 그의 의로운 행적들은 아리스토불로스의 기록이 그 원전이다. 아리스토불로스는 군인이 아니었지만 지리와 자연과학 분야에서 날카로운 관찰력을 지니고 있었다. 이는 아리아노스와 스트라본이 그의 저술을 인용한 데서도 드러난다.

크레타섬 출신의 네아르코스는 알렉산드로스의 또 다른 소년 시절 친구로, 그의 원정에 동행했다. 그의 자료는 인도 원정에 관련해 후대 저자들이 참고한 핵심적인 사료다. 특히 그는 인더스강에서 페르시아로 귀환한 함대의 제독으로서 항해에 관해 가장 중요한 기록을 남겼다.

알렉산드로스의 원정을 기록한 1차 사료들 중 고대를 지나 살아남은 것이 더 있긴 하지만, 그 내용은 믿기 어려운 일화에서부터 선정적인 소문에 이르기까지 다양하다. 그리스인 오네시크리토스는 견유학파 철학자 디오게네스의 제자이자 인도로부터 귀환한 함대의 키잡이였다. 그는 알렉산드로스를 철인 군주로 묘사하는 극찬을 남겼으며, 인도와 브라만들에 대한 기록은 후대 역사가들에게 널리 인용되었다. 레스보스섬 출신의 카레스는 알렉산드로스의 말년에 궁정 시종장으로 일했다. 그는 궁정 생활에 관해 가십에 가까운 회고록을 10권 분량으로 남겼고, 특히 프로스퀴네시스 논쟁, 그리고 수사에서의 대규모 집단 결혼에 관한 그의 기술은 후대의 몇몇 전기작가에게 인용되었다. 올린토스 출신의 에피포스는 호사스러운 향락의 이야기 몇을 소책자로 남겼으며, 아테나이오스가 이를 인용했다. 그 외에 정체가 알려지지 않은 인물인 니코불레 역시 비슷한 성격의 글을 썼다. 테살리아 출신 메디우스는 알렉산드로스가 치명적인 쇠퇴를 겪기 시작한 바빌론 연회의 주최자로 가장 유명하다. 그는 나중에 알렉산드로스를 찬미하는 기록을 남겼다. 어쩌면 독살 혐의를 피하기 위해서였을 것이다. 또 다른 테살리아인 폴리클레이토스도 원정에 동행한 인물일 가능성이 있다. 스트라본이 인용한 세부적인 지리 묘사를 남겼기 때문이다. 이외에도 원정을 직접 목격한 기록자들은 더 있으나, 이름만 전해지거나 단편적인 조각으로만 알려져 있다.

알렉산드로스 원정대의 항해 일지, 그의 개인 노트, 그리고 플루타르코스가 자주 인용한 그의 서한 같은 여타 동시대 기록들도 그 가치는 의심스럽다. 일부 서한은 진본일 가능성이 있으나 다른 것들은 개인 노트와 마찬가지로 후대에 꾸며낸 것이다. 항해 일지도 진짜가 아닐 수 있다.

알렉산드로스에 관한 초기 기록 가운데 하나는 그를 곁에서 지켜본 이의 것이 아니라, 아시아 원정에 동행하기에는 너무 어렸던 이의 것이다. 클레이타르코스는 페르시아 역사에 대해 저술한 그리스 역사가 디논의 아들이었다(디논의 저술은 극적인 것으로 유명하다). 클레이타르코스는 그 전통을 이어 알렉산드로스의 정복을 액션 활극처럼 그려 남겼다. 알렉산드로스가 죽은 지 불과 몇 년 뒤에 쓰인 이 여러 권짜리 저작은 그리스와 로마 세계에서 널리 읽혔다. 그는 아테네와 알렉산드리아에서 연구하면서 원정의 공식기록을 열람할 수 있었을 뿐만 아니라, 귀환한 참전 용사들을 직접 인터뷰해 전투 등 주요 사건들에 대한 구전 자료도 수집함으로써 다양한 관점을 갖출 수 있었다.

이러한 초기 사료들은 이제 모두 소실되었다. 우리에게 남은 것은 그 사료들을 사용하고 부분적으로 그 정보를 전해준 후대 역사가들의 저작들이다. 현대에 불가타vulgata 계보로 알려진 역사가 집단은 클레이타르코스를 주요 출처로 삼았지만 다른 저자의 기록으로 이를 보완했다. 시칠리아의 디오도로스는 기원전 1세기에 이르기까지 40권 분량으로 세계사를 저술했고, 여기서 알렉산드로스를 모범적인 왕으로 내세웠다. 디오도로스와 동시대 인물이었던 갈리아의 트로구스 또한 같은 전통에 바탕을 두고 있는

데, 3세기 라틴 작가 유스티누스의 개요본을 통해서만 전해지는 그의 저작은 알렉산드로스를 피비린내 나는 폭군으로 규탄하는 경향이 더 짙다. 로마 황제 클라우디우스 치세 동안에 집필 활동을 한 것으로 보이는 로마 역사가 쿠르티우스는 꾸며낸 연설로 가득한 수사적인 역사서에서 알렉산드로스를 비슷하게 비판한다.

플루타르코스 역시 불가타 전통을 참고했지만 여타 사료들도 폭넓게 읽었다. 그는 기원후 1세기 중엽 그리스 도시 카이로네이아에서 태어났는데, 그곳은 바로 알렉산드로스의 아버지 필리포스가 그리스 연합군을 상대로 결정적 승리를 거둔 전장이었다. 플루타르코스 본인이 인정하듯, 그의 목적은 역사적 전기를 쓰는 것이 아니라 독자들에게 도덕적 교훈을 주는 인생 이야기를 기록하는 데 있었다. 그는 알렉산드로스를 대체로 긍정적으로 평가하지만 비판하기도 한다. 또한 오직 플루타르코스만이 알렉산드로스의 어린 시절에 관한 기록을 우리에게 전해준다.

그러나 알렉산드로스의 전기작가들 가운데 으뜸의 자리는 비티니아의 아리아노스에게 돌아간다. 그는 기원후 1세기 말에 태어나 유명한 스토아 철학자 에픽테토스에게 교육받았으며, 스승의 고결한 도덕적 가르침을 『엥케이리디온Enchiridion』이라는 수첩 형식의 저작에 담아 전했다. 그러나 아리아노스는 결코 학문에만 파묻힌 은둔자가 아니었다. 로마 제정에서 고위 관직을 지냈고, 소아시아 전역에서 야전 지휘관으로서 전투에 참여하기도 했다. 아리아노스가 저술한 알렉산드로스의 역사는 어떤 의미로도 완벽하지는 않지만, 인간적인 결점으로 얼룩진 위대한 인물을 상세하고 균형 있게 그려냈다. 아리아노스가 참고한 주요 사료는 프톨레마이오스와 아리스토불로스의 것이었다.

이외에도 알렉산드로스를 언급하는 고대 세계의 그리스 및 라틴 저자들은 많이 있다. 스트라본은 그의 저서 『지리학Geographica』에서 알렉산드로스를 자주 언급하며, 아테나이오스는 철학자들의 성대한 향연을 다룬 저작에서 소실된 알렉산드로스 관련 저작들의 구절을 많이 인용한다. 비非그리스계 사료는 드물지만, 바빌로니아 천문 기록과 같은 몇몇 현지 자료에서 그에 대한 언급이 나타난다.

현존하는 알렉산드로스의 고대 실물 자료들은 형태를 갖추고 있다. 그가 내린 칙령이나 그의 활동을 기록한 그리스 등지의 수많은 비문이 전해진다. 급료 지불이나 선전을 위해 그가 발행한 주화들은 지중해에서 인도에 이르기까지 살아남았다. 고고학 또한 알렉산드로스와 그 세계의 매혹적인 세부를 밝혀냈다. 튀르키예, 이라크, 이란, 아프가니스탄의 눈부신 발굴은 어느 것과도 견줄 수 없을 만큼 그의 세계를 생생하게 되살려놓았다. 북그리스 베르기나의 마케도니아 왕실 무덤은 말할 것도 없을 것이다.

현대 사료

알렉산드로스를 다룬 현대 문헌을 더 알아보고자 하는 독자들에게는 방대한 책과 논문이 마련되어 있다. 그러나 그에 대해 쓰는 이들의 수만큼이나 많은 '알렉산드로스'가 존재한다는 점에 유념해야 할 것이다.

현대 연구자들도 고대 저자들만큼이나 정치적 상황의 영향을 받았다. 대영제국이 쇠퇴하던 시기에 저술된 W. W. 탄의 저작은 여전히 중요하지만, 알렉산드로스를 지나치게 긍정적으로 평가한 그의 견해는 오늘날 학계에서 큰 호응을 얻지 못한다. 최근의 저자들은 대체로 알렉산드로스의 성격을 더 복합적으로 그려낸다. 다만 그의 군사적 천재성을 진지하게 의심하는 현대 학자는 거의 없긴 하다.

일반적인 입문서로는 폴 카틀리지의 『알렉산더 Alexander the Great』(을유문화사, 2004, 절판)를 강력히 추천한다. 그의 생애 여러 국면을 다룬, 학술적이면서도 매우 읽기 쉬운 연구 모음집이다. 몰입하기 좋고 통찰도 얻을 수 있는 전기로는 로빈 레인 폭스의 『대왕 알렉산드로스Alexander the Great』가 단연 으뜸이다. 폭스의 작품과 함께 피터 그린의 더 어두운 초상,『마케도니아의 알렉산드로스Alexander of Macedon』 또한 모두의 필독서다. 그리스에서 인도, 바빌론으로 이어지는 알렉산드로스의 험로를 따라가고 싶다면 마이클 우드의 『알렉산드로스, 침략자 혹은 제왕In the Footsteps of Alexander the Great』(중앙M&B, 2004)(절판)을 꼭 읽기 바란다. 짝이 되는 PBS의 영상물을 함께 보면 더 좋다.

더 전문적인 연구를 몇 가지만 추천하자면 다음과 같다. 발데마르 헤켈의 『알렉산드로스 대왕 시대의 인물 사전Who's Who in the Age of Alexander the Great』은 불편하게도 여러 사람이 동명을 공유하는 수많은 페르시아인과 마케도니아인을 구분하는 데 유용하다. 박트리아와 인도에서의 알렉산드로스를 다룬 프랭크 홀트의 여러 저작은 동방 원정을 이해하는 데 훌륭한 길잡이이며, 특히 『뼈의 땅으로Into the Land of Bones』가 그렇다. 고대 페르시아에 관한 최근의 주요 연구로는 아멜리 쿠르트가 엮은 1차 사료 모음 『페르시아 제국The Persian Empire』, 피에르 브리앙의 기념비적인 연구 『키루스에서 알렉산드로스까지From Cyrus to Alexander』, 린지 앨런의 『페르시아 제국The Persian Empire』이 있다. 알렉산드로스 사후의 이야기와 그 전설에 관해서는 리처드 스톤먼의 저작들을 꼭 읽어보아야 할 것이다.

Allen, Lindsay. *The Persian Empire*. Chicago: University of Chicago Press, 2005.

Andronicos, Manolis. *Vergina: The Royal Tombs*. Athens: Ekdotike Athenon, 1993.

Arnold-Biuchhi, Carmen. *Alexander's Coins and Alexander's Image*. Cambridge, Massachusetts: Harvard University Art Museums, 2006.

Ashley, James R. *The Macedonian Empire*. Jefferson, North Carolina: McFarland & Company, 1998.

Borza, Eugene N. *In the Shadow of Olympus: The Emergence of Macedon*. Princeton: Princeton University Press, 1990.

Bosworth, A. B. *Alexander and the East: The Tragedy of Triumph*. Oxford: Clarendon Press, 1996.

———. *Conquest and Empire: The Reign of Alexander the Great*. Cambridge: Cambridge University Press, 1988.

———. *A Historical Commentary on Arrian's History of Alexander*, 2 vols. Oxford: Clarendon Press, 1980, 1995.

Bosworth, A. B., and Baynham, E. J., eds. *Alexander the Great in Fact and Fiction*. Oxford: Oxford University Press, 2000.

Briant, Pierre. *From Cyrus to Alexander: A History of the Persian Empire*. Winona Lake, Indiana: Eisenbrauns, 2002.

Brosius, Maria. *The Persians*. New York: Routledge, 2006.

Carney, Elizabeth. *Olympias: Mother of Alexander the Great*. New York: Routledge, 2006.

Cartledge, Paul. *Alexander the Great*. New York: Vintage Books, 2004.

———. *The Spartans*. New York: Vintage Books, 2004.

———. *Thermopylae*. New York: Vintage Books, 2007.

Cohen, Ada. *The Alexander Mosaic: Stories of Victory and Defeat*. Cambridge: Cambridge University Press, 2000.

Cross, Frank Moore. "Papyri of the Fourth Century B.C. from Daliyeh" in Freedman, David Noel, and Greenfield, Jonas C., eds., *New Directions in Biblical Archaeology*, 41–62. New York: Doubleday, 1969.

Cunliffe, Barry. *Europe Between the Oceans: 9000 BC–AD 1000*. New Haven: Yale University Press, 2008.

Curtis, Vesta Sarkhosh. *Persian Myths*. Austin: University of Texas Press, 1993.

Dahmen, Karsten. *The Legend of Alexander the Great on Greek and Roman Coins*. New York: Routledge, 2007.

Engels, Donald W. *Alexander the Great and the Logistics of the Macedonian Army*. Berkeley: University of California Press, 1980.

Fildes, Alan, and Fletcher, Joann. *Alexander the Great: Son of the Gods*. Los Angeles: The J. Paul Getty Museum, 2002.

Fox, Robin Lane. *Alexander the Great*. New York: Penguin, 2004.

———. *The Search for Alexander the Great*. Boston: Little, Brown and Company, 1980.

Green, Peter. *Alexander of Macedon, 356–323 B.C.: A Historical Biography*. Berkeley: University of California Press, 1991.

———. *Alexander to Actium*. Berkeley: University of California Press, 1990.

Hamilton, J. R. *Plutarch: Alexander*. Oxford: Oxford University Press, 1969.

Hammond, N.G.L. *Alexander the Great: King, Commander and Statesman*. Bristol: The Bristol Classical Press, 1989.

———. *The Macedonian State: The Origins, Institutions and History*. Oxford: Clarendon Press, 1989.

———. *Sources for Alexander the Great*. Cambridge: Cambridge University Press, 1993.

———. *Three Historians of Alexander the Great*. Cambridge: Cambridge University Press, 1983.

Hanson, Victor Davis. *A War Like No Other*. New York: Random House, 2005.

Heckel, Waldemar. *The Conquests of Alexander the Great*. Cambridge: Cambridge University Press, 2008.

———. *Who's Who in the Age of Alexander the Great*. Malden, Massachusetts: Blackwell Publishing, 2006.

Heckel, Waldemar, Tritle, Lawrence, and Wheatley, Pat, eds. *Alexander's Empire: Formulation to Decay*. Claremont, California: Regina Books, 2007.

Heisserer, A.J. *Alexander the Great and the Greeks: The Epigraphic Evidence*. Norman, Oklahoma: University of Oklahoma Press, 1980.

Holland, Tom. *Persian Fire*. New York: Anchor Books, 2007.

Holt, Frank L. *Alexander the Great and Bactria*. New York: Brill, 1993.

———. *Alexander the Great and the Mystery of the Elephant Medallions*. Berkeley: University of California Press, 2003.

———. *Into the Land of Bones: Alexander the Great in Afghanistan*. Berkeley: University of California Press, 2005.

———. *Thundering Zeus: The Making of Hellenistic Bactria*. Berkeley: University of California Press, 1999.

Hyde, Walter Woodburn. *Ancient Greek Mariners*. New York: Oxford University Press, 1947.

Ivantchik, Askold, and Licheli, Vakhtang, eds. *Achaemenid Culture and Local Traditions in Anatolia, Southern Caucasus and Iran*. Leiden: Brill, 2007.

Kagan, Donald. *The Peloponnesian War*. New York: Penguin, 2004.

Kent, Roland G. *Old Persian*. New Haven: American Oriental Society, 1953.

Kovacs, Maureen. *The Epic of Gilgamesh*. Palo Alto, California: Stanford University Press, 1989.

Kuhrt, Amelie. *The Persian Empire: A Corpus of Sources from the Achaemenid Period*, 2 vols. New York: Routledge, 2007.

Mosse, Claude. *Alexander: Destiny and Myth*. Baltimore: Johns Hopkins University Press, 2004.

Olmstead, A. T. *History of the Persian Empire*. Chicago: University of Chicago Press, 1948.

Parker, Grant. *The Making of Roman India*. Cambridge: Cambridge University Press, 2008.

Pearson, Lionel. *The Lost Histories of Alexander the Great*. Philadelphia: American Philological Association, 1960.

Pollard, Justin, and Reid, Howard. *The Rise and Fall of Alexandria*. New York: Penguin, 2006.

Pritchard, James B., ed. *Ancient Near Eastern Texts Relating to the Old Testament*. Princeton: Princeton University Press, 1955.

Renault, Mary. *The Nature of Alexander*. New York: Pantheon Books, 1975.

Roisman, Joseph, ed. *Alexander the Great: Ancient and Modern Perspectives*. Lexington, Massachusetts: D. C. Heath and Company, 1995.

———. *Brill's Companion to Alexander the Great*. Leiden: Brill, 2003.

Romm, James S. *The Edges of the World in Ancient Thought*. Princeton: Princeton University Press, 1992.

Romm, James S., ed. *Alexander the Great: Selections from Arrian, Diodorus, Plutarch, and Quintus Curtius*. Indianapolis: Hackett Publishing, 2005.

Ross, David. *The Works of Aristotle: Volume XII Selected Fragments*. Oxford: Clarendon Press, 1952.

Sedlar, Jean. *India and the Greek World*. Totowa, New Jersey: Rowman and Littlefield, 1980.

Spencer, Diana. *The Roman Alexander*. Exeter: University of Exeter Press, 2002.

Stark, Freya. *Alexander's Path*. Woodstock, New York: The Overlook Press, 1988.

Stevenson, Rosemary B. *Persica: Greek Writing about Persia in the Fourth Century BC*. Edinburgh: Scottish Academic Press, 1997.

Stoneman, Richard. *Alexander the Great*. New York: Routledge, 1997.

———. *Alexander the Great: A Life in Legend*. New Haven: Yale University Press, 2008.

———. *The Greek Alexander Romance*. New York: Penguin, 1991.

Strassler, Robert B., ed. *The Landmark Herodotus*. New York: Pantheon Books, 2007.

———. *The Landmark Thucydides*. New York: Touchstone, 1998.

Talbert, Richard J. A., ed. *Barrington Atlas of the Greek and Roman World*. Princeton: Princeton University Press, 2000.

Tarn, W. W. *Alexander the Great: Volume II Sources and Studies*. Cambridge: Cambridge University Press, 1948.

———. *The Greeks in Bactria and India*. Chicago: Ares Publishers, 1984.

Thomas, Carol G. *Alexander the Great in His World*. Malden, Massachusetts: Blackwell Publishing, 2007.

Tod, Marcus N. *Greek Historical Inscriptions From the Sixth Century B.C. to the Death of Alexander the Great in 323 B.C.* Chicago: Ares Publishers, 1985.

Tuplin, Christopher, ed. *Persian Responses: Political and Cultural Interaction with(in) the Achaemenid Empire*. Swansea: The Classical Press of Wales, 2007.

Wheeler, Mortimer. *Flames Over Persepolis*. London: Weidenfeld and Nicolson, 1968.

Wood, Michael. *In the Footsteps of Alexander the Great*. Berkeley: University of California Press, 1997.

Woodard, Roger D., ed. *The Ancient Languages of Asia Minor.* Cambridge: Cambridge University Press, 2008.

———. *The Ancient Languages of Mesopotamia, Egypt, and Aksum*. Cambridge: Cambridge University Press, 2008.

———. *The Cambridge Encyclopedia of the World's Ancient Languages*. Cambridge: Cambridge University Press, 2004.

Worthington, Ian, ed. *Alexander the Great: Man and God*. Harlow, England: Pearson Education Limited, 2004.

———. *Alexander the Great: A Reader*. New York: Routledge, 2003.

———. *Philip II of Macedonia*. New Haven: Yale University Press, 2008.

미주

저자 서문과 감사의 말

1   Arrian Anabasis Book 1, preface.

1. 마케도니아

1   Plutarch Alexander 3.
2   Plutarch Alexander 3. 나는 피터 그린Peter Green이 쓴 Alexander of Macedon 1-3에서, 올림피아로부터 필리포스의 주둔지로 달려가는 기수의 그림을 보고 일련의 묘사를 시도했다.
3   참고. Arnold-Biucchi, Alexander's Coins and Alexander's Image, 47.
4   마케도니아와 왕실의 초기 역사에 대한 훌륭한, 그러나 상반된 입장을 보이는 두 권의 입문서를 소개한다면 다음과 같다. Hammond, The Macedonian State, 그리고 Borza, In the Shadow of Olympus.
5   Herodotus 5.3-8.
6   Plutarch Alexander 51. 또한 다음 문헌 참고. Plutarch Eumenes 14. 마케도니아인들이 사용했던 언어와 그들의 민족 정체성 문제는 고전학 분야에서 가장 논쟁적인 주제 중 하나이다. 남아 있는 고대 자료가 매우 적음에도, 이 논쟁은 현대 발칸 민족주의의 향방에 따라 격렬하게 전개되는 경우가 많다. 나는 마케도니아어가 그리스어와 별개라기보다는, 멀어진 방언 관계라는 입장을 취하고자 한다. 그러나 이러한 입장과 상관없이, 알렉산드로스의 시대에 마케도니아인들은 스스로를 그리스인으로 여기지 않았고, 주변 국가 시민들 역시 그들을 그리스인으로 보지 않았다는 것이 합리적인 판단이다.
7   Herodotus 8.137-139.
8   Herodotus 5.18-22.

9   Herodotus 8.140-144.

10 Herodotus 9.44.

11 Curtius 6.11.

12 Plato Gorgias 471.

13 Eurydice: Justin 7.4.

14 Justin 7.5.

15 Diodorus Siculus 16.2.

16 Diodorus Siculus 16.3.

17 Diodorus Siculus 16.3; Aelian Varia Historia 14.48.

18 Diodorus Siculus 16.4.

19 Plutarch Alexander 2(이 책은 아리바스를 그녀의 오빠라고 표기했으나, 나는 이것이 잘못되었으며, 그녀 '아버지의 형제'로 수정한 표기를 받아들이는 입장이다). 이 만남이 이루어진 정확한 해는 물론, 필리포스나 올림피아스의 나이를 확인할 기록은 존재하지 않는다.

20 Herodotus 2.51.

21 Plutarch Alexander 2.

22 Plutarch Alexander 2-3.

23 Plutarch Alexander 3; Cicero On Divination 1.47.

24 Plutarch Alexander 4-5.

25 Plutarch Alexander 22.

26 Plutarch Alexander 25.

27 Plutarch Alexander 5.

28 Plutarch Alexander 5; Curtius 6.5; Diodorus Siculus 16.52.

29 Plutarch Alexander 5. Saint Paul: Acts 16.

30 Diodorus Siculus 16.31, 34. 베르기나에서 발견된 상아 모형의 조각이 필리포스를 형상화한 것으로 추정된다. 오른쪽 눈썹 위에 상처 자국이 있다. 같은 유적지에서 발견된 깨진 두개골을 두고 일부에서는 필리포스의 것이라고 주장하는데, 오른쪽 눈에 손상이 있는 남성의 두개골이기 때문이다.

31 Diodorus Siculus 16.8.

32 Demosthenes Olynthiac 1.12-13.

33 Aeschines Against Timarchus 166-169.

34 Plutarch Alexander 6; Diodorus Siculus 17.76; Gellius Attic Nights 5.2; Arrian 5.19; Pliny Natural History 8.44.

35 Plutarch Alexander 6.

36 Plutarch Alexander 6.
37 Plutarch Alexander 7-8; Diogenes Laertes 5.1.
38 Plutarch Alexander 4.
39 Athenaeus 10.435.
40 Plutarch Alexander 22.
41 Plutarch Alexander 4.
42 Plutarch Alexander 9.
43 Diodorus Siculus 16.84-86.
44 Diodorus Siculus 16.89; Tod Greek Historical Inscriptions #177.
45 Pausanias 5.20.9-10.
46 Plutarch Alexander 9-10.
47 Plutarch Alexander 9.
48 Diodorus Siculus 16.91.
49 Plutarch Alexander 9.
50 Plutarch Alexander 10; Diodorus Siculus 16.74.
51 Diodorus Siculus 16.92.

2. 그리스

1 Plutarch Alexander 11.
2 Diodorus Siculus 16.93-94; Justin Epitome 9.6-7; Plutarch Alexander 10.
3 Justin 9.7. Justin(11.2). 필리포스와 클레오파트라 사이에서 태어난 아들 카라노스Caranus에 대한 언급이 있으나, 대다수의 학자들은 그가 후대에 창작된 인물이라고 판단한다.
4 Plutarch Alexander 10.
5 Plutarch Alexander 10; Euripides Medea 289.
6 1977년 그리스 고고학자 마놀리스 안드로니코스Manolis Andronikos에 의해 발견되고 발굴되었다.
7 Arrian Anabasis 1.25; Justin 11.2.
8 Justin 11.1.
9 Diodorus Siculus 16.93, 17.2, 5; Justin 9.5; Curtius 7.1, 8.1.
10 Diodorus Siculus 17.3-4; Plutarch Demosthenes 23.
11 Diodorus Siculus 17.4; Arrian Anabasis 1.1; Plutarch Alexander 14.

12 Plutarch Alexander 14.

13 Plutarch Alexander 14.

14 북부 원정에 관한 최고의 자료는 아리아노스의 기록이다. Arrian Anabasis 1.1-6.

15 Fragmenta der griechischen Historiker: 115 F 110.

16 Arrian Anabasis 1.2.

17 Hesiod Theogony 339. 또한 다음 문헌 참고. Herodotus 4.47-51.

18 Herodotus 4.93-94.

19 Herodotus 4.89-143.

20 Arrian Anabasis 1.3.

21 Xenophon Anabasis 1.5.

22 Arrian Anabasis 1.4; Diodorus Siculus 17.3-4.

23 Arrian Anabasis 1.4.

24 알렉산드로스의 일리리아 원정에 대해서는 다음 자료 참고. Arrian Anabasis 1.5-6.

25 Arrian Anabasis 1.7-10; Diodorus 17.8-15; Plutarch Alexander 11-13; Justin 11.3-4.

26 Arrian Anabasis 1.7.

27 Diodorus Siculus 17.9.

28 Plutarch Alexander 12.

29 Arrian Anabasis 1.10; Diodorus Siculus 17.15.

30 Plutarch Phocion 17.

31 Arrian Anabasis 1.11; Diodorus Siculus 17.16.

3. 아시아

1 Isaiah 45.1.

2 Herodotus 1.107-123.

3 Herodotus 8.98. '눈도 비도 막지 못한다'라는 문구는 헤로도토스의 『역사』 8권 98절에 나오는 말로, 미국 우정국의 비공식 표어로도 차용되었다.

4 Herodotus 1.136.

5 Arrian Anabasis 1.11; Justin 11.5; Plutarch Alexander 15; Diodorus Siculus 17.17.

6 Herodotus 9.116.

7 7.34-36.

8 Arrian Anabasis 1.11; Diodorus Siculus 17.17.

9   Arrian Anabasis 1.11-12; Diodorus Siculus 17.17; Plutarch Alexander 15.

10 Plutarch Alexander 15.

11 Arrian Anabasis 1.12.

12 Justin 11.6.

13 Arrian Anabasis 1.13-16; Diodorus Siculus 17.19-21; Plutarch Alexander 16.

14 Anabasis 1.18, 2.25, 3.10, 18.

15 Arrian Anabasis 1.16.

16 Arrian Anabasis 17.

17 Plutarch Alexander 23.

18 Arrian Anabasis 17; Diodorus Siculus 17.21; Plutarch Alexander 17.

19 Herodotus 1.53-86.

20 Arrian Anabasis 1.17.

21 Acts 19.28.

22 Pliny Natural History 35.92.

23 Arrian Anabasis 1.18; Diodorus Siculus 17.22-23.

24 Tod #184. 이 유물은 현재 런던의 대영박물관에 소장되어 있다.

25 Arrian Anabasis 1.20.

26 Arrian Anabasis 1.20-23; Diodorus Siculus 17.23-27.

27 Pliny Natural History 9.8; Tod #190.

28 Arrian Anabasis 1.24.

29 Polyaenus 5.35.

30 Plutarch Alexander 17; Arrian Anabasis 1.24.

31 Arrian Anabasis 1.25; Diodorus Siculus 17.32; Justin 11.7; Curtius 3.7, 7.1.

32 Arrian Anabasis 7.12.

33 Arrian Anabasis 1.26; Diodorus Siculus 14.3.9.

34 Diodorus Siculus 17.28.

35 Arrian Anabasis 1.26-28.

36 Arrian Anabasis 1.29-2.3; Curtius 3.1.9.

37 Arrian Anabasis 2.1-2; Diodorus Siculus 17.29-31; Curtius 3.1.19-21.

4. 이소스

1 Arrian Anabasis 2.7.
2 Arrian Anabasis 2.3; Curtius 3.1.14-18; Plutarch Alexander 18; Justin 11.7.
3 Herodotus 7.73, 8.138.
4 Arrian Anabasis 2.4; Curtius 3.1.22-4.15; Plutarch Alexander 18.
5 Xenophon Anabasis 1.2.21.
6 Curtius 3.5; Arrian Anabasis 2.4; Plutarch Alexander 19; Justin 11.8.
7 Strabo 14.5.12; Pliny Natural History 31.11.
8 Arnold-Biucchi #7
9 Arrian Anabasis 2.5.
10 Strabo 14.5.16.
11 Arrian Anabasis 3.6.
12 Xenophon Anabasis 1.4.
13 Curtius 3.2; Diodorus Siculus 17.31; Arrian Anabasis 2.8.
14 Arrian Anabasis 2.7-11; Curtius 3.8-11; Polybius 12.17; Diodorus Siculus 17.32-35; Plutarch Alexander 20-21; Justin 11.9.
15 Arrian Anabasis 2.11-12; Curtius 3.11-13; Plutarch Alexander 20; Diodorus Siculus 17.35-38.
16 Plutarch Alexander 20.
17 Arrian Anabasis 2.12; Curtius 3.12.
18 Curtius 3.13; Arrian Anabasis 2.11, 15; Plutarch Alexander 21; Justin 11.10; Polyaenus 4.5; Pliny Natural History 7.29; Strabo 13.1.27.
19 Arrian Anabasis 2.13.
20 Arrian Anabasis 2.13-15; Plutarch Alexander 24; Curtius 4.1; Diodorus Siculus 39.1-2.
21 Arrian Anabasis 2.15; Curtius 4.1.15; Diodorus Siculus 16.45.
22 Arrian Anabasis 2.15-24; Curtius 4.1-4; Diodorus Siculus 17.40-46; Plutarch Alexander 24-25; Justin 11.10.
23 Curtius 4.2.5.
24 Herodotus 4.42.
25 Herodotus 5.58.
26 Josephus Jewish Antiquities 11.8.
27 Diodorus Siculus 17.41.

28 Josephus Jewish Antiquities 11.8.

29 Arrian Anabasis 2.25; Curtius 4.5; Diodorus Siculus 17.48.

30 Arrian Anabasis 2.25–27; Curtius 4.6; Herodotus 3.5.

31 Herodotus 3.9–12.

5. 이집트

1 Herodotus 2.35.

2 Herodotus 2, 3.17–26, 4.181.

3 Herodotus 3.27–29.

4 Arrian Anabasis 3.1; Curtius 4.7.

5 Herodotus 2.3; Strabo 17.27.

6 Herodotus 2.153, 3.27–28.

7 Arrian Anabasis 3.1; Curtius 4.7–8.

8 Rose Aristotle fragment 246.

9 Arrian Anabasis 3.1–2; Plutarch Alexander 26; Curtius 4.8; Diodorus 17.52; Justin 11.11; Strabo 17.1.6–8.

10 Plutarch Alexander 26 quoting Homer Odyssey 4.354–355.

11 Arrian Anabasis 3.1.

12 Arrian Anabasis 3.2; Curtius 4.5.

13 Todd #192.

14 Arrian Anabasis 3.3–4; Plutarch Alexander 26–27; Curtius 4.7; Diodorus Siculus 17.49–51; Strabo 17.1.42–43.

15 Pindar Pythian 4.16; Scholion on Pythian 9.53, fragment 36.

16 Herodotus 4.181.

17 Plutarch Alexander 27.

18 Arrian Anabasis 3.4.

19 Arrian Anabasis 3.4. 또한 마이클 우드Michael Wood의 책 78-82쪽과, 『그리스 로마 베링턴 세계지도Barrington Atlas of the Greek and Roman World』의 73-75쪽의 훌륭한 세부 지도 참고.

20 Arrian Anabasis 3.5; Curtius 4.8; Strabo 17.1.43.

21 Kuhrt 2007, 1.460–461.

6. 메소포타미아

1. Babylonian Astronomical Diary for 331 b.c. (Kuhrt 1.447).
2. Curtius 4. 8; Eusebius Chronicles 2.223, 229; Cross "Papyri of the Fourth Century b.c. from Daliyeh."
3. Arrian Anabasis 3.6; Plutarch Alexander 29; Curtius 4.8.
4. Plutarch Alexander 30; Diodorus 17.54; Curtius 4.10; Justin 11.12.
5. Plutarch Alexander 31.
6. Arrian Anabasis 3.7.
7. Arrian Anabasis 3.7; Diodorus Siculus 17.53.
8. Arrian Anabasis 3.7; Curtius 4.9; Diodorus Siculus 17.55.
9. Arrian Anabasis 3.7; Curtius 4.10; Plutarch Alexander 31.
10. Kuhrt 1.447.
11. Arrian Anabasis 3.7-8; Curtius 4.9.
12. Plutarch Alexander 31.
13. Arrian Anabasis 2.9-11.
14. Plutarch Alexander 32.
15. Arrian Anabasis 3.11.
16. Arrian Anabasis 3.13-15; Curtius 4.12-16; Diodorus Siculus 17.57-61; Plutarch Alexander 33; Justin 11.14.
17. Kuhrt 1.447.
18. Diodorus Siculus 17.61; Curtius 6.1; Justin 12.1.
19. Arrian Anabasis 3.16; Diodorus Siculus 17.64; Curtius 5.1; Polybius 10.27.
20. Plutarch Alexander 25; Curtius 5.1; Herodotus 1.179; Strabo 16.1.15.
21. Genesis 6.14.
22. Curtius 5.1; Arrian Anabasis 3.16.
23. Herodotus 1.179-200; Curtius 5.1; Arrian Anabasis 3.16; Strabo 16.1.5; Diodorus Siculus 17.64.
24. Pritchard 163-180.
25. Kuhrt 1.447.
26. Polyaenus 4.3.32.
27. Strabo 16.1.6; Plutarch Alexander 57; Hesiod Theogony. 바빌로니아의 창조 서사시 『에누마 엘리쉬Enuma Elish』는 다양한 번역본에서 확인할 수 있으며, 프리처드Pritchard의 책

은 60-72쪽에 기술되어 있다.
28 Genesis 11-12.
29 『길가메시 서사시The Epic of Gilgamesh』가 기록된 쐐기문자 점토판들은 지난 세기 동안 고고학자들에 의해 발굴되었다. 그 가운데 가장 우수한 현대판본 중 하나는 코박스Kovacs의 판본이다.
30 Curtius 5.2; Diodorus Siculus 17.65-66; Arrian Anabasis 3.16; Plutarch Alexander 36; Allen 65-72.

7. 페르세폴리스

1 Christopher Marlowe Tamburlaine the Great Part I.
2 Arrian Anabasis 3.16; Curtius 5.3; Diodorus Siculus 17.67; Strabo 15.3.4.
3 Arrian Anabasis 3.18; Curtius 5.3-4; Diodorus Siculus 17.68; Plutarch Alexander 37.
4 Arrian Anabasis 3.18; Diodorus Siculus 17.69; Curtius 5.5; Justin 11.14.
5 Diodorus Siculus 17.70-72; Curtius 5.6-7; Plutarch Alexander 37-38; Arrian Anabasis 3.18; Justin 11.14; Allen 72-81.
6 Kuhrt 2.488.
7 Strabo 15.3.7-8; Arrian Anabasis 6.29; Plutarch Alexander 69.
8 Arrian Anabasis 6.29; Plutarch Alexander 69.
9 Diodorus Siculus 17.72; Curtius 5.7; Plutarch Alexander 38; Arrian Anabasis 3.18; Strabo 15.3.6.
10 Arrian Anabasis 3.19-21; Curtius 5.8.

8. 박트리아

1 Arrian Anabasis 3.28.
2 Curtius 6.2-3; Diodorus Siculus 17.74. 알렉산드로스가 병사들에게 한 연설 내용은 쿠르티우스의 해당 구절을 풀어서 기술한 것이다.
3 Arrian Anabasis 3.23-25; Diodorus Siculus 17.75-77; Strabo 11.7.2; Curtius 6.4-5; Plutarch Alexander 44-46; Herodotus 1.203.
4 Plutarch Alexander 46.

5   Arrian Anabasis 3.25.

6   Diodorus 17.77; Plutarch Alexander 45; Curtius 6.6.

7   Plutarch Alexander 48-49; Arrian 3.26-27; Curtius 6.7-7.2; Diodorus 17.79-80; Justin 12.5; Strabo 15.2.

8   Arrian Anabasis 3.28; Diodorus 17.81-83; Curtius 7.3.

9   Arrian Anabasis 3.28; Diodorus Siculus 17.83; Curtius 7.3. 이 고개를 묘사한 부분은 레인 폭스Lane Fox(294-297)와 우드(138-147)의 내용을 많이 참고했다.

10 Arrian Anabasis 3.28-29; Curtius 7.4-5; Diodorus Siculus 17.83.

11 Arrian Anabasis 3.29.

12 Curtius 7.5.

13 Arrian Anabasis 3.30-4.7; Curtius 7.5-11.

14 Arrian Anabasis 4.7, 15; Curtius 7.10.

15 Arrian Anabasis 4.15-17; Curtius 7.10, 8.1.

16 Plutarch Alexander 50-52; Arrian Anabasis 4.8-9; Curtius 8.1-2; Justin 12.6; Lucian Rhetorum Praeceptor 5-6.

17 Euripides Andromache 693-700.

18 Curtius 8.2-4; Arrian Anabasis 4.17-18.

19 Curtius 8.3.2.

20 Arrian Anabasis 4.18-21; Curtius 7.11, 8.4.

9. 인도

1   Herodotus 3.98.

2   Arrian Anabasis 7.6; Curtius 8.5; Diodorus Siculus 17.108; Plutarch Alexander 71.

3   Plutarch Alexander 53-55; Arrian Anabasis 4.10-14; Curtius 8.5-8; Justin 12.7; Athenaeus Deipnosophistae 13.556b.

4   Herodotus 1.134.

5   Aelian Varia Historia 1.21.

6   Herodotus 7.136.

7   Arrian Anabasis 4.22-5.4; Curtius 8.9-12; Plutarch Alexander 57-58; Diodorus Siculus 17.85-86.

8   Herodotus 4.44.

9   Herodotus 3.38, 98-106, 4.40.
10 Arrian Anabasis 5.3-8; Curtius 8.12-13; Diodorus Siculus 17.86. See also Wheeler 1968, 102-122.
11 Arrian Anabasis 5.8-19; Plutarch Alexander 60-61; Curtius 8.13-14; Diodorus Siculus 17.87-89; Justin 12.8.
12 Plutarch Alexander 60; Arrian Anabasis 5.19.
13 Arrian Anabasis 5.20-29; Diodorus Siculus 17.89-95; Plutarch Alexander 62; Curtius 9.1-3.
14 이후 연설 내용은 다음 두 책을 참고해서 기술했다. Arrian Anabasis 26, 그리고 Curtius 9.2.
15 Arrian Anabasis 5.29; Diodorus Siculus 17.95; Curtius 9.3; Plutarch Alexander 62; Justin 12.8.
16 Arrian Anabasis 5.29-6.3; Diodorus Siculus 17.95-96; Curtius 9.3.
17 Arrian Anabasis 6.4-20; Diodorus Siculus 17.96-104; Curtius 9.3-9; Plutarch Alexander 63-66.
18 Lucian Quomodo historia conscribenda sit 12.
19 Plutarch Alexander 58.
20 Homer Iliad 21.
21 Arrian Anabasis 6.13.
22 Arrian Anabasis 6.7, 16, 7.1-2; Plutarch Alexander 64-65; Diodorus Siculus 17.102-103.
23 Arrian Anabasis 7.1.

10. 바빌론

1   Arrian Anabasis 7.16.
2   Arrian Anabasis 6.21-26; Diodorus Siculus 17.104-105; Curtius 9.10; Plutarch Alexander 66-67.
3   Arrian Anabasis 7.24.
4   Arrian Anabasis 7.26.
5   Arrian Anabasis 6.27-28, Indica 34; Plutarch Alexander 67; Diodorus Siculus 17.106-108.

6   Arrian Indica 19-43; Diodorus Siculus 17.106; Strabo 15.5-14.

7   Arrian Anabasis 7.1, 16; Plutarch Alexander 68; Curtius 10.1.

8   Herodotus 4.42.

9   Plutarch Alexander 68; Arrian Anabasis 7.4.

10 Arrian Anabasis 7.3; Plutarch Alexander 69; Diodorus Siculus 17.107.

11 Arrian Anabasis 7.4; Plutarch Alexander 70; Diodorus Siculus 17.108.

12 Arrian Anabasis 7.7-12; Plutarch Alexander 71; Diodorus Siculus 17.109.

13 다음의 책을 많이 인용했다. Arrian Anabasis 7.9-10.

14 Arrian Anabasis 7.12-13, 28; Plutarch Alexander 74-75.

15 Arrian Anabasis 7.14, 23; Plutarch Alexander 72; Diodorus Siculus 17.110-115; Justin 12.12.

16 Arrian Anabasis 7.15, Indica 40; Plutarch Alexander 72; Diodorus Siculus 17.111.

17 Arrian Anabasis 7.16-30; Diodorus Siculus 17.112-118; Plutarch Alexander 73-77; Justin 12.13-16.

18 Arrian Anabasis 7.16.

11. 세상의 끝에서

1   Arrian Anabasis 7.30.

2   Arrian Anabasis 7.27; Diodorus Siculus 17.118; Plutarch Alexander 77.

3   Arrian Anabasis 7.27.

4   알렉산드로스의 사망 직후에 벌어진 일들은 쿠르티우스의 책 10권, 5-10장에 익숙한 수사적 표현들을 통해 잘 묘사되어 있다.

5   "The Cave" 18.82-89.

6   Daniel 7.23.

7   Inferno Canto 12.107.

찾아보기

ㄱ

가라(오아시스) Gara Oasis 207
가자 Gaza 187~190, 269, 316
가자(소그디아나) Gaza(Sogdiana) 316
갈리아 Gaul 83
강가리다이 Gangaridae 357
갠지스(강) Ganges River 347, 350, 355, 357, 359, 367, 372, 389, 394, 413, 414
검은 클레이토스 Black Cleitus 36, 349
    그라니코스 전투에서의- in battle of the Granicus 114, 115
    알렉산드로스의 살인 Alexander's murder of 324~329
게드로시아(사막) Gedrosian desert 370, 372, 373, 376, 380, 381, 384, 389
게르만(족) Germany 79
게타이(족) Getae 80~82
결혼 marriage 31
고래 Whales 382
고르디오스 Gordius 147, 148
고르디움 Gordium 136, 142~144
고산병 altitude sickness 305
고센 Goshen 194
고타마 싯다르타 Siddhartha Gautama 367
공병 engineers 30, 105
교역 trade 198
『국가』(플라톤) Republic(Plato) 93, 356
그라니코스 전투 Granicus, battle of the 117, 127, 135, 144, 150, 158, 160~162, 218, 226, 296,

325, 326

그리스 Greece 409

   가우가멜라 전투에서 알렉산드로스가 승리한 것에 대한 반응 reaction to alexander's victory at gaugamela in 236

   다뉴브 계곡에서의 거래 Danube trade of 80

   -에서 알렉산드로스에 대한 반란 rebellion against Alexander by 70~75, 88~98, 142~145

   -의 알파벳 alphabet of 177

   의 이탈리아계 민족들 Italian colonies of 388

그리스식 치료법 medicine, Greek 152

그리심(산) Gerizim, Mount 216

글라우코스 Glaucus 238

글라우키아스(타울란티아의 왕) Glaucias, King of the Taulantians 84~88

기독교 Christianity 416~418

기자(대피라미드) Giza, great pyramids of 192, 197

길가메시 Gilgamesh 251

ㄴ

나바르자네스 Nabarzanes 290

나우크라티스 Naucratis 198, 214

나일(강) Nile River 104, 172, 190~199, 201, 207, 210~214

네게브(사막) Negev desert 187

네부카드네자르 Nebuchadnezzar 245

네아르코스 Nearchus 47, 59, 136, 321, 359, 360, 362, 369, 371, 374, 378~384, 387, 391, 404, 405

네오프톨레모스(배우) Neoptolemus(actor) 60

네오프톨레모스(아킬레우스의 아들) Neoptolemus (Achilles' son) 108

넥타네보(파라오) Nectanebo, Pharoah 193

노살라(섬) Nosala 382, 383

뉘사 Nysa 344

니네베 Nineveh 222, 227

니카노르 Nicanor 81, 114, 160, 296

니코마코스 Nicomachus 299

니키아스 Nicias 122, 123

ㄷ

다뉴브(강) Danube River 25, 78~80, 82~84, 89, 101, 105, 135, 310

다니엘(성경 속 인물) Daniel(biblical figure) 252

다리우스 1세(페르시아의 대왕) Darius Ⅰ, Great King of Persia 80, 101, 102, 104, 131

다리우스 3세(페르시아의 대왕) Darius Ⅲ, Great King of Persia 57, 80, 102, 120, 129, 131, 137, 145, 146, 152~154, 156~173, 175, 180, 182, 186, 187, 193, 200, 201, 203, 210, 212, 216~218, 220~224, 227~229, 231~236, 238, 2239, 242, 243, 246, 247, 250, 252~259, 266, 267, 270, 273, 277~284, 286, 287, 291, 294, 295, 303, 311, 312, 360, 363, 391, 410

　-가 에게해에서 벌인 해상 작전 Aegean naval offensive of 175

　군대와 동행했던 다리우스 가족 family brought on campaign by 254

　아내의 죽음 death of wife of 220

　알렉산드로스가 보낸 모욕적 편지 Alexander's insulting letter to 172

　-와 가우가멜라 전투 battle of Gaugamela and 227~236

　-와 이소스 전투 battle at Issus and 157~163

　-의 죽음 death of 284, 285

　-의 체포 arrest of 282, 283, 312

다릭 darics 253

다마스쿠스 Damascus 166, 167, 169, 299

다스킬리온 Dascylion 118

단다미스 Dandamis 367, 368

단테 Dante 419

달력 calendars 17

대상인 caravans 202

데르다스 Derdas 315

데르비케스 Derbices 159

데마데스 Demades 97

데메테르 Demeter 96

데모스테네스 Demosthenes 40, 41, 45, 49, 50, 51, 70, 71, 73, 89, 90, 97, 377, 411

데모크리토스 Democritus 76
델포이 Delphi 41, 57, 65, 75, 120, 131, 202, 261, 323, 357
도로아스피스 Doloaspis 213
도리아계 그리스인 Dorian Greeks 129
도마이 Domai 379
드란기아나 Drangiana 297, 303, 305
드리페티스 Drypetis 391
『디나스 보어의 전쟁 노래』 The War Song of Dinas Vawr 420
디디마 Didyma 131, 212, 310
디오게네스 Diogenes 74, 75, 367, 368
디오니소스 Dionysus 110, 219, 345, 376
디온 Dion 16, 42, 98
딤누스 Dimnus 299, 300

ㄹ

라게(테헤란) Rhagae(Rhagae) 279, 282
라니케(알렉산드로스의 유모) Lanice(Alexander's nurse) 36, 180, 325
라데(섬) Lade 126
라오메돈 Laomedon 47
람바키아 Rhambacia 373
람세스 Ramese the Great, Pharaoh 192, 194
람프사코스 Lampsacus 109, 110
랑가로스(아그리아니아의 왕) Langarus, King of the Agrianians 84, 85
레바논 Lebanon 170, 173, 174, 177, 252
레스보스 Lesbos 45, 47, 144, 145, 200, 201, 303
레오니다스 Leonidas 36, 37
레오미트레스 Rheomithres 162
레오스(아테네의 영웅) Leos(Athenian hero) 97
레온나토스 Leonnatus 164, 364, 374, 380
로도스(섬) Rhodes 38, 110, 111, 168, 180
로마 Rome 388, 401, 412, 417, 418

로이사케스 Rhoesaces 115

록사네 Roxane 334, 335, 336, 391, 405, 408, 409, 410, 414

루크트라 전투 Leuctra, battle of 26, 27

리디아 Lydia 101, 110, 111, 119~123, 129, 189, 213, 243, 250, 267, 297, 335

리시마코스 Lysimachus 37, 181, 292, 409

리시포스 Lysippus 116

리콘 Lycon 219

리키아 Lycia 136, 137, 180, 261~263, 317, 319, 321

린케스티스의 알렉산드로스 Alexander of Lyncestis 68, 137~139, 153

ㅁ

마가르사 Magarsa 155

마그네시아 Magnesia 124

마기 Magi 35, 101, 103, 385

마다테스(우시아의 왕) Madates, King of the Uxians 256, 258

마라토스 Marathus 170, 171, 180

마라톤 전투 Marathon, battle of 50, 102, 144, 172

마르둑 Bel-Marduk 244~246, 401

마르디(족)(페르세폴리스 외곽의 부족) Mardi(Persepolis tribe) 274, 275

마르디(족)(카스피해 인근 부족) Mardi(Caspian tribe) 292, 293

마르마레스 Marmares 140

마르시아스 Marsyas 47

마우솔레움 Mausoleum 125, 130

마우솔로스 Mausolus 130

마이디(족) Maedi 49

마이안드로스(강) Meander River 125

마자에우스(바빌론의 사트라프) Mazaeus(satrap of Babylon) 222, 234, 241, 242, 243, 250, 255, 282

마자케스 Mazaces 193, 194

마카베오 Maccabees 416

마케도니아 Macedonia 16~19, 409

-에 대한 그리스의 인식 18~20

　　-에서의 정치적 책략 55, 56

　　왕실의 신 divinity of royal house of 54

　　-의 건국 이야기 foundation story of 20~24

　　-의 과잉된 성적 향락 48

　　-의 헬레니즘화 24

　　-의 언어 20, 148

　　-의 왕위 계승 투쟁 24, 25, 298, 299

　　-의 지형 18, 19

　　필리포스의 급격한 왕국 확장 38, 39

마하비라 Mahavira 367

마호메트(선지자) Mohammed, prophet 415

만다네 Mandane 100

말라리아 malaria 151, 408

말루스 Mallus 155, 180

말리(족) Malli 362~365, 386, 408

매춘 prostitution 248

메가스테네스 Megasthenes 413

메갈로폴리스 Megalopolis 237

메난드로스 Menander 414

메네스 Menes 192

메논 Menon 217

『메데이아』(에우리피데스) Medea(Euripedes) 67

메디우스 Medius 404, 408

메세니아 Messenia 403

메소포타미아 Mesopotamia 81, 100, 104, 119, 158, 167, 192, 210, 212, 216, 218, 220~222, 238~241, 245, 248, 251, 252, 255, 256, 265, 267, 272, 288, 371, 387, 392, 397, 418

메토네 Methone 38, 39, 40

메팀나의 아리스토니코스 Aristonicus of Methymna 200

멜레아게로스 Meleager 135, 349, 409, 410

멜카르트 Melqart 175

멤논(트라키아의 총독) Memnon(Thracian leader) 237

멤논(페르시아의 장군) Memnon(Persian general) 38, 69, 111, 112, 127, 144, 168, 169, 237

알렉산드로스에게 회손되지 않은 영지 estates left inviolate by Alexander 109, 110

　　-의 그라니코스 전투 113~116, 149~151

　　-의 병과 죽음 145

　　-의 에게해 작전 Aegean actions of 145

　　할리카르나소스에서의 포위 in siege of Halicarnassus 129~135

멤피스(이집트) Memphis(Egypt) 193, 195~197, 207, 210~212, 214, 219

　　황소 아피스 Apis bull at 193, 195

몰약 나무 myrrh 374

무시카누스 Musicanus 369

문(고개) Gates(pass) 156, 157, 159, 167, 170

뮌두스 Myndus 133, 155

미다스 Midas, King of 143, 148

미다스의 정원 Midas, Gardens of 21

미에자 Mieza 47

미케네 Mycenae 16

미트라(페르시아의 신) Mithra(Persian god) 103

미트레네스 Mithrenes 120, 121

미틸레네 Mytilene 144, 145

민다로스(스파르타의 제독) Mindarus(Spartan admiral) 107

밀레토스 Miletus 125~129, 131, 212, 310, 311

ㅂ

바고아스(환관이자 재상) Bagoas 54, 57, 280, 290, 376, 386

바기스타네스 Bagisthanes 286

바다 민족 Sea People 193

바르딜리스(일리리아의 왕) Bardylis, King of Illyria 28, 30, 31, 84

바르사엔테스 Barsaentes 282

바르시네(멤논의 아내) Barsine(Memnon's wife) 168, 169, 291

바르카니(족) Barcani 159

바빌론 Babylon 102, 158, 219, 220, 236, 240~250, 255, 265~267

　　마르둑을 모시는 신전 temple of Bel-Marduk in 244

알렉산드로스의 입성에 따른 불길한 징조 ill omens upon alexander's entrance to 401~403
-에서 알렉산드로스의 보상 Alexander's appointments in 250
-의 이슈타르의 문 Ishtar Gate of 244, 246
-의 창세 신화 creation myths of 249
-의 칼데아인들 Chaldeans in 248~251
바빌론의 공중정원 Hanging Gardens of Babylon 248
바알 Baal 154
바위(요새) Rock, the (fortress) 333, 334, 343, 344
바지라 Bazira 343
「바커스의 시녀들」 Bacchae (에우리피데스) Bacchae 24
바티스 Batis 188, 189
바하리야(오아시스) Bahariya, oasis of 211
박트리아 Bactria 223, 255, 278, 282, 283, 286~335, 359, 384
발라크로스 Balacrus 166
배출 요법 therapy by opposites 152
범그리스주의 Panhellenism 53, 117
베다 Veda 367
베두인(족) Bedouin 189
베르기나 Vergina 16, 22, 38, 47, 60, 65, 67
베리토스(베이루트) Berytus(Beirut) 173
베소스(박트리아의 사트라프) Bessus(satrap of Bactria) 224, 231, 233, 238, 239, 288~290, 294, 296, 297, 303, 307, 308, 310, 321
-의 다리우스 체포 Darius arrested by 282~34
-의 체포와 죽음 arrest and death of 311~313
-의 초토화 전술 scorched-earth policy of 306
베카(계곡) Beqa'a valley 181
불교 Buddhism 367, 413
브라민 Brahmin 369
브란키다이 Branchidae 131, 212, 310, 311
비박타 Bibacta 378
비블로스 Byblos 173
비스타네스 Bisthanes 280
비옥한 초승달 지대 Fertile Crescent 221, 265

ㅅ

사갈라수스 Sagalassus 141, 142

사도 바울 Paul, Saint 39, 418

사르다나팔로스(아시리아의 왕) Sardanapalus, King of Assyria 154, 155

사르디스 Sardis 119, 120~123, 136, 213, 250

사리사(창) sarissa(spear) 29, 30, 79, 86, 94, 111, 112, 223, 353

사마르칸드 Samarkand 313, 317, 319, 320, 324

사마리아 Samaria 215~217

사모스의 아리스타르코스 Aristarchus of Samos 417

사모트라키(섬) Samothrace 33

사바케스 Sabaces 162, 193

사이데 Side 141

사카라(계단 피라미드) Saqqara, step pyramid of 195

사카에(족) Sacae 224

사케시니아인 Sacesinians 224

사트라프 satrap 103, 117, 118

사트로파테스 Satropates 227

사티바르자네스 Satibarzanes 294, 296, 297, 303

사하라사막 Sahara desert 201, 205, 207, 208

살라미스(해전) Salamis 158

살목시스 Salmoxis 80

삼니움(족) Samnites 388

삼부스 Sambus 369

상갈라 Sangala 355

『샤나메』 Shahnameh 414

샤마쉬 Shamash 245

설맹 楔盲 305

세레스(비단의 민족) Seres(silk people) 347

세르보니스(호) Serbonis, Lake 190

세미라미스(바빌론의 여왕) Semiramis, Queen of Babylon 244, 372

세발리누스 Cebalinus 299, 300

셀게 Selge 142

소그디아나 Sogdiana 223, 239, 308, 310~314, 320~325, 329, 331, 332, 335, 342, 357, 384, 394, 414

　－의 바위 요새 mountain fortresses of 333, 334, 343, 344

　－의 반란 rebellion of 315~317

소금 salt 143, 207, 208

소아시아 Asia Minor 35, 54, 55, 58, 64, 69, 73, 98, 109~111, 117, 120, 121, 129, 130, 134~136, 142, 143, 148~151, 153, 169~171, 192, 193, 218, 223, 224, 265, 288, 305, 357, 411, 418

소크라테스 Socrates 24, 45, 52, 368, 411, 416

소페이테스 Sopeithes, King 356

소포클레스 Sophocles 52, 118

솔로몬 왕의 성전 King Solomon's temple 177

솔리 Soli 155, 156, 166, 180

수메르 Sumer 251

수사 Susa 250~257, 265, 267, 338, 387, 389, 391, 392, 410

　궁정 palace of 54, 119, 252, 255, 258

　－의 보물 treasure from 271, 272

수시아 Susia 294

수에즈(만) Suez, Gulf of 198

수티(순장 풍습) Suttee ritual 356

수학 mathematics 249

스와트(계곡) Swat valley 343

스키타이(인) Scythia, Scythians 80, 255, 267, 313, 315, 318, 321, 323, 330, 331, 401

스킬락스(카리아 출신 항해사) Scylax of Caria 345, 346, 387

스타기라 Stagira 45

스타테이라 Stateira 391, 410

스테파노스 Stephanus 241

스트리몬(계곡) Strymon valley 38, 49

스파르타 Sparta 15, 22, 23, 26, 27, 39, 42, 53, 71, 74, 89, 135, 168, 186

　－에 대한 멤논의 제안 Memnon's overtures to 144

　－와 페르시아의 협정 Persian alliance of 169

　－와 페르시아 전쟁 in Persian Wars 16, 36, 102

　－의 반란 revolt by 212, 213, 218, 237

스피타메네스 Spitamenes 308, 311~313, 315, 317, 319~326, 328, 329
　-의 최후 death of 330, 331
스피트리다테스(리디아의 총독) Spithridates(Lydian satrap) 111, 115
스핑크스 Sphinx 197, 198, 252
시네드리온 synedrion 53
시돈 Sidon 173, 174, 176, 180, 182
시라쿠사 Syracuse 184
시르무스(트리발리족의 왕) Syrmus, Triballi king 78, 82
시르팍스 Syrphax 123
시리아 Syria 150, 156~159, 166, 167, 170, 223, 224, 228, 243, 288, 321, 357, 387, 394, 417
시시감비스(다리우스의 어머니) Sisygambis(Darius's mother) 165, 254, 255, 258
시시네스(페르시아 첩자) Sisines(Persian agent) 137, 139
시와(오아시스) Siwa oasis 192, 201, 202, 205~207, 210~212, 357, 398
　태양의 샘 Spring of the Sun at 208
시프누스(섬) Siphnus 169
신성대 Sacred Band 27, 29, 50, 51
실루타 Cilluta 370
실피움 silphium 205
십자가형 crucifixion 185, 398
쐐기문자 cuneiform script 251

ㅇ

아가멤논 Agamemnon 16
아가톤 Agathon 250
아그리아니아인 Agrianians 18, 84, 93, 114
아기스(스파르타의 왕) Agis, King of Sparta 169, 212, 218, 237, 238
아나히타(페르시아의 신) Anahita(Persian god) 103
아낙사르코스 Anaxarchus 329
아낙시메네스 Anaximenes 109
아낙시포스 Anaxippus 294, 296
아다(카리아의 여왕) Ada, Queen of Caria 58, 130~132, 134, 155, 165

아드메토스 Admetus 185

아라비스(강) Arabis River 379

아라비아 Arabia 167, 187, 198, 214, 219, 243, 345, 383, 387, 388, 404, 405

아라비타이 Arabitae 373, 378, 379

아라코시아 Arachosia 224, 297

아락세스(강) Araxes River 264

아랄해 Aral Sea 291, 313, 321

아르게우스 Argaeus 28

아르고스 Argos 16, 21, 90, 122, 141

아르메니아인 Armenians 224

아르벨라 Arbela 227, 238, 239

아르사메스 Arsames 111, 150

아르시테스(헬레스폰트의 사트라프) Arsites 110, 117

아르카디아 Arcadia 15, 90, 96

아르켈라오스(마케도니아의 왕) Archelaus, King of Macedonia 23, 24

아르타바조스 Artabazus 38, 291, 303, 308

아르탁세륵세스 2세(페르시아의 대왕) Artaxerxes II 252

아르탁세륵세스 3세(페르시아의 대왕) Artaxerxes III 17, 54, 57, 193, 280, 290

아르탁세륵세스 4세(페르시아의 대왕) Artaxerxes IV 54, 57, 168, 391

아르테미스 Artemis 35, 123, 140

아르테미스 신전 temple to Artemis in 15, 35, 123, 124

아리다이오스 Arrhidaeus 32, 58, 409, 411

아리만(페르시아의 신) Ahriman(Persian god) 103

아리바스(에피로스의 왕) 32~34

아리스탄데르(텔메수스의 예언자) Aristander of Telmessus 34, 136~139, 188, 200, 204, 225, 226, 231, 260, 318, 319, 328

아리스토기톤 Aristogiton 253

아리스토니코스 Aristonicus 200, 323

아리스토불로스 Aristobulus 148, 361, 385

아리스토텔레스 Aristotle 21, 44~47, 52, 83, 116, 125, 137, 148, 152, 155, 165, 196, 236, 328, 339, 399, 408, 411

아리스톤 Ariston 226, 227, 233

아리아노스 arrian 12, 89, 91~94, 113, 128, 139, 147, 199, 209, 276, 277, 286, 309, 331, 371,

372, 375, 378, 387, 407, 418
아리아의 알렉산드리아 Alexandria-of-the-Arians 297
아리아인 Aryan 367
아리오바르자네스 Ariobarzanes 259~261, 263, 264, 266
아마존 Amazons 291, 292
아문 Amun 196, 202
아민타스 3세(마케도니아의 왕) Amyntas Ⅲ, King of Macedonia 24, 25, 45
아민타스(마케도니아의 왕) Amyntas, King of Macedonia 22
아민타스(병사) Amyntas(soldier) 90
아민타스(지휘관) Amyntas(Philip's general) 55, 157, 249
아바리스 Avaris 194
아부심벨 Abu Simbel 192
아불리테스 Abulites 253, 255, 389
아브라함 Abraham 251
아브레아스 Abreas 363, 364
아비이(족) Abii 315
아산데르 Asander 122
아소카 Ashoka 413
아수르 Ashur 241
아스클레피오도로스 Asclepiodorus 250
아스클레피오스 Asclepius 365, 398
아스티아게스(메디아의 왕) Astyages 100, 101
아스펜두스 Aspendus 141, 142
아시리아 Assyria 154, 155, 188, 191, 216, 222, 241, 245
아오르노스(산) Aornus 343, 344
아우구스투스(로마의 황제) Augustus 410, 418
아우다타 Audata 31, 32, 85
아우타리아타이 Autariatae 84, 85
아제밀쿠스(티레의 왕) Azemilcus, King of Tyre 175
아케시네스(강) Acesines 355, 362, 368
아크로폴리스 Acropolis 52, 73, 116, 117, 141, 253, 377
아킬레우스 Achilles 34, 37, 107, 108, 162, 181, 189, 251, 287, 362, 398, 400
아타르(페르시아의 신) Atar 103

아탈로스 Attalus 55, 67, 70

아테나 Athena 52, 103, 107, 118, 125, 166, 248

아테네 Athens 16, 17, 19, 23, 26, 28, 49~52, 60, 70, 144, 168, 237, 277, 291

   -로 조각상 반환 statues returned to 253

   멤논의 교섭 Memnon's overtures to 144

   아테노도로스의 벌금 Athenodorus fined by 219

   알렉산드로스에 대한 반란 in rebellion against Alexander 71~73, 88~90, 96~98

   -와 테베의 공동 작전 Theban alliance of 50

   -와 필리포스의 영토 확장 and Philip's expansion 39~42

   -의 암몬 신탁소 temple of Ammon in 202

   의 파괴 destruction of 102, 271

   페르시아 전쟁 in Persian Wars 22, 102

아테노도로스 Athenodorus 219

아테노파네스 Athenophanes 241

아티지에스 Atizyes 162

아펠레스 Apelles 124, 125

아폴로도로스 Apollodorus 250

아폴로파네스 Apollophanes 380

아폴론 Apollo 41, 57, 75, 120, 131, 227, 310, 413

아프로디테 Aphrodite 247, 324

아프리카 Africa 176, 204, 205, 211, 214, 387~389, 401, 412

아후라마즈다(페르시아의 신) Ahuramazda(Persian god) 103, 266, 268, 414

악어 crocodiles 192

안드로마코스 Andromachus 216, 217

안키라 Ancyra 149

안키알레 Anchiale 154, 155

안티고네 Antigone 299

안티벨루스 Antibelus 282

안티오코스 4세 에피파네스 Antiochus IV Epiphanes 415, 416

안티파트로스 Antipater 47, 68, 98, 104, 138, 212, 218, 297, 395~397, 407~411

알렉산드로스 1세(마케도니아의 왕) Alexander I, King of Macedonia 22, 23

알렉산드로스 2세(마케도니아의 왕) Alexander II, King of Macedonia 24

알렉산드로스 3세(마케도니아의 대왕) Alexander III (the Great), King of Macedonia

-가 다리우스에게 보낸 답신 insulting letter sent to Darius by 172

게드로시아 사막을 건너는 여정 in Gedrosian desert 372~376

-과 테베 반란 Theban revolt and 89~98

그리스 용병 고용 Greek mercenaries recruited for 182

다리우스가 보낸 서신 Darius's peace overtures to 171, 187

다리우스의 왕좌 on throne of Darius 253

도둑맞은 부케팔라스 and theft of Bucephalas 293

록사네와의 결혼 marriage to Roxane 334~336

마케도니아로 돌아가기로 한 결정 decision to return home of 358, 359

마케도니아의 섭정 as regent of Macedonia 48

바빌론에서의- in Babylon 244~251

비그리스인 병사의 정규 병력 통합 integration of non-Greek soldiers into army of 84

수사에서의- in Susa 252~255

-와 고르디오스의 매듭 Gordian knot and 147~149

-와 그리스 도시국가들의 반란 Greek rebellion and 71~75, 88~98

-와 다리우스의 임종 Darius's death and 286, 287

-와 디오게네스 and Diogenes 74, 75

-와 리라 연주 lyra playing of 37

-와 말리족 기습 Malli attack and 362~368, 386

-와 병사들의 빚 soldiers' debts paid by 392

-와 부케팔라스 Bucephalas and 42~44

-와 사티바르자네스의 반란 Satibarzanes revolt and 296, 297

-와 소그디아나 바위 요새 and Sogdian Rock 333, 334

-와 시와 신탁소 and Siwa oracle 192, 201~204

-와 아랍계 원주민 Arab hill tribes and 180, 181

-와 아첨 love of praise of 119

-와 외교 diplomacy 314

-와 요새 도시 가자 at Gaza 187~190

-와 월식 lunar eclipse and 225

-와 종교 religion and 118, 202, 203

-와 카이로네이아 at Chaeronea 50, 51, 89

-와 펠리움 포위 siege of Pellium by 85~88

-와 프로스퀴네시스 proskynesis issue of 337~341

-와 헤파이스티온의 병세 Hephaestion's death and 397~399

왕의 하렘 harem of 267, 268

유프라테스강을 건너다 Euphrates crossing 222

-의 가우가멜라평야에서의 전술 Gaugamela tactics of 232~234

-의 가정교사 tutors of 21, 44

-의 갑옷 armor of 107

-의 겨울 원정 winter campaigning by 136, 137

의 과도한 자아도취 hubris of 204

-의 다뉴브 계곡 침공 Danube invasion of 75~84

-의 다리우스 가족에 대한 처우 treatment of Darius's family by 165, 166

-의 다리우스 생포 in chase after Darius 278~283

-의 대리석 흉상 marble busts of 47

-의 델포이 방문 visit to Delphi by 75

-의 마이디족 정벌 Maedi campaign 49

-의 바빌론 입성 march to Babylon of 240, 241

-의 병사 앞 연설 speeches to troops by 69, 161, 225, 226, 288, 289, 357, 358, 393, 394

-의 브란키다이 학살 massacre of Branchidae by 310, 311

-의 사마리아인 학살 massacre of Samaritans by 216, 217

-의 세금 면제 promise to repeal taxes by 69

-의 스키타이 정복 Scythian raid of 317~319

-의 신성한 혈통 divine parentage myths about 20, 21, 54, 55, 203, 204, 208~210, 212, 213

-의 신체에 대한 묘사 physical description of 47

-의 심신 훈련 education of 36~38

-의 아시아 도착 Asia landing of 106, 107

-의 아테네 방문 Athenian visit of 52

-의 언어 language of 20

-의 여자관계 relationships with women of 48

-의 예술적 판단 artistic judgment of 125

-의 유산 legacy of 412~421

-의 은화 coinage of 154

-의 음주 drinking of 119, 325, 408

-의 의학 지식 medical knowledge of 116, 152

-의 인도 원정 Indian Campaign of 322, 336~370

-의 자기조절 능력 self-control valued by 48
-의 집단 결혼식 mass wedding held by 391, 392
-의 초토화 전술 scorched-earth policy of 278
-의 켈트족의 방문 visit of Celts to 82~84
-의 클레이토스 암살 murder of Black Cleitus by 324~329, 335
-의 트로이 방문 Troy visited by 106~108
-의 페르시아 탐험 Persian mountain expedition of 273~275
-의 필리포스 휘하 장군 암살 murder of Philip's general by 25
-의 향후 정복 활동 구상 plans for future conquest by 387~389
전장에서의 선전 선동 propaganda of 110
제국의 통치자로서- as international ruler 243, 244
트리발리 주둔군과의 싸움 in battle with Triballi 77~79
페르세폴리스를 불태운 사건 destruction of palace in Persepolis by 275~278
픽소다로스의 음모 Pixodarus intrigue of 58, 59, 130
필로타스의 음모 Philotas's plot against 299~303
해군에 대한 해산 명령 disbanding of fleet by 128, 129
헤르몰라오스의 암살 시도 Hermolaus's assassination attempt against 340, 341
훈련되지 않은 해군 as inexperienced in naval warfare 126, 127, 182~184
이집트에 세운 알렉산드리아 Alexandria, Egypt founded by 199, 200

알렉산드로스 4세 Alexander IV 410
알렉산드로스(에피로스의 왕) Alexander, King of Epirus 59, 61, 65
『알렉산드로스 로망스』 Alexander Romance, The 418, 419
알렉산드로스의 안식처 Alexander's Haven 378
알렉산드로스의 페르시아 원정 Persian Campaign of Alexander 70, 74

-과 가우가멜라 전투 battle of Gaugamela and 173~236
-과 병사들의 겨울 휴가 winter furloughs in 135
-과 사르디스의 항복 Sardis surrender in 119~121
-과 이집트 원정 Egypt campaign in 187~214
-과 티레 포위 siege of Tyre in 174~180, 182~187
-과 할리카르나소스 포위 siege of Halicarnassus in 129~135
-과 헬레스폰트해협 도해 Hellespont crossed in 106, 107
군대에 대한 보너스 bonuses for army in 250
-동안의 개기월식 lunar eclipse during 225, 226

찾아보기　　　　　　　　　　　　　　　　　　　　　　473

리키아 원정 Lycian Campaign in 136~146
바빌론 귀환 return to Babylon in 371~406
-속 그라니코스 전투 battle of the Granicus in 110~117
-속 메소포타미아 in Mesopotamia 215~255
-속 박트리아 Bactria in 286~335
-속 소그디아나 Sogdiana in 308~324
-속 소아시아 고지대 Asia Minor highlands in 149, 150
-속 아랍계 원주민 Arab hill tribes in 180~182
-속 이소스 전투 battle of Issus in 156~166
-속 인도 in India 336~370
-속 페르세폴리스 Persepolis in 256~285
-속 힌두쿠시 Hindu Kush in 304~308
-에 따른 다리우스의 평화 협상 Darius's offer of peace in 171~173
-에서 타르수스 조폐소 mint at Tarsus of 154
-의 종군 민간인 camp followers on 220, 221

알렉산드로폴리스 Alexandropolis 49
알렉산드리아 에스카테 Alexandria Eschate 314
알렉산드리아(이집트) Alexandria(Cilicia) 199, 200, 201, 205, 210, 410, 416, 417
알렉산드리아(인도) Alexandria(India) 368
알렉산드리아(칸다하르) Alexandria(Kandahar) 304
알렉산드리아(킬리키아) 166
알린다 Alinda 131
알바니인 Albani 224
암모니이 Ammonii 207
암포테로스 Amphoterus 218
암피폴리스 Amphipolis 38~40, 49, 76, 105, 250
암픽티온 동맹 Amphictyonic Council 41, 42, 72
암필로코스 Amphilochus 155
압달로니무스 Abdalonymus 173, 174
압데라 Abdera 76
야크사르테스(강) Jaxartes River 291, 310, 313~318, 320, 322~324
에리트라이 Erythrae 213
에스더(성경 속 인물) Esther(biblical figure) 252

에우리디케 Eurydice 24

에우리피데스 Euripides 24, 327, 402

에티오피아 Ethiopia 196, 401

에파미논다스 Epaminondas 26

에페소스 Ephesus 15, 35, 69, 73, 123~125

에피로스 Epirus 32~36, 55~57, 59~61, 65, 66, 334

엑바타나 Ecbatana 238, 239, 265, 278~282, 298, 301, 302, 397, 398, 400

엔키두 Enkidu 251

엘라에우스 Elaeus 105, 106

엘라테아 Elatea 50

엘람 Elam 243, 251, 252, 267

엘레우시스 Eleusis 96

엘레판티네 Elephantine 201

엘리스 Elis 90

엘부르즈(산맥) Elburz Mountains 282, 290

엘피네스 Elpines 17

여성 Women 269, 275, 292

역청 bitumen 240, 241

예루살렘 Jerusalem 177, 186, 216, 416, 418

오네시크리토스 Onesicritus 292, 368

『오디세이아』(호메로스) odyssey(Homer) 383

오레이타이 Oreitae 373, 379, 380

오론테스(강) Orontes River 156, 170

오론토바테스 Orontobates 130, 132

오르코메노스 Orchomenus 92

오르크시네스 Orxines 386

오이디푸스 Oedipus 52, 89, 197, 198

옥사트레스 Oxathres 390

옥서스(강) Oxus River 83, 291, 307~309, 313, 315, 320, 323, 324, 389, 413

올린토스 Olynthus 39, 40

올림피아 Olympia 15, 17, 54

올림피아스 Olympias 17, 32~37, 38, 48, 54, 59, 104, 138, 203, 334, 395, 396, 399, 410, 411

—를 필리포스가 배척 Philip's rejection of 55, 57

-와 필리포스 암살 and Philip's assassination 66
-의 클레오파트라 살해 murder of Cleopatra by 67
옴피스(탁실라의 왕) Omphis, King of Taxila 348~350, 354
요나(성경 속 인물) Jonah(biblical figure) 186
요세푸스 Josephus 186
욥바 Joppa 186
용맹함 Bravery 83
우루크 Uruk 251
우시아(인) Uxians 256~258, 400
우트나피쉬팀 Utnapishtim 251
월식 lunar eclipse 225
유대인 Jews 102, 177, 186, 215, 216, 415~417
유로파 Europa 57
유머 humors 37, 117
유프라테스(강) Euphrates River 81, 187, 192, 220~222, 241, 244, 251, 342, 388, 404, 408
율리우스 카이사르(로마의 황제) Julius Caesar 417, 420
이사야(선지자) Isis 100
이소크라테스 Isocrates 53
이스칸다르나메 Iskandarnameh 414
이시스 Isis 200
이아소스 Iasus 131
이오니아인 Ionians 123, 226
이올라오스 Iolaus 397, 407, 408
이질 痢疾 319, 408
이집트 Egypt 54, 101, 102, 170, 190~214, 242, 243, 245, 409, 412
    바다 민족의 공격 Sea People attack on 193
    알렉산드로스의 석상 statues of Alexander in 195, 196
    -에서 알렉산드로스의 사제 대우 Alexander's treatment of priests in 195
    -의 알렉산드로스 정부 Alexander's government in 213
    -의 피라미드 pyramids of 196~198
이집트의 테베 Thebes (Egypt) 196
이크티오파기(물고기를 먹는 사람들) Ichthyophagi 374, 380, 381
이탈리아 Italy 388, 401

인더스(강) Indus River 224, 278, 305, 342, 345~347, 351, 354, 359, 368, 396~373, 378, 387, 396, 413

인도 India 187, 255, 315, 322, 332, 336~370, 384, 389

    군대의 피로 weariness of army in 357, 358

    알렉산드로스의 말리족 공격 attack on Malli in 362~366

    -에 대한 초기 기록 earliest stories of 345, 346

    -에서 알렉산드로스의 유산 Alexander's legacy in 412~414

    -의 우기 monsoons in 350~352, 371

    포루스 공격 attack on Porus in 350~354

인도양 Indian Ocean 372, 378, 383, 387

인신 공양 human sacrifice 85

일리리아 Illyria 17~19, 28~32, 34, 40, 57, 84, 85, 87, 88, 91, 93, 393

『일리아스』(호메로스) Iliad(Homer) 46, 61, 189

ㅈ

자그로스(산맥) Zagros Mountains 251, 255, 264, 279, 400

자리아스파 Zariaspa 323

자주색 염료 dyes, purple 177

장티푸스 typhoid fever 408

제우스 68, 82, 98, 107, 118, 122, 123, 126, 127, 147, 149, 154, 166, 202~204, 209, 212, 213, 248, 249, 307, 324, 361, 368

제우스암몬(신전) Zeus-Ammon, oracle of 192, 202, 209, 210, 357, 398

젤레이아 Zeleia 110, 117

조로아스터 Zoroaster 103

조로아스터교도 Zoroastrians 414

조수 潮水 370

지중해 Mediterranean Sea 370

진저그라스 ginger grass 374

찾아보기

ㅊ

찬드라굽타(마우리아의 황제) Chandragupta, Mauryan emperor 413
천문학 astronomy 381
청금석 靑金石 305
『칠십인역성경』 Septuagint 416

ㅋ

카두시아인 Cadusians 224
카르마니아 Carmania 377, 384
카르타고 Carthage 175, 176, 178, 184, 185, 205, 206, 388, 401
카리데모스 Charidemus 97, 98
카리아 Caria 58, 59, 129~132, 134, 143, 155, 165, 219, 243
카불 Kabul 305, 306, 341, 342, 414
카비리 Cabiri 33
카산드로스 Cassander 47, 396, 397, 407, 409, 410
카스피의 문 Caspian Gates 279, 280, 282
카스피해 Caspian Sea 159, 224, 278, 279, 290~292, 303, 304, 321, 389
카와크고개 Khawak Pass 306, 308, 341
카이로네이아 Chaeronea 50~53, 55, 89, 96, 153
카이베르고개 Khyber Pass 223, 305, 342
카타이아(족) Cathaeans 355, 356
카파도키아 Cappadocia 149, 224, 243
칸다하르 Kandahar 304, 305, 369, 377
칼날 달린 전차 chariots, scythed 231
칼데아인 Chaldeans 248, 249, 251, 401
칼라노스 Calanus 367, 368, 390, 391
칼라스 Calas 117, 138, 149
칼리네스 Callines 394, 395
칼리스테네스 Callisthenes 105, 139, 196, 236, 328
　-의 체포와 처형 arrest and execution of 339~341

칼릭세이나 Callixeina 48

칼키디케 동맹 Chalcidic Confederacy 39

칼키디케반도 Chalcidice, peninsula of 16, 39, 45

캄비세스(페르시아의 대왕) Cambyses 101, 190, 192, 193, 195, 273

케트리포리스(트라키아의 왕) Cetriporis, King of Thrace 39

켈라이나이 Celaenae 143

켈트(족) Celts 18, 79, 83, 102, 401

코끼리(전투용) elephants, war 231, 342, 350, 353, 357, 389, 410, 413

코라스미아인 Chorasmians 321

코란 Koran 415

코르타카나 Chortacana 294, 296, 297, 299

코린토스 Corinth 16, 53, 74, 75, 90, 96, 367

코린토스 동맹 League of Corinth 54, 60, 73, 95

코린토스의 데마라토스 Demaratus of Corinth 57, 58, 115, 271

코스(섬) Cos 134, 135, 144, 152, 155, 200, 201, 365

코스섬의 히포크라테스 Hippocrates of Cos 152

코아스페스(강) Choaspes 253

코이노스 Coenus 135, 322, 324, 330, 351, 358, 360

코카서스의 알렉산드리아 Alexandria-in-the-Caucasus 306, 342

쿠르티우스 Curtius 330, 331

크라테로스 Craterus 24, 114, 257, 258, 262, 263, 290, 296, 299, 300, 323, 352, 354, 361, 369, 371, 377, 391, 395, 396, 398, 399, 411

크레니데스 Crenides 39

크로노스 Cronos 249

크로이소스 Croesus 101, 120, 123

크리토데모스 Critodemus 365

크산드라메스(강가리다이의 왕) Xandrames, King of Gangaridae 357

크산토스(강) Xanthus River 137

크세노폰 Xenophon 118, 149, 156, 157

크세르크세스(페르시아의 대왕) Xerxes, Great king of Persia 102, 106, 107, 245, 246, 253, 271, 310

클레안드로스 Cleander 135, 182, 301, 302

클레오메네스 Cleomenes 214

클레오파트라(아탈로스의 조카) Cleopatra(Attalus's niece) 56

클레오파트라(이집트의 여왕) Cleopatra, Queen of Egypt 412

클레오파트라(필리포스의 딸) Cleopatra(Philip's daughter) 59, 65

클레이토스(일리리아의 왕) Cleitus, King of Illyria 84~86, 88

키나 Cyna 85

키레네 Cyrene 202, 205, 206, 236, 388, 394, 401

키레네의 에라토스테네스 Eratosthenes of Cyrene 417

키로폴리스 Cyropolis 316

키루스(페르시아의 대왕) Cyrus, Great King of Persia 101, 102, 112, 120, 190, 251, 256, 265, 272, 273, 314, 316~318, 372, 385, 386

키오스(섬) Chios 144, 169, 200, 201

키프로스 Cyprus 126, 176, 180, 182, 218

킬리키아 Cilicia 111, 150, 151, 154~157, 166, 180, 187

킬리키아의 문 Cilician Gates 149, 150

E

타르수스 Tarsus 150, 151, 155, 157

  -의 페르시아 제국 조폐소 Persian mint at 154

타우로스(산맥) Taurus Mountains 149

타우리스쿠스 Tauriscus 156

타이스 Thais 275, 276

타크리트 Takrit 241

타푸리아(인) Tapurians 159

타프로바네 Taprobane 347

타프사쿠스 Thapsacus 221

탁실라 Taxila 342, 346~350, 354, 366

탈레스트리스 Thalestris 291, 292

태양신 라 Ra, temple of 195

테네도스(섬) Tenedos 145, 200

테르메수스 Termessus 142

테르모필레 Thermopylae 16, 36, 42, 72, 91, 102

테메노스 Temenus 21

테베 Thebes 16, 41, 202
- 와 아테네의 연합 Athenian alliance with 50
- 와 카이로네이아 전투 battle of Chaeronea and 50, 51
- 의 군대 army of 26, 27
- 의 붕괴 destruction of 94, 95
- 의 카드메이아(성채) Cadmeia of 89, 90, 92, 94

테살로니카 Thessalonica 32
테살로스(배우) Thessalus(actor) 58, 59, 219
테살리아 Thessaly 16, 40, 71, 72, 91, 105, 280, 309
테스피아이 Thespiae 92
테오덱테스 Theodectes 137
텔메수스 Telmessus 34, 136, 137
템페(계곡) Tempe, valley of 16, 17
토메로스(개울) Tomerus River 380
투석기 投石器 87, 318
투탕카멘(파라오) Tutankhamun, Pharoah 192
트라키아 Thrace 18, 22, 38~40, 48, 49, 76, 79, 80, 82, 105, 114, 139, 223, 243, 257, 409
- 에서의 반란 rebellion in 237

트랄레스 Tralles 124
트로이 Troy 129, 181, 187, 189, 200, 275, 287, 361, 363, 364, 394, 398
트로이 전쟁 Trojan War 126, 155, 173, 193, 292, 324, 362
트로이의 헬레네 Helen of Troy 275
트리발리 Triballi 77~80, 82, 288
티그리스(강) Tigris River 220~224, 226, 227, 240, 241, 251, 371, 387, 392
티레 Tyre 174~180, 182~186, 188, 189, 196, 205, 216, 217, 228, 242, 388
티리다테스 Tiridates 264, 266
티리에스피스 Tyriespis 342
티모클레이아 Timocleia 95, 96
티몬다스 Thymondas 145
티몰라오스 Timolaus 90

ㅍ

파가사이 Pagasae 39

파라이토니움 Paraetonium 205, 206, 210

파로스(섬) Pharos 199

파르나바조스 Pharnabazus 145, 169, 200, 201

파르누케스 Pharnuches 317, 319

파르메니온 Parmenion 17, 55, 69, 70, 81, 105, 106, 111, 118, 125, 126, 136, 150, 171, 187, 241, 309, 325, 385

   가문의 지위 family standing of 298

   -과 다리우스의 금고 and Darius's treasury 166~168

   아들의 죽음 death of son of 214

   암살 murder of 302

   -와 페르세폴리스 궁전 방화 and burning of palace at Persepolis 275~277

   -의 가우가멜라 전투 in battle of the Gaugamela 227~236

   -의 그라니코스 전투 in battle of the Granicus 112~114

   -의 이소스 전투 in battle of Issus 160

   -의 페르세폴리스 접근 in approach to Persepolis 258, 259, 261

파르사메네스(코라스미아의 왕) Pharsamenes, king of Chorasmians 321, 322

파르티아인 Parthians 267, 293

파리사티스 Parysatis 391

파리스 Paris 108, 324

파메네스 Pammenes 26

파미르(산맥) Pamir Mountains 309

파사르가다이 Pasargadae 272, 385, 386

파셀리스 Phaselis 137, 139

파우라 Paura 376

파우사니아스(사르디스의 사령관) Pausanias(commander at Sardis) 122, 123

파우사니아스(필리포스의 암살자) Pausanias(Philip's assassin) 63~67, 341

파탈라 Patala 369, 371, 378

파트로클로스 Patroclus 251, 398, 400

파트론 Patron 238

파플라고니아 Paphlagonia 149

파피루스 papyrus 173, 194, 215

판도라 Pandora 275

팔레스타인 Palestine 170, 186, 316, 387, 415

팜필리아(평야) Pamphylia, plain of 137, 140, 141

펀자브 Punjab 347, 350, 355, 356, 362, 390, 414

페게우스 Phegeus 357

페니키아(인) Phoenicia, Phoenicians 170, 173, 174, 176, 177, 186, 187, 216, 217, 243, 288, 360, 373, 382, 394

　-의 아프리카 대륙 전체 일주 African circumnavigation by 387, 388

페르게 Perge 140

페르디카스 2세, 마케도니아의 왕 Perdiccas II, King of Macedonia 23

페르디카스 3세, 마케도니아의 왕 Perdiccas III, King of Macedonia 24, 27, 28, 68

페르디카스(알렉산드로스의 장군) Perdiccas(Alexander's companion) 93, 322, 363, 365, 391, 405, 409, 410, 411

페르디카스, 마케도니아의 왕 Perdiccas, King of Macedonia 21, 22

페르세우스 Perseus 201

페르세폴리스 Persepolis 101, 124, 159, 172, 239, 250, 255~259, 261, 264, 272, 279, 287, 292, 294, 303, 338, 360, 370, 371, 376, 386, 387

　-로 돌아온 알렉산드로스 Alexander's return to 384, 385

　마케도니아의 약탈 Macedonian sack of 270, 273, 278, 414

　-의 궁전 단지 palace complex at 267, 268

　-의 왕실 보물 창고 treasury of 271

　-의 파괴 destruction of palace in 275~278

페르시아 제국 Persian Empire 23, 53, 54, 99, 101, 111, 119, 120~122, 137, 154, 172, 174, 187, 239, 242, 250, 259, 267, 271, 287, 289, 290, 294, 304, 313, 314, 336, 345, 373, 400, 414, 421

　군대의 그리스 용병 Greek mercenaries in army of 28, 81, 105, 110, 116, 127, 143, 144, 159, 161, 162, 182, 214, 222, 224, 231, 233, 234, 238, 278, 283, 291, 321

　-에 대한 우시아인의 통행세 tribute to uxians by 256~258

　-의 그리스 반란 지원 support for Greek rebellion 71, 88

　-의 기병대 cavalry of 222, 223

　-의 병력 규모 size of army of 158, 159, 223, 224, 228

　-의 병력 징집 recruitment of troops in 158, 159

-의 정책 government policies of 102~104

-의 종교 religion of 102, 103

-의 즉위식 coronation rituals in 272, 273

최초의 진정한 제국으로서- as first international empire 104

페르시아(만) Persian Gulf 221, 251, 370, 377, 383, 387, 404

페르시아의 문 Persian Gates 258~261, 263, 264, 266

페르시아의 신년 의식 Persian New Year ceremony 268

페리클레스 Pericles 52

페우케스타스 Peucestas 363, 364, 386

페토시리스 Petosiris 213

페티시스 Petisis 213

펠라 Pella 16, 34, 36, 38, 41, 45, 47, 48, 55~60, 71, 75, 104, 105, 139, 236, 288, 337

펠로폰네소스 전쟁 Peloponnesian War 23, 26, 109

펠루시움 Pelusium 190, 193, 198, 214

펠리움 Pellium 85, 91

포루스(파우라바의 왕) Porus, King of the Paurava 349~357, 361, 411

포세이돈 Poseidon 132, 178, 183, 370

포키스 Phocis 41, 42

포키온 Phocion 97

포티다이아 Potidaea 16, 17, 35, 40

폭정 tyranny 93

폴리다무스 Polydamus 301, 302

폴리스트라토스 Polystratus 284

폼페이(이소스 전투 모자이크) Pompeii, mosaic of Issus battle at 163

퓌드나 Pydna 40

프라사오르테스 Phrasaortes 279

프로메테우스 Prometheus 307, 421

프로스퀴네시스 proskynesis 337~339, 341

프로테실라오스 Protesilaus 106

프로테아스 Proteas 180

프리기아 Phrygia 148, 243

프리아모스 Priam 108

프리아포스 Priapus 110

프리에네 Priene 125

프타 Ptah 195

프톨레마이오스(마케도니아의 왕) Ptolemy, King of Macedonia 24, 27

프톨레마이오스(알렉산드로스의 친구) Ptolemy(Alexander's friend) 47, 59, 71, 79, 83, 84, 207, 209, 210, 263, 275, 311, 312, 344, 369, 390, 391, 400, 409, 410, 412, 416

플라타이아 Plataea 23, 92, 102

플라톤 Plato 45, 93, 97, 356

플루타르코스 Plutarch 15, 33, 35, 47, 49, 63, 67, 95, 275, 292

피나루스(강) Pinarus River 156, 160, 161

피닉스 Phoenix 37, 181

피라미드 Pyramids 130, 192, 195, 197

피시디아 Pisidia 142, 143

피콕, 토마스 러브 Peacock, Thomas Love 420

피타고라스 Pythagoras 368

피티오스 Pythis 125

픽소다로스(카리아의 왕) Pixodarus, King of Caria 58, 71, 130, 219

핀다로스 Pindar 95, 202

필라 Phila 32

필로니쿠스 Philoneicus 42

필로타스 Philotas 79, 86, 128, 135, 155, 254, 264, 296, 298, 303

   에 대한 처형과 고문 torture and execution of 300, 301

   -의 그라니코스 전투 in battle of the Granicus 114

   -의 알렉산드로스에 대한 음모 plot against Alexander by 299, 302

필리페이온 Philippeum 54, 55

필리포스 2세(마케도니아의 왕) Philip Ⅱ, King of Macedonia 16, 17, 20, 36~38, 40~45, 48, 74, 85, 89, 114, 171, 326, 334, 358

   기병대 혁신 cavalry reforms of 30

   매장 burial of 67, 68

   암살 assassination of 61~67, 138, 203

   -와 올림피아스 olympias and 32~35

   -와 코린토스 동맹 League of corinth and 53

   -와 클레오파트라의 결혼 Cleopatra given in marriage to 56, 59~61

   -의 공병 부대 engineer corps of 30, 105

-의 군 개혁 army reforms of 26~31

-의 일리리아 공격 attack on Illyrians by 30, 31

전술의 혁신 innovative tactics of 31

테베에 인질로 파견된- as theban hostage 26

필리포스(아카르나니아 출신 의사) Philip of Acarnania 152, 153

필리포폴리스 Philippopolis 76, 77

필리피 Philippi 39

ㅎ

하르모디오스 Harmodius 253

하르팔로스 Harpalus 59, 71, 156, 218, 281, 315, 360, 377, 411

하이모스(산맥) Haemus 77

하트셉수트(파라오) Hatshepsut, Pharoah 192

할리카르나소스 Halicarnassus 58, 125, 129, 130, 131~136, 138, 144, 155, 169, 200

함무라비 법전 Code of Hammurabi 245

향신료 무역 spice trade 198

헤겔로코스 hegelochus 200, 201

헤라클레스 Hercules 16, 20, 21, 25, 34, 82, 107, 118, 154, 166, 175, 201, 217, 307, 344, 361, 404

헤라클레스(알렉산드로스의 아들) Hercules(Alexander's son) 169, 409, 411

헤라클레스의 기둥 Hercules, Pillars of 387, 388

헤로도토스 Herodotus 21, 22, 80, 101, 103, 118, 129, 176, 188, 190~192, 197, 208, 240, 244, 245, 290, 336, 337, 346, 387, 413, 417

헤르모크라테스 Hermocrates 65

헤르몰라오스 Hermolaus 340, 341

헤르무스(강) Hermus River 119, 121

헤르미아스 Hermias 45

헤카타이오스 Hecataeus 70

헤카톰니드 Hecatomnid 129

헤타이라 hetaira 275, 276

헤파이스티온 Hephaestion 47, 108, 165, 173, 222, 235, 322, 340, 342, 345, 347, 348, 351, 361,

373, 391, 397~400

헥토르(트로이의 영웅) Hector(Trojan hero) 107, 189, 251, 398

헥토르(파르메니온의 아들) Hector(Parmenion's son) 214

헬레스폰트 Hellespont 105, 106, 108~111, 113, 117, 134, 138, 145, 149, 289, 357, 361, 420

헬리오폴리스 Heliopolis 194, 195, 198

헬만드(강) Helmand River 304

호르무즈(해협) Hormuz, Straits of 377, 383

호메로스 Homer 20, 37, 46, 61, 106, 108, 118, 168, 177, 199, 221, 251, 291, 383, 417

호플리테스 hoplites 26, 27, 29, 30, 50

홍해 Red Sea 198, 224, 387, 404

환생 reincarnation 366~368

황금 사과 창병 Spearmen of the Golden Apples 238

휴브리스 hubris 204

흑해 Black Sea 50, 74, 79, 80, 149, 291, 292, 304, 315, 389, 401

히다스페스(강) Hydaspes River 349~351, 354, 359~362

히드라오테스(강) Hydraotes River 355

히르카니아 Hyrcania 159, 224, 290~293, 303, 384, 389

히말라야(산맥) Himalayan mountains 347, 355

히브리어 Hebrew language 176, 416, 418

히스파니아 Spain 388, 389, 401, 417

히아킨토스(아테네 영웅) Hyacinthus(Athenian hero) 97

히타이트 Hittites 120, 193

히파시스(강) Hyphasis River 357, 359, 360, 368, 394

힉소스 Hyksos 192

힌두교 Hinduism 367

힌두쿠시(산맥) Hindu Kush 140, 278, 303~308, 312, 320, 335, 342, 346, 413

알렉산드로스
ALEXANDROS

1판 1쇄 인쇄 2025년 11월 18일
1판 1쇄 발행 2025년 12월 4일

지은이 필립 프리먼
옮긴이 노윤기
펴낸이 김영곤   펴낸곳 (주)북이십일

TF팀 팀장 김종민
기획편집 진상원   마케팅 정성은 김지선
편집 박지석   디자인 이찬형
영업팀 정지은 한충희 남정한 장철용 강경남 황성진 김도연 이민재
해외기획실 최연순 홍희정 소은선
제작팀 이영민 권경민

출판등록 2000년 5월 6일 제406-2003-061호
주소 (우10881) 경기도 파주시 회동길 201(문발동)
대표전화 031-955-2100   팩스 031-955-2151   이메일 book21@book21.co.kr

(주)북이십일 경계를 허무는 콘텐츠 리더

21세기북스 채널에서 도서 정보와 다양한 영상자료, 이벤트를 만나세요!
페이스북 facebook.com/jiinpill21   포스터 post.naver.com/21c_editors
인스타그램 instagram.com/jiinpill21   홈페이지 www.book21.com
유튜브 youtube.com/book21pub

ISBN 979-11-7357-634-8 (03920)

* 책값은 뒤표지에 있습니다.
* 이 책 내용의 일부 또는 전부를 재사용하려면 반드시 (주)북이십일의 동의를 얻어야 합니다.
* 잘못 만들어진 책은 구입하신 서점에서 교환해 드립니다.

리더를 위한 정치와 사상의 교양
그레이트 하모니

그레이트 하모니는 다양한 요소의 조화로 정치가 완성된다는 철학을 담은 시리즈입니다. 정치적 통찰을 바탕으로 리더십을 꿈꾸는 독자들을 위해 엄선한 도서를 소개합니다. 복잡한 정세 속에서 조화를 이루는 리더로 성장하는 길을 제시합니다.

001　《아우구스투스》
　　　　혼돈에서 제국을 세운 질서와 통치의 리더십
　　　　에이드리언 골즈워디 지음 | 박재영 옮김 | 김덕수 감수

002　《알렉산드로스》
　　　　세계를 손에 넣은 대왕의 도전과 정복의 리더십
　　　　필립 프리먼 지음 | 노윤기 옮김

003　《21세기 지정학》(근간)
　　　　5000년 문명사를 통해 보는 세계질서의 대전환
　　　　아미타브 아차리아 지음 | 최준영 옮김

004　《잘못된 전략》
　　　　외교 역사와 이론으로 살펴보는 국제정치 속 오판의 메커니즘
　　　　비어트리스 호이저 지음 | 이혜진 옮김

005　《백악관 상황실》
　　　　작지만 위대한 지하실에서 펼쳐지는 대통령 리더십의 성공과 실패
　　　　조지 스테퍼노펄러스, 리사 디키 지음 | 황성연, 천상명 옮김